廬山牯嶺別墅群

彭德懷一九四七年三月，延安誓師

彭德懷和毛澤東一九五四年，中南海

（宋）白鹿洞書院

清代羅漢圖二百幅，稀世珍寶
被日軍盜去，至今未歸還

河東路一百八十號別墅（美廬），爲一九五九年廬山會議期間毛澤東住所

河東路一百七十六號別墅，爲一九五九年廬山會議期間彭德懷住所

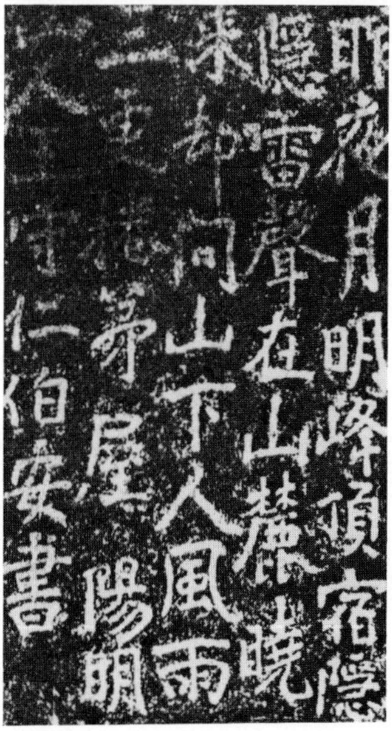

（明）王陽明詩刻

仙人洞

御碑亭

廬山第一名刹——歸宗寺

含鄱口牌坊

錦繡谷

京華風雲錄（卷三）：夏都誌異

京夫子 著

目次

開卷語

橫看成嶺側成峰，遠近高低各不同。不識廬山眞面目，只緣身在此山中。

可以說，在我國的名山勝景中，沒有比九江廬山更富歷史傳奇色彩的了。無論東嶽泰山、西嶽華山、北嶽恆山、中嶽嵩山、南嶽衡山，還是佛家四大叢林的五台山、峨嵋山、九華山、普陀山，道家聖地的武當山、青城山、武夷山、九宮山，歷來皆爲世人厭世避世、習經習武、煉丹坐禪、成仙成佛的化外之域；不似廬山，佛寺道觀數百處，西洋別墅千餘座，既出世，更入世，諸教共處，僧俗並行，中外合璧，集宗教文化、園林文化、政治文化、軍事文化乃至殖民文化爲一體，於煙霞開合、無常風雨之中，熠射出瑰麗詭譎、神秘莫測的誘人風采。

廬山位於長江九江段之南、鄱陽湖之西北岸上，磅礡百餘里，大小九十峰，平均海拔一千一百餘米。它倚江依湖，平闊沃野之中群峰拔地，聳立雲表，昂然霄漢，北望長江，東瞰鄱陽，西極瀟湘，水天一色，氣象萬千。尤其牯牛嶺山頂一帶，坡谷平緩，泉流密佈，風光綺麗，建有山中城池，綠樹掩映，美如海市蜃樓。其間錦繡谷霧走雲浮，仙人洞石松橫空，花徑湖流光溢彩，御碑亭四壁雲山，三疊泉飛珠濺玉，五老峰金色芙蓉，含鄱口吞吐大湖，大天池丹霞孤鶩，白鹿洞四山迴合，玉淵潭瓊波湧流，青玉峽碑刻如林……

是故大禹治水曾登上漢陽峰俯察天下水勢；漢武帝南巡曾登臨紫霄峰祭祀；東吳名醫董奉曾在山中廣植杏林；東晉王羲之曾在金輪峰下建造「歸宗寺」習字；陶淵明曾在五老峰下結草廬隱居；慧遠法師曾在山中廣建寺院宏揚佛法；道教教主陸靜修曾在太虛觀編成《三洞經書》；到了隋唐時期，先後進山遊歷、隱居的文化名人更是燦若群星：張九齡、宋之問、韋應物、孟浩然、顏眞卿、柳公權、李白、李渤、崔群、白居易、李德裕、溫庭筠等等，鴻儒紛至，山川增色，形成「廬山國學」，傳諸後世。其中李白、白居易兩位在山中居住最久，留下詩文最多；風流餘韻，及於兩宋，廬山成爲全國儒學重鎭，前來遊學、隱居的風雲人物包括歐陽修、范仲淹、王安石、王逢源、李常、周敦頤、蘇洵、蘇軾、蘇轍、黃庭堅、米芾、朱熹、陸游、李綱、岳飛等等。南宋大儒朱熹所建白鹿洞書院，尤爲影響深遠；元末朱元璋兵敗廬山，最後又是在廬山腳下打敗勁敵陳友諒，成爲明王朝的開國皇帝。

至清末民初，英國傳教士李立德賄賂九江府官員，在坡勢平闊、林木茂盛、氣候乾爽的牯牛嶺東谷一帶租地六千餘畝，修築大小道路，闢出公共綠化帶，之後將地皮分割成千餘塊出售，以營建西式度假別墅。幾年之內，別墅群於萬綠叢中雨後春筍般出現。由於規劃得當，學校、教堂、醫院、銀行、游泳池、網球場、影劇院、圖書館等公共場所安插其間，使現代城市生活與自然山水環境相結合，建成山頂城池，呈現出工業化時代的桃源仙境。

在廬山景觀鼎盛的二、三十年代，山上共有別墅一千餘棟，店鋪二百餘家，外籍居民來自英、美、法、德、俄、義等十八個國家。牯牛嶺一帶儼然租界，國中之國。一九二七年蔣介石領導北伐成功，中華民國定都南京，廬山主權收回，隨之成爲夏都。府院部會，達官貴胄，年年夏季上山辦公。洋華雜處，相安無事。抗日戰爭期間，廬山遭到日軍洗劫，盜去無數稀世文物。

歲月的清風明月、雲瀑霧海揮灑過去。諸往矣！進入二十世紀五十年代，廬山的山水舞台更有神來之筆，演唱出一齣虎嘯龍吟、人神共奮、古今奇觀的歷史大劇——「廬山神仙會」，此爲本卷之主旨。

第一章　群雄畢至　廬山盛會

周恩來於七月一日凌晨抵達廬山牯嶺，入住原美國特使馬歇爾別墅。如果算上一九三七年的兩次，他這是三上廬山了。那兩次上山是爲著晉見蔣委員長，商談國共合作抗日，中共紅軍接受改編；本次上山今非昔比，是出席中共中央政治局擴大會議，和各省市自治區負責人一起，半天工作，半天休息。

廬山確是長江中下游赤日炎夏時節的清涼世界。人們早晚穿夾衣，睡覺蓋被子，探頭觸著雲，伸手摸著霧，最是舒適不過的。過去是蔣、宋、孔、陳，現在是毛、劉、朱、周。毛澤東住了美廬別墅，劉少奇住了原俄國五洲銀行別墅，朱德住了原美國威廉斯別墅。還有董必武住了原宋公館，彭德懷住了原陳公館等等。總之，牯嶺東、西河谷一帶數百棟大小別墅，皆以阿拉伯數字編列號碼，成爲國有資產，革命的勝利果實了。且每棟別墅自成一體，廚房浴衛，花園草地。從中央要員到各省市自治區第一書記又都帶來自己的廚師、服務員等，一時間南北美食薈萃，各顯精妙風味。首長們平日難得這般閒暇，如今聚集到山上來消夏當神仙，遊山玩水之餘，不免此呼彼應，相互宴客，眞個是談笑皆政要，往來盡高官了。

本來，自去年大躍進起，全國各行各業鬧了個人仰馬翻，國家財政空前吃緊，好幾個省份已經發生糧荒，還上廬山來開什麼「神仙會」，周恩來實在不想趁這趟熱鬧。他兩次向少奇同志提出，要求留在北京「看家」，打理中央日常事務。少奇同志作不了主，讓他直接請示毛主席。毛主席卻說：不是早安排好了，外交部留下陳毅，國防部留下黃克誠，國務院和書記處留下鄧小平？陳雲請病假，你們幾位負責經濟計畫的大人物都不賞光、不露面，山上怎麼討論經濟工作？大躍進、人民公社、大煉鋼鐵算我去年闖下些禍，又批了你的「反冒進、反左傾」，要你作了大半年的檢討，有氣可以到山上去一吐爲快囉。

話到這份上，周恩來只得向毛澤東解釋，自己對前年、去年因「反冒進、反左傾」犯下錯誤所作的檢討，所接受的批評教育心悅誠服，無怨無悔。這次上廬山讀書學文件，也是換換腦子，樂於前往，樂於前往。

周恩來乘專機飛武漢，改乘江輪抵九江之後上山。十幾個小時的奔波，身上竟熱出了痱子。入住馬歇爾別墅的第一件事是洗澡換衣撲爽身粉。江西省委書記楊尙魁和他年輕漂亮的妻子隋靜，來陪周總理用晚餐，喝江西名釀四特酒。周恩來聽說隋靜好酒量。因怕美廬主席那邊有事隨時傳喚，小酌幾盞，就用飯了。周恩來和隋靜相約會議結束後下山到南昌，放量比高下：「隋靜啊，聽說妳把黨內幾位有海量的高幹，農業部長廖魯言，水利部長李葆華，東海艦隊司令陶勇都打敗過？我是喝酒從無敗績的。下回南昌比茅台，讓尚魁當監酒！」

周恩來平日生活嚴謹，風度瀟灑，偶爾名酒當前，忘乎所以也是有的。一九五五年日內瓦會議前夕，在莫斯科克里姆林宮一次晚宴上，向老大哥的政治局委員們敬酒，被伏特加灌醉，當場臥地，被抬回房間吐了個不省人事，回到北京向毛主席作了檢討……身在江西的楊尚魁和隋靜，當然不會知道周總理醉倒莫斯科的這一敗績了。

飯後送走楊尚魁夫婦，往美廬打了個電話。美廬值班衛士報告總理：「主席出門散步去了，留了話，總理晚上不要來見了；明天下午開全體會議，還要請總理主持。」

既然不去主席那裡，朱總司令和少奇同志兩處，也就分頭掛了個電話，告上剛上山，今晚上就不來打擾了，都早點休息吧。電話裡，朱總司令告訴說，主席上山後寫了詩，他和董必武也和了詩，柯慶施、陶鑄、王任重、邵式萍等人都有詩作，估計主席的幾位大秀才陳伯達、胡喬木、田家英、吳冷西、李銳到後，也會有詩作。現在山上詩風興盛，日後可以出本詩集，紀念此次廬山神仙會盛況囉。

劉少奇是帶著夫人王光美上山的。少奇同志在電話裡說，經他提議，給本次「神仙會」定了個基調：「成績講夠，問題講透；主席對當前形勢總的估計，也有三句話：成績偉大，問題不少，前途光明。」

金烏西墜，玉兔東升。周恩來沒有出門。電話鈴響個不停，也沒讓副總理們和各部委主要負責人來見。他派秘書去楊尙昆同志那兒要來一份人員住處電話表格，弄淸楚了中央主要負責同志及各大區負責人的住址電話，以便隨時聯絡。全黨群賢畢至，這麼多大人物相聚一處，遊山玩水，吟詩作賦，說東道西，議論紛呈，也要謹防樂極生悲，鬧出意想不到的局面來。

涼風習習，月色皎潔。窗外不時有乳白色的縷縷山霧掠過。大約是山上空氣清新的緣故，他沒有倦意，乾脆披上衣服，到陽台上一張竹躺椅上躺了躺。七月流火，這山上卻是天階夜色涼如水，卧看牽牛織女星了。眞是淸幽寧靜啊，連蛙聲、蟬鳴都聽不到，只有遠處山谷傳來的陣陣林濤。躺了一忽兒，感到有股子潮氣，大約是下露水了。保健護士小梅——楊尙魁夫婦派來的一位江西姑娘，宛如霧中仙子似的，怯生生地走近了說：「總理，進屋休息吧，外邊濕氣重，容易受涼呢。」

進至室內，周恩來親切地端詳了一番小梅同志。忽又覺得，這小梅的眉眼，怎麼看都有些兒像是孟蝶呢！只是個頭比孟蝶略矮些，略胖些，膚色也略黑些，嘴唇略厚些。……這些年，他總算給孟虹的這個四妹兒做了妥善安排：保送孟蝶上了北京醫學院，四年本科畢業，也沒再讓孟蝶回西苑，而安排去宋慶齡副主席府上做了保健醫生。每當自己心情煩悶時，就去宋府走走。宋副主席善解人意，總是讓他和孟蝶單獨相處。孟蝶這丫頭也癡情，也不肯成家，只求他當總理的一月能去一回。此事算做得天衣無縫，就是小超有所察覺，也斷不敢去宋府上耍雌風的。況且，每想到孟蝶的姐姐孟虹由一位絕色之人變成一名骷髏般的醜婦，心裡總有好一陣悸動的。美的毀滅，眞是莫大的作孽囉。

「小梅，妳過來，我問妳話……」

周恩來如父如兄，慈祥地微笑著，向小梅伸出手去。

燈光下，小梅臉蛋又紅又白，艷若桃花，靠近了總理，伸出右手，讓總理去握掐住。別看總理年上花甲，卻很英俊，手指手掌也很溫暖柔軟。

「小梅，妳叫梅霞新，對吧？贛州人？贛州出美人……妳家裡人都好嗎？妳在哪兒唸的書？」

「總理……我父母親都是公社社員，客家人。我是南昌護士學校畢業……」

小梅崇敬地望著總理，信賴地靠攏來，身上透出一股溫馨、清甜的青春氣息。

「江西客家多，你父親是江西老表，妳是就江西小表妹了。我告訴妳呀，我們毛主席的祖上，也是客家人呢。朱總司令、鄧總書記、葉劍英元帥的祖上，還有孫中山先生，也都是。客家人出政治家和軍事家。但這個話不要到外面去說，要搞五湖四海。對了，妳們在護士學校，學過按摩、針灸沒有？」

「總理，您真好，都說您待人最和藹……，我在省醫學院附屬醫院工作，今年初被抽調到中醫學院集訓班，突擊學習了按摩針灸。六月中旬上山後，我們才知道要準備替中央首長服務的。總理，您是不是哪兒不舒服？我現在就可以替您按摩針灸……我的實習成績，是集訓班的前三名呢。」

周恩來忽然心裡一動，放開了小梅的小手：「謝謝。在北京的時候，鬧過幾回肩膀疼，也是請人針灸好的，現在不痛了。來來，我們泡一壺廬山雲霧茶，喝茶聊天，說點妳贛州鄉下的情況，有啥說啥，不要假的，好不好？」

小梅很快泡來了一壺廬山雲霧茶。茶壺茶杯茶碟都是景德鎮特產的青花瓷。這次江西省委在每棟別墅裡都預備下了兩套景德鎮青花瓷杯盤碗具，用後帶走，作爲贈送給中央領導和各兄弟省市負責人的禮物。周恩來見小梅只拿來一隻帶蓋的茶杯，便起身取過另一隻，親自替小梅添上茶水，並拿出北京帶來的一個甜瓜做招待。小梅一見慌了，忙說：「總理，不可以，不可以，我是組織上派來服務的，怎麼可以倒過來，讓您替我篩茶呢？」

周恩來親切地捏了捏小梅的小手：「坐下來嘛。妳是護士，我是總理，只是分工不同。革命隊伍裡，服務也是相互的。我會批文件，不會按摩針灸；你會按摩針灸，不會批文件，就這點區別。我們各有所長，對不對？」

小梅面若羞花，媚如閉月，感動得手足無措：「總理，看你說的，看你說的……」

周恩來動手切甜瓜，切成一小股、一小股的，送到小梅面前：「這是北方的白蘭瓜，妳嚐嚐。南方只有香瓜，沒有白蘭瓜……很好很好，我們現在先吃瓜，後喝茶，小梅啊，妳今年回過贛州鄉下看望父母嗎？」

小梅點點頭：「回過兩次。春節探親一次，五月份父親病了，又回去探望一次。」

周恩來見她喜歡吃這瓜，便又遞上一片：「可不可以告訴我，妳父親患的什麼病啊？治癒了嗎？」

小梅明眸皓齒，遲疑了一下，咬了咬嘴角，眼睛一暗，終於說：「水腫病，全身浮腫。幸虧我從南昌帶回去十幾斤黃豆，不然就沒命了。」

周恩來彷彿明白什麼了，卻又好奇地問：「黃豆也成靈藥了？可以治癒水腫病？」

小梅一雙大眼睛水光盈盈：「總理，您不是要我說眞話嗎？哪我就告訴您吧，我爸爸的水腫病是餓肚子餓的……春節過後，生產隊的公共食堂，就頓頓是稀粥湯，見不到油星子，米粒也越來越少。社員們下田都沒力氣。水腫病人越來越多，村裡已經死了十幾口……老輩人說，是天下鬧荒年了……總理，我講的都是眞話。我是共產黨員，要講了假話。願意接受處分。」

周恩來心裡一沉：江西也鬧饑荒了？贛州是魚米之鄉呀。在北京時，看過幾份材料，河南開封、山東菏澤，已經鬧糧荒。菏澤歷史上還是富甲一方的牡丹之鄉。沒想到江西農村……周恩來望著眼波盈盈的小梅，自言自語地說：「楊尙魁、邵式萍是怎麼搞的？不是說去年江西全省大豐收，增產四億斤，糧食多到吃不完嗎？」

小梅再又鼓了鼓勇氣，回答總理的自言自語：「去年本是個大好年成，水稻、紅薯都豐收在望；可自九月份起，男女老少就都上山去煉鋼鐵了，好好的穀子、紅薯沒人收，都爛到了田土裡……爲了發射鋼鐵衛星，山上的樹木都剃了光頭，家裡的鐵鍋鐵灶，都送去煉，煉出來一砣砣廢鐵……」

周恩來氣憤得拳頭敲著藤椅扶手：「胡鬧台！小梅，告訴我，你們江西的領導人，了解農村的這些情況嗎？他們了解贛州、或許還有更多的地方，正在鬧水腫病嗎？」

小梅是那樣地信賴敬愛的周總理，短短幾個小時的接觸，就可以無話不說：「現在領導人下鄉，看到的都是假的，都是下面的幹部事先擺好樣子，才給領導人看的。總是形勢大好，越來越好。自大躍進以來，上上下下，就不敢講眞話了。上騙下，下騙上，上下騙。講假話得表揚，得升官；講眞話，當右派，插白旗，沒得好下場。」

周恩來臉色有些發白，之後變成一臉的苦笑：「小梅，妳講得好，是上上下下都在做假，上騙下，下騙上，上下騙。……卻是要以老百姓的性命做代價……小梅啊，妳很有頭腦，很有正義感，敢對我這個總理講眞話。我要謝謝妳，也要愛護妳，就在我這裡講了為止，再不要對別人講了。不然，我回了北京，妳當了右派，可幫不了妳呀。」

沒想到小梅年紀輕輕，漂漂亮亮一位人兒，這時卻有一股女丈夫氣概，離開座位，恭恭敬敬地站到了周總理面前，身子前弓……周恩來一看情形不對，連忙起身將她扶住了，以免她雙膝下跪：「小梅，妳有話請坐下說。小表妹，如今是新社會了，妳也是國家的主人翁呢。」

小梅眼睛紅紅的，只好坐了回去，咽噎著喉嚨說：「總理，我心裡的話，都憋了半年了。知道要上山為中央首長服務後，就決心無論見到哪位首長，都要講出贛州老家的情況……總理，您要告訴毛主席，一定要告訴毛主席，下面的幹部盡在講假話，匯假報，騙你們中央領導人。」

周恩來喉嗓也堵了堵，說：「知道了，知道了。妳說到的這些情況，我會找時間報告毛主席。國家這麼大，人口這麼多，這個家是不好當呢。這次中央到廬山來開會，就是為了研究問題，調整政策。農村的問題，是個重點。要給中央一點時間來做工作。毛主席已講過多次，大躍進要降溫，高指標要下調……好了，再講一次，我們今天的談話，就到你、我兩人這裡打止。傳出去對妳不好，很嚴重的。包括今後對妳父母親都不能講。妳做得到嗎？」

小梅溫柔地點了點下頜：「做到，保證做到。我們在集訓期間，就強調了保守機密的。」

周恩來說：「很好很好，喲，已經十點了。我還要看幾份材料，妳先去休息吧。有事，我再按鈴叫妳。這段時間，就妳一人在樓上值班，很辛苦的。我樓下的那幾位秘書、衛士，不經傳喚，是不上樓的。」

小梅一步三回頭地退了出去，依依不捨似的。周恩來處事謹慎，對這個小表妹還缺乏了解，先觀察幾天再說吧。

他在書案前坐下，攤開幾份一路上沒有來得及看完的材料。他看材料一向過目不忘。這晚上，他卻看不進去，那一行行字迹，就是跳不進他的眼簾……可又頭腦清晰，不覺得犯睏。是小梅剛才一番話，攪得他心緒不寧，江西鄉下也在鬧饑荒。江西還是個產糧省。那其他地方呢？比如糧食本來就要靠外省調進的廣西、貴州、安徽、山東、陝西、甘肅、青海、內蒙古等省區呢？情況不是更嚴重了？各省區報上來的材料，卻總是糧食豐收、豐收、豐收，形勢也總是大好、大好、大好。

時間還早。習慣夜間工作的周恩來還想找人談談。找一位省委書記來？還是找一位副總理？可是怎麼談？什麼可談，什麼不可談？自他去年五月在黨的八屆二次代表大會上，向全黨作出公開檢討之後，誰不知道他周恩來犯了「反冒進」的錯誤？談得出下面的眞實情況嗎？在省委書記中，四川的李井泉，河南的吳芝圃，甘肅的張仲良，安徽的曾希聖，湖北的王任重，廣東的陶鑄，加上上海的柯慶施，去年都是頭腦最昏熱，吹牛皮吹得最離譜的，毛主席又對他們那樣信任器重，他們肯認錯、服輸嗎？對了，倒是有一位湖南的周小舟，在延安時做過毛主席的秘書，也很受毛主席器重的，去年卻被插了白旗，斥爲右傾。湖南省委還有位常務書記周惠也不錯。去年湖南「二周」敢於抗大流，硬是頂著毛主席的「農業大臣」譚震林，不肯搞田土深翻、水稻密植、一年三熟；在全民大煉鋼鐵的關鍵時刻，湖南又有三萬座土高爐沒讓點火。作爲兩位省級領導人，這是很要一點勇氣和膽識的。說起這事，周恩來還幫過「二周」一點忙呢。那是去年十一月底，周小舟打電話到北京找周總理請示：響應中央號召，全省又砌起三萬座土高爐，可是還有兩千萬畝晚稻、一千多萬畝紅薯等著收穫，我們應該顧哪一頭？總理啊，湖南的大部分地區到了十二月中旬就要下白頭霜了，霜一下，穀粒就脫落，紅薯就凍壞，明年全省人民吃喝什麼？拿什麼去支援缺糧省？周恩來知道湖南「二周」不想讓那三萬座土爐點火，也就作了個靈活指示：好了，這事你們算給中央匯報過了，具體怎麼辦，由你們省委視實際情況做決定吧，主席若問起，我替你們說一聲就是。

湖南的周小舟和周惠，對周總理是千恩萬謝了。結果是，去年湖南雖然被譚震林代表黨中央插了他們白旗，評爲下游省，可湖南保住了糧食，穀子沒有爛在田裡，公共食堂也沒有喝清鼻涕一樣的稀粥；而插了紅旗、爭了上游、屢受中央表揚的幾個鄰省，湖北、廣東、廣西、江西、貴州，今年卻鬧缺糧，要向湖南借糧……找「二周」談談？不妥、不妥。「二周」如今被毛澤東主席視爲「穩健派」的功臣，若找他們來談論去年的是非功過，一旦被主席察覺，會鬧出誤會，認周恩來是要爲自己去年的「反冒進」錯誤鬧翻案，串聯幹部，搜集材料，那就要惹大禍了。

不能找「二周」，找副總理兼財政部長李先念來談談？先念同志湖北黃崗木匠出身，當年紅四方面軍西路軍在祁連山區全軍覆滅剩下來的一員戰將，是個老實人。一九五五、五六、五七整三年，他和自己配合默契，力行經濟「退燒」，反冒進，反左傾，敢作敢爲，肩膀很硬的。可是自去年八大二次會議上，他跟著自己和陳雲做了檢討，認了錯，也就學得聰明起來了，大事小事都直接去向毛主席請示匯報，主席很是滿意。聽先念同志的秘書和自己的秘書私下議論：李副總理這回上廬山，公文包裡裝了兩種材料，一種報喜，一種報憂，到時候看會議形勢，需要哪方面，就拿哪方面，兩全其美，萬無一失了。

想到先念同志，周恩來心裡悵然若失：一場大躍進鬧下來，再老實忠厚的人，也變得圓滑聰明了。自己又何嘗不是這樣？全黨上下，也都是這樣，蔚然成風了啊。

陳雲同志在山上就好了。有關經濟問題，周恩來和陳老闆可以無話不談。陳老闆脾氣很硬，難得順風轉舵。去年五月八屆二次會議上，陳老闆也作了檢討。那可眞是一次大檢討喲，主持經濟工作的周恩來、陳雲、李先念、薄一波，總理和副總理，輪番上台作大會檢討，名副其實的國務院領導班子大檢討啊。可檢討過後，陳老闆就不幹了，請病假休息去了。他本來身體欠佳，心情不舒暢，就請假養病，聽評彈。去年冬天，毛主席問起陳雲的病情，囑周恩來去探望。周恩來見到陳老闆，發現屬於小病大養，優哉閑哉，便問可不可以出來做些工作。陳老闆竟直言不諱地說：「現在亂七八糟，衛星滿天飛，九千萬人上山煉鋼鐵，以後日子怎麼過？我又不會吹牛皮，能出來做什麼？我這話，你可以報告主席。」周恩來苦笑了：「你這話，我怎麼可以告訴主席？唉，算了算了，你有病，還是好好休息，不要太煩心，日子總要過下去。主席說過，天不會塌下來，地也不會陷下去，就是天塌地陷，地球照樣轉動。」

這時聽到樓道輕響，周恩來知道有人上來了。是小梅站在門口。她換了身湖藍色的連衣裙，燈光下婷婷玉立，更顯得出水芙蓉般清麗了。周恩來問：「小梅啊，進來吧！有什麼事嗎？醫生讓妳來催我休息了？」

小梅的笑靨總是帶著股童貞的羞澀。她走近了，才說：「樓下值班室接到劉主席電話，問總理休息了沒有。小教堂正在舉行舞會，主席和總司令已經到了，如總理沒有休息，請去參加一下……這不，我連衣服都換了。」

周恩來一聽有舞會，精神為之一振，笑著站起來，在壁櫥裡取出件毛料中山裝披上，對著鏡子照了照。小梅懂事地上來幫總理扣衣扣，之後蹲下身去替總理抻了抻褲管，仰起臉來時，見總理正愣愣地盯住自己看，原來自己的衣領口綳開了，便紅了紅臉站直了身子，羞怯地拉了總理的手，說：「走吧，車子在樓下，路不是很遠，走著去也只五、六分鐘。」周總理輕輕鬆開了小梅的手。這使小梅很感動，要換了省裡的某些領導人，早滿嘴煙味鬍鬚巴岔的毛手毛腳了，你不忍也得忍著。

既然步行也只要五、六分鐘，周恩來沒有坐車，而由小梅陪著，權當散步地走去。警衛秘書則拉下一段距離，跟隨在後。山裡起霧了，白濛濛一片。走在霧裡，就像走在半天雲裡。山道上路燈裝得很低，昏黃黃的照著路面。小梅很幸福很信賴地挽著總理，步履輕盈。總理又聞到了她身上透出來的那股子溫馨清甜的青春氣息。濃霧中，他幾次怦然心動，直想兩手捧起江西小表妹俏麗的臉蛋來個熱吻，就像無數次在宋副主席的後院熱吻孟蝶那樣……但他克制住了自己，轉而開玩笑說：「小表妹啊，我們走在這霧裡，也是進了仙境，一個神仙，領著一個小仙女囉……」

尖頂上頂著個十字架的教堂聳立在河東路側，建造於三十年代，原是蔣委員長夫婦做禮拜的地方。共產黨是無神論者，既不信奉東方的菩薩，更不信奉西方的上帝。共產主義是天堂，人民公社作橋梁。教堂改作舞場，還愁什麼身後進不了天堂？況且現刻的廬山，已是人間天堂了。

周恩來由小梅陪著進入燈火輝煌的教堂時，舞會已經開始了。樂曲聲中，毛主席的舞伴是楊尙魁的夫人隋靜，少奇同志的舞伴是王光美，朱總司令的舞伴是當地的一位女文工團員。周恩來拉起小梅的手：「我們下場吧，免得大家過來打招呼，是快四步……啊喲，小表妹，看不出妳一位農家出身的女子，舞步嫻熟，很好很好。等一會，我介紹你去陪毛主席跳一曲。但記住，妳不要和毛主席講你們鄉下的那些事，我們都要愛護毛主席。」

這最後一句話，周恩來是咬在小梅的耳邊悄悄說的。

一支舞曲完畢，領袖們牽著各自的舞伴下場，在四周的沙發上坐下來稍事休息。周恩來拉著小梅，匆匆跟少奇夫婦、朱總司令等人打了個照面，便逕自走向毛主席。其實毛主席早看到他和他牽來的小美人兒了。毛主席竟站起身子來相迎：「恩來啊，聽說你上山後就給了我電話，正好我外出散步了。這位小同志是誰啊？像那個叫什麼孟蝶的？幾年不見，怎麼也上山來了？」

周恩來把小梅輕輕推到主席面前：「主席，她不是孟蝶，名叫梅霞新，贛州人，南昌護校畢業，懂按摩針灸的……」

毛主席眼睛發亮了，慈祥地拉起了小梅的手：「贛州人？那我們是老表囉……贛州人厲害呀，當年中央紅軍在江西蘇區六、七年，北邊的吉安，東邊的于都，南邊的南康，西邊的遂川都打下了，就剩下個贛州城，攻了多次才攻進去……贛州出美人，我是頭回見到了。」

顯然，毛主席對小梅的第一印象不錯。周恩來適時說：「小表妹是尙魁夫婦分派到我那裡去的。主席有風痛症，她會針灸，我看就留在主席身邊好了。」

毛主席笑瞇瞇地握住小梅的手不放：「總理說了不算，還要看人家小老表自己，對不對？」

周恩來以手指輕輕觸了觸小梅的腰背。小梅明白了總理的意思，連忙紅著臉，點了點頭。

毛主席笑了笑，忽又變了主意：「很好很好，我是無任歡迎。這樣吧，小老表，總理也犯過肩痛，妳先照顧他。我那邊另外有人。妳以後兩邊跑跑，手到病除，如何？」

毛澤東還特意向周恩來伸過手來，握了握，表示謝意。恩來這人就是有這個好處，從來不專美、掠美，有了合適的人才，總是樂於往自己這裡輸送。

樂隊又奏起了舞曲。毛澤東請小梅下場伴舞。隋靜則邀周總理跳一曲。周恩來說：「隋靜啊，你今晚上是女主人，精神得像位舞后囉！妳先陪總司令去跳一曲，我先要和楊尙昆同志談點事，回頭再來邀妳，我們跳探戈，如何？」

隋靜依言，邀朱總司令下場去「走正步」。這是朱德獨特的「舞步」，任何曲子，他都是一步一步地摟著人兒走圈子，形同走正步。

周恩來找到了主持本次會議會務工作的中辦主任楊尙昆。兩人到一處稍稍僻靜的角落上坐下。楊尙昆說：「總理，我是先到了兩天，一直忙亂著，還沒有來得及去看你。」

周恩來說：「你客氣什麼？每逢中央開會，你都是大忙人。我只是問問你，這次中央領導人加全國諸侯們以及工作人員，總共三、四百人，分住七、八十棟別墅，開七、八十處小灶伙食，估計要消耗江西省多少物資？」

楊尙昆說：「少不了……各人都是帶了小灶廚師、服務人員上山的，南方、北方，口味也不相同。有的要大魚大肉，有的要精工細作，有的還要吃野味、海鮮、湖蟹、甲魚……就算總司令是生活最簡樸的，可每天要吃兩個烤紅薯，就相當困難。紅薯也不是個什麼好東西，可現在江西、兩湖、兩廣地方，紅薯還在長藤，缺早熟品種，只好動用空軍專機，臨時到海南島去弄那裡的早熟紅薯……」

周恩來苦笑著說：「那紅薯大約也成金薯囉。當然，吃紅薯是總司令在井崗山時期就養成的習慣，幾十年不改，難得。醫生說，紅薯還能治老人便秘。我們不能光算經濟帳……但其他同志的特殊要求，還是要盡量節省些。不要把廬山神仙會開成江西擾民會。我這意思，你明白？」

楊尙昆點點頭，跟著又搖搖頭說：「我明白總理的意思，但執行起來不大容易。比如柯慶施同志，吃慣了江蘇洋澄湖的大閘蟹，每天一隻，還不能小於二市斤，又說鄱陽湖的閘蟹不如洋澄湖的肥，有股泥腥味；再比如陶鑄同志，聽說平日生活較簡樸，這次卻一上山就讓他秘書來後勤組打招呼，說可否弄一兩條蟒蛇、眼鏡蛇什麼的，想擺個蛇肉宴，招待東北來的老戰友……」

周恩來登時眼睛冒出火星子：「胡鬧台！他們一個個做慣了土皇帝，上廬山來擺什麼譜？特別是柯大鼻子！對不起，我是說柯慶施同志，去年不是在《人民日報》上寫了文章，主張取消資產階級法權，取消工資制，恢復供給制嗎？主席不是一再表揚過他嗎？原來他的法權沒取消，特殊化越鬧越厲害。尙昆啊，我看山上各路神仙的伙食，能省的還是省些吧。我知道你很爲難，哪路神仙都通天，得罪不起。現在黨內許多事情越辦越離譜……你知道嗎？山東荷澤，河南開封，已經鬧開了饑荒；江西贛州的一個生產隊，全村社員患上水腫病，死了十幾口人。湖北、廣東、廣西、甘肅、安徽也糧食告急。這是個別現象，還是全國現象？我很擔憂。也許又是我的思想右傾了，負面問題看得多了些。不管怎麼講，我們不能脫離群衆。主席常說，我們是魚，人民群衆是水，魚離不開水……」

楊尙昆神色凝重，見舞場對面劉少奇同志正在向他招手，便站起來說：「總理，我知道你心裡很苦。既然上了山，還是開開心心放鬆一下。神仙會只開半個月，不必爲吃吃喝喝這類事，得罪各路諸侯。不是為糾左、降溫來開會嚜？主席對下面的情況，已經有所察覺……娘的，怕只怕以後人家說我們共產黨，也是朱門酒肉臭，路有凍死骨嘍！」

周恩來握住他的手囑咐：「尙昆，剛才我心情不好，講了幾句帶氣的話，不要傳到柯大鼻子他們耳朵裡去……你也要注意自己的情緒。神仙會嘛，大家開開心心的，不要開出什麼毛病來，高高興興上山，也高高興興下山才是。」

第二章　周恩來矯正毛澤東

周恩來邀隋靜跳了一曲探戈。隋靜身子柔軟，舞步輕盈，配合默契。沒等舞會散場，周恩來就由警衛秘書陪著，一路步行回了「馬歇爾別墅」。稱「馬歇爾別墅」太過殖民味，應稱作牯嶺西谷四百二十二號。他把江西小表妹留給了主席。主席詩人氣質，感情豐富，喜歡漂亮的人兒，只要藍蘋不出面吵鬧，大家早習慣於睜隻眼、閉隻眼了。如今可不要小看了藍蘋囉，她在黨內什麼職務都沒有，和毛主席也早分了居；但主席經常派她協助康生處理一些極機密的案子。比如一九五四年年底秘密逮捕上海市公安局局長楊帆，一九五五年黨代會期間秘密逮捕上海市委副書記潘漢年，她都起了關鍵性作用。又如去年黃敬同志在廣州不明不白地「突然病逝」，至今一團迷霧。黃敬才四十六歲，平日身壯如牛。死因不明也沒讓解剖，當天就火化了。黃敬原名俞啓威，浙江紹興人。一九三二年在青島從事地下黨工作時曾和名叫李雲鶴的女子結婚。不久兩人分手。李雲鶴去了上海投身演藝界，藝名藍蘋，後又投奔延安，改名江青；俞啓威則化名黃敬，到北方局工作，成爲得力幹部。一九四九年初天津解放，黃敬是天津軍管會主任，市長。不久調中央任國務院第一機械工業部部長，國家技術委員會主任，黨的八屆中央委員。可周恩來明白，藍蘋作爲主席夫人，對自己的這個年輕有爲的第一任丈夫，怎麼看怎麼刺目，心裡不舒服……廣州方面去年曾經有人私下議論，黃敬同志屬於「暴卒」。眞是令人不寒而慄。

盧山第一晚，周恩來吃了安眠片，仍遲遲沒能入睡。他本是個在汽車上都可以睡著的人。或許這山上的空氣太過清新，使人的大腦皮層處於興奮狀態？或許仍是那個近年來一直苦纏著他的大是大非問題，硬在尋個水落石出？

是了，正是去年春天，毛澤東主席反掉了他周恩來和陳雲的「反冒進、反左傾」，才發動起了全黨大躍進，全民大躍進。整個兒就像在賭氣耍潑似的：你不是要「反冒進」嗎？我偏給你來個大躍進！你不是強調經濟建設要注意綜合平衡，要按經濟規律辦事嗎？我偏要打破你的所謂規律，所謂平衡！按照辯證法，平衡是相對的，不平衡是絕對的；人類就是在不斷打破舊有規律的過程中得以前進。共產黨人就是一切舊有規律永不疲倦的破壞者。

似是而非，歪理常之成爲正理。辯證法常常淪爲無往不勝的詭辯術。可是這話，能對毛澤東說嗎？又有誰敢在毛澤東面前提到他的「思想」充滿了詭辯術？

這一切，究竟是怎麼發生的？又是從什麼時候開始的？幾年的國務院總理當下來，周恩來已是備嘗艱辛、心力交瘁了。除了一次差點送掉性命的一九五四年萬隆亞非會議，加上一次前後歷時三個多月的一九五五年日內瓦會議，他在國際舞台上意氣風發，縱橫捭闔，爲新中國打開外交局面，獲得過衆多的喝采；在國內事務上，卻動輒得咎、如履薄冰，地位也幾度岌岌可危。原以爲高饒事敗，去掉了那個妄圖爬到他頭上的「二皇帝」，前進路上已無障礙，他和陳雲同志可以率領整個國務院系統，在毛主席的指導下，在少奇同志的默契配合下，集中精力、發揮才智於國家經濟建設大計，爲黨和人民好好幹下一番事業。本該是他一展平生抱負、創下輝煌政績的歲月……

一個他和少奇同志都沒有預料到的情況出現了：多年來反覆宣稱要退出一線、退居二線從事理論研究的毛澤東主席，竟是早就按捺不住似的，忽然搶到最前線來直接干預、指揮經濟工作。原先是讓高崗代他上陣，現在是親自披掛上陣，連個緩衝、迴旋的餘地都不給了。毛澤東主席的脾氣也越來越乖張，喜怒失度，反覆無常。在農業合作化問題上，他明明在政治局會議上同意了劉少奇、鄧子恢提出的對山西、浙江等地不顧條件一窩風鬧起來的幾十萬個農業合作社進行整頓，允許解散；可是過了半個月，他卻當衆斥責劉少奇、鄧子恢兩人是合作化道路上的「小腳女人」，「絆腳石」。他派自己的政治秘書陳伯達去兼任農業部副部長，主持全國合作化運動。陳伯達是個書生，根本不懂農業。他更撇開中央分管農村工作的劉少奇、鄧子恢，組織編撰了《中國農村的社會主義高潮》一書，作爲全黨的農村工作手冊，親自寫了兩篇社論，並替收進該書的文章寫下一百零四條思緒狂亂的按語，比如「人多議論多，熱氣高，幹勁大」，「人多好辦事」，「群衆中蘊藏了一種極大的社會主義的積極性，那些在革命時期還只會按常規走路的人們，對於這種積極性一概看不見。他們是瞎子，在他們面前出現的只是一片黑暗。」「這是大海的怒濤，一切妖魔鬼怪都被沖走了。社會上各種人物的嘴臉，被區別得清清楚楚。黨內也是這樣。」……

一九五六年一月，毛澤東親自率領譚震林、陳伯達等人制訂出了〈一九五六年到一九六七年全國農業發展綱要〉，要求在十二年時間裡，糧食產量增長二點九倍；棉花產量增長三點三倍。

不久，毛澤東又指示以國家計委主任李富春爲首的另一組人馬，提出了一份〈中華人民共和國發展國民經濟十五年遠景規劃〉，規定：到一九六七年，工農業總產值增長五點六倍；鋼鐵產量更是要由一九四九年的十九萬噸一下子躍進到一九六二年的二千七百萬至三千萬噸，到一九六七年達到五千萬至六千萬噸。

毛澤東制訂出上述兩項想入非非、脫離實際的經濟發展計劃，有意忽略了劉少奇、周恩來、陳雲、鄧子恢、李先念等人的務實看法。在國務院的十位副總理中，只有鄧小平、李富春表示贊同。

使得周恩來、陳雲的國務院系統更爲棘手的是，毛澤東在制訂上述「綱要」、「規劃」的同時，更是號召全國各省市自治區大大加快經濟建設的速度，指示反對右傾保守，反對少、慢、差、費，提倡多、快、好、省。於是全國各省市立即跟進，紛紛向國務院報新計畫，立新項目，把一些原本是第二個五年計畫、甚至是第三個五年計畫才開工興建的大型工程，提早到一九五六年來上馬，要求國務院給經費、給鋼材水泥。有的還提出邊勘測、邊設計、邊施工，大幹快上，恨不得一個晚上就能建成社會主義。一時間，全國上下，摩拳擦掌，一片昏熱。

面對毛主席提出的一系列天文數字般的高指標，各地幹部頭腦發燒，負責實際經濟事務的周恩來、陳雲等人直冒冷汗，無所適從。一向慎言慎行的周恩來在總理辦公會議上，苦笑著說：根據什麼把糧食產量、鋼鐵產量訂這麼高呢？西方工業發達國家的西德和英國，目前也還沒有年產鋼鐵兩千萬噸。人家是什麼樣的基礎？我們又是什麼樣的基礎？要求五年之內，我們年產鋼鐵二千七百萬噸到三千萬噸，眞是匪夷所思！況且鋼鐵產量的噸位並不能說明一切。德、英兩國雖然年產鋼鐵都不到兩千萬噸，但他們鋼材品種多，什麼機器都能製造，這才是眞正的工業國力；不然，就算能煉五千萬噸，但都是些粗鋼，品種上不去，生產不出好的機器，又有多少用？高指標呀，高指標，主席就是圖個多、快，丟了好、省，到時候怎麼收場？

言下之意，毛主席不懂工業，不懂經濟，又偏偏要搶到第一線來充當總指揮。幸而「綱要」也罷，「規劃」也罷，到底還是要由最高行政機關國務院來落實、執行。難得幾位經濟當家人堅持務實，頭腦清醒。還有劉少奇也算頭腦清醒。他們共同覺察到，黨內已滋生出一股來勢凶猛的左傾冒進風潮；一九五六年國民經濟計畫，經毛主席一再催迫所提出的各項指標，將如一批出籠的餓虎撲向國家有限的資金和原材料。當務之急，在於反左傾，反冒進。

於是北京政治舞台上，出現了有趣的格局：毛澤東主席到處颳加速經濟建設之風，搧多快好省之火；國務院總理周恩來、副總理陳雲處處搞消防，設法降溫、熄火。

一九五六年年初起，周恩來一反他在毛澤東面前小心翼翼的習性，表現出來罕見的政治勇氣和責任心。他首先在國務院常務會議上，旗幟鮮明地告誡副總理們和各部委辦負責人：各地都在反右傾、反保守，出現了貪大貪多貪快的急躁冒進情緒，我們可不要頭腦發燒呀。就這麼一點家底子，一九四九年全國鋼產量才十九萬噸，去年好不容易搞到了三百九十萬噸，加上幾百萬噸水泥，一千多萬噸煤炭，若依了下面獅子口大開，恐怕連十個省市都滿足不了。中央的重點項目拿什麼來保障？搞經濟建設，要按經濟規律辦事，有多少米煮多少飯。不能一窩蜂，一哄而起，搞萬馬奔騰。上馬容易下馬難呀，到時候造成經濟損失，難以估算，國家要吃大虧。

此後周恩來更反復強調：絕對不要提出提早實現工業化的口號。冷靜算一算，確定不能提。不管是十二年遠景規劃，還是今明兩年的年度計畫，都不要胡吹海誇。對群衆的積極性不能潑冷水，但領導者的頭腦發熱了的，用冷水洗洗，可能會清醒。各部委專業會議提出的計畫數字都很大，不要搞競賽，請大家冷靜下來。

周恩來率領國務院的副總理們，公然與毛澤東主席對著幹，反其道而行之了。一九五六年度的基本建設投資，國務院上報中央主席審批的款項爲一百一十億元，卻被毛澤東一路追加到了一百七十三億元。周恩來和陳雲咬了咬牙，壓縮爲一百四十七億元。李先念、薄一波等人甚至要求一退到底，退回到原來的一百一十億去。周恩來搖頭苦笑說：「先念呀，你是個實幹家。已經有人指責我們國務院是『促退委員會』，『壓縮委員會』。我倒甘願揹這個名聲。但我們總得過主席那一關呢。」

修訂後的〈一九五六年國民經濟計畫案〉呈送毛澤東主席審批。毛澤東翻了翻，一看將他原先定下的一百七十三億基本建設投資，壓縮成一百四十七億，眼睛都氣烏了，隨手批下幾個怒氣衝衝的大字：不看，沒有意見，退回！

龍顏不悅，但報批手續完備。周恩來、陳雲領著國務院系統人馬，硬著頭皮幹下去。經濟問題畢竟不同於政治問題，況且是對國家、對人民負責性，不是胡整。到了四月中旬，全國各地在經濟建設上急於求成，大搞快馬加鞭齊頭並進，所引發出來的惡果已經日顯嚴重：國家財政吃緊，鋼材、水泥、木材等主要建築材料供不應求，國家資金和物資儲備日漸短缺。面對如此嚴重的局面，周恩來、陳雲心裡有數：壓縮後的一九五六年國民經濟計畫仍然是個冒進計畫，相應的〈農業發展綱要〉和〈十五年遠景規劃〉兩大方案，也同樣是冒進了。

癥結在於毛主席。毛主席昏熱，全黨昏熱。要使這種不顧國家財政、不顧主客觀條件，一味追求加快加大建設步伐的熱潮退燒，最大的困難在於需要勸說毛主席帶頭退燒。周恩來寄希望於正在埋頭起草「八大」政治報告的劉少奇同志。如果少奇同志態度鮮明地支持國務院壓縮經濟指標，或許能促成毛主席實事求是地思考問題。

周恩來找到少奇同志訴苦說：「整個經濟建設形勢嚴重，貪多貪大，急於求成，全國颳熱風。我和陳雲、子恢、先念，一波像救火隊，到處撲火苗。國務院成了促退委員會。不是促進，而是促退，退到合符實際，有多少財力辦多少事，有多少鋼材、水泥上多少項目。可是主席那裡怎麼辦？他對我們越來越無耐心……」

劉少奇對周恩來、陳雲等的處境表示理解和同情。他建議周、陳在下次政治局會議上把問題攤開來談，直接向毛主席匯報情況，陳述利弊。不然你們勇於負責，辛辛苦苦地幹了工作，反而可能鬧下誤會，甚至被人指爲與毛主席的方針背道而馳，另搞一套，問題就更痲煩了。劉少奇說，如今在毛主席周圍，有一大批主張經濟建設可以打破常規、齊頭並進的同志呢。鄧政委、譚震林、陳伯達、康生、羅瑞卿、廖魯言、陳正人等等，都是。在下面的則有柯慶施、李井泉、陶鑄、王任重、曾希聖、吳芝圃等等。都恨不能幾口吃成個大胖子，一晚上完成工業化。恩來啊，你和陳雲同志要有思想準備呢。黨內要颳風，不是一兩個人的事，關鍵是思想路線和工作作風。

少奇同志對黨內的幹部人事，從歷史到現狀，確是瞭若指掌。可以說，毛澤東主席對經濟建設貪大圖快、急於求成的心情，很大程度上，也是被他周圍的這批「文癡」和「武癡」所激勵出來的。

四月二十九日下午三時，在頤年堂開政治局擴大會，研討經濟工作。毛澤東主席一一點名，除朱德、鄧小平、彭德懷、林彪、羅榮桓五人因事因病請假，人員到齊。劉少奇主持會議，照例先請毛主席講話，談經濟形勢。

毛澤東說：「我也不談什麼形勢好壞等等了，報館天天都在發消息。我這裡要直奔主題。今年年初，國務院報給我一個一百一十億的基本建設投資方案。我根據各方面的要求，建議定爲一百七十三億，批了。可是到了本月中旬，周總理和陳副總理們卻給了我一個回馬槍，把全國基建投資壓縮成一百四十七億，又報上來讓我照准。把本主席當木偶了？還是泥菩薩？對不起，此次我只批了幾個字：不看，沒有意見，退回。我惹不起，還躲不起呀？你們壓縮、停建了那麼多的重要項目，各省市怨聲載道，還有罵娘的，電報、狀子都告到了我這裡。怎麼辦？我不忍心潑下面的冷水，打擊建設社會主義的積極性。你們不是搞了個『促退委員會』嘛？本人也向國務院同志看齊，效法搞個『促進委員會』，與之抗衡。可不可以？不是口口聲聲強調什麼綜合平衡嘛？你那廂唸促退咒，我這廂唱促進經，也算一種綜合平衡。考慮到各省市同志的意見和要求，本主席再次鄭重提出：今年的基本建設投資，定爲一百八十個億。一百八，發一發。周總理，陳老闆，還有各位同事，以爲如何？」

毛澤東一番開場白，說得陳雲、鄧子恢、李先念一班子副總理們乾瞪眼。他們憂心如焚地想起把日益失控的經濟形勢控制住，最高領袖卻不管不顧，唯恐漏子、亂子捅得不夠大。

周恩來保持著他遇事不驚的平靜。不驚是表面，內心裡也是怦怦響。要在平日，遇上毛主席這麼一番冷嘲熱諷的數落批評，他早就低頭認錯，表示願意檢討了。這次卻不，周恩來非但沒有認錯，而是當著毛主席的面，誠懇而坦率地擺出了自己的看法。他首先簡要彙報了當前國務院所掌握的基本建設資金及鋼材、水泥、木材、工程技術隊伍等方面的情況；之後說：「搞建設，各省市自治區熱情高漲，都要求多列項目，多上工程，這是主席去年以來指示加快建設步伐、反對右傾保守帶來的好形勢，好格局。另一方面，正如主席經常指出的，要注意一種傾向掩蓋著另一種傾向，就是黨內已有一種急躁冒進的情緒在蔓延。如果中央不注意克服這股急躁冒進風氣，盲目追求高指標，高速度，勢必造成資金短缺、鋼材水泥短缺等嚴重情況。如果放手讓一些計畫外大型項目上馬，到時候就會停工待料，成爲半吊子工程，幾萬人馬陷在那裡，上上不去，下下不來，給國家造成巨大的經濟損失。或許有的同志說，我們可以加速建些鋼鐵廠、水泥廠嘛。但建一座大中型的鋼鐵廠或水泥廠，至少需要花上七到十年的時間。基建工程一旦上馬開工，天天張開大口嗷嗷待哺，是沒法子等上七到十年的，這是常識。所以搞經濟建設，不能萬馬奔騰，齊頭並進。而要一馬當先，萬馬跟進。」

毛澤東總算耐著性子聽完了周恩來的發言。周恩來總是打著擁護、贊同的旗幟，從中塞進自己的一套。明明是要給各省市的建設熱潮刮冷風、潑冷水，卻又標榜是在眞正愛護下面的積極性：「恩來啊，快馬加鞭，萬馬奔騰，齊頭並進是我提出來的，你不同意沒有關係。我們言論自由，各人保留。請教你的一馬當先，萬馬跟進，是什麼意思？」

周恩來額頭上已冒出來一層細細的汗珠子。他掏出手絹來貼了貼：「主席的快馬加鞭我衷心擁護，反對右傾保守我舉雙手贊成。問題在於國務院、國家計委要算賬，要拿得出資金和鋼材、水泥。國家底子薄，基礎差，許多事情急不得。一馬當先就是原材料當先，煤炭、電力、運輸當先。先有煤炭、電力、運輸，才能多產鋼材、水泥。有了鋼材、水泥，才能上基建項目，就是這個道理。」

毛澤東還很少被周恩來這麼軟磨硬頂過。他登時臉色陰沉下來：「今天我開宗明旨，主張今年的基建投資追加到一百八十億，恩來同志擺出一大套理由來搪塞、反對。若依了恩來的高見，我們的經濟建設就只好按部就班，老牛破車，亦步亦趨了。但也不是一馬當先，煤炭、電力、運輸、鋼材、水泥，至少是五馬當先囉。可見邏輯混亂。少奇、陳雲、富春，還有先念，你們幾位的看法呢？」

劉少奇恭敬地看毛主席一眼。主席指頭捏著根雲煙欲吸，他連忙擦亮火柴湊上去，幫著點燃，之後自己也燃上一支大前門，坐正了身子，才說：「主席加快建設步伐的主張我是贊同的。搞建設是辦喜事，要放鞭炮，不要潑冷水。我們既要愛護地方的積極性，又要考慮到中央財政上的困難。在這方面，總理和陳雲同志是當家的，知道油鹽柴米，籌措不易。當前是既要反右傾保守，提倡多快好省；又要防止急躁冒進，丟了主席一貫提倡的一切從實際出發的好傳統、好作風。如果允許各地大上項目，遍地開花，到時候資金、原材料都到不了位，而中途停工，就被動了，造成的經濟損失、物資浪費會相當嚴重。」

陳雲緊繃著臉，誰也不看地說：「搞建設，做熱鍋上的螞蟻，火燒屁股似的，爭著搶著上項目，打亂了計畫，到時候只怕誰都爬不出熱鍋子。我認爲還是做冷鍋子裡的螞蟻比較好，起碼不會被燙壞、燙死。」

陳老闆不拘言笑，卻譬喻生動，會場上引發出輕鬆的笑聲。只有毛澤東吃了蒼蠅似的笑不出來。這時，周恩來、劉少奇兩人都盯住了副總理兼國家計委主任李富春，示意他不要再曲意迎逢毛主席，而應當鼓起勇氣講講眞話。

李富春遲疑了一會，挺了挺瘦小的身子說：「國家計委是管具體經濟指標的。以目前計委所掌握的資金、原材料，基本建設的確不宜一轟而上，遍地開花。訂指標，訂計畫，還是留點餘地的好。」

毛澤東很不滿意地瞪了李富春一眼。這個小老鄉原先願意緊跟，現在變了腔調……「先念同志，你是財政大臣，你的看法呢？不要緊，可以反對我的主張，相信我還是有點雅量的。」

李先念紅了紅臉，才說：「主席一向要求幹部講眞話，做老實人。現在鋼材、水泥缺口最大。國家財政缺外匯，無法大批進口。何況西方帝國主義對我實行經濟封鎖。老大哥那邊也不可能再擴大對我們的援助。據年初訂下的計畫，今年要完成一百四十七億的基建項目，會有很大困難。我看至多只能完成一百二十幾億。薄一波同志在座，他掌握的數據更詳細。所以，實在不能容許各省市要求追加資金和項目了。參加革命前我是做木匠，一堆打櫃子的木料是絕對蓋不起一棟牛欄屋的。」

越是老實話越不好聽。毛澤東沉得住氣，示意薄一波也講一講自己的看法。薄一波是會議的列席者，主席不示意，他本不欲發表意見的：「少奇同志說，搞社會主義建設，是辦喜事，要放鞭炮，很深刻。但喜事也有紅白兩種。去年山西大同修水庫，沒有技術人員設計，縣社幹部蠻幹，結果大壩堆到一半就垮了，壓死十幾個人，辦成白喜事。所以，搞建設，要講科學，講規律，不要盲目。」

毛澤東越聽越倒味口，再坐不住了。過去戰爭年代，周、陳、李、薄都是敢闖敢幹、大有作爲的人物，怎麼和平時期，到了國務院領導經濟工作，就一個個都成縮頭烏龜了。難道搞經濟建設，比指揮打仗還難？

毛澤東站起身子，揮了揮手說：「我看今天這個會，越開越洩氣。再開下去，就是冷冷清清、淒淒慘慘、悲悲戚戚了。什麼紅、白喜事，可怕得很。你們一面倒，不同意我把今年的基本建設投資列爲一百八十個億，我保留自己的看法。過了『五一』勞動節，我要離開北京幾個月，找個清靜地方去修改兩份大會報告，爲『八大』做準備。工作再不抓緊，今年『八大』還是開不了。北京的事，就交給你們吧。是繼續反對右傾保守，還是同時也反對什麼急躁冒進，少奇、恩來還有陳老闆你們一起看著辦吧。散會。」

什麼決定、共識都沒有達成。毛澤東主席一聲「散會」，轉身就走。這可急了周恩來總理。他連忙快步跟了上去，在頤年堂通往菊香書屋的過廳裡追上了毛主席。

周恩來說：「主席，是不是聽我再匯報幾句……」

毛澤東只是站下身子，臉孔並不轉向周恩來：「基本建設投資被你砍掉二十幾億，我主張的一百八十億也被你們頂到了南牆上。我都不戰自退了，你們還要窮追不捨？」

周恩來苦著眉眼，以求告的口吻說：「主席，富春的話有道理，訂計畫，訂指標，還是留有餘地好。留些餘地，到年終時提前完成，更可以激勵人心，鼓舞士氣。」

毛澤東不爲周恩來的求告所動，冷冷的說：「我主張今年基建投資一百八十億，決心不動搖。」

周恩來見毛澤東如此固執己見，都快要哭了：「主席，搞經濟建設不同於指揮作戰，戰爭有戰爭的規律，經濟有經濟的法則，要注意綜合平衡……失去了綜合平衡，一切亂套，我這個總理就沒法子做下去了。」

毛澤東這才吃驚地轉過臉來，盯住周恩來問：「你說什麼？搞經濟建設不同於打仗？我看又相同又不相同，規律也不能死記硬背。沒有規律本身就是規律。還有，你說你的總理沒法做下去了？什麼意思？若是考慮成熟了，你可以給政治局寫報告、遞辭呈嘛。

周恩來知道自己講錯話了，連忙更正說：「主席，我剛才話說急了一點，我不是那個意思，只是想強調一下工作上的困難……主席，你知道的，我是喜歡做事的人。」

毛澤東聽了周恩來的解釋，卻更生氣了：「那你就是要以此來要挾本人了？恩來啊，我還是第一次領教你的要挾呢！你、我幾十年的老同事了，你知道我的脾氣，從來吃軟不吃硬。放心，開『八大』，我還會保舉你進中央政治局，提名你做黨的副主席候選人。至於你的工作，你自己想清楚了，合則留，不合則去，給政治局寫個東西，大家做出決定。你可以去管政協，搞統戰。但不能由我一個人說了算。我不做中國的史達林。」

周恩來見誤解越鬧越深，委屈得兩眼淚光：「主席，我講錯話了，現在收回。我不會給政治局寫東西。我要在主席領導下，爲黨和國家鞠躬盡瘁，死而後已。」

毛澤東見周恩來一下子急成這副樣子，倒也動了動惻隱之心似的，臉色緩和了下來：「好了好了，『八大』前夕，也不宜鬧重大的人事變動。總理職務，你還是先安下心來做。對本年度的國民經濟計畫，你、我有分歧，暫存疑吧。相信到第四季度會有分曉的。」

第三章　距離右派五十米

中國共產黨第八次全國代表大會上，周恩來作了〈關於發展國民經濟第二個五年計畫的建議〉的報告。報告中刪除了「多、快、好、省建設社會主義」的口號，把第二個五年計畫（一九五八—一九六二）中的糧食、棉花、鋼鐵等各項高指標都往下作了壓縮調整。毛澤東面對中央領導層多數人的共識，不得不予以默認。由於周恩來、陳雲等人堅持不懈的努力，經濟建設中的左傾冒進的風氣受到了遏止。

八屆一中全會上，周恩來當選爲中共中央副主席、中央政治局常委。毛、劉、周、朱、陳、鄧，形成新的集體領導核心。當年高崗雄心勃勃渴望得到，並因此丟了性命的黨內交椅，周恩來順理成章地穩坐上了。一中全會的選舉花絮是，九十七名中央委員投票選舉政治局委員時，毛澤東得了九十七票，是唯一的全票，說明他當仁不讓地投了自己一票；劉少奇獲九十六票，說明他謙遜地沒有投自己一票。還有勞苦功高的國防部長彭德懷沒有當選爲政治局常委，黨中央副主席。有人說彭德懷爲人太耿直，太堅持黨性原則，包括毛、劉、周在內，都是又怕他、又敬他、又有些討厭他。

「八大」之後，毛澤東主席的主要精力傾注於一系列重大政治問題的決策上。鑑於東歐社會主義國家波蘭、匈牙利、民主德國都出現了因人民群衆要求民主改革而罷工罷課，遊行示威，演變成暴亂事件，共產黨政權都是靠了蘇聯紅軍的坦克才得以維持住；毛澤東決定在中國實行一定程度的小民主，小自由，化消極爲積極，變被動爲主動。他先是提出「百花齊放、百家爭鳴」、「古爲今用、推陳出新」的思想文化方針，提倡藝術民主，學術自由。緊跟著又號召大鳴大放大字報大辯論，幫助共產黨整頓三風，清除黨內的教條主義、官僚主義、主觀主義；他一再要求全國知識分子、民主黨派上書言事，知無不言，言無不盡，言者無罪，聞者足戒，有則改之，無則加勉；他還信誓旦旦地保證實行三不主義：不揪辮子，不打棒子，不戴帽子。

由於毛澤東主席帶頭搧鳴放之風，點鳴放之火，使得那些本來對共產黨存有疑慮、戒心的知識分子和民主黨派人士，解除了顧慮，坦率地給各級黨委領導提出批評意見，有的甚至公開提出了民主改革的主張。如《光明日報》總編輯儲安平在中共中央統戰部召開的座談會上，發表了一篇〈向毛主席和周總理提意見〉，言詞尖銳地說現在國家成了共產黨的「黨天下」，國家主席、副主席、國務院的總理和十二位副總理，由清一色的共產黨員組成，沒有一個民主黨派人士參加，民主黨派都放到人大和政協去掛名，也是有名無實；農工民主黨的主席章伯鈞則提出「政治設計院」，由共產黨和民主黨派一起來商討、設計國家的大政方針，共同決策；民主同盟副主席羅隆基則建議成立「平反委員會」，爲在「肅反」、「鎮反」、「三反、五反」歷次政治運動中的大量冤案、錯案、假案平反。

著名的無黨派人士、清華大學教授張奚若更是在鳴放中大膽陳言，直接影射毛澤東：

居功自大，知識水平低，經驗不足，又好大喜功，急功近利，鄙視既往，迷信將來。好大喜功，就是什麼都喜歡「大」，一爲形式要大，二爲組織要大，其中又以形勢要大最爲突出，最受人喜愛；急功近利，就是提倡一切都要速成，要快，一馬當先還不夠，還要萬馬奔騰，不顧條件，要求遍地開花，齊頭並進；鄙視既往，就是什麼東西都要從解放以後算起，以前什麼都是封建，都在打倒之列。好像馬克思出生之前，人類就沒有文化似的。王羲之的字，趙子昂的畫，李白、杜甫的詩，等等，都是封建；迷信將來，將來一切都美好？一切都順利？不見得。歷史是一步一步往下繼承的。將來也是有的發展，有的停滯，有的後退，有的消滅……

說是毛澤東在《人民日報》上看到張奚若教授的發言報導，彷彿看到自己被人描了一幅活生生的畫像似的，勃然作色，怒斥道：「放屁！一個大學教授，資產階級知識分子，竟不知天高地厚，對我們指手畫腳，想當共產黨的師爺？要說我們好大喜功，何錯之有？我們就是要好社會主義之大，喜新中國之功，急人民群衆之利！」

不久，毛澤東把著名的民主黨派人士，高級知識分子們爲響應他的號召，並經中共領導人物們一再鼓勵催促，而在中共中央統戰部鳴放座談會（共開了十三次）的發言，概括爲「三大右派理論」：

章伯鈞的「政治設計院」，羅隆基的「平反委員會」，儲安平的「黨天下」。毛澤東先在中央高層內部吹風說：帝國主義、蔣介石跟右派是通氣的。比如台灣、香港的反動派，對儲安平的黨天下，章伯鈞的政治設計院，羅隆基的平反委員會，是很擁護的。美帝國主義也很同情右派，想在右派中間尋找他們的代理人。

於是全國知識分子在大鳴大放、百家爭鳴了四個來月之後，毛澤東一改自己當初作出的種種公開承諾和神聖保證，而直言不諱地說，那不過是一種「陽謀」，以便「引蛇出洞，聚而殲之」，「對反黨反社會主義的右派分子，既要抓辮子，又要打棍子，還要戴帽子，絕不施仁政。」從一九五七年五月十五日起，毛澤東親自起草了一系列的黨內指示及多篇《人民日報》社論，並任命鄧小平為中共中央反右鬥爭領導小組組長，層層下達指標，規定文教科研單位，右派人數不得少於百分之五。

轟轟烈烈的反右運動一展開，全黨全國又像回到戰爭年代，毛澤東又成為駕馭一切的最高統帥。再無人敢於發出不同的聲音，同情右派者一律畫作右派，決不寬貸。唯一一位反對毛澤東言而無信、出爾反爾的，是孫中山先生的遺孀宋慶齡，先後七次上書毛澤東，要求共產黨愛護民主黨派人士和知識分子，愛護各類寶貴人才。毛澤東對宋慶齡的勸諫相當反感，一度讓周恩來去傳話：宋先生如果覺得住在國內不舒服，可以請她考慮到國外去住一個時期。毛氏下了逐客令。周恩來出於對宋慶齡的敬重，並慮及國家形象，而沒有替毛澤東傳這個話。

由於毛澤東忙於國內反右鬥爭，以及應付社會主義陣營的一系列重大變故，而放鬆了對經濟工作的直接干預，使得周恩來、陳雲的國務院系統得以正常運作，也使得一九五七年成爲經濟工作成績最好的年份，提前一年半的時間完成了第一個五年計畫的所有經濟指標。

可是，正當周恩來、陳雲在一九五七年九月二十日召開的中共中央八屆三中全會上，提出一九五八年經濟領域繼續反冒進，並向下調整第二、第三個五年計畫的各項主要經濟指標，從根本上把毛澤東主持制訂的〈國民經濟十五年長遠規劃〉否定掉；毛澤東警覺了，蘇共二十大徹底否定了史達林，現在中共黨內是不是也有人想否定自己？於是，毛澤東在全國抓右派已取得決定性勝利之後，回過頭來抓經濟建設的速度問題。他堅信自己可以打破目前的局面，使經濟建設來一個躍進。

毛澤東在十月九日三中全會的閉幕會議上，以總結講話的方式，第一次對周恩來、陳雲等人的「反冒進、反左傾」進行公開批評。他先說了一通國際國內形勢，反右鬥爭的勝利，突然話題一轉：「去年這一年，我們也被掃掉了幾個東西。一個是掃掉了多、快、好、省。再沒有人提這個口號。不要多了，不要快了，連帶好、省也掃掉了。好、省我看沒哪個人反對，就是一個多，一個快，人家不喜歡，有些同志叫『冒』了。還掃掉了農業發展綱要四十條。這個『四十條』去年以來不吃香了，有人想連鍋端。端不端得掉啊？我很懷疑。端掉了也可以復辟。還掃掉了促進委員會。我曾經談過，共產黨的中央委員會，各級黨委會，還有國務院，各級人民政府，總而言之，『會』多得很，其中主要是黨委會，它的性質究竟是促進委員會，還是促退委員會？我認爲應當是促進委員會。有些同志熱中於促退委員會。我看國民黨才是促退委員會，共產黨是促進委員會。去年那股風掃了促進委員會，現在可不可以恢復？要促退我們的，是那個右派的章羅聯盟①，是右派同盟軍，還有台灣的國民黨，加上西方的帝國主義分子……」

毛澤東主席的總結講話，給了周恩來、陳雲等人當頭一棒，也是一次突然襲擊。又是發生在閉幕式上，毛一總結完，就宣布會議結束，中央委員們各自打道回府，周、陳等人連給自己辯解的機會都沒有。把「反冒進」壓縮經濟指標，把半開玩笑性質的「促退委員會」，當成國民黨和帝國主義、當成章羅右派聯盟來批判，性質夠嚴重的了。劉少奇、周恩來、陳雲等人唯有面面相覷，忍辱負重了。散會之後，他們也沒有勇氣、沒有必要跟黨主席作公開的辯論。不是不想，而是不敢。毛澤東敢和他們撕破臉，他們不敢和毛澤東撕破臉。雖然黨的「八大」決議中也曾明確宣示了反對個人迷信和領袖崇拜，強調黨中央實行集體領導；但在內部文件中又同時保留了毛澤東主席對黨和國家重大決策的一票否決之權。因之大鳴大放也好，幫助黨整風也好，全國抓右派也好，毛澤東一系列的重大舉措事先都沒有經過黨中央的集體決策；只是事情鬧開來後，中央政治局和書記處才順應需求，來補做相關的文件、決議。誰也無法對毛澤東的絕對權力作出挑戰。

一個月後，毛澤東親自批改、審定了兩篇《人民日報》社論：〈發動全民，討論四十條綱要，掀

① 即「章伯鈞、羅隆基反共聯盟」，爲中共一九五七年反右鬥爭眾多大冤案之一。

起農業生產新高潮〉，〈必須堅持多快好省的建設方針〉，在全國讀者面前公開指責反冒進，號召人民批判右傾保守，在生產戰線來一個大躍進。

十一月二日，毛澤東率領中國黨政代表團赴莫斯科，出席蘇聯十月革命四十周年慶祝活動及隨後舉行的十二個社會主義國家共產黨、工人黨代表會議，還有六十四國非執政的共產黨領袖會議。副團長是宋慶齡和鄧小平。讓宋慶齡掛名副團長一起出訪，算是毛澤東對她反對抓右派的意見未被採納所作出的一種撫慰。

在莫斯科期間，爲了起草六十四國共產黨宣言中的關於資本主義制度能否和平過渡到社會主義制度，毛澤東幾乎和赫魯雪夫翻了臉。雙方爭辯十幾天，中共代表團才以保留意見方式作出妥協，同意簽署宣言。

十一月十七日，毛澤東在鄧小平的陪同下，到莫斯科大學禮堂對近千名中國留學生作了一次著名的講話，一方面聲稱「東風壓倒西風」，「敵人一天天爛下去，我們一天天好起來」，「你們是早晨八、九點鐘的太陽，希望寄託在你們身上」；另一方面又說：「中國現在還一窮二白，科學技術文化都落後，農業、工業也落後，落後就要挨打，甚至被開除球籍。因此，新中國要下決心，爭取在最短時間內富強起來，超過英國，趕上美國，成爲世界強國。」

十一月十八日，毛澤東在莫斯科六十四國共產黨代表大會上發言。他豪情萬丈地說：「赫魯雪夫同志告訴我們，十五年後，蘇聯的工農業主要產品產量，可以超過美國；我也要告訴大家，十五年以後，我們中國可以趕上或者超過英國。我和英國共產黨主席波立特以及他們的總書記高蘭談過兩次話。我問他們國家的情況。他們說現在英國每年產兩千萬噸鋼。中國呢？再過十五年可能是四千萬噸，五千萬噸甚至六千萬噸，這樣豈不是超過了英國嗎？在十五年以後，在我們陣營中間，蘇聯超過美國，我們超過英國！社會主義就取得眞正的勝利，我們就頂天立地……」

十一月二十日，蘇共中央政治局在克里姆林宮舉行盛大酒會，替以毛澤東爲首的中國同志們送行。酒會上，輕鬆親切的氣氛中，毛澤東對赫魯雪夫等人說，他準備從國家主席的位子上退下來，退居二線，去做些理論方面的研究。國家主席的繼任人選嘛，朱德同志年紀大了，要照顧他的身體，多安排他一些休息；劉少奇同志是不錯的，有可能繼任，目前他是人大委員長，相當於你們的最高蘇維埃主席團主席；還有，你們看，就是那個矮個子，我們的總書記鄧小平，精力充沛、能力強、前程無量；你們一定會問起我們的周總理。周恩來辦外交比我強，在國際上形象不錯，就是在我們黨內，他政治立場差一些，容易左右搖擺，歷史上幾次左、右傾機會主義路線，他都有份，很賣力氣……總而言之，今後，無論是朱德、劉少奇、周恩來、鄧小平中的哪一位，到莫斯科來，你們都要像接待我一樣接待他們，我就很高興，很感謝了。云云。

毛澤東在莫斯科向全世界發出「十五年內，中國超過英國」的豪言壯語，事先並未經中央政治局和書記處討論。但事關社會主義陣營與帝國主義陣營的和平競賽，滅資產階級的威風，長無產階級的志氣，北京的同事們只能熱烈響應，堅決擁護。十二月二日，劉少奇代表黨中央在全國總工會第八次代表大會上致詞，公布了「十五年內趕上和超過英國」的偉大戰略目標。劉少奇一改過去穩健務實的作風，而效法毛澤東的豪氣干雲，提出在十到十五年的時間內，在中國實現工業現代化，農業現代化，科學技術的現代化。加上蘇聯超過美國，社會主義陣營將把帝國主義國家遠遠拋在後面。

毛澤東發出新號召，局勢一面倒。又要颳風了，且這次風勢迅猛，雷霆萬鈞。周恩來口頭上贊成，心裡卻叫聲苦也。陳雲嘴唇緊閉，一言不發，又要犯病了似的。國務院「促退委員會」的另幾名大將李先念、李富春、薄一波等更是徬徨四顧，無所適從。

毛澤東一行返回北京後，毛在蘇共政治局送行酒會上那番關於中國黨領導人事的議論，傳到了周恩來本人耳裡。周恩來十分震驚，簡直是不可思議：和毛共事三十年，自己兢兢業業，謙恭禮讓，毛卻仍然記舊帳，仍然認爲自己是個機會主義分子，政治立場不堅定的人！三十年換不來一份政治信任……而且是當了老大哥政治局委員們的面去談論，近乎人身攻擊，等於把他周恩來的所謂問題向所有社會主義國家領袖，全世界兄弟黨領導人公開了出去。怎麼可以這樣？難道不算嚴重違背黨的紀律？也不符合起碼的外交禮節。今後他周恩來還怎麼去莫斯科會談？人家會不會認爲，連你們的黨主席都不信任你，你還有什麼代表性？

周恩來涵養再好，再陰柔圓融，終歸嚥不下這口氣。毛主席對自己的猜忌、記恨很深。他必須捍衛自己的人格名譽。他決定給中央政治局常委寫封信，表明自己對此事的看法。當然事情須盡量縮小範圍。毛、劉、朱、陳、鄧，加上自己總共六個人。信要簡短，不直接指向毛主席，而只訴說自己的委屈，作些簡明扼要的解釋。

周恩來花了一個通宵，字斟句酌，寫出了給政治局常委會的信。信首先送達書記處總書記鄧小平手中。鄧小平閱後畫了個圈，之後密封好，派機要秘書送達劉少奇。劉少奇閱後畫了個圈，密封好，派機要秘書送朱總司令。陳雲恰在朱德處，便一起看過了。朱德同意陳雲意見，應送毛澤東主席本人。如毛澤東同志的確在莫斯科說了那些話，建議作一次同志式交談，彼此解除心結。周恩來的信再轉回到劉少奇手中時，劉少奇搖頭了。他原不打算把信轉給毛主席本人，在幾位常委中傳閱一下，給周恩來一個安慰，即存檔算了。因劉少奇已敏感地察覺，毛對周在經濟工作中一再反左、反冒進、壓指標、砍投資、減速度一套，已忍無可忍，馬上就會有一次總的爆發。現在再把周的信送上去，不勝如送上了導火線去引爆？但總司令和陳老闆都主張送，自己若擅自壓下，又要擔著很大的干係。

劉少奇權衡利弊，咬了咬牙，把周恩來的信轉給了毛主席。好在毛主席從蘇聯回來不幾天，就到南方視察工作，也是避寒去了。住在杭州西湖第一名園汪莊，準備開一次中央工作會議。

一九五八年一月一日，《人民日報》發表了經毛澤東修改審定的元旦社論〈乘風破浪〉，進一步向全國人民宣傳「十五年趕超英國」的口號。稱英國是個老牌資本主義國家，一八七〇年產鋼二十二萬噸，一九五七年達到兩千零九十九萬噸，估計到一九七二年可達到三千六百萬噸；我們中國呢？一九四九年新中國成立時，年產鋼鐵十九萬噸，到一九五七年已達五百三十五萬噸。到一九七二年時，要達到四千萬到四千五百萬噸。十五年趕超英國，就等於新中國只用二十三年的時間，完成英國一百零二年所走過的路！一百年前，英帝國主義憑藉它的鋼鐵生產出來的軍艦大炮，衝開了中華帝國的大門，率同八國聯軍攻占清王朝首都北京，火燒圓明園，洗劫紫禁城，之後與列強一起瓜分中國，中國人民因此遭受了整整一個世紀的苦難和凌辱！現在，毛主席號召趕超英國，全黨、全國人民能不意氣風發，熱血沸騰?!

輿論造足，毛澤東隨即召開一系列會議，來清算周恩來、陳雲爲首的國務院領導班子所推行的反左傾、反冒進的方向路線錯誤：

一月三日至四日，毛澤東在杭州召開中央工作會議。劉少奇、周恩來、朱德、陳雲因在北京爲全國政治協商會議做準備，並未出席。毛澤東發表講話，當著中央各部委、各省市自治區的主要負責人的面，疾言厲色地說：「這次會議，兩位反冒進的頭子沒來，李先念、薄一波來了，但不是頭子。反冒進反了一年多，反掉了多快好省，反掉了農業發展綱要，反掉了促進委員會。我和鄧總書記、譚震林、陳伯達、還有柯慶施等等是促進委員會，周恩來、陳雲、李先念、薄一波等等是促退委員會。一年來你們促退委員會大行其道，給全國人民大潑冷水，是百分之百的右傾，和社會上的右派分子同聲相應，同氣相求。大家可以看看清華大學教授張奚若的攻擊言論，兩相對照，就可以明白其中奧妙了。我的這個意思，去年九月在八屆三中全會閉幕式上就說過了，人家聽不進，當成耳邊風，繼續反冒進，壓指標，砍投資！這裡，我要向周恩來、陳雲等同志喝一聲：你們離右派只有五十米了！」

杭州會議不久，毛澤東一行人抵達廣西僮族自治區首府南寧，住進人民公園內的明園。他召來了九省二市的黨委主要負責人，從一月十一日至二十二日，舉行了爲期十三天的會議。二市爲北京彭眞，上海柯慶施；九省爲：四川李井泉，湖北王任重，湖南周小舟，廣東陶鑄，廣西劉建勳、韋國清，江西楊尙魁，安徽曾希聖，江蘇江渭清，河南吳芝圃。

南寧會議最初幾天，周恩來並沒有出席。直到毛澤東第五次指名道姓批評他的反冒進是犯了右傾機會主義錯誤，是舊病復發，他才從北京趕來。至此，他當著九省二市書記們的面，顏面盡失，額頭上冒出一頭一頭的汗珠子。毛澤東說：「千呼萬喚始出來，猶抱琵琶半遮面。主角終於出場了。我說的主角就是我們的國務院總理。此公你們認得不認得？我是認識此人久矣，又可以說並不認識。歷史上的舊帳不提了。一九五五年十二月我寫了《農村社會主義高潮》一書的兩篇序言，還有一百零六條按語，無非是鼓幹勁爭上游，對全國產生了很大的影響，我就成了左傾盲目、急躁冒進的罪魁禍首了。整整一年半時間我被剝奪了經濟工作的發言權。百花齊放、百家爭鳴，就是不准我放，不准我鳴，連「多快好省」的口號都不能提了。不信查查一九五六至五七年上半年的報紙，這個口號完全消失。直到一九五七年九月三中全會閉幕式上，我才發了炮，指出去年砍了三條，反冒進是右傾。因是閉幕式，他們來不及反對，以沉默對抗之。我總算得彩了，多快好省的口號重新出現了。不但多快好省，還要超英趕美。在這裡，我仍要指出來，周恩來、陳雲等同志的反冒進是非馬克思主義的，我和黨內大多數同志主張的冒進是馬克思主義的。周恩來同志的反冒進混淆了一個指頭和九個指頭的關係。不弄清或不承認這個比例關係就是資產階級的方法論，就是和黨內外右派向黨進攻同出一轍，互相呼應。反冒進離右派只有五十米了！恩來等人不要再提反冒進這個名詞好不好？這是政治問題，一反就洩了氣，六億人民一洩氣不得了。還導致了資產階級右派的進攻，性質、後果嚴重。」

毛澤東還在會議上要求各省市自治區的地方工業產值，在五至十年內超過當地的農業產值，實現工業化；要求在五至八年內實現原先的十五年農業發展綱要；進而提出，苦戰三年，使大部分地區改變一窮二白的落後面貌，走上社會主義的康莊大道。

毛澤東的這些狂想式的指示、要求，得到了柯慶施、李井泉、陶鑄、王任重、吳芝圃等人的熱烈擁護。他們除了異口同聲地跟著毛澤東批評周恩來等人的反冒進錯誤，更決心回到各省市後，立即書記掛帥，全黨動員，以大躍進速度掀起經濟建設新高潮。

南寧會議還討論了三峽大壩電站的規劃問題。前來列席會議的水利部黨組書記錢正英與國務院水電總局局長李銳發生了激烈的爭辯。李銳湖南平江人，一九一七年生，一九三七年二十歲時離開武漢大學去重慶，爲周恩來所賞識，一九四二年去延安。後赴東北解放區，先後擔任過陳雲、高崗的政治秘書。一九五〇年南下任《湖南日報》總編輯，湖南省委宣傳部部長。任內寫作《毛澤東同志的青少年時代》一書，廣爲發行。一九五二年調北京主持全國水利電力工作。會上，李銳年輕氣盛，才華橫溢，雄辯滔滔，列舉各種利弊、數據，反對興建三峽工程，引起毛澤東的注意和興趣。不久，李銳即升任水利電力部副部長，並被任命爲毛澤東的工業秘書。

三月初，毛澤東率領一行人「周遊列國」到了四川成都，並於三月九日至二十六日主持中央政治局擴大會議。被擴大進來的有上海的柯慶施，四川的李井泉等人。

毛澤東在會上發表多次講話，繼續嚴厲批判周恩來等人的反冒進，在客觀上引導了右派向黨進攻，離右派分子只有五十米。毛澤東提出以「鼓足幹勁、力爭上游、多快好省地建設社會主義」爲社會主義過渡時期的總路線、總方針；並一反「八大」政治報告決議中關於階級鬥爭已基本結束，今後的主要任務是進行經濟建設的正確宣示，而認爲我國當前還存在著兩個剝削階級（一個是帝國主義、封建主義、官僚資本主義的殘餘加上資產階級右派分子，一個是民族資產階級及其知識分子）和兩個勞動階級（工人、農民）的鬥爭，是主要的社會矛盾。

毛澤東還一反他前幾年在反對史達林個人崇拜問題上的低姿態，而提出了他獨特的新見解。他說個人崇拜有兩種；一種是正確的，如對馬克思、恩格斯、列寧、史達林正確的東西，必須崇拜。崇拜就是服從，就是馴服。不服從，不馴服，不得了，事業就沒有了核心，沒有了領袖。士兵不崇拜班長行嗎？班長不崇拜排長、連長行嗎？依此類推，不崇拜就沒有戰鬥力，就不能打勝仗。所以正確的崇拜，不但可以，而且是必需品；另一種是不正確的崇拜，不加分析，盲目服從。還有一種情況，有的人反對個人崇拜，是反對崇拜別人，而主張崇拜自己。這種人是政治野心，至少是嚴重的黨性不純。周恩來同志身爲國務院總理，在長達一年半的時間裡，只允許他反人家的冒進，不允許別人搞快馬加鞭、萬馬奔騰，就是這種性質。我則堅決和他反其道而行之，發動廣大黨員幹部、人民群衆，破除迷信，解放思想，敢想敢幹，轟轟烈烈，乘風破浪，奮勇向前！現在下面流行一句新口號：人有多大的膽，地有多高的產！還有一句一天等於二十年！本人很欣賞，很受鼓舞。這兩句口號，尤其應當唱給那幾位反冒進的老爺們聽聽……

毛澤東關於「破除迷信、解放思想、敢想敢幹」的一系列講話，引起與會者熱烈的討論。不少人激動得熱血沸騰。上海市委書記柯慶施眼含熱淚發言：「我主張崇拜毛主席，要崇拜到迷信的程度，服從毛主席，要服從到盲目的程度；我們黨的歷史一再證明了，只有毛主席的領導才是正確的。其他如陳獨秀、瞿秋白、李立三、王明、博古、洛甫，都不行嘛。周恩來同志屢犯錯誤，直到這次的反冒進，又犯下方向性錯誤。你還改不改得過來啊？」

柯慶施帶了頭，李井泉、譚震林、彭眞、康生、鄧小平、陳伯達等人紛紛跟進，爭先向毛澤東表忠誠、表決心。幾位元帥中，只有副總理兼國防部長的彭德懷一言不發，還找了個西藏自治區局勢不穩、潛伏著叛亂危機的由頭，而中途請假回北京研究軍情、處理軍務去了。

劉少奇克服了徬徨觀望的矛盾心理，帶頭作了沉痛的檢討，承認在一九五六年至一九五七年上半年這段時間裡，國務院幾位主要負責同志的「促退委員會」，進行了以壓規模、砍投資、減速度爲目標的所謂反冒進；自己作爲毛主席的主要助手，主持中央日常工作，從中起了默許、鼓勵，甚至是推波助瀾的作用。最嚴重的一次，是和恩來同志一起，授意《人民日報》發表了一九五六年六月二十日社論：〈要反對保守主義，也要反對急躁情緒〉。這篇社論，成爲反冒進的理論綱領，潑了全國人民的冷水。原本一九五五年由毛主席親自主持編寫了《農村的社會主義高潮》一書，在全國形成了一次高潮。而一九五六年和五七年，由於國務院主要領導同志推行反冒進，實際上形成了低潮，是個大馬鞍形。直至去年秋天以後，由我們毛主席親自掛帥，點燃了經濟建設大躍進之火，才又形成新的高潮。這是我的認識，也是檢討。對於我的錯誤，我請求主席和政治局同志給我以批評、教育、幫助，包括處分。關於毛主席提出的「兩種崇拜觀」，我認為是主席對馬克思主義唯物辯證法、恩格斯關於領袖和權威理論的一次重大發展。我完全同意柯慶施和其他同志的相關看法。我覺得，我們過去搞革命鬥爭，現在搞經濟建設，每名黨員，幹部，尤其是黨的高級幹部，無論地位多高，功勞多大，資格多老，都要做黨的馴服工具，做毛澤東思想的馴服工具。

劉少奇的理論水平是全黨所公認的，他身上的機會主義色彩也頗濃。他提出的「馬鞍形論」，「馴服工具論」，恰到好處地搔到毛澤東同志的癢癢了。毛澤東帶頭鼓掌，全體與會者跟著鼓掌。之後周恩來紅頭漲臉地舉起手，要求作檢討發言。毛澤東搖搖手，予以制止：「少奇同志的檢討到此為止，他分管黨務組織，經濟上的事偏聽偏信，犯了些官僚主義而已。計委主任李富春同志跟著周、陳跑了一段，不遠而復，昨天找我個別談了，我已表示歡迎，不在檢討之列。至於恩來同志，陳雲同志，還有先念同志，一波同志，四大金剛，主帥、副帥和大將，你們的檢討，不應局限在政治局，可以放到黨的全國代表大會上去作。因為你們的錯誤範圍及於全國，不能馬虎從事。恩來啊，你、我也是三十年的老戰友、老同事了，為什麼一錯再錯，根子在哪裡？據說你對我在莫斯科的幾句自由主義言論，指你歷史上屢犯錯誤，左右搖擺，你意見大得很。你是不是這個毛病啊？你做得，人家講不得？都說你有水平，除了外交、談判，你的水平在哪裡？可不可以例舉幾條出來，大家洗耳恭聽？」

說著，毛澤東拿起一張當天的《人民日報》，晃著上面登載的柯慶施鼓吹大躍進的文章：「恩來啊，這篇文章你看了沒有？柯慶施同志的大作，你是總理，寫得出來嗎？有這個水平嗎？」

面對劈頭蓋臉的冷嘲熱諷，嚴詞斥責，周恩來雖然一頭一頭地出著冷汗，但依然腰板挺得筆直，謙恭地說：「老柯的文章我拜讀了，受益匪淺，我承認水平不夠，寫不出。我要虛心向柯慶施同志學習，努力跟上毛主席的腳步。」

整整半個月的政治局擴大會，越開越熱烈，越開越膨漲，言論一邊倒。對於毛澤東氣衝霄漢的大躍進主張，再無人發出異議。會議一口氣通過了關於加快加大各行各業建設步伐的三十七個文件。對於各項經濟指標，比二月間全國人民代表大會通過的相關決議，作了大幅度的提高：農業總產值的年增長速度由原訂的百分之六提高到百分之十六；工業總產值的增長速度更是由原訂的百分之十提高到百分之三十三。還將原訂十至十五年內實現的全國工業化，提前到五至七年來完成。

勁必須一鼓再鼓。三月底，毛澤東一行人從四川成都抵達湖北武漢。四月一日至六日，毛澤東又把中央各部委、各省市自治區的負責人找來，舉行漢口會議。劉少奇因留在北京籌備五月份的黨的八屆第二次全國代表大會而沒有出席。國務院四大金剛周恩來、陳雲、李先念、薄一波因要準備在黨的全國代表大會上作檢討，也沒有出席。漢口會議的主要內容之一，就是聽取河南省委書記吳芝圃的一個精彩匯報：「河南省決心在一年之內實現農業發展綱要四十條原定要十五年才能完成的全部指標！其中糧食總產翻兩番，工業總產值翻三番，河南全省實現工業化，農業機械化！」

各省市自治區的諸侯們張目結舌，深感自己省裡的決心不夠大，步伐不夠快。聽完河南省委的匯報，毛澤東帶頭鼓掌，之後說：「河南辦得到的事，湖北辦不辦得到？河北、山東、兩廣、四川，還有我的老家湖南等等，你們怎麼辦？河南已經一馬當先了，你們要不要來個萬馬奔騰，趕超河南？」

從一月到四月，整整四個月，中央各部委、各省市自治區黨委的主要負責人，基本上是馬不停蹄地跟著毛澤東轉，開完杭州會議開南寧會議，開完南寧會議開成都會議，開完成都會議開漢口會議，像一群喝足了精神興奮劑的鬥牛士，準備烽火連天地大幹一場。

第四章　第十三次書面檢討

北京最令人懷念的景觀，不是故宮金碧輝煌的九重宮闕，不是壯麗雄闊的天安門廣場，不是寬達一百公尺的東、西長安大道，不是北海、什刹海的清波綠浪，不是遺恨千古的圓明園舊址，不是清華、北大古色古香的深幽校園，不是頤和園的畫廊，不是香山的紅葉，玉泉山的白塔……最令人懷念的，是北京五十年代的蔚藍色的天空啊！北京的天空，藍得清澈，藍得透亮。春、夏、秋、冬，周年四季，除了少數颳風沙、下雷雨的日子，天空就那麼蔚藍著，白天蔚藍，晚上蔚藍，霜天雪後也蔚藍。整個蒼穹藍如大海，無邊無涯，纖塵不染，一絲白雲都不見。

然而每年的四月尾、五月初，就會有一場連天連夜天昏地暗的風沙，一場來自黃土高原、塞外荒漠的風沙揭開春的序幕，爲千年古都進行春的洗禮。就那麼兩天三晚，或三天兩晚，風沙過後，陽光明媚，碧空如洗，滿城新綠。正是煙柳如畫，風簾翠幕，參差百萬人家了。

西苑內，中海，南海，碧波蕩漾，魚翔淺底，新荷團團。更兼柳絲拂岸，群燕剪尾，層台聳翠，飛閣流舟，花砌宮牆。

這一年的春天，周恩來卻是又一次陷入他政治生涯的高風險期。自成都會議回來，中央書記處秉承毛主席指示，通知他邊工作邊寫檢查，準備在五月下旬召開的黨的八屆二次代表大會上宣讀，向全黨承認反冒進是犯了方向路線錯誤。被要求在黨代表大會上作檢討的還有國務院「促退委員會」的其他三員主將：陳雲、李先念、薄一波。形同一次國家最高行政機關的集體悔過，負荊請罪。毛主席的意向非常明確，周、陳、李、薄不深刻檢查，總理副總理一鍋端，國務院領導班子重組。

至四月底止，周恩來已經上交了十二份書面檢討，都被認爲不深刻，沒有觸及問題本質，退回。進入五月份，整整一星期，周恩來在他的西花廳後院書房，面對紙筆，再一個字寫不下去。他腦子裡有兩種聲音打架：一種聲音催促他快檢討，越深刻越徹底越好，你已經很被動了，離黨代大會開會的日期只有兩、三個星期，時間對你越來越不利；另一種聲音卻仍然頑強地頂牛：沒有錯，我沒有大錯啊！陳雲、先念、一波統統沒有錯啊！這麼大個國家，農業落後，科學落後，工業基礎薄弱，幹部群衆的文化水平低，搞經濟建設，怎麼能不顧這些客觀條件，去一轟而起，大吹大擂，萬馬奔騰，齊頭並進？能用群衆運動、人民戰爭、人海戰術的方式方法解決經濟問題？馬克思、恩格斯、列寧、史達林的著作裡找不出這種先例。或許毛澤東同志是要從事一場最大規模的試驗，以發展馬列主義、毛澤東思想？真是自己又一次犯了右傾機會主義的老毛病？革命就是左，左就是進步，就是正確？在英文裡，RIGHT（右），就是正確，就是好，就是權利。共產黨人鬧革命，反其道而行之了。周恩來從各次會議的簡報中勾勒出來，自一月初的杭州會議起，二月南寧會議，三月成都會議，四月漢口會議，毛澤東主席當著中央各部委、各省市自治區黨委負責人的面，先後二十次指名道姓，斥責周恩來主持經濟工作，推行反冒進，壓指標，砍投資，降速度，大行右傾機會主義，導致全國右派向黨進攻，導致全國經濟建設出現兩年的「馬鞍形」，離右派只有五十米了！現在，一些省市的第一書記見了他周恩來，都不大打招呼了，都要拉開距離，敬而遠之。

離右派只有五十米了！周恩來每想起毛澤東的厲聲喝斥，就要不寒而慄。「反冒進」導致了全國右派向黨進攻，那他周恩來不成了全國右派的總後台？他不也就是全黨全國最大的右派？中華人民共和國總理、黨中央副主席周恩來是頭號大右派，是社會主義革命和社會主義建設的敵人？

據毛主席的政治秘書田家英透露：「主席在找少奇同志談話時，問過少奇同志，黨內外的右派抓得差不多了，我們的黨中央裡面，有沒有右派啊？會不會出大右派？我很懷疑……」看來，毛澤東的確動過這方面的腦筋，只是沒有下定最後的決心。

周恩來熬紅了眼睛，眞正的食不甘味，夜不安枕了。他甚至萌生過念頭，如果眞的被畫成中國天字第一號的右派，斷送了大半生名節，就絕不苟且偷生。幸而家裡還算安定，辦公室的工作人員也都一如往常，恭敬而勤勉。他在黨內遭遇麻煩的事，夫人鄧穎超已有所聞，只是不知如何給他勸慰、幫助。去找藍蘋，請藍蘋在主席面前替恩來說說話？從延安到北京，二十年來恩來可眞沒少幫藍蘋的忙，每次主席家室後院起火，藍蘋總是來找恩來哭訴、求助。可以毫不誇張地說，藍蘋至今能保全主席愛人的名份，恩來功不可沒。可就是啊，藍蘋春節之後就去了上海休息，聽說經由柯慶施的政治秘書張春橋接待，安排得舒舒服服的，一時半刻還回不來。再說藍蘋在延安整風時從劉少奇手中救下過柯慶施的性命，和柯慶施算是莫逆之交了。華東局早有私下傳聞，說某次柯慶施曾向藍蘋行半跪之禮，表示：「要不是江青同志比自己年齡小了十幾歲，真想認個乾親！」藍蘋笑嘻嘻地說：「起來起來，我可當不了你的乾娘，只要你做主席的忠狗就成……」直至這次柯慶施緊跟主席，攻恩來攻得厲害。此時此刻，若讓藍蘋在周、柯之間作出抉擇，說不定會親柯疏周呢。

知夫莫若婦。鄧穎超不忍心看到丈夫苦苦煎熬下去。她心裡明白，權宜之計，是去把孫維世或是龔澎接回來，或許能讓恩來一展笑顏。孫維世是導演加演員，常常即興表演個把生活小品，逗的恩來笑得前仰後合。至於能和恩來說上幾句心裡話的，就只有龔澎了。恩來這人也是，許多事，不願和她小超說的，卻可以和龔澎去說，願意聽取龔澎的意見。幸而龔澎和南喬成家後，和恩來就再無那層感情了。龔澎這人也是，自春節那天和南喬領著孩子來拜過年，兩、三個月沒有到西花廳露面了。

龔澎領著三個孩子，於星期天上午來到西花廳。鄧大姐問起南喬怎麼不一起來？龔澎說：「冠華在家裡趕材料，若有好酒什麼的，讓帶點兒回去呢。」鄧大姐一聽樂了：「他派太太、孩子來吃了還要帶？如今興颳共產風呢。」

周恩來在辦公室聽到龔澎來了，立時臉上烏雲一掃，忘卻煩惱，換了個人似的，邊喊著邊趕到客廳來：「澎妹子！澎妹子！妳和南喬，都快把我們忘了吧？」

三個孩子見到周伯伯，立時雀躍著奔過去。周恩來蹲下身子，以雙手摟著，一人臉蛋上親上一口。大約腮幫上鬍子沒有刮得很乾淨，嘻笑聲中三顆小腦袋東躲西歪。周恩來也哈哈笑著：「不算不算，伯伯還要一人親上一口！」

鄧穎超、龔澎看著直樂，卻又各有一番滋味在心頭。鄧穎超每逢見到恩來這樣地喜歡孩子，就為自己沒有生育感到歉疚；龔澎則是隱隱地悔當初，自己沒有做一回藐視世俗偏見的女丈夫，替大鵬哥留下一男半女親骨肉。

看著三個孩子和恩來玩了一忽兒，鄧穎超說：「恩來，你和小龔去談工作吧，說不定南喬有話要轉告；來來來，三個小寶貝，跟了姥姥到餐室去，姥姥替你們準備了沙其瑪，金桔餅，燕窩酥，許多好吃的零食。」

周恩來和龔澎相互笑望一眼：這個鄧大姐，怎麼成了孩子的姥姥了？豈不龔澎跟著小一輩，也做乾女兒了？

總理和外交部龔司長要談工作，服務員給新沏了一壺黃山毛尖，並把茶盒留在了茶几上。周恩來領著龔澎進到辦公室，掩上門，笑了：「我這裡的服務員很細心，知道龔司長是安徽人氏，特意沏了黃山毛尖來招待。」

龔澎坐在總理對面，神態怡然地品著茶。周恩來愣愣地望著她：一晃眼，龔澎也是四十歲的人了。可這妹子，總是那麼年輕俏麗，氣度高雅，彷彿歲月在她身上留不下痕跡。你簡直不能想像她是三個孩子的母親，就是笑起來時，眼角才隱現幾絲魚尾細紋。

龔澎也一聲不響地看著周恩來。都當了這麼多年的國家總理，每次見了面，只要兩人單獨相處，他就總是看個不夠……龔澎忽然目光一閃，心裡一驚：這是怎麼了？才兩個多月不見，他的兩鬢角開始發白了？而且眼眶發黑，神色憔悴？沒日沒夜的工作，大小會議連軸轉，竟把他累成這樣？還是他心裡另有煩惱，又不便對人訴說？

周恩來先埋下眼皮，呷一口茶，問：「南喬好嗎？多時不見，他和陳毅同志配合得愉快？」

龔澎見問到冠華的情況，顯然總理是聽到什麼風聲了。但冠華一再囑咐他，近來總理也麻煩多多，日子不輕鬆，他在外交部受批判的事，就不要讓總理擔心了。

周恩來見龔澎眼神閃爍，欲說還休，便又問：「冠華不來看我和鄧大姐，是不是躲在家裡寫檢查啊？」

龔澎見瞞不住了，只好實話實說：「是冠華怕總理煩心，不讓告訴……兩年來，他和陳毅同志一直處得不愉快。是從起草部長對外講話稿開始的，陳老總嫌冠華起草的東西太斯文，氣勢不足，火力不夠，改動得很厲害。冠華則認爲陳老總的改動語氣太激烈，太刺人，不大符合外交禮儀，就又堅持改了回來……一來二去，陳老總火了，責問冠華：是你當外長，還是格老子當外長？欲凌駕到部黨委之上啊？冠華那脾氣你是知道的，文字上自視很高，又窮認眞。在同事中間，他個部長助理也是鶴立雞群，有時不免恃才傲物，得罪了一些人。反右運動一來，就有人貼他的大字報，揭發他的許多言論，比如說外交部是外行領導，軍人當家，辦外交不是指揮作戰，不能轟大炮，等等。我也不知道他是否眞說了那些話。部黨委已經開了他兩個多月的批判會，列爲白專典型。陳老總在一次會上說：喬冠華同志離右派只有六十米了，不看他是總理的老下屬，帽子早給戴上了……」

周恩來聽得嘆氣又搖頭：「胡鬧台！胡鬧台！南喬文人習氣，驕氣加傲氣，看不起軍隊出身的老同志，也眞該接受些教訓了。陳毅元帥是何等人物？兼任外交部長已算屈才，你南喬還不馴服？少奇同志最近提出，每個黨員，每個幹部，都要做黨的馴服工具，毛澤東思想的馴服工具。對，就叫馴服工具，過去戰爭年代都沒有這麼叫過。我原先還以爲，只要南喬好好地跟著陳老總當幾年部長助理，可以提個副部長什麼的……龔妹子，對不起，我本不該對妳說這個。這話不出門。南喬嘛，應當好好檢查，把腦子裡的非無產階級的東西來次大清除。至於右派不右派，只要我這個總理不倒台……陳老總對妳這個禮賓司司長的工作，滿意不滿意啊？」

龔澎的眼睛睜大了，明晃晃照得見人影。她心裡直犯嘀咕：大鵬哥爲什麼要說倒台不倒台這種話？難道他這個國務院總理，也遇上了麻煩？嘴裡卻回答：「陳老總對我很愛護、很關心的，多次在部務會議上表揚我們禮賓司，接待外國元首或政府首腦，禮儀周到，又不亢不卑，有大國風範。陳老總甚至還說過，在外交部，一些女同志表現得比男同志進步，優秀，龔澎同志就比她男人優秀。」

周恩來釋懷地笑了：「那就好，那就好。我就怕陳老總把你們兩口子一鍋端了。反右鬥爭中，有很多的夫妻檔，羅隆基和浦熙修，丁玲和陳明，艾青和高櫻……對了，關於反右鬥爭，妳還聽到什麼有趣的事情沒有？」

龔澎說：「我們禮賓司有個女同志，老家四川。上個月回四川探望父母，回來說她老家那地委機關裡，有個『反右鬥爭五人小組』，抓右派很賣力，一千來人的地直機關，抓出了一百零八個右派，超額完成了任務，中央下達的指標是百分之五嘛。可是就在『五人小組』要結束工作之時，地委領導忽然問：右派抓乾淨了沒有？還有沒有躲進防空洞裡的？比方說，躲進你們『五人小組』的漏網之魚？結果，在『五人小組』中又抓出了兩名右派，才算結束運動。」

周恩來忽然神色變得十分沮喪，目光也暗淡下來，停了一停，才嚅動著嘴角，說：「是很荒唐囉……龔妹子啊，妳不知道，我現在和南喬的處境很相似，甚至更困難……一個六十米，一個五十米，相差十來米，一根藤上的瓜囉！那支新民歌怎麼唱的？什麼藤結什麼瓜，什麼階級說什麼話……」

龔澎心理雖然有著某種預感，經總理親口說出來，還是滿臉驚訝，難以置信。兩汪清泉似的大眼睛疑雲悶雨，盡是「？」號。

周恩來雙手捂著茶杯，盡量平靜些，免得嚇著了龔妹子：「這些日子，我心裡很悶，一直想找個人談談。妳知道，妳鄧大姐資格老，待人處事，我想讓她超然些。我的事她也很少打聽……澎澎啊，相識滿天下，能談談心事的，我只有妳一個。妳心裡存得住事。妳知道近兩年出了什麼情況嗎？毛主席要高速度，經濟建設要大躍進，萬馬奔騰，打人民戰爭；我和陳雲幾位主管經濟工作的，認爲行不通，不合客觀條件，不符經濟規律，搞了『反冒進、反左傾』。我們明爭暗頂，頂了兩年。今年年初主席發火了，從一月杭州會議起，在黨內指名道姓，批我和陳雲等人的『反冒進』是右傾倒退，扯了全國經濟建設的後腿，導致全國右派向黨進攻！毛主席說，周恩來離右派只有五十米。他先後講了二十次。三月下旬後，中央書記處就通知我邊工作邊檢查，並要我在八屆二次代表大會上向全黨作檢討……我已經向書記處交了十二份書面檢查，都過不了主席那一關，被退回來……最近一星期，我是一個字也沒有寫得出……看來，是要準備辭去總理職務，甚至要準備當全國天字第一號右派……」

說著，周恩來終歸堅忍不住滿腹委屈，淚流滿面，腦袋都耷拉了下來。

龔澎心悸了。她沒有陪著周恩來默默流淚，而是繞過茶几，動情地從後面以雙手捧住那顆兩鬢已顯斑白的頭顱：「不急不急，大鵬哥，你想哭，就在我面前哭……不說你也知道的，我心裡除了三個孩子，就裝著你和南喬……南喬也不大和我講他工作上的事，我也不問，和大姐是一樣的，不願公事、家事攪和到一起。記得一次南喬無頭無尾地說了一句：『雄才大略者，很難伺候得來。』我知道他是指誰。他做過中央主席辦公室主任。伴君如伴虎。人到了那位置，就難得伺奉。他是不是還在記恨我不肯去當他的英語教員啊？他知道是你在護著我。要這樣，我就去。我是個做了母親的人，就去滿足了他，只要他放過你……」

周恩來心悸了，腦袋在龔澎胸前搖晃著：「不不，不需要妳去做出犧牲，問題也沒有那麼簡單。我現在鬧不清楚，他批我到底要批到哪一步？」

龔澎溫存地撫著胸前的那顆智慧卓越的腦袋：「大鵬哥，我倒是要說呀，就算他有那份心機，也沒有那份氣力。別的事都做得到，就是要畫共和國總理爲右派這事難於做到。少奇同志、朱總司令、陳雲同志、鄧總書記，政治局委員們，書記處書記們，誰會同意？我敢說，就連他身邊的幾位大秘書，都不會同意。畫國務院總理爲右派，置國家形象於何地？畢竟不是封建帝王時代了，你也不是宰相……但是對你是不是辭去總理職務，我倒另外有個想法……」

龔澎一番有理有據的話，周恩來聽得十足受用，心裡的愁結頓覺寬解了些。此女秀外慧中，確有不讓鬚眉之處。把國家總理畫爲右派分子，是個走火入魔的猜忌。龔澎見他漸次平穩了下來，便放開了，以手絹兒替他擦乾淨臉上的淚痕。此時刻，在她心裡眼裡，大鵬哥竟是個孩子似的，既是軟弱的，也是嬌慣的。

周恩來坐正了身子，略帶歉疚地笑笑說：「我雖然比妳癡長了二十來歲，但在妳面前，就像得到了精神上的母愛似的。妳知道的，我童年喪母，從小輾轉在五個叔伯姨母家庭，缺少的就是這個……好了，不說這些了。妳剛才提到，對我是否辭去總理職務有另外的想法？」

龔澎繞回到茶几對面的藤椅上坐下，大眼睛撲閃著，柔聲說：「我做了母親之後，也有個感覺，男人都是些孩子呢，無論年紀大小，地位高低，其實都還是在渴望母愛的……你呀，要是總理太難做，就辭掉吧。無官一身輕。我甚至想呀，乾脆我和南喬也辭去外交部的事，一起找間大學去教書。我和南喬可以教授英國文學、西方歷史；你可以教授中共黨史、國際共運史。教育界、學術界，總要比政界單純些，也乾淨些。」

周恩來見她說的一本正經，甚是有趣：「好好好，可以考慮。但哪座廟裡，裝得下我們三尊大菩薩啊？或者說，哪座池塘，養得下我們三條大魚？」

龔澎已是一臉天真的稚氣：「難道人大、北大，上海復旦，天津你那母校南開，不歡迎我們？你和南喬做教授，我做個講師得啦！」

周恩來哈哈笑了：「好個龔妹子，小母親啊，妳和南喬若想教書，不難找到大學歡迎；我可是想去也沒人敢要嘍……我知道，妳的這個提議，只是爲了讓我開開心，笑一笑。眞要是能去教書，倒也不錯。美國的國務卿、英國的首相下了台，人家可以去大學做教授。我們共產黨的總理下了台，可就沒有那個福份，會去的地方，大約只有秦城。」

龔澎沒有聽清什麼秦城不秦城，只見大鵬哥笑了，輕鬆了，就自己也笑了，笑得既嫵媚，又燦爛：「話說回來，若眞是成了一名學者，知識分子，人家要畫起你右派來，給戴上帽子，就沒有什麼顧忌，容易得多了。馮雪峰、馮友蘭、費孝通、錢偉長、周谷城、黃藥眠、吳景超等右派，都是著名的大學者。」

周恩來最中意龔澎的一點，不但金玉其外，更是金玉其中，識大體，含蓄而不張揚：「你這妹子，好的賴的，都叫妳一個人說了。那我和南喬，此情此景，做何選擇？」

龔澎嘬了嘬嘴，瞋周恩來一眼：「你個大總理，大政治家，又拿人取笑了。南喬嚒，我會建議他深刻檢討，沉痛認錯，爭取得到陳部長和部黨委多數成員的諒解，准予pass社會主義改造這一關，繼續做黨和人民的勤務員。」

周恩來笑問：「還有我哪？願聽端詳。」

龔澎說：「關於你，恕我大膽妄言。和南喬一樣，深刻檢討，沉痛認錯，爭取得到政治局、書記處大多數成員的諒解。我相信，劉副主席、朱總司令、鄧總書記，包括彭老總、陳老總、賀老總他們，絕大多數的中央負責同志還是會要留住你的總理職務。這是多數人的意願，很難改變的。過去高崗想取代你，就是因爲這多數人不幹，才弄了個身敗名裂。上個月有人從上海出差回來，說上海市委悄悄流傳一個小道消息，柯慶施同志要上調中央工作，擔任國務院主要領導。是不是要來取代你啊？但我相信，若眞有這事，也是一廂情願，過不了劉、朱、陳、鄧大多數人那一關。不說了，不說了，這些事，本輪不到我一名司局級幹部來思考，妄議，傳出去就完了……想想都頭疼。你知道的，我這人平日說話少，只在心裡想得多。犯了幾次厲害的頭疼，阿斯匹林、鎮痛劑都不管用……」

這回輪到周恩來憂心了：「妳有這毛病？多少時間了？一定要抓緊治療。對了，協和醫院從老大哥那邊進口了兩台新儀器，做超聲波和腦電圖的，你去檢查過沒有？」

龔澎說：「不礙事的。只要你和南喬平平安安，順順當當的，就是治我頭疼症的靈藥了。」

周恩來說：「不可以，這事大意不得。我會給協和醫院打招呼，請他們替妳組織一次專家會診。要聽話，有病早治，無病早防，總是沒有錯的。」

龔彭說：「好，我聽話，你也要聽話，早點過了這一關。《人民日報》的社論不是說了，全黨上下，每個黨員，尤其是黨的幹部，人人都要接受考驗，過好社會主義關。……還有一件事，上個月陳老總託我送一件上海捎來的禮物給孫夫人，宋副主席。在孫夫人府上，我看到了那個女孩子，叫孟蝶，是孟虹的妹子吧？好像的。孫夫人說是總理介紹給她的保健醫生，國色天香啦，總理十天半月看她一次。孫夫人在重慶時期就認識我，知道我是總理信得過的人，才肯說這些……我是說呀，近一段算敏感時期，你少往孫夫人府上去。你心裡很苦，有需要。我也不是要管你這些事，只擔心有人給你增添新材料……」

周恩來紅了紅臉，溫順地點點頭：知道了，我會注意。

說來也是奇妙，龔澎的一次造訪，一席談心，竟使得周恩來總理愁結頓解。當天晚上，就請自己的政治秘書到辦公室來，以口授方式，記錄整理出第十三次書面檢查稿。周恩來這次從自己的破落封建官僚家庭出身談起，不厭其詳地列數參加革命以來所犯的右傾錯誤。自己的右，可是說是與生俱來，靈魂深處剝削階級的烙印去不掉，資產階級的腐朽思想深入了骨髓。新中國成立以來，黨中央、毛主席委以重任，自己卻舊病復發，積習不改，右傾保守，求穩怕亂，右得不能再右，直接對抗毛主席的指示，給全國的社會主義建設熱潮大潑冷水，這也不准幹，那也不准上馬，並制訂、推行了一整套所謂的「反冒進」的方針政策，妄圖拖萬馬奔騰、一日千里大好形勢的後腿，從而使一九五六、五七兩年的國民經濟形勢出現大的「馬鞍形」，導致全國右派向黨進攻。今年年初以來，毛主席在黨的一系列會議上批評教育我，指出我離右派只有五十米了！我初時感情上不能接受，現在看來，毛主席講的還是比較客氣。實際上，我的嚴重錯誤離右派已經沒有五十米，只有三十米、二十米，甚至十米遠了。要不是毛主席、黨中央對我大喝一聲，責我懸崖勒馬，我就要墮落爲全國第一號大右派，充當全國右派勢力的總代表……

政治秘書在記錄整理他口授的書面檢查時，覺得他把自己描得太黑暗、太陰森，幾幾乎自我承認是全國最大的右派，這怎麼行？於是也替他加進一些諸如「幾十年來，我緊跟毛主席，緊跟毛澤東思想，與毛主席肝膽相照，風雨同舟……」之類的光明詞句。

整理稿送交周恩來審閱時，周恩來當著政治秘書的面，把所有上述光明詞句通通劃掉了，並說：「我的檢查，就是要專講自己的陰暗面。你啊，也難怪，晚出生，沒有趕上江西蘇區時期參加革命，不懂我們黨的歷史。怎麼可以說我與毛主席『肝膽相照，風雨同舟』？不可以的，歷史也不是這樣的。延安整風時，我前後檢討了整整半年才過關……好了，不談這些了。書面檢查，還是由我自己來定稿。這回，我要親筆繕寫。我讓書記處、政治局、最後是毛主席，看到是我本人的筆跡。」

周恩來的第十三次書面檢查送交中央書記處。總書記鄧小平閱後，苦笑道：「前十二次檢討，沒有挖出錯誤的實質，還對『反冒進』錯誤有所辯解，所以主席那裡通不過，打了回來。這次的檢討，挖到了本質，但又過分了，全線崩潰，自我承認是全國最大的右派，全國右派勢力的總後台。」

鄧小平將周恩來的書面檢查交由書記處成員傳閱，之後專門召開會議進行討論。八大二次代表會議召開在即，再不讓總理的檢討過關，並作爲會議文件在會上印發，工作將很被動。「反冒進」錯誤，周是主帥，陳雲是副帥，先念、一波是大將。主帥不過關，副帥、大將也過不了關，影響一大片，國務院要改組。

書記處會議上，書記鄧小平、彭眞、王稼祥、譚震林、譚政、黃克誠、李雪峰，候補書記劉瀾濤、楊尙昆、胡喬木，都對周恩來同志的第十三次檢查表示了基本肯定的看法；也都認爲，恩來同志這次認錯認過頭了。比如說，毛主席批評他離右派只有五十米，只是個比喻，講的是錯誤的嚴重程度，並不一定包含有把他當成右派看待的意思。恩來同志的檢討卻說，離右派只有十米。那和右派還有什麼區別？連共和國總理都是右派，別的同志怎麼辦？

書記處會議責成候補書記胡喬木對周恩來同志的檢查做文字上的修訂，刪去那些過頭的、不合實際的詞語，並應適當肯定恩來同志的光明面，幾十年來還是忠於黨，忠於理想事業的。相信這一次，毛主席不會再把周總理的書面檢查退回。

第五章　誰想做國務院總理

一九五八年五月五日至二十三日，毛澤東主持召開了中國共產黨八屆第二次全國代表大會。此為一次大躍進的誓師會，毛澤東發表了激動人心的演說，號召書記掛帥，全黨動手，破除迷信，解放思想。前人沒有想過的事，我們要想；前人沒想幹過的事，我們要幹；西方資本主義國家有的，我們要有；西方資本主義國家沒有的，我們也要有！以十五年或更短一些的時間，在鋼鐵、糧食等主要的國民經濟指標方面，超過英國，趕上美國！角號已經吹響，戰鼓已經擂動，我們的大躍進正以雷霆萬鈞之力，排山倒海之勢，向著共產主義的明天，前進，前進，前進！

毛澤東氣壯山河的演說，全體代表一次又一次地起立，報之以暴風雨般經久不息的掌聲、歡呼聲。一些人熱淚盈眶，一些人手舞足蹈，一些人聲嘶力竭。力拔山兮氣蓋世！人人熱血賁張，個個精神亢奮。中華民族經歷了百年戰亂，外族入侵，列強瓜分，受盡凌辱，今天偉大的毛澤東帶領中國走出歷史的苦難，成爲東方的巨人，此情此景，一個政黨能不囂張瘋狂，一個民族能不聞雞起舞？

大會的一項重要內容，是聽取國務院主要負責人的公開檢討。周恩來總理關於自己一九五六、五七兩年發動「反冒進、反左傾」錯誤的檢討，沉痛得多次泣不成聲，只差沒有當著一千多名黨代表的面，向毛主席叩頭求饒；陳雲副總理則鐵青著臉，一副倦容和病容，坦承「反冒進、反左傾」他應負主要責任，請求大會給予處分；李先念的檢討則稱自己是老實人，老老實實犯下嚴重錯誤，根本原因是思想右傾、求穩怕亂，沒有好好學習毛主席著作，領會毛主席的經濟戰略，而做了社會主義建設事業中的小腳女人；薄一波則說自己是個老保守份子，幾年來工作上一錯再錯，在「反冒進、反左傾」中，又積極參加了「促退委員會」，其根源是自己參加革命三十多年，仍是一名沒有改造好的小資產階級知識分子，需要毛主席、黨中央一次又一次的教育、挽救……云云。

有趣的是，國務院的「四大金剛」都只檢討各自的錯誤，沒有相互推諉指責，檢舉揭發。陳、李、薄三人更沒有把屎盆子朝周恩來一人頭上扣。「四大金剛」的檢討收到了預期的效果，避免了國務院領導班子的大撤換，大改組。全體代表也都對他們報以熱烈的掌聲，表示出同志式的諒解。從而也就認定了，在黨中央，只有毛主席是英明、正確、偉大的，他叫誰檢討，叫誰認錯，誰就得檢討，誰就得認錯。包括國務院總理周恩來、黨的第二把手劉少奇這些人，概莫能外。

之後，毛澤東又發表了關於插紅旗、插白旗的重要講話。他幽默地說，這次，在國務院領導層，插了周恩來、陳雲、李先念、薄一波四位同志的白旗子。那麼，有沒有同志可以插紅旗子呢？只有白旗子而沒有紅旗子是不合理、不全面的。據我的觀察，近兩年對周、陳等人的「反冒進」進行了抵制，包括積極抵制和消極抵制的就有鄧小平同志，彭眞同志，譚震林同志，陳伯達同志，廖魯言同志等等，是應當插給紅旗子的！計委主任李富春同志是又抵制又不抵制，可以插給一面黃旗子；還有上海的柯慶施同志，四川的李井泉同志，廣東的陶鑄同志，湖北的王任重同志、河南的吳芝圃同志等等，都是立場堅定地主張大躍進，擁護總路線，反對右傾保守的，也應該一人插給一面紅旗子！從現在起，開展全國大競賽、大評比，分上游、中游、下游三個等級，上游插紅旗，中游插黃旗，下游插白旗。大區與大區比，省市與省市比，地、縣、社與地、縣、社比。工作魄力大，躍進速度快，敢想敢幹的，都要評爲上游，插上紅旗；反之，工作畏首畏尾，右傾保守，跟不上躍進步伐的，要評爲下游，插上白旗。堅持不改，甚至揚言「秋後算帳」的，就不是插白旗的問題了，而是撤職查辦，開除出黨，直至繩之以法，決不容情。

接下來，毛澤東更是氣勢磅礴地演說了一段傳頌後世的名言：「在民主黨派中，有人講我像秦始皇。意思是我抓了右派，效法秦始皇焚書坑儒。這裡，我要特別聲明，民主黨派的先生們，你們言輕了，秦始皇算什麼？他不過坑了四百個儒生。我們五〇年鎭壓反革命，一次就殺了四十萬！去年，我們又在全國的知識分子中，抓出了五、六十萬個資產階級右派分子，有的關進班房，有的送到農場改造。從這個意義上講，我們不是比秦始皇要高明一千倍、一萬倍？所以民主黨派講我像秦始皇，他們往往講得不夠，需要我來加以補充！」

對於偉大領袖的警世通言，與會者代表全黨一千八百萬黨員，再次全體起立，報之以經久不息的掌聲，歡呼聲。

八屆二次代表大會開了整十八天，通過了一系列把原已很高的工農業產量指標再翻上一番的文件，「超英趕美」也不再需要十五年了，而縮短到五至七年完成。其間，毛澤東曾率全體代表赴十三陵水庫工地義務勞動一天。

五月二十五日，召開了爲期一天的八屆五中全會，進行中央領導層人事調整：增選一名黨中央副主席及三名政治局委員。本來，新增一名黨的副主席，國務院副總理兼國防部長彭德懷應是不二人選。況且三年前在籌備黨的「八大」時，彭德懷就被列爲政治局常委、副主席的候選人之一了。

當劉少奇在全會上對增補中央領導人選一事作說明時，中央委員們才留意到彭德懷元帥沒有出席本次全會。前幾天在大會上見到過他嘛，怎麼中央全會上倒是不見了呢？這回輪也該輪到彭老總了，難道又有了什麼變故？

毛澤東操控全局，彷彿一眼洞穿了兩百來名中央委員、候補中央委員們心裡的那點小九九。他已想好了一匹「黑馬」——林彪同志。林彪雖然在歷史上也和自己鬧過多次彆扭，但進城之後，特別是朝鮮戰爭之後，對中央主席是必恭必敬、陪盡小心。毛澤東作爲最高領袖，深知手下的政治人物被長時間冷置、飽嚐落魄寂寞之後，一朝起用，自然懂得倍加珍惜，知恩圖報，竭盡忠誠。什麼功成身退、淡薄名利？屁話。此時刻選擇林彪出馬，有五利而無一弊：一是林彪爲軍內唯一可以和彭德懷媲美功績的人物；二是林彪生於一九〇六年，比毛本人小出整十三歲，資歷年齡都算後生晚輩，便於制約、調度；三是林彪在中央是個單幹戶，基本上沒有黨羽，暫無拉幫結派之可能；四是林彪個性孤癖，內心高傲，不大把劉、朱、周、陳、鄧五位政治局常委放在眼裡，今後對這五位老朋友可以是一種制衡；五是林彪長病號也，半條性命，常年養病，冬春常住蘇州、杭州，夏秋常住北戴河、北京，很少出席會議，很少管事，既不會來爭權、分權，又把茅坑給占上了。林彪占了茅坑不拉屎，彭德懷就失去更上一層樓的機會……

結果，經毛澤東親自提名，親自監票，以舉手表決方式，增選林彪爲政治局常委、副主席，增選柯慶施、李井泉、譚震林三人爲政治局委員。一切通過如儀。代表大會也好，中央全會也罷，猶如一部功率強大的機器，被毛澤東駕馭的團團轉，從未越出軌道的。

機器也有失靈時。八屆五中全會之後，依例還要召開一次政治局委員會議或政治局常委會議的。毛澤東說，大家累不累呀？剩下的兩個小會併做一個開吧。於是遵照他的旨意，只開政治局常委擴大會：毛、劉、周、朱、陳、林、鄧，加上彭德懷、彭眞列席，擴大三名新科政治局委員柯慶施、李井泉、譚震林參加。這次中央核心會議，只有十一、二人，就在菊香書屋毛澤東辦公室裡舉行。要研究的，卻是一個更爲重要、也更爲煩感的人事問題：周恩來提出辭職，以表示對「反冒進」錯誤負責任。

毛澤東開宗明義：「恩來雖然沒有寫書面的東西，但口頭向我和少奇提了兩三次。要不要考慮他的請求？是件大事，我個人不宜作主。不然又該議論我是中國的史達林，個人專斷獨行。相信少奇和總司令也作不了主。恩來啊，你究竟作何想法？小範圍內，先向大家說明一下？」

周恩來見毛澤東主席把自己的口頭辭意拿到常委擴大會議上來討論，已無慰留之意，也就無所顧忌了，氣度從容地說：「主席剛才已經把我的個人意見轉述了。我確實是因爲自己錯誤嚴重，思想落伍，跟不上主席和中央的大躍進步伐，再做總理，一是力不從心，二是缺乏信心，所以建議中央給我另分配一個力所能及的工作。我是誠心誠意這麼要求的，請各位老同事給予諒解和理解。」

十二個人的會議，氣氛登時有些凝重。喝茶的喝茶，吸菸的吸菸，翻筆記本的翻筆記本，都有難言之隱，不便率先出面反對或是附和。實則每個人心裡想的，也都大同小異：如果恩來不做總理，誰做合適？毛主席肯定不要自己兼任，少奇同志黨務大忙，朱總司令年紀已大經不起操勞，陳雲、林彪是病號身體吃不消，鄧小平合適，但已做了書記處總書記，列席常委的二彭也不是做總理的材料；哪麼，從擴大進來的三位新科政治局委員中挑選一位？

大家心照不宣地想到了柯慶施。毛澤東主席早在二月的南寧會議、三月的成都會議、四月的漢口會議上，一再點名批評周恩來「反冒進」離右派只有五十米遠的同時，總是晃著手頭上的報紙文章說：「這些都是柯慶施同志的大作，恩來，你是總理，你寫得出來嗎？你有這個水平嗎？你不行，你比柯慶施差遠了……」看來，毛主席早就意屬柯慶施來做總理，只是不便直截了當地提出來罷了。

但柯慶施要想做上總理一職，阻力不言而喻，比當年高崗還要大些。首先劉少奇就不可能讓柯慶施這位當年老華北局的對頭坐到自己身旁的位置上來，時時代表毛澤東來掣肘自己；再就是朱總司令是一定要保周恩來的，周是朱的入黨介紹人，朱是位報恩思想很重的長者；三是陳雲怎麼看得上老柯？老柯進城後走的主席夫人路線，和江青關係非比尋常，論才論德，做上海市委第一書記已經到頂了，過分了，怎麼可以做總理？四是病號林彪也不可能同意柯大鼻子，戰無戰功，政無政績，大躍進以來發了幾篇文章，聽說都是他的政治秘書張春橋捉刀代筆，沽名釣譽，與其他做，不如周恩來繼續做；五是鄧小平對柯大鼻子在毛主席和江青面前爭寵、邀寵的作派，一向看不慣，若讓柯大鼻子做總理，不是又出來一個高崗式人物了？那一來，毛主席就又成了他柯大鼻子一人的毛主席了，跟高崗有何區別？六是列席常委二彭也不可能看上柯慶施。彭德懷甚至對鄧小平罵過柯慶施是條哈巴狗，老毛怎麼總是喜歡這種叫得好聽、尾巴搖得起勁的東西啊？

沒有人說話，毛澤東認爲大家還是在等著他開腔，定調子，於是說：「大家都爲難了？還是怕做醜人，得罪恩來了？可見事關面子，還是很要緊的囉。你們不講，我來講吧。一碗水端平，我的態度是客觀的。如果恩來確實感到在現在的崗位上力不從心，很困難的話，我們也可以考慮高抬貴手，放他一馬。總理總理，是個最累人的崗位啊。其實，我也是難下決心的。恩來的辦事能力，應變能力，外交能力，在黨內是首屈一指的。可是幾十年的老朋友、老同事了，也不好太過爲難他。離開一段，輕鬆一下，可以理解。但統戰、外交兩大戰線的工作，還非得恩來擔負起來不可。專職全國政治協商會議主席，兼管外事口，可不可以啊？如果可以的話，那麼誰來代理一段呢？我先提個名，鄧政委，你來代理代理，緩衝一下，如何？你先不要舉手反對。我要先聽聽其他同志的意見。少奇，你先講講？」

劉少奇笑笑微微，抬手搔了搔滿頭上花白了的頭髮：「主席，事關重大，我是黨內分管人事工作的，先請別的同志說說？總司令，你發表高見？」

朱德遇事不憂，笑瞇瞇地像尊彌勒佛：「潤芝點少奇的名，少奇點我的名。我還沒有考慮成熟呢？是不是請陳老闆或是林彪同志先講講？」

與會者不約而同地笑了起來。陳雲板著臉孔，誰也不看地說：「一路順推，我和恩來是一起犯錯誤、一起做了檢討的，暫時還沒有想好意見，林副主席先講講吧！」

連毛澤東都憋不住笑了：「這算順時針還是反時針？我們湖南鄉下叫做推磨呢？林彪同志，你是新科副主席，新官上任三把火，你先燒一把火吧！」

林彪恭敬地看一眼毛主席，再看一眼大家，才說：「我一直在養病，中央的會議都很少出席，平日只看看簡報，聽聽廣播，外邊的情況了解很少。對於周總理近兩年所犯的錯誤，更是說不出個所以然。我擁護主席剛才提出的，如果恩來同志不做了，由鄧政委代理一段，可以嘛！」

毛澤東這回倒是真心地笑了：「鄧總書記，林副主席也贊同了，你現在可以講講你的想法了？」

鄧小平個頭矮，發言時習慣站起身子；「感謝主席、林副主席的信任。但我剛做了兩年的書記處總書記，又來做代總理的話，實在吃不消。我不是怕吃苦、受累，是力所不能及，也難以服衆，請主席和各位另作考慮。」

劉少奇這時說：「我有個想法，可否讓恩來和小平對換職務，試行一段？」

毛澤東面無表情：「怎麼個對換法？請說明白些。」

劉少奇說：「就是讓小平代總理，恩來代總書記……」

毛澤東臉一沉，大不滿地看劉少奇一眼，斷然否定說：「不可以！這麼嚴肅的事，怎麼可以交換禮品似的？再說，既然恩來覺得自己不再適合擔任總理，難道總書記就不忙不累，是個閒職？恩來，你自己認爲呢？」

周恩來一臉苦笑，說：「謝謝少奇的關心。但提議不可行。我看還是另選賢能吧！」

一時間會場氣氛又有些緊張沉悶。毛澤東心裡明白，看來自己在黨代表大會上、中央全會上都一路順風，卻要在本次常委擴大會上觸上暗礁了。但他輕易不肯轉彎子，不肯放棄目標：「鄧政委啊，你就幫個忙吧！依你所講，另選賢能的話，你能不能推薦一位？蜀中無大將，廖化作先鋒。我們眼界不妨放開些，在常委之外，比方在座還有兩位列席常委，三位政治局委員，有無賢能可以考慮啊？」

毛澤東說著，目光溫和地看了柯慶施一眼，以示提醒和注意。登時，大家心知肚明，果然主席的底牌是在這裡，意屬柯大鼻子來代總理一職。

鄧小平嗞嗞地吸著煙，眼睛緊盯住手裡的筆記本，做出沉思的樣子，語帶機巧地說：「主席今天一開始就提出問題，根據周恩來同志本人的請求，考慮他適不適合繼續擔任國務院總理？我所理解的主席的意思，是兩個方面，一是不適合，二是適合？主席經常提醒我們，看問題要兩分法，兩點論，看幹部要兩全一貫，看他的全部工作，全部歷史，一貫表現。」

毛澤東心裡雖然大不悅，卻又不能不嘆服，矮個子厲害喲，舉重若輕，名不虛傳。從這一點上看，劉少奇、周恩來都不及他高明。

劉少奇、朱德、周恩來、陳雲、彭眞等鬆了一口氣，彷彿看到事情有了轉機。林彪、彭德懷二位無所謂誰做代總理。李井泉、譚震林二位自知份量不足，不宜插嘴。唯柯慶施心裡恨得牙癢癢：鄧矮個，原以為你也是緊跟主席的，這回可看清楚了，你骨子裡是入了劉、周一夥的，日後有機會，一定把這層意思告訴江青，去報告毛主席。

毛澤東彷彿已經把每個人的心事都看在了眼裡，明白大勢已去，不能不給自己留個轉圜的餘地了。他很響地喝了一口茶水，輕咳兩聲清了清喉嚨，說：「很好，謝謝鄧政委重提兩分法，兩全一貫看幹部的原則。下面，請大家單就恩來適不適合繼續擔任國務院總理，先不要考慮誰接任，大家發表各自的看法。包括列席的二彭，擴大的三名政治局委員。少奇，還是你打頭吧！」

劉少奇臉色凝重，彷彿做出一個很困難的決定似的：「恩來本人想輕鬆一下，可國務院一大攤子，又確是沉重得很……我的想法，還是暫時由他擔一陣子，繼續邊工作邊改錯吧。這樣，可以多留一點時間，給主席和中央各同志，來從容計議，選賢任能，不知各位以為如何？」

話說得很委婉，但意思很明確：周恩來留任。這個劉克思，自高、饒事件以來，就一直拉住周恩來不放手。

朱德仍是一臉慈祥笑容：「目前在黨內，總理人選，恐怕還是以恩來符衆望。但錯誤要改正，要跟上大躍進步伐，不要再反冒進、反左傾了。從黨的歷史看，右傾錯誤不可低估，陳獨秀就是例子，望恩來同志吸取深刻教訓。」

毛澤東說：「陳獨秀是右傾，斷送了本黨第一次國內革命成果；接下來瞿秋白、李立三、王明、博古、張國燾、洛甫都是形左實右，幾乎斷送了紅軍力量和根據地地盤。那時我被打成右傾，三次被解除紅軍指揮權，十分榮幸。周恩來是緊跟瞿、李、王、博的。抗戰時期，王明從莫斯科回來，搖身一變成了右傾，主張一切通過統一戰線，一切服從統一戰線，右得不能再右了，恩來也跟了一段。老話少講，老帳少算。下面，是陳老闆發表高見了？」

陳雲嘴巴緊閉著，一臉賣牛肉相：「我和恩來犯同樣錯誤，他檢討，我檢討。他提口頭辭職，我沒有提，不想和他同進退。只想病養好了，多少再做點工作。」

毛澤東說：「陳老闆辭不達意，環顧左右而言它。你對恩來的去留，到底有何想法？」

陳雲說：「要記取高崗事件的教訓，犯了嚴重錯誤就自殺。我沒有參加高、饒案件後一段的查處，主席留我在杭州參加起草憲法。我不反對有關高、饒問題的中央決議。但今後處理這類案子一定慎之又慎，不要再走極端。幾十年一起奮鬥過來的人，除非公開叛國投敵，不要隨便拋棄。」

劉少奇、周恩來、鄧小平見陳老闆不合時宜地扯回高崗問題，心裡很不是滋味。彭德懷、林彪、柯慶施三位倒是敬佩地看了陳老闆一眼。

對高崗一事，感觸最深的又數毛澤東了。當然，陳老闆之意不在高崗，而是告誡不要把周恩來整成另一個高崗……他閉了閉眼睛，終是忍不住說：「不瞞各位，對四年前高崗的死，我一直很懊悔。我有責任，劉、周二位更有責任。我的責任，是遲遲沒有答應高崗的要求，去和他見一面。總是覺得，他太驕傲，挨挨整，是鍛鍊，對他日後有好處。也囑咐了習仲勳去找他談話，同意保留他的中央委員，回陝西工作。高級幹部也要能上能下嘛，何況他本人也請求回陝西去。可是沒等到習仲勳去談話，他就第二次自殺完蛋了。我太大意了。後來顧及全局，黨的團結統一，同意把高、饒定為反黨聯盟性質……陳老闆為人嚴肅，原則性強，心裡卻還是重感情、重友誼的，我很感動。饒漱石現在住在哪裡？」

毛澤東一番心情沉重的話，彭德懷、林彪、柯慶施三位也面帶戚容。他們本都是高崗的好朋友。

劉少奇是知道饒漱石下落的，卻問周總理；周總理也是知道饒漱石下落的，卻問中央分管政法戰線工作的彭眞同志。彭眞再無可推諉了，說：「我記得，高崗自殺後，中央警衛局對饒採取了全面的保安措施。秦城完工後，就安排他進秦城去了，不是蹲監牢，而是一座獨立的小四合院，仍有秘書、警衛員等。本來動員他妻子一起住進去，方便生活照顧。但他妻子要和他劃清界線，提出離婚。聽說饒漱石已同意。一九五六年幹部工資改革時，中央政法委還特別要求中組部部長安子文同志他們，比照大區負責人標準，給饒漱石評了工資，定爲行政四級，每月三百元吧。聽說他生活過得相當不錯，肉食水果供應充足，每天可以洗熱水澡。天氣好的日子，還可以由警衛人員陪著上山打獵……就是至今死不認錯，拒絕交代他和高崗的任何問題，態度相當固執。情況大體上就是這些。

毛澤東聽了彭眞的匯報，知道饒漱石無恙後，心裡釋然了：「關於饒漱石，記得是鄧政委一組人負責審查的，政策也執行得較好。不像另一組，有人無視黨紀，動手打了高崗，很不像樣子。恩來啊，聽說你和康生、李富春當時都在現場，打人兇手處理了沒有？還是有人故意縱容？」

周恩來見重提當年高崗在專案組挨打的事，心裡不禁一陣發毛，嘴上卻平靜地說：「這事我記得曾在書記處會議上匯報過，少奇同志還嚴厲批評過的。情況發生時我的確在場。因談話小組找高崗談問題，高崗態度不好，很高傲，拒絕交代任何問題，才把我也請了去，本是要我勸勸高崗採取合作態度。主席知道的，高崗脾氣暴躁，喜歡動粗口，操姥姥。那天當了我的面也動了粗口。談話組裡有位警衛局幹部挨操，就動了手，打脫高崗三顆牙齒。當時我氣得發了昏，痛斥怎麼可以當了總理的面動手？當即喚來醫生給予治療，我一直沒有離開，並向高崗道了歉……後來再沒有發生過這類情況。不久高崗第一次自殺，被及時發現搶救過來，我趕到醫院看望，進行勸誡。至於那名打人的警衛局幹部，事後受到黨內嚴重警告和降級處分，調到邊遠省區工作去了。警衛局有檔案可查閱。」

毛澤東說：「人都死了，查也無聊。饒漱石還活著，只有五十六、七歲吧？總得給他做個結論。還可不可以出來做點事？彭眞你和康生、安子文他們商量一下，看著辦吧。記得鄧政委向我報告過，饒漱石個人生活查不出多少問題，不喝酒、不愛錢、不貪女色，相當簡樸清廉。至於歷史上，他說康生有問題，康生說他有問題，互相咬，一筆爛帳，看來是誰都沒有多少問題。安子文不是還當上了組織部部長嗎？饒漱石的問題是他死不認錯，拒不揭發高崗，是條漢子，我比較欣賞這一點，總比出了事互相揭老底的人要有骨氣……不談了，不談了，這個惱人話題，陳老闆引出來的。言歸正傳吧，林彪元帥啊，對於周恩來同志的去留，你有何高見？恩來和你算師生之誼呢，廣州時期，他是黃埔軍校政治部主任，你是黃埔三期學生，是不是這樣？」

周恩來擔心林彪同志不受用，連忙插言：我當時受黨組織委託進黃埔軍校工作，並沒有教學。聶榮臻、葉劍英二位倒是做了教官的。先後進過黃埔的還有徐向前、陳賡、粟裕、許光達、陶鑄等同志。如果說我和這些元帥將軍們有什麼師生之誼，實不敢當，也不符合實際情況。

毛澤東不耐煩地揮揮手：「好了，好了，學生打先生，賽過先生，也是常情嘛。林元帥啊，你說說正題上的話吧。」

林彪身子坐得筆挺，根本不像個長年躺在病床上的人的樣子：「總理去留，於黨於個人，都是有弊也有利。我的意見，若此事在政治局常委會內議而不決，統一不了看法，就還是由主席作最後裁決。這也是延安以來的老章程。」

毛澤東苦笑著說：「林彪同志啊，你是養病爲主，樂得輕鬆。怎麼可以把責任推給我一人？不是要反對個人迷信、個人崇拜嗎？還有什麼史達林主義。人眞是不能死，一死就被鞭屍。各位可以放心，本人無意做本黨的史達林式人物，搞什麼個人獨裁。本人今年年初以來批評周、陳、李、薄，發動大躍進，實在是忍了兩年多，忍無可忍了，不願看到國家的經濟建設像小腳女人，步履蹣跚，歪歪扭扭，一步三回頭的走下去，才搧風點火，大轟大擂，發動起這場誰也阻擋不了的全黨全民大躍進運動。超英趕美，提前建成社會主義，符合黨心民心。我樂於火上澆油，打一場經濟建設的人民戰爭……所以林彪同志，你的話說了等於沒說。下一位鄧總書記，來點眞知灼見？」

鄧小平神清氣定，明白柯大鼻子已暫無好戲可唱，做不成總理夢了，笑笑說：「我長話短講吧。恩來同志雖然犯了嚴重錯誤，雖然前年去年我頂他的『反冒進』也頂得較厲害，拒不加入他的『促退委員會』等等；但恩來同志既已沉痛認錯，又在黨代表大會上做了公開檢討，我個人認爲，還是要堅持主席的方針，既允許幹部犯錯誤，也要允許幹部改正錯誤，所以，恩來同志請辭是消極態度。若是眞心改正錯誤，就應當在哪裡跌倒，在哪裡爬起，繼續前進。建議恩來同志還是以做滿本屆任期爲好。半路下來，對國內外的影響都不好。不是準備明年春天就召開第二屆全國人民代表大會了嗎？那時政府換屆，從從容容來進行國務院班子的人員調整，就順理成章了。我說長話短講，還是講了這麼多，對不起主席和各位。」

矮個子講話，往往切中要害，擲地有聲。

毛澤東繼續點名：「彭老總，輪到你了。」

彭德懷一直在埋頭翻閱兩份厚厚的材料，仰起臉來問：「你們扯到哪裡了？我這裡有兩份重要軍情，一份是福州軍區的，美蔣方面在金門、馬祖諸島活動異常，我方應當作出何種回應？另一份是西藏軍區的報告……」

毛澤東蹙了蹙眉頭：「好你個國防部長，列席政治局常委會議，研究國務院總理的去留，你卻埋頭批閱福建前線和西藏軍區的報告？金門、馬祖，是美帝國主義要求國民黨軍隊撤離，回到大島上去，與中國大陸作徹底分離。蔣委員長愛國，不願意搞台灣獨立。我們準備作出反應，給美帝國主義一個顏色……西藏有什麼新動向嗎？」

彭德懷不苟言笑，看一眼大家說：「我這裡就打個岔吧！除了福建前線，西藏也應引起中央注意。近年來，在印度擴張主義勢力的支持下，西藏少數的民族分裂分子蠢蠢欲動，我邊防軍每月都要查獲好幾起軍火走私……」

劉少奇擰了擰眉頭，插斷道：「彭老總，你的那個西藏動向情況，是不是放慢一步？今天的常委擴大會，一事了一事，還是不要離題太遠才好。」

彭德懷臉一沉，很不高興劉少奇插斷了他的發言：「老毛是當家的，他問西藏地方動向，我介紹一下情況，有什麼不可以？」

朱德向來關心軍隊事務，和藹地望一眼劉少奇說：「我看可以吧，常委擴大會，議黨、議政、也議軍嘛。」

毛澤東擔心彭德懷繼續和劉少奇頂牛，也說：「不是講本主席有最後裁決之權嗎？現在就來使用一次，少奇反對無效，老彭繼續報告！」

劉少奇紅了紅臉。大家輕聲笑了。

彭德懷接著說：「其實也不用擔心我會占去多少時間。軍隊工作，最忌長篇大論。西藏問題，我們要注意達賴和班禪兩位大活佛的動向。尤其是達賴喇嘛，舉足輕重。據我西藏軍區軍情處報告，達賴的身邊，聚集著一批西藏的上層貴族人物，分裂主義的傾向越來越嚴重。一九五〇年和平解決西藏問題時，允許他們保留自己的武裝，有近兩萬人的藏軍，使用英式武器。隨時有武裝叛亂的可能。西藏的農奴制，我們進去快十年了，基本上沒有觸動。我駐藏部隊普遍思想不通：內地已在大躍進建設社會主義，怎麼西藏還實行農奴制？另外，印度政府近半年來一直在中印邊界地區增派軍隊，舉行軍事演習，已與我邊防哨所發生多次武警衝突。如果西藏發生暴亂，一定有印度當局的幕後唆使。我外交部應保持高度警惕。」

周恩來說：「印度方面的動向，外交部陳老總他們以及我駐印使館，正在密切注意中。絕不容許印度方面以任何借口干涉我西藏內部事務。另一方面，我們也要教育駐藏部隊官兵，繼續嚴格遵守一九五〇年中央和西藏地方政府所簽訂的和平協議，尊重藏族同胞的宗教文化、風俗習慣，更不要輕言廢除農奴制。對他們的社會制度的改革，不能操之過急。不然會鬧出大亂子來的。」

毛澤東說：「西藏的事，老彭的警惕性高。要做好兩手準備。現在是春夏之交，天氣好，可通知成都軍區，增派一些部隊進去，多配些彈藥裝備。西藏上層不亂最好，大家一如既往遵守五〇年那個和平協議。他們要暴亂，也不怕。我們堅持不放第一槍。他們開了槍，我們再還手，進行平叛，師出有名。壞事也就可以變好事。和平協定是他們撕毀的嘛，我們正可趁機廢除反動的農奴制度，解放廣大淪爲農奴的藏胞，實行徹底的民主改革。至於中印關係，還是要盡力維持和平友好，避免兵戎相向，撕破面皮。他眞要打過來，我們只好進行邊境自衛反擊，練練兵嘛，乾脆把麥克馬洪線也拿回來。我不相信尼赫魯先生會犯這個錯誤。基本的，就是這麼幾條，還有什麼補充的？」

會議室裡一派吵吵吵的筆記聲，都在記錄毛主席的講話要點。

彭德懷合上筆記本，說：「我贊成老毛講的幾條，都講到了點子上了。」

毛澤東笑了笑：「老彭，還有那個金門和馬祖呢？你和黃克誠同志他們有什麼設想？」

彭德懷說：「好，也一併講講吧！美帝國主義要老蔣從福建沿海幾個島嶼上撤走，集中兵力回台灣鬧獨立，老蔣堅持一個中國，頂著不幹。我說，這次要幫老蔣一個忙，先以我國防部的名義向全世界發出公告，我們要砲打金門。金門那邊也一定會打砲回來。這樣，形成國共內戰還在繼續的局面，實際上是打給美帝國主義看……」

毛澤東聽得高興，連連擊節：「此計甚好，此計甚好。國防部的文告我來替你們起草，就以你國防部長的名義發出。國共內戰，本人向來積極……下面，把話題拉回來吧。老彭，你還沒有談談對恩來同志去留一事的看法呢！」

彭德懷說：「一心不能二用，我沒有看法。」

毛澤東點上一支煙，吸著：「沒有看法？沒有看法本身就是一種看法。你也是副總理之一，不在乎誰做總理？」

彭德懷說：「不就是個總理職務？換人也好，不換人也好，都是黨內同志做，又輪不到民主黨派，我看沒那麼嚴重。」

毛澤東莫可奈何地笑笑：「老彭是個滿不在乎派。彭眞同志，你是京畿地區的父母官，誰做總理，也不在乎？」

彭眞一臉眞誠地說：「總理職務，國家行政的頭把手，對內對外，很重要。我贊同少奇、朱總、小平諸位的意見，還是由恩來同志做滿這一屆，明年就換屆了，那時再考慮換不換人，比較穩妥。」

毛澤東說：「好了，又一位穩健派。還剩下三位擴大進來的政治局委員，也講幾句？柯慶施同志，放一炮？」

柯慶施不傻，怎麼會到常委會上來放砲？遂笑笑說：「今天是抱著學習、聆聽的心情來列席的。總理的去留，留有利於班子穩定，去有利於鍛鍊幹部。別的意見沒有。」

毛澤東說：「『華東王』模稜兩可。是眞啊？假啊？話裡有話啊？下一位是『西南王』李井泉同志？」

黨主席眞是玩世不恭了，這麼嚴肅的事，也拿柯慶施來開玩笑。柯慶施的大鼻頭登時像隻烤熟的太子龍蝦了。

李井泉一直埋頭在筆記本上寫寫畫畫，這時抬起臉來說：「報告主席，還有各位老首長，我腦殼裡盡裝著四川的大堆事務，只想快點回成都去。西藏一旦有事，四川就是戰略大後方呢。留吧留吧，總理還是留吧。」

毛澤東看一眼這名愛將，也是隨大流。看來，今天很難找出一位唱反調的角色來了：「譚老闆，最後一名，表個態度？」

兩年來，譚震林在經濟建設、特別是在農業合作化問題上，是一直跟周恩來、陳雲的『反冒進』對著幹的。他是湖南攸縣童工出身，基本上是個粗人，從井崗山上起，就一直緊跟毛澤東。毛澤東把他從華東局第三書記任上調來中央工作，實在因為他有幹勁，又聽話，好指揮。

譚震林個人對周恩來還很敬重的。況且他頗有自知之明，這次能增選為政治局委員，進入中央決策層，完全是毛主席的一手提攜；若論功績、才幹、學識，在黨內開放選舉的話，就算選舉一百名政治局委員，大約也輪不上他譚某人：「主席啊，總理去留這麼大的事，我譚震林能有什麼屁放？就算放了，也沒有多少臭氣的！」

譚老闆一句粗話，引得大家哈哈笑了。

毛澤東也哈哈笑了：「放屁不臭，等於不放，可以可以。恩來啊，你親眼看到的，多數同志都要留你呢。你想放擔子，北方話叫撂挑子，南方話叫溜肩膀，看來通不過。我也是同樣心情。本來嘛，你的口頭請辭，也是意思意思，不過是要中央常委會重新肯定一次，幫你恢復些威信。犯了錯誤，檢查了，改了就好。誰不犯錯誤啊？列寧說過，只有兩種人不犯錯，一種是已經死了的，另一種是還沒有出生的……最後，你也講幾句，表示個態度。」

不知是心情激動，還是被黨主席揭了底，周恩來滿臉通紅。他恭恭敬敬地站起來說：「謝謝主席，謝謝各位老同志。各位的盛情，使我誠惶誠恐。我就勉力做滿這一屆吧。請主席、少奇、總司令和各位，隨時給我以批評教育。這裡，爲了表示我認識錯誤、改正錯誤的決心，我有一個自請處分……」

毛澤東頗感新奇地看大家一眼：「什麼自請處分？又鬧個新鮮事物？」

周恩來紅著眼睛，誠懇地說：「我請求中央批准我去十三陵水庫工地，做一名普通勞動者，勞動改造一個月！我自小出身於官僚舊家庭，缺少勞動鍛鍊。如中央同意，今後我每年下工廠或是農場勞動一個月，既改造思想，又聯繫群衆，還鍛鍊身體！」

毛澤東帶頭鼓掌，大家跟著熱烈鼓掌。

周恩來說：「根據工作需要，我還要提議，中央政治局和全國人大常委會，任命譚震林同志、柯慶施同志爲國務院副總理，以充實國務院的領導力量。其中柯慶施同志仍可在上海坐鎮，只參加國務院的重大決策。另外，我也提議李井泉同志兼任下一屆的全國人大副委員長……」

毛澤東看了看手腕上的錶：「很好，恩來的自請處分很好，對柯、李、譚三位同志的工作新任命的提議也很好，到時候另議吧。從現在起，我們要提倡黨內領導幹部定期下鄉下廠，從事一定程度的體力勞動，做一名普通勞動者，既聯繫群衆，又鍛鍊身體，是個大躍進的新鮮事物。少奇啊，請轉告中宣部陸定一，還有胡喬木，要他們替《人民日報》寫一篇社論，全黨上下，所有領導幹部都應當做一名普通勞動者！今天的會開得很好，很圓滿。恩來啊，藍蘋不在家，你去廚房替我看看，紅燒肉燒好沒有？今晚上我要請新科黨副主席林元帥和三位新科政治局委員吃便飯，以盡歡迎之意。並請各位作陪。」

彭德懷託言有事要先走。陳雲也說醫生要求他回家吃病灶。毛澤東擺擺手：「請便請便，十二位走兩位，我們正好十人一桌。」

第六章　躍上匡廬四百旋

毛澤東於六月二十九日乘「峽江」號客輪由武漢赴九江。隨船同行的除公安部部長羅瑞卿、中央警衛局負責人汪東興外，還有華東協作區負責人柯慶施，西南協作區負責人李井泉，華北協作區負責人林鐵，西北協作區負責人張德生，東北協作區負責人歐陽欽。劃分經濟協作區，是毛澤東自去年大躍進以來採行的新措施，維持原大區中央局架構，如華東協作區仍由山東、江蘇、安徽、浙江、福建、江西六省組成，西南協作區仍由四川、貴州、雲南三省加西藏自治區組成。

在船上，毛澤東與柯慶施、李井泉、羅瑞卿、林鐵、歐陽欽、張德生等舉行了座談。毛澤東說：「去年大躍進，你們跟著我，頭腦熱了一陣，放了許多衛星，主要是大辦了公社，公共食堂，還有九千萬人上山大煉鋼鐵。據說浪費了幾十億，導致了國民經濟緊張。到了去年十一月武昌會議，接下來是鄭州會議，中央發現了問題，開始糾偏，壓縮空氣，調整指標。本人也主動承擔責任。你們是跟著我犯了些錯，我替你們兜著。經過大半年的努力，調整得差不多了吧？各項指標還要不要下降？少奇同志提出『成績講夠，問題講透』，意思是要繼續糾左。怎麼算問題講透？這次上廬山開神仙會，大家輕鬆輕鬆，邊休息邊議論，議出個十幾二十條來，大家再去鼓幹勁，繼續躍進。各位以爲如何？」

李井泉說：「搞社會主義建設，全黨的新鮮事物，誰也沒有什麼經驗，交點學費在所難免。現在要防止有人馬後炮，算總路線、大躍進、人民公社三面紅旗的賬。」

柯慶施說：「七、八億人口，勁可鼓，不可洩。成績是偉大的，前途是光明的，困難是暫時的。成績是九個指頭，問題只是一個指頭，甚至不到一個指頭。誰也不是先知先覺。我建議上山開會，不能把這個主次顛倒了。」

羅瑞卿說：「我也有個建議，就是主席自去年十一月第一次鄭州會議，到今年二月第二次鄭州會議，三月上海會議，四月八屆七中全會，一路做自我批評，承擔問題責任；如果再這麼自我批評下去，沒個完了，我相信黨內的大多數同志都會看不下去，不忍心聽下去。而且，也可能給某些有雄心壯志的同志，提供可乘之機，破壞黨的團結統一……就算大躍進、人民公社出了些問題，也不是主席一個人的責任。而且，幾億人口被動員，發揮出極大的社會主義積極性，這個偉大成績，才是主要的，任何時候都不應低估。誰要做事後諸葛亮，我一定和他辯論！」

羅瑞卿出於對毛主席的深厚感情，說這番話時，眼睛都微微發紅。

毛澤東看在眼裡，熱在心頭，嘴上卻說：「羅長子跟了我這些年，算護主心切囉。但上了山，還是要允許人家提意見，有氣出氣，有屁放屁。就算出了一兩位雄心壯志者，也不要緊，地球照樣轉，長江照樣流。對於去年以來的問題，柯書記說是九與一之比，我則傾向八與二、七與三之比，八個指頭與兩個指頭，至多七個指頭與三個指頭之比。建設社會主義，的確要付些學費呢。鄉下人叫做交師傅錢。前幾天在我老家湖南長沙，周小舟倒是說了十二個字：成績偉大，問題不少，前途光明。我看可以作爲本次廬山神仙會的基調。

柯慶施見毛主席欲吸煙，連忙遞煙點火。由於江風太大，天氣又熱，船窗都大開著，柯慶施連擦了幾根火柴都被吹滅了。羅瑞卿、李井泉連忙晃過高大的身子來擋著，毛主席嘴角上的一支雲煙，才讓柯慶施給點著了。

柯慶施說：「就是怕有的人說一套，做一套。上山後，建議少開大會，多開分組會，免得有人帶頭放炮，大吐苦水，弄成傳染病，局面一邊倒。」

李井泉說：「中央四月上海會議決定七月初上廬山開神仙會後，近兩月調查研究風氣很盛。主席的大秘書田家英同志回到成都鄉下，就儘了解些消極材料，什麼公共食堂油水不足啦，肥皂、毛巾供應短缺啦；被我訓了一頓，他走時不大高興。後又聽說薄一波同志回了山西，李先念同志回了湖北，張聞天同志回了江蘇，彭總回了湖南，鄧子恢回了福建，等等。他們口袋裡也儘裝著些消極面材料。是否都帶上山，就不得而知了。」

毛澤東忽然有所警覺似地，問李井泉：「你人在四川，怎麼知道這些情況的？」

李井泉坦然回答：「這次我們幾個在武漢等候主席，相互交換一些信息。兩湖的情況，是王任重說的；江蘇、福建的情況，是柯書記說的；山西的情況，是聽林鐵介紹的。」

毛澤東笑了：「原來你們早就互通有無了。對了，在座的還有林鐵、歐陽欽、張德生，你們三位怎麼不講話？」

林鐵說：「河北、山西、內蒙三省區，去年成績偉大，也出了些問題，但那是次要的。這次上山開會，我們帶的材料，積極面的、消極面的都有，以積極面的爲主。只看到成績不看到問題，容易忘乎所以，繼續犯錯；只看到問題不看到成績，一團漆黑，容易洩氣，損失更大。」

毛澤東說：「林鐵老實人，懂兩分法，兩個口袋分別裝材料，需要什麼取什麼，很方便。」

柯慶施、李井泉、羅瑞卿等都笑了起來。

林鐵連忙分辯說：「我是緊跟主席、緊跟中央的。這一條，任何時候不動搖。」

接下來東北協作區的歐陽欽，西北協作區的張德生也講了講緊跟主席，緊跟中央，上山開好神仙會，高舉三面紅旗，維護團結統一。

毛澤東說：「很好很好，中南協作區的組長陶鑄明天才到。上山後有各位組長大人保駕，加上羅長子、汪東興替我站崗放哨，萬無一失囉。」

六月三十日凌晨，「峽江」號客輪在薄霧中駛抵江西九江客運碼頭。碼頭早已戒嚴，閑人免入。中央警衛局和江西省委的車隊已在碼頭上候命。

毛澤東一行人下了船，與迎候在碼頭上的中央辦公廳主任楊尙昆、江西省委書記楊尙魁及其愛人隋靜、省長邵式萍等人見了面。毛澤東指著二楊問：「你們一個尙昆，一個尙魁，是不是兩兄弟啊？」楊尙魁連忙解釋：「可惜不是，楊主任是四川人，我老家安徽，相隔千里。毛澤東說，那就算表兄弟吧，一表三千里！」在旁的人都笑了起來。毛主席坐了整晚的船，毫無倦意，仍這麼風趣。

毛澤東忽又握住楊尙魁的愛人隋靜的手問：「叫什麼大名呀？頭次見面呢。哪年參加工作的？」

隋靜人面桃花，明眸皓齒，一襲湖藍色連衣裙，顯得楚楚動人：「報告主席，小姓隋，單名靜，安靜的靜。四八年在東北參加工作，是學中文的……」

毛澤東高興地說：「女秀才囉，很有意境的名字，靜如止水，江清水靜……可長江和鄱陽湖，無風三尺浪，水是安靜不下來囉。」他把「隋靜」聽成「水靜」。

這時楊尙昆和羅瑞卿上前請示：「前邊不遠是潯陽樓賓館，江西省委和九江市委同志已預備下了早餐，主席還是用過早點再上山？」

毛澤東揮了揮手：「不用了，剛才船上吃過……潯陽古渡，白居易做江州司馬，寫過〈琵琶行〉，還有潯陽樓，是不是宋江題反詩的那個潯陽樓？」

楊尙昆一時語塞。楊尙魁以地主身份作答：「我們請南昌大學的考古專家查證過，由於江流歷經改道，唐代潯陽古渡遺址已無可考；宋代潯陽樓亦早已毀於戰火。明、清都有重建，也毀了。省政府已有計畫，準備修復。」

毛澤東仍捏住隋靜的小手：「啊，知道了。有詩云：兩岸帆檣泓水靜，一天星斗大江塞。大約是妳名字的出處了。女秀才，考考你，宋公明當年在潯陽樓上題的反詞，妳背得出來嗎？」

隋靜點點頭，略帶羞澀地朗聲答道，「我姓隋，不是水……記得是《水滸傳》第三十九回，一首七言絕句：心在山東身在吳，飄蓬江海謾嗟吁。他時若遂凌雲志，敢笑黃巢不丈夫！」

毛澤東更高興了：「很好很好，一字不差。妳是隨遇而安，不是江青水靜。我再考考妳那天宋公明喝醉了酒，還在潯陽樓上題了一首〈西江月〉，背不背得出？」

隋靜緋紅了臉。她心眼靈泛，猜到毛主席自己欲吟誦，遂做出被考住了的樣子，搖搖頭。毛澤東拍拍她的手背說：「哪好，我來試試。宋江的這首〈西江月〉呀，比那四句反詩更厲害、更有抱負：自幼曾攻經史，長成亦有權謀。恰如猛虎卧荒坵，潛伏爪牙忍受。不幸刺文雙頰，那堪配在江州。他年若得報冤仇，血染潯陽江口！」

碼頭上響起一派掌聲。人人敬服毛主席的博學鴻詞，連北宋末年農民起義領袖宋江的一首詞都倒背如流。羅瑞卿再又近前請示說：「主席，是不是請上車，上山還要走一個多小時……楊尙魁同志，你和隋靜同志是不是陪主席坐車，介紹一下沿途風景？」

楊尙魁說：「主席啊，就讓隋靜陪你吧。她是晚輩，你不要太客氣。我坐另外的車。沿途風景，她也比我熟悉。」

於是，毛澤東和隋靜進了紅旗牌防彈轎車的後座。十幾輛一長溜高級轎車，當地老百姓稱為「烏龜殼」的，向廬山徐徐而去。

轎車駛上盤山公路之前，毛澤東在車內和隋靜一人一句地背誦開了白樂天的〈琵琶行〉：潯陽江頭夜送客，楓葉荻花秋瑟瑟。主人下馬客在船，舉杯欲飲無管弦；醉不成歡慘將別，別時茫茫江浸月。忽聞水上琵琶聲，主人忘歸客不發。尋聲暗問彈者誰？琵琶聲停欲語遲……

兩人正背誦著，汽車已駛上彎道，開始盤旋上山。毛澤東忽然打住了，說：「隋靜啊，明代朱元璋為了在山頂上建造御碑亭，而開闢了一條九十九盤山道。現在是你們江西省委為了迎接中央領導人上山開會，而修了盤山公路。你替我數數，這段公路一共是多少道彎啊？」

隋靜立即坐正了身子，掏出筆記本，一邊向敬愛的領袖介紹沿途景點，一邊記錄著一彎又一彎，一旋又一旋。有時車子拐彎急了些，她的半邊身子就會倚靠在毛主席寬闊的臂膀上。她只是雙膝緊緊夾住了連衣裙的下襬。毛主席並不看風景，而是閉上眼睛養神。隋靜知道主席一路上舟車勞頓，需要休息，因之一動也不敢動……

快到山頂時，毛主席的手在她膝頭上拍了拍，睜開眼睛來問：「隋靜啊，數過來沒有？是多少個盤旋？」

隋靜再又坐正了身子，紅了紅臉說：「原來主席並沒有睡著啊？我還以為你累了，大氣都不敢出。數過了，已經拐了三百八十八個彎了。還有幾個彎，就到牯嶺了。」

毛澤東說：「我這是初上廬山，如此美景良辰，如何睏得了覺？一路上已吟成一首七律〈登廬山〉。隋靜啊，你手頭有紙筆，替我記錄一下，如何？」

隋靜一聽毛主席要她錄詩，連忙把記事本攤在膝頭上，悉心聆聽。

毛澤東一字一句地吟道：「一九五九年六月二十九日登廬山，望鄱陽湖、揚子江，千巒競秀，萬壑爭流，紅日方升，成詩八句——一山飛峙大江邊，躍上逶迤四百旋。冷眼向陽看世界，熱風吹雨灑南天。雲橫九派浮黃鶴，浪向三吳起白煙。陶潛不受元嘉祿，只爲當年不向前！隋靜啊，妳個女秀才，替我記下來沒有？」

隋靜激動得心口砰砰直跳，手上的筆也有些顫抖：「記下了！我來唸一遍，看看有沒有記錄錯……太好了，主席，太好了，你一上山，就有了偉大的詩篇。我是第一名讀者，好幸運呢！主席啊，你得空時，可不可以替我們寫下來？是對江西人民最大的關懷、愛護呢！」

看著隋靜激動的樣子，毛澤東卻不爲所動，甚至有些兒失望。這麼年輕美貌的人兒，也學得當面吹吹拍拍，浮而不實，還抬出全省人民來，不知分寸……他面無表情地說：「以後再看吧。我的詩，只是個草稿，文字上還要斟酌、修改，妳不要傳出去，這是紀律，知道嗎？李太白三上廬山，馬歇爾七上廬山，我一上廬山。這趟山上得不容易……」

隋靜把記錄稿遞給毛主席。毛主席忽然不像一路上那麼親切了，連撫在她膝頭上的手都移開了。

紅旗牌轎車直駛進牯嶺河東路一百八十號院子。這院子又稱爲「美廬」，是一九四八年以前蔣介石、宋美齡的避暑別墅。毛澤東在隋靜的牽扶下出了車，服務人員已在別墅門口站成兩列，鼓掌歡迎。毛澤東朝服務人員揮揮手致意。服務人員分兩撥，一撥是從北京坐火車先期到達的，另一撥則是廬山管理局派出的。

衛士長拿來一件外套給主席披上。這山上果眞滿眼蒼翠，空氣清新，涼颼颼、風爽爽的。難怪所有的工作人員都衣著整齊。隋靜領路，毛澤東由一位本地女護士輕扶著，直接上了別墅的二樓。二樓房間高闊，樓道有天窗，光線甚好。第一間爲書房兼會議室，可容一、二十人開會。東西兩面牆上排列著書櫥，北面牆上有一座石砌的西式壁爐。南面牆上是一排落地闊窗，闊窗亦是玻璃推門，外面是大陽台，可觀山景。

卧室連著書房，寬敞明亮。進門靠牆是一張小行軍床，大約是保健護士晚上値班時用的。北牆上也是一座石砌壁爐。木板床是原蔣委員長的舊物，已鋪著工作人員從北京帶來的青印花布被褥。靠南牆是一張白木書桌，桌上擺著硯台，筆筒裡插著大、中、小各型號狼毫。還擺放著一支象牙，據說是當年龍雲送給蔣委員會長六十壽誕的賀禮。龍雲一九四九年發動雲南起義有功，新中國封他做了全國政協副主席，國防委員會副主席，全國人大常務委員；可他一九五七年大鳴大放中對中共領導不恭，反黨反社會主義，被劃爲資產階級大右派，免予下放勞動改造，著令在北京家中閉門思過……

隋靜見毛主席站在書桌前想什麼心事似的，便輕聲解釋：「主席，這房間遵照你的指示，一切保持原樣，沒有作任何改動……山上白天的最高溫度爲攝氏二十三度，早晚只有十四、五度，相當涼，保健護士會隨時提請你加衣服。」

毛澤東在書桌前的木椅上坐下，頗爲滿意地笑了：「隋靜啊，回頭請妳代我謝謝尙魁、式萍，謝謝江西省委的同志們。很好，很好，屋子保存原樣好。睡蔣委員長睡過的木板床，用蔣委員長用過的書桌、硯台，也是一種享受嘛。他當年在廬山指揮剿共，辦軍官訓練團，搞新生活運動，個人生活還算簡樸的囉。只是他四九年跑台灣跑得太倉促，把文房四寶和這支象牙都給我留下了！」

隋靜和保健護士都笑了。正笑著，電話鈴聲響起。毛澤東示意隋靜接。隋靜拿起話筒聽了聽，隨即報告：「主席，是樓下値班室的，說楊主任來向你匯報工作，讓不讓上來？」毛澤東隨手接過電話：「尙昆啊，你工作抓得很緊囉。我還沒有來得及洗澡、換衣。有事先在電話裡講幾句……噢，少奇和光美今天中午上山，總司令今天下午上山，周總理明天一早上山，彭老總和張聞天他們也是明天上山，陳伯達、胡喬木、田家英、吳冷西、李銳加上賀龍、康生同志，明天一早上山……知道了。藍蘋在杭州，也想上山？你代我拍封電報，天氣太熱，她不要來回跑了……尙昆啊，通知一聲羅長子，今天晚飯之前我要休息，不要安排人來見。晚上有舞會？在小教堂？那我們都得罪上帝，進不得祂那個天堂囉。好了好了，先就這樣。」

接過電話，毛澤東讓隋靜靠近自己坐下：「隋靜啊，我有個事，想請妳幫幫忙喲。賀子貞同志住在南昌，你們熟悉吧？她最近身體怎麼樣？」

隋靜見主席問起前夫人賀子貞的情況，忙放低了聲音說：「子貞同志最近精神不錯。省委安排她住在省軍區將軍樓，一座安靜的小院子。看醫生、散步都很方便。我和尙魁，還有邵省長和他愛人，都經常去看她。她也常和我們說些當年井崗山鬥爭的故事，很受教育。主席請放心，省委、省政府、省軍區都會盡力照顧。因爲沒有得到指示，我們還沒有把主席這次到廬山的事告訴她。主席是不是想安排見一面？尙魁說，主席的機要秘書已打過招呼……」

毛澤東忽然面有寂容地說：「隋靜啊，妳年輕，不大了解，子貞和我一起度過了最艱苦的十年。一九二八年在井崗山，三〇年到瑞金，三一年到閩西，三四年長征，三五年到陝北，一直到三七年她去蘇聯治病……患難夫妻，能無感情？她到蘇聯十年，被關進精神病院六年，沒有精神病也會關出精神病來。對子貞，我是有虧欠的。她經常給我寫信，說已經諒解、理解了我。我也給她回過信，只望她早日康復，能出來做點工作。」

隋靜怕主席難過、傷神，連忙勸慰說：「主席，在你和子貞同志面前，我是個晚輩。尙魁常和我說，革命戰爭年代，人能活下來，已是個奇蹟。今年春天省裡開婦代會，一致選擇子貞同志爲婦聯主席。她很高興。天氣好的日子，她還常去婦聯看看，聽聽匯報，人還滿精神的。」

毛澤東聽這一說，心情輕鬆了不少：「這樣吧，事情交妳和尙魁去辦。先替她在山上找個住處，就說是上山休息休息。然後我趁便和她見一面，談一談。要注意保密，千萬不要走漏消息。傳出去了，山上的大人物都要去拜望賀子貞，就麻煩了，影響也不好，明白嗎？」

隋靜溫順地點著頭：「明白了，我和尙魁一定把事情辦好，不給主席添煩惱。」

毛澤東欣慰地笑笑，回頭一看，見那保健護士——一位身材高䠷、膚色微黑的本地女子，遠遠地站立在門邊，自覺地避免聽到他和隋靜的談話。他朝那護士招了招手。

保健護士走近來，怯生生地問：「主席，肚子餓了吧？是先吃飯？還是先洗澡？」

毛澤東這才仔細地看了保健護士一眼，眼睛亮了亮，這江西妹子倒是耐得看，腰細腿長，胸脯飽滿，眼睛亮幽幽的，便伸過手去拉住了問：「對了，小同志，都還沒有問問妳，貴姓啊？是本地人？做護士工作多少年了？」

保健護士紅了紅臉，嫵媚地一笑，笑得既羞澀，又燦爛：「報告主席，小姓鍾，金重鍾，南昌郊區人。父親是泥水工人，搭幫毛主席領導翻了身，做了主人……我是南昌護校畢業，做了六年護士，在省委高幹病室……」

毛澤東親切地笑了：「金重鍾？就是一見鍾情的鍾囉！多大年紀了？成家了？」

小鍾被敬愛的領袖開了玩笑，緋紅了臉蛋，柔順地看一眼隋靜同志，得到鼓勵似的，才回答：「今年二十五了……成過家，可現在，現在……」

隋靜見小鍾吞吞吐吐，擔心毛主席生疑，便從旁解釋說：「小鍾成過家，她愛人原是省委車隊的卡車司機，去年在贛南山區出事故去世……小鍾還是我們高幹病室的才女呢，會背很多古典詩詞，也彈得一手好琵琶。」

毛澤東再次拉住了小鍾的手：「很好很好。過去的事，就過去了。有孩子嗎？啊，沒有也好，不是有人提倡節制生育嗎？這麼講起來，小鍾還才藝雙全囉。那我要先謝謝妳。在山上這段時間，就辛苦妳了。隋靜啊，我還是先洗個澡，免得小鍾同志提意見，說我一身汗騷氣。」

隋靜說：「這『美廬』底下有個游泳池，我去看看，準備好了沒有。」

毛澤東擺擺手：「游泳池晚上再用吧。妳嘛，先回尙魁同志那邊去吧。妳是女主人，各路諸侯上山，少不了陪尙魁四處走走……我這裡嘛，很簡單的，有小鍾同志幫幫忙，就可以了。」

隋靜很懂事，臨走時，她趁毛主席進了洗手間，又把小鍾拉到一旁，悄聲交代、囑咐一番。

小鍾進浴室擰開大浴缸上的水龍頭放水，之後準備幫毛主席寬衣。卻見毛主席仍坐回書案前的木椅上，並示意她也在旁邊的椅子上坐下來：「來來，小鍾啊，洗澡之前，我要問妳幾個問題呢。」

小鍾小鳥依人地在毛主席身邊坐下，雙手挾進雙膝間，眼睛亮幽幽，顯得嬌羞中透出清純，稚氣中透出成熟。女孩子嘛，就是不能太複雜，而應當稚氣、簡單、清純。小鍾見毛主席只是親切地望著自己，一時又緋紅了臉，大方而帶些嬌氣地柔聲說：「主席，人家等著你問話啦。」

毛澤東拿起一支煙。小鍾欲起身替他點火。主席已自己擦亮火柴，吸上了：「妳說妳父母住在南昌郊區？是縣城還是鄉下？妳常回去嗎？」

小鍾不知道毛主席爲什麼要問這個，只得如實回答：「父母住在新建縣城關鎭。外婆外公住在農村，是公社社員。我是外婆帶大的，星期天常回去看望外婆外公的。」

毛澤東笑笑微微，又問：「妳外婆外公吃公共食堂嗎？那裡的公共食堂辦得怎樣？缺不缺糧？管不管飽？一月半月的，有不有次把牙祭？」

小鍾見問這個，倒是有準備似的回答：「我每次回去，都跟著外婆外公去生產隊公共食堂吃飯。外婆外公可喜歡公共食堂了，不用在家裡生火做飯，省事多了。而且比原先家裡的小鍋小灶還吃得好，吃得飽。每半月打一次牙祭，肥肉瘦肉儘吃。食堂養了幾十頭大肥豬。每月宰兩頭。吃過飯，社員們就扯起隊伍出集體工，有講有笑，還唱歌，快快活活。是真的，集體開飯，集體勞動，各家各戶不再為油鹽柴米操心，老人和婦女最高興。」

毛澤東目光炯炯，又問：「是眞的？你外婆那個生產隊叫什麼名字？公共食堂一日三餐，都吃些什麼？」

小鍾一臉天眞無邪的表情：「騙人是小狗！我外婆外公那生產隊叫新建縣東方紅公社東風大隊五星生產隊。公共食堂辦得好，全縣的模範單位。他們早晨喝稀飯搭配蒸紅薯，中午吃白米飯，幹活有力氣。晚飯半乾半稀……半月一個小牙祭，一月一次大牙祭，油水足得很。」

毛澤東認眞地聽著，思索著：「大躍進一來，東方紅、東風、五星、朝陽之類的名字滿天飛……那公共食堂也總有些缺點呀，比如浪費糧食，少數幹部貪汙，多吃多占。是不是這樣？」

小鍾回答：「食堂好不好，關鍵在領導。我外婆生產隊那公共食堂就辦得很好，幹部清廉，帳目公開。剩飯剩菜，餵了六、七十頭大肥豬，糧食沒有浪費，社員吃了豬肉，生產隊增加了糞肥。」

毛澤東說：「食堂好不好，關鍵在領導，這話有水平……可也有不少人向我反映，農村公共食堂，浪費大，社員吃不飽，要求解散，恢復家家戶戶的小鍋小灶……小鍾啊，妳反映的是正面情況，我想妳沒有講假話。妳再講講，這公共食堂，關係到六億農民吃飯的大事，是要堅持辦下去呢？還是應當像另一些人主張的，停辦或者解散？食堂是我號召辦起來的，那就要承認失敗呢。」

小鍾臉紅紅的，癡癡地望著敬愛的領袖，一時吶吶無言。這麼重大的問題，她一名普通人家的女子，又不是領導人肚子裡的蛔蟲，怎麼回答呀？況且隋靜大姐她們，事先也沒有交代、囑咐過。

毛澤東說：「怎麼不出聲了？我問妳問題，也是對妳做調查研究哪。」

小鍾抬手理了理額上的秀髮，這是中央的政策……若是、若是要問我外婆外公的態度，他們大約是擁護公共食堂的，會要求堅持辦下去。

毛澤東釋懷了：「要是全國農村的多數食堂，能辦得像妳外婆生產隊的食堂那樣，我就放心了，右派也就反對不起來了。現在反對派很多，黨外有，黨內也有。我再問你一個問題，去年搞了大躍進，人民公社，好？還是不好？」

小鍾忽然站起身子：「哎呀，主席，差點忘記了，我在替您放洗澡水呢。我先去關了來！」

毛澤東靜靜地吸著煙，身體裡湧起一陣燥熱。等小鍾返回來時，仍鼓勵她作答。

小鍾說：「哪個講的不好呀？大躍進，人民公社，人人都像長了翅膀一樣，想飛起來哪……不要笑，我講的是人人身上都長了幹勁。老輩人都講，自從盤古開天地，三皇五帝到如今，從來沒有見過的！就是有些幹部吹了牛皮，搞了浮誇，也被黨中央及時糾正了。大煉鋼鐵有浪費，但也鍛鍊了幹部，鍛鍊了群眾，培養了人材。比如我們新建縣，今年就不搞土高爐了，而要辦小洋群……」

毛澤東明明知道小鍾的一些話，大不符合她的普通護士身份，是經人口授，來討他歡心的。但他還是聽得順耳，如遇知音。他興奮地站起來，拉起小鍾的手：「很好，很好，我們的心是相通的，我和人民群衆的心是相通的……總路線，大躍進，人民公社，公共食堂，成績爲主，不容否定。有缺點，有問題，我們可以調查研究，調整政策，訂出措施來克服……小鍾啊，妳和我也是一見鍾情呢！能想到一起，說到一起呢。來來，洗澡去吧，幫我寬寬衣……」

小鍾的手被毛主席牽著，朝浴室走去。她忍不住回頭望了卧室房門一眼。毛主席彷彿明白她的心事，告訴她：「不經電話通報、允許，任何人不會進來的。」

浴室裡水氣氤氳，浴缸邊擺有一把藤椅。毛澤東坐下了，抽著煙，任由小鍾替他鬆皮鞋帶，脫去皮鞋，褪下襪子，套上一雙軟底拖鞋。之後小鍾替他一粒一粒地解上衣扣，解襯衣扣。毛主席很是配合，站起身來，讓小鍾替他脫下衣服，換上一襲毛巾被式長浴衣。之後，小鍾雙膝跪地，替他解皮帶，解褲扣。毛主席表示謝意：「這些事，原先都是男衛士替我做，妳比他們輕巧細膩……」

當小鍾替他脫下外褲、內褲，又驚又羞地別過臉蛋去，嚇人哩，偉人偉物，有鐮刀把粗……好在，好在她是過來人，曾經和那死鬼丈夫有過四年的夫妻生活。死鬼丈夫也不知是哪裡學來的那些招數，喜歡擺弄來擺弄去，本錢卻比眼下的，差到哪裡去了呢。媽呀，也不先洗洗，就這麼猴急呀？

第七章　齊魯齊魯　鶯歌燕舞

牯嶺雲雨暢，一覺到黃昏。

大約是山上空氣新鮮，氣候清涼的緣故，兼有小鍾偎依著，毛澤東美美地睡了一大覺。也是陰陽調和呢。小鍾裊裊婷婷一位人兒，雲翻雨覆，玉體生香，竟是個中高手，令人欲仙欲佛的。

偉人偉鼾，如鼓如雷，樓下，院子裡都聽得到。有人說，毛主席熟睡時的鼾聲，能穿幾堵牆，可傳兩、三里。殊不知他的鼾聲鼻息，卻是從秘書到衛士所有服務員的最大慰藉：主席睡著了！主席睡香了！是全黨之福，可致國泰民安的大事。許多時候，主席為思考國家大事，幾天幾晚不能入睡，連服數次安眠藥也無效，所有的服務人員就會坐立不安，整個中央核心都要失眠。劉副主席不敢深睡，周總理不敢深睡，鄧總書記不敢深睡，隨時準備主席傳喚。你說說，中央四巨頭不能安睡，下邊的中央書記處，中央辦公廳，毛辦，劉辦，周辦，鄧辦，誰還敢睡？

煞是奇怪，毛澤東近年來睡覺做夢，多是些躍進夢，衛星夢，可上九天攬月，可下五洋捉鱉……蘇聯老大哥前年發射了一顆地球人造衛星，我們去年發射了無數的農業衛星，工業衛星，鋼鐵衛星，棉花衛星，牲豬衛星，教育衛星……衛星滿天飛，糧食高產衛星是打頭陣的……

一九五八年五月的八屆二次代表大會擂響了全民大躍進的戰鼓，隨之而來的是各省市自治區捷報頻傳，「衛星」競放，黨中央機關報《人民日報》逐日在頭版顯著位置上刊出套紅「衛星喜報」：

六月九日，湖北襄陽大面積畝產小麥兩千斤；

六月十六日，湖北穀城畝產小麥四千三百五十三斤；

六月二十一日，河南輝縣畝產小麥四千五百三十五斤；

六月三十日，河北安國安縣畝產小麥五千一百零三斤；

七月十二日，河南西平縣畝產小麥七千三百二十斤；

七月二十二日，福建閩縣畝產水稻七千二百七十五斤；

八月一日，湖北孝感畝產水稻一萬五千斤；

八月二日，湖北麻城縣畝產水稻三萬六千九百斤；

稍後，糧食衛星更是直線上升：安徽繁昌縣畝產水稻四萬三千零七十五斤；四川郫縣畝產水稻八萬二千四百五十斤；廣西環灑縣畝產水稻十三萬零四百三十四斤！

且慢，千眞萬確，《人民日報》在發布上述衛星喜報時，還分別配發了河南省委第一書記吳芝圃、安徽省委第一書記曾希聖、湖北省委第一書記王任重、四川省委第一書記李井泉等親臨「衛星田」參加驗收的照片。

不久，安徽省更宣布全省早稻平均畝產一千斤，成爲全國第一個千斤省；緊接著，河南宣布自己爲全國第二個千斤省，四川宣布自己爲全國第三個千斤省，湖北宣布自己爲全國第四個千斤省……廣東省委第一書記陶鑄則在《南方日報》上撰文，批判「糧食增產有限論」，宣稱廣東一年三熟，全省可以達到平均畝產數萬斤。

好傢伙，九州紅旗奮，天地慨而慷了。全國二十九個省市自治區好一場大競賽大評比，省與省賽，縣與縣賽，社與社賽，爭上游，插紅旗；批下游，拔白旗……有趣的例子，毛澤東的家鄉湖南省被評爲下游省，省委第一書記周小舟扛了面白旗回長沙，頭都抬不起。湖南北面的湖北，南面的廣東，東面的江西，西面的貴州和廣西都是紅旗省，於是湖南被五面大紅旗所包圍、夾擊。

說是毛澤東每天中午起床後，都要晃著當天《人民日報》上的「衛星喜報」眉開眼笑，對衛士、護士說：「又放衛星了！又放衛星了！一個比一個大，一個比一個高！過去人家稱我們東亞病夫，飢餓的國度，現在我們糧食太多了，多到吃都吃不完，倉庫也裝不下！」

劉少奇、周恩來、鄧小平、彭眞等主要領導人也都受到感染，歡欣鼓舞，相信糧食已經多到吃不完，儲不下。

七月三十一日，蘇共中央總書記、部長會議主席赫魯雪夫訪問北京。毛澤東興沖沖地告訴老大哥黨的最高領袖：「赫魯雪夫同志，我們正在大躍進，全國各地都大放衛星！」赫魯雪夫沒有聽明白中國同志放的什麼衛星，而且全國各地都放？蘇聯幫你們建造的第一座原子反應堆還沒有啓動嘛。

毛澤東半開玩笑地告上：「你們去年發射了第一顆人造衛星，還不到一百公斤重；我們今年發射的是糧食衛星，最大一顆在廣西發射，畝產水稻十三萬多斤，六噸半重。安徽、河南、四川、湖北已成爲我們的第一批千斤省。」

赫魯雪夫這才聽明白了，便坦率地說：「我在英、美的報紙上看到報導，人家說你們放的汽球衛星……還有你們準備辦農村公社？希望吸取蘇聯二十年代的教訓……當然，有的西方資產階級報刊慣對我們共產黨人造謠汙蔑。

見面話不投機，隨後的兩黨會談也就什麼都談不成。爲了蘇聯要求在中國設立潛艇基地的事，還出現過主人毛澤東怒斥客人赫魯雪夫的尷尬場面。

八月三日赫魯雪夫離京返國。八月四日毛澤東乘坐專列火車出巡，史稱「齊魯之行」。

毛澤東的出巡路線，早就由中央主管農村工作的政治局委員譚震林、國務院農業部部長廖魯言安排好了：先視察河北省的徐水縣、安國縣、定縣；再轉往河南省新鄉縣，重點視察七里營人民公社，接著視察襄城縣、長葛縣、商丘縣；再轉去山東省歷城縣；最後於八月十六日轉往河北省渤海灣上的度假勝地北戴河，主持中央政治局擴大會議，決策大躍進的各項大計方針。

短短十多天時間，要視察三省十縣，行程千餘里，只能是坐著防彈轎車，前呼後擁，看看公路兩旁的工農業飛速發展的大好形勢。譚震林、廖魯言等人帶領先遣小組，已對沿途的省、地、縣、社進行了大動員、大部署：一定要讓偉大領袖高高興興，看到大躍進的新氣象、新面貌、新創造、新成果；看到幹部群衆意氣風發，鬥志昂揚，幹勁沖天，超英趕美，奔向共產主義不回頭。

於是河北省、河南省、山東省，凡是毛澤東將要經過的地、縣、社，領導幹部竭盡聰明才智，發揚敢想敢幹精神，帶領農民群衆、城鎮居民日夜加班加點，對公路兩旁的農田進行「美化加工」，營造豐收景象：把邊遠地段即將成熟的稻子、秋麥、棉花，整棵整棵移栽、擠插到公路兩旁來，密密麻麻，形成高產在望的稻海、麥海、棉海。再在四周插上紅旗，迎風招展。有的還安裝上有線廣播，播放革命歌曲：天上沒有玉皇，地上沒有龍王，喝令三山五嶽開道，我來了！……天大地大不如黨的恩情大，河深海深不如階級友愛深，千好萬好不如社會主義好，爹親娘親不如毛主席親……

八月四日中午，毛澤東的專列火車抵達河北省徐水縣。他已經從一份材料上了解到：徐水縣是個先進模範縣，去冬以來就開始大躍進了，全縣人民總動員，實施大兵團作戰，只用三個月時間，就修建起葡萄串式山區水庫十七座，滿天星式平原水庫一百七十三座，一舉實現了灌溉自流化，大地園林化，生產軍事化，生活集體化，具備了農村共產主義的雛形。

縣委書記張國忠，年輕好勝，精力充沛，奉詔上專列來見偉大領袖。毛澤東因看過譚震林呈送的材料，很高興地握住張國忠的手：「後生可畏！後生可畏！你是大躍進的突擊手，走在了全國的前頭。今年多大歲數了？」

張國忠激動地報告毛主席：「三十三歲。我們縣委一班人都年輕，小的二十二歲，大的也不過三十四歲。」

毛澤東說：「年輕人好，年輕人包袱小，顧慮少，幹勁大。當年我們在江西蘇區，二十出頭當紅軍師長、軍長的多的是。林彪同志當紅一軍團司令員的時候，也才二十七、八歲嘛。蕭華十九歲就當了紅軍總政治部組織部長。這次大躍進，就是要打破條條框框，不搞論資排輩。」

接著，毛澤東提議：「到你們縣的農業社去看看好嗎？」

張國忠立即歡迎毛主席下車。下了火車，毛澤東拉著張國忠的手，登上了中央警衛局準備好的一輛紅旗牌敞篷轎車。四周的路口、河岸、坡地上，早有警衛人員布下散兵線。轎車沿著瀑河岸緩緩行駛。毛澤東被路旁長得蓬蓬勃勃，密不透風的莊稼吸引住了，忍不住誇讚：「這一路的莊稼長勢好啊，今年又是個大豐年囉！」

張國忠則一路上不停地匯報說：「我們全縣三十一萬人口，六十多萬畝糧田，今年計畫平均畝產達到二千斤。還有幾十萬畝的棉田、果園。今年內要發射兩顆高產衛星，一顆是畝產二十萬斤的谷子衛星，一顆是畝產一百萬斤的山藥衛星。山藥就是馬鈴薯。山藥秧子都是用飛機運來的高產品種。省委、地委準備在我們徐水搞共產主義試點。中央譚震林同志、陳正人同志，還有劉少奇副主席都有指示，向共產主義過渡，工、農、兵、商、學結成一體，實行各盡所能、各取所需的分配原則，也就是供給制，大兵團生產，大食堂開飯，大炕蓆睡覺……」

毛澤東高興地聽著：「很好，很好。你們縣一馬當先，率先進入共產主義，給全國做個榜樣。」

汽車路過一座「萬頭豬場」，一排排兵營般整齊的豬舍。張國忠匯報說：「全縣共有三十一座這樣的萬頭豬場，實現了一人一頭豬。養的都是每頭計畫長到一千斤的『衛星豬』。把豬的甲狀腺割了，讓它吃了睡，睡了吃，專門長肥膘。豬多糞肥多，肥多糧食多。」

毛澤東勾著指頭算了算：「一人一頭豬，每頭一千斤，你們全縣三十一萬人口，每人每年一千斤豬肉，幹部群衆天天吃紅燒肉，也吃不完。當然還要支援國家，讓城裡人也天天有肉食供應。還可以加工成臘肉、臘腸、肉鬆、罐頭；豬皮還可以製革，豬鬃也是工業原料……我可不可以到前面那個村子的公共食堂，去吃一碗紅燒肉？」

偉大領袖提出要到公共食堂去吃一碗紅燒肉，是多麼大的喜訊。張國忠立即向另一輛吉普車上的隨行幹部招手，讓趕快去布置。但毛主席的衛士長追上那名幹部說：「不行不行，毛主席吃飯的事，有警衛制度呢？說吃就能吃？何況主席也不是眞要吃，晚飯再說吧！」

汽車往前走了不遠，見三面大紅旗下，社員們分成兩組，圍著兩堆熊熊大火在忙碌。每堆火旁都有一架土製鼓風機，由兩名壯漢拉得呼啦啦的火苗直竄。毛澤東被吸引住了，問張國忠：「縣太爺，那又是什麼創造發明呀？」

張國忠匯報說：「是農業社的煉鋼廠，搞土法煉鋼。我們也是被逼出來的，搞建設要用鋼材，國家供應不及嘛。」

毛澤東登時興奮不已，臉發紅光，手一揮：「停車！土法煉鋼了不得，我要好好看一看。」

車隊停下來。一行人簇擁著毛澤東，來到兩座墳堆似的土爐前。社員們個個光赤著古銅色的膀子幹的風風火火，見了毛主席也不停手，只是邊幹活邊呼喊毛主席萬歲。毛澤東在滾滾煙塵中問：「這鼓風機是誰發明的？」張國忠答：「是鐵匠舖的手拉風箱放大改裝成的。」毛澤東又問：「一天能煉多少爐？」張國忠答：「八小時一爐，社員們三班倒，一天能煉三爐。」毛澤東再問：「一爐能出多少鋼？」張國忠答：「兩百多斤。」「公斤還是市斤？」「是公斤，我們縣裡採用公斤制。」

陪同視察的中辦主任楊尙昆、河北省委書記林鐵，擔心毛主席在煙塵中待久了，對健康不利，也不大安全，便上前提議：「主席，土法煉鋼的事，回頭請土專家們做詳細匯報吧。現在是不是回到車上，繼續下面的節目……」

離開土爐前，毛澤東堅持與幾位「爐前工」握了握手，鼓勵說：「土法煉鋼好得很！我們的老祖先就是這麼煉的，能出好鋼。」回到車上，毛澤東仍然興奮不已，和張國忠一起計算著：「一爐兩百斤，十爐兩千斤，就是一噸。如果全國能建起一百萬座這種小土爐，一齊上馬，一天三爐，每天就出鋼六萬萬斤，折合三十萬噸？哎呀呀，一天三十萬噸，十天三百萬噸，一百天三千萬噸，一年三百六十五天不就是一億多噸？光是用這種農民的小土爐，我們就能打敗美帝國主義！」

下午四時，中央首長的車隊來到大各寺莊，又名瀑河集體農莊。這裡是徐水縣委的共產主義新農村試點。農莊的辦公室和會議室爲一座大四合院，庭院整潔，房舍寬敞。會議室可容數百人開會。四牆上掛滿了省、地、縣各級黨委頒發的獎狀、獎旗，以及生產規劃圖表，作物分布圖表，工業、手工業分布圖表等。還有幾幅大壁畫，畫面充滿革命浪漫主義：有的畫著小伙子和姑娘攀援原始森林般的玉米稈，上天上去採摘星月；有的畫著幾名老漢坐上花生殼的巨輪，漂洋過海周遊世界；有的畫著美麗的嫦娥姑娘，下到農莊的棉田來摘棉花，豐收的棉田白茫茫一片，如同天上的白雲……

毛澤東興致勃勃地將四牆上的獎旗、獎狀、壁畫一一看過，更是被豐收喜慶的氣氛所感染。他忽然有意地問集體農莊負責人李江生：「你們的農莊叫什麼名字呀？」

李江生先望一眼縣委書記張國忠，才回答：「叫瀑河第八集體農莊。」

毛澤東搖了搖頭，表示對這從蘇聯老大哥那邊套用過來的名字頗不以爲然，遂說：「河南省新鄉縣七里營鄉，他們辦起了一個萬人大社，取名七里營人民公社。還是叫人民公社比較好吧？」

河北省委書記林鐵、保定地委書記李悅然和其他陪同人員，立即異口同聲說：「人民公社好！人民公社這名字好！」

毛澤東接著說：公社這名字不是從蘇聯來的。中國古代部落社會就有原始公社。八十七年前，法國巴黎的工人和城市貧民舉行起義，成立了世界上第一個共產主義組織，叫做巴黎公社。公社內人人平等，領導人從公社社員中選舉產生……被馬克思、恩格斯稱讚爲十九世紀人類的曙光。所以，如果我們把農業大社稱爲人民公社，既有巴黎公社的傳統，又包含了共產主義的成分。當然，這個名字現在還是我個人的意見，要等中央開會，才正式確定下來。」

省、地、縣、社四級幹部們，圍繞著毛澤東坐下來，抽菸、喝茶。毛主席的香菸、茶杯、暖水壺都是從專列火車上帶來的，只有省、地、縣的領導者喝當地的茶水。毛澤東笑瞇瞇地問：「今年小麥收成怎樣？平均畝產多少斤？」

社長李江生回答：「很好，比哪一年都強，平均畝產小麥一千五百八十斤，再加上一季秋糧，畝產超過兩千斤。公共食堂現在一天三頓供應白麵饃饃，社員們都吃撐了！大家夥說，過去的富農、小地主家裡，也難得一天三頓白饃饃。」

毛澤東哈哈大笑：「好呀好呀，一個大躍進，就使社員的生活水平超過了從前的地、富……你們的秋糧估計畝產有多少？全縣都是這個情況嗎？」

縣委書記張國忠匯報：「全縣農村大體上都是這樣，夏秋兩季加一起，全縣總產計畫拿下十二億斤。」

毛澤東勾著指頭算了算，驚訝得眼睛都放亮：「十二億斤？你們全縣三十一萬人口，不就人均兩噸糧食了？大人小孩敞開肚皮吃，也吃不完這麼多糧食呀？先前在北京，我聽譚震林同志他們匯報，今年農村的糧食多得吃不完，倉庫也裝不下，我還只信一半。現在到你們這裡一看，就全信了。你們的糧食這麼多，怎麼辦呢？」

張國忠匯報：「糧食多了換機器，換化肥、日用品。」

毛澤東說：「換機器、化肥也用不完。又不光是你們糧食多。全國都是這樣，人家也得換。到時候城市裡的工人階級也說，糧食太多，機器、化肥、日用品不夠換，你們怎麼辦？」

社長李江生說：「我們可以用山藥蛋釀造酒精，成爲工業原料。」

毛澤東說：「那就得每一個縣都蓋兩三座大酒廠。哪裡用得了那麼多酒精啊？你們還是沒有能夠回答我的問題。」

毛澤東是興奮之極了。農業發展得這麼快，形勢這麼好，是他始料未及的。可笑周恩來、陳雲、李先念、薄一波那些人，還一個勁的反左傾、反冒進！在經濟建設領域裡，他們是右得不能再右，保守得不能再保守了。他們是瞎子、聾子，既看不到全國的大好形勢，又聽不到人民群衆要求大躍進、甩開膀子大幹社會主義的呼聲！幸而自己及時發現問題，責令他們在黨代大會上公開檢討，懸崖勒馬；否則再讓他們反冒進下去，就眞要扼殺了人民群衆的積極性，成爲歷史的罪人。

一時間，誰也回答不了偉大領袖的問題：糧食多了怎麼辦？大家只好崇敬而恭順地望著毛主席笑，個個笑出一臉的愚忠。沉默了一會兒，縣委書記張國忠伶牙俐齒地承認：「主席啊，我們還是缺乏戰略性眼光，光是顧了多增產糧食，沒考慮到糧食太多，怎麼消耗了。」

毛澤東指示說：「你們也要考慮怎麼吃糧食呢！不要光吃白麵饃饃，還要吃水餃，肉包子，油餅，油條，麵包，還要造些啤酒，白酒，黃酒，二鍋頭，多變些花樣，來改善、提高生活。還要多養些牛，菜牛和奶牛，既然是共產主義，你們就要多吃些牛肉、牛奶、巧克力、蛋糕……總之，糧食多了還是好事，不是壞事。多了，國家也收購不了，社員們自己多吃嘛。可以考慮一天開五頓飯，甚至把公共食堂辦成流水席，二十四小時隨到隨吃。」

毛澤東孜孜不倦地教導大家怎麼消費糧食。他已經看到了糧山糧海。省、地、縣、社的四級領導人都刷刷刷的記錄著他的指示。其實他的消費觀念比農民高明不了多少，也只是吃吃吃，變著花樣吃，敞開肚皮吃，開流水席來吃。

接下來，一行人來到一座大場院。毛澤東明白，這在南方叫曬谷坪，是收穫之後堆放、晾曬糧食的場地。他看到了一座座「山藥蛋山」。所謂「山藥蛋山」是一種新發明的馬鈴薯高產種植法：把肥土堆成小山形狀，在上面插滿薯秧而成。說是經過幾個月的精心培植。這些小山腹部就會結滿大大小小的馬鈴薯，到時候扒拉出來，只見滿是馬鈴薯，不見泥土。

縣委書記張國忠始終不離毛澤東左右，滔滔不絕地向他介紹這些大躍進以來幹部社員們的新發明，新創造。毛澤東說，你們這裡的情況再次證明了一個眞理：只要路線對頭，就要鋼有鋼，要糧有糧，要油有油。人民群衆是眞正被發動起來了，就可以移山塡海，改天換地。

張國忠說：「這些『山藥蛋山』，畝產可以達到一百萬斤，準備發射一顆特大高產衛星……」

這回毛澤東是深信不疑了，對四周的幹部們說：「糧食吃不完，倉庫也裝不下，以後就搞休耕輪作，社員一天幹半天活，另外半天學文化，學科學，搞娛樂活動。人民公社應自己辦大學、辦中小學、辦圖書館、辦公園、游泳池、劇院、電影院。還可以買一兩架飛機，讓社員們輪流外出旅遊，看看祖國的大好河山。你們說好不好啊？」

面對毛澤東所描繪出來的共產主義美景，大小幹部們一片歡呼聲：「好！我們一定辦到！」

在通往徐水縣城的路上，毛澤東問張國忠：「你們的公共食堂，老年人同意不同意啊？」張國忠回答：「剛開始是有少數老人思想不通，說吃了大鍋飯。」毛澤東說：「大鍋飯比小鍋飯香囉。戰爭年代，我們誰不是吃大鍋飯過來的？」

張國忠聽毛主席稱讚大鍋飯，受到了鼓舞，便進一步匯報說：「我們正在進行全面的共產主義思想教育，除個人生活用品外，其餘房屋、樹木、羊群、自留地、水井、大車、牲口等等，都轉爲全社所有，全民所有。還要興辦國營企業。現在農村已取消了小商人，城鎮也沒有了小商人。我們成立了一個專管住房建築和分配的組織，實行統建統配，也就是共產。我們講，不共產，幾千年來是貧困落後，階段壓迫。私有制是萬惡之源。一共產就大躍進，徹底解放翻身。拆了舊房建新居，集體生活，集體勞動，集體娛樂。因此大家都說共產好。共產主義就是要把房屋、樹木、牲口等一切財產合併到一起過日子，人人豐衣足食，生活幸福，逐步取消家庭生活方式。」

毛澤東沒有批評張國忠這種農民式的簡單共產主義，而是喜滋滋地聽著，不時點點頭，覺得這年輕書記很對自己的味口，取消家庭生活方式，有理想，有幹勁，是棵好苗子，以後提拔做個省委書記甚至國務院領導人，都是可以考慮的，前程無量呢。不過還要經過鍛練、考驗，讓組織部門對他進行一段時間的觀察。

毛澤東一行來到徐水縣委大院。早已等候在院子裡的幹部職工們一片歡呼聲。十幾位衣著光鮮、面容姣好的女服務員紛紛擠了上來，爭著和毛主席握手。其中兩位最嫵媚的姑娘更是一邊一個地扶住了偉大領袖的左右胳膊。這些姑娘都是中共保定地委專門從醫院、學校挑選來。當時徐水縣委內部還議論過：難道我們縣三十一萬人口，就挑選不出十幾名政治可靠、模樣兒水靈的妞兒服伺毛主席？但張國忠書記堅決執行上級組織的決定，保定市的妞兒見識多，模樣兒也更水靈，更可人意。

女服務員們簇擁著毛主席進到縣委會議室。省、地、縣三級領導人緊隨其後。會議桌上已擺下幾大盤切好的紅瓤西瓜，請首長們解渴、消暑。坐在毛主席右邊的姑娘一邊打扇子，一邊替他輕輕擦著額上、脖子上的汗珠子；坐在毛主席左邊的姑娘則把盤裡的西瓜一小塊、一小塊的切下來，剔去瓜籽兒，插上一支小牙籤兒，再請領袖吃。張國忠看在眼裡：果不其然吧？還是保定市的妞兒會來事吧？換了咱徐水縣的妞兒，再漂亮也不會有這心眼兒。

毛澤東一邊吃著西瓜，一邊對保定地委書記李悅然說：「世界上的事情要就不辦，一辦就是大辦、多辦。這裡的婦女勞動力也解放得很徹底。」

李悅然匯報說：「婦女都脫離了四台。哪四台？就是鍋台、炕台、磨台、碾台。幾千年來，鄉下婦女就是圍著四台轉，鍋台做飯菜，炕台做針線，磨台磨粉麵，碾台碾玉米、穀子。」

毛澤東說：「是呀！人人都吃公共食堂，社社都辦托兒所、幼稚園……看看我旁邊這些年輕女同志，就是解放了的新一代。婦女半邊天，男女要同工同酬。男同志能做到的事，我們女同志也做得到。是不是這樣呀？」

十幾位女服務員以銀鈴般的嗓聲齊聲回答：「是這樣！婦女半邊天，男同志能做到的事，我們女同志也做得到！」

毛澤東更高興了。他忽然想起下午在大各寺莊視察時，聽張國忠匯報的勞動組織軍事化，是個很重要的發明，值得在全國推廣。於是他要求張國忠再談談這個問題。

張國忠先看一眼地委書記李悅然，匯報說：「我們也是在省委、地委的領導下，被大好形勢逼出來的。全縣三十一萬人口，十一萬勞動力，四萬勞力修水庫，搞農業；七萬勞力修道路，搞工業，煉鋼鐵。逼出個組織軍事化，生產戰鬥化，生活集體化。學習革命前輩的戰略戰術，集中優勢兵力打殲滅戰，我們全縣成立了九十多個團，二百多個營。一聲號令，這些部隊就可以隨時出動。」

毛澤東對陪同他的河北省委書記林鐵說：「這就叫做形勢逼人，全民皆兵嘛！組織軍事化，生產戰鬥化，生活集體化，好得很！還有解放婦女勞動力，都是大躍進的新生事物。要總結，推廣。一個縣就搞了九十多個團，二百多個營。按部隊上的四四制計算，四團爲一師，四師爲一軍，九十多個團就是六個軍，超過了一個野戰兵團的人馬，了不起呢！我早就和周總理他們說過，搞經濟建設也可以打人民戰爭，搞人海戰術……」

當天晚上，毛澤東住宿在徐水縣委替其精心設置的臨時行館——縣委大院中的一座安靜小院裡。大院、小院被中央警衛局的人馬守衛得固若金湯。入夜，包括陪同的省委、地委負責人都不能入內。保定市來的十幾名女服務員爭著要替毛主席值夜。地委書記李悅然覺得，一晚上也用不了這麼多人值夜，便和縣委書記張國忠一起，從中挑出兩名長相搶眼、性情溫順、發育成熟的姑娘來值夜。張國忠紅著眼睛、含著熱淚對那兩名幸福不已的姑娘個別交代說：「記住了，咱是接駕，在咱徐水縣，盤古開天頭一回。我們這輩子或許就只這次機會！對，是接駕哪，要被寫進歷史去的！全黨全國只有一位毛主席。咱縣裡沒有冷氣，天這麼悶熱，要多備幾盆井水，妳倆身上也不要穿這麼多了，隨時替咱領袖擦個澡兒，弄個事兒……」

第二天一早，毛澤東一行離開徐水縣，前往鄰近的定縣和安國縣視察。抵達定縣時，毛澤東對隨行的河北省委書記和保定地委書記說：「徐水縣的全民軍事化要推廣，每個地委可以辦一個兵工廠，造槍造炮，將來五億農民發他一億枝槍，每人配三十發子彈，一手拿鋤，一手拿槍，平時學打靶，戰時上前線。全國都這樣組織起來，全民皆兵，嚇也把帝國主義嚇死了。」

路經安國縣時，毛澤東得知縣裡深翻土地一丈二，破了全國紀錄，登了《人民日報》時，高興地發出指示：「深翻土地是糧食高產的重要一環，農業專家已在五尺深的地底下找到了小麥扎下的鬚根，就是科學依據。原子能專家錢學森也在報紙上發表文章，說充分利用土壤、陽光、空氣、養分，畝產四、五萬斤糧食是可以實現的。要高產就密植。密植不深翻不行，肥多了不深翻也不行。深翻才能根深苗壯，還利於保持水土。要苦幹，有工具用工具，沒有工具用人力也要深翻。」

巡視了徐水、安國、定縣的一馬平川，毛澤東豪情勃發，手臂一揮：「你們要考慮修飛機場，每個公社買它兩架飛機回來！就用這條馬路截彎取直，兩邊的樹木砍掉，路面弄寬點，鋪上洋灰，不就是飛機跑道？有了機場，國際友人來參觀，從北京半個小時就可以飛到。大好形勢要宣傳，不但國內要宣傳，國外也要宣傳。我們不要隱姓埋名，而要大躍進大宣傳，天下美名揚！」

八月六日，毛澤東的專列火車抵達河南省新鄉縣。爲便於安全警衛，專列不駛入客運車站，而停靠在車站附近的某條支線上。有河南省委第一書記吳芝圃率領省、地、縣主要負責人迎接。

毛澤東握住吳芝圃的手說：「吳書記，河南是全國第一個躍進省，農業躍進的帶頭羊，人民公社的牌子也是你們最早打出來的，形勢好得很？」

吳芝圃河南杞縣人，新四軍政工幹部出身，近年來緊跟毛澤東，唱出了一系列鼓動人心的口號：「人有多大的膽，地有多高的產」，「只怕想不到，不怕做不到」等等，很得毛澤東的歡心、器重。他見毛主席如此高度評價河南的工作，忙說：「好形勢，好局面，都是毛主席、黨中央帶來的，我們只是稍稍先走了一步。我們的缺點還很多，請主席多指正，多批評。」

毛澤東笑笑微微，邊和其他的省、地、縣負責人一一握手，邊說：「滿招損，謙受益。成績越大越要虛心學習，然後知有不足。很好很好。現在就去參觀你們的七里營人民公社！譚震林同志告訴我，人民公社的發明權在七里營，不在徐水。譚老闆他們走了嗎？」

吳芝圃說：「譚部長和廖部長帶領先遣組，昨天離開的，趕往山東歷城，替您打前站去了。」

毛澤東忽然問：「譚老闆是個粗人，廖魯言是個秀才，他們沒有教你們弄虛作假？布置好一些場面給我視察？」

明明遍地是假，毛澤東卻視而不見，也不願意承認；倒是時不時地問上一聲，作爲調侃。吳芝圃摸準了偉大領袖「好大喜功、急功近利」的心性，當即拍著胸脯說：「報告主席，我以我的黨籍作保證，譚部長和廖部長從未教我們弄虛作假。我們河南的好形勢，完全是在您的思想指引下，全省人民苦幹巧幹加實幹，幹出來的！」

毛澤東說：「那就好，那就好。世界上的事怕就怕『認眞』二字。你們搞了土法煉鋼嗎？我在徐水、安國等縣都看到了，農民不經過什麼訓練，就成爲煉鋼工人。成本低，收效快。如果全國推廣，遍地開花，明年就超過英國！」

吳芝圃反應快捷，當下匯報說：「土爐煉鋼，在我們南邊的大別山區和西邊的伏牛山區是個老傳統。戰爭年代，新四軍在大別山的兵工廠，就搞土爐煉鋼造槍砲。主席放心，我們河南的糧食元帥已經升帳，接下來請鋼鐵元帥升帳，河南再放一砲！打一場人民戰爭，全省九十多個縣市，每縣搞它一千座小土爐，就是九萬座。就地採礦，就地冶煉，年底前出鋼一百萬噸不成問題。」

這回是輪到毛澤東暗暗吃驚了，叫好了：「吳書記，我可是要和你立軍令狀的囉！河南完成一百萬噸，全國二十九個省市自治區就是二千九百萬噸。也不用等到明年了，今年就超過英國！你說得好，糧食元帥升帳，鋼鐵元帥也要升帳。有了這兩大元帥，其餘的事情就好辦了。兩大元帥升帳的提法很好，中央要採用，要大力推廣、宣傳。」

毛主席高度表揚河南省委的工作，吳芝圃和在場的省、地、縣負責人齊聲說道：「到年底，我們拿下一百萬噸鋼鐵，到北京向黨中央報喜！」

毛澤東被河南幹部們的衝天幹勁所鼓舞，說：「河北鶯歌燕舞，河南龍騰虎躍！吳書記，土爐煉鋼，全民上陣，打一場新的人民戰爭，你又當一回諸葛孔明！南陽卧龍崗，就在你們省……」

當天下午，毛澤東一行的車隊抵達新鄉縣七里營鄉。一下車，大家就看到了掛在鄉人民政府大門口的一塊白底紅字標牌：「新鄉縣七里營人民公社。」

毛澤東指著標牌說：「人民公社好，還是叫人民公社好。鄉社合一，以後可以不要鄉政府這個名字了。」

吳芝圃連忙叫過隨行的一名新華社河南分社記者，吩咐說：「趕快給你們北京總社發消息，毛主席說人民公社好，還是叫人民公社好。要特別報導清楚，主席是在視察我們新鄉縣七里營時說這個話的。」那記者點著頭，但他悄悄提醒吳書記：「主席在徐水也說過這話，《人民日報》早發了消息的。」吳芝圃有些光火地說：「叫你報導就報導！俺七里營的公社比徐水的早！全國第一在俺這兒，還不明白？大躍進，啥都要爭個第一，不明白？」

第八章　清涼海濱　鑠石流金

八月九日，毛澤東一行來到山東省會濟南。當天下午，毛澤東在山東省委第一書記譚啓龍等人的陪同下，視察濟南東郊的歷城縣北園鄉，再次說了「人民公社好」。

隨後，毛澤東在濟南住了四晚。有人說他這期間登了泰山觀日出，去了曲阜參觀孔府，但沒有留下任何文字、照片。

八月十三日，毛澤東一行來到天津，和替他打前站的譚震林、廖魯言等人會齊。譚、廖安排他視察郊區新立村的「衛星稻田」，說可以畝產稻穀十萬斤。這回，毛澤東似乎將信將疑了，笑著指問譚震林：「有這麼多嗎？譚老闆，你沒有種過田，只怕不是放衛星，而是放大炮囉。你過去帶兵打仗，就喜歡放大炮。」

譚震林笑嘻嘻地讓新立村的幹部匯報，他們用電燈泡替水稻增長日照時間，用鼓風機朝密扎扎的稻棵裡吹風，還每畝撒了四百斤白糖作化肥用，所以能畝產十萬斤。白糖代替化肥？新創造，新發明。但對畝產十萬斤，毛澤東仍搖搖頭。譚震林、廖魯言等人急了，怕主席責怪他們一路上都在弄虛作假，趕忙讓村幹部抱來一個兩、三歲的娃娃，讓娃娃往稻子上站，以證明穀子長得厚實，連娃娃都托得起。毛澤東不得不說：「那就照張相片吧，登到《人民日報》上去，大躍進的奇蹟，稻子托得起胖娃娃。」

八月十五日，在前往北戴河的專列上，毛澤東和自己的愛將譚震林說了心裡話：「我的齊、魯之行，靠了你打前站，我一路上都很高興。你可能不了解，自一九四九年進城以來，我就很少高興過，舒服過。一九五五年走了幾個省，看到農業合作化已超過半數農村戶口，我才有點高興；可是一九五六年，周恩來幾位颳起一陣歪風，說是冒進了，左傾了，要趕快促退，往回走，我又不高興了。到今年，特別是這次的齊魯之行，看到工農業生產大躍進的好形勢，我才真正高興起來。看來今年初我提名你取代鄧子恢，主持農業大計，是對頭了。當然我也知道，你和下面的人做了些假，吹了些牛，專門擺了些先進的東西給我看。但我不會責怪你們。畝產一百萬斤的馬鈴薯、十萬斤的稻子，我知道是不太可能，摻了很重的水分。吹牛皮的幹部都是堅定的左派，我的方針是依靠左派、保護左派。馬鈴薯畝產達不到百萬斤，有十萬斤也了不起，仍舊是大衛星；水稻也是這樣，畝產十幾萬斤不可能，有一萬斤、兩萬斤，糧食同樣吃不完。我相信科學家錢學森講的，水稻畝產可到四萬斤。搞經濟建設，左傾好過右傾。大躍進放衛星有些水分，總比周恩來的那個『反冒進、反左傾』要好。最重要的是廣大農民被眞正的發動起來了。勁可鼓，不可洩，不允許任何人吹冷風、潑冷水。……總之，農業問題大體上解決了，還是你當農業元帥，我可以放心。下一步，北戴河開會，我要著手抓工業。農業『以糧爲綱』，工業可不可以『以鋼爲綱』？柯慶施、薄一波等人主張今年鋼鐵產量翻一番，去年五百三十五萬噸，今年搞它個一千零七十萬噸。爲什麼不乾脆搞它個一千一百萬噸，湊個整數？」

八月的北戴河，涼風習習，天空碧淨、大海蔚藍。金色的沙灘，綠色的山丘，清波綠浪，綿延數十哩，被稱爲渤海明珠，北方的避暑度假勝地。滿是松柏花卉的傍海山坡上，數百棟西式別墅點綴其間，寧靜優雅，要是初涉此地，還以爲是到了義大利或是法國的某處海濱呢。現刻，這些大小別墅裡正住滿了前來出席中央政治局擴大的北京黨政軍要員，各省市自治區的主要負責人。整個北戴河海濱區已成爲軍事禁地，被警衛得鐵桶一般，絕無當地漁民或其他遊人出入了。

在八月十七日至三十日的政治局擴大會議上，毛澤東和幾乎所有的領導人物們，均被全國各地競先發射的「農業高產衛星」所陶醉、激勵，狂喜不已，正所謂總路線東風浩蕩，大躍進一日千里，而一口氣通過了〈關於在農村建立人民公社問題的決議〉、〈關於建立農村公共食堂的決議〉、〈關於一九五八年鋼產量爲一千零七十萬噸的決議〉等四十多個鼓動各行業全面大躍進的中共中央文件。

更有一批封疆大吏式人物投毛澤東所好，會上會下呼風喚雨，推波助瀾。上海市委第一書記柯慶施信誓旦旦：上海市可以年產鋼鐵三百五十萬噸，占全國鋼鐵指標的三分之一！毛澤東當即鼓掌表揚：「很好！柯書記是鋼鐵元帥！上海一個城市就能生產鋼鐵三百五十萬噸，我們還有二十八個省市自治區，還有鞍鋼、武鋼、包鋼、太鋼、馬鋼等大大小小的鋼鐵廠，完不成另外的七百萬噸？以我們現在的幹勁和進度，加上土法煉鋼，今年全國鋼鐵產量可達二千七百萬噸至三千萬噸，一年時間超過英國；一九六二年達到八千萬噸到一億噸鋼鐵，四年時間趕上美國。」

李井泉、譚震林、陶鑄等人則大談農業豐收，糧食多到吃不完，倉庫儲不下。使得毛澤東和中央常委們都相信，即使去掉三分之一的水分，一九五八年的糧食總產量可達七千億斤（一九五七年爲三千七百億斤），全國人均糧食至少也超過一千斤，並要求一九五九年達到一萬億斤。

湖北的王任重、河南的吳芝圃、安徽的曾希聖則在會上介紹了三省農村大辦公共食堂，解放婦女勞動力，「每日三餐白米飯，敞開肚皮不要錢」的經驗。

毛澤東對於農業的大好形勢，尤其感到振奮欣喜，多次在會上表揚湖北、河南、安徽三省省委工作有魄力，有創造發明，闖出了大好局面。他說：「人民公社、公共食堂，是二十世紀五十年代人類歷史上最偉大的事件。有了人民公社和公共食堂，可以考慮廢除傳統的家庭制度，告別一夫一妻，讓農民集體勞動，集體生活。家庭制是私有經濟的基礎。取消家庭制就是剷除私有制基礎，剷除資產階級法權的基礎。河北徐水縣是共產主義社會的典型，那裡實現了吃飯食堂化，勞動軍事化，住宿大炕化，財產公有化。要不要進一步實行公妻制？那是人類的徹底解放，共產主義的最高境界。你們覺得匪夷所思？是你們的思想還解放得不夠，跟不上形勢。總之，打破小鍋小灶，實現吃飯不要錢，離共產主義就不遠了。現在河南、湖北、安徽做到了，其他省、市、自治區做得到，做不到？」

分組討論會上，針對鋼鐵產量翻番決議，還是出現了不同的聲音。總參謀長黃克誠和中宣部長陸定一曾於六月間代表中央書記處赴上海調查工業生產情況，他們算了一筆帳：「以上海現有的碼頭、鐵路、公路的運輸能力，絕對無法從外地運進年產三百五十萬噸鋼鐵所需要的數千萬噸鐵砂、石灰石和煤炭。誇口上海今年內就能拿出三百五十萬噸鋼鐵向毛主席和黨中央報喜，依據是什麼？今年一至七月份，上海只生產了不到一百萬噸鋼鐵，還剩下五個月，另外的兩百五十萬噸從天上掉下來？」

黃克誠和陸定一的「懷疑派言論」反映到毛澤東那兒。毛澤東大約也覺得柯慶施獅子大開口，但要愛護左派的積極性，就算護短也要護。於是另僻蹊徑，在大會上著重談了「保障鋼鐵元帥升帳」問題，提出土洋結合、兩條腿走路、洋高爐和小土爐並舉的方針。他介紹了他在河北、河南農村看到的農民以土爐煉鋼的情況：「煉鋼煮鐵有什麼神秘？有什麼了不起的技術？農民群衆用磚頭泥巴砌起土爐，投入鐵礦石、石灰石、木炭，用手拉鼓風機鼓風，八小時就煉出一爐鋼！每爐兩百斤。基本上不需要什麼技術訓練，又可就地開礦、就地伐木、就地取材，解決交通運輸困難。過去打日本，打老蔣，八路軍在太行山、伏牛山，新四軍在大別山，就用過土法煉鋼造槍造炮嘛。再遠一點，春秋戰國時期，越國的一對夫妻叫干將、莫邪，不也是以土法煉鋼，煉出了當時最著名的削鐵如泥、吹毫可斷的寶劍？這次我到河北、河南、山東農村走了一轉，看到無數的干將、莫邪。全國六億農民中，有著千千萬萬的干將、莫邪，能工巧將。河南的吳書記啊，你不是和我立了軍令狀，河南全省九十多個縣市，每縣市可以造成一千座土爐，全省爭取造九萬座土爐？是不是這樣啊？」

吳芝圃當即神氣活現地起立回答：「如果中央決定土法上馬，全民煉鋼，河南保證砌起十萬座土爐，最少生產鋼鐵一百萬噸！俺就不信，一座土爐還出不來十噸鋼！」

毛澤東起立鼓掌：「吳書記請坐下。土法上馬，全民煉鋼，提得好。河南人傑地靈，大躍進中創造發明多。河南是全國第一個糧食畝產超千斤的省份，現在又要成爲全國第一個年產鋼鐵一百萬噸的省份。在座的同志們啊！你們還不趕快跟進？與河南來一場大競賽，打一場全民煉鋼的人民競爭？鼓勁再鼓勁，躍進再躍進……」

北戴河海濱本是個清涼世界，出席中央政治局擴大會議的各路諸侯，卻人人情緒高昂，摩拳擦掌，如同吃食了鴉片似的幹勁衝天。

也有少數幾位頭腦較爲冷靜的。中央書記處書記王稼祥，就是那位在一九三四年的遵義會議上爲毛澤東復出立下過大功的前紅軍總政治部主任王稼祥，參加起草一系列大躍進文件、公報，感到全國形勢一派昏熱，大轟大擂，浮誇不實，特別是成立人民公社這種關係到幾億農民命運的大事，既未經過認眞的試驗，也沒有廣泛聽取不同的意見，就憑了毛澤東同志說了幾次「人民公社好」，就匆忙作出決定？爲什麼如此急切，如此冒險？還有什麼「共產主義已經進了長城，到了華北平原，逼近黃河、長江」之類的奇談高論，都在會議上出現了，毛澤東同志非但沒有批評、糾正，反而以鼓掌來表示肯定。整個形勢，就如同列寧早就批判過的：「革命陷入了共產主義左傾幼稚病。」

王稼祥憂心忡忡。歷史上，他既輔助過毛澤東，也與毛澤東有過分歧，遭受貶謫。在中央書記處內，他是分管國際共運和海外統戰，分管兄弟黨往來及培訓亞、非、拉美地下黨人員的。由他本人去向毛澤東提出緩辦人民公社的意見，顯然很不合適。由誰去反映意見好呢？他想起了毛澤東的小同鄉彭德懷元帥。對了，彭總功勞大，資格老，又不怕事，不信邪，敢和毛澤東當面鑼、對面鼓地爭論問題，是黨中央的鍾馗式人物。

王稼祥去找彭老總。彭德懷人在北戴河，卻基本上沒有出席會議，連中央常委會議都懶得去列席。他率同總參謀長黃克誠大將、福建省委第一書記兼福州軍區政委葉飛等一班子人馬，正忙於調動陸、海、空部隊，準備炮打金門。對於砲打金門，黃克誠也有不同意見，認爲我們既然不準備解放金門、馬祖幾座沿海島嶼，打砲就沒有實質上的意義，只是陡然消耗軍費、軍力。彭德懷說：老毛要打，就打吧！打給美帝國主義看的，是中國內戰的延續，也正可練練兵。自朝鮮戰爭結束後，我們就沒有動過眞傢伙了。而且是先發表聲明，後打砲，雙方部隊都會進入掩體，人員傷亡不會很大的。

彭德懷聽王稼祥說明來意，只是苦笑，口無遮攔地說：「老毛是被一批牛皮客、馬屁精包圍了。去年全國糧食總產量三千七百億斤，今年一下子就到了七千億斤？鬼信他們的，我聽都懶得聽。糧食已經不是產在田地裡，而是產在譚震林他們的嘴皮上。我看鋼鐵產量也會是這樣，去年才五百三十五萬噸，今年就可以翻上一千零七十萬噸？憑什麼增產一倍？還不是增產在柯慶施他們的嘴皮上？不講了，不講了，再講就被打入另冊了，老毛已經指我是大躍進的『觀潮派』、『秋後算帳派』了。」

王稼祥堅持說：「彭總，這種時刻，連你都不講話，黨內就無人敢講話了。」

彭德懷有些懊惱地看著王稼祥：「你怎麼知道我沒有講？他聽不進，還給扣了帽子嗎！對了，稼祥啊，你也是個證人呢……還記得一九三五年十月中央紅軍走完長征最後一段路程到達陝北吳起鎮，人困馬乏，卻立即被東北軍的幾個旅所追剿的事？這陝北第一仗打不好，我們就完蛋了。結果我回到前線，指揮部隊背水一仗，死裡求生，猛打猛衝，硬是打垮了兵力優勢的敵人，使我中央紅軍在陝北立住腳跟。吳起鎮大捷後，老毛寫下一首詩，什麼『山高路險溝深，騎兵任爾縱橫。誰敢橫刀立馬，唯我彭大將軍』。我在老毛的住處看到這首詩，提出勝利不應歸功個人，最後一句應改為『唯我英勇紅軍』。老毛當時不同意，講他這詩不能改，後來就在部隊裡傳開了。我記得稼祥你也在場嘛。你也抄下了？我自己倒是把這事忘記了。直到去年一月，杭州有個什麼《東海》月刊不知在哪裡弄到這首詩，想在刊物上發表，給我寫信求證。我回了信，說那是二十二年前的事情，你們還是找作者毛澤東同志去落實吧。結果他們得到毛澤東同志回信，說：「記不起了，似乎不像，臘子口是林彪指揮打的，我亦在前線，不會用這種方法打電報的，那幾句不宜發表。」不發表就不發表，作者不認帳，算什麼事？算個屁事。稼祥啊，總政治部譚政他們卻抱不平，替我惹事，硬是安排在《解放軍文藝》上發表出來。我知道後罵了譚政一頓。後來聽說毛澤東同志很生氣，要追查。你講講，這算怎麼回事？

王稼祥說：「毛澤東主席不可能忘記自己的作品吧？全軍高級將領誰不知道他寫過這首詩？而且一九四七年轉戰陝北時的沙家店大捷，一九五一年朝鮮前線五大戰役結束，他都高興地重寫了這首詩嘛！當事人都在，時間也不久遠。」

彭德懷說：「你明白就好。小事一件，說明問題。再說我分管軍隊工作，再去放砲，引起老毛的反感，更壞事。你還是去找鄧小平和劉少奇吧。他們不是蠢人，心裡頭應該不糊塗的。」

王稼祥找了鄧小平。鄧小平半天沒有吭聲，只是眼神裡透出些憂慮。末了，說：「稼祥同志，你的心情我理解。許多事情不要匆忙作結論，還是走一段，看一段。你是書記處書記，我是總書記，不宜代你去轉達意見，以免引起誤會。你去找找少奇同志吧。但有言在先，只是你個人意見，和書記處無關，明白嗎？」

過去戰爭年代，鄧小平也是我行我素、獨當一面的人物，如今卻染上一身官場習氣了。王稼祥找了劉少奇。劉少奇身爲黨的二把手，直搖頭：「現在上上下下，是熱了點。中央也知道，各種衛星喜報都摻了相當的水分。可是大家正熱情高漲，怎麼去潑冷水？你欲獨排衆議，作孤掌之鳴，精神可嘉。你的意見我可以向毛主席轉述。」

劉少奇向毛澤東轉達了王稼祥的看法：「人民公社、公共食堂，事關幾億農民的生計，現在正式宣布，是否過於急躁、草率了？建議有關文件、公報暫時不提……」

毛澤東一聽，登時氣得臉塊發白，眼睛發烏，破口大罵：「王稼祥人在北戴河，爲什麼沒有膽子找我談？什麼東西？老國際派，老機會主義者！你們都說他是個好幹部，我說他和王明穿一條褲子，和赫魯雪夫唱一個調子！妄圖阻擋大躍進、人民公社的步伐？螳臂擋車，不自量力，只怕會被車輪碾死！除了遵義會議那點子功勞，還有什麼好混的？小人一個、狗屁！瞎子、聾子、混蛋……」

毛澤東又一次情緒失控，動了雷霆之怒。劉少奇恭恭敬敬地站在那裡，彷彿代表王稼祥接受痛斥。毛澤東直罵了十多分鐘，才稍稍平息下來，坐下來喝茶、取煙。夾煙的手指仍在微微發抖。劉少奇連忙擦火柴替他點煙，自己也吸上一支，才陪坐下來。

毛澤東吸著煙，閉了閉眼睛，彷彿意識到剛才自己太過氣憤了，太過激動了：「少奇啊，孔夫子說三十而立，四十而不惑，五十而知天命，六十而耳順。可我年過六十五，耳還不順，也是個不足呢。對於王稼祥，我罵也罵過了，氣也氣過了。他提的意見太離譜，太反常了。開了這麼久的擴大會，文件都擬定了，都舉手表決了，就要公布了，他卻妄圖阻止，怎麼行？就算他出自好心，也不行。你叫他寫份檢討來，保證不重犯，我可以原諒他。不然他走人，離開中央，去蘇聯也可以。王明不是去莫斯科治病就不肯回來嘛？這次會議的閉幕式上，我要宣布一條紀律：黨的幹部，無論資格多老，功勞多大，職務多高，凡是反對大躍進、人民公社化的，第一給予批評，第二給予警告，第三停職，第四開除黨籍，第五關進班房。逐步升級，仁至義盡。」

在北戴河，國務院總理周恩來仍是最忙碌、最辛苦的人物。自年初一路挨批以來，他是想清醒、冷靜，都徒呼奈何了。現在的形勢是地方比中央激進，下級比上級激進，各部委辦負責人比國務院總理、副總理激進。今年鋼鐵產量翻一番，最早就是由上海的柯慶施提出的，冶金工業部部長王鶴壽也跟著瞎起哄。冶金部還能不了解全國鋼鐵工業的生產能力？依據是什麼？鐵礦石、焦炭、電力在哪裡？煉鋼設備在哪裡？周恩來明知不妥，卻吭不得聲，也不敢吭聲。還是劉少奇同志在成都會議上提得好：黨的幹部應當做黨的馴服工具。馴服就馴服吧，對於毛澤東，他早就馴服了。

於是周恩來在北戴河日日夜夜忙碌的，就是按毛澤東制訂下的一千零七十萬噸鋼鐵指標，會同國家計委、冶金部、礦產部、煤炭部、電力部、石油部、鐵道部、交通部、機械工業部等主要部門的負責人，重新制訂各項生產指標，在紙面上、表格上大幅提高鐵礦開採力、焦炭生產力、水火發電力、水陸交通運輸力等等。周恩來是總理，生產能力要綜合配套。毛澤東只管提出今年鋼鐵產量翻上一番。周恩來要先把上述各項生產能力在紙面上翻上一番，甚至更多。對於那個土法煉鋼，他管不了，聽任各省市自治區去鬧。明明做不到，周恩來卻要咬住牙關，甚至含著眼淚，把一項項指標往上拔，往上標。拔得他自己都眼花撩亂了：「這是眞的嗎？到時候實現不了，誰負責任？你是國家總理，計畫是你具體制訂，你是具體的責任者。」

到了北戴河會議的末期，周恩來不再相信冶金部報給他的數據，而直接由總理辦公室向全國各主要鋼鐵企業了解鋼鐵生產進度。情況果眞讓他吃驚：時間已經到了八月下旬，而鋼產量只達到了四百五十萬噸，還不到指標的一半。相信還是在大躍進的形勢鼓舞下，鋼鐵工人們拚了大氣才達成的。這就意味著，在今後短短的四個月裡，必須產鋼近七百萬噸！這不明明在騙人嗎？指標是軟的，可以吹氣球樣的吹到很大；鋼鐵卻是實的，吹牛吹不出實際的東西來。唯一的補救之法，是寄望於那個土法煉鋼了。

周恩來感到事態緊迫，責任重大，覺得那怕是冒著挨批挨罵挨處分的風險，也要把鋼鐵生產的眞實情況報告給毛澤東主席。當然要儘量說得委婉些，和緩些。

倒是毛澤東聽了周恩來的匯報，沒有生出反感、惱怒，而問：「你的意思，夕陽無限好，只是近黃昏，是嗎？」

周恩來趕緊說明不是這個意思：「大躍進的幹勁只可鼓，不可洩。我建議，剩下的四個月是關鍵，要全黨動手，土法上馬，土洋並舉，力保今年產鋼一千零七十萬噸。」

毛澤東釋懷地說：「很好，總理也贊同土法上馬，土洋結合。兩條腿走路，另一條腿要趕快邁出大步。立即以國務院、國家計委的名義，召開各省市工業書記會議，布置大搞小土群，開展全民煉鋼運動！中央書記處也要開一次全國電話會議，號召全黨動員，全民上陣。中央要帶頭，中南海要作出示範，砌出幾座土爐。各部委，省、市、縣各級機關學校，都要砌土爐。全國上下，黨政軍民學，為完成一千零七十萬噸鋼而奮鬥。」

周恩來於九月初回到北京，親自帶領人馬在中南海紫光閣下空坪裡砌出兩座土爐，用的是鋪地的老磚塊。他並示範性地上陣拉風箱，為土爐鼓風，並讓拍攝了新聞紀錄片。沒有鐵礦石，動員中南海各家各戶把多餘的鐵鍋鐵器砸碎了，投入土爐冶煉；燃料則是幾座倒塌了的古建築的廢木料。一時間，中南海內烽煙滾滾，烈火騰騰。周總理親自煉鋼了！周總理親自煉鋼了！消息傳開，人心振奮。精誠所至，朱總司令家、董必武家、林伯渠家、劉少奇家、陳雲家、鄧小平家、賀龍家、陸定一家、楊尚昆家，紛紛把舊鍋、舊鐵器捐獻出來，投入到紫光閣下的煉鋼土爐裡……唯有住在中海和南海交匯處、菊香書屋隔鄰的永福堂裡的彭德懷元帥，看到紫光閣下黑煙滾滾，爐火熊熊，揮起拳頭大罵：「化生子①！化生子！都是瘋子、敗家子！」當他的警衛人員、秘書人員也想在永福堂院內砌一座土爐煉鋼鐵，前來請示報告時，彭德懷更是虎眼圓瞪，怒不可遏：「住嘴！渾蟲！你們要討誰高興？想迎合誰？整個中南海園林都是文物古蹟，磚木結構，要放火燒掉？」

毛澤東因要出席工業書記會議，布置全國大放鋼鐵衛星事宜，仍駐蹕北戴河。九月四日，中共中央書記處召開全國電話會議，鄧小平總書記主持。會上，譚震林傳達毛主席指示：明年糧食再翻一番，今年一千零七十萬噸鋼一噸也不能少，少了就是失敗，要追查各級領導人的政治責任；彭眞也在電話會議上說：主席要求在九月十五日有一個鋼鐵大躍進，因此九月是要拚命的一個月。

至此，全民煉鋼高潮形成，全國各地神話般出現了數百萬座土高爐，九千萬勞動力上山當「干將莫邪」。九月二十四日，更被中央書記處定爲「全國大放衛星日」，總書記鄧小平也甩開他粗短的胳膊上了陣。

已經回到北京中南海家中的朱德總司令，給毛澤東掛來電話，報告情況：「潤芝兄，國務院辦公廳的人馬在紫光閣下砌起兩座土高爐，恩來親自拉風箱，已經煮出了好幾爐鐵水；中央辦公廳、軍委

---

① 湘北、湘東一帶方言，指不肖子孫。

辦公室也要跟進。中辦準備在瀛台上砌土爐，少奇沒有答應，說要等你批准；軍委要在春藕齋前面砌土爐，警衛局要在蕉園砌土爐，彭老總堅決反對，我也不贊成。潤芝兄，中南海的古建築都是木結構，上了一層層油漆，現在又值秋高氣爽，很易引發火災，不得了。單是恩來他們的兩座土爐，就使得中海岸邊浮滿了黑塵……我和少奇幾個的意見，發動各機關學校造土爐就可以了。王府井大街兩邊人行道上的鋪地磚，一個晚上被撬光，都砌土爐去了；北京城裡土爐數千，四處冒煙。中南海內部，就保留紫光閣下的兩座做示範，其餘不搞了，也是保障大家的安全，保護文物古蹟，如何？」

毛澤東在電話裡嗬嗬笑了，對朱德說：「玉階兄，形勢大好，全國總動員，九千萬人上陣，我從來沒有這麼高興過。王府井大街人行道上的鋪地磚被撬光，去砌了土高爐？不破不立，破字當頭，立在其中了嘛。要通知北京市政府注意防火。至於中南海內部，我同意你和少奇、還有老彭的意見，不要砌土爐了。恩來這次表現積極，應予表揚。請告訴他，紫光閣下的土爐也熄火，已給全國作了示範，就可以了。」

毛澤東駐蹕北戴河期間，曾和他的老朋友、武漢大學校長兼中國哲學學會會長李達討論哲學。李達趁機向他進言：「現在流行的許多口號，什麼人有多大的膽，地有多高的產；只怕想不到，不怕做不到；一天等於二十年，共產主義在眼前；共產主義過黃河，兩個月後到長江……等等，十足的唯心主義，把人的主觀能動性誇大到無限大，完全違背唯物主義辯證法。但這些口號卻天天在《人民日報》上、甚至在中央文件上出現。這不是在提倡精神萬能？潤芝啊，我們是高度的中央集權體制，中央一發熱，底下就會發狂，發瘋，你相信不相信？」

李達長毛澤東三歲，年近古稀，還一身學究氣，但沒有政治上的野心。私下交談，他的意見再尖銳，毛澤東還是容忍了。結果話不投機，爭論得面紅耳赤，不歡而散。

離開北戴河前夕，毛澤東還找他「右邊的老朋友」張治中談了一次心。張治中揣摸聖意，愼選話題，絕不會像李達那樣不識趣，妄圖進諫。

毛澤東說：「文伯兄，從你早年追隨孫中山先生算起，到四九年歸順了新中國，也是幾朝元老了。你和我說說眞話，你的印象裡，我這幾年的表現，究竟怎麼樣啊？」

張治中心有靈犀，笑笑微微說：「依我淺見，您好像處處存有某種戒心。」

毛澤東問：「什麼戒心？」

張治中說：「您好像隨時隨地防備著領袖崇拜，個人迷信。」

毛澤東若有所思：「噢，你倒是這個看法……可我們黨內，卻有人私下裡把我看成中國的史達林，反對唱〈東方紅〉。我可以告訴你，這人就是我的老鄉彭德懷。他多次在政治局會議上提出來，〈國際歌〉唱沒有救世主，〈東方紅〉唱人民的大救星，相互矛盾。」

張治中搖搖頭：「都是文學的形容詞嘛……您是中國的列寧，不是中國的史達林。拿您和列寧相比，因爲您和列寧都是領導共產黨、領導人民革命，推翻反動統治，取得建立社會主義國家的偉大勝利。但列寧在十月革命勝利後僅七年時間就去世了。而您領導中國革命勝利後，身體是這樣的健康，全國人民都希望您再領導三十年、四十年，直到建成社會主義，進入共產主義。」

毛澤東臉上升起了笑意：「是的，列寧死得太早。孫中山也死得太早。列寧晚死十年，蘇聯的情況會更好些。」

張治中繼續美言：「為什麼說您不是中國的史達林呢？因為史達林在繼承列寧之後，由個人專斷發展成個人崇拜，越到晚年越嚴重。而您在領導民主革命以至現在，始終採行民主的作風，經常以『謙虛使人進步、驕傲使人落後』教導大家，強調群眾路線，強調民主集中制和集體領導，所有一切言論措施都是正確的、英明的。沒有獨斷專行，怎麼會產生個人崇拜？今天中國的建設有如此巨大成就，人民生活有如此迅速的提高；今昔對比，飲水思源，人民群眾把這些歸功於您的正確、英明的領導，是很自然、很眞誠的熱烈愛戴，怎麼能說是個人崇拜？」

元戎彭德懷，不如降將張治中。把沒有的說成有，把最缺乏的說成最豐富，張治中搔到了偉大領袖的癢處。毛澤東感到莫大的欣慰和滿足。直言犯諫龍顏大怒，歌功頌德聖心歡娛。他高興地說：「知我者，文伯兄也。很好很好，這次，你陪我一起坐火車去南方，湖北、江西、安徽、江蘇、浙江跑一趟，看看各地工農業大躍進的新氣象，好形勢，如何？」

第九章　彭德懷上山

國防部長彭德懷元帥率領軍事代表團出訪蘇聯和東歐七國，歷時五十一天，六月十三日才回到北京。第二天，他就去旃壇寺的國防部大樓上班，聽總參謀長黃克誠大將匯報近段國內的軍隊情況。他對黃克誠說：「年上六十，精力不如從前了。這次出訪，走的地方多，時間比較長，每天都要穿上元帥禮服，和兄弟國家舉行軍事會談，參觀軍事設施，檢閱兄弟部隊，還有沒完沒了的宴會，招待會，文藝晚會。自己又不善於應酬，平日穿著隨便慣了的，元帥禮服脫不下，一身緊箍咒，演戲似的演了五十一天，不累也累呢。月底上廬山開會，我想請假，留在北京看家、休息，辛苦你上山一趟，怎麼樣？再說，你也是中央書記處的七大書記之一，有代表性呢。」

黃克誠小彭德懷四歲，是彭德懷最爲忠誠，也是最被信任的老部屬，生死之交，情同手足。黃克誠像彭德懷一樣，生活簡樸，剛正清廉；但比彭德懷性情沉穩，不溫不燥。加以工作勤勉，任勞任怨，有軍中老黃牛之稱。

代彭老總上廬山開會的事，黃克誠沒有立即答應。因爲須經毛澤東同意。況且彭總出訪之前，在上海會議上還和毛澤東吵了一次，鬧得很不愉快。開會不到，會不會加深彼此的誤解啊？這個彭總啊，自井崗山上起，和毛澤東爭吵就成了家常便飯。遇事不平、意見相左就吵。江西蘇區吵，長征路上吵，延安窰洞吵，解放戰爭吵，抗美援朝吵。但他們都是爲戰事吵，爲工作吵，吵過就過了。彭總從不往心裡去。毛澤東說：「和老彭不吵不成交，吵了三十年，一不傷和氣，二不傷感情。」

黃克誠向彭德懷匯報了近兩月國內的經濟形勢和部隊的思想狀況：「現在經濟形勢嚴峻，不少省份開始鬧糧荒，河南、安徽、山東、湖北、四川、甘肅，去年吹牛皮吹得最離譜的一些『千斤省』，已經餓死人。尤其是甘肅省，許多地方斷糧，農民群衆拖兒帶女，紛紛外出逃荒……」

彭德懷雙眉緊擰，越聽越煩躁，把出國訪問帶回來的一點好興致一掃而空。他一直擔心著的情況，果然出現了。去年八月尾北戴河會議之後，他抱著學習、取經的心情，花了三個半月時間，跑了六大軍區十個省份，到處看到紅旗招展，口號震天，小土群風烟滾滾。卻怎麼也不相信水稻畝產十萬斤，甘薯畝產一百萬斤之類的喜報。他與人爭辯：「不可能，糧食長在地裡，不是長在你們的嘴皮上。牛皮衛星滿天飛，會有苦頭吃的！」當時也只有他彭老總敢說這個話。十一月中旬，彭德懷來到湖南老家，省委第一書記周小舟陪同他視察平江、瀏陽、湘潭幾個縣。他和周小舟乘坐的汽車被農民煉鋼所砍下的大樹阻住了。彭德懷下車，開始罵人，走一路，罵一路：化生子！化生子！你們把山上的樹木剃了光頭，把祖祖輩輩保護下來的森林砍個精光，煉鋼煮鐵，煉鋼煮鐵，田裡的穀子，土裡的紅薯都沒有收回來！來年吃什麼？燒什麼？」陪同他視察的周小舟，被他罵得哭喪著臉，分辯道：「彭總，我們也是沒有辦法呀！湖南還是被中央插了白旗的下游省。北邊的湖北，南邊的廣東，都是紅旗省，一南一北，在邊界上架起大喇叭，催促我們湖南拔白旗，反右傾。」

來到一九二八年他領導農民暴動的平江縣，召開老紅軍座談會。一位勝利後回鄉務農的老團長，硬著喉嗓給他唸了一首順口溜：「形勢熱呼呼，日子叫幸福，青壯煉鐵去，收禾童與姑，來年日子怎麼過？請爲農民鼓喉嚨①……」

甘肅也是他視察過的省份。省委領導和地、縣幹部都告訴他，糧食問題已經解決，全省每人平均占有糧食一千五百斤，吃不完。現在怎麼變成了嚴重的缺糧省？

想著這些，彭德懷忽然問黃克誠：「湖南的情況怎麼樣？也缺糧嗎？」

黃克誠回答：「我已經問過周小舟。小舟替湖南把風，湖南有存糧。現在是一北一南那兩個紅旗省缺糧，中間的白旗省有糧，都想向白旗省伸手。廣東有幾十萬災民湧進湖南要飯，湖南花了好大的力氣才把這些人送回去。小舟說，也是去年十一月虧了彭總回來罵了一路，三萬座土高爐才沒有點

---

① 大聲疾呼的意思。

火，集中勞力把稻穀、紅薯搶收了回來。」

彭德懷臉上有了些許笑意，瞬息即逝：「報應！湖北、廣東跟得緊，得到報應。紅旗、白旗都是譚震林代表中央去插的，這個狗東西……下面這些情況，鬧饑荒餓死人，老毛清楚不清楚啊？」

黃克誠說：「應該是清楚的。主席在政治局和書記處的碰頭會上還抱怨過，現在沒有人和他講眞話，連少奇都不和他講眞話，反映下邊的眞實情況。」

彭德懷冷笑道：「怪人家不和他講眞話？明明是他不想聽眞話嘛，講眞話會被撤職查辦、開除黨籍嘛。他重用的都是些什麼人？一個柯慶施、一個李井泉，一個譚震林，還有羅瑞卿、王任重、吳芝圃、曾希聖，都是牛皮大王、馬屁精！我看，他今後也不會喜歡講眞話的幹部，喜歡的還是那批牛皮客。他就喜歡聽什麼水稻畝產十多萬斤、甘薯畝產一百萬斤，明知是假，就是愛聽嘛。」

黃克誠聽他這樣議論毛主席和黨內高級幹部，覺得不妥，便提醒說：「彭總，唉，彭總啊，不要性急，不要發火。一些話，若傳出去，不好……你剛回來，還是多看些材料，多聽些匯報。國家這麼大，情況很複雜。像甘肅，本來就是個缺糧的窮省。現在中央正採取緊急措施，從別的省區往甘肅運糧食。但運輸工具又很缺乏。」

彭德懷焦急地問：「部隊還抽得出一部分車輛嗎？」

黃克誠回答：「能抽的都抽了。不光抽調了車輛，海軍還抽了幾艘運輸艦到重慶運糧。空軍也抽了飛機準備必要時進行空投。如果再抽，怕要影響戰備了。」

兩位老戰友沉默了，心裡都沉甸甸的。如何幫助災區群衆度過饑荒，又不影響戰備？怕只怕現在中央了解到的災情只是一小部分，若鬧成全國性的大饑荒，就算有運輸工具也沒有糧食可運。向蘇聯老大哥伸手？請東歐社會主義兄弟國家援助？可是，老毛一直在向人家吹噓中國的糧食太多了，吃不完，儲不下！我們的報紙、廣播，也天天向國際社會宣傳，中國的人民公社公共食堂吃飯不要錢，敞開肚皮吃……化生子，化生子！頭腦發了一年的高燒，輪到老百姓來吃苦頭。彭德懷咬了咬牙，對黃克誠說：「向三總部、各軍種兵種、各大軍區傳達我的命令：部隊再困難，也要盡力調派各種運輸工具幫助地方運糧食，救災如救火，刻不容緩。」

黃克誠記錄下彭德懷口授的命令，之後說：「上廬山開會，還是你去吧？那裡涼爽，去輕鬆一下。只是發言時，注意分寸，克制一點。」

彭德懷說：「不想去。老百姓在餓肚皮，還去山上當神仙？過去老蔣愛住的地方，沒得好彩頭。我嘴巴又臭，去了不講話，保不住。」

黃克誠說：「不會有什麼事吧？上山開會，是爲了糾左，降低指標，總結教訓。你實在不想去，也要報告毛主席。他已經去了南方，現在大概在武昌東湖。」

彭德懷說：「是不是帶了那個姓張的女列車員去的？不到二十歲，可以做他的孫女了。老牛吃嫩草，化生子！」

黃克誠苦笑著說：「這回沒帶去吧？聽書記處的人私下說，那個小張快生產了……哎呀呀，彭總哇，不要管這些雞毛蒜皮的事好不好？蕭華就和我講過，只要國家領導得好，玩一百個女子也沒大關係。我批評了他不講原則。」

彭德懷登時眼裡閃出火星子：「蕭華本人就不是好東西！他搞了多少文工團的女孩子？依了我的性子，早查辦他小子……算了算了，依你所講，沒有精力理會這些糗事。」

彭德懷回到中南海永福堂家中，吩咐機要秘書接通了武漢東湖賓館毛澤東住處的電話。倒是毛澤東一聽是彭德懷找他，便親自接了：「老彭啊，回來了？很好很好。從內參上看，你這次出訪很成功嘛，老大哥和幾個兄弟國家，對你，對我軍事代表團都評價很高。赫魯雪夫同志還稱你為中國英雄啊，爭了光嘛。幾個軍事條約也簽得很好。」

彭德懷彷彿在電話裡聽到了女子的吃吃笑聲。他對毛澤東說：「兄弟國家的黨和政府都對我們滿懷無產階級革命感情，他們的領導人都問你好，問你什麼時候可以去訪問……我一句外文不懂，全靠大使館幫助安排活動。回來比較累，想請黃克誠上廬山開會，我留在北京守攤子，順便把出訪情況向中央寫出書面報告。」

毛澤東在電話裡說：「去吧，去吧，到山上休息半個月，照樣寫報告嘛。研究工作，繼續糾左，去年教訓很多。你不是還有一些意見嗎？兩個月沒有見面了，正可詳細談談。幾個常委，陳雲請病假，林彪請病假，鄧小平傷了腳。只剩下我和劉、朱、周。你是列席常委，就辛苦一趟，上山做半個月神仙。我到山上等你，不見不散啊！」

黨主席語氣誠懇，態度親切。三十多年的老戰友，也是老上級了，吵架歸吵架，工作歸工作，打斷骨頭筋連著。毛澤東這樣邀請他老彭赴會，能不從命？

既然決定上山開會，彭德懷抓緊時間閱看近兩個月的中央文件，以及各省市自治區報送中央的各類材料。這些文件和材料，雖然還在提持續躍進、三面紅旗、形勢大好一類口號，卻也已經反映出來，全國的糧食、布匹、日用品、建築材料、電力、煤炭、運輸等等，處於全面緊張狀態，部分省區已形成災情。彭德懷最憂慮的是黨中央和毛澤東掉以輕心，心存僥倖，仍認作是一個指頭、半個指頭的問題，而不肯下猛藥，治重病。

七月一日凌晨，彭德懷帶了機要秘書、警衛秘書、保健護士上了中央警衛局的專列火車。他的工作人員都是男青年，從不用年輕女子。和他一起乘坐這趟專列的，還有賀龍、李富春、康生、陸定一、張聞天、習仲勳、賈拓夫、吳冷西，以及毛澤東的兩位大秘書田家英和李銳。再加上每人的秘書、警衛、護士等等。按照規定，正部級以上幹部一人一間包廂，副部級幹部兩人一間包廂；司局級幹部坐軟席臥舖，其餘工作人員則是硬席臥舖了。

列車進入河南境內時，天已經大亮了。保健護士見彭總的包廂門半開著，知道他沒有睡，就請他到餐車去用早點。在餐車裡，彭德懷見到了張聞天、康生、陸定一、習仲勳幾位，也只是點點頭，握握手，算是打了招呼。習仲勳是他任西北野戰軍時的副手，如今是國務院秘書長，特意過來陪他坐了坐。彭德懷味口不好，喝了一杯牛奶，就筷子一放，回自己的包廂了。

他繼續埋頭閱讀近兩月的一批內部資料和群衆來信。正看著，張聞天進來了。彭德懷起身迎著。他對這位學者型的前中共中央總書記，一直懷有敬意。儘管張聞天在黨內的職務越來越縮水：從「七大」前的總書記變成「七大」後的政治局委員，變成「八大」的政治局候補委員，外交部副部長。但彭德懷認他有學問，爲人正派，懂得謙讓。在中南海，兩人的住處也相距不很遠，平日下棋，聊天，一文一武，相得益彰。但兩人也有默契，不犯忌，不議論黨內人事。有看法，也只是放在各自心裡。現在身處包廂，車聲隆隆，兩人就站著隨便聊幾句。離開了中南海，也就像擺脫一些禁忌。

張聞天說：「彭總，上山當神仙，還看這大堆材料啊？」

彭德懷說：「越看越有氣……洛甫，你也是當過第一把手的人，搞成這種局面，把國計民生當兒戲！中國的老百姓太好了，太聽話了。要是在東歐，早就請紅軍來了。」

張聞天說：「彭總，聲音小一點，隔牆住的誰？」

彭德懷點了點頭。他明白，左邊的包廂住的康生，右邊包廂住的賀龍。對這兩位大人物，他向來敬而遠之。人家對他也是遠而敬之。對康生尤其反感。

張聞天放低了聲音說：「潤芝在延安那些年，算臥薪嘗膽；進城後，古書鑽得多，把帝王之術運用到黨內生活來，就很不正常了。個人崇拜，領袖迷信，都搞起來了。柯大鼻子竟在成都會議上公然說，相信毛主席要相信到迷信的程度，服從毛主席要服從到盲目的程度。他不但不批評，還欣然接受，帶頭鼓掌，受用得很。不懂經濟，又硬要站到第一線來指揮一切，才鬧下目前的這種局面。」

彭德懷佩服張聞天，看問題很透徹，能點中要穴。包廂門敞開著。聽到隔壁門板響。張聞天知是康生從餐車回來了，連忙告辭：「彭總，我們山上談，山上談。」

列車一直在河南境內奔馳。彭德懷長時間凝視窗外，悶坐不語。在鄰近湖北的信陽車站停留時，正是中餐時間。彭德懷仍是沒有味口。保健護士替他把午餐從餐車打來，他只吃了幾口，就又放筷子。護士不安地問：「是不是身體不舒服啊？替您試試體溫？」彭德懷晃了晃手。護士很盡責，又問：「是在車上睡不好？要不服兩片安眠藥，睡一覺？」彭德懷看護士一眼，指了指窗外，說：「你看看他們，看看外邊的那些老百姓……我怎麼吃得下，睡得落？」

保健護士這才注意到，在專列停靠的站台外面，擁擠著大群被保衛人員趕到站外去的老百姓，一個個破衣爛衫，蓬頭垢面，有的手裡拿著要飯的碗缽，身上揹著補丁疊補丁的行李卷兒；有的老人拄著棍子，腰上繫著草繩；有的婦女懷裡還抱著吃奶的孩子，手裡也牽著孩子。他們一個個面黃肌瘦，一雙雙黑爪子似的手攀住隔離他們的白色欄杆，伸長了脖子朝專列這邊張望，有的還在舞著手臂叫喊……叫喊些什麼？包廂裡是聽不清楚的。

彭德懷的眼睛紅了。這位從不知道淚水爲何物的三軍統帥，視線模糊了：「看到了吧？新中國的災民，我們人爲製造出來的災民……共產黨對不起他們，對不起農民……農民支持我們打下了江山，我們卻讓他們拉家帶口，成群結隊，外出討吃，當流民。去年十一月，平江一位老紅軍就送給我順口溜：青壯煉鐵去，收禾童與姑，明年日子怎麼過？請爲農民鼓喉嚨……這順口溜應驗了。化生子！化生子！還去廬山當神仙，遊山玩水，看戲跳舞！老子就不尿他這一壺！」

保健護士看到窗外的景象，聽著彭總的自言自語，也叫淚水模糊了眼睛。他也想勸勸彭總，凡事多忍忍。但他哪裡敢勸？在彭總身邊工作這些年，平日敢勸勸彭總的，只有總參謀長黃克誠。

專列啓動了。彭德懷見保健護士一直站著，便囑咐他在對面坐下：你總是勸我吃東西，自己吃了沒有啊？睏了就打個盹。還要幾個小時才到武漢。保健護士依言坐下，報告彭總，吃過了，吃飽了。保健護士陪著彭總，枯坐著。專列已進入湖北境內。護士見彭總不再講話，怕他憋出病來，便勸道：「到別的包廂走走吧？或是找人來陪你下盤棋？你的老鄉李銳同志和田副主任同住一個包廂，一路上都在猜謎語、玩遊戲，很有意思的呢？」

彭德懷已不似剛才那麼煩躁了，對毛的這兩位大秘書、大才子，很有好感的：「他們兩個還有心事玩文字遊戲？都三十老幾的人了，讀了一肚子書……也好，看看他們去。」

田家英是毛澤東的政治秘書兼中央辦公廳副主任，李銳是水電部副部長兼毛澤東的工業秘書，行政上都算副部級，又是延安時期的好朋友，同住在靠近餐車的包廂裡。兩人見彭總進來，立即起身相迎。李銳一口長沙話，絲毫不改口音：「彭總啊，我和家英都想找你聊天、下棋，總見你在看材料，就沒敢打攪。」

田家英隨手關了包廂門，說：「彭總請坐，請坐。我這裡有從四川帶回的沱江茶，說是過去的貢品，泡一杯你喝。」

彭德懷見他們茶几上放著紙筆，舖位上堆著書本。他喝茶不怕燙，不慣於細品，而慣於牛飲，喝乾茶水之後，還以手指摳出茶葉片，倒進嘴裡去咀嚼，喜歡那苦澀中帶出的甘涼味道。毛澤東也習慣喝乾茶水嚼茶葉，看來確是湘潭漢子的一種偏好。田家英再又給彭總泡上一杯沱江茶。

彭德懷說：「莫浪費了，任是什麼貢品，到了我的口裡，都是一個味道。上回浦安修去杭州出差，帶回兩斤上等龍井，被我嚼乾葉子嚼掉了……對了，你們兩個是常在毛澤東身邊轉的人，甘肅、河南幾個省，都出了災情，敢不敢向他報告下面的眞情況啊？」

田家英看李銳一眼，說：「彭總憂國憂民……河南境內，鐵路兩邊的情況，我和李銳都看到了，心情是一樣的。有關的災情簡報，我們每天都送主席看。主席指示運糧救災，但也指示不要大驚小怪，災情年年有，都是局部性質，警惕有人以偏代全。」

彭德懷見田家英面帶焦慮，知他並不完全認同老毛的觀點。而那個小老鄉李銳，年紀長田家英四歲，卻比田家英單純、率眞，正是少年得志，也就少不更事。

李銳說：「彭總放心，我和家英在主席面前，什麼話都講，什麼意見都敢提，還常常和他爭論問題。反正我們是後生晚輩，主席也不和我們計較，還鼓勵我們這樣做。」

彭德懷笑笑，不相信地搖搖頭：「眞的？如今上上下下，時興溜溝拍馬。溜溝拍馬令人舒服嘛。」

李銳見彭總認他在吹牛，便爭辯：「我爲什麼要騙你彭總大人？可以問問家英！四月份上海會議期間，我就冒冒失失問過主席：去年頭腦是不是過熱？爲什麼要相信那些高產衛星？主席也沒有生氣，還笑呵呵：成都會議我就講過，頭腦既要熱，又要冷，光熱不冷，光冷不熱，都不行，吸取教訓……當時家英也在場，可以作證。」

田家英說：「這是主席的一個長處，允許年輕一輩工作人員在他面前講心裡話，發表不同的意見。包括衛士、醫護人員在內，誰有新情況，都要及時向他報告。甚至不反對有人給他送小報告。這次甘肅的災情，就是一名警衛戰士回鄉探親，回來向他反映的。他告訴了少奇同志。中央查問下去，甘肅省委才敢報告實情。」

彭德懷心情好了些，慈愛地望著小自己二十歲的田家英和李銳說：「那就好，那就好。我最怕他身邊鐵板一塊，盡是些吹牛拍馬、報喜不報憂的傢伙。當家人再英明，長期被一批傢伙圍住唱〈東方紅〉，也會昏庸。有你們兩個在他身邊，經常給他唱唱反調，吹些冷風。他最需要的就是這個。」

田家英說：「這次上廬山糾左，主席是有決心的。他已經同意了少奇同志給會議定的調子：成績講夠，問題講透。」

李銳說：「彭總啊，你就放心吧！主席前些日子還講了，去年的大躍進，大煉鋼鐵，主要是交了學費，取得教訓……這話已經夠透徹了吧？所以這次上廬山，大家都開誠布公把眞實情況擺出來，把心裡話講出來，批左糾左就好辦了。只要中央政策調整好，幾個省局部地區的災情就不難克服。當然，上了山，更需要彭總你這樣的人物多放幾砲，促一促。相信主席會認眞聽取。」

彭德懷雖然不像兩位後生晚輩這麼樂觀，但也覺得整個局勢不致失控。老毛是當家的，他清醒就好。可是，會清醒到什麼程度？認錯到什麼程度？如果仍然咬定，去年的得失只是九個指頭和一個指頭之比，仍是不肯脫褲子，遮遮擋擋，不肯露出眞傢伙，就很麻煩。彭德懷還有個想法，因涉及到周恩來、陳雲等人，而不便對田家英和李銳兩個晚輩說。老毛眞的要認錯啊，做到「問題講透」的話嘛，帳就應當從去年一月的杭州會議算起，一路批周、陳的「反冒進」批錯了！徹頭徹尾的錯。去年的大躍進，本來就是老毛在批判國務院「四大金剛」的基礎上發動起來的嘛！替周、陳、李、薄平反，承認他們在經濟建設中「反冒進」是正確的。經濟工作就是要講究綜合平衡、穩步前進嘛！只要老毛肯認這個錯，全黨認識統一，問題徹底解決。老毛仍當他的黨主席，軍委主席。但眞正退居第二線，再不要搶到第一線指揮經濟，不懂裝懂，坑苦百姓。

想著這些，彭德懷苦笑了。老毛肯退到這一步？連彭德懷自己都不敢相信。娘的！〈東方紅〉唱了二、三十年，大救星當了二、三十年，讓他凌駕全黨全軍之上，才搞成這種局面。

田家英見彭總愣愣地想心事，臉上浮出苦笑，便提議說：彭總，我們陪你殺上幾局棋，怎樣？

彭德懷緩了緩神，才說：「你們腦子好用，兩個殺我一個？不行，不行。」

李銳說：「哪好，我和彭總對殺，家英觀局。」

彭德懷說：「我路上沒有睡覺，腦子不轉……剛才進來，你們兩個不是在玩什麼比賽？比下棋有意思。你們是秀才，要筆桿，文字遊戲也是工作需要的。你們繼續，我在旁聽聽，也是學習。」

田家英和李銳古文底子好，古籍和馬列著作都讀得不少。由於常年替黨主席和中央起草各種報告、文件、電報乃至信件，勤讀、勤寫、勤抄，就成了他們工作、生活的需要了。兩人由於分管的工作不同，平常很少有機會一起出差。這次兩個好友湊在一起，難免書卷氣十足，一路上除了批閱材料，就是背誦詩詞聯句，方法是一人說出一個上聯或成語，另一人立即說出下聯或成語與之對仗，要求反應快速，對仗工整。

田家英說：「那好，李兄我們繼續。彭總，你當裁判，也可以隨時加入。」

李銳說：「好，彭總，見笑了。我先說一個燕京八景『太液秋風』！」

田家英說：「我也對一個燕京八景『西山晴雪』。」

李銳說：「對得好。我再說一個燕京八景『蘆溝曉月』；」

田家英說：「我也再對一個燕京八景『居庸疊翠』。」

李銳說：「我說中南海有『春藕齋』；」

田家英說：「我對頤和園有『佛香閣』。」

李銳說：「我說中南海有『西花廳』、『勤政殿』、『懷仁堂』、『豐澤園』、『頤年堂』和『紫光閣』；」

田家英說：「我對頤和園有『景福廳』、『排雲殿』、『玉瀾堂』、『諧趣園』、『知春堂』和

『文昌閣』！」

李銳說：「總司令住在『含和堂』，彭老總住在『永福堂』；」

田家英說：「劉主席住在『福祿居』，毛主席住在『菊香屋』！」

彭德懷被他們逗樂了：「你們兩個書生，眞會找樂子，把中南海和頤和園的建築物來對對子，老毛住的「菊香書屋」怎麼少了一個字，變成『菊香屋』了？」

李銳哈哈大笑：「家英你輸了一回……彭總問得好。」

田家英果是一下子被問住了。中南海內，建築物名稱四個字的，眞還不多，瀛台上倒是有「補桐書屋」和「長春書屋」，但「書屋」又不能對「書屋」……還是虧得他博學強記，忽然想起了圓明園。他說：「圓明園曾經有『長春仙館』和『九州清宴』兩座建築物，可對『菊香書屋』，可惜早被八國聯軍焚毀了。」

李銳說：「難爲你發掘到圓明園遺址。我另出一個四字地名：『花港觀魚』；」

田家英說：「神游西湖了？你有『花港觀魚』，我有『柳浪聞鶯』！」

李銳說：「我出『三潭映月』；」

田家英說：「我對『六和夕照』。」

李銳說：「我出『靈隱晚鐘』；」

田家英說：「我對『蘇堤春曉』！」

李銳說：「三面湖光，四圍山色；」

田家英說：「一簾松翠，十里荷香！」

李銳說：「四面荷花三面柳；」

田家英說：「一城山色半城湖！」

李銳說：「我出個難的——『鐵笛無聲，知音者如雷灌耳』；」

田家英說：「你跑到雲南昆明去了，那是金殿名聯，下聯是——『黃粱未熟，睡著的且莫翻身』！」

李銳說：「好個家英，我就不信難不住你。我出『春風楊柳萬千條，風景這邊獨好』；」

田家英說：「這有什麼？我對『飛起玉龍三百萬，江山如此多嬌』！」

彭德懷聽得津津有味，知道田家英、李銳二位經常隨毛澤東出遊，玩的地方多，背下的楹聯也多。他忽然說：「慢慢慢！你們剛才對的這幅聯子，不就是老毛的詩句嗎？」

李銳看田家英一眼，忍不住說：「是和主席的詩句相同，只不過人家刻在樑柱上的，早了好幾百年。」

彭德懷哈哈大笑：「原來老毛是個拿來主義者……難怪他提倡推陳出新，古爲今用……好了好了，你們不要對那麼長的了，我聽不過來。還是對成語吧。」

李銳說：「好，遵彭總命，家英，我們對成語。」

田家英笑說：「成！還是你出上，我出下，歡迎彭總參加。」

李銳說：「我出一個『望梅止渴』；」

田家英說：「我對一個『畫餅充飢』。」

彭德懷說：「我也有一個『靠天吃飯』！」

李銳說：「彭總對得好，大實話。我再出個『三生有幸』；」

田家英說：「我對一個『孤掌難鳴』。」

彭德懷說：「我對一個『一毛不拔』！」

李銳、田家英哈哈大笑：好好！彭總對得工整，生動！

李銳說：「我出一個『守株待兔』；」

田家英說：「我對一個『引蛇出洞』！」

彭德懷搖搖頭，一時沒想出合適的：「引蛇出洞，可是毛澤東抓右派使用過的法術嘍。」

李銳說：「我出一個『言者無罪，聞者足戒』；」

田家英說：「我對一個『有則改之，無則加勉』！」

李銳說：「我出一個『百家爭鳴』；」

田家英說：「百家，百家……我只好對『萬馬齊喑』了。」

李銳說：「好哇，你思想不健康啊。我出一個『鼓足幹勁，力爭上游』；」

彭德懷說：「這個易得，對『破除迷信，解放思想』，扯上大躍進，人民公社了。」
田家英說：「我出一個『多快好省』；」
彭德懷說：「易得易得，對一個『少慢差費』！」
李銳說：「我出一個『超英趕美』；」
田家英說：「我對一個『順風倒舵』！」
彭德懷說：「我可以對上兩個，『好大喜功』，『崇洋媚外』！」
李銳說：「勉強勉強。我出一個『三面紅旗』；」
田家英苦笑一笑：「又遇上數目字了，數字對數字，名詞對名詞……也只有對『四面楚歌』了。
不妥不妥，我另對一個『萬座高爐』！」
彭德懷哈哈大笑。他許久沒有這麼開心過了。還是和年輕人在一起好，百無禁忌，痛快痛快。
李銳說：「改了好，改了好。我出一個『一大二公』；」
田家英說：「我又只有一個落後的『三從四德』！」
李銳說：「我出一個『除舊布新』；」
田家英說：「我對一個『滅資興無』！」
李銳說：「好好，進步了，進步了。我出一個『敢想敢幹』。」
田家英說：「我對一個『大破大立』。」

彭德懷說：「我也有一個『賊喊捉賊』。」

李銳說：「我出一個『你追我趕』；」

田家英說：「我對一個『鞍前馬後』，或是『隨波逐流』，都不大工整。」

李銳說：「我出一個『人定勝天』；」

田家英說：「我對一個『管窺蠡測』，不大準確。」

彭德懷說：「我也有一個『胡吹海誇』。我們還是靠老天爺吃飯。」

田家英說：「我出一個『大鳴大放』；」

李銳說：「我對一個『假仁假義』……不對不對，我收回，收回。」

田家英笑說：「君子一言，駟馬難追。我出一個『百家齊放』；」

李銳說：「怎麼？已經『百家爭鳴』過了，又來『百花齊放』？我對一個『一網打盡』！是把資產階級右派分子『一網打盡』……」

三人縱聲大笑。

當天下午四時，專列抵達武昌。有湖北省委和武漢軍區的負責人迎候，接彭總、賀總等中央首長到東湖賓館休息。那裡的幾棟小樓安裝了蘇聯老大哥援助的冷氣設備，使得中央領導人途經武漢這炎夏火爐時，可以洗個澡，爽爽汗，睡上幾個小時。等到下半夜，氣溫下降些了，改乘江輪下九江，再乘汽車上廬山。廣東省委第一書記陶鑄，帶著幾大筐廣東特產鮮荔枝上山，送中央常委的。江輪上，陶鑄命秘書開了一筐，請北京來的老首長、新同志嚐鮮。田家英背了蘇東坡的詩句：日啖荔枝三百顆，不妨長做嶺南人。

七月二日凌晨天亮時分，彭德懷、賀龍、李富春、康生、習仲勳、陶鑄、賈拓夫、吳冷西、田家英、李銳一行，登上廬山牯嶺。彭德懷入住河東路一百七十六號別墅，原國民黨元老陳立夫的公館。別墅對面的山崗稱爲虎嘯嶺。

第一〇章　詩風興盛　文官鬥才

武官好歌舞，文官好清談。

七月二日下午，在廬山人民劇院舉行政治局擴大會議開幕式。會議沒有布設主席台，毛澤東坐在舞台下一張臨時搬來的書桌前，面對隨意而坐的中央大員們和各省市自治區黨委第一書記，輕鬆幽默地講了十八個問題，包括讀書、形勢、任務、體制、食堂、團結等等。毛澤東對去年以來的國民經濟局勢作了總的估計：成績偉大，經驗豐富，前途光明。成績和問題，是九個指頭和一個指頭之比。要充分肯定大躍進的成績，不能洩全國人民的氣。

毛主席講的輕鬆，大家跟著輕鬆。皇帝不急，你太監急？毛主席是掌握全局的。一些部門、一些省區出了問題，甚至形勢不妙，只是局部。大家好不容易上山休息半個月，樂得悠哉閑哉，優游林泉，忘情山水。

也有相當一部分負責人憂心忡忡，覺得整個形勢並不像毛澤東所講的那麼簡單。彭德懷知道自己喜歡插話、喜歡放炮的毛病，有意坐在遠離毛澤東的後排位置，仍忍不住低聲嘀咕：「娘賣乖，講的比唱的還好聽！好幾個省區在鬧糧荒，餓死人……」

彭德懷的旁邊坐著湖南二周：省委第一書記周小舟和常務書記周惠。周小舟見毛主席的目光正朝他們這邊掃瞄，公安部長羅瑞卿也只隔他們三、四個座位，忙碰了碰彭老總的胳膊，以示提醒。

從七月三日起，上午開會，下午休息，晚上觀劇或是跳舞。廬山上笑語喧嘩，歌舞昇平。各路諸侯、文武大臣們三三兩兩，遊覽各處古蹟名勝。從牯嶺東谷沿一條條林間小道，往西北方向走個十幾二十分鐘，可抵如琴湖、天生橋、錦繡谷、仙人洞、御碑亭、龍魚瀑、文殊台等景點；從牯嶺街心花園往東北方向走個三十來分鐘，可抵望江亭、半山亭、小天池等景點。遇上天青氣爽、雲開霧散的日子，站在望江亭上，可以眺望山下的九江城廓和浩浩長江；從牯嶺西谷往東南方向步行四、五十分鐘，可抵著名的含鄱口，再往東行，可到五老峰、三疊泉，直至更南邊的海會寺、白鹿洞書院；從牯嶺西谷南行，過三寶樹，蘆林湖，九奇峰，步行一個小時，可攀上廬山的最高峰小漢陽峰和大漢陽峰。以上還僅是廬山景觀的一小部分。

下午七時晚餐。飯後，李銳見太陽還有幾竿高，不到九時半天不會落黑，便到東河谷的別墅群來約湖南二周，一起去含鄱口走走。中央開會，歷來按級別住房子。他和田家英算副部級，和工作人員一起住在廬山大廈。當然副部級是一人一套間，司局級是兩人一套間，處級以下則是幾人合住一大間。至於周小舟、周惠，因算正部級，又是一方諸侯，帶了廚師和服務員上山的，就住上一棟小別墅。如今牯嶺東、西河谷一帶的大小別墅，分住著一百多位正部級以上領導幹部。

這山中城池的街道，以及條條小路，都是用不規則的石塊舖就。看似無規則，其實有規則。李銳平日好吟詩，腦子裡不覺冒出來兩句：「亂石舖街來天外，雲中海市盡樓台……一般化，一般化。」

李銳！李銳！繞過幾株古樹，迎面來了胡喬木、周小舟、田家英。周小舟說：「我們正要去找你，詩呆子，又在做詩啊？看看，我手頭有兩首，你肯定望塵莫及！」

李銳生性好勝：「那位的大作？我還沒有拜讀，你怎麼就斷言我望塵莫及？」

田家英笑笑說：「是主公寫給小舟的，徵求意見哪。」

李銳明白家英說的「主公」是指毛主席，遂問老上司胡喬木：「老夫子才上山，就有詩了？」

對於黨主席，幾大秘書也是一人一個稱呼。胡喬木恭恭敬敬稱主席，田家英稱主公，李銳稱老夫子，周小舟因是湖南湘潭人，尊毛澤東為大鄉長。胡喬木、周小舟、田家英、李銳，加上陳伯達、吳冷西、喬冠華，被稱為中央七才子。又以胡、周、田、李四位關係密切。

胡喬木將一紙詩稿交給李銳：「你先看看，提提意見，過後要交回，暫不讓傳抄呢。我以為，非雄才大略者，不能有此佳句。」

李銳接過一看，果然是老夫子那意氣縱橫、奔放遒勁的手跡：「詩兩首。之一，到韶山；之二，登廬山。」

李銳唸了第一首：「別夢依稀咒逝川，故園三十二年前。紅旗捲起農奴戟，黑手高懸霸主鞭。爲有犧牲多壯志，敢教日月換新天。喜看稻菽千重浪，遍地英雄下夕煙！好詩，好詩，對仗工整。老夫子看形勢，總是比一般人樂觀。紅旗捲起農奴戟，黑手高懸霸主鞭，這兩句今後可作一副對聯使用。爲有犧牲多壯志，敢教日月換新天，也勉強可作一聯。一首七律能有兩聯，確是難得。」

田家英會意地望一眼胡喬木和周小舟，催促道：「行家評詩，你再唸唸第二首。」

李銳唸道：「一山飛峙大江邊，好！躍上逶迤四百旋。冷眼向陽看世界，熱風吹雨灑南天。雲橫九派浮黃鶴，浪下三吳起白煙。陶潛不受元嘉祿，只爲當年不向前！大手筆，大手筆！這一首比上面那首更爲氣勢恢宏，意境雄闊。果如喬木兄所說，非雄才大略者，難有此詩。也有四句對仗工整，可做兩聯：冷眼向陽看世界；熱風吹雨灑南天。雲橫九派浮黃鶴；浪下三吳起白煙。不過，有幾處文字，尚可推敲。躍上逶迤四百旋的『逶迤』，逶迤應是橫方向，而不是聳立形狀；熱風吹雨灑南天的『南』字，平仄合不合？最不帶勁的莫如『陶潛不受元嘉祿，只爲當年不向前』兩句，太白了，壓不住腳。陶潛是不是東晉元嘉年間辭官歸里的？待查。我懷疑老夫子這年號用錯了。」

胡喬木、周小舟、田家英衝著李銳直笑，這個詩獃子，拿著主席的兩首詩稿評頭品足，說三道四，憨氣十足。李銳見他們三人都望著自己笑，忽然明白什麼了似的，忙把詩稿奉還給胡喬木，晃晃手說：「三位同志哥，饒了小弟這一回，老夫子面前莫學舌啊。少不更事，妄發議論，尾巴翹到天上……小弟吃不消啊。」

胡、周、田三人哈哈大笑。

胡喬木說：「恕你無罪……放心，主席抄給我和小舟，就是徵求修改意見的，所以不准傳抄。你剛才講的這些，我們也有同感，只是不像你這麼明確。」

田家英說：「也是主公的一大長處，詩作發表之前，都要聽取意見，最後還要請郭沫若改定。」

周小舟說：「意見可以轉達，但我們可以不說是李銳的高見。畢竟，都比大鄉長小著一輩嘛。」

因林間小路彎彎繞繞，沒想到周總理和康生、陶鑄、王任重、吳冷西幾位，忽然出現在他們面前。他們連忙站過一旁打招呼，讓路。

周恩來站下了，說：「四大秀才，老遠就聽到你們哈哈大笑，什麼事這麼高興？說出來，我們也樂一樂。」

胡喬木畢竟老成些，沒有把毛澤東的詩稿拿出來，而說：「總理啊，是家英講了個他們四川老家吃紅薯放屁的屁話，笑的大家肚子痛。」

陶鑄和康生都說：「家英，說給總理聽聽，笑一笑，十年少。」

笑話是昨天晚上在胡喬木的別墅裡講的，周小舟、李銳不在場，此刻卻被胡喬木用來「轉移目標」了。

周恩來也催促說：「田英，笑話可以共產，大家分享。」

田家英先看周小舟、李銳一眼，才笑笑說：「總理讓講，就講講。山上空氣這麼新鮮……也好，我的笑話，還算比較衛生的。我們四川鄉下有句俗語，說吃紅薯易消化，但不營養，一百斤紅薯有九十七斤屎，剩下三斤屁！」

大家哈哈笑了。周恩來說：「紅薯可以治便秘，總司令堅持每天兩個烤紅薯，腸胃暢通……家英你繼續。」

田家英說：「某公社一對年輕夫婦，在公共食堂吃不飽肚子，每天回家還要生火煮紅薯充飢。一次，小兩口吵了架，媳婦慪氣，幾天都不理睬自己的男人。男人講好話求和，也沒有用。那天，兩口子吃過食堂，回到家又生火煮紅薯做補充。男人進屋時，見媳婦正蹶了屁股用吹火筒朝柴灶上吹火，忽然放了個屁。於是男人靈機一動，逗她道：人家的老婆花花朵朵，我屋裡老婆兩頭吹火！他媳婦再也忍不住，站起身來就笑打男人：你才兩頭吹火，你才兩頭吹火！兩口子一吹火，就和好了。」

不等田家英的「屁話」落音，周恩來、康生、陶鑄、王任重、吳冷西、周小舟、李銳等人已笑得岔了氣。

笑過之後，周恩來仍揉著腹部說：「家英啊，你的這個笑話，可以講給主席聽聽嘛。當然，不要說公共食堂吃不飽這話，免得引起誤會。」

站在田家英身旁的李銳忍不住插話：「去年提倡餐餐白米飯，吃飯不要錢，糧食多得耗不完；今年卻是公共食堂普遍缺糧，社員吃不飽肚子。主席也承認這個客觀情況。」

周恩來看一眼李銳，說：「李銳做了副部長，銳氣不減……好了好了，這個話題留到會上去討論吧。家英，你們四位秀才，要不要和我們一起去錦繡谷那邊看看？還有天山橋、仙人洞，御碑亭等，只怕看不完，天就黑了。」

田家英代表四人說：「總理，錦繡谷那一帶，我們昨天去過了，改天再陪你吧。我們想趕去含鄱口看晚霞。」

康生忽然提出：「總理，我也不陪你了，加入他們一路去含鄱口。」

周恩來說：「可以可以，理論家愛和秀才們搞一起……我知道你們要吟詩作對，來點小自由什麼的。陶鑄，任重，冷西，我們這邊走吧，你們三位也能吟幾句的。

目送著總理一行拐進一條北向小路，胡喬木、康生、周小舟、田家英、李銳五人折向南，朝含鄱口方向走去。

田家英業餘時間喜歡治印，曾拜金石專家康生爲師，稱康生爲「東海聖人」。田家英邊走邊說：「這兩年，也眞是委屈了總理了。連主席都說，去年要是按總理和陳雲他們制訂的建設計畫辦，就不會闖出這麼多的亂子。」

康生哼兩哼，表示認同。胡喬木沒有吭聲。

周小舟說：「去年，我們湖南是虧了彭老總、周總理二位，才沒讓三萬座土高爐點火，集中勞力把秋糧搶收回來，全省人民保住了肚皮。」

胡喬木問：「彭總和總理是怎麼幫你們忙的？我怎麼沒有聽說過？」

周小舟說：「彭總嚒，去年十一月初回湖南視察，我陪他走了湘東北幾個縣，走一路，罵一路，罵化生子，把山上的樹木砍光了煉土鐵，不收割田地的糧食，明年叫老百姓喝西北風？彭總一罵，倒給我和周惠幾位壯了膽，本來我們就思想不通嘛。於是給周總理打電話，要求中央准許湖南的三萬座土爐不點火，幾十萬勞力不上山。總理竟答應了。所以今年四月上海會議時，我見到總理和彭總，就代表湖南三千多萬人民向他們二位鞠躬！」

康生說：「主席今年多次表揚湖南，湖南不缺糧。」

李銳仍是那個口無遮攔的脾性：「講句不怕犯禁忌的話，五六、五七兩年，總理和陳雲同志他們反冒進、反左傾何錯之有？去年正是批了他們的右傾，老夫子才發起大躍進，搞得今年全面緊張。」

田家英不得不捅了李銳一下。走在前面的康生、胡喬木裝做沒有聽見。一行人聽到後面有叭嗒叭嗒的腳步聲，停住回頭一看，原來是陳伯達領著秘書追上來了。

陳伯達喘著粗氣，操著一口濃重的閩南口音問：「老康，喬木！你們幾位是不是去含鄱口？我正愁找不到同伴哪。」

康生調侃地回答：「你是大官僚，單幹戶嘛！」

胡喬木倒是隨和：「來來來，一起走吧，小舟認得路，免得走岔了。」

陳伯達對周小舟、李銳很客氣，熱情地和他們握了握手。也是一種行情。去年湖南被插白旗，省委書記頂著下游帽子到中央開會，遭人白眼，頭都抬不起。今年湖南有糧食支援兄弟省，受到毛主席表揚，省委書記也頓覺臉上有光。周惠還被毛主席點將，破格上山參加會議。昨天周惠一上山就碰到柯慶施。柯慶施竟滿臉笑容，硬要送上兩條上海名牌大中華香菸套交情，怎麼推辭都不行，還說若在主席那裡聽到什麼新精神，請多關照，多通氣。周惠把這事告訴了周小舟。小舟苦笑著說：「你、我行情看漲了吧？柯大鼻子也送了我兩條大中華，也是推辭不掉。他是什麼人物？吹牛皮吹成了政治局委員，這次未必就肯認眞反省。記住了，我們不要亂傳主席的指示。主席和我們談話的內容，都要以中央的正式傳達爲準。」

說話間，一行人順著山道石級，一步一級朝下走，好容易來到一處峽谷豁口。懸崖邊上，建有三座觀景亭。懸崖下，是白茫茫一片，霧氣蒸騰，彷彿嗬嗬有聲。山上倒是天高氣爽，山巒和樹木，都浮現在雲瀑霧海之上。走頭的周小舟把大家帶到一座觀景亭內，才告訴：「這裡就是含鄱口了。山下起了大霧，鄱陽含羞，不肯露臉。我們在這亭子裡休息休息，或許下邊的大霧過一會就消散。」

大家只得沿亭子四周的石櫈坐下。田家英和李銳兩個坐不住，繞著三座古香古色的亭子走了走，沒有發現一副聯子，方知亭子是新造的。康生對他們說：「兩位書生不要找了。我已讀過《廬山誌》，原來這含鄱口上建有五座宋元明清的觀景亭台，其間柱聯、碑刻極多，但都在一九三九年日軍攻佔廬山時，被搗毀了！整座廬山都被破壞過，許多珍貴文物被劫運去日本，戰後沒有歸還。現在的亭子是新造的，缺對聯，江西省委的同志想請中央常委和董老幾位前輩，給留下幾副聯子，再命工匠刻上去。」

話題從日本侵華談起，談回詩詞楹聯。陳伯達忽然從上衣口袋裡掏出個小本子，說：「各位，我已經有了收穫，抄了朱老總和林伯渠同志的兩首七律，卻都是和董必武同志一首。我問過董老，他卻很謙虛，不肯賜教於我。你們誰有董老的那首？我願和他交換傳抄。好詩共賞析嘛。」

李銳一聽，就來了興趣：「總司令和林老也有詩了？難怪人說現在詩風興盛。我們在座的，何不都加入？每人來上幾首，共襄盛事嘛。」

周小舟說：「李銳你忘了，董老的那一首，不是抄給你了？伯達同志正遍尋不著哪。」

李銳頷頭一拍：「正是，正是，抄在本子上了，沒有帶在身上，不過我可以背誦出來。」

胡喬木拍了拍巴掌：「大家洗耳恭聽了。」

康生見陳伯達欲說什麼，忙止住：「先聽李銳的，不然你抄來的兩首和詩，不見出處呢。」

李銳年輕氣盛，心裡藏不住事，說：「也難怪伯達同志沒有得到，董老的這首，原是他以手指蘸了茶水，在玻璃板上擦了寫，寫了擦。昨天我和小舟去拜望他，硬賴著他老人家抄給的。」

接著，李銳以一口好聽的長沙腔，朗聲背誦道：

廬山面目眞難識，
疊嶂層巒競勝奇。
乍雨乍晴雲出沒，
時高時下路平陂。

盤桓最好尋花徑，
佇立俄延讀御碑。
如許周顚今何在？
訪仙何處至今疑！

康生說：「生薑老的辣。董老的這首意境深邃，和主席的詩又是不同的風格、情致。」
周小舟說：「還是主席的詩氣魄大，具太白遺風。」
田家英說：「我贊同東海聖人的看法，董老的這首七律別具深意，詩外有詩，盡在不言中。」
胡喬木說：「都有道理……伯達同志，該你來唸總司令和林伯渠同志的兩首和詩了。」
康生笑說：「伯達呀，我們是老朋友了，你那一口閩南腔實在不敢恭維。記得你幾次在會議上發言，主席都問，他講了些什麼？怎麼還是教授出身呀？」
康生的一句調侃，引得大家笑了起來。
陳伯達紅了臉，並沒有生氣，只是回敬康生：「你行，你行啊！你那口山東腔，滿嘴大葱氣味，好聞啊？」
陳伯達作爲黨內的首席理論家，自一九五四年大鬧農業合作化以來，毛澤東先派他到中央農村工作部兼任副部長，去和右傾保守的鄧子恢鬥法；後又派他到國家計畫委員會兼任副主任，去監察周恩來、陳雲們的「反冒進」，鼓動工農業大躍進，成爲毛澤東手下大紅大紫的人物之一。可是在去年十一月的鄭州會議上，面對嚴峻的經濟形勢，他仍然提出十分激進、十分冒險的所謂「共產主義新經濟戰略」：廢除商品，取消貨幣、全面恢復供給制，徹底實施公有制，剷除舊的經濟基礎，大踏步進入共產主義社會……當時，毛澤東已察覺到經濟出了問題，正考慮進行有限度的糾偏糾左，而對陳伯達的高論大爲反感，當衆給予斥責：「大夢未醒，一派胡言！在現階段，商品和貨幣，怎麼可以取消？回到原始公社制去，以物換物，結繩記數？書讀得越多越愚蠢，思想水平還不如工人、農民……」自那以後，趾高氣昂了好幾年的陳伯達，溫和多了，像棵附生植物，躲進了樹蔭裡，很少在黨的會議上放言高論了。近幾個月，他簡直就揣摸不準毛主席的心性和意向了。

胡喬木說：「也好，也好，伯達同志，既然康生同志說你的口音不大好懂，你就把小本子交給家英，由家英來唸總司令和林老的兩首和詩。」

衆人情面難卻，陳伯達只得把自己的小本子翻到有詩的那一頁，才交給田家英，卻又加上一句：「同志老弟，你唸就唸，可不要翻我的本本啊。」

田家英稍稍撇了撇嘴角，笑問：「你的本子黨政軍情機密多，怎麼敢接啊？我建議，你還是先把有詩的兩頁扯下來，再交給我唸，不好些？況且有這麼多人在場嘛。」

陳伯達略帶懊惱地說：「看看，這個家英，怎麼和我這樣生分啊？我不過提醒一句嘛。」

康生一向在毛澤東面前和陳伯達爭寵，忍不住促挾說：「家英，接下他的本本，那裡邊不會有什麼小報告材料囉。」

周小舟、田家英、李銳都咬住嘴角，才忍住不笑出聲音。胡喬木擔心陳伯達發作，勸解道：「不扯閒篇，不扯閒篇，家英，唸吧，唸吧，大家都等著哪！」

田家英接過陳伯達的小本本，以一口清亮的四川官話唸道：

朱德和董必武同志〈初遊廬山〉

廬山眞面何難識，
揚子江邊一嶺奇。
公路崎嶇開古道，
林園宛轉創新陂。
行由險處防盲目，
嚮導堪稱指路碑。
五老峰前莊稼好，
今年躍進不須疑！

胡喬木讚道：「五老峰前莊稼好，今年躍進不須疑。總司令是位樂天派，樂觀主義者。」

李銳卻說：「廬山眞面何難識？我存疑。上山幾天了，一忽雲，一忽霧，一忽晴，一忽雨，只緣身在此山中囉。我還是覺得董老的『廬山面目眞難識』比較客觀，實際。」

田家英手捧著小本子，愣愣地站著，覺得董老的「廬山面目」寓意很深，是有所指。指誰呢？主公？自然是只可意會，不可言傳了。

周小舟心裡也隱隱感到，這「廬山面目眞難識」一句，是不是隱喻主席啊？不盡然，不盡然。主席的襟懷，我們還是能夠領略一、二的。主席的面目不難識……

陳伯達見田家英愣在那兒，便對康生說：「老康，你的大弟子怎麼不繼續唸下去？還有林伯渠同志的一首啊。」

田家英聽陳伯達發了話，不待康生催促，便唸了下去：

廬山即景，步董老初遊廬山韵

匡廬勝景都爭識，
流水高山特逞奇。
崖擁翠松幾日月，
雲如滄海起陀陂。
清泉終古漏仙洞，
花徑何人寫石碑。
栗里先生留雅韵，
桃源是處不須疑。

康生贊道：「匡廬勝景都爭識，好，置身度外，好。還有末尾兩句引出陶淵明和桃花源，更是超脫，飄逸。」

陳伯達平日最惹不起的就是康生，因爲康生的後面是藍蘋，藍蘋的後面是毛澤東。爲了向康生示好，於是說道：「完全贊同老康高見，詩詞之難就難在能否超然物外。看來，林老這首七律的知音，非我們老康莫屬了。」

說笑間，濃如乳汁般的大霧，瀰漫上了觀景亭。登時，白濛濛混沌一片，對面相談，相互不見人影。這些來自中央高層的文臣，身陷雲霧，說不出是驚是喜，是憂是懼……忽感到一種巨大的迷失。

倒是胡喬木處事周全，在霧中叫道：「各位，各位，坐在原地不要動啊！特別是李銳、家英，你們不要亂走，邊上就是萬丈深淵，要當心。」

康生也在霧中吩囑：「喬木提醒得好。值此神奇之境，不可無聯句。家英、小舟、李銳，你們年輕人腦子快，記性好，來上幾副？」

田家英博學強記，有捷才，在霧中叫道，我已經有了：

足下起祥雲，到此者應帶幾分仙氣；
眼前無俗障，坐定後宜生一點禪心！

李銳在霧中叫道，妙！好一副妙聯，是淸代李笠翁的吧？我也記起一聯：

雲湧覺地浮；霧起帶天流；

周小舟在霧中唸道：

登此山一半，已是壺天；
造絕頂千重，尚多福地！

康生笑道，小舟啊，你怎麼把泰山上的楹聯都搬來了？那我也記起一聯：

雨不崇朝徧天下；
花隨流水到人間！

陳伯達是高度近視，此時更是什麼都摸不著、看不見了。他唸道：

纖雲四捲天無際；
大霧合圍地有涯！

胡喬木笑道：「伯達同志，你是竄改了韓愈的詩句了？原句是，纖雲四捲天無河，清風吹空月舒波。難爲你，難爲你。我也記得唐人張旭的〈山行留客〉中的兩句，倒是切合我們眼下這情景：縱使晴明無雨色，入雲深處亦沾衣。」

李銳搶著說，南朝謝眺有句：「葉低知露密，崖斷識雲重！」

田家英說：「山中何所有，嶺上白雲多。是南朝陶弘景句。」

周小舟說：「不覺碧山暮，秋雲暗幾重。是李太白句。還有，白雲見我去，亦爲我翻飛。也是李太白的。」

李銳說：「還是來點對仗工整的吧！喬木參天，半片雲香生巨壁；懸崖籠霧，千尋瀑布出高泉！

我記不起句出何處了。」

田家英說：「佛寺迷濛，霧靄沉沉含鄱口；仙亭飛翼，白雲漫漫護匡山！是我自己胡謅的。」

陳伯達說：「萬壑煙雨浮地出；半天松竹迎面來！我也記不起句出何處了。」

周小舟說：「天上有池能作雨；人間無地不逢年。我已記不清句出何處。」

胡喬木笑道：「小舟好記性！此聯出在天池寺呀。來到福地非爲福；出得仙山始是仙。我記不起這謅語是在那裡見到的了。」

田家英贊嘆道：「好一副謅語聯！足以警世醒世。」

康生說：「勝景本無涯，看紫煙重重，群峰含羞立天外；清泉留不住，笑飛瀑滾滾，長江九派抱城來！半抄半改，算我胡謅的。」

李銳搶著說：「對了，家英和康生同志帶了好頭，我們不要光背頌前人的了。我已想出一絕，不怕各位見笑：

含鄱口上鄱陽舍，
水色天光變幻間。
高處爲雲低處霧，
笑談不覺失群山！

周小舟贊道：「還是李銳來得快！高處爲雲低處霧，笑談不覺失群山，這兩句不錯。」

田家英也贊道：「李銳捷才，今天算領了風騷！」

胡喬木忽然拉長了聲音叫道：「好了，好了，不要石崇鬥富，李杜逞才了——快看，快看啊，霧去了，霧去了……」

傾刻間，雲開日出，滿目青山，視野開闊。但見一抹夕陽，映在左邊的五老峰上，金光燦爛，眞如李白所言，「青天削出金芙蓉」了。右邊的山巒已經背陰，早是暮色蒼蒼。最爲美妙的，是沿著兩山之間的豁口望出去，看得到鄱陽湖的一角，水天蒼茫，金鱗萬片，歸帆點點……

觀景亭中，所有的人都站立起來，屏息凝神，眺望著那一角夕陽下的金色湖水，驚訝大自然的鬼斧神工，留下這人間奇景。

第一一章　當世俊彥　湖南二周

胡喬木、康生、陳伯達、周小舟、田家英、李銳一行人踏著月色從含鄱口回來，在蘆林湖畔道別，各回住所。

田家英和李銳同回廬山大廈。李銳告訴家英：「昨晚上吟成一首七律，剛才路上人多，又都是吟誦的幾位前輩的詩作，沒好意思拿出來助興。現在幫我推敲推敲，如何？」

田家英笑道：「你老兄怕是快成詩魔了！作爲主公的工業秘書，要務正業囉。不打擊你的積極性，可以唸來聽聽。」

於是就站在大廈外的路燈下，李銳吟誦道：

借得名山避世譁，

群賢畢至學仙家。

出門總是逐風景，
無日能忘餐晚霞。
漫步隨吟古今句，
高談且飲雲霧茶。
林中夜夜聞絲竹，
彌撒堂尖北斗斜！

田家英認眞聽罷李銳的吟誦，又自己也逐句背誦一遍才說：「詩是寫得很工整的了，字句上也挑不出多少毛病。只是整首詩缺了些靈動飄逸，屬意境問題。比如李笠翁的那副楹聯：『足下起祥雲，到此者應帶幾分仙氣；眼前無俗障，坐定後宜生一點禪心。』境界氛圍就不同。是更高層次的要求。你我不出世，且是涉世很深，當然難於做到。不過，剎尾兩句『林中夜夜聞絲竹，彌撒堂尖北斗斜』，還是不自覺地流露出了你的憂國憂民之心。中央領導人在山上夜夜笙歌，觀劇跳舞做神仙；山下的老百姓呢？大躍進，大折騰，吃公共食堂吃出饑荒，許多省份已經開始餓死人。」

李銳知家英有赤子之心，近幾月爲農村形勢憂心如焚。家英告訴過他，作爲政治局常委會秘書，自年初以來，凡有各地的災情報告，他一件不留全部呈送主公批閱。主公是喜歡批改文件的，包括各種人物打的小報告，都要親自批閱。主公已經很不高興地問過多次：「家英啊，怎麼盡是些陰暗面的材料啊？還有沒有光明面？農村到處鬧缺糧，鬧饑荒，一團漆黑了？去年雖說吹了牛皮，但總的來說農業還是豐收了，糧食都到哪裡去了？」

田家英也只是在李銳面前，才可以說說心裡話：「去年發愁糧食吃不完，今年又問糧食哪裡去了？至今不相信有饑荒。死要面子，不肯服輸。糾左糾偏，半推半就……」

李銳見田家英和自己說出如此犯忌的話來，不禁擔心地看了看四周圍。朦朧的路燈下，見中辦機要處一名幹部正匆匆朝他們走來，連忙拉了家英一下，示意來人了。

那幹部走到田、李面前，報告說：「田主任，楊主任到處找你呢！給你住處打電話，沒人接。」田家英問：「知道是什麼事嗎？」那幹部說：「楊主任沒告訴，只是叫找到你，請你立即回他電話。他現刻在小教堂招呼舞會，兩位主席、總司令、總理他們都在跳舞。」田家英說：「知道了，我這就去給尙昆同志電話。」

待那幹部走後，田家英看了看手錶，快十點鐘了，遂對李銳說：「今晚上本想約上湖南二周，一起聊聊……看樣子是舞會之後，要到美廬開常委碰頭會，讓去做紀錄嚒。」

李銳說，好吧，有的事，你也不要太過憂心。但你比我沉得住氣，鋒芒少外露。所以政治局常委都離不開你這個大秘書。我也不進去了，這就去找找湖南二周。他們去年硬著頭皮抵制共產風，配合默契。特別是周惠，實幹家，肩膀硬。老夫子近半年來一直誇他是個人物。

田家英說：「看主公的意向，湖南二周可能更上一層樓……但這事，千萬不要透出去。提拔幹部，往往曝光死。」

李銳興奮地問：「是不是升周惠做湖南第一書記，調周小舟回中央工作？那就太好了。小舟回京，我們又多一個老朋友、大兄長了。小舟本來在延安就是老夫子的大秘書之一嘛。估計會把他安排在哪裡？」

田家英說：「可能進書記處，管農業。以小舟和主公的關係，今後不定前程無量……人事升遷最敏感，你、我守口如瓶，就是幫二周的大忙。話就到此爲止。莫爲浮雲遮望眼，只緣身在最高層。」

李銳知道家英引的是王安石〈登飛來峰〉一詩的句子，但差了兩個字，「莫爲」應是「不畏」。言談間隨口引用古人句子，隨意改動一兩個字是也常情。

人說無湘不成軍，翻開中國近代史和現代史，湖南出了多少大人物啊；要不是曾國藩回鄉辦團練，組建湘軍，奮力掃平業已盤踞半壁江山的太平天國起義，大清王朝的壽命就會短一個甲子；要不是左宗棠出任甘陝總督，以強悍作風主理回疆事務，新疆或許不會設省，而名正言順地併入大清帝國版圖；戊戌變法事敗，康有爲、梁啓超等人聞訊逃遁海外，唯湖南大丈夫譚嗣同頂天立地，慷慨悲歌，引頸就義；袁世凱竊國稱帝，又是湖南人蔡鍔將軍率先討伐，全國呼應；至於民國十七年的北伐勝利，毛澤東曾憤憤不平地說：「湖南人打仗，廣東人撈錢，江浙人做官！」

到了共產黨這一朝代，湖南人終於熬到出頭天：黨主席是湖南人，國家主席也是湖南人。一九五五年中央論功行賞授軍銜：十位元帥，彭德懷、賀龍、羅榮桓，三位是湖南人；十位大將，粟裕、黃克誠、譚政、陳賡、蕭勁光、許光達，竟有六位是湖南人；至於五十七位上將，一百七十七位中將，湖南人氏也超出三分之一……湖南人脈興旺，高官濟濟，文武齊集，共產黨內人人服氣。

周惠卻是安徽人氏，到湖南做省委常務書記。他自小家貧好學，患過天花，臉些留下些坑窪。十幾歲參加抗日游擊隊，太行山上幾次突圍，險些丟掉性命。勝利後當了一省道台，仍不失農家弟子本色：實實在在做事，本本份份做人，清清白白做官。有的人一朝爲官，六親不認，只認黨性。他是既認黨性，也認人性和人情。

一九五七年夏天，轟轟烈烈的大鳴大放，百花齊放，忽然變成喊打喊殺的全國抓右派運動，還說是「引蛇出洞」。周惠思想不通，抓右派有些手軟。況且他工作之餘手不釋卷，交了一批大學、中學的老師做朋友。如今卻要把這些知識分子打成右派？省委第一書記周小舟更是看重讀書人，也是不願抓右派，竟向中央告病假，到山東煙台海濱治療「失眠、神經官能症」去了。周小舟事先也沒有和周惠商量，就向中央提議在他養病期間，由周惠同志代理湖南省委第一書記。周惠是接到中央電話通知才知道自己臨時「官升一級」的。他只能在家裡對太太發牢騷：「看看這個小舟，平日稱兄道弟，臨到抓右派就小病大養，一走了之，給我留下這攤子，好像我就是個鐵石心腸呢。」

七月間，毛澤東在青島召開反右派工作會議。中央派出一架專機，先到廣州接上陶鑄，再到長沙接上周惠，再到武漢接上王任重，之後直飛青島。毛澤東、劉少奇、朱德、周恩來、鄧小平都在場，加上中央各部委負責人，省級黨委卻只有陶鑄、周惠、王任重三人出席。會上，毛澤東問周惠：「你現在是第一書記哪，湖南抓出多少右派？」周惠卻先要否認自己的第一書記只是臨時代理。毛澤東見他如此認眞，不爭名位，又問湖南抓了多少右派？周惠回答：「已經抓了一、兩百人。」毛澤東問：「究竟是一百還是兩百？」周惠老老實實回答：「還沒有來得及統計，大約不到兩百。」毛澤東眉頭一擰，大不滿意：「你帶過兵，打過仗，也心慈手軟？湖南省三千多萬人口，只抓了不到兩百個右派？剛才陶鑄和王任重的匯報，你聽到沒有？廣東已經抓了五千，湖北已經抓了五千五！你是我家鄉的父母官，工作要得力啊！」周惠心裡打冷顫，額頭冒虛汗，站起來向主席保證：「我回去抓緊補火。」倒是周恩來說：「周惠不要緊張，坐下，坐下，反右運動才開始不到兩個月，湖南省委的動作稍慢了些，追上來了就可以了。」劉少奇也說：「中央準備訂個具體的指標，在黨、政、工、團、文、教、科、衛，這些知識分子集中的部門，右派分子應占百分之三到百分之五。有了這個比例，我們各級黨委抓起右派來，就有章可循了。」朱德問：「有那麼多嗎？要防止層層擴大。」鄧小平說：「知識分子鬧事，有多少就抓多少。」毛澤東說：「反右運動由鄧總書記掛帥，有些文教單位可以超過百分之七。」

周惠回到長沙，違心地布署全省抓右派。他周惠也有老婆孩子，不狠點心抓他人右派，他自己就可能當上右派。外省已有省長、副省長被打成右派。他一直懷疑：那些響應毛主席的號召大鳴大放、幫助黨委整風的知識分子，果眞是妄圖趕共產黨下台，歡迎國民黨回來？難以置信。絕大部分讀書人不過是妄議了一下朝政……周小舟一走三個月，回來時抓右派的高潮已過。周惠把「第一書記」的桂冠交還，仍做他的常務書記。湖南全省抓出右派分子兩萬餘人，比南邊的廣東和北邊的湖北，還是少了二分之一。在全國所抓出的五十三萬名右派中，湖南也遠低於二十九個省市自治區的平均數。

接下來一九五八年的工農業大躍進，全國上下一片昏熱。周小舟和周惠卻是溫吞水，不大熱得起來。當著各省區競先發射高產衛星，大轟大擂爭做「千斤省」時，他們反倒冷靜下來了。原因很簡單：你說你做了「千斤省」，就得按「千斤省」的高標準向國家納糧。交了糧食，老百姓吃喝什麼？周小舟說：「我們跟不上了：廣東、湖北水稻畝產七萬斤、九萬斤，太邪門了！陶鑄、王任重兩位還親自種了高產試驗田。」周惠說：「我們不搶這個風頭，現在糧食不是長在地裡，而是長在李井泉、吳芝圃、王任重他們的嘴皮上了。我們寧可當右傾，插白旗，也不要拿老百姓的肚皮玩遊戲。當然也不要硬頂，硬頂會被撤職，只是調門降低些，浮誇縮小些，大躍進、人民公社，我們還是擁護的。」周小舟說：「那是當然，我們不在乎頭上的烏紗帽，老婆丈人、親戚朋友還是很在乎的。」

其他省市黨委一、二把手之間常有齟齬，鬧些意氣。湖南二周卻不大分什麼一把手、二把手，反正都是周書記，可以合二而一。不久，譚震林代表中央到廣州召開中南五省協作區負責人會議，給河南、湖北、廣東、廣西插了紅旗，評為上游省；單單給湖南插了白旗，評為下游省。譚震林並惱怒形於色地批評湖南二周：「主席的家鄉插白旗，你們有何顏面去見主席？」譚震林也是湖南籍老革命，認二周不長志氣。二周確是拎著桿小白旗子回長沙的。

譚震林回到北京，向毛澤東匯報湖南插了白旗、當了下游省時，毛澤東嗬嗬笑了：「譚老闆，你插得好！湖南籍領導人不護湖南的短，大公無私。二周嘛，原本很有才幹的，怎麼也成小腳女人，落伍分子了？告訴王任重和陶鑄，叫他們南北夾擊，給湖南鼓鼓幹勁，掃掃暮氣。」

陶鑄、王任重得到將令。於是出現奇特現象：北面，湖北省在邊境上架設起喇叭，天天朝湖南喊廣播、催促湖南爭上游，拔白旗；南面，廣東省也在邊境上架設喇叭，天天喊口號，要求湖南鼓幹勁，反右傾！整整一個季度，湖南幹部出差抬不起頭，二周也違心地向中央作了檢討。其間，為了荊江分洪，周惠還和王任重紅過臉，發生爭執。荊江分洪工程建在湖北長江地段上，一旦長江發大水，為了保武漢，需要打開朝向湖南十來個縣的閘口，把洪水泄到湖南境內！明明是淹湖南，保武漢。你湖北多增產了幾斤糧食，還不是托了湖南的福？還好意思天天朝湖南喊廣播？

事後，王任重在毛澤東面前告了周惠的狀。毛澤東喜歡王任重，也還喜歡周惠。況且荊江分洪水淹湖南，湖南是作出了犧牲嘛。高級幹部吵嘴，代表各自省區利益，彼此彼此，各打五十大板。

陶鑄湖南祁陽人，在二周面前以兄長自居。去年十一月，陶鑄作為中南協作區領導小組組長，擔心湖南的糧食產量報得太低，又被中央批評，而掛電話給二周：「湖南大躍進，糧食翻番沒有？我們廣東是糧食翻番了，多得吃不完。」周小舟在電話裡說：「向廣東老大哥學習。你們糧食多，可不可以支援湖南一些？」陶鑄奇怪地問：「全國農業大豐收，你們糧食不夠？」周惠接過電話說：「還不是叫那個荊江分洪給坑了？今年長江漲大水，為了保武漢，淹了我們湖區幾個縣，那是我們的糧倉呀！」陶鑄倒是豪爽大方：「好好，你們派人來，找我們糧食廳調撥五千噸稻穀，換你們五千頭牲豬，一噸糧一頭豬，按國家牌價換算，如何？」

陶鑄看中的是湖南的牲豬。廣東人會吃肉，但不大會養豬。周小舟和周惠辦事老成，先交糧，後交豬。湖南並不缺糧，只是要試試廣東的虛實。他們派出省糧食廳一名副廳長去廣州落實陶書記許諾的那五千噸稻穀。人家廣東糧食廳廳長卻壓低嗓門叫苦不迭：「天爺！省委掌握的糧食數字，和我們糧食部門所落實的數字完全兩回事。莫說五千噸，一百噸都調不出。同行不欺同行，丟老貓，我們廣東自己都缺糧，還不知要找哪個兄弟省打饑荒。」

糧食廳副廳長空手而回。周小舟和小惠半信半疑，要麼是廣東糧食廳長裝窮叫苦，本位主義；要麼是陶鑄同志工作馬大哈，官僚主義。

年初，農墾部部長兼鐵道兵司令員王震上將赴廣東視察，路過長沙。二周便拜託王部長順帶查訪一下廣東的糧食庫藏，以便落實那五千噸稻穀調撥入湘問題。十來天後，王震部長返回長沙，告訴二周：「操雞巴蛋！我去查看了他們的幾座大糧庫，你們猜猜，老子看到了什麼？他們倉庫底下墊的是十多米高的稻草，稻草上面才舖了層穀子，眞正的『面子糧』，給人參觀、拍照的！這回沒有碰到陶鑄，下回碰到了，老子要罵他個狗血噴頭！湖南人到廣東當父母官，簡直是狗官。你們兩個也不要和老陶耍心眼了，要作好準備，支援廣東度荒！娘的，怕就怕有糧的省份少，缺糧的省份多，那就要捅大場！」

二周知道王震脾氣耿直，敢放炮，遂建議：「王部長，你在中央工作，底下的情況，要向主席反映反映啊，不能總是形勢大好，不是小好啊。」

王震說：「我是想放炮，一直沒有找到機會。在北京工作，想見主席也不容易。你們向譚老闆反映啊，他不是跟得最緊，鬧得最歡，又經常在主席身邊轉？」

周小舟說：「譚副總理近來也有些洩氣了。上個月來長沙，我和周惠都對他表示，插白旗的事，大家都不往心裡去；但下面的眞實情況，請他一定向主席反映。你猜他說什麼？要反映你們反映去，大躍進他帶頭衝鋒，現在要退卻，他不能再打頭陣。」

王震罵道：「譚大炮，成譚啞炮了？屌毛！我們湖南也是大人物太多了，全中國的事情，辦好辦壞，都是自己在折騰，對不起老百姓！」

王震走後不幾天，湖南、廣東兩省交界的郴州地區就出了情況：十幾萬廣東災民擁進來討飯，郴州地區幾座縣級糧庫被搶，湖南民兵發起武裝護糧！情況十萬火急。二周立即向陶鑄告急：「快派人來把你們的十幾萬飢民領回去吧，他們到湖南境內搶糧，湖南民兵要開槍，會出大亂子！廣東缺糧，湖南可以支援……但你們要主動報告中央。」

陶鑄這才覺得問題嚴重，派出地縣幹部把廣東飢民接了回去，並向中央坦承，自己去年工作浮誇，犯了馬大哈錯誤，虛報了糧食產量，請求中央批准從湖南調糧，度春荒。陶鑄還在給中央的報告中，大力稱讚湖南二周不務虛名，工作踏實，去年抵制浮誇風、共產風有功，在省級領導幹部中，是少有的佼佼者。

一九五九年上半年，湖南二周的工作一直受到黨中央的肯定和表彰。毛澤東多次在中央會議上以調侃的口吻說：「現在形勢大變，紅旗省缺糧，白旗省有糧，下游倒比上游強。湖北王任重，河南吳芝圃啊，你們那個『敞開肚皮』行不通了吧？聽講湖北也想向湖南借糧？」

王任重的確曾開口向湖南借糧度荒。二周卻不像對待廣東那麼大方。周惠竟說：「我們洞庭洞區的幾個產糧大縣，都被荊江分洪的洪水淹了嘛？自己都要勒緊褲腰帶囉！」

六月中旬，毛澤東主席一行到了武昌。周小舟前往武昌「接駕」。六月二十三日中午，周惠才接到周小舟的電話：「專列已經到了長沙北站，趕快到蓉園主樓前迎候。」

蓉園位於省委大院東側，爲民國時期的省主席官邸。園內樓台水榭，古樹濃蔭，美景天成，尤多木芙蓉，夏秋間綻放碗口大一朵朵花卉，紅紅艷艷，麗若牡丹，因之得名，爲長沙第一名園。

周惠率領省委常委一班人剛在蓉園主樓門口站定，就見一輛接一輛的黑色轎車魚貫而入。周小舟和公安部長羅瑞卿乘坐的是第一輛，先行下車來替毛澤東的座車開門，毛澤東一鑽出車門，看到周惠等人，就甩過來一聲又高又亮幾十年不改的湘潭腔：周惠吶，我把王任重同志給你帶來了，他可不是來負荊請罪的囉！

周惠忙迎上前去和毛主席握手，心裡打了個冷噤：王任重這小白臉又告御狀了，興師問罪？爲了荊江分洪小有不快，但也沒有撕破面皮嘛？仗著毛主席喜歡他，難道欺負人欺到湖南省委門上來？

王任重下了車，清清秀秀地站在毛主席身旁。周惠同他握手：「歡迎，歡迎，不是陪主席，任重同志也是請都請不來的客人。」

毛澤東轉身移步到門前一株大樟樹的樹陰裡，大家也都跟進。一陣涼風吹過，很舒適的。毛澤東雙掌在周惠和王任重面前一合：「我帶任重來，就是要他來向你學習，湖北要向湖南學習。」

周惠心裡一塊石頭落地，連忙謙遜地說：「有什麼好學的？湖南步伐慢，思想保守，小舟常和我說，要虛心向紅旗省的同志學習。」

毛澤東聽周惠說的誠懇，也就沒有多心：「眼下紅旗省不如白旗省了。去年中央工作也有缺點。湖北學湖南，主要學習湖南好日子當窮日子過，不要再搞那個『一日三餐白米飯，敞開肚皮不要錢』。」

在場的人都輕鬆地笑了。這兩句新民歌，去年王任重逢會必唱的，如今卻臉都不曾紅一下。

周惠說：「去年雖說當了下游，扛了白旗，其實我們也左了一段。只是「共產風」、「浮誇風」制止得早一點，糧食浪費得少一點。省委常委集體討論決定的。」

毛澤東說：「你是第一書記，會當家理財嘛。」

周惠連忙解釋：「主席，我不是第一書記，小舟才是。」

毛澤東手指指周惠：「小舟我知道，他是不大做實際工作的。你是實際上的第一書記。五七年就代理了嘛。」

周惠不知毛主席爲什麼要這樣說，連忙搖頭否認：「主席，我不是，不是就是不是。」

毛澤東心情甚好，開玩笑似地退後一步說：「好好，你就是第二書記。」

當著省委常委們的面，周惠很有些尷尬，認眞申辯說：「主席，湖南三周的排名，從來都是周小舟、周禮、周惠，周禮同志是第二書記。」

毛澤東和迎上前來的老朋友周禮握手：「周禮我知道，兼著省政協主席，不大管事的，周惠是實際的第二書記。」

周惠沒法子再否認。主席這次來，爲什麼一見面就說這些？難道小舟快要召回到主席身邊去了？

周小舟已經陪羅瑞卿看過毛澤東休息的房間，出來請示說：「主席，是不是請大家進屋談？裡面已經給您泡好了君山銀針茶。」

毛澤東無意進屋，指指身邊的大樟樹說：「北方就沒有這種大樟樹。樟樹下面好乘涼。我韶山老屋坪那株比這還大，樹陰遮一畝。來來來，這裡還有石凳石桌嚒，我們坐一坐，喝杯茶。」

立即有女服務員替主席端來君山銀針茶。按毛澤東出巡的規矩，茶水都是由他的隨身衛士伺奉，不由地方提供。唯獨到長沙，回了老家，美不美，家鄉水，他喝得放心。湖南幹部以此爲榮。

周小舟、周禮、周惠、王任重、羅瑞卿陪毛澤東坐下，其餘人四周圍站著，聆聽指示。不遠處，有隨行的新華社記者在攝影。周惠注意到，王任重適時地朝毛主席身邊近了近，以便隨時進入鏡頭。

毛澤東和藹地望著湖南三周，說：「這次回來，一是要游水，二是要爬山。上回游了湘江，沒有回韶山。這回旣游湘江，也回韶山。小舟說韶山水庫修好了，有沒有湘江寬啊？我也要去游一游。」

周惠匯報說：「主席，已經安排好了，今天休息休息，晚上看花鼓戲：《劉海砍樵》。明天游湘江，上岳麓山。後天去韶山。聽講主席想在韶山老屋住一晚？」

毛澤東嗬嗬笑了：「我講了吧？你是當家主事的嘛，小舟、周禮不管事嘛。」

周惠赧顏搖頭：「是小舟指派的嘛，我負責落實一下。」

六月二十五日，毛澤東由周小舟、王任重、羅瑞卿等人陪同，回韶山住了一晚。韶山沒有電燈，由長沙運去一部柴油發電機和兩名青年工人。但那兩名工人政治可靠，技術卻不過硬，折騰通晚，也未能為領袖發電照明。毛澤東在韶山老屋通宵未眠，就著煤油燈和燭光，吟成一首七律：〈回韶山〉，並鋪展宣紙，連寫數次。第二天一早，毛澤東到了父母墳上行三鞠躬禮。原先並無此項安排，也就來不及準備花圈供品。在場的湘潭地委書記華國鋒倒還機靈，忙去折來一枝松枝，讓主席插到父母墳前。羅瑞卿介紹說：「華國鋒同志昨晚上在老屋外為主席站了整晚崗。」毛澤東上下打量了幾眼山西大漢，留下極好極深的印象。

六月二十六日，毛澤東一行返回長沙蓉園，下午睡了一覺。晚上舉行舞會。湘女多情，鶯鶯燕燕，繞著毛澤東轉。羅瑞卿、王任重等人舞步嫻熟。周小舟、周惠不跳舞，只在舞廳旁邊的沙發上陪坐。周小舟告訴周惠：「主席要找你單獨談談，可能考慮提拔。」周惠問：「怎麼談？什麼可談？什麼不可談？我這人，不求有功，但求無過，當二、三把手，比較安全。」周小舟說：「講眞話，問什麼，答什麼，少發議論，多舉實例。關於公共食堂，你只管反映下面幹部群衆的意見，主席這回是決心糾左了。」周惠說：「好，要我講假話都講不來，這年頭偏偏講假話的吃香。」周小舟說：「還有個事，王任重這次陪主席來，還是想借糧。看在主席面上，借給他幾千噸吧。但要他親自打借條，免得老虎借豬，有借無還。」周惠說：「至多兩千噸，多一粒不給。我們在湖南為官，就要替湖南百姓著想。今年這糧荒，完全是去年的浮誇政策、人為因素造成，要是遇上真正的自然災害，兩千噸糧食會救下多少湖南人的性命？現在隔鄰的江西、廣西、貴州都想和我們借糧，真比割我的肉還疼！誰叫他們去年跟著瞎折騰？害苦老百姓……」

當晚十二時，毛澤東派衛士來請周惠去吃消夜。主席的消夜其實簡單：一碗白粥，一碟火宮殿的臭豆腐，幾片火宮殿的紅燒豬蹄，一碟豆豉辣椒，一碟素炒菠菜。都是他青年時代在長沙讀師範喜愛的佳饌。

周惠進到小餐廳室時，眉目清秀的女服務員退下。毛澤東以筷子指指對面的椅子：「虛位以待，坐，一起吃消夜。」

周惠恭恭敬敬地坐下：「主席，我剛才吃過了。小舟和我，還有任重同志，一人吃了一碗陽春麵。我們答應任重同志，借給兩千噸糧食度荒，他們秋後歸還。」

毛澤東高興地說：「很好很好，兄弟省區，互通有無。你是安徽人，任重是河北人，小舟是湘潭人，你們都還只有四十幾歲。任重最小，一九一八年的。後生可畏。來來，陪我喝杯酒，茅台，還是紹興狀元紅？」

周惠坐立不安地晃晃手：「謝謝……我不喝酒，真的，從來不喝，一喝就上頭，紅面關王似的。

小舟就說過，一生不沾酒，白來世上走。」

毛澤東笑了：「紅臉漢子忠厚。茶在那壺裡，自己倒吧。周惠啊，我請人喝酒，還是頭回遭到婉拒呢。上個月，湖南開了三級擴幹會？會議開得怎樣？」

周惠牢記小舟交代的原則，加上自己向中央領導人匯報工作的經驗：沒問的事愼防開口，問到的事明確回答。他說：「會議開得還可以，地委書記和縣委書記們擁護黨中央今年以來的糾左方針，比較敢講眞話了，都講主席四月間的那封黨內通訊，是及時雨。」

毛澤東很響地喝著白粥：「那信是田家英起草，我只出個名義，很對下面胃口。你繼續講。」

周惠說：「去年湖南的糧食產量，還是報高了。號稱增產一成半，其實只有一成。譚震林同志給我們插白旗，許多縣委書記沉不住氣，給省委提意見：南邊的廣東敢報增產九成半，北邊的湖北敢報翻一番，千斤省，吹牛皮又不犯法，我們膽子也太小了。」

毛澤東說：「吹牛皮不犯法，但是害死人。膽子太大易胡來。譚老闆沒有種過田，他是藥店學徒出身，大砲司令。」

周惠說：「我和主席說眞話，今年湖南的糧食指標也報得太高了，上海會議上報了四百五十億斤，吸取去年敎訓。可我和十四個地委書記湊了一下，實際上只能達到三百億斤，還要長江不發大水，荊江分洪不向湖南洩洪。」

毛澤東問：「明明做不到，爲什麼還要報這麼高？」

周惠說：「所以湖南還是左，只是左得不如人。也是去年插白旗，搞怕了。主席家鄉插白旗，對不起主席……」

毛澤東又笑了：「廢話！你們插白旗干我何事？今年年初以來，中央一路在表揚你們嘛！在韶山，我問小舟，湖南去年提出什麼口號？小舟說，苦戰三年，改變湖南面貌。我說，難怪你們當下游，人家都是苦戰三個月，改變面貌！因爲事關革命幹勁，群衆積極性，我也沒有潑冷水。事實上，莫說三年，就是三十年能徹底改變面貌，也很不錯了。去年的經驗，是交了學費，得到教訓。」

周惠點著頭，並在一個小本子上記錄著。心想，主席的這些話，要是去年講出來就好了。可惜他去年也頭腦熱得厲害，也是恨不能幾個晚上就帶領全國人民跑步進入共產主義……當心，當心，不要有這個念頭，不要有這個念頭。領袖也是人，不是神。現在及時糾左，爲時不晚。

毛澤東見周惠不吭聲，知他在自己面前還是比較拘謹，便又說：「去年的問題，主要發生在北戴河會議之後的三個月，全國大放衛星，九千萬人上山煉鋼鐵。到了十一月的鄭州會議，就開始糾左降溫了，降了八、九個月，應該差不多了。」

周惠吸著煙，心裡卻不能同意黨主席的這輕描淡寫。實際上反右容易糾左難，左的東西根深柢固……可是在主席面前講眞話，有如唱反調，要擔很大風險。說不說呢？小舟是讓他說眞話的。爲了黨的事業，他咬了咬牙，決定：說。當然要盡量委婉些，不帶刺激性。他說：「主席啊，去年雖然只是大鬧了三個月，影響怕要有兩三年呢。縣委書記們普遍反映，社員群衆最怕變，怕再反右傾，再颳共產風。現在人民公社大部分還是吃大食堂，搞供給制，農民並不情願。但上面不鬆口，下面不敢動作。勞動積極性不高主要和吃食堂、搞供給制有關。農民講怪話，現在的社會主義是牛皮客吃得開，老實人受壓迫……」

毛澤東已經吃完消夜，一小口一小口抿著狀元紅酒，神色越來越嚴肅、凝重。周惠感覺出來，主席臉上已沒有了剛才見到他時的那種親切、喜悅。或許，自己的話太重了？傷著主席了？去年八月北戴河會議上號召辦公社、吃食堂，帶頭颳共產風的，正是主席本人啊！

毛澤東見周惠話說一半，中途停了，彷彿知道他有思想顧慮，便又笑了笑，催促說：「你繼續講。我去年只聽一面之詞，今年要開張視聽，採納群言。」

周惠受到鼓勵，乾脆不再顧忌了：「湖南大多數幹部的意見，以現在的生產力和物質條件，供給制不能再推行下去。事實上，按最低標準，都供不起。去年的公社，辦得過快過急，大部分條件並不成熟。但既然已經轟轟烈烈辦起來了，就要想辦法鞏固。湖南主張一退到底，三級所有，隊為基礎。變公社、大隊兩級經濟核算為生產小隊經濟核算，退回初級農業社去，農民的利益看得見，摸得著，勞動積極性自然會提高。至於大辦公共食堂這個口號，建議中央不要再提了，糧食浪費太大，社員會餓肚皮……主席，這是一份調查材料，反映社員群眾對食堂的看法。我們省委絕大多數同志都主張，食堂有條件的可以辦下去，不夠條件的不能強辦，允許社員回家起伙……」

周惠說著把一份調查材料雙手呈上。毛澤東接過材料，隨手放置一旁，似乎興趣不大。周惠講的人民公社「一退到底，三級所有，隊爲基礎……退回到初級農業社的分配辦法」，使毛澤東大受震動。那人民公社「一大二公」的優越性豈不蕩然無存了？這話要在去年說出來，一定要被開除黨籍、甚至被關進班房。可這個周惠呢？又的確是位幹才，懂農業，懂社員心理，比那些浮誇幹部強。農村的形勢再糟下去，或許只有按他說的，才能使人民公社體制不垮台……毛澤東作爲最高領導人，有時也是左右爲難：聽話的幹部辦不成事，有的只會壞事；不聽話的幹部能辦成事，但又帶刺。過了一會，毛澤東才說：「人民公社和公共食堂，都是鞏固、整頓、提高的問題，不要一轟而起，又一轟而散，讓國內外反動派看我們的笑話。這是政治問題。對群衆走社會主義道路的積極性，要保護。偏差、失誤當然不少，但那只是一兩個指頭的問題。去年功過三七開。你們省委一班人，對總的形勢是怎麼個看法？」

周惠腦子裡轟地一響：糟了，逆龍鱗，拂聖意了。講眞話就是唱反調。見主席正盯住自己，忙說：「小舟和我合計過，在省委常委會議上形成一致看法，我們對形勢的總估計是十二個字：成績偉大，經驗豐富，前途光明。」

毛澤東神色登時親切了許多，頗爲滿意地說：「好，沒有迷失方向，對前途充滿信心，好。可以調整一下：成績偉大，問題不少，前途光明。小舟和你有版權。比少奇同志提出的『成績講夠，問題講透』還富有積極性。好吧，這次上廬山開神仙會，你也參加吧。」

周惠說：「主席，小舟去了，我就不去了吧？留在省裡主持農業會議，全省大抓一下秋糧，擴種它一千萬畝。有了糧食，心裡才踏實。」

毛澤東忽又喜歡周惠了，右是右一點，但人才難得。遂說：「你是我的客人，我讓中辦發通知。上山讀讀書，討論形勢，研究經濟問題。黨內要團結，要統一認識。要算大帳，看全局，不要做忙忙碌碌的事務主義者。周惠啊，我從來看重實幹家。但也要告訴你一句北方俗語：不但埋頭拉車，還要抬頭看路。這也是辯證法哪。」

第一二章　共產黨不是毛氏宗祠

經保健護士再三催促，彭德懷放下手頭材料，同意到幾個風景點上去散散心。他明白，既是上了山，工作人員都想遊覽名勝，拍些照片做紀念；自己不出遊，他們不便自由行動。況且浦安修也讓多拍幾張照片回去給她欣賞。廬山這種地方，中央不開會，平時難得來一趟的。

正要出門，秘書接到電話，請彭總晚上十一時去美廬主席那裡參加常委碰頭會。彭德懷笑笑，老毛眞是個夜貓子，跳過舞，游過泳，再開會，吃消夜。大家都要跟著他這晨昏顚倒的作息時間轉。這次開會，再不要和老毛爭吵了啊。四月間上海會議那次，他就很後悔。那次是因爲老毛在會上滔滔不絕強調自己反左糾左，採取了各項措施，下面卻執行不力，收效不大。好像大躍進、公社化出現的嚴重問題，都是下面弄虛作假，胡作非爲，和他本人毫無關係似的！當老毛說到「現在我講話不起作用，這次我要親自掛帥，並且請總書記小平同志做副帥，一定要把共產風、高指標壓下來」時，彭德懷實在忍不住了，就插上一句：「你不是早掛帥了嗎？去年難道不是你親自掛帥嗎？」與會的中央委員們無不暗暗叫好，也只有彭老總才敢犯上，說出這種痛快話。果然，毛澤東主席被激怒了，也是當衆老羞成怒，嚴厲斥責彭德懷：「老彭！你算何方神聖？你眞有那麼高明嗎？去年爲什麼不公開下戰表，公開反對大躍進和人民公社化？你也是個事後諸葛亮，馬後炮，幸災樂禍，踩人痛腳！」彭德懷也覺得自己出言唐突、太不給老毛面子了，於是表示歉意：「對不起，你講話，我不該插斷……」毛澤東卻不肯放過，繼續斥責：「我這個人是被許多人記恨的，特別是彭德懷同志，他和我有仇，恨死了我的，不恨死了，也有若干恨。我和彭德懷同志的政策是這樣的：『人不犯我，我不犯人，人若犯我，我必犯人。過去我和我兄弟也是這樣！』」話說到這份上，大約毛澤東自己也覺得過於嚴重了，便放緩了口氣，語鋒一轉：「記得在江西蘇區，一次我和我兄弟毛澤民爭論問題，我氣得很，舉起巴掌要打他，他不退縮，衝著我喊：『共產黨是毛家祠堂嗎？』他這一喊，倒是把我震住了。老彭啊，幾十年了，你我不吵不成交。原則問題，你先進攻，我後還擊。」

彭德懷也承認爭吵只會加深彼此的隔閡。有時就是忍不住脾氣。幾十年了，還不能適應老毛的彎彎曲曲，黨內黨外，計多謀足。老毛作爲領袖的一大本領，就是擅長自圓其說，任犯下天大的偏差，也能嘴皮抹油，長篇大論。

這天黃昏時分，彭德懷和幾名工作人員在如琴湖畔的花徑上散步，遇上了周恩來總理。周總理由一名小美人兒挽著，正欣賞湖上的落霞孤鶩，笑吟什麼「湖水共青山一色，孤鶩與落霞齊飛」呢。

周恩來見了彭德懷，連忙近前握手，並把小美人兒介紹給彭老總：「她叫梅霞新，贛州人，當過兵，是尙魁、隋靜夫婦派給我的保健護士，能背很多唐詩呢。」彭德懷雖然自己身邊從來不用女工作人員，但對女同志還是很尊重、很禮貌的。他和小梅拉了拉手，問小梅的父母是住在贛州城裡還是鄉下？吃公共食堂嗎？吃不吃得飽哇？周恩來見小梅眼睛波光盈盈，欲言又止，就從旁鼓勵說：「彭總也是貧雇農出身，最關心農民的情況。妳父母鄉下那些事，說出來太長，另外找時間向彭總匯報吧。現在，我們是走在爲紀念唐代大詩人白居易所修的這條『花徑』上，小梅，妳給彭總背誦白居易的那首〈花徑〉吧！」

小梅溫順而嫵媚地看了彭總一眼。彭德懷覺得這孩子在哪裡見過似的，一時又記不起來了。但見小梅紅了紅臉，以一口好聽的江西普通話唸道：

人間四月芳菲盡，
山寺桃花始盛開；
長恨春歸無覓處，
不知轉入此中來！

彭德懷欣喜地望著小梅，表揚說：「背得好！背得好！」心裡卻有些疼愛地想：這孩子臉模子好，頭腦純潔，身子發育得這麼成熟，不知被他們蹧蹋了沒有？娘的！他們搞的什麼名堂？伺候共產黨的領袖，也伺候過去的皇上似的？嫩花嫩朵的，一個個都是你們的孫女輩，也下得了手呢。

周恩來說：「彭總，你訪問東歐七國回來，聽說收穫很大，我都還沒有來得及找機會聽你介紹介紹呢。」

彭德懷說：「現在不就是個機會？我也正想和你談談，叫做匯報工作吧！」

周恩來連忙晃手：「不可以。什麼叫匯報，你、我不要生分囉。只有跟主席談情況，才叫匯報工作。現在就談談？也好也好。小梅，妳和秘書大姐她們到錦繡谷那邊玩玩，我回頭再來找妳們。」

小梅卻忽然一個跨步，挺身站立在彭德懷面前，利落地右手掌齊眉，行了個軍禮。

彭德懷眼睛發亮，連忙立正還禮：「慢走！難怪眼熟呢，妳是哪個部隊的？」

小梅回答：「報告總司令，我曾是志願軍第十三兵團第三十八軍戰地醫院衛生員！沒想到在這山上見到總司令。」

彭德懷興奮地再次和小梅握了手：「小戰友！小戰友，你們軍長梁興初升了中將，到成都軍區做副司令了。」

周恩來感嘆地說：「彭總，人家是桃李滿天下，你是將士滿天下啊。」

小梅走後，周恩來和彭德懷在湖邊找了個僻靜的石墩坐下來。

彭德懷和周恩來同歲，都是一八九八年出生的。還有劉少奇、康生也是一八九八年的，中央四大人物同歲。周、彭平日私下交談，彼此不稱職務，而直呼名字。

周恩來說：「德懷，聽說你坐火車到武漢，在河南境內看到災區流民，一路上都吃不下東西？我是坐飛機抵武漢的，所以看不到地面上的情況。主席的專列一向夜間行駛，相信也沒有看到。」

彭德懷眉頭蹙了起來：「恩來啊，你消息真靈通。其實路上的情況，同一列車上的李富春、賀龍、康生、陳伯達、胡喬木他們也都看到了嘛。當然我不知道他們心情如何。反正我是非常難受。中國的農民太好了，太老實了，支持我們打下江山，又受我們的政策折騰，我們對不起農民。」

周恩來說：「對不起農民，我和你的心情是一樣的。剛才唸詩的小梅，不是你的老部下嗎？我原先只聽說她參過軍，今天才知道她去過朝鮮。她父、母住在贛州鄉下，村裡人都患上水腫病，已經餓死了十幾口……」

彭德懷身子震了一下：「小梅，小梅……我記得三十八軍的一份戰報上寫過一位江西籍女兵，從死屍堆裡揹出來六名我軍傷員，立了一等功的，會不會是她？回頭我找她談談……江西還是產糧省哪！過去是湖廣熟，天下足。可今年，除了湖南情況好一些，其餘湖北、廣東、廣西都不行。還有安徽、甘肅、青海、山西、內蒙、貴州、雲南、西藏那些歷來的缺糧省呢？不是情況更嚴重？恩來，你是總理，我有個不好的預兆，會不會發生全國性的大饑荒？」

周恩來深有同感地點點頭，又立即不表認同地搖搖頭：「德懷，你一向愛兵如子，替老百姓著想……情況或許不會那麼嚴重。局部饑荒是可能的，全國性的饑荒嘛，還不致爆發吧？況且這次上山開會，就是集中討論經濟，深入糾偏糾左。高級幹部要統一認識，全黨要下大決心，花大力氣，把去年那套左的東西克服掉嘛。少奇提出八個字，我認爲就很好：成績講夠，問題講透。我說呀，問題講透了，糾左就不難了。上面半遮半掩，下面糾左不力。」

彭德懷壓了壓嗓門：「恩來，我正是想同你談這個。問題如何講透？要講透，就要從去年上半年的五次會議講起。老毛的大躍進、人民公社怎麼鬧起來的？不就是通過這些會議，二十幾次公開點名批評你和陳雲的反冒進鬧起來的？逼令『國務院四大金剛』在黨代大會上作檢討，大家記憶猶新嘛！你和陳雲抓經濟建設，明明方針對頭，計畫穩妥，老毛硬要批你們的右傾保守嘛！所以我主張在黨內替你和陳雲平反，替『反冒進』平反，恢復你和陳雲的經濟統帥權，去年的是非徹底解決。」

彭德懷說得正氣凜然，痛快俐落。周恩來聽得膽顫心驚，兩手冷汗。他內心裡也嘆服彭德懷元帥有膽有識，忠義剛直；理智卻告訴他：彭德懷的想法很徹底，擊中要害，但也很可怕。若從人民性出發，他應當服從彭老總；從黨性出發，他就要服從毛澤東。人民性和黨性發生矛盾，黨員只能服從黨性。彭德懷畢竟是個武夫，不是個政治家。怎麼可能替他周恩來和陳雲的『反冒進』平反呢？毛澤東是那麼簡單的領袖嗎？毛澤東現在同意糾左，降低指標，調整政策，已經很不容易了；要他徹底認錯，否定去年的一套，除非鐵樹開花。要是眞的依了彭德懷，毛澤東就不成毛澤東，中國共產黨就不成中國共產黨了。

周恩來心裡打鼓，好一會沒有吭聲。見彭德懷虎視眈眈地盯著，才伸手在臉上抹了一把，用懇求的口氣說：「德懷啊，你是個痛快人，想事幹事，都講求痛快，又是憂國憂民，赤膽忠心。我向來敬佩。去年年初以來發生的事，經濟建設搞成今天的這種局面，你以爲我心裡輕鬆嗎？我也是很矛盾，很痛苦……德懷，你聽我說。許多事，我不是沒有設想過。行不通的！倒頭來吃虧的是自己。這次在山上開會啊，我求你不要扯那麼遠、挖那麼深了。非但做不到，還會再次陷我和陳雲、先念、一波等所謂的『四大金剛』於被動。你要在會上講什麼，是你的發言權。絕對不能把我們四人牽扯進去，變成集體鬧翻案。那會壞大事的！徹底否定去年的總路線、大躍進、人民公社，黨會分裂，國家會分裂。我這不是危言聳聽。當然我知道，你是為了問題講透，徹底糾左，並不是要把主席搞下台。但你冷靜想想，這行得通嗎？有這個可能嗎？主席身邊有多少人，多大力量？你呢？就算加上總司令，好吧，也算加上我，去年的案子翻得過來？肯定翻不過來！你同意我這看法嗎？黨內鬥爭，風風雨雨，幾十年的過來了，我對毛澤東同志，早就心悅誠服了，願作馴服工具了。所以對任何有損他威信、地位的事，都絕不參與，而且堅決反對。這是我的原則。這個原則，我這輩子是要堅持到死了。」

彭德懷越聽越不是味，眼裡直要冒出火星子，心裡眞想罵出來：「老奸巨猾，政客一個！共產黨內也出政客，出巨猾，為保自己的名位，不顧老百姓死活……」

彭德懷忍了又忍。看著堂堂國家總理的那個哀求神色，到底也有點心軟，終於說：「恩來啊，你也膽子虛了，看看把你嚇成這副樣子，我很同情。可以，我答應，今後會上發言不把你們『四大金剛』扯進去，不提去年『反冒進』的事。我也不會反對總路線、大躍進、人民公社這三面鳥旗！對對，不是三面鳥旗，是紅旗。我更沒有反對老毛的意思。他不懂經濟就不要瞎來，誰懂誰來抓。老毛還是當他的黨主席、軍委主席嘛。新中國需要供一個活菩薩，還是供著他嘛！總司令威望不高嗎？也只是給他做個陪襯。退出一線，退居二線，他不是叫喊了六、七年了？爲什麼一直不捨得退？不但沒有退出一線，而是上了最前線，既當統帥，又當急先鋒嘛！不懂裝懂，還有不打敗仗、闖亂子的？他闖亂子，老百姓受苦，鬧饑荒。是老百姓的性命要緊，還是老毛的面子要緊？這麼簡單的問題，我們共產黨內的大官們，就是搞不懂，竟然搞不懂！」

彭德懷說著，眼睛紅了，痛苦地偏過了頭顱。

這回輪到周恩來勸慰彭德懷了。他拉住了彭老總的手：「德懷，對不起，我剛才的話講重了。其實，你我的目的相同，都是爲了糾左反左，克服去年以來的缺點、錯誤。爲黨好，爲老百姓好嘛！這樣吧，今天的這些話，我們就講到這裡爲止。我以人格向你擔保，今後任何情況下，我都不會提起今天的這些話。當然你自己也愼防提及。你心裡怎麼看我，不要緊。我也經常在想啊，都是幾十年戰火裡熬過來的生死朋友、同志，到了和平時期，不要再出差錯了，更不要再出高、饒事件了。不管怎麼說，高、饒過去對革命立過大功的，勝利後成了悲劇人物，多不值啊。」

扯上高崗、饒漱石，周恩來已是在警喻彭德懷了。

彭德懷是個粗人，直性直腸子，沒有那麼深奧、高明。就算給老毛提意見，也是爲了老百姓，爲了黨的事業，他彭德懷沒有絲毫個人目的。難道在共產黨內爲民請命，還會請出大罪來？老毛不是在上海會議上號召全黨幹部都要學習海瑞，發揚海瑞精神？剛剛頒發了學海瑞的中央文件，難道又是玩「陽謀」、「引蛇出洞」不成？封建王朝還承認海瑞是大忠臣，表彰海瑞爲民請命呢！難道老毛又一次把自己的號召，當做放狗屁不成？

分手時，周恩來緊緊握住彭德懷的手：「彭總！關於糾左反左，你還是要多發言，大聲疾呼。你講話有份量，主席會認眞聽取的。但是不要和主席爭吵，要多擺材料，多舉下面的實例。你答應不把我們『四大金剛』扯出來，我很感激。一言為定，你不扯出我，我不扯出你。」

彭德懷差點就哈哈大笑了，差點就說：恩來啊，你身上缺鈣，缺鈣！莫看你腰板筆直，骨子裡卻是低三下四，謹小慎微。你是太會做官了，比封建時代的多數宰相好不到哪裡去……但彭德懷只是苦笑，什麼都沒有說出。望著周恩來快步離去、風度瀟灑的身影，他悵然若失：可憐可嘆，實在是個大智慧、大本事的人，卻在老毛面前像個小媳婦，龜孫子似的；哪裡像中國工農紅軍的創始人，領導過八一南昌起義啊？看來，那個在國民黨的白色恐怖大屠殺中登高一呼、打響工農革命第一槍的英雄周恩來已經死了，如今活著的已是另一個患了政治軟骨病的大人物。

彭德懷去花徑盡頭的小亭子找自己的秘書和保健護士，才走出幾步，卻見公安部長羅瑞卿從林間小路上鑽了出來。羅瑞卿見了彭德懷，倒是十分客氣。彭德懷從來不大看得上毛澤東的這位「頭號保鏢」，點點頭，應付了過去。羅長子爲什麼突然出現在這裡？有什麼名堂沒有？彭德懷沒大往心裡去。娘的，廬山上也有搜山狗呢。

當晚十一時，四位在山上的中央常委毛、劉、朱、周，加上位列席常委彭德懷、彭眞，常委會秘書田家英，齊集在美廬二樓會客室，舉行上山後的第一次常委碰頭會。

毛澤東身著長睡衣，隨隨便便，看來精神愉快，顯得神彩奕奕。他把政治局擴大會開幕式上所講的十八個題目，又唸了一遍，再徵求各位的意見：「本次擴大會議成員分成六個組，就討論這十八個題目，看看有什麼需要刪減或是補充的？」

照例是劉少奇第一個回應：「就這樣吧，該討論的問題大體上都有了。」

周恩來第二個應聲：「主席提出的這十八個問題已很全面，很全面。」

朱德沒有應聲，只是笑笑瞇瞇，點了點頭。

毛澤東和藹地望望彭德懷和彭眞：「還有兩彭呢？發表發表高見？」

彭眞說：「沒有意見，可以作爲討論題綱，印發給各組。」

彭德懷翻著手上的筆記本，說：「可不可以再唸一遍？我筆頭慢，沒有記全。」

毛澤東把幾頁紙交給田家英：「家英，尊重老彭的要求，你來重複一遍，只唸題目就行了。」

田家英雙手接過稿紙，聲音清亮地唸道：「一、讀書；二、形勢；三、任務；四、體制；五、食堂；六、學會過日子；七、恢村三定：定產、定購、定銷；八、恢復農村初級市場；九、綜合平衡，大教訓之一；十、農林黨團作用；十一、宣傳問題；十二、質量問題；十三、生產小隊改半核算單位；十四、對去年的評估；十五、群衆路線；十六、全國協作關係；十七、團結問題；十八、國際問題。」

田家英唸完，毛澤東問：「老彭，這回都記下了吧？還有什麼補充的，可以談談嘛。你去東歐周遊列國，歷時五十多天，回來還沒有來得及聽聽你的簡報。今天不行。改天把在山上的軍委負責人都找來，專門聽你簡報一次。今天還是先確立這十八個問題，明天一早要印發下去。」

彭德懷輕咳了一聲，清了清喉嚨：「也好，你們不談，我談談，提供一個參考。十八個題目夠多、夠全面的了。我只是覺得不夠突出重點。去年的問題實際上是『兩大元帥』的問題，一個糧食，一個鋼鐵，我們是在『兩大元帥』上栽了大跟頭！去年不是發愁糧食多得吃不完嗎？爲什麼今年好多省份鬧開了糧荒？糧食都到哪裡去了？還是本來就是上下騙，層層騙，謊話牛皮滿天飛，我們中央領導人就是喜歡，不是要追誰的責任，但要承認事實，吸取教訓，不能浮皮潦草走過場，會後又是老一套；去年九千萬人上山煉鋼鐵，國家計委有份材料說浪費了二十三個億，更有人說，用這二十三個億，可以把去年全世界所生產的鋼鐵全部買回來了！國際市場上，才八百美元一噸嘛，折合人民幣也只有一千兩百塊①。把這些鋼鐵堆起來，總怕有廬山這麼高了吧？當然是個比方，西方帝國主義國家對我實施物資禁運，不可能把鋼鐵賣給我們。」

毛澤東的臉色越來越難看了。老彭這人嘴巴就是臭！開口就刺人，好像全黨就只有他高明，他鶴立雞群。毛澤東環顧一眼在場的各位，見劉少奇、周恩來、朱德、彭眞都面無表情，實際上是默許了

---

① 當時中國人民銀行自定的人民幣與美元的比值爲一點五比一。

老彭的高論；田家英那小子埋頭記錄，眼角似有笑意……他忍了忍，改用調侃的口氣問：「用二十三億把去年世界各國生產的鋼鐵全部買回來，能堆成廬山這麼高？我不信。廬山可是高得很呢，大小九十峰，寬廣兩百哩。」

彭德懷卻仍不收口，不饒人：「堆不成廬山高，也可堆至半山腰！九千萬人上陣，浪費二十三個億，還不是大教訓？哪裡是十八個討論題目所說的那麼輕鬆？我們前兩天從北京坐火車到武漢，河南沿途都有逃荒的饑民。中央的工作簡報上也登出了各地的災情。黃克誠同志同我講，各大軍區都抽調了大批卡車幫助運糧。說實在話，這幾天我睡不著覺，擔心出現全國性饑荒。我們黨中央一定不要掉以輕心，不要總是用幾根手指頭來衡量形勢。」

彭德懷的話好比突如其來的團團烈火，一時間把常委們都燒灼了似的。他見除毛澤東閉上眼睛充耳不聞，其餘劉少奇、朱德、周恩來、彭眞都眼睜睜地望著他，他乾脆抬高了聲說：「大家不要以爲我把情況誇大了，說嚴重了。去年的『大躍進』政策究竟怎麼樣啊？從根本上來講是不是錯了呢？我看是錯了！這話，我可以不到討論會上去講。我會維護總路線、大躍進、人民公社三面紅旗。但在中央常委會內，我應當把眞實情況擺出來，供決策參考。到了現在這一步，大家還不肯講眞話，有的人還在講假話，或者講些半眞半假的話，怎麼行？錯誤的東西光在會上說說不行，如不採取措施徹底糾偏，其後果不單是影響到軍隊無法落實戰備，還會危及黨和國家的前途命運。到時候，恐怕人民就不再相信你這個共產黨，你這個社會主義了！」

田家英一邊作著記錄，一邊在心裡暗暗叫好：英雄！彭總是大英雄，能言人之所不言，爲民請命，字字金石，敢爲天下先。

劉少奇、朱德、周恩來、彭眞也都爲彭德懷的發言所震撼，內心裡無不承認彭德懷是一條漢子，也只有他敢在毛澤東面前臉紅脖子粗，想說什麼就說什麼，全然不避利害，不計後果。

毛澤東卻表現得出奇的冷靜。他望著彭德懷，就像望著一位陌生的人。朱德擔心兩個湘潭老鄉又會發生爭吵。

劉少奇見彭德懷的發言告一段落，便立時出來緩和氣氛：「彭老總憂國憂民，事事從人民的利益出發，精神可嘉。其實，包括主席在內，大家和你是一樣的心情。要說我們對下面的災情，就那麼掉以輕心，也不是實情嘍。中央動用部隊的運輸力量往災區搶運糧食，就是例子嘛。凡有各地的災情報告，家英同志都及時報送主席批閱。關於本次擴大會議，討論去年的得失，我是提過八個字：成績講夠，問題講透。對去年的成績，還是要基本上予以肯定。許多事情，也不能光算經濟帳，還要算政治帳，精神帳。問題講透嘛，當然比較複雜。什麼算講透了？從什麼時候講起好？也難有個具體的界定。依我看，當前主要的不是要算去年的帳，而是要提倡大家講眞話。主席四月上海會議時就號召全黨幹部學海瑞。學海瑞就是講眞話，不要再吹牛，再浮誇。假話害死人，浮誇使我們失信於老百姓。恩來，總司令，還有彭眞同志，你們看呢？」

周恩來說：「同意少奇意見，敬佩德懷的膽識，是赤膽忠心。當然有些話說得過了一點，對災情也可能看得過於嚴重了些。但出發點是好的。憂民之心，人皆有之嘛。對總的形勢估計，我還是同意主席講的，問題只是兩個指頭，至多三個指頭。不可能有四個指頭那麼多。更不是一半對一半。那一來，就等於承認去年的大躍進基本失敗了。還是要堅持三七開。不然對內對外都不好作出交代。至於討論的十八個題目，要不要突出『兩大元帥』？我看提法雖好，實際上多餘。爲什麼這樣講？因爲只要擴大會議的分組討論一開，大家議論最多、討論最熱烈的，必然是『兩大元帥』問題。德懷你信不信啊？不信，明天就見分曉。如果不是如我所說，主席和德懷，你們兩位都可以打我的板子！」

朱德嗬嗬笑了：「恩來，是打巴掌還是屁股？你不像我和潤芝身上肉多皮厚，禁不起幾板子囉。」

總司令幾句輕鬆的話，引得大家都笑了。彭德懷也咧了咧嘴。朱德接著說：「我同意恩來的，十八個題目，可以印發了。『兩大元帥』，不說也是重點中的重點。去年確是在糧食和鋼鐵上的教訓最深，浪費最大。我倒是覺得，這次擴大會要廣開言路，讓人講講心裡話，包括有怨氣的出怨氣，有牢騷的發牢騷。怨氣、牢騷都在山上發完，心情舒暢下山，輕裝上陣抓工作。去年多有是非顛倒、良莠不分。潤芝就多次和我提到湖南省委被插白旗的事。吹牛皮、浮誇虛報的插紅旗，當上游，春風得意；講眞話，實事求是的插白旗、當下游，見人矮三分，甚至受到批判處分。到了今年見眞章了，紅旗省缺糧，白旗省有糧。紅旗省要從白旗省借糧。所以我說啊，這次山上開會，去年浮誇厲害、騙得紅旗的，都應該作出反省；去年辦了實事被插了白旗的，則應當由中央發個獎狀，以示表彰。中央要有個態度，起碼不是鼓勵吹牛浮誇，越是能吹越吃香，一害國家，二害百姓，三害自己。」

朱德是厚道人講厚道話。彭德懷最愛聽。毛澤東也能聽，總司令一向偏袒彭德懷，但講話不帶刺，不氣人。

彭眞見毛主席望了他兩眼。他會意，挺了挺腰桿，說：「我還是那個意見，十八個討論題目，可以定下來，不要增減了。彭總愛民心切，看形勢似乎負面因素多了點。國家這麼大，人口這麼多，那一年都會有局部地區鬧些災荒，只要中央處理得宜，應當不會釀成全局性的。河北、山西、陝西的情況我注意得多一些，目前鬧災的也只有少數幾個縣。大部分縣市還是穩得住，糧食定量供應，沒有出現短缺。我贊同主席對整個形勢的估計，問題只是一個、兩個、三個指頭，越不出這個大範圍。我倒是主張由人大立法，來制止吹牛皮、搞浮誇。要改變吹牛皮不犯法的習俗。領導幹部搞浮誇造成嚴重經濟損失，甚至人命傷亡的，依法嚴辦，法律面前人人平等。」

劉少奇說：「我同意由人大制訂相關法規，依法行政。」

周恩來說：「是個好主意，可以考慮。」

彭德懷說：「舉雙手贊成，誰再浮誇，繩之以法！」

朱德說：「潤芝兄，由人大來做這件事，名正言順。」

這回卻是輪到毛澤東苦笑了：「劉主席，周總理，朱委員長，彭副委員長，還有位彭副總理，由人大立法制止吹牛浮誇，是個新提法，行不行得通啊？別的國家有沒有謊言法、牛皮法啊？反正從馬、恩、列、史的經典著作中是找不到理論依據。只怕會束縛幹部群衆的手腳，打擊幹部群衆的社會主義積極性。動輒得咎，誰還敢動？去年積極性高的同志，包括柯慶施、李井泉、譚震林、曾希聖、吳芝圃、王任重、陶鑄等在內的大部分省市主要負責同志，還有你彭眞同志，或許再加上小平、少奇和我，都要因爲犯了浮誇，被繩之以法囉！對了，上山才兩天，聽講你又要返回北京去？」

彭眞聽毛主席這麼一說，不禁急了，忙分辯道：「主席，我不是這個意思。只是想在革命幹勁和實事求是之間，找到一種平衡，或是規範。既然行不通，我收回建議，收回建議。……小平同志住醫院，要我回去打理書記處事務。」

毛澤東對彭眞歷來都很器重、信任：「好了好了，你肯動腦筋，想辦法制止浮誇風，動機是好的嘛，不然少奇、恩來和總司令怎麼會異口同聲的同意？我只是有些擔心，黨內有些同志看形勢，和中央不一致。能說現在中國的形勢一團糟，前途黑暗，國民經濟到了崩潰的邊緣嗎？我看不能說這個話。也是另一種形式的吹牛皮，講大話，搞浮誇。能說黨中央包括本主席，對糾左糾偏不重視嗎？去年的大躍進，從八月北戴河會議起，大轟大擂了三個來月，發現問題，即從十一月的鄭州會議開始糾左，八個月來開了多少會議，發了多少文件糾左，降溫，壓縮指標，制止共產風等等，難道不是事實嗎？整個形勢不是正在好轉嗎？所以我說，一些同志所說的嚴重問題，我看僅僅是枝節問題，局部問題，是底下同志貫徹中央糾左方針不得力的問題。彭德懷同志，你看是不是這樣？」

從來黨中央開會，不管有多少意見，多少建議，只要毛澤東一講話，就一捶定音，百鳥禁聲了的。唯彭德懷是個例外。彭德懷見毛澤東繞了個大彎子，根本聽不進自己的意見，也不同意彭眞提出的由人大立法制止浮誇風，不禁又漲紅了臉，執拗地說：「不是！我不同意。整個形勢雖然不是一團糟，前途也不是黑暗；但許多省份已經開始鬧饑荒，開始餓死人。沒有餓死的，外出討吃、逃荒！我有材料、有數字，不是空口說瞎話。就說廬山所在的江西，全國的產糧大省，可是贛州鄉下就水腫病流行，餓死了人。我們的江山是依靠農民打下來的。到了和平時期，還能因我們的政策錯誤，看著他們被活活餓死嗎？我不是說中央沒有糾左。我是擔心糾左走過場，浮皮潦草，半糾不糾，骨子裡還是左的一套吃香，以左糾左，五十步笑一百步。今年的鋼產量仍然定在兩千萬噸，內部定一千八百萬噸，糧食總產量仍訂在八千億斤，就是很好的證明！還是躍進再躍進一套，明明達不到，你叫下面的各級幹部不浮誇，不吹牛，不弄虛作假？問題在下面，根子在中央，這就是我的看法。」

毛澤東被針刺了幾下似地動了動身子。但還是強忍住了心裡的怒氣。既是上山來開神仙會，就要避免吵架……他深深吸進一口氣，再緩緩吐出來，望一眼大家，才說，「最近，我常常記起明代楊繼業的兩句詩：『遇事虛懷觀一事，與人和氣察群言。』我的體會，頭一句『遇事虛懷觀一事』難就難在『遇事』這兩個字上，即有時虛懷，有時並不怎麼壞。我畢竟不是托翁①式的懺悔主義者，人家打

---

①　指俄國文豪列夫·托爾斯泰。

我左臉，自己再把右臉湊上去；第二句『與人和氣察群言』難在『察』字上面。察，不是一般的察顏觀色，而是要虛心體察，從群言中吸取智慧，得到教益。德懷同志，我承認你是一家之言。各位有所不知，上個月回老家韶山住了一晚，才記起來自己的乳名叫石伢子，德懷的乳名叫石穿伢子。幾十年了，兩塊湘潭鄉下的石頭，硬碰硬，每碰出火花。」

劉少奇、周恩來、朱德、彭眞臉上有了笑意，無不嘆服毛主席的博學和幽默，莫測高深。

彭德懷不知毛澤東葫蘆裡賣的什麼藥，瞪起眼睛申辯道：「我不是和你私人爭什麼，這次爭的是老百姓的肚皮！」

毛澤東說：「這次在山上，我已決定不和你發生爭吵。因爲你現在是全國六億農民的代表。你出身貧苦，可以代表農民講話。梁漱溟就沒有這個資格。我相信在座的常委，都會同意你的這個資格。但我也要奉勸你一句，你是中央分工管軍隊的嘛，國防部長，不應當過多干涉地方黨政工作。你干涉太多，別的同志怎麼想？工業、農業、糧食、鋼鐵，經濟建設的許多問題，也不能像你說的那樣去解決。中央能下一道命令，取消總路線、大躍進、人民公社？還有公共食堂。那一來也天下大亂，只能讓帝國主義高興。說得嚴重點，是黨指揮槍還是槍指揮黨？過去有個『杞人憂天傾』。我看，現在你是要來個『武人憂天傾』。一句話，你現在的身份是國防部長，要避免『軍人干政』。」

毛澤東就是毛澤東，一句「軍人干政」、「槍指揮黨」，不慍不火，卻雷霆萬鈞，泰山壓頂，把彭德懷攻了個猝不及防。彭德懷不得不轉爲退卻、防守，替自己辯解：「你是黨主席，少奇、恩來、總司令都在座，我並沒有別的意思！我只是不願意看到鄉下人挨餓。我是眞心實意爲我們這個黨好，國家好！我並不是以一個軍人的身份講話。我是以一名黨員身份發言。我應該講話！而且我還要重複毛澤民老弟當年說過的那句話：「共產黨不是毛家祠堂！」

毛澤東表現出罕見的海量，並不計較彭德懷引用毛澤民的話，而滿意於自己略施戰法，就迫使彭德懷轉攻爲守，處於被動，不禁笑了起來：「曉得曉得，彭大將軍，歷來如此。程咬金三板斧。」彭德懷的臉孔刷地一下白了，喘著粗氣，胸膛一起一伏，一時竟找不到適當的話作回應⋯⋯

這時，毛澤東的衛士長進來，在毛澤東耳邊說了句什麼，毛澤東隨即站起來，和藹地對彭德懷說：「石穿同志，你不是關心大家的肚皮嗎？樓下廚房裡已替我們準備好了消夜，有你喜歡的長沙臭豆腐。請請，大家一起下樓。」

凌晨兩時半，大家步出美廬。少奇、朱德、田家英都和彭德懷握了手道別，以表慰藉。田家英的握手還特別有力，彷彿在表示敬佩與支持。周恩來則一邊拉著彭德懷的手，一邊語氣懇切地說：「彭總，我們都是戰爭年代過來的人，進入和平時期，我們的許多觀念，思想方法都要有所轉變，才能適應新環境和新情況。主席不是多次講過；要自覺維護黨的威信，特別是中央的威信，要正確對待崇拜觀點，對正確的領導，對馬、恩、列、史正確的東西，還是必須崇拜。這和指揮作戰是一個道理。今後，你也不要再引用毛澤民烈士在江西蘇區時說過的那句話了。」

彭德懷「哼」了一聲，苦笑著嘆口氣，才心情沉重地說：「我認爲在黨的領導班子內部，還是要少講些崇拜、多講些相互信任和理解爲好。我看啊，他是被柯大鼻子那一班子馬屁精捧壞了！什麼對毛主席的崇拜要崇拜到盲目的程度，對毛主席的服從要服從到馴服的程度！在黨的會議上公開講這種話，眞放他娘的狗屁！明明是反馬克思主義，卻吃香得很。到頭來，吃虧受害的是老百姓！」

周恩來環顧左右，怕彭德懷再說出些犯忌的話來，被人聽去，就生是非了。他點了點頭，說聲「保重保重」，即快步離去。彭德懷抬眼望去，原來霧靄中，那美得仙女似的小梅和一名警衛員，來接周恩來回去。這麼晚了，小梅還來接他？

第一三章　邑有流亡愧俸錢

毛澤東請湖北王任重、廣西劉建勳共進晚餐。這是他上山後第一次請人吃飯。他視王、劉二位為私人性質的朋友。毛澤東年年南巡，每次都要在武昌東湖住些日子。不單是東湖賓館環境優美，湖光瀲灩；而是作為晚輩的王任重，替黨主席提供了別的省區所沒有的周詳服務。這種服務是不便明說的。氣蒸雲夢澤，波撼武昌城。武漢向稱千湖之城，自然不乏女子宛如出水芙蓉。住東湖賓館夜夜絲竹，美人常新了。王任重任重道遠，是毛主席的愛卿。唯藍蘋恨得牙癢癢，從未涉足過東湖賓館。

劉建勳主政的廣西南寧，地近熱帶，邕江清澈，冬日水暖，是毛澤東避寒冬泳之地。廣西是全國出名的窮省區，財政靠國家補貼，糧食靠兄弟省支援；但在首府南寧卻為毛澤東修建了兩座行宮，一為明園，一為西園。平時就那麼空養著園子，專候毛主席冬日臨幸。廣西僮族自治區缺錢缺糧，卻盛產民間歌舞，一齣歌劇《劉三姐》，唱遍全中國。自治區主席韋國清，亦是毛澤東的愛卿，亦樂於為毛澤東提供周詳的服務。劉建勳作爲自治區黨委第一書記，與韋國淸配合默契。

省級領導人受到毛澤東的宴請，不在乎美味佳餚，而在於那分恩寵榮耀。現今廬山上住著二十九個省市自治區的黨委第一把手，加上中央各部委辦的主要負責人，共是一百多位諸侯，能被主席宴請的實在有限。其餘人唯有羨慕，不敢有異議的。頂多只是想從受到宴請的人物那兒探聽點新風向、信息。其實毛澤東請客，從來就是那樣幾道湘潭鄉下菜：紅燒豬肉或是紅燜肘子，梅菜扣肉或是米粉蒸肉，蒜苗炒臘肉或是辣椒炒臘腸，豆豉火焙魚或是辣子炒魚塊，東安子雞或是椒鹽香酥鷄，再加上兩盤小菜，一海碗酸辣湯。可說無菜不辣，無辣不成席。

主客三人，邊吃邊聊。毛澤東拿起一支煙，先不讓點火，而吟誦一首唐人的七律：

去年花裡逢君別，
今日花開已一年。
世事茫茫難自料，
春愁黯黯獨成眠。
身多疾病思田裡，
邑有流亡愧俸錢。
聞道欲來相問訊，
西樓望月幾迴圓。

吟罷，問王任重：「記得是誰的詩嗎？」

王任重是頗通詩律的。他給主席打火點煙，給劉建勳也點上一支，自己並不吸煙：「是韋應物的〈寄李儋元錫〉吧？收在《韋蘇州集》裡。韋應物在任蘇州刺史之前，當過江州刺史。江州是廬山的治所，韋應物曾是廬山的父母官，寫有〈廬山遺愛草堂〉等詩篇。唐制，州、縣守官每逢春日都要到地方巡察，勸耕賑濟，叫做『春行』。」

劉建勳說：「邑有流亡愧俸錢。他應該算個清官吧？」

毛澤東點點頭：「你講對了，韋應物是清官。他看到自己主政的地方，因爲發生災荒，老百姓四處逃難、討吃，覺得自己沒有盡到責守，而愧對優厚的俸祿……這和我近來的心情有相似之處。上月下旬我回了韶山老家，故園三十二年前啊，新中國成立也是十年了，鄉下還那麼窮，看不到多少改變，心裡很不好受。去年嘛，想加快建設步伐，搞了場大躍進，又惹了禍，使得上下緊張，不少人有牢騷怨氣，要衝著我發……我都忍著，顧全大局。」

王任重見毛澤東心情沉重，便替其抱不平說：「去年全國頭腦發熱，主要責任在我們省級領導人。誰不想快些把國家建設富強，提高生活水平？出了些偏差，怎麼可以把責任推給中央？我看這種人不是沒有良心，就是別有用心。」

劉建勳不大認同王任重的說法，繞了個彎子說：「面對困難，還是要強調團結，強調統一認識，統一步伐。昨天聽了傳達，主席在常委碰頭會上引用了明代楊繼業的詩句：遇事虛懷觀一事，與人和氣察群言。大家覺得很受教益。」

毛澤東喝著酸辣湯。酸辣湯是他的開味湯，也是幾十年喝不厭。他忽然問：「常委碰頭會上有人向我發炮，傳達了沒有？講去年的錯誤主要在兩大元帥，一個糧食元帥，一個鋼鐵元帥，都裁了大跟頭；講全民煉鋼浪費了二十三個億，用這二十三個億可以把去年世界各國生產的鋼鐵全部買回來，堆起來會有廬山這麼高。好傢伙，你們看看，這怨氣大不大？都氣衝霄漢了。」

王任重和劉建勳心裡明白，只有彭老總講得出這種話。但既然主席沒有點穿，他們也就跟著含糊了。說全民煉鋼浪費了二十三個億，去年大躍進的總浪費超出五十個億，他們倒是在國家計委的一份簡報上看到過。

毛澤東說：「現在是消極面材料滿天飛。我就問過田家英，一片黑暗中，還有不有一點光明？」

王任重說：「主席的幾位大秘書，加上湖南二周，上山後很活躍。他們不跳舞，好清談。」

毛澤東若有所思地看著王任重一眼：「知道，知道。秀才嘛，憂國憂民，有點魏晉之風，可以理解。建勳，你看哪？」

劉建勳說：「趣味相投囉。昨天中午，周惠請我吃中飯，就說去年全國的省委第一書記都該打屁股。我差點和他吵架。第一書記都該打屁股，常務書記就不該打？屁話！」

毛澤東嗬嗬笑了：「周惠是老實人，去年抵制五風有功。譚震林代表中央到南方要求各省水稻密植，越密越好，周惠就沒有執行，按下不表。結果是密植的減產，不密植的增產。全國的省委第一書記都該打屁股？起碼湖南的周小舟就不應當打嘛。至於你們二位，去年是緊跟了我的，報了千斤省，今年糧食緊張，是該各打屁股五十大板囉。」

劉建勳紅了紅臉，隨著毛澤東笑了笑，神情有些尷尬。王任重則臉色如常。

這時衛士長站在餐室門口報告：「楊主任來電話請示主席，廬山劇院那邊今晚上演出贛劇《西廂記》，原訂八時開演，如果主席來不及，就改在八點半或是九點開演。」

毛澤東看一眼牆上的掛鐘，差一刻就是八點了，遂說：「告訴尚昆同志，那就九點吧。如果少奇和總司令他們先到了，請先安排跳跳舞。」

衛士長退下後，毛澤東繼續喝紹興狀元紅：「兩三天的討論會，你們兩個都在中南組，都發表了什麼高見啊？我從簡報上看到的，經過整理，四平八穩，不見稜角。」

劉建勳笑著說：「任重同志記性好，筆頭也快，記錄比我全。任重同志向主席匯報一下吧？」

王任重看劉建勳一眼，心裡罵道：你個滑頭，總是避實就虛；嘴裡卻說：「講講就講講，反正是給主席做參考。不準確的，請建勳補充。」說著，王任重掏出身上帶著的小本本，翻上幾番，開始匯報：

周小舟談湖南情況。首先是對總的形勢估計，認爲不可太樂觀，寧可估計得嚴重些，決心下得大些，解決起來較有利。對不同地區、不同行業要做具體分析。把問題看成一個、兩個、三個指頭，是大的比喻。有的地區，有的行業，問題可能已經超出三個指頭。要承認這個事實。去年湖南還是有浮誇，上報生產鋼鐵七十六萬噸，實際上只是六十萬噸生鐵。把六十萬噸生鐵虛報成七十六萬噸鋼，還當了右傾，汗顏不汗顏？所以説湖南不浮誇，不吹牛，是笑話。只是還不夠，沒有跟上形勢。去年全國鋼指標安排爲八百萬噸就好了。批了反冒進，冒進大行其道，相互攀比，不靠實幹而靠浮誇，毫無節制了；湖南糧食情況較好，暫時無饑荒，是由於我們沒有推行敞開肚皮吃。但其他一樣緊張，基建搞得太猛，縣以上一千個大中型項目，只有三百個經批准，其他都是自由化的。省委明知不對，想壓縮，但怕扣上反對大躍進帽子，不敢動作。現在三分之二缺原材料，成半吊子工程，鐵路修一半，煙囪蓋一半，橋樑只有幾個墩子，風吹雨打，浪費可怕。相信全國各地都是這樣。去年湖南的工人從九十萬增加到一百三十四萬，一年之內猛增百分之四十，加上老婆孩子，城鎮人口增加近兩百萬，能不緊張？公社問題，形勢所迫，太快、太大，幾股風一齊颳。建議中央制訂政策，進行整頓、充實。在現有條件下，工業、農業究竟能按什麼速度發展？農業能夠年增長百分之三十、五十？我和周惠都不相信。更不相信能翻番。工業也一樣。去年太離譜，什麼都翻番，天方夜譚。今年見眞章，好幾個省區開始鬧饑荒。公共食堂問題，湖南的反對派有六條理由：一、根本不節約糧食，而是天天浪費；二、不利於養豬，過去各家各户的餿水、剩飯剩菜都是養豬的精飼料，現在家庭不起伙，人人都吃不飽，社員想養豬都養不起；三、破壞森林。公共食堂的燃料就是砍公家山上的樹，一砍一大片。過去每家每户起伙，只是弄些茅茅草草、麥桿、棉桿做燃料；四、不能積肥。過去家家養豬，豬多肥多糧多，豬欄肥是主要的農家肥。現在吃食堂，家庭不養豬，農家肥減少三分之二。五、不節約勞動力。辦食堂時大力宣傳解放婦女勞動力，但辦食堂占用相當的男勞力；六、社員普通反映吃得不愉快，糧食一緊張，村幹部就多吃多占，形成幹部吃稠、社員吃稀的局面，嚴重破壞幹群關係。

毛澤東聽到這裡，蹙了蹙眉頭說：「在長沙時，周惠和我也談了相同的意見。湖南省委是不贊成辦食堂的。有的人恨不能一個晚上解散所有公共食堂。此事，存疑吧。」

劉建勳和湖南二周關係不錯，這時插言補充：「記得周小舟發言中也提到，食堂既已辦起來了，就還是要努力辦好。湖南實行定量到戶，按月領糧，節約歸己。堅決不吃大鍋飯。農村小自由範圍要放寬些，自留地、自養家禽，允許社員上市場出售蔬菜、雞鴨蛋品。不要害怕出資本主義。農村普遍貧窮，想出資本主義都不容易。尤其不能取消農民的雞屁股銀行。」

毛澤東問：「什麼雞屁股銀行？我在湖南一星期，沒有聽二周他們提起。」

劉建勳說：「開始我們也聽不懂。周小舟解釋，農民家家戶戶養幾隻母雞，母雞生蛋，雞蛋到集市上賣錢，再買回油鹽醬醋日用品，所以稱爲雞屁股銀行！」

毛澤東嗬嗬笑了：「好，雞屁股銀行允許保留。任重，你繼續，簡要些，摘其精妙而言之。」

王任重繼續匯報：

陶鑄同志談了廣東情況。消極一面和湖南大同小異。積極一面，他說不能光看去年以來發生的問題，要看三年、五年，看長遠，看發展，去年交了學費不冤枉。廣東有了年產五百萬噸煤、五十萬噸鋼的能力，也有了水壓機。去年苦戰一下，不後悔。兵無苦戰不行。不要光看消極面，不要有牢騷怨氣。廣東講了三個月的一個指頭問題，現在不講了。落實指標已經差不多了，仍要鼓足幹勁，繼續躍進。不少人懷疑總路線，廣東省委不動搖。我這人一向只左不右的。

毛澤東又笑了：「陶鑄只左不右？對總路線立場堅定，是好的。湖南二周告訴我，今年初，廣東有五十萬人擁到湖南境內借糧，差點出事。陶鑄有沒有提到？」

劉建勳補充說：「陶鑄同志對問題一面也談得很形象，很具體，頭腦還是冷靜清晰的。他沒有提五十萬人到湖南借糧的事。我只是聽周惠說，今年春上湖南借了幾千噸穀子幫助廣東度春荒。」

毛澤東晃晃手：「好了，如今消極材料比比皆是。任重，你繼續，擇其精妙而言之。」

王任重匯報說：

吳芝圃同志談了河南情況。去年一年，河南共產風颳得厲害，浮誇虛報很出名，影響及於全國，特向各省同志道歉。基層幹部嚴重違法亂紀的三千六百多人，如趁集體生活、集體勞動亂搞男女關係，強姦婦女等等，堅決處理。春節時有幾萬人浮腫，由於及時調配糧食，今年春荒安全度過。沒有人逃荒、討飯。現在公共食堂一個未散，百分之九十以上可鞏固下來。去年六百萬人上山搞鐵，從小土群到小洋群，算是有了工業。全省每個縣有了機械廠，每個公社有了小發電站。總路線完全正確，大躍進是客觀存在，只是步伐大了，欠些穩當。錯誤已經檢討，怨氣不要太大。河南今後的方針，一切爲鞏固公社、公共食堂持續大躍進，年年增產，歲歲進步，浪漫主義變現實主義。

毛澤東面無表情。河南是全國災情最嚴重的省份之一，彭老總他們白天坐火車經過，河南沿途都看得到農民成群結隊逃荒……吳芝圃作爲省委第一書記，卻仍在隱瞞眞相，唱高調，講假話，不誠實。這是另一類走極端的人。毛澤東忽然問：「吳芝圃是哪一年的？好像年紀比你們都大？」

王任重回答：「好像是一九〇六年的，和羅瑞卿同志、王稼祥同志同歲。」

毛澤東揚了揚眉頭：「我只曉得他是新四軍出身。」

劉建勳因摸不清毛主席的意向，這次沒有插言補充。

接下來，王任重問：「主席，我也在小組會上談了湖北情況，要不要匯報你聽聽？」

毛澤東手一揮：「免了。任重道遠，你去年是緊跟我，還有譚震林，老老實實辦錯事，吹牛皮，現在心情沉重，湖北全省已死一千五百多人，還有十五萬人浮腫。今年早稻下來情況會有好轉。要奮鬥就會有犧牲，哪有打仗不死人的？你對三面紅旗仍有信心，沒有洩氣。是不是這些？」

王任重知道主席待自己情同弟子，既感激，又羞赧。但他並沒有說過「要奮鬥就會有犧牲，哪有打仗不死人」這話。他要說了這話不得了，簡直無顏回去見湖北父老。畢竟是和平時期，我們的政策失誤餓死了老百姓。

劉建勳也主動請示：「主席，我在小組討論會上介紹了廣西情況，要不要……」

毛澤東又手一揮：「也免了。你的發言簡報上登了，沒有談廣西存在多少問題，強調社會主義革命勝利已成定局，現在人心思定，怕政策再變。你還特別重視廣西的煤炭生產，今年只有兩百萬噸，明年需要三百萬噸……言不及義，環顧左右而言他。建勳啊，你是個聰明人，不想加入困難大合唱。我不批評你，反而比較欣賞你。」

劉建勳被洞穿了心事，心裡暗暗嘆服：領袖明察一切，不喜歡幹部再搞假、大、空，也不喜歡幹部有怨氣。

毛澤東再次看了看牆上掛鐘，八點十分，還有時間，遂又取過一支煙，讓王任重點著了，咝咝地吸著，說：「現在山上是兩股風，一股大吐苦水，一切都要退，退到底，最好退回一九五六、五七年的反冒進、反左傾去；一股不承認有嚴重問題，隱瞞眞相，繼續虛報下去。還有就是建勳同志這樣，鯉魚溜邊，誰也捉不到他。」

劉建勳被毛主席點了穴似的，渾身麻木一下。王任重是河北人，不懂什麼是「鯉魚溜邊」。

毛澤東解釋：「南方鄉下多水塘，春天農民放養魚苗。冬天把水車至半乾，再把水攪渾，草魚、鰱魚都浮出頭來呼氣，農民很容易捕撈。唯鯉魚最鬼，只在水邊流竄，逃過捕魚人的注意。因此用來比喻某些聰明人的行徑。」

王任重哈哈笑了：「建勳同志，你今後要多個外號了。」

毛澤東手中煙灰一彈：「不可以。重申紀律，你們在我這裡的談話，都是私人性質，不要外傳。下面，任重啊，在你們中南組，還有不有其他的要言妙道？中央常委裡，有不有下到你們組裡去的？有的話，略敘一、二？」

王任重翻著筆記本，遲疑了。倒是劉建勳搶著回答：「少奇同志和總司令都到過中南組，有過幾次重要的插話。記得任重談湖北情況時，少奇同志就插了一段話。」

毛澤東眼睛望住王任重：「啊，少奇和朱總的插話，我沒有在簡報上看到。任重你給轉述一下，盡可能詳細些？」

王任重臉上溫順，心裡很惱火劉建勳扯出少奇同志插話的事來，也太會計算人了。弄不好就是在中央領導人之間搬弄是非，不知死活。今後對此人不可不防。王任重硬著頭皮，眼盯著筆記本，聲音有些發澀：「少奇同志是有幾次插話，其中一次較長……」

去年一股風，說老實話的人日子不好混，又是插白旗，又是評下游，逼得人不說假話都不行……一九五八年的躍進，吃光一九五七年的庫存，預支了一九五九年，因此一九五九、一九六〇年都要補課。領導看好的多，而且估計偏高。去年二類苗比一類苗好，施肥不當。產量有的紅旗隊低，白旗隊高，省級也是這樣。一九五八年最大的成績是得到教訓，比躍進的經濟意義大。全黨全民都得到深刻教訓；也證明了可以「大躍進」。另一方面又出了這麼多亂子，是破壞性的……聰明人是碰了釘子知道轉彎；沒碰釘子就知道轉變，是難以辦到的。要避免犯長期性的、全國性錯誤，那會形成大災難……

王任重唸了好幾分鐘。毛澤東在心裡默默復述著：「一九五八年的躍進，吃光一九五七年的庫存，預支了一九五九年……很深刻。難怪主張「問題講透」。怎樣才算問題講透？毛澤東伸手抹了一把臉。他待王任重唸完，忽又問：「總理這幾天去過中南組嗎？有什麼插話沒有？」

王任重和劉建勳都不明白，主席爲什麼突然問起總理來。王任重回答：「總理沒有到過中南組。他大前天總理邀我去遊仙人洞，說起這些天他都在忙著和富春、先念、一波他們調整各項經濟指標。他說指標往上調，皆大歡喜；往下調，幾乎每個省區都有意見，也是上馬容易下馬難。」

毛澤東倒是寬慰地笑了笑：「總理不難，誰還難？正可說明多數同志尙未泄氣，要求持續躍進嘛。建勳，你說說，朱老總在中南組，都作了些什麼指示啊？」

劉建勳摸不準主席的意向，仍想推給王任重去匯報；但王任重已起身去倒茶水，根本不理會他，只得以指頭敲了敲太陽穴，盡力回憶起朱總司令的原話：

我們要承認這樣的事實，農民基本上是個私有者階層，教育農民改變私有者的觀念，需要很長的時間，這和城市工人每天進工廠上班，按月領工資是完全不同的情況。不要以爲辦了人民公社、公共食堂，就解決了問題。私有制觀念經歷了兩千多年，根深柢固。在現階段，還沒有條件實行供給制，半供給制也行不通。供給制就是共產制，城裡工人還有月薪，鄉下人只有個吃飯不要錢，何況還吃不飽，就那麼願意接受你這個共產嗎？我看人民公社已經辦起來了，全世界也都知道了，騎到了老虎背上，只有把它調整好，繼續辦下去。但公共食堂關係到幾億農民的吃喝，就不要硬來。全部垮掉，解散，又有什麼不好？總比吃出饑荒、人命來強。我看湖南二周提到的反對食堂的六條理由，就條條都過硬，值得我們重視。現在變成吃大鍋飯，幹多幹少、幹好幹壞一個樣，誰還肯出力？不成了養懶人？農民不養豬，不種菜，農閒也不從事手工業，情況令人擔憂。還是應當允許農民勤勞致富，號召一切勞動者勤勞致富，興家立業。走集體富裕的道路是好的，如果變成集體貧窮，就糟了。

另外一個重要問題，就是家庭制度、家庭觀念要鞏固下去。去年有種理論，說是馬上就進入共產主義了，可以考慮取消家庭制。還說家庭是私有制的細胞，取消了家庭，就從根本上消滅了私有制的基礎，消滅了資產階級法權。我當時就持保留看法。少奇同志也沒有吭聲。傳統的家庭制度的基礎就是夫妻制，封建時代一夫多妻，新中國一夫一妻，男女平等。就算真的進入共產主義社會，能消滅家庭，實行公妻制？又回到原始社會去？身強體壯、孔武有力的男人，當然會有很多的公妻；體弱者，病病歪歪的，就可能根本得不到公妻，還是人和人的不平等。總而言之，取消家庭這個共產主義的最高境界，我坦率地說，沒法子接受。那整個的社會，不就成了個大動物園了……

劉建勳詳盡回敘，毛澤東面無表情。王任重卻急得直要跺腳，暗罵道：姓劉的，你想找死啊？還不趕快閉嘴？你平日滑的像條泥鰍，這會怎麼沒心沒肺了？考慮取消家庭制度這話，是毛主席去年在北戴河會議上講的，講了好幾次！後來沒有再講。當時編會議簡報、起草會議文件的胡喬木、田家英等人，請示了少奇、小平同志，才沒有寫上去……朱總司令的發言，就是針對毛主席的上述言論的。你個蠢傢伙，竟敢當著主席的面，揭他的傷疤？

其實劉建勳去年八月間因病沒有參加北戴河會議，是自治區政府主席韋國清代他出席的。病後他趕看了全部的會議簡報、文件，也沒有看到毛主席有關取消家庭制的講話。他發現王任重以嚴厲的眼神瞪他，便停住了。

毛澤東卻不是王任重的這等想法。他反倒欣賞劉建勳能原原本本地把朱德的言論反映上來。要不，光是看六個組的會議簡報，就根本看不到劉少奇、朱德等人的精彩講話。特別是朱德的言論，和彭德懷是相互呼應的呢。人民解放軍的總司令、副總司令，欲否定去年的三面紅旗，解散公共食堂，唱的一個調，吹的一個號……毛澤東見劉建勳像是匯報完了，倒也大肚能容天下難容之事，避重就輕地說：「總司令的指示就是這些了?很好嘛，又多了一個公共食堂的解散派。農村吃公共食堂，果眞吃得怨聲載道、餓殍載道了?你們二位相信不相信?反正我是存疑。新生事物總會有缺點，不那麼完善囉。即使垮掉一半，也還有另一半……對了，你們聽沒聽到，有無要求爲去年中央批周、陳的『反冒進』平反的呼聲?我有這個思想準備。」

王任重和劉建勳相互望上一眼，一起搖了頭。他們登時心裡沉甸甸的：天爺，如果再扯出總理和陳雲「反冒進」的事來，可就是黨內的大麻煩了，日子就不得安寧了。偏偏大家心裡又都有數：總理和陳雲的「反冒進」是正確的，去年不批周、陳，就不會栽大躍進這大跟頭。

正沉默著，毛澤東的保健護士小鍾進來了。小鍾豐容靚飾，滿室生輝。是來提醒毛主席和客人去看戲的。王任重眼睛一亮，心裡歆慕一聲：好個熟透了的水蜜桃似的人兒。劉建勳則目不旁視，看了一眼手錶：「喲，八點三刻了。」

毛澤東起了身，由小鍾陪著邊往洗手間走，邊問王任重：「贛劇《西廂記》，演的是王實甫的本子，還是董解元的？你們先下樓等我。」

王任重隨前兩步：「贛劇演的是董西廂，他們去年到武漢上演過，水平不錯。我們湖北漢劇演的是王西廂。兩個本子各有長處。」

晚上十一時半，毛澤東由衛士、護士、醫生一班人陪著返回美廬。按規定，其餘人都在美廬樓下值班，只有小鍾相隨上樓，替毛澤東脫下中山服，換上長睡衣，之後扶他在一張軟榻上坐下，再替他做每晚上的肩、背部例行推拿。小鍾邊推拿邊柔聲問：「主席，等會子你是先洗澡，還是先躺躺，聽我彈一曲琵琶？您還說要把白香山的〈琵琶記〉抄錄給我呢。」

不知爲什麼，毛澤東有些心不在焉。他的目光落在靠窗的書桌上。上面新放著一個他熟悉的黑色文件夾。那是田家英報送材料專用的。文件夾共有紅、白、黑三個：紅色的用來報送各類喜報、捷報、請柬、賀電等等；白色的用來報送一般的、但必須知會他的各類簡報、日程、親友書信等等；黑色的用來報送國內外突發事件、緊急軍情、黨政幹部思想異動、各地嚴重災情等等。去年一年，紅色文件夾日復一日地出現在他書案上。今年以來，卻是黑色文件夾頻繁出現了。

田家英又報來什麼消極材料了？毛澤東總算耐著性子讓小鍾替他做完肩、背部推拿。小鍾的推拿手法不如周恩來那邊的那個小梅。小梅更能準確捏拿背部穴位。但他更喜歡小鍾身上的青春氣息，一股淡淡的甜香，常常是雙手和雙乳一齊在他肩背上撫觸……他站起身子，伸手撫了撫小鍾的水蜜桃似的臉蛋。小鍾正要順勢猴上來，他卻輕輕推開了：「妳先去歇歇，我要趕看桌上的材料……半小時後妳再來，我們吃消夜，洗澡。」

小鍾乖順地退下。毛澤東取過黑色文件夾，半仰在躺椅上審閱。裡面有田家英一紙短箚：

主席，這份材料不是江西省委送來，是我無意中在廬山管理局黨辦公室的簡報中發現的，蓋了「機密」字樣，今報請你一閱，或許對了解近一段地、縣兩級黨委書記們的思想動向，有某些參考價值。

毛澤東隨手翻著材料，無可奈何地嘆口氣。材料名曰〈江西中級黨校學員對人民公社的各種看法〉。還好，總算不是某省某地又有多少萬人患浮腫病，多少萬人死亡……這類報喪似的材料，實在不想再看了，又不能不看。無視下情，就可能成爲商紂王，腦袋被搬家還不知道怎麼回事……喃喃，原來是在他們省委黨校學習的八十多名縣委書記、縣長大人們的高見，看來確有點代表性，值得注意。他們對去年的大躍進，有三點看法：

一、大躍進是吹起來的，是浮誇、謊報的結果；

二、大煉鋼鐵勞民傷財，得不償失；

三、糧食、副食品供應緊張，就是去年一年成敗、得失的證明。

好傢伙！縣太爺們倒是直截了當、不留餘地，指去年大躍進一無是處，毫不足取，簡直要效法古人的公車上書了。還有呢，他們對人民公社的看法是四條：

一、是「早產兒」，群眾是不自覺地入社，是被風颳進來的；

二、違反了客觀必然性，是根據上級指示人爲的產物；

三、沒有高級社優越，農民只說高級社好，沒聽說人民公社好；

四、搞人民公社根本沒有條件，供給制無物可供。公社的缺點大於優點，現在是空架子，金字招牌。

毛澤東看到這裡，腦子裡轟轟響，再也躺不住了：這算怎麼回事？江西當年還是老革命根據地，中央蘇區的所在地，中央紅軍在這裡組建、成長……如今，爲了去年的大躍進，江西全省的縣委書記們卻集體反對黨中央的決策，矛頭直接指向黨主席。去年，我毛澤東說了多少個「人民公社好」？登在全國的報章雜誌上，家喻戶曉，婦孺皆知……如今江西全省的縣太爺們卻說：農民只說高級社好，沒有聽說人民公社好！缺點大於優點，空架子，金字招牌！堂堂省委黨校，印出這種簡報，哪裡還有半點革命傳統的氣味？江西省委聽之任之……這類簡報，恐怕比台灣國民黨《中央日報》的反共宣傳，尤有過之而無不及了。

毛澤東欲按鈴傳喚小鍾來陪陪，今晚上恐怕又要失眠了。還是把羅瑞卿找來，讓公安部長去對付?不不，那一來，山上就亂套……遇事虛懷觀一是，與人和氣察群言。還是要冷靜看待這類右得不能再右的言論。暫不宜又搞「釣魚」、「引蛇出洞」。當前各地已發生局部饑荒，已經開始餓死人。魚米之鄉的湖北省，王任重說十五萬人患水腫，一千五百人死亡。可武漢軍區的一份報告上說，湖北全省一百五十萬人患水腫，已餓死一萬五千人……子曰：巧言亂德。小不忍、則亂大謀……太史公曰：千羊之皮，不如一狐之腋；千人之諾諾，不如一士之諤諤。武王諤諤以昌，殷紂墨墨以亡。

老子過函谷關。伍子胥過昭關。總要過了這關口再談其他。

第一四章　廬山清流衆書生

一天傍晚時分，周小舟、田家英、李銳三人從黃龍瀑、三寶樹一帶散步回來，路過胡喬木所住的別墅，正好遇上胡喬木在別墅外送客，見了三人，笑說：「心到神知，心到神知，正想約你們來擺擺龍門陣！請，請。」

胡喬木江蘇鹽城人，一九一二年生，與周小舟同歲。一九三五年，兩人同在北平加入地下黨，胡任北平市地下團委宣傳部長，周任北平地下工委宣傳部長。一九三七年到延安後，兩人又同時做了軍委主席毛澤東的秘書，爲毛澤東起草、修改了〈矛盾論〉、〈實踐論〉。如果說，毛澤東思想靠「兩論」起家，胡喬木、周小舟實爲毛澤東思想的奠基者了。抗日戰爭期間，周小舟去了晋察冀根據地。一九四九年隨大軍南下，回湖南任省委副書記兼宣傳部長，李銳是省委宣傳部副部長。那時的省委第一書記由第四野戰軍第二副司令黃克誠兼。黃克誠調北京任中央軍委秘書長後，周小舟升任湖南省委第一書記；胡喬木則一直留在毛澤東身邊工作，號稱黨內第一筆桿，成為陳布雷式的「文膽」，一路晉升為毛澤東主席辦公室主任，中共中央副秘書長，中央宣傳部副部長，書記處候補書記。

胡喬木性情溫和，為人儒雅，才情冠於一時卻不忌才，且愛惜人才。他和周小舟算摯友。年紀比他小的田家英、李銳都是經他力荐做了毛澤東的秘書。因之田、李都尊他為兄長。此次來到廬山，胡、周、田、李，自是詩詞唱和，談天說地，議論時政，才情橫溢了。

說起來也是巧合，胡喬木所住的別墅，正是當年陳布雷任蔣委員長侍從室主任時在山上的住所。別墅不大，但布置得相當精雅，四壁書架，白木書檯，文房四寶原樣擺設著，甚有書香氣息。

四人在客廳裡坐下。即有服務員泡來一壺廬山雲霧茶。胡喬木吩囑說：「多備些開水，我們四位都是茶桶；晚十二時，再備四份消夜，每人一碗陽春麵，他們三位加辣椒，我的只放葱花。」

服務員退下後，胡喬木打開了話匣：「昨天有人來看我，說了兩則河北、湖南的諺語。河北的諺語我大致上懂，湖南的我就摸不清頭路了。河北人說：京油子，衛嘴子，保定府的狗腿子；湖南人說：長沙理手湘潭票，寧鄉伢俚做牛叫！李銳你先不要忙於回答。我要考考家英，京油子，衛嘴子，保定府的狗腿子，是什麼意思？」

開篇不凡，話題饒是有趣。

田家英笑道：「幸而我們四人中沒有保定府的，不然該抗議了。京油子，衛嘴子，保定府的狗腿子，我看嘛，是講北京遺老遺少多，說話油腔滑調，貧嘴貧舌，好論古今，又玩世不恭；天津俗稱天津衛，京津門戶，市井多刁鑽之徒，巧舌如簧，能言善騙，與之交道，最要留心了；保定地方窮，過去不少人當二狗子、跟班、聽差、太監、線民，抗戰時期更是出了不少漢奸，因而落下不雅名聲。」

周小舟搖頭說：「民間俚語，以偏代全，常有很大的片面性。我倒要爲保定府人叫屈了。三國時候的桃園結義，千古傳頌，就發生在保定府地界上嘛。哪座廟裡沒有爛菩薩，哪口池塘沒有王八？一個村落出了幾名賊人，那村落就易被人稱爲賊村、賊窩，實在有欠公允。」

胡喬木端起茶壺，邊爲三人添茶，邊說：「小舟所說極是。俚諺俗語，只能反映某些特定時期的地方民俗。李銳技癢了？好，你是長沙人，你來解說湖南人的諺語。」

李銳朝周小舟拱拱手：「小舟兄，你是湘潭人，要饒恕小弟冒犯了。」

周小舟哈哈一笑：「我才不在乎呢！主席、彭總，還有副總參謀長彭紹輝上將，國畫大師齊白石，都是湘潭人嘛。對了，湘潭也出了孬種，軍統特務沈醉就是一個。」

李銳說：「長沙理手湘潭剽，寧鄉伢俚做牛叫，這句俚語的確很帶地域偏見。是說長沙人見多識廣，自以爲是，不懂裝懂，好爲人師；湘潭人則是做牙行生意的多，在集市上妙舌蓮花，活的說死，死的說活，強詞奪理，無理也有理。據說和湘潭生意人打交道，易被迷惑，上當受騙還不自覺。另有一說，是講湘潭人善於剽學偷師，你若不防備，其技能、秘訣、法術、學問即被湘潭人一番花言巧語，剽學而去，並據爲己有了；寧鄉伢俚做牛叫，是指寧鄉的漢子土語生澀，性情執拗，遇事難通融，不易打交道。」

胡喬木問周小舟：「周兄對李銳的解說，有何評價？究竟是「票」還是「剽」？同音不同義呢。」

周小舟笑道：「他呀，眞正的長沙理手，牽強附會，似是而非。存疑吧。我以爲是「票」而非「剽」。湘潭「票」，我聽老一輩人講，是清末民初，湘潭市面上流通過一種票據，坑了不少商家，因此得名。另外，湘潭南鄉土語「騙」和「票」的發音相近，「票」就是「騙」。李銳老弟說的「剽」，也不無道理。過去民間風氣保守，技藝不傳外姓，外姓有志者，只好剽學偷師了。但算不得湘潭人的專利。再說吧，以我們彭老總爲例，他這個湘潭人卻是一身正氣，直筒子脾性，愛憎分明，厭惡拐彎抹角，尤其厭惡在黨內、對同志也耍手腕，搞策略。我聽他罵過：娘賣屄！什麼湘潭票？就是騙人、害人，講一套，做一套！」

胡喬木忽然說：「我們的元帥、大將、上將，大致上都有各自的粗口吧？彭總喜歡罵『娘賣屄』，賀總喜歡罵『操雞』，陳總喜歡罵『操蛋』，羅總喜歡罵『操娭姆』，徐總喜歡罵『操奶奶』，過去高崗喜歡『操姥姥』，王震同志喜歡『操老娘』。倒是沒有聽林總罵過，他身體不好，沒有力氣的罷。」

胡喬木的江蘇口音普通話溫文爾雅，娓娓道來，引得座中大笑，聲震屋瓦。

李銳笑得兩手直拍沙發背，之後說：「我還有個補充，小舟也是湘潭人，自小讀經習史，信奉孟夫子的『民爲貴，社稷次之，君爲輕。是故得乎丘民而爲天子，得乎天子而爲諸侯，得乎諸侯而爲大夫。』小舟和我談過，孟夫子的『民本思想』和馬克思主義的普遍眞理是相通的。」

田家英深表同感地點著頭。周小舟本人卻說：「李銳啊，你說這些，我並不受用呢。倒是少奇同志是寧鄉人，辦事很認眞，口語也好懂，顯然不能歸入『牛叫』一族。」

大家又笑了。正說笑著，服務員來請喬木同志接電話，說是美廬主席那邊來的。

胡喬木暫時離席。周小舟、田家英、李銳三人不覺地把話題轉到去年大躍進的成敗得失上來。田家英說了他四、五月間回四川成都平原蹲點搞調查的情況。他發現直到今年開春，李井泉同志仍在強調水稻密植，越密越好。農民十分反感。去年明明因爲密不透風減了產，今年還不肯服輸？他爲此和李井泉同志發生激烈爭論。李井泉同志爭論不贏，竟搬出老資格，以勢壓人：老子當紅二方面軍師政委的時候，你還穿開襠褲哪：你以爲你當了幾天主席的秘書，就可以跑回來對省委領導指手劃腳、說三道四？氣得田家英許多日子都說不出話。這哪裡是爭論問題嘛，堂堂政治局委員，省委第一書記，又是成都軍區第一政委，去年搞得那樣左，損失那樣大，卻至今不肯認錯。天府之國的老百姓也都面帶菜色，兩百多萬人患上水腫病。

對於李井泉同志的工作作風，周小舟、李銳也是早有所聞，幸而不是直接的上下級關係，惹不起，躲得起。他們建議田家英把回四川調查的材料盡快寫出來，及早報給主席。黨內某些封疆大吏式人物，一方稱王稱慣了，很難聽得進不同意見，有的甚至對少奇同志、周總理的指示都大打折扣。他們只聽主席一人的。只有主席說了才算數……這種風氣，很不利黨中央實行集體決策，助長的是一言堂、家長制，其後果已相當嚴重。

胡喬木接過電話返回客廳，對田家英說：「對不起，插斷一下。主席問國家計委的那個李仲雲，六月九日給他的那封信，我們看了沒有？一萬多字哪，對去年的大躍進持全面否定態度，勇氣可嘉，動機也不算壞，能寫這種信，黨內第一人哪！李銳，認識這個李仲雲嗎？」

李銳說：「見過幾面，三十幾歲，精明能幹，有頭腦。記得是國家計委基本建設局的副局長。去年因提過一些反對意見，計委主任李富春同志對他很惱火，調他去東北經濟協作區辦公廳當綜合組組長，明顯是降級。」

胡喬木說：「對了，李仲雲正是以他綜合組組長的名義，給主席上萬言書的。家英，你看了李仲雲的信，印象如何？」

田家英說：「不瞞各位兄長，讀了李仲雲的信，我感到愧疚。他在信中所反映的情況、意見，正是我們人人心中所有，又人人筆下皆無的。有如空谷足音，林中響箭。我們這些常年在主席身邊的人，就沒有勇氣寫出這種信來。」

胡喬木默默地點點頭。

周小舟、李銳沒有看過李仲雲的信，見田家英評價這麼高，遂問：「喬木兄，有副本嗎？拿來賞析賞析？」

胡喬木說：「有啊，正好，一起來合計合計。主席電話裡的意思，是讓替他起個回信稿，講不定要在黨內傳達。」

說著，胡喬木起身去書房取來一個牛皮紙信袋，交給田家英：「家英你不戴眼鏡，勞駕唸一唸。也不用全唸。我已把重要段落劃了道道，就唸那些道道，如何？」

田家英抽出信來，竟是厚厚的一疊。於是，只揀喬木兄劃了道道的段落唸道：

……很早就想給您寫這封信，一直到現在才發出。我是一個普通黨員，根據個人在實際工作中的體驗，我想對目前的經濟生活中發生的問題，聯繫到一些思想作風問題，提出一些意見，供參考……去年大躍進的問題，可能是從一九五七年冬颳水利建設颱風開始的。這裡提出兩年水利化，那裡就提出一年、甚至幾個月實現水利化。其實當時很多人都知道這是做不到的。但許多地方大量的大、中型水庫，灌渠，河流工程，在既無勘查設計，又無設備、圖紙資料的情況下，就大規模施工了，結果許多工程建成後毫無效果，或者成爲半成品。比如去年一月，我去河北灤縣調查時，親眼看到該縣爲了修一條一百多里長的大灌渠，既未經勘測設計、又未經群衆討論，要挖掉一萬多畝即將收割的小麥。我找縣委反映，也未能制止住。結果，這條百里大灌渠，一場大雨全淹死了，破壞農業，還造成澇災。但始終無人説半個不字……

唸到這裡，田家英停頓一下，說：「去年的大躍進，是從一九五七年冬大搞水利開始的？我認爲是從去年一月的杭州會議起，主公批周、陳的反冒進，一路批到五月的八屆二次黨代大會，國務院『四大金剛』大檢討，鬧開來的。」

周小舟、李銳表示贊同。胡喬木苦笑笑說：「家英啊，大躍進從何開始，可以有民間和官方的多種版本嘛。」

田家英唸道：

大搞土法煉鋼的運動，是一條失敗的經驗。國家經濟力量的消耗太大了。幾千萬人拋開一切，苦幹幾個月，上億噸的礦石，上億噸的煤炭，上百萬噸的鋼鐵材料，上百億度的電力，幾億噸的運輸力量……都白白消耗在沒有效果的「生產」上了，得到的卻是毫無使用價值的土鐵。這是對國家元氣的最大消耗。

胡喬木嘆道：「此段可圈可點，可圈可點。」

周小舟說：「李仲雲是個人才。黨內缺少的就是這種不計個人安危榮辱的忠貞之士。」

李銳說：「此人可做國家計委主任，起碼比李富春同志有膽識，敢挑擔子。」

田家英說：「書生之議。連周總理、陳雲同志都頂不住，作了大會檢討。我看只要誰聽話，肯跟著瞎吹，誰就可以當計委主任……好好，喬木兄不用擔心，我繼續唸。」

爲什麼主觀主義可以在一些工作領域暢通無阻？我覺得主要原因是，未能在黨內造成一種堅持原則的氣氛，在有些場合下，以小資產階級機會主義爲特徵的迎合情緒感到很濃厚。這種迎合情緒絕不能與黨的組織性與紀律性相提並論。這是主觀主義，亦即左傾冒險主義思潮能夠滋長的思想根源。

胡喬木說：「好個李仲雲，矛頭直接指向主席了。」

周小舟說：「恕我直言，去年大躍進，全黨上下，就是在迎合我們的大鄉長嗎。」

李銳說：「老夫子號召學海瑞。現在就出了海瑞了。但願這次不要再釣魚，引蛇出洞。」

田家英看李銳一眼。他繼續唸道：

人民公社化也是一陣大風颳起來的。還有吃公共食堂，究竟有多少農民願意？建議中央及時做出調查。農村勞動力和各種物資也都造成巨大的消耗。我到過遼寧金縣郊區的一個生產隊，共有百多戶人家，去年初有豬三百多頭，但今年只剩下九頭，雞鴨去年幾乎殺光了。不難想像出社員的生活狀況，是如何的困難……

田家英唸到這裡，鼻頭酸了，聲音也有些發嘎。他四、五月間回成都平原蹲點調查，魚米之鄉哪，社員一天三餐在公共食堂吃雜糧稀粥青菜湯，一個個面帶菜色，日子還不如解放前。

周小舟閉上眼睛，彷彿在爲湖南今年不缺糧慶幸。李銳則虎視眈眈地盯著田家英手裡的信紙。

胡喬木在一冊稿紙上埋頭寫著什麼。他寫字的樣子甚雅，彷彿行雲流水之態。

田家英又揀信的重要部分唸了十來分鐘。信的最後部分，李仲雲直言不諱地批評近幾年豪華的賓館、飯店建的太多，領導人的特殊待遇越來越脫離群衆，丟掉了艱苦樸素、艱苦奮鬥的好傳統。爲了慶祝國慶十周年，單是北京一地，自去年起大規模興建所謂國慶工程，包括重修天安門城樓和廣場在內，共是十幾個大項目，總投資恐怕有八、九億之多，這可以建一個年產三百萬噸鋼鐵的大企業或蓋一千六百萬至一千八百萬平方米的職工住宅……

田家英剛唸完，周小舟、李銳還來不及發表感慨，胡喬木已替毛澤東主席草擬出了關於李仲雲信的批示稿。他說：「草稿一個，主席要的。大家幫我推敲推敲，之後報主席改定。看能不能爭取到主席的同意，把這封信及批示作爲會議文件印發……注意了，這裡用的是主席的口氣。」

李仲雲的基本觀點是錯誤的，他幾乎否定了一切。工業、農業、鋼鐵、糧食、人民公社、公共食堂、包括國慶工程，果眞一無是處嗎？大可質疑。但作爲一位共產黨人，他不隱瞞自己的政治觀點，滿腔熱情地寫信給中央同志，希望中央採取步驟克服現在的困難。他認爲困難是可以克服的，不過時間要長一些，這種看法是正確的。信的作者對計畫工作的缺點的批評，占了信的大部分篇幅，我認爲很中肯。十年以來，還沒有一個人願意和敢於向中央中肯地、有分析地、系統地揭露我們計畫工作中的缺點，而要求改正的同志。我就沒有看到這樣一個人。我知道，這樣的人是有的，他們就是不敢越衙上告。

周小舟聽完這段批示稿，不禁擊節嘆道：「喬木兄，太好了，你這些年眞是把我們大鄉長的心性領悟透了。」

田家英尊敬地望著胡喬木：「這種文字，喬木兄寫得最像。前面批評，後面來個熱情肯定，保護了這封信和信的作者，著實高明。就看主公肯不肯用了。」

李銳提出一個補充：「可不可以最後加上一句，比如——信的作者是否一位現代的海瑞？請同志們討論、酌定。」

周小舟說：「好！這個結尾畫龍點睛，補得有力。」

田家英說：「爲文鳳頭、豬肚、豹尾，算豹尾吧。」

胡喬木卻搖搖頭說：「加上去不難，我亦曾有過此意。但代主席草擬批示，這種點睛之筆，是要留給主席本人去加上的好。做文字秘書的人，要避免僭越。」

李銳卻不服氣：「什麼叫僭越？上海會議時主席號召全黨中、高級幹部學習海瑞，發揚海瑞爲民請命的精神，是那麼的熱切、真誠，會後還專門發了中央文件，傳達到縣、團級。聽說主席還找過郭沫若同志，問他能不能寫寫海瑞。對了，喬木兄，你還代表主席去找過明史專家吳晗同志，請他寫介紹海瑞事跡的文章，給《人民日報》發表的嗎。」

周小舟支持李銳：「上海會議時，大鄉長專門從《明史》裡摘出了〈海瑞傳〉，作爲會議文件印發了。他是動了眞情的。我至今記得，他說學習海瑞爲民請命，就要具備五不怕，一不怕開除黨籍，二不怕革職，三不怕老婆離婚，四不怕坐牢，五不怕殺頭。捨得一身剮，敢把皇帝拉下馬！我們共產黨人自稱是人民的勤務員，難道還不如封建時代的清官嗎？大鄉長言猶在耳，我是刻骨銘心了的。」

胡喬木搖搖頭，說：「依我淺見，今年以來，主席多次提出學習海瑞，正是爲了黨內不出海瑞。目的在此。怎麼可能讓黨內出現海瑞呢？說說容易，實際上是做不到的。」

田家英點著頭：「我贊同喬木兄的『號召學海瑞，目的在不出海瑞』。這個見地深刻、獨到。」

周小舟、李銳深受震動：「還有這一說啊，喬木兄一語道破天機？從來君無戲言，言出如山……」

胡喬木這時動了談興。相識滿天下，知心能幾人？小舟、家英、李銳，的確算是他的知音了。過去這一年，他有太多的感觸，也只能在這個小圈子內一吐為快了；「去年的大躍進，憑心而論，是從主席批周、陳的『反冒進』發動起來的。至於共產風，公社化，則是從北戴河會議颳起來的。會前主席有齊魯之行，對徐水縣農村實施的軍事化、大兵團作戰的生產方式，亦即集體勞動、安營紮寨、挑燈夜戰等，極為讚賞，要求各地推廣。這期間，他還多次提到，公社化後社員們過集體生活，傳統的家庭制度可以取消了。可見頭腦發熱的程度。去年的『兩大元帥升帳』，『一切為元帥讓路』，教訓最為嚴重。鋼鐵產量翻番之風，是華東局帶頭颳起來的。柯慶施同志向中央保證，上海市一年可拿下三百五十萬噸鋼！真是海派作風。冶金部據此計算，一九五九年全國可產鋼三千萬噸，超過英國。玩笑不玩笑？可主席就是相信。當然這也和主席對周、陳、李、薄等人不滿有關，用舉綱張目的方法，打破周、陳的經濟建設格局，帶動全國的大躍進運動。結果呢，九千萬人上陣，花費幾十個億，煉出一堆堆李仲雲信上說的沒有使用價值的土鐵、毛鐵。事後有個說法，說建設社會主義缺乏經驗，算交了學費。但這個學費也交得太昂貴了。」

周小舟見胡喬木說了心裡話，很受感動地插言：「還是要承認規律，戰爭有戰爭的規律，經濟有經濟的規律，此規律不能代替彼規律。政治掛帥不能代替一切。主席去年批周、陳時，提出一種激進的觀念：平衡是相對的，暫時的；不平衡是絕對的。我很懷疑，但沒有膽量公開質疑。如果從唯物主義辯證法的觀點看，搞經濟建設一定要注重綜合平衡。有如當家過日子，清早開門七件事：油鹽柴米醬醋茶。把這七件事任意打亂，只要油鹽不要柴米，日子就沒法過了。去年是人爲打破綜合平衡，結果招致災難。」

胡喬木說：「經濟建設，怎麼可以不要綜合平衡呢，不遵守規律呢？規律怎麼打破？比如天體運動，月亮一定繞著地球轉，地球一定繞著太陽轉，還有金、木、水、火、土諸星，也都是以自己特定的軌道繞著太陽轉。我相信銀河系及銀河系以外的整個大宇宙，億萬顆行星都是按照一定的軌道運行。這就是規律，怎麼可以打破？說實話，去年我們就是在常識問題上犯了錯誤，受到教訓。」

田家英說：「其實在戰爭年代，主公是很尊重規律的。先遵守戰爭規律，次遵守革命戰爭規律，再遵守中國革命戰爭規律——這就是〈中國革命戰爭的戰略問題〉一文中的名言，可惜他本人近年來似乎忘得一乾二淨。」

李銳說：「看起來，再偉大、英明的領袖，一旦不謙遜、不愼謹，忘掉一些基本原理，又貿然拿國家經濟建設來做試驗，於是就出現去年和今年這種全面緊張的局面。」

胡喬木說，「大躍進已矣！我看今年還提持續大躍進這類口號，是自欺欺人。關鍵在於總結經驗，吸取教訓。我向主席交過心，還是要肯定綜合平衡，有多少米煮多少飯。人走路靠兩條腿，一左一右、一前一後向前走。一條腿成跛子，兩條腿一齊動，不是躍進，只能朝前蹦，走不遠的。要想跑得快，還是要靠全身的綜合體力……主席當時是笑了的，說我這個關於綜合平衡的比喻生動。」

周小舟深有感觸地說：「主席常說，要戒驕戒躁，謙虛愼謹；要搞群言堂，不搞一言堂；要百花齊放，不要一花獨放。去年的事，卻是典型的一言堂，一花獨放。自己的話，自己就沒有做到。」

李銳說：「去年明明是在綜合平衡上栽了大跟頭，計委李富春同志今年春天提出『在運動中求平衡』，明顯是一種迎合主席的遁詞。主席卻肯定這個說法，用以替自己五八年的錯誤辯護，不肯服輸。」

胡喬木說：「去年陳雲被迫作了檢討，說了違心的話，亂七八糟，總要過河的。現在看來，連河都過不了。人民公社，是主席視察徐水、七里營、碴岈山三地鬧起來的。供給制、大鍋飯、共產風、廢除家庭制度等，也由此而來。今年卻怪新華社記者亂發報導。可去年主席多次指示，報館報導中央活動要及時，並責問爲什麼南寧會議、成都會議都沒有見報？武昌會議公布全國糧食產量七千五百億斤，陳雲同志認爲絕無可能，讓我去向主席反映。我爲了維護陳雲同志，按下不表。結果今年上海會議我受到批評，而表揚陳雲：眞理有時掌握在一個人手裡。可是我當時眞要把陳雲的反對意見告上了，我看陳雲同志今年就恢復不了名譽。這就叫做：言行超前，非領袖之好，非幹部之福。」

田家英說：「北戴河會議時，書記處王稼祥找少奇同志，主張不要公布全國成立人民公社的決定，時機、條件都不成熟。王稼祥不敢直接去找主公，結果少奇同志轉達了，主公大發雷霆，罵了些很難聽的話。其實王稼祥是有先見之明。結果三位最大的迎合者進了政治局，更助長了黨內的迎合之風。反右鬥爭以後，講眞話的挨整，人都養成說謊習慣。去年說謊吃香，登峰造極，蔚爲奇觀。」

周小舟說：「去年農業的高指標、浮誇風，是由上而一層層壓下去的。上有好者，下必甚焉！鄉下颳共產風，拆房併居，砸了好鍋煉廢鐵，簡直是反動。」

李銳說：「話講回來，老夫子今年還是有了某種程度的自省。上海會議期間，我就冒失地問過老夫子：去年你眞的相信一畝稻田能產十萬斤穀子嗎？他也沒有生氣，只是告訴我，是看了錢學森在《人民日報》上一篇文章，說科學利用土壤、肥料、陽光、空氣和水，畝產可以超過四萬斤。信了科學家的話……另外，老夫子對吳冷西講了，去年主要得到教訓，看來靠我們這些人搞經濟是不行了……」

正說得熱鬧，計委主任李富春來了。大家起身相迎，一一握手。李富春也是來找胡喬木聊天的。胡喬木一看手錶：「富春同志來得好，消夜時間到，我已通知廚房一人一碗陽春麵，吃過再聊，吃過再聊。」

李銳大聲說：「陽春麵就是光頭麵，喬木作東，大家吃素。」

田家英則朝周小舟、李銳使個眼色，意思是：「吃過素麵，該告辭了。此公一到，話難投機了。」

第一五章　賀總夜宴「一品當朝」

周惠帶一支手電筒，由警衛員陪伴，踏著晚霞夕照，沿牯嶺西谷小道一路散步到文殊台。原本周小舟也要來這裡觀看「佛燈」奇景。卻被彭老總拉住下棋，未能脫身。

文殊台側天池寺。天池寺內有水曰神泉。傳說文殊菩薩以兩手插石，掏成兩池，泉水湧流，終年不竭，故稱天池。神奇之處，是每當泉水沸湧泛泡，山下即起層雲，嗬嗬有聲，稱爲「泉湧雲興」；文殊台則崖高千仞，峭壁陡立，頂端廣方數丈，凌空突出，下臨深谷，雲霧詭譎，險峻奇絕。入夜，崖下雲霧中，常有成百上千閃爍明滅的光點，絡繹不絕，冉冉游走……僧人稱爲「佛燈」。

周惠讀過《廬山誌》，記性好，背得出南宋朱熹的句子：**光景明滅，頃刻異狀，諸生或疑其妄。予謂僧言則妄，光不可誣。豈地氣之盛然耶？**並解釋說：朱熹算個唯物主義者。不相信「佛燈」之說。其實那些所謂的神蹟光點，不過是山谷間的磷，或是磷和其他礦物結合而成的氣體，在暗處發出的光點而已。也就是湖南鄉下晚間的「鬼火」，以墳山上出現的最多。

警衛員初通文墨，說：「本是詩情畫意，周書記一番科學解釋，揭了謎底，破除迷信。」

兩人正要步下文殊台，迎面來了四川省委第一書記李井泉及其秘書一行人。他們閃避不及，只得上前握手、打招呼。

李井泉說話中氣很足：「好個周惠，天還沒落黑，就看過佛燈了？人說要在這文殊台上膜拜禱告，才看得到哪。明代王守仁的那首詩叫什麼來著？」

周惠答道：「我們不看佛燈了。王守仁的〈文殊台夜觀佛燈〉是一首七絕：**老夫高臥文殊台，柱杖夜撞青天開；撒落星辰滿平野，山僧盡道佛燈來！**」

李井泉舉起拇指誇獎：「背得好，背得好，不愧湖南才子……噢，對了，賀老總講了，要請你和周小舟二位去他那裡擺擺龍門陣哪。你和周小舟晚上還有不有別的安排？要不現在就去約了他？賀總還約了總政的蕭華，上海的老柯，還有譚震林同志幾位，一起消夜吃紅燒狗肉！賀總的廚師燒的狗肉，當年在西南軍區稱爲『一品當朝』。」

周惠聽說有狗肉吃，登時來了興趣：「七月炎天吃狗肉？當然這山上天氣涼爽，不會上火……」忽然，又想起什麼似的搖搖頭表示歉意：「謝謝井泉同志，謝謝賀總。晚上我們已經約了別的事，還是改天再去拜見賀總吧。請代我和小舟告上賀總，盼著有機會吃到他的『一品當朝』，我們帶兩瓶長沙白沙液助興。」

於是再次握手，道別。周惠去了御碑亭。李井泉返回牯嶺東谷，去到賀龍的住所。賀龍所住的別墅，頗為高闊寬大，據說原為國民黨軍政部長何應欽在山上的住所。李井泉是早到的客人，蕭華、柯慶施、王任重、吳芝圃等人大約還在小教堂隨主席、總司令他們跳舞。

賀龍說：「坐坐。我也是剛從小教堂回來。今晚上要做東，提早趕回。」

李井泉和賀龍是連襟，算一家人，日常交談也就極隨便，無須顧忌：「今天也是煞怪了，下午我碰到田家英、李銳，代你邀他們來做客，湖南、四川老鄉打狗肉平伙。李銳講改天吧，他已答應了去陪彭老總下棋。田家英則講他要加班趕份材料；方才在文殊台碰到湖南周惠，也邀了他們，也推說另有安排……這幾個年輕人近段在主席面前跑得勤，吃得開，我們是請都請不動。」

賀龍倒是性情豪爽，些些小事，不大往心裡去：「沒關係嘛。你代我請客，當面相邀，人家是來不及安排囉。幾位大秀才不簡單，要好好向他們學習。躍進年代，你我不可以擺個鳥的老資格。」

李井泉先給賀總的煙斗點上火，再自己吸上一支：「老總，我可以告訴你，我尤其不喜歡那個田家英。近兩年他幾次帶工作組到四川調查研究，總要撇開省委另搞一套。省委派秘書去協助他，都被打了回票，講要一桿子插到底。今年四、五月間那次，他更是批評四川去年的千斤省是浮誇，糧食產量水分大，水稻高度密植導致大減產，公共食堂社員喝稀粥，青菜湯……簡直一無是處。後來我實在火了，就不管他是什麼主席的大秘書，中辦副主任，狠狠剋了他一頓。他離開成都時大不愉快，今後有機會，我要向主席反映反映。」

賀龍卻忠厚長者似地搖搖頭：「井泉啊，你比我小一輪呢，田家英再又比你小一輪，是不是？何必和他一個年輕人計較？況且，去年四川的工作也的確左了，要克服。去年我也左，眞的相信那麼容易就進了共產主義，人間天堂。操雞巴蛋的，搞建設畢竟不同於指揮打戰。但還是要堅信主席，緊跟主席。主席叫反左就反左，主席叫反右就反右。這一條任何時候不動搖。關於田家英同志，我勸你不要到主席那裡去告他的狀。你平常不在中央工作，一年就來參加幾次會議，情況並不十分了解。我可以告訴你，近年來，在主席的幾位大秘書中，小田被重視的程度，已經超過了胡喬木、陳伯達。小田是一九二二年的，在朝鮮犧牲了的主席的長子岸英也是一九二二年的，兩人的長相也有點相似。你要體會主席的某種父子情懷……你以爲政治局常委會秘書那個職位，是隨便安排的？常委會議，你、我少有參與，小田卻是每會必到，做記錄的。」

李井泉說：「好，我聽你的，以後對他小子客氣些。但也擔心，一個思想這麼右傾的人，做主席的文案工作，會不會影響主席的決策？」

賀龍笑笑說：「你這又講外行話了吧？毛澤東一代英主，豈是他人可以左右的？從來只有人被他影響，沒有人能影響他……我倒是擔心另外那位功高震主的人物，操雞巴蛋的，可能影響團結。」

李井泉伸出兩個指頭：「他？」

賀龍自然明白連襟的這個手勢，是指十大元帥的第二位：彭德懷。彭、賀二人向來面和心不和。論資歷，賀龍早在北伐時期就是國民革命軍的軍長，所謂共產黨建軍的『八一南昌起義』，實際上就是在周恩來鼓動下的賀龍率部起義。那時彭德懷不過一名北伐軍的旅長。可是自井崗山起，彭德懷打的硬仗比賀龍多，立的功勞比賀龍大，地位也就比賀龍高。彭德懷最不給賀龍面子是解放戰爭期間。在戰略大反攻的一九四八年，中央軍委爲統一軍令，賀龍麾下的晉綏野戰軍番號撤銷，部隊一分爲二，一部分畫歸西北野戰軍，一部分畫歸華北野戰軍。賀龍手下無一兵一卒，頓成光桿司令。而西北野戰軍由全軍副總司令彭德懷任司令員兼第一政委。賀龍的實職僅爲西北軍區後勤主任。革命勝利在即，他卻失了兵權，好不狼狽。後來毛、朱、周也覺得事有欠妥，才把賀龍調去西南軍區任司令員，受劉伯承、鄧小平節制。賀龍認定在西北是被彭德懷所排擠，心裡慦下不平之氣。

李井泉問：「兩個湘潭老鄉愛吵架，最近又有新跡象？」

賀龍說：「具體的，還不好講……膿疱總要穿孔的。不然，兩人都不舒服囉。我相信這次在山上，老彭會狠狠放幾砲。毛澤東已忍多年，就看他要不要再忍下去了。」

李井泉心裡頗爲吃驚：「有那麼嚴重嗎？我想主席不會輕易下這個決心的。」

賀龍說：「我也不希望出現那種局面，大動干戈呢。操鷄巴蛋的，上山以來，老子總有種預感，像要出什麼事。」

李井泉體己地說：「你是憂國憂民，想得太多……」

這時，別墅門口一陣腳步響。警衛秘書進來報告：「首長，來了三位客人，總政蕭副主任，上海柯書記，河南吳書記。湖北王書記來過電話，他請假，是美廬那邊有事。」

賀總！賀總！蕭華前來報到！

蕭華一路叫著快步進來，先舉手行禮，再熱烈握手。

跟著進來的是柯慶施和吳芝圃。兩位文官，不像蕭華那樣聲音嘹亮。吳芝圃手裡拿了兩瓶河南名酒孔明大曲，柯慶施則是提著一布袋會動的傢伙。柯慶施說：「陽澄湖大閘蟹，今早上才運到，我挑了五隻肥大的，請賀總的廚師做了，等會一起下酒。」

賀龍讓警衛員接下柯、吳二位的禮物，送去廚房處理。他手捏煙斗，邊裝煙絲，邊笑嗬嗬說：「多謝多謝，先坐，先坐。煙茶都現成，你們各取所需。井泉，你代我敬茶。譚老闆怎麼沒來？」

蕭華年紀最小，性格也最活潑，忙站起來說：「我來我來，這個茶博士還是我來當。算我們軍隊老首長招待地方同志嘛。」

李井泉、柯慶施、吳芝圃都笑了。

柯慶施討好地說：「賀總，譚老闆要等會才來，總理臨時找他核對數字……賀總啊，久聞你府上『一品當朝』大名，今天算有口福了。這三伏炎天的，哪裡弄來的狗肉？」

賀龍仍是笑呵呵的：「江西楊尚魁算我抗戰時期的老下級嘛，知道我有這個偏好。他和他那漂亮夫人隋靜昨晚上送來，說是略表寸心。」

吳芝圃去年吹牛浮誇堪稱全國第一，爲人卻是斯斯文文的，也湊趣地說：「狗肉我吃過不少，性燥，冬天進補最好。山上氣候清涼，大約不礙事吧？」

蕭華笑道：「吳書記，男子漢吃狗肉消火還不易？」

吳芝圃問：「蕭主任，你說怎麼容易法？」

賀龍、蕭華見吳芝圃不解奧妙，登時一齊大笑。柯慶施、李井泉是懂得的，也一齊跟著笑哈哈。

吳芝圃為著討賀老總歡心，依然裝傻賣乖地問：「蕭主任你們笑什麼？有話明裡說嘛。」

蕭華止住笑：「吳書記喂，我看你是明知故問啊？男子漢吃了狗肉要消火，弄個護士妹子陰陽交泰解決問題囉！」

賀龍、李井泉再次哈哈笑。都是行伍出身，槍林彈雨的，提了腦袋打天下，玩幾個女子算啥子？

吳芝圃說：「那會犯下生活作風錯誤……」

蕭華說：「你呀，真是個文人書記。哪算雞巴錯誤！你問賀老總、李政委、柯書記是不是？」

賀龍見蕭華這小子玩笑開得過火，怕日後被人反映上去，就晃了晃手上煙斗說：「行了行了，總政系統那麼些文工團，花花朵朵，聽講你近水樓台，都快當連長了。仗著你是紅小鬼出身，又是主席的愛將，也要愛惜身體囉。」

蕭華卻一向在賀老總面前講話隨便，百無禁忌：「賀總啊，進城之後，我是收手了囉。在這方面，如果我算連長，那你早就是正營副團了啊！」

果然，賀龍並不見怪，只是笑罵：「你小子放肆！你小子放肆……軍人嘛，只要能帶兵，能打勝仗，有股子征服慾，也是常情。」

柯慶施輕咳一聲，說：「蕭主任當心了，回到北京，薛明同志不准你登門。」

蕭華反駁道：「喲，我們只管講笑，忘記柯書記這位風月老將了。」

稱柯慶施爲風月老將，李井泉、吳芝圃拍了拍手。

柯慶施挺挺胸膛：「賀總是了解我的，別的錯誤難免，唯男女關係比較檢點……蕭主任，你道是爲什麼？看看我這鼻頭就明白了，氣管炎，河東獅吼，別的女同志望而卻步。」

柯大鼻子自嘲是氣管炎（妻管嚴），懼內，賀龍又領著李井泉、蕭華、吳芝圃三位笑了。

這時一位面貌姣好、體態婀娜的女護士模樣的人兒，端著大盤荔枝，出到客廳來給首長們敬水果。隨後，把幾片藥物、一杯白開水遞到賀龍手上，請首長按時服藥。賀龍患有糖尿病，卻不肯忌口，日常照樣好吃好喝，全靠進口藥物維持病兆。這名美貌護士是楊尙魁夫婦派來照顧賀老總的。絕色！蕭華見到美女眼睛放亮，個個都稱絕色。

賀龍服過藥，請大家吃荔枝：「是陶鑄同志專門從廣東帶上山的，好幾筐，先送了兩位主席、總司令、總理，剩下的分給我們幾個湖南老鄉。對了，開了幾天的分組討論會，我參加西南組，其餘各組，有什麼精彩的發言沒有？

眞是的，老戰友、老同志聚在一起，不能老是談吃喝、談女人，也該扯些國計民生的正經事情。

但見柯慶施緩緩地掏出個小本本來，翻了兩番，再輕咳一聲，才說：「賀總，各位，我這裡倒是抄錄到了一點材料，如有興趣，可以唸給大家聽聽。」

李井泉向來對「材料」極為敏感，立即大有興趣：「柯書記定有『寶藏』。快唸快唸，我們洗耳恭聽。」

柯慶施說：「是甘肅省委第一書記張仲良抄給我的，記錄了彭德懷同志在西北組的幾次發言，和會議簡報上所摘編出來的有很大出入。張仲良還建議我轉呈毛主席一閱：

七月三日，彭在西北組發言，情緒激奮，聲音高昂，會場氣氛驟然緊張。他說，一九五七年整風反右、引蛇出洞以來，一連串的勝利，得意忘形，頭腦昏熱。人民公社、公共食堂，吃飯不要錢，那麼大的事，沒有經過試驗，毛澤東幾聲號召，全國一轟而起；

七月四日，彭在西北組發言：褲子要自己脫！不要讓人家拉！毛澤東家鄉那個韶山公社，去年增產七成半？老毛回去看了，他相信。我也去看了，鬼打架的事情。江西現在還在講去年增產百分之六十七，今年為什麼成為缺糧省？魚米之鄉的贛州鄉下已經餓死人。這是脫了外褲，留了襯褲。要一次脫光，露出眞傢伙，不要怕羞醜！檢討錯誤要徹底，才能取得主動；

七月五日，彭在陝西省委書記發言時插了一段話：現在各級幹部搞特殊化，越到上面越嚴重。老百姓在餓肚皮，流行水腫病，是不是大饑荒的前兆？可是，全國到處都在修風景區，造人工湖，蓋樓、堂、館、所。好多省都給毛澤東修別墅，為什麼不制止？究竟是老百姓的肚皮要緊，還是少數人的享受要緊？共產黨革命成功，坐了十年天下，不能脫離人民群衆；

七月七日，彭再次發言。有同志提醒他不要『放炮』了，他仍然針對去年毛主席批評他是

『大躍進的算帳派、觀潮派』這件事，說：什麼『算帳派』、『觀潮派』？帽子都有了，人家還敢講話？對廣開言路造成很大的影響。於是很多人不說真話，揣摩領導人的心理搞迎合，全黨成爲風氣。進城以來，一連串的勝利，造成集體性頭腦發熱。向中央、向毛澤東反映情況，都是報喜不報憂，只講好聽的，不講反面意見。也聽不得不同的聲音。一有不同的聲音，就扣右傾、反黨的帽子。今年全國供應緊張，許多省區出現饑荒，要趕快找出經驗教訓。不要埋怨，不要追究責任。人人有責任，一人有一份。包括毛澤東在內，要負很大的責任！總的責任在中央，不在下面……

柯慶施照著本本，把彭德懷的發言摘錄唸完。

賀龍聽得又敬佩又高興，自己沒有估計錯吧？老彭砲火猛烈，要求毛澤東脫褲子，一次脫光！好傢伙，這個比喻打的夠辛辣，夠形象；李井泉卻對彭德懷的一些話十分反感，好像都是指著他的鼻子講的；吳芝圃則有些喪氣，自年初中央糾左糾偏以來，毛主席對他冷淡多了，幾次求見，都被接電話的衛士借故推掉。比起去年八月初視察新鄉縣七里營人民公社時，主席待他已宛如兩人。

蕭華是經常挨彭老總剋的。總政治部副主任是國防部長的直接下屬。但他對彭總還是敬服的：崽俫乖！全黨全軍，也只有彭總敢講這個話了。

賀龍重又燃起煙斗，言不由衷地說：「英雄，和平時期，只剩下他一個英雄。」

李井泉正要說說自己的見解，卻見一名男服務員來請首長們入席：「賀總，廖師傅讓報告，螃蟹已做好，是頭道菜，請首長們趁熱。」

於是賀龍領著四位客人進到餐室，繞著一張圓枱坐下。枱上已擺下杯盤，幾碟開味小菜。賀龍說：「操雞巴蛋的，我們不等譚震林了，他遲到，叫他喝湯、啃骨頭算了。」

適才被蕭華視爲「絕色」的女護士，一手托著盛了小毛巾的瓷盤，一手以小攝子送每位首長一塊溫濕的小毛巾，餐前擦臉擦手用的。女護士移步到蕭華身邊，遞上小毛巾時，但覺酥胸高聳，皓腕凝脂，紅唇半啓，眞讓人坐不住了。因是賀總的保健護士，大約通了房的，蕭華倒也不敢亂了規矩。

女護士給首長們上酒，上的不是吳芝圃帶來的孔明大曲，而是賀家鍾愛的瀘州老窖。蕭華首先站起來向賀總敬酒，柯慶施、李井泉、吳芝圃跟著舉杯起立，一齊祝賀帥身體健康。賀龍是痛快人，起身乾了杯，並發佈酒令；到此爲止，誰也不准起立了，都是老同志，不要虛套。蕭華說：「我再敬井泉同志，也一併敬了柯書記和吳書記，軍愛民嘛，總可以吧！」賀龍笑道：「看看，借我的酒，做他的雞巴人情。」柯慶施也趁勢舉杯：「好好，遵賀總酒令，不再起立，但我也借花獻佛，民擁軍，敬賀帥和各位！」

主菜尚未上席，主客已乾三輪。還好這景德鎮出品的酒盅小巧玲瓏，乾一杯也不過五錢而已。

男服務員雙手端來三大瓷盤湖蟹：一隻清蒸，一隻椒鹽，一隻薑葱。也是武官請客的風格，講個大盤大碟，菜也不是一道一道的上，而是數菜齊上，豐盛熱鬧。

女護士上來一人呈上一把鍍銀鉗夾，夾蟹腿用的。

美食當前，人人眼睛放亮。賀龍說聲請，於是一人拿上一隻肥大的蟹腿，牙的牙咬，鉗的鉗夾，各顯神通。

賀龍好吃好喝，全軍聞名。蕭華小賀總二十歲，更是牙堅齒利，無堅不摧。李井泉、柯慶施、吳芝圃稍稍斯文些，一時也沒有多話。

男服務員一輪一輪替換每個首長面前盛滿蟹殼的碟子，女護士一次一次向每位首長遞上抹嘴擦手的小毛巾。李井泉不免代表自己的連襟說：「柯書記，山上吃蟹，沾你的光，賀總的大師傅是四川人，烹蟹技術怕是不如你的上海師傅囉？」柯慶施抹抹嘴說：「不一定吧，上海菜味淡，喜歡加糖。我倒是喜歡四川、湖南風味，又香又辣。」

蕭華進食速度快，面前碟子裡的蟹殼總是堆得比別人的高。看看女護士退到門邊去了，他趁興說：「這大約和江浙一帶的女子一樣，嬌嬌氣氣，甜甜膩膩；不像我們江西、湖南、四川一帶的女人，愛你愛個死，恨你恨不能閹了你！」

李井泉哈哈笑著說：「蕭主任三句話不離本行。你老弟大錯誤不犯、小錯誤不斷，也沒見哪個女子閹了你。」

賀龍說：「一般來講，北方婆娘性溫，南方婆娘性燥，倒是實情。來，不要囉嗦，我們換大杯、痛快痛快。」

也沒讓服務員上場，李井泉自己動手，撤下每人面前的小酒盅，換上茶杯般的大酒盅。每盅足有二兩。

兩大盅老窖下肚，蕭華已有六成醉意：「賀總啊，我和你說，一次在北戴河休息，主席也和我扯到這個話題。他說高崗經驗，東北地方的女人，受山參地氣滋養，能補男人的身子。主席說，他是不信，南方的，北方的，黑了燈，還不都是一個洞？鬼騙你，主席就是這麼講的！」

滿席哈哈大笑。賀龍說：「哪有什麼？主席去年收了哈爾濱鐵路局的小張，聽講是牡丹江人，大約很滋補的。」

李井泉酒醉心清，見話題扯到了主席，連忙引開去：「蕭主任，聽講你們當年在東北戰場，每逢打了勝仗，縱隊的司令員、政委們就到哈爾濱整休，你、黃永勝、蘇振華、李作鵬、邱會作、皮定鈞等等，專門找白俄女子洩火？高崗就曾吹噓，他一晚上幹過四名白俄女人，還令她們討饒……」

蕭華說：「高崗本事大，也愛吹。戰爭年代嚒，提著腦袋鑽槍砲子彈縫，上午不知下午死活，打了勝仗還不及時樂一樂？那時節林總和羅總，睜隻眼，閉隻眼，不把手下將領玩白俄女子當回事。我可以負責任地說，林總、羅總是不玩的，因爲他們身體不行。」

席間又是哈哈大笑。柯慶施問：「白俄女子如何啊？」

蕭華說：「你去過蘇聯，連列寧都見了，還沒見過俄國女子？她們身材好，高乳、長腿，但皮膚粗糙，有的還有狐臭。一個個都很浪，和你拚命似的，喜歡叫喊，挺帶刺激性……不講了，不講了，我這是班門弄斧，連級幹部，在營、團級首長面前班門弄斧。」

大家衝著賀總笑。賀龍伸過筷子在蕭華腦殼上敲敲：「數你操蛋！老子怕是把你小子給慣壞了，沒些規矩！」

警衛秘書在餐室門口輕喚一聲「報告」！賀龍知道有事，示意大家安靜，聽警衛員報告：「美廬值班室有電話來，請賀帥明天上午十一時去見主席，今晚上不用回電話了。」

賀龍答應一聲：「是！明天我會準時去見主席。」

男服務員上來撤換盤子、碟子。三隻湖蟹已被吃得狼藉。女護士依次端來五盆熱水，供每位首長淨手淨臉。

餐檯上重整杯盤。每位面前多了青花小碗和湯匙。男服務員請示賀總：「要不要上紅酒？下面是『一品當朝』了。」

賀龍並不徵詢客人意見，一擺手：「不用，那是女人酒。」

不一會，男服務員端上來一盆直有小面盆大的陶缽。揭蓋，登時濃香四溢。服務員報了菜名：「一品當朝」。

柯慶施目光炯炯：「百聞不如一見，今晚上是有口福了。」

賀龍說：「各位自己動手。可先嚐一小碗湯汁。」

柯慶施、吳芝圃都是第一次品嚐，一口湯汁喝下，立即讚嘆不已：「極品！極品！」

蕭華卻待吃下兩塊肥肥嫩嫩的肉條後，才說：「賀總，請你的大師傅出來見見，如何？我家裡的師傅就烹不出這等妙品。不要保守秘密了，聽講你家師傅還進菊香書屋給主席獻過藝？主席評價如何？」

賀龍先朝門口招呼一聲：「請廖師傅來一下，蕭華上將要敬他酒；」隨即轉身又說，「主席是喜歡吃狗肉的，但保健醫生不讓多吃，說主席身上火性旺，多吃會流鼻血……總理有次吃了，就鼻血不止，保健醫生嚇個半死。」

一位六十來歲的矮胖子，白帽白圍裙的，搓著兩手進到餐室。蕭華起身相迎，先握手，後敬酒：「廖師傅！我這是第幾次吃你的『一品當朝』了？我家裡大師傅就怎麼也做不出你這口味來。那位是上海的柯書記，這位是河南的吳書記，你給我們傳授傳授秘訣如何？」

柯慶施、吳芝圃也起身敬酒，敬僕亦即敬主了：「廖師傅，你的『一品當朝』，可稱中國名菜，介紹介紹啊。」

廖師傅見三位大人物都這麼給他面子，遂以眼神請示賀老總。見賀老總點點頭，才說：「我這就匯報，這就匯報。原料嫩狗前腿（帶皮）一對，紅燈籠椒三個；調料，紹興黃酒三勺，陽江豆豉一兩，精鹽半兩，祖傳濃汁半斤，白糖二兩，冰糖一小塊，菜油二兩，麻油一小勺，豆油一小勺，陳皮兩件，八角三瓣，桂皮一小片，桂圓肉二兩，白胡椒粉少許，生薑一小段，葱頭兩根，青蒜四根，水淀粉半碗；製作方法：一、狗肉洗淨去骨，切成長方塊，下鍋漂水，去血汙，取出瀝乾水氣；二、生薑去皮，，拍碎。紅燈籠椒去籽切成細絲。青蒜、葱頭都切成半寸長段，各用刀拍一下；三、砂鍋放爐火上燒熱，放入生菜油，燒熱，加入生薑，葱段、蒜段，即放進狗肉爆炒至半熟，烹入黃酒、陽江豆豉、陳皮、八角、桂皮，再爆五分鐘，加入祖傳濃汁和其餘佐料，先用旺火煮十分鐘，再加蓋用文火燜煮半小時。揭蓋，調入水淀粉，撒上紅辣椒絲，連缽上席，請首長們趁熱用。」

廖師傅背書一般，大家也記不下許多，蕭華腦門一拍：「一品當朝！一品當朝！奧妙在那半斤祖傳濃汁上，是不是？廖師傅，可不可以告訴一下，那祖傳濃汁的成分？」

廖師傅再看一眼賀老總。賀龍說：「蕭華啊，你們坐下，菜都要涼了。廖師傅的祖傳濃汁，是有來頭的。他祖父、父親都是前清北洋大臣袁世凱府上的大廚。清亡，袁世凱做了一段大總統，又想做皇帝，敗亡。他父親領著他回四川老家，在軍閥省長劉文輝公館當廚師，也是專做狗肉宴。五〇年我到重慶，他父親去世，才把他給聘來了……」

說了好一陣，也沒有把廖家的祖傳秘方說清楚。李井泉是知道內情的，其中一味是罌粟殼煮汁，難怪這「一品當朝」能讓人吃上癮。

賀龍說：「廖師傅，我看你還是回廚房歇歇去吧。各位，今晚上大家放量一醉。來，平日難得一聚，乾上一杯，大家趁熱。還有壓軸的呢！」

蕭華知道賀府秘方不會輕易示人，便說：「好！謝賀總，乾！今晚在座，賀總、柯書記、李書記，三位政治局委員，比照過去，算得一品當朝了。好！現在是一品當朝吃『一品當朝』！」

滿席哈哈大笑。笑過之後，李井泉以牙籤剔著牙縫，彈走一絲肉末，說：「賀總，我看我們也談點正經話題吧。」

柯慶施心裡頓生警覺：「吃吃喝喝，還有正經話題？」

蕭華也說：「我只管吃喝，心無旁騖。」

賀龍點上煙斗，嘣嘣吸著，煙霧中看一眼蕭華，說：「這次在山上，是八仙過海，各顯神通來了。議論很多，牢騷不少。好像去年大躍進、人民公社、公共食堂，自上而下、犯了多大的錯誤……告訴各位一句話，我姓賀的只有一個念頭：哪怕地動山搖，也只緊跟中央，捍衛主席。」

李井泉說：「對了，賀總今晚上請大家聚聚，也是我的建議，就是想說這句話。譚震林、王任重二位雖然沒到，我想也是贊同的。我們黨離不開主席。沒有主席就沒有中央。誰要是想動搖這個，我李井泉頭一個不幹。」

柯慶施放了心：「我同意！去年我們是緊跟主席的。今年不能聽任那一班老少右傾們鬧騰。賀總喂，是有人想把去年的問題說成爲自上而下的路線錯誤，否定主席的一個、兩個、三個指頭的比例。要警惕有人鬧路線鬥爭。」

蕭華說：「有這麼嚴重？去年成績爲主，也出了些問題。如果只是針對問題提出看法，改進工作，應當接受。如果借題發揮，另有所圖，我當然是站在主席身邊的。」

吳芝圃說：「河南去年問題多，我負頭份責任。但要把河南的問題扯到主席頭上，除非剁下我的腦殼！去年誰沒有錯？誰不擁護總路線、大躍進、人民公社？誰有這個膽子？今年中央提出糾左，有的人就跳了出來，鬧騰的可歡了，好像就他們幾個下游分子正確。」

柯慶施說：「井泉啊，芝圃啊，加上譚老闆、李富春、彭眞、陶鑄、王任重、王鶴壽、曾希聖、張仲良、江華、劉建勳等等，我們去年是眞正的左派，扛了紅旗，當了先鋒。賀總不管地方工作，但和我們心相通。這次在山上，我們可要眼睛放亮，耳朵放靈，如有人鬧事，我們一步也不能退讓！誰要說人民公社辦早了，公共食堂辦糟了，我們和他辯論！腰桿要硬！不就餓死了幾個人嗎？國家這麼大，氣候這麼複雜，哪朝哪代沒有災荒？說到底，毛主席是站在我們一邊的。」

李井泉說：「柯書記這話高水平。我也相信，主席不會拋出我們。拋出我們，對主席是極大的威脅。否定了我們，等於否定了他自己。」

吳芝圃已經有了醉意：「不瞞各位老上級、老同事，我最怕的就是這個……離開了主席，我就什麼都不是了，眞他娘的狗屁不值……」

柯慶施、李井泉頓覺脊椎骨生寒，吳芝圃點穿的也是他們的「七寸」：離開了毛主席，大家狗屁不值。

蕭華有些不耐煩了：「喂喂喂，不要盡講喪氣話了！我是十二歲跟了紅軍，跟了主席的。你們放心，主席從不輕易換將。還記得東北戰場的事嗎？從一九四五年冬到一九四六年冬，整整一年多時間，我東北民主聯軍一路都是戰略撤退，都退到了松花江一帶，有的部隊還退進北朝鮮境內。國民黨派到東北戰場的部隊號稱「龍虎之師」，很能打的。他們的電台、報紙天天叫喊勝利，稱我們林總為

「逃跑將軍」。可是，即使是在那種失利的形勢下，毛主席都沒有撤換林總，反而加大信任和重用，把彭眞同志調回關內，讓林總以東北民主聯軍司令員兼任東北局第一書記，黨政軍大權一把抓！再看看國民黨的蔣總裁吧，杜聿明是很能打的，老蔣卻陣前易帥，換來個黨官陳誠，沒幾個月又換成衛立煌做剿總司令。換得人心惶惶。結果怎樣？我軍圍長春，打錦州，戰略大反攻，反敗爲勝。

賀龍嗒嗒地敲響煙斗：「蕭華講得對，毛澤東一代英主，不會輕易換將的，各位要有信心。你們幾位啊，或許現在也需要來點戰略退卻，靜觀其變。講不定哪一天，哪一時，就會有戰略反攻的！當然，我這也是瞎猜測，作不得數。」

賀龍言簡意賅。柯慶施、李井泉、吳芝圃引頸聆聽。這時，餐室門口，男服務員輕咳一聲報告首長：「譚副總理來電話，他今晚上來不及了……可以上下一道菜了嗎？」

李井泉代表賀總表示許可地招了招手。

賀龍笑罵了一句：「操雞巴蛋的譚震林，講話不作數。」

男服務員隨即端上一大盤熱氣騰騰、香甜撲鼻的狗灌腸，報了菜名：五子登科。原來盤中並列著五根秘製狗灌腸，每根約五寸長短。菜名則視主客人數而定，如六人稱六子登科，九人稱爲九子登科。這亦是賀家狗肉宴的極品，俗稱「吃狗不吃腸，等於沒有嚐」。

果然，一人一根狗灌腸的吃著，人人叫好叫妙。都是生平從未吃到的美味佳饌。吃罷，又一齊向賀總敬酒，表示敬意。當那男服務員上來撤杯盤、上水果，女護士上來給各位首長換面巾、茶水時，蕭華卻要乘著酒興講個笑話，讓大家輕鬆輕鬆，幫助消化。

蕭華說：「從前啊，有個貪嘴的財主，到佃戶家去收租。那佃戶招待財主吃狗肉，最後一道菜也是狗灌腸，美味無比。財主問：你這狗灌腸如此鮮美，如何製成？佃戶說，老東家，很容易做啦！比方你老人家想吃灌腸時，先把狗關起來，活活餓上三天，光餵水，不餵食。之後，要宰狗的前天晚上，你把糯米和花生仁、核桃仁、香腸片、五香八角粉、料酒、糖、香油、薑末、蔥末、蒜末等等，一鍋煮了，稍冷，取出來餵狗。狗已餓極，必然大吃特吃。吃得越飽越好。第二天一早，你老人家親自動手把狗宰了，取出狗腸趁熱來吃……貪吃的財主回家，如法炮製。第二天一早宰了狗，取出狗腸趁熱就吃！天呀，這狗灌湯怎麼味道不對，哇！一嘴腥臭……」

不等蕭華說完，早笑倒了一屋人，一個個捂著肚子喊哎喲！那女護士更是笑得倚倒在賀總身上，岔了氣……柯大鼻子伏在桌上抖動著肩頭，手指著蕭華：「你、你、你不像話，不像話」；李井泉笑得眼睛不是眼睛，鼻子不是鼻子：「蕭、蕭、蕭上將……我胃痛，我胃痛」；吳芝圃則離席蹲到了地上：「不行，不行，不行……有礙衛生，有礙衛生……」

賀龍也笑出兩眼水花，雙手拍打在女護士的纖腰上：「小子，放屁！你小子，放屁……虧你還是個上將，總政主任……」

第一六章　元帥和女兵

小梅向周總理告了假，到河東路一百七十六號別墅來看望志願軍老首長彭德懷總司令。她還特意帶了個海鷗牌小照相機。事先已經電話聯繫過。自那天傍晚陪總理在花徑湖畔散步見到彭總後，小梅就想著彭總會通知她去聊聊天，問問情況。彭總喜愛士兵，全軍聞名。她還把這事悄悄告訴了自己的好友——廬山醫院的林燕嬌醫生。林姐當過志願軍文工團團員，回國後考上軍醫大學改了行的。林姐一聽彭總也在山上，竟眼睛都紅了，看樣子和彭總還很熟悉呢。因嚴格執行保衛條例，廬山管理局的工作人員不經組織傳達，禁止私自打聽山上首長們的住處和行止的。小梅等了三、四天都沒有等到消息。彭總大約太忙，把她一名小女兵忘記了。給總理當保健護士，見的大首長多了，倒也不再怯場。彭總沒有召見，就不能自己去拜望？果然電話掛過去，彭總就高興地答應了：「小梅啊，歡迎，歡迎，妳和總理講一聲，如果晚飯後有空，就過來吧。」

小梅高興得腳板都發跳，先繞去醫院宿舍告訴了林姐，讓林姐等電話，沒準彭總也會立時讓她去見一面的。林姐說不用打電話，那會傳出去，犯紀律的。小梅說，那妳就先到那山坡下去候著，權當散散步。

晚餐後太陽還老高，彭德懷身邊的幾名工作人員都外出遊玩去了，只留下警衛員在院子裡陪著。他坐在藤椅上看一份紅頭《快訊》。對面另擺了張藤椅，給客人留著的。中間是個四方形小茶几，擱著茶壺茶杯，還有一碟水果糖。

客人還沒有到。彭德懷很快被《快訊》上的內容吸引住：安徽省委書記處書記張愷帆，分管農業的，八月下旬回老家無爲縣視察工作並探望病重的老母親。張愷帆新四軍出身，過去一直在安徽、江蘇一帶打游擊，對當地情況相當熟悉。無爲縣北臨巢湖，南近長江，本算個魚米之鄉。去年大躍進中，無爲變有爲，高產再高產，衛星滿天飛，折騰得夠厲害，到今年全縣農村的公共食堂只供應照得見人影的稀粥和不見油星的蔬菜。張愷帆沒想到的是，他母親大人的病竟也是因嚴重營養不良，而引發腹部腫脹積水，命在旦夕。母親大人拉住當了大官、多年沒有回家探望的兒子的手，聲如游絲地說：「魚，魚，娘想吃魚……」張愷帆作爲省委的農業書記，立即要求生產隊長替他去弄一條魚。可生產隊長告上他：隊裡的十幾口魚塘，連魚花子都早被人偷吃光了，除非派人派船去巢湖裡捕捉。張愷帆要替母親盡盡孝道，當即拿出六十塊錢作爲酬勞。可是，還沒有等到生產隊長派人派船去捕魚，張愷帆的母親大人已嚥了氣……張愷帆忍著悲痛，草草辦理了母親的喪事，繼續在農村視察。他去年也是大躍進的積極分子，反過別人的右傾。現在他不得不承認，當前農村最緊迫的問題是公共食堂。再這麼不顧群衆死活的吃下去，肯定要吃出大災難！無論走到哪個公社、哪個生產隊，看到的都是面帶菜色、手腳浮腫的社員群衆。自己的母親就是個例子。作爲領導幹部，他又不便舉出自己的母親來做例子。中央的有關文件裡，不也有提到，農村公共食堂要準備垮掉一部分嗎？於是他在視察期間，大膽作出決定，向幹部群衆宣布允許「三還原」：吃飯還原，住房還原，小塊土地耕種還原，徹底糾正「共產風」。省委書記開了口，全縣幹部一呼百應，三天之內，無爲縣全縣六千多個公共食堂「一風吹散」。無爲縣解散公共食堂這股風，也很快傳到了鄰近的縣，鄰近的地區。安徽省委第一書記曾希聖上廬山開會之前，已經了解到無爲縣發生的情況。他暫時沒有表示態度。要上山摸準了中央的意向後，再來決定是制止還是默許。在省委第一書記中，曾希聖和四川的李井泉、湖北的王任重、河南的吳芝圃、甘肅的張仲良等人一樣，同屬大躍進的激進派，緊跟毛澤東不回頭的。

彭德懷看完《快訊》，忍不住大聲叫好：「好！安徽的這份材料好，張愷帆敢作敢爲，是條漢子。娘賣屄的，拿鄉下老百姓的性命耍把戲？每個省、區都應當出他幾個張愷帆，娘的來個先斬後奏，食堂統統解散……」

報告總司令！戰士梅霞新到！

雖然沒有身著軍裝，小梅仍是身子筆挺，雙腳跟一碰，右手掌齊眉，向彭德懷行軍禮。

喜德懷丟下手中的《快訊》，起立還禮，再握手請坐：「小戰友，請坐囉，妳還是一個兵！我們志願軍裡，當年出了多少漂亮的優秀女兵……來來，喝茶。這是特意爲妳準備的水果糖。」

接過彭總遞給的茶杯，小梅心裡有股說不出的激動。這些年來，大大小小的首長見得不少，但不像彭總這樣如父如兄，使她感到親切溫暖。其實，她在朝鮮戰場上，也就見過彭總兩、三回，彭總也不一定能記住有她這個女兵呢。

彭總說：「對了，前幾天在花徑湖邊見到妳，妳講妳是三十八軍戰地醫院的護士，我就想問妳，是不是一次戰地醫院遭敵機轟炸，妳冒著大火，一口氣揹出來六名重傷員，後來記了一等功的？記得你們軍的軍政委到司令部替妳請功時，說簡直不能相信，一名江西籍女兵，清清秀秀、瘦瘦高高的十九歲女護士，竟能揹得動那些一百六、七十斤的大漢子，而且一連揹出了六名！」

說起戰爭年代的人和事，彭德懷就雙目炯炯，粗喉大嗓，神采奕奕。

小梅卻一臉羞赧。都差點錯怪了彭總，以爲他記不住那些陳年的芝麻舊事。她低下頭，眼睛望著地下。

彭總的目光落到她的鞋尖上：「小梅，把皮鞋脫了！我要檢查、檢查……記得我和你們軍長、政委到醫院裡看過那名女兵，她腳掌上有傷，還燒壞了兩根腳趾頭……」

小梅已是兩眼淚花：「首長，不要看了吧？比起戰場上那些眞正的英雄，那些犧牲了的戰友，我做的那點子事算什麼？好，首長要檢查，就檢查……」說著，小梅脫了皮鞋，脫了短襪，露出右腳掌上的一條傷疤和兩根至今黑糊糊焦枯著的趾頭。

彭德懷見狀，閉了閉眼睛：好了好了，沒有傷殘就好。我的記性還不太差……沒有給妳的行動帶來不便吧？

小梅穿好鞋襪，掏出手絹擦了擦眼睛：「謝謝首長關心。平時走路還好，跑步就不行，總是短了什麼似的……一點也沒有影響我的生活和工作。」

彭德懷問：「妳是哪年復員的？老家在農村？」

小梅回答：「一九五四年回國，一九五五年復員回贛州。軍分區首長了解到我在戰地醫院當過護士，但沒有經過正規學習，就保送我進了南昌護士學校。護校兩年畢業，分配到省醫學院附屬醫院高幹病室工作，也兩年了。」

彭德懷說：「很好，妳立過功嘛，算學有專長了。今年多大了？成家了嗎？」

小梅紅了紅臉：「二十七了，還沒有對象吶。」

彭德懷略帶不解地望著小梅：「有什麼原因嗎？在地方工作得不愉快？」

小梅說：「也沒什麼不愉快，在省委高幹病室工作，條件蠻好的……我只是常常想念部隊生活，很艱苦，也危險，但人和人的關係單純、真誠。首長，不怕你批評，我做夢都想回部隊……當然，我也知道，實際上不大可能。」

彭德懷笑了：「看看，妳這個小鬼，對部隊還很有感情……我也不大適應地方工作，某些部門，人和人的關係彎彎曲曲，同志之間也使計謀，搞策略。個別領導人特殊化很厲害。有時看不慣，就要吼幾嗓子，盡得罪人。我也是習慣戰爭年代，是非清楚，戰友之間直來直去，也吵架，也罵娘，但很少私心雜念……看來，妳和我都是巴頓將軍式的人物，戰爭販子，到了和平時期，日子反而不好混。」

小梅被逗笑了：「首長，看您說的，共和國元帥，國防部長，三軍總司令，怎麼會是戰爭販子呢？」

彭德懷哈哈大笑，這個女兵娃娃是很單純、可愛：「妳真想回部隊？有什麼具體打算？」

小梅報告彭總，她已報名參加援藏醫療隊，是省軍區組建的。今年三月西藏叛亂平息後，那邊需要大量人手。本來隨醫療隊八月份出發的，後省委要抽調一批人上山服務，就把她給留下來了，並通知她明年夏天才去西藏了。

彭德懷點點頭：「很好，年輕人到最艱苦的地方去鍛鍊，有出息。今年二、三月間，本來我也要去拉薩的，後來平叛順利，那些叛亂分子不經打，只半個月，就降的降，逃的逃，跑印度去了……對了，妳申請進藏，妳父母同意嗎？他們在鄉下生活得怎樣？」

小梅見彭總問起她鄉下父母的生活情況，臉盤上就像忽然掠過一層烏雲似的，低下了頭，不知該說什麼好。

彭德懷知道她心裡有顧慮。記得周恩來說過，贛州鄉下已經開始鬧饑荒，流行水腫病。便又問：「小梅啊，妳在南昌工作，一年回幾次老家？勇敢點，和我講實話。」

小梅陡地抬起波光盈盈的大眼睛，反問：「首長啊，您是讓我講眞話？」

彭德懷沒想到這名秀麗的女兵會拿話激他：「當然要聽妳講眞話！在戰場上，誰講假話，謊報軍情，軍法處置，殺頭的！」

小梅受到鼓勵，挺胸昂頭說：「好，我講眞的。我父母住在贛州郊區農村，本來生活算很好過的。但去年不知誰個昏了頭，工不工、農不農的，殺豬殺鴨，敞開肚皮吃公共食堂，砸掉好鍋煉鋼鐵，拆掉房屋蓋工廠，大家玩戲法樣的玩了大半年，到今年開春，公共食堂只供應稀米湯，黃菜葉子湯……還不准社員家裡起伙，弄點薯根、蕨粑吃都要受批判……二月裡我回家過春節，不要說豬、雞，連貓和狗都打光了，吃掉了。五月份我又回去一次，父母親和兩個弟妹都得了水腫病，虧了我帶回去二十斤黃豆，才救下四條命……可我們村裡，已經餓死了十多口人。母親告訴我，是天下荒年，再這麼下去，不曉得有多少人送命……可省城的報紙、電台，仍在天天宣傳大好形勢，號召繼續躍進。不瞞首長，我申請去西藏工作，也是想留下自己的一份工資①，幫我鄉下的父母弟妹度饑荒。我知道這是自私，家庭觀念重。但我沒有別的辦法……」

登時，彭德懷眼睛裡冒出了火星子：「你們省委、省政府的領導人，知不知道贛州鄉下的情況？

---

① 中共對進藏工作人員實行雙薪制。

有不有救災措施？」

小梅說：「應該是知道的，何況全省也不是贛州一個地方鬧饑荒。聽講有內部統計，今年上半年全省已死了兩萬多人，還有一百萬人得了水腫……可是上個月省裡組織我們服務人員上山前，宣布了一條嚴格的紀律，在山上見到任何中央首長，如問起江西地方上的情況，只許講好，不許講壞，不然以破壞中央會議論處。」

彭德懷氣惱得一掌拍在茶几上，茶杯、茶壺都差點震到了草地上：「混蛋！黨的事業壞就壞在這批馬屁精身上……娘賣屄的，他們一個個也是打過仗的，到了和平時期，做了狗官，就成了兩眼向上的化生子……對不起，小梅，我又罵人了。要是在戰場上，他們敢這樣胡來，不把老百姓的性命當性命，老子早下命令斃他幾個狗日的了！」

小梅見彭總動怒，不安地看了一眼四周，說：「對不起……情況也許沒有那麼嚴重，只是個別地方的災情。」

彭德懷依然兩眼冒火：「個別地方？甘肅、青海一帶早就鬧饑荒了，軍隊動用大批車輛搶運糧食。上個星期我們坐火車路過河南、湖北，沿途都看得到逃荒的人流。這裡還有份《快訊》，安徽無為縣也發生災情，省委農業書記的母親都餓死了……好了，我也不發火了。小梅，在山上，妳算個證人，妳知道的情況，向周總理匯報過嗎？黨章上不是有一條，共產黨員有權向包括黨中央主席在內的任何領導人表達意見？」

小梅說：「總理上山的頭天晚上，我就講了。是總理先問起來的。我還對總理提過，如果有機會，眞想去向毛主席反映，鄉下的公共食堂不能再吃下去，已經吃出人命了。可總理怕我惹亂子，要求我不講，反正中央這次到山上開會，就是專門研究這些問題的……」

彭德懷望著小梅，心裡有些隱隱作痛。黨章是黨章，一些條文早已淪爲表面文章。是不宜讓這個女娃娃去向老毛反映如此重大的問題。弄不好，江西省委怪罪於她，她會吃虧一輩子……停了一停，彭德懷嘆了口氣，說：「小梅，總理的吩咐是對的。關於去年的共產風害苦人，公共食堂餓死人，要講話，要發砲，還是由我們這些人出面比較好。不然，我們這些大官老爺們，日後怎麼有臉去見那些革命先烈？戰爭年代，有人犧牲是常情，不可避免；到了和平時期，哪能用一句什麼『要奮鬥就會有犧牲』之類的話，來掩蓋路線偏差、政策錯誤？歷史是蒙混不過去的！」

小梅聽得出彭總內心裡的憤懣。彭總也是盡量在克制著，以免在她一名普通護士面前，說出更爲激烈的言詞。

彭德懷再又長嘆一聲，神色平靜了些，轉以開導的口吻說：「小梅啊，去年的許多不正常情況，可算是好心辦下壞事，妄圖一口氣吃成個大胖子，跑步進入共產主義，結果吃出一身浮腫病，全黨得到教訓。我們還是要相信黨組織，相信黨中央能徹底糾正。妳也知道了，這次在山上開會，就是爲了解決共產風、公共食堂這些問題。我相信妳一名戰場上立過功的年輕同志，能正確對待。」

小梅望著彭總，溫順地點了點頭。看看天近傍晚，遠處的山谷已起了白茫茫霧靄，如同海上的波濤在翻滾，在奔湧；天邊的晚霞，則是把近處的樹林、別墅，抹上耀眼的金光。人在晚霞裡，如同畫圖中。對了！光顧著講老家鄉下的事，差點子把個林姐給忘了。於是笑了笑，試探著說：「首長，山上的醫院裡，有位林姐，也當過志願軍呢。」

彭德懷眉頭聳了聳，心裡一動：「姓林的女兵？什麼名字？她在朝鮮見過我嗎？」

小梅說：「她叫林燕嬌，文工團員，說是您認得的。」

彭德懷驚喜地站了起來：「林妹子？我的乾女兒啊！她在這裡工作？好幾年沒有她的消息了，我是太粗心了。」

小梅沒想到彭總會這樣興奮。林姐竟是彭總的乾女兒。難怪提到彭總到了山上，林姐就紅了眼睛呢。林姐心裡也眞藏得住事，從沒聽她透過口風。

彭德懷手一揮：「走走，現在就帶我去看看林妹子去。」

小梅卻站著沒動，腦子裡飛快地想了想，說：「您若是親自去找她，目標太大，整個醫院都會傳開的。」

彭德懷拍拍腦門，覺得小梅所慮有理：「那好，那好，我去掛個電話給她，叫她馬上過來。」

小梅仍是機靈地搖搖腦袋：「還是我去吧，講不定，她現在已經到了山坡下，等著上來見您哪。」

說著，小梅快步出了院子，下了石階。她走得快時，是有點瘸。

想到馬上就要和林妹子見面，彭德懷不禁很有些感嘆。林燕嬌廣東人，一九五三年隨志願軍文工團回國。她們文工團隨即改建制爲中南海歌舞團。是總政副主任蕭華那小子根據周恩來的授意幹的；爲的是中南海每逢周末都辦舞會，有了自己的歌舞團，就不須到外面去挑選女演員和樂隊來爲老毛等人服務了。蕭華他們做成既定事實，才報請主持中央軍委工作的彭德懷核准。還沒有等彭德懷批下報告，中南海歌舞團就在北戴河演出時出了情況，被江青一封信告到中央書記處，揭發老毛在那裡玩弄多名女青年，包括一名志願軍女文工團員。這名女文工團員就是彭德懷的乾女兒林燕嬌。彭德懷一怒之下，也眞不給老毛面子，即以國防部長兼志願軍總司令的名義，下令解散不合軍隊建制的中南海歌舞團，人員分配到總政治部屬下文藝單位工作。對於林燕嬌，彭德懷更是親自過問，把人要了回來，保送到軍隊文化學校補習文化，再鼓勵她考上了軍醫大學。彭德懷算了卻一樁心事。林妹子給他來過幾封信，他太忙，沒顧上回。林妹子軍醫大學畢業，分配到南方工作，後來就斷了消息。彭德懷和浦安修沒有生下子女，但家裡收養著左權烈士的女兒，任弼時同志的女兒，加上從湘潭老家接來的侄兒、侄女，總共是七、八個孩子呢。彭德懷平日不苟言笑，表情嚴肅，心裡卻有一腔父愛。

彭德懷踱步到一株古松樹下，望著下面山谷間的茫茫霧氣。這廬山也眞是他娘的雲家鄉，霧世界，雲也好，霧也罷，說來就來，說散就散，神秘莫測，變幻無常。一座座山峰，一片片樹林，一棟棟別墅，靑靑黃黃，紅紅綠綠，浮現在白茫茫雲霧的上面，眞就是到了天上……他娘的，難怪古人今人，都想來這山上當神仙……

看看，那不是小梅，領著個同樣漂亮的女青年，鑽出雲霧，踏著石級，一步一級蹦跳著似的，上來了？正是雲中仙女，冉冉飄至。

彭德懷步下石級，接住了小梅領來的青年女子：「林妹子，是林妹子，五六年不見面，妳還是現樣子……」

小梅在旁解釋：「林姐早就到了，在坡下石櫈上看書，等消息。」

林燕嬌滿臉緋紅，看得出來十分激動。她大大方方在扶住彭德懷的胳膊，上到平地，才忽然叫起一聲「阿爸」！一頭撲到彭德懷的身上。

彭德懷很不習慣似的晃了晃肩膀，兩手推著乾女兒：「好了好了，這不又會面了？我們到那邊坐下說話……妳高興，我也高興嘛。」

林燕嬌羞赧地看了一眼小梅，仍是拉著義父的手嗔怪說：「我給您寫了那麼多信，是不是秘書沒有交給您？我都以爲您不肯認我這個女兒了。」

彭德懷笑出滿臉慈祥：「哪裡哪裡，兒女不怕多囉。不怪秘書，是怪我太忙，總是想著回信，總是沒有做。反正曉得妳進了醫大，安心學習，有了出息，就放落了心……對了，妳們兩個怎麼認得的？在朝鮮？還是在這裡？」

警衛員已經及時地搬來一把藤椅、一隻茶杯。

林燕嬌再又感激地看看小梅：「不是在朝鮮……我軍醫大畢業後，被分配來九江駐軍醫院工作。

五月間，上級到我們醫院挑選了幾名醫生，上廬山臨時工作。我和小梅是在集訓班上認識的。一百多名醫護人員，只有我們兩個是志願軍女戰友，很快成了好朋友。我比她大兩歲，她喊我林姐。我好喜歡有她這個妹妹。

彭德懷高興地點著頭：「好女娃，好女娃。妳既然曉得中央在山上開會，爲什麼不來找我？我都上山一星期了。當了大夫，反倒怕來見我了？」

林燕嬌說：「阿爸您說的什麼呀？這山上紀律特嚴格。我每天在這裡的醫院値班，根本不知道來了哪些中央首長，也禁止我們打聽。還規定我們不准到別墅區散步，除非哪位首長傳喚。只有蕭副主任到醫院看過病，認出了我。」

彭德懷留心到，林妹子眼睛裡閃過幾絲憂懼似的，遂問：「哪個蕭副主任？是不是總政治部的蕭華？」

林燕嬌埋下眼皮：「他找過我多次，一會要枇杷露，一會要玉竹膏，一會要羅漢果茶，都是消炎止咳的。但他沒有提到您也在山上。」

彭德懷說：「大約人家是遵守紀律的囉。林妹子，我記得妳有二十八、九了，這幾年，妳的個人問題解決沒有？」

林燕嬌又緋紅了臉蛋：「您不理我，我都沒敢向您報告……我前年成家了，已有了一個孩子。我愛人是軍醫大同學，分配在一起工作。」

彭德懷一聽，高興得嗬嗬笑：「好消息，好消息！我不但有了女婿，還做了爺爺……是男娃，還是女娃？」

林燕嬌說：「是個男孩，調皮搗蛋的。孩子有您這位爺爺，才是福氣呢。」

彭德懷得意地摸一把下頷鬍腮：「很好很好，我這做爺爺的是喜飽了。什麼時候安排妳愛人帶孩子來見見？妳結婚、生娃娃，我都沒有送份禮，喝你們的喜酒呢！林妹子，近幾天能不能來？趁我在山上。我這裡還有空屋子，他們可以住幾天……」

林燕嬌是既興奮又爲難地看小梅一眼。小梅說：「首長，怕是不行呢。我們這些工作人員有規定，中央會議期間，不准下山，不准寫信、打電話和山下的親友聯繫。」

彭德懷臉上的笑意消失了，懊惱地拍了拍額頭：「唉，娘的清規戒律就是多……搞了大半輩子，我們都掉進一套套規矩裡，有時真羨慕老百姓的日子，想會女婿就會女婿，想抱孫子就抱孫子。」

林燕嬌見義父這樣想看到小孫子，忍不住提議說：「爸！那您就作個特殊安排，請中辦楊主任幫幫忙啦……」

彭德懷想了想，才搖頭：「會叫尙昆同志作難囉。主要是中央兩個主席都在山上，就搞得和一級戰備似的。我看這樣吧，會議結束，能不能到九江停一天？我也是身不由己。或者，妳和妳愛人安排個探親假，帶娃娃到北京去探我嘛！浦安修同志還記得妳，今年春節還問起過。」

林燕嬌喜歡得小女孩似的直拍手：「太好了，太好了，我那一位會激動得睡不著覺，做夢都想不到的。」

彭德懷眼睛眨了一眨，忽又嚴肅地問：「林妹子，妳工作、生活有什麼困難嗎？好像有什麼事要和我講？」

林燕嬌遲疑地看小梅一眼，欲言又止。

小梅會意，拿起掛在椅背上的小照相機。

彭德懷看在眼裡，歉意地說：「看看，光顧了和林妹子講話……小梅啊，多謝妳告訴我妳老家的情況，還多謝妳把我乾女兒帶來。妳報名參加援藏醫療隊的事，妳腳上的傷，適不適合去那高寒地區啊？要不，等我回去給總後勤部的洪學智同志打個招呼。洪學智同志知道嗎？志願軍副司令員，現在是全軍的後勤總管。請他替妳想想辦法，進軍醫大也可以。但這事要守住嘴巴，透出去，就告吹。我這個國防部長，還從沒有調動過一名士兵，算給妳開個例。」

小梅登時人面桃花，歡喜雀躍，但又立時抿緊了嘴巴。她知道彭總和乾女兒還有話要談，遂起身告辭說：「彭總，我能不能和您照張相？我絕不張揚的……」

彭德懷起了身，爽快地答應：「可以可以，趁天色還亮。林妹子，妳當攝影師。」

林燕嬌熟練地操起照相機，取好角度，調好焦距，替一老一少連拍三張合影。小梅接過照相機，問：「要不要替你們父女也影個影？」

彭德懷揮揮手：「現在不用，我們要等女婿、孫子到齊，再拍全家福。」

小梅走後，彭德懷重新坐下，問乾女兒：「妳好像還有事情告訴我？妳吃糖嘛。」

林燕嬌捧著茶杯，仍有些遲疑：「好不容易在山上見到您，就又講煩心的事，惹你生氣……」

彭德懷說：「有什麼關係！五、六年沒有管過妳了，我這個當爸爸的很失職。我記得妳老家是廣東汕頭市，父母都是城市貧民，大約也就沒有吃公共食堂之類事情……什麼事啊？不管什麼難處，我總可以幫妳解決。」

林燕嬌躲不過義父那犀利的目光，咬了咬嘴唇，才說：「就是蕭副主任……他到醫院看病，認出了我，說毛主席也在山上，他要去報告毛主席，再安排我去見面……」

彭德懷額頭上的青筋都突起來了，壓著嗓門吼問：「這個東西！他作孽還作得不夠？妳怎麼回答他的？」

林燕嬌埋下臉去，滴下兩行淚珠：「我求告他老首長，放過我一名普通醫務人員，告訴他，我已經成家，有丈夫有孩子，要求他尊重我的家庭，我們也是軍人……他竟涎著臉說：林妹兒，倒是一點看不出像是生過孩子的，還黃花閨女似的……」

彭德懷壓住怒火問：「流氓成性！老毛那裡，妳不能再去。娘賣屄的，老子就不信他這個邪！」

林燕嬌仰起淚眼：「蕭主任笑我傻……他說多少女青年做夢都想到主席身邊去，妳倒是現成的機會都不用……」

彭德懷咬緊牙關：「這個活太監！專門替老毛拉皮條。難怪他生活作風不斷出問題，官卻是越做越大！」

林燕嬌繼續哭訴：「我告訴蕭副主任，我是有家有室的人，要對丈夫和孩子負責任；我還是一名軍醫，不能再丟了軍人的榮譽……他見我對那邊死了心，就答應了，不再去報告……可他，可他又對我毛手毛腳……」

彭德懷低聲吼起來：「揍他狗日的！在朝鮮，我不是命令志願軍女兵都要學幾路拳腳，以作防身？妳們文工團的女兵，不是還給我表演過？妳揍了他狗日的沒有？」

林燕嬌搖搖頭：「他畢竟是個大首長，上將……我只是推開他，警告他，他再動手動腳，我就開叫，滿醫院的人都會來看熱鬧……他才住手。」

彭德懷問：「後來哪？還去糾纏過？」

林燕嬌說：「去過兩回，還是看慢性喉炎，是喝酒、抽煙無節制的惡果……他還拉過我的手，被我甩開了。」

彭德懷吼道：「妳揍他！下回他再耍流氓，妳搧他幾耳光，狠狠搧！告訴他，是我彭德懷叫妳搧的！看他有臉告到老毛那裡去。我正可以開軍委生活會治他！」

林燕嬌看看義父氣憤的樣子，倒是有些害怕了：「阿爸，您千萬不要為女兒去生他的氣，弄壞了關係……他的背後，背後……爸，這次女兒又沒有吃虧，沒有上當嘛。」

彭德懷愣愣地瞪著乾女兒，吐出一口惡濁之氣：「娘的，我就不信，共產黨的天下是那一個人的……人善被人欺，馬善被人騎。不能太軟弱。特別是女孩子，要有點子剛烈……這樣吧，山上的會，開到月中，還有一個星期就結束。回到北京，我會安排你們兩口子去探親……只要我在軍隊工作，總能保護你們……」

這時，警衛員在離他們父女十多步遠的樹下報告：「首長，張部長來了，在那邊等著……另外，天快黑了，開始下露水了，是不是請客人進屋去談……」

彭德懷站起身來回答：「是洛甫吧？請他過來……小鬼，你快去我睡房裡，把枕頭下的一個信封拿來……林妹子，我們今天先談到這裡。張聞天同志和我有約。妳可以再來看我嘛……妳不單是我的乾女兒，更主要的，我們是朝鮮戰場上的戰友，能在廬山上見面，是緣份。」

說話間，警衛員已小跑著拿來了一個牛皮紙信封，交給彭總。彭德懷把信封交給林燕嬌：「裡面是三百塊錢，妳結婚、生娃兩大喜事，我和安修同志都沒有機會祝賀。妳就代表我們，替妳自己和妳愛人各買一套新衣服，剩下的，替我小孫子買點糖果、玩具……」

林燕嬌卻不肯收這個大禮。彭德懷生氣了：「林燕嬌同志！執行命令，去完成任務！」

林燕嬌聽說是命令，才不得不收下。彭德懷讚許說：「這就對了，軍人嘛，不要婆婆媽媽。」隨即又轉身對警衛員說：「張部長呢？請他來嘛。林妹子，妳不認識張聞天同志吧？他是個有學問的人，我介紹認識一下妳再回去。」

林燕嬌輕聲問：「爸，張聞天部長是誰？」

彭德懷見問，心裡登時悵然若失：當過志願軍，入黨也七、八年了，不知道張聞天是誰……部隊上的黨史教材是中央統一編寫的，連曾經是毛澤東同志的上級的前黨總書記張聞天都被忽略了？有意還是無意，難道黨的歷史，已經變成共產黨就是毛澤東，毛澤東就是共產黨了？

瘦瘦高高的張聞天出現在他們面前。彭德懷熱情地把林燕嬌介紹給張聞天，沒有說是自己的乾女兒，只說是志願軍小戰友，過去是文工團員，現在是一名軍醫。

張聞天儒雅而隨和地與林燕嬌握握手：「好個白衣天使，彭總是將士滿天下囉。不容易，不容易，志願軍小戰友，在山上見到總司令。」

林燕嬌倒是想起來了，像是在報紙上看到過，這位姓張的首長是中央政治局候補委員，外交部副部長。

第一七章　菩薩是你我供起來的

彭德懷請張聞天進到別墅客廳裡。他們在中南海裡也是近鄰，常有往來。兩人都生活簡樸，不嗜煙酒，周末休息只愛下個棋，從不到春藕齋、紫光閣之類的地方去跳舞。因之一文一武，惺惺相惜，彼此敬重，很能聊到一起。這次在山上，正巧彭德懷住一百七十六號別墅，張聞天住一百七十七號別墅，相距一道小坡，幾叢花樹，更是方便兩人一起散步、聊天了。往常在中南海那便衣崗哨出沒無常的皇家園林裡，老友之間聊天自然會有種種禁忌；而這次住到這海市蜃樓般的避暑山莊來，清新的空氣、清涼的氣候、幽靜的景色，使人頓覺整個心身都鬆了綁似的。他們願有一次交心交底的深談。許多話，已經鬱積在各自的心裡多年了。

落坐之後，張聞天笑問：「山上夜夜絲竹，劇院那邊今晚上是越劇《梁祝》，聽說是毛澤東同志點的戲，浙江省委專門把劇團送上山，都是一流名角，你怎麼不去看？」

彭德懷說：「幾張入場券都給工作人員。你自己也沒有去啊。」

張聞天說：「去年在杭州過春節時欣賞過了，音樂、演員都很美，只是太過甜膩了些。」

彭德懷說：「我是個粗人，聽不慣那個娘娘腔，看不慣那個酸溜溜的扮相。京劇四大名旦是男扮女，聽講越劇小生都是女扮男。結果是男不男，女不女。我要看就看《打漁殺家》、《長板坡》、《捉放曹》一類的武戲。」

張聞天笑了：「你這不符合毛澤東同志提倡的百花齊放。」

彭德懷衝口而出：「他百花齊放？典型的一花獨放。中央開會，從各地調戲班子，什麼作派？」

警衛員送來一壺清茶、兩隻有蓋的茶杯。退下。首長談話，工作人員都是自覺迴避，不聽傳喚鈴，不得進入的。國防部長的住處，自然多了幾部軍用電話、收報發報機等，隨時和北京的三軍總部及全國十大野戰軍區保持著聯繫。

兩人不覺地談起當前形勢。談形勢又常要扯到黨的歷史，黨的高層人際關係。幾十年了，也是剪不斷，理還亂。

彭德懷說：「洛甫，你知道嗎？周恩來在山上的保健護士小梅，也當過志願軍，還立過功的。她來看我，說起她老家贛州鄉下已經流行水腫病，餓死了十幾口人……我真擔心，當前各地的饑荒恐怕不是局部的，情況不像老毛講的一、兩根指頭那樣輕鬆。」

張聞天品著茶，點著頭：「我近來有個揮之不去的預感，晚上都失眠，做夢都夢到饑荒。」

彭德懷問：「你也有這種預感？怕就怕出現全國大饑荒，老百姓遭殃。」

張聞天說：「這次上山前，我回了趟江蘇，走了太湖流域十多個縣。過去是肥得流油的魚米之鄉……可是經過去年一年的瞎胡鬧，公共食堂也都缺油少糧，三餐供應的都是雜糧稀飯，大鍋青菜。社員群衆公開叫罵吃豬食。有的豬食不如。過去豬食還有米粒。太湖流域的情況尚且如此，歷來貧困的蘇北地區哪？我沒有來得及去。但江蘇省委的同志私下告訴我，蘇北幾個專區已有八十多萬人患上水腫病，死亡一萬多人……那可是革命老區啊！當年，蘇北的窮漢們用自己的血汗、用自己兒女的性命，支持、壯大了我新四軍，打日本、打老蔣，直到組成蘇北兵團，成爲第三野戰軍主力之一，爲我們黨打江山立下大功勞，我們這些人也都進城做了大官……可我們去年都幹了些什麼呀？簡直失去理性，牛皮吹破天，連水稻畝產十萬斤、小麥畝產三十萬斤、馬鈴薯畝產一百萬斤都相信，都登了《人民日報》，讓全世界看我們的笑話；工業方面，則以爲只要拿下了多少萬噸鋼鐵，也不管什麼土鐵、毛鐵、廢鐵，就超英趕美！老彭，不瞞你說，我去年一年沒有吱過一聲。明知一些事情違反了科學常識，違反了馬克思主義的原理，也不敢吱聲，就是怕當右派、右傾。人其實是很自私的動物。我自己身上就有很重的奴性，魯迅所痛斥過的國民奴性。直到今年五、六月間，我在江蘇農村走了一圈，看到那普遍的飢餓現象，我才羞愧到無地自容！晚上躺在床上，就責罵自己：「你的共產黨人的良知哪裡去了？你的馬克思主義到哪裡去了？你已經變成爲一個十足的官僚，庸人，一個只念著個人名譽地位、老婆孩子的懦夫！」

彭德懷靜靜地聽著。他沒想到的是，這位在黨內以儒雅、溫和、禮讓著稱的前總書記張聞天，心裡竟有著火樣的激情。的確，像張聞天這種人，才眞正稱得上是共產黨的良知和良心。不像有的傢伙，腦袋裡只裝著他娘的什麼「黨的利益」，而一味壓制人民群衆的利益，死活不計！「爲人民服務」的口號卻喊得打雷般響亮。對於張聞天的自我譴責，彭德懷更是有同感。去年全黨上下太昏熱，太浮誇，自己也只是在中央常委會議上放過有限的幾炮，而從未據理力爭、大聲疾呼過。

彭德懷說：「去年的情況要是發生在東歐國家，人家老百姓早上街了，就又要請紅軍了。」

張聞天搖搖頭：「東歐是東歐，中國是中國。中國的農民太聽話了。你不是也回過一轉湖南？鄉下情況怎樣？」

彭德懷說：「湖南暫時不缺糧，老百姓還沒有餓飯。但森林破壞得厲害，公共食堂半垮不垮。地縣幹部匯報工作，總是他娘的大躍進好，人民公社好，上級領導英明，就和背書一樣，不敢講眞話。周小舟陪我走了湘東北幾個縣。說是不缺糧，老百姓也是半飢半飽。我特別去看了毛澤東家鄉那個韶山公社，去年根本就沒有增產七成！毛澤東回去看過，他相信。他口頭上要求下面講眞話，骨子裡還是習慣聽下面撒謊。周小舟告訴我，韶山公社實際上增產不到兩成，省裡還從資金、勞力、農藥、化肥各方面給了特殊照顧。但不敢對毛澤東講實情。毛澤東只歡喜聽好的，一向他匯報問題就皺眉頭，嫌人家給他報喪！」

張聞天閉上眼睛說：「毛澤東同志身上的一些毛病，其實早在延安時期就有所發作，可惜那時並沒有引起警惕。如今積重難返……我承認，我要負很大部分的責任。近幾個月來，我一直在思考，我們這個黨，毛病究竟出在哪裡？」

彭德懷茶几一拍：「毛病就出在老毛身上嘛！不懂裝懂，好大喜功，剛愎自用，以人民的大救星自居，慣搞一言堂，黨就是他，他就是黨！」

張聞天敬重彭德懷的豪爽脾性，敢於言人之所不言：「什麼樣的群衆，產生什麼樣的政黨；什麼樣的政黨，產生什麼樣的領袖。這也正可說明，我們這個執政黨還很不成熟，進入和平時期，沒有足夠的理論準備。」

彭德懷卻搖搖頭：「洛甫，你也是快六十花甲的人了，還這麼書生氣。對於毛澤東身上發展出來的一些毛病，你說你有責任，我看倒是眞的！當時在延安，你是名正言順的中央總書記，黨的第一把手；你卻處處謙讓，心甘情願把個領袖地位讓給他……你如果不是那麼謙讓，堅持做你的總書記，老毛指揮軍事，或許情況會好得多。記得洛川會議嗎？他在紅軍將領中玩不轉嘛，沒有人理會他那一套！大家當時擁戴你，是因你處事比較民主，做人比較眞誠，容得下不同意見，比他能團結人嘛。」

張聞天苦笑著說：「我不行。我不如他懂軍事，也不如他會抓權。只要革命順利發展，事業早日成功，我沒有計較個人名位。領袖位置，誰能幹，誰就來幹。我那時就是這麼想的。」

彭德懷說：「洛甫，不是我說你，你的問題和老毛相反，老毛是太過自大，你是太過自謙。你在江西蘇區就是中華蘇維埃政府主席，很有威信的。你的馬列水平比他高，洋書讀得比他多。」

張聞天說：「可是毛澤東同志的古書讀得比我多。他從古籍中學得不少帝王術，運用到黨內生活來，就無往不勝。事實上，一九四〇年之前他對我還是很尊重的，遇事總要請我作主。開會、作報告，也總是把我的名字放在他前面。一九四〇年任弼時同志從莫斯科回到延安，劉少奇同志也從北方局調到延安，情況就大變了。那時，毛澤東同志嘴講不搞山頭，要搞五湖四海，可在延安黨中央核心內，他經營起了一個名副其實的「湖南班子」。彭老總你是湖南人，聽我擺事實嘛。那時中央政治局成立了一個書記處，把我這個總書記掛到一邊，書記處四名書記、主持黨、政、軍事務：毛澤東是書記處主席，其他三名書記是劉少奇、朱德、任弼時。任弼時還兼任了中央組織部長。四名書記，三位是湖南籍。朱總司令又是個不大管事的老好人。另外，延安留守兵團的司令員是湖南人蕭勁光，延安中央警衛團司令員是湖南人王震……你說說，是不是個完整的『湖南班子』？我這總書記早就被架空了。自那時起，我就服了毛澤東同志了。他確是黨內第一人。」

彭德懷對於「湖南班子」的提法並不完全贊同：「洛甫，你只講對一半。實際上，後來敢和毛澤東爭論是非的也是兩個湖南人：任弼時和我。唉唉！可惜弼時去世太早，不然他去年肯定挺身而出，反對老毛的大躍進……再有，延安整風和整風之後，老毛批得最厲害、也是他最討厭的兩個人，一個是王明，一個是李立三。李立三是長沙人，歷史上搞了不到五十天的盲動主義，被老毛咬一輩子。

張聞天說：「李立三啊，我也同情。但不好出聲。至於任弼時同志，就算活到今天，我敢擔保，他早就被排出中央核心。一九四七年轉戰陝北，為了過不過黃河，他和毛澤東同志吵的那個凶啊，拍桌打椅。四八年抵達河北西柏坡，毛澤東同志已經對他很冷淡了。四九年十月一日的開國大典，任弼時同志沒有上天安門城樓。」

彭德懷嘆口氣：「弼時也是好人命不長。不管你怎麼看，我還是覺得，弼時若是還活著，老毛不會像今天這樣爲所欲爲。連帶他那婆娘，也是延安留下來的一大問題。」

張聞天深有同感：「你說藍蘋啊？痲煩，黨內一個大痲煩。她現在是不管部長，想管的事都可以管。你繼續講。」

彭德懷說：「江青最怕的就是任弼時。因爲任弼時掌握著她在上海鬼混時的不光彩歷史，堅決反對她插手黨內事務。毛澤東卻對她很放任，讓她插手中央工作，搞他娘的夫妻檔似的！洛甫你不曉得，一九四三年初我在太行分局高幹會議上，有個關於「民主建政」的講話。敵人不是常常罵我們不講人性、人道嗎？我談談根據地的民主、自由、平等有什麼不好？劉伯承、鄧小平他們都是同意的嘛。我的講話傳回延安，老毛竟讓他的婆娘給我起草一封信，進行批判。我是怎麼曉得的？是後來回延安整風，那婆娘自己講出來的。那天，我本是去向毛澤東匯報工作，那婆娘竟把我攔在會客室說，主席爲了你的那個「民主建政」的講話，兩天沒有睡好覺，你代表中央講這類話，應該事先請示中央，而不能這樣無組織無紀律，這是向中央鬧獨立性的表現，希望你今後不要再出現類似的情況了。當時眞把我氣炸了！差點就問她什麼東西？一個上海灘的女戲子，爬到老毛床上也代表中央了？竟用這種口氣和老子談話？老子忍了又忍，只是問她：妳代表誰來和我談話？老毛嗎？他爲什麼不和我談，要妳來出面？我覺得妳不夠格，妳只要替中央把老毛的身體照顧好就行了！政治局不是給你們約法三章了嗎？我講這番話，已是對她夠客氣的了。洛甫，你猜這個婆娘怎麼回答我？她竟手一甩：好，算我沒說，算我沒說，你以後愛作什麼報告就作什麼報告去吧！說完屁股一扭就走了。當時啊，要不是在老毛的窰洞裡，換了別的地方，老子早就兩個嘴巴搧過去了！狗娘養的，靠了個爛屄爬到老毛床上，就在黨中央作威作福了！」

張聞天對於彭老總說到氣憤的事情動粗口，已經習以為常；「你這一說，我也記起件事了。也是一九四三年吧，王明親自找我投訴的。可那時，我的總書記早就有名無實了。王明說，前段時間他一直病著，組織上已對他的問題有了結論，他很想找毛澤東同志談談，交交心，以利今後改錯誤，投入新的工作。他請康生同志轉達這個要求。毛澤東同志卻沒有到醫院探視，而派藍蘋去談話。藍蘋在黨內算個什麼？連個科長都不是。王明覺得受到蔑視，就擺了擺老資格說，老毛的身體還好吧？妳在他的身邊，他的健康就交給妳了，妳可要負起責任啊。藍蘋卻話裡有話地回敬：你放心，沒有人找他的痲煩了，他的身體自然好了。王明問：誰會找老毛的痲煩呢？通過整風，淸除了張國燾的派系，我也做了檢討，認了錯。藍蘋說：王明同志，這你還用問我？你心裡比誰都淸楚呀，不過主席胸懷遠大，不會與人計較就是了。王明說：看來妳對老毛的了解，要比我們多得多囉，今後請多關照。藍蘋說：朝夕相處，我當然最了解我們毛主席。其實，他對你的才華和水平還是很欣賞的，希望你把自己的才華用在正確路線上，全黨都盼著出現一個大團結的局面。當然，自古『君子眼裡有小人，小人眼裡無君子』，王明同志，你看是不是這樣？王明越聽越不對頭，毛澤東同志派自己的婆娘來，是來探看病人，還是來羞辱病人？不過，王明算是較有涵養的，而耐著性子說：我對毛澤東同志是尊重的，過去在莫斯科，我最早動手把他的〈湖南農民運動考察報告〉、〈中國農村階級分析〉等著作翻譯成俄文，介紹給共產國際執行局，並在《眞理報》寫文章推薦，這些都是事實嘛。藍蘋說：可你也搞了個『二十八個半眞正的布爾什維克』，把毛主席等人排除在外，是眞正的小宗派團體！王明分辯說：是的，我開過玩笑，說過中國黨內只有『二十八個半布爾什維克』，但只是一句笑話嘛，後來被人引用了嘛。我都檢討過了，爲什麼就不給予諒解呢？藍蘋說：這正可證明你心目中根本就沒有我們毛主席，人家是酒後吐眞言，你是談笑見眞章啦！王明說：藍蘋同志，妳很聰明，很厲害，毛澤東同志有妳這樣一個賢內助，是很幸福的了，妳今天這番談話，我深受教益了。王明本想忍氣吞聲，就此結束談話。藍蘋卻不肯放過他，故意側著腦袋問：你這是心裡話嗎？我可從來討厭兩面派，僞君子，前些年張國燾也用類似的話當面吹捧過我，可他背後卻罵我『戲子』，說我是靠毛主席往上爬的演員；不錯，我是在舞台上演過戲，但總比那些多年來一直在政治生活上演戲的人要好得多吧？舞台上演戲是藝術，生活裡演戲是什麼呢？是騙子！是假馬克思主義的騙子……」

張聞天說：「當時王明找我匯報這些時，都掉淚了。他說他不知道今後在黨內怎麼工作。我只好安慰了他一通，要他不要和一個年輕女同志計較。彭老總啊，再怎麼說，以王明同志在黨內的資歷、地位、貢獻，也輪不到藍蘋這種人去羞辱他啊。」

彭德懷氣憤地說：「黨內的事務搞成了他的家務事，成什麼體統！王明再犯錯誤，也曾經是黨的領袖，要寫進歷史去的！藍蘋什麼東西？何凱豐就罵過，是順著老毛的那根傢伙往上爬的！」

張聞天苦笑了：「何凱豐同志那時是政治局委員，中宣部長，書生一個嘛，也罵這種粗口？我只記得他曾說過毛澤東同志的《中國革命戰爭的戰略問題》一書是照抄《孫子兵法》，得罪了人。『七大』時連中央候補委員都沒當上，被晾在一邊。一九五五年死於醫療事故，不到五十歲哪。」

彭德懷吃驚地問：「何凱豐死於醫療事故？為一句話葬送了前程，我是今天才聽你說……」

張聞天看一眼客廳外的門廊，提醒說：「彭總，聲音低一點，你的工作人員好像回來了……毛澤東同志對於藍蘋的使用，是有些不大正常的地方，讓她插手太多的黨內機密。凡是她插手的案子，中調部、公安部都吱聲不得。」

彭德懷壓低了聲音問：「去年二月，藍蘋的第一個老公黃敬同志在廣州是怎麼死的？我問過陶鑄，他說搞不清楚。我說他肯定清楚，只是不敢說。」

張聞天說：「很黑暗。黃敬是個很優秀的幹部，十七歲入團，十九歲入黨，參加領導過北平『一、二九』運動，一直在北方局工作。一九四九年一月天津解放，他是我們的第一任天津市市長。後來任第一機械工業部部長，國家科學技術委員會主任，『八大』時當選為中央委員。這麼個人物，年紀又輕，又能幹，有知識學問，當然有人很不順眼了。他一九五七年冬在一次會議上，公開質疑中央關於『十五年內超英趕美』的提法缺乏科學依據。去年一月杭州會議上，我親眼看到毛澤東同志在會場的走道上碰到黃敬時，半開玩笑半認眞地說：你不是兪啓威嗎？我們又見面了。你年紀不大，卻是個老右傾分子。過去不成材，現在還是不成材，怪不得藍蘋看不上你！我要是個女人，同樣看不上你！中央號召超英趕美，全國工業戰線出現轟轟烈烈的躍進局面，唯獨你個機工部部長，科技委主任不贊成，好大的膽子！你代表哪個階級的利益？這次開會，你要老老實實地坦白交代你的問題……黃敬被毛澤東主席突如其來一頓批評，知道大事不好，渾身冷汗，第二天就病倒了。」

彭德懷問：「後來哪？黃敬就被嚇壞了？我去年沒有出席杭州會議。」

張聞天說：「黃敬還是抱病出席會議，樣子很可憐。毛澤東同志在會上講話時，再次點了黃敬的名字：一九五六年是恩來和陳雲等人大反『冒進』，反來反去，反的是人民的積極性。人民群衆中蘊藏著的力量，右傾老爺們是完全看不到的！比如有個叫黃敬的人，此人歷史上怎麼樣姑且不論，在社會主義高潮的今天是完全跟不上了，名爲機械工業部長，又是科技委主任，公然反對超英趕美，眞是反動得很。我看黃敬這種人，只配當反面典型！」

彭德懷說：「老毛也太過份了，吃醋吃到二、三十年前去了！無非人家黃敬第一個操了藍蘋嘛，誰能料到後來藍蘋會投奔到延安，混到老毛床上？黃敬能有什麼責任？聽講那婆娘和黃敬分手後，去了上海，又和好多個男人結合過。一個爛貨，還値得吃醋！」

張聞天見彭老總說的那麼粗俗，又那麼認眞，忍不住笑笑：「我記起來了，大約在一九三八年冬天吧，毛、江兩人的男女關係在延安鬧得不可開交，毛是有婦之夫，愛人是賀子貞同志嘛，前線的好些將領都反對，包括遠在安徽的新四軍政委項英，都聯合了十九名師級以上將領給中央拍來電報，反對毛、江同居。毛澤東同志為了取得政治局同志的諒解，而讓藍蘋給中央寫過一份材料，交代她個人的經歷。材料由毛澤東同志轉交給我。倒是老實交代了她在青島、上海期間和幾個男人的關係。她原名李雲鶴，老家山東諸城。她的第一個男人不是俞啓威，而叫魏鶴齡，青島實驗戲劇學院的同學，相處了幾個月就分了手；第二個男人才是俞啓威，辦了結婚手續。但說她和俞啓威只是假夫妻，為了掩護俞啓威搞地下工作，兩人從沒有過肉體關係，這段婚姻維持了近三年；第三個男人叫唐納，上海的電影劇評家，在上海兩人同居了兩年多；第四個男人叫章泯，是位著名導演，有婦之夫。淞滬抗戰後，兩人分手，章泯去了重慶，藍蘋投奔延安。材料上還交代，上海的一些小報專門刊登影劇界名人的緋聞，特別是女明星們的緋聞，捕風捉影，比如提到史東山、趙丹、鄭君里、楊帆、廖沫沙、田漢等人，純係子虛烏有，造謠誣蔑。」

彭德懷哈哈笑了：「此地無銀三百兩，她自己扯出野男人一大串……洛甫你記性好，記得這麼清楚。我講那婆娘不是個東西吧？至少，老毛也是第五把手了。撿人家吃剩的，還當營養品。那份材料呢？你沒有留下來？」

張聞天說：「沒有。也沒有交給其他人看過。我是尊重女同志的。她自己的經歷，向組織上交代清楚了，又沒有查出有政治問題，我尊重毛澤東同志的個人感情。保留這種材料有什麼意思？不是君子所為。我把材料退還，讓藍蘋本人銷毀。當時反對的人很多，是我和恩來兩人分別說服朱總司令、王明、博古、何凱豐他們，在政治局內訂了個約法三章。當時只是同意他們同居，而不是結婚。因爲毛澤東同志的愛人是賀子貞同志，去了蘇聯治病。」

彭德懷說：「賀子貞我很熟悉，紅軍女英雄。井崗山根據地最初是由賀子貞和她哥哥賀怡領著當地農軍創立的。老毛也好，我也好，實際上都是帶了人馬去投奔人家賀家兄妹的。賀子貞那時才十八、九歲，蠻漂亮、蠻爽朗一員女將。老毛是有手段，上山不到三個月，就把人家小賀搞到手了，完成革命的結合。可老毛原在長沙有愛人呀，楊開慧已經替他生了三個兒子，岸英、岸青、岸龍，被軍閥何健捉住，母子四人一起關進牢房。楊開慧直到三年之後的一九三一年十二月，因爲不肯宣布和老毛脫離夫妻關係，才被何健下令槍決……你講死得冤枉不冤枉？」

張聞天說：「這裡我插一句，長征到達陝北後，賀、毛經常吵架，甚至動拳腳。當然是因爲賀懷疑毛和美國去的女記者史沫特萊有一手，後來賀才一氣之下去了蘇聯治病。可是毛在書記處生活會上和我們說，賀在男女關係上不嚴肅，長征路上就和她的警衛員亂搞，他都原諒了……彭總，你那時是中央北上支隊的司令員，毛是支隊政委，你們一起走完長征的最後一段路程的，賀子貞究竟有沒有那回事？」

彭德懷瞪圓了眼睛：「虧他講得出口！一九三四年十月中央紅軍撤離江西北上，洛甫你個中央書記也是一起走的嘛。一九三五年十月中央支隊到達陝北，整整一年時間，天天打仗，突圍，途經八個省，行程二萬五千里，九死一生的闖了出來，他們兩公婆天天在一起，賀子貞怎麼可能和自己的警衛員亂搞？我只是曉得，在那樣艱苦打仗，只顧逃命的一年裡，老毛也沒有少在賀子貞身上發洩性慾。他使賀子貞懷孕三次，流產一次，洛甫你不曉得？最不尊重女同志的就數他了。李敏就是在長征路上懷上的嘛！能說李敏不是他老毛的女兒？他的私生活一塌糊塗，講一套，做一套，無道德。」

張聞天畢竟多慮些，見彭總揭開了毛澤東同志的底細，怕他收不住，忙說：「扯遠了，扯遠了……剛才我們正扯到黃敬同志在杭州會議上挨批的事，對不對？」

彭德懷喝了杯茶水，彷彿也意識到自己剛才說話激烈了些，也就轉了話題：「失敬，失敬……黃敬後來怎麼死的？我記得他個子不高，是位年輕、精幹的同志嘛。」

張聞天回頭望了一眼客廳門廊那出口處，沒有發現有服務人員候立，才放低了聲音：「黃敬在會上受到毛澤東同志的嚴厲批評，就像政治上被判了重刑似的，渾身打哆嗦，癱軟在椅子裡，散會時連站都站不起。還是主管工業的薄一波看著他可憐，扶了他一把。當天傍晚衛士見到黃敬進到藍蘋的住處，一進門就跪下了：雲鶴，雲鶴，妳救救我……藍蘋見狀，也驚嚇得後退兩步：你這是幹什麼？我現在不是雲鶴了，懂不懂？站起來！黃敬不肯起來，只顧在地下磕頭：藍蘋、藍蘋，妳救我，救我……藍蘋彷彿明白什麼了，厲聲喝道：你給我站起來！我不是藍蘋，是江青！聽到沒有？你這條沒有脊樑骨的狗，滾出去！給我滾出去！黃敬爬了起來，可憐巴巴地望著江青，沒有放棄最後一線希望：江青同志，看著我們過去的情份上，替我在主席面前講句話……江青大怒：你死到臨頭了？來人！把這個傢伙拉出去！……黃敬被兩名衛士送回了住處，並報告了中辦主任楊尚昆。楊尚昆同志見黃敬已經精神崩潰，心裡是同情的，派人送他去廣州一所療養院休息、治療。二月十日，黃敬從療養院樓上窗口跳下自殺。摔成重傷。送進醫院急救，過了一星期，反倒死了。可惜一位人才，正部級幹部，在軍隊裡算正兵團級吧？倒是周恩來同志堅持讓新華社播發一條簡短消息：黃敬同志因病不治，在廣州醫院去世，享年四十六歲。

黃敬死得可疑，彭德懷也聽到過一些風言風語。一旦聽到張聞天道出實情，仍然十分震驚：「這天下成了那一個人的了？我們是共產黨哪，怎麼可以這樣……和封建時代有什麼兩樣？革命同志之間，這樣無情無義，連農民起義的領袖都不如。洛甫，你講的這些，都是確實的？」

張聞天點點頭，聲音更低了些：「千眞萬確。是我先前的一個小通訊員，後來被派到江青那裡當衛士，不安心工作，偷偷出來告訴我的……去年下半年，那名衛士失手打了江青的一只明瓷花瓶，被退回到野戰部隊去了。」

彭德懷身子抖了一抖：「娘賣屄！眞是做得出……對了，聽講一九五五年上海的潘漢年、楊帆被捕，也和江青這女人有關？」

張聞天說：「就是毛澤東同志委託江青、康生去辦的嘛，連公安部長羅瑞卿都沒讓插手。潘、楊都是周恩來手下的人，很冤枉。聽說羅瑞卿私下抱怨過，兩個久經考驗的同志，怎麼可能是內奸？楊帆的情況和黃敬類似，三十年代初在上海和藍蘋關係不尋常，也是要封口嘛。現在潘、楊都被判了無期，關在湖南洣江茶場，大約是活著出不來了。」

彭德懷懊惱地雙手捏成拳，在沙發背上捶了捶：「陝北十二年，我們推出了一個領袖。大家只顧打日本，打老蔣，爭取革命勝利。沒想到打下江山，搞成這個局面，和過去皇帝老子有多少區別？」

張聞天今晚上也豁出去了，一吐為快了：「記得一次在中南海岸邊散步，我和你說，毛澤東同志古書讀得多，從中學得帝王之術……你還和我爭。那次我避免爭論。」

彭德懷說：「對，是有這個事。帝王之術，就是特務政治嘛。聽李銳講，一部《資治通鑑》，老毛讀了十幾次。」

張聞天說：「老彭，你想想，你、我身邊有多少個系統？公安部羅長子一個系統，政保部謝富治一個系統、政法委康生一個系統，還有中央警衛局、秘書局、生活服務局，你、我這些領導人家裡的衛士、秘書、保母、司機，甚至包括廚師在內，不都每月都要回各自的系統過組織生活會，匯報工作？我們敢在自己家裡議論黨內是非、領袖功過嗎？敢在電話裡講講心裡話嗎？我們這些人，早就生活在一張網裡了。可以說，比明代的東廠、西廠、錦衣衛還要嚴密些！每想到此，我總要不寒而慄。」

彭德懷苦笑著：「我暫時還沒有你的這種感覺，我的秘書、警衛都是從陝北就跟了我，又去了朝鮮幾年，不會存二心的。但家裡還有保母、服務員，都是後來分派下來的，就沒有把握了。洛甫啊，你、我心正不怕邪。為人不做虧心事，哪怕半夜鬼打門？去他狗日的！老子大半輩子槍炮裡闖過來，不吃這一套。當講的還是要講，當吵的還是要吵。不然一個個明哲保身，膽小如鼠，我們這些共產黨人，豈不連魏徵、海瑞那些封建臣子都不如？」

這時，警衛秘書站在客廳門口咳聲嗽，報告：「首長，黃總長拍來一封電報。」

彭德懷看過電報，對張聞天說，不是什麼要緊的事，隨即又吩咐警衛秘書說：「替我起草個回電，要黃克誠同志把廣州軍區四十二軍的那份材料，明天交中央專機送我。另外，他想上山住幾天的事，若中央會議不延期，他就不要來了。若延期，他可以來休息、休息。」

警衛秘書當即退下，又被彭總叫住：「請服務員去會議大食堂弄兩份消夜來，稀飯、饅頭、小菜加一碟辣子，四樣就可以了。」

張聞天談興猶濃：「老彭啊，你說說，去年的一番大折騰，究竟是怎麼發動起來的？」

彭德懷說：「去年年初，老毛批周、陳的『反冒進』搞起來的嘛！可惜恩來骨子不硬，至今不敢放個屁。」

張聞天說：「恩來是虛了膽了。恩來不吭氣，陳雲不上山，去年的問題怎麼談得透徹？我看這次會議很可能輕描淡寫，文過飾非。」

彭德懷說：「不可以！我主張大家放炮，談深入，談徹底，把去年的錯誤攤開來，不要遮羞蓋醜！不然，老百姓鬧饑荒，人家不認你這個共產黨。」

張聞天說：「好，我也主張把去年的問題擺到桌面上來。我要認眞準備一個發言……老彭啊，菩薩是你、我當年供起來的，供了這麼多年，也該應驗、應驗……」

第一八章 領袖面子 百姓肚皮

劉少奇偕夫人王光美散步到錦繡谷仙人洞附近時，並不知道毛澤東正由保健護士小鍾陪同在洞內玩賞。仙人洞原名佛手巖，洞外巖石參差，壁立千仞，下臨無地，很像一隻巨掌豎立，「掌心」內陷，爲一石洞，洞高六米，寬近十二米，深達十四米，可同時容納百十僧人打坐誦經。洞中有「一滴泉」，終年滴水，清澈晶瑩，僧俗譽稱「洞天玉液」。說是入洞者仰頭接飲「玉液」，皆可強精固元，益壽延年。歷代爲佛門淨地，敬祀的是晉代高僧慧遠法師；直至清代嘉慶年間，才被道士占有，改祀道家八仙之一的呂洞賓，而更名爲仙人洞。巖洞的側對面，即是御碑亭的背後，有蟾蜍石橫出虛空，驚險奇絕，上勒「縱覽雲飛」四個大字，亦是一著名景觀。

還是王光美眼睛亮，她見毛主席的衛士長、衛士多人守候在仙人洞外，忙提醒少奇止步：我們還是先在外面等一等，主席出來後，再進去吧。劉少奇笑笑說：「也好，我先抽支菸，免得進去闖到活神仙。」

原來洞中光線幽暗，毛澤東和護士小鍾正在深處仰飲「玉液」。毛澤東嫌仰的脖子不舒服，小鍾便一小口一小口的先仰接了，再一小口一小口的來餵給偉大領袖。唇舌相接，其妙無比，更是強精固元，眞眞快活如神仙了。

饒是毛澤東耳聰目明，聽到了王光美和衛士們的說笑聲音，輕輕拍了拍小鍾，而向外喊道：「光美哇！妳下來，和少奇一起下來，飲飲這裡的『洞天玉液』……」

劉少奇卻謙恭地堅持著，定要等主席先出來，自己再下去。於是王光美到洞口嚷道：「主席呀，少奇要在外面等您啦。」毛澤東則又在裡面說：「光美，他不進來，妳進來呀。」

劉少奇點了點頭，示意王光美先進去陪陪，自己則留在洞外和衛士們聊天。他不同意主席的衛士們稱他爲「劉主席」，強調我們黨和國家只有一個主席，就是毛主席；大家喊我少奇同志最好了，我聽得習慣，又感到親切。

不一會，毛澤東即由王光美和小鍾一左一右地攙扶著出來了，眼睛瞇縫著，不太習慣洞外邊的強烈光線似的。劉少奇連忙趨前兩步，以示恭謹。

毛澤東在洞中暢飲過「玉液」，心情甚佳。他睜開眼來，指著不遠處的石凳，對劉少奇說：「正好，正好，這裡山石幽靜，我們可以聊聊。」

衛士長聽說兩位主席要聊工作，立即命一名衛士將兩方隨帶著的防潮棉坐墊放到那石凳上去，再分頭上兩邊的路口去守候。王光美則拉著護士小鍾的手，到御碑亭裡話家常去了，那模樣直像大仙姑領了一位小仙子。

毛澤東和劉少奇在石凳上坐下。毛澤東掏出熊貓煙，自己先哈上一支，再讓給劉少奇；劉少奇則先替毛主席點上火，再掏出自己的大前門來吸著。毛澤東笑道：「你榮任國家主席，吸的煙卻不肯升級？」劉少奇笑說：「大前門抽慣了，也是怕抽上好煙，以後再抽次煙，反倒不習慣。」

毛澤東嗬嗬笑：「你那也是能上不能下，所以乾脆不上。事實上，你已經上了嘛，憲法也沒有規定國家主席、副主席的任期制……好好，我和你扯幾句最近的事。會議已經分組討論了一星期，我天天看各組的簡報，很熱鬧啦。各路諸侯，去年頭腦發熱了的，大都做了些檢討；去年被插了白旗，受了點委屈的，也已經發過牢騷，算出過氣了。是不是再討論個兩三天，就差不多了？」

劉少奇吸著煙，聽著，思索著。他心裡不大同意毛澤東對去年工農業大躍進的嚴重失誤、特別是對廣大農村中存在著的嚴重問題掉以輕心。問題尚未談透，是非尚未分清，就草草收場，讓左的一套繼續蔓延下去？那一來，共產風、浮誇風、吹拍風就會繼續颳下去，從而使去年的錯誤演變成長期性、全面性錯誤，後果不堪設想……於是，他慎重地說：「會議的前一段，各組討論相當熱烈，大家都比較敢講心裡話，敢反映眞實情況了，值得肯定。也還有相當一部分省委書記，或是保持沉默，或是輕描淡寫，或者談問題言不及義，避實就虛，不肯從思想上和去年左的一套決裂；還有的持觀望態度，在揣摩中央的風向，等等。所以，會議似乎還有進一步深入討論的必要。」

毛澤東說：「明白了，你的意思，仍是那個『成績講夠，問題講透』。『講夠』是虛，『講透』是實。怎麼才算講夠、講透呢？你對前段整個會議的情況，是個什麼看法？」

劉少奇說：「我的看法是『兩頭小，中間大』。」

毛澤東說：「講得詳細一點？」

劉少奇說：「『兩頭小』，就是一小部分同志認為去年的錯誤是帶全局性質的，中央應下大決心糾正，才可扭轉當前經濟的嚴重局勢；另有一小部分同志則認為去年的大躍進無大錯，只是執行過程中出了些偏差，中央應在糾偏的同時，繼續推行工農業大躍進的方針。『中間大』則是多數同志認為，去年的大躍進雖然出了嚴重問題，但總的路線方針還可以，也就是七分、八分成績，三分、兩分失誤。中央應在糾左糾偏上作出較大政策調整，以利繼續前進。」

毛澤東很有興趣地問：「你的『兩頭小、中間大』，實質上就是左、中、右。可不可以舉出幾名代表人物來？」

劉少奇苦笑笑，搖搖頭：「我僅是個很粗泛的估計，不是很準確的。舉具體的同志做例子更難，特別是『兩頭小』，容易傷害人的。」

毛澤東說：「那好，你就把我畫進你的那個『中間大』去吧。芸芸衆生，我算一個嘛。你還有什麼高招啊？」

劉少奇說：「建議本次會議討論出一個文件，把今後一個時期的工作歸納成十幾二十條，以政治局的名義發下去，作爲全黨工作的指針，以統一各級幹部的思想、行動。」

毛澤東點點頭：「可以，正是我原先的想法。就以我在開幕式上談的那十九個討論題目做基礎，綜合這次大家討論出來的要點，搞出一個會議紀要性質的東西。」

劉少奇說：「文件內容以糾左爲主，既要具體些，又帶靈活性。但不模稜兩可，使下邊有章可循。人民公社體制要完善、要發展，三面紅旗要堅持高舉，土法煉鋼浪費大、效益差，要停止，『五風』要制止……這些內容要具體、明確，不能含糊；對農村公共食堂，則可以靈活些，不作硬性規定。部分實在堅持不下去，已經無米下鍋的，要允許解散。何況有的早就實際上散伙了，社員已經回家起伙的，就不要再強迫恢復了。部分辦得好的食堂則要堅持，留作示範。」

毛澤東忽然問：「安徽農業書記張愷帆的那個材料，你看了嗎？此人倒是氣魄大得很，爲了他母親大人病死前沒有吃到一條魚，下令解散了無爲縣全縣六千多個公共食堂，了得了不得？去年大躍進，『無爲』變『有爲』。今年一糾左，『有爲』又變回『無爲』。」

劉少奇說：「張愷帆我認識，是老新四軍的，做過師的副政委，人還算正派，有能力。他這次的材料我看得粗糙，沒有過細，只覺得反映的是公共食堂的客觀問題。食堂辦得好，棒子打不跑。一個晚上可以垮掉的六千多個食堂，大約本來就無可留戀的。當然，處理食堂問題，不能再搞『一風吹』。去年暢行『一風吹』，吃了大苦頭。」

毛澤東覺得，自今年四月的第二屆全國人大第一次會議上，少奇同志當上國家主席之後，他在自己面前談論問題時，已自覺不自覺地流露出一種「份量」來了。不過，對少奇同志的這種新的印象，毛澤東也只能放在心上，風物長宜放眼量囉。於是語重心長地說：「這次的會議，各路諸侯們討論得很熱烈，甚至向中央發幾砲，都沒有關係。有人向我反映，彭德懷同志幾乎天天都在發砲，可是會議簡報上讀不到，被人『整理』掉了。要防止颳另一股颱風。擔心出現團結問題。國家經濟形勢不好，困難一大堆，如果任由一些同志意見對立，不能統一認識，就可能出現分裂。所以我想會議還是按原來安排，只開到十五號，通過一個會議紀要，之後各路神仙下山，各忙各的去。」

看來，毛澤東是決意要讓本次糾左會議，淺嚐即止，見好就收。劉少奇雖然有自己的看法，但終歸只能順從毛澤東。他心裡明白，自己這個「國家主席」是毛澤東讓當的，人大會議的選舉只是補辦了一道手續而已。在毛澤東同志面前，是談不到尊嚴不尊嚴的。周恩來就是個活生生的例子。他和陳雲一九五六、五七兩年領導的反左傾、反冒進明明是百分之百的正確，可是去年毛澤東同志爲了發動大躍進運動，硬說他錯了，逼迫他在黨代大會上痛哭流涕作檢討；事隔一年，實踐證明犯錯誤的正是毛澤東同志本人。但誰也不敢公開提出替周、陳平反。除了彭德懷那個大炮筒子，黨內再無人敢於頂撞毛澤東同志……。

劉少奇側過臉去，見毛澤東正愣愣地盯住自己，忙說：「按原來安排結束會議，現在就要指定一個文件起草小組。除胡喬木、田家英、吳冷西，可以考慮再增加幾位？」

毛澤東說：「還是要搞一下平衡，不然又是我的幾名秘書當家。去年的激進派，增加譚老闆、柯慶施、李井泉、王任重四人；去年的後進派，增加湖南二周和李銳吧。」

劉少奇說：「譚、柯、李三位政治局委員，進起草小組是不是份量太重了？還是要防止激進意見占主導。倒是湖南二周，是黨內難得的不跟風、腳踏實地的人才。」

毛澤東說：「可以。那就讓譚老闆、王任重兩人參加吧。你也很欣賞周小舟、周惠？衝勁是小一點，但會當家理財，懂得過日子。去年湖南插白旗，今年有存糧，支援紅旗省。這次在山上，你找二周談過沒有？」

劉少奇搖搖頭：「還沒有來得及。」

毛澤東說：「你可以找二周談談。他們對基層的情況摸得比較透。聽過他們的幾次匯報，意在解散公共食堂。觀點是右一點。我還是肯定他們的優點，多次給予表揚……。文件起草小組的事，就這麼定了吧。你和恩來召集他們開一個會，把任務布置下去。」

說罷，毛澤東兩手撐著膝蓋，站起身來。他見到衛士們在巖壁路口等候著他，而沒有看到小鍾和王光美兩位。

劉少奇跟隨起身，見毛澤東的目光在搜尋什麼，便說：「小鍾和光美大約是上御碑亭去了。我們到亭子裡看看？」

劉少奇夫婦請湖南二周吃便飯，談情況。

周小舟、周惠來到柏樹路一百二十四號別墅。這別墅最初爲沙俄帝國銀行所有，建造得比美廬更具氣派和風格，房間高闊，裝飾典雅，保暖防潮，美景天成。美中不足之處是只有俄式桑拿浴，而無室內游泳池。

王光美在別墅門口迎接二周。劉主席是這次會議唯一帶了夫人上山的中央領導同志。也算不得什麼特殊化，因爲王光美兼任著少奇同志的機要秘書和保健護士。別墅有了女主人，氣氛就不同。

劉少奇正在辦公室裡接電話。王光美請二周到客廳坐下，也沒讓服務員上場，自己動手給客人敬菸、敬茶。周小舟到北京出席會議的機會比周惠更多些，因之和劉主席夫婦也更熟悉些。

周小舟笑問女主人：「苗師傅也來了嗎？他包的餃子眞是國宴水平，我印象深刻。」

王光美笑說：「正說哪，苗師傅專爲你們包了韭黃鮮蝦餃。也是老三樣，一籠蒸餃，兩盤水餃，兩盤鍋貼，加一鍋小米粥。不管吃好，只管吃飽。」

周惠說：「在湖南工作，吃餃子倒比吃魚蝦還希罕。」

周小舟介紹說：「光美同志，我們周惠同志是安徽人，喜歡麵食。他曾在我們湘潭地委書記華國鋒家裡，一次吃下兩大盤六十個餃子，創過紀錄的。」

王光美說：「那我得去告訴苗師傅，讓他多準備些……」

周惠忙說：「您別聽小舟瞎吹。我們那華國鋒同志是山西人，有點小家子氣，他家的餃子包得手拇指大一個，又給了我一大碗米醋，那次吃六十個不算紀錄。」

王光美笑了：「一頓六十個餃子，也是放顆小衛星了。」

周小舟側轉身子和周惠商量了幾句什麼。

這時，劉少奇快步進了客廳：「小舟、周惠，正巧北京來了長途，失迎，失迎。」

周小舟、周惠立即起身，王光美也跟著起立。

劉少奇與二周握手：「坐坐坐，老朋友了，抽菸抽菸。」

周小舟趁機說：「少奇同志，我和周惠有個小建議，正要向光美同志提出呢。」

劉少奇問：「什麼好建議？合理的，就採納嘛。」

周小舟說：「我和周惠也有廚師，可不可以在我們那邊燒兩道湘菜，送來一起吃？或者乾脆叫我那師傅帶材料來，和苗師傅一起製作，來個南北薈萃？」

劉少奇看王光美一眼：「妳想不想嚐嚐妳婆家的湘菜風味啊？只是太麻煩了吧？」

周惠說：「麻煩什麼？我和小舟到您這裡做客，我們師傅正閒在那裡……也算我們的一點心意吧，又不敢請您們二位到我們那裡去吃個便飯……」

劉少奇見二周說的誠懇，王光美也在以眼色鼓勵，便應允了：「好吧，破一次例。告訴你們師傅只燒兩道湘菜，東安子雞和牛百葉。如果材料不湊，燒別的也可以。」

周小舟說：「讓燒四道菜吧，我們四個人哪。」

周惠見少奇同志答應了，立即高興地請光美同志陪他去掛電話，讓廚師立即帶原材料坐車子過來，並注意保密。

劉少奇點上煙，神情怡然地仰坐在高背沙發上，對周小舟說：「湖南省委去年受了委屈，被中央評爲下游，插了白旗。今年上半年已還你們清白，實際是給你們平了反，恢復名譽。主席今年公開表揚你們有七、八次了吧？我也一直想找你們二位談談……周惠，來來，坐下坐下。不要光想著我們幾個人吃飯的事，讓光美去招呼就行了。你們兩位常跑基層，情況了解得比我深入。你們說說，我們去年的毛病，究竟出在哪裡？」

周小舟說：「少奇同志，六月初接到中央開會通知，通知上有您的一句話，此次會議務求『成績講夠，問題講透』，應是會議宗旨。但開了個多星期的分組討論會，大家的心情雖然比先前輕鬆了，比較接觸實際了，但不少人仍是顧慮重重，不敢把各自省裡的眞實狀況全盤端出。」

劉少奇點點頭：「我去你們中南組聽過兩次會。河南的吳芝圃，對去年河南帶頭吹牛皮，颳共產風，全國第一，這次談起來仍在吱吱唔唔，文過飾非，名爲檢討，實爲自辯；廣西的劉建勳，發言躲躲閃閃，不談廣西嚴重缺糧，而談什麼煤炭缺多少多少萬噸，言不及義；廣東的陶鑄、湖北的王任重，對形勢的估計仍然盲目樂觀。思想還是沒有放開，怕當右傾嘛。犯下那麼多、那麼大的錯誤，至今不願意認眞檢查，正說明對去年的一套，還很留戀嘛。」

周惠說：「這也不能全怪下邊。因爲根子不在下邊。事情也不是下邊自發鬧出來的。」

劉少奇說：「對。去年問題的根子在上不在下，所以檢討錯誤，就不能只對下，不對上。不然，你們這些省、地委書記們就太冤枉了。」

周小舟說：「我和周惠也沒有完全敞開思想。許多話，只能談到百分之五十，六十。您剛才問，去年的毛病究竟出在哪裡？我們心裡也都是有答案的，但沒法說。」

劉少奇說：「根子在哪裡？有答案也不敢在會上說？你們可以在我這裡說說嘛。我負責替你們保密，不外傳。」

周惠說：「根子是從去年一月的杭州會議開始，大批周總理和陳雲同志的反左傾、反冒進，一步一步鬧起大躍進來的。『成績講夠、問題講透』，照我的理解，就是要『透』在這上面。不然，就不可能和左的一套作徹底決裂。」

劉少奇默默地望著周惠。他心裡很欣賞周惠能這麼透徹地看待去年的問題。在省級負責人中，周惠算第一個向他坦率說出自己的眞實想法的人。他把目光轉向周小舟：「小舟，你的看法呢？」

周小舟說得更明確：「去年的問題，根子在中央，具體在主席。主席一傷風，全國大發熱。」眞是要命了。劉少奇暗自稱奇：這湖南二周，果眞是青年俊彥，難得的人才。他們敢於在自己面前說出這些，也是對自己這個大老鄉的信賴和敬重了。於是，他也說了幾句心裡話：「不瞞二位，我的困難也正是在這裡，既要維護主席的威信，面子問題，又要糾偏糾左，改變去年的一套，緩和日益惡化的國民經濟形勢……我的工作，相信也是整個中央政治局和書記處的工作，就像雜技演員踩鋼絲似的，搖搖擺擺，忽左忽右，去盡力保持平衡，而不是被摔下來。左是一定要糾的，不糾不得了。我天天看全國各省市自治區報來的災情簡報，晚上要服安眠片才能睡覺。」

周小舟說：「中央已經把『八大』通過的實行集體領導、集體決策的決議，丟到喜馬拉雅山上去了。」

周惠說：「現在最關鍵的問題是，周總理和陳雲、先念、一波三位副總理，去年的所謂『反冒進四大金剛』，能夠挺身而出，要求中央和主席給他們平反。只要中央解了這個『結』，一切問題迎刃而解。」

周小舟說：「錯案應當翻過來，中央的工作才不會走鋼絲，才會走到平地上來，平衡也就不成問題了。」

劉少奇面色嚴峻。他心裡何嘗不想這樣？但有這麼簡單，有這個可能嗎？那一來，要置毛澤東同志於何地？引咎辭職？宣布下野？二周啊，二周！你們入黨、參加革命也二十幾年了，又當了這些年的省委第一、二把手，難道還不知道毛澤東同志的厲害？他的地位是輕易動得了的？湖南有句俗話：紙糊的長沙，鐵打的寶慶。毛澤東同志的權力正是鐵打的寶慶。中央的幾大情治警衛系統是幹什麼吃的？除了毛澤東同志本人之外，又有哪個領導人不是生活在中央這幾大系統的活動範圍之內？這山上或許輕鬆一些，在那中南海內，只怕你打個噴嚏，人家都瞭如指掌……算了，算了，這些東廠西廠錦衣衛之類的頭痛事，劉少奇想都不願意去想。他沉寂了一忽兒，才苦笑笑，對二周說：「你們的書生之議，我可以理解。但太過理想主義了，實際上絕無這個可能的。首先，周、陳、李、薄四位就不會出面，要求平去年的反。他們雖然挨了批，被迫作了大會檢討，可中央仍然把他們擺在總理、副總理的崗位上嘛。我相信，他們也絕不會同意別人提出這個問題。恩來可能聽到過什麼風聲，已找我慎重地表明了態度：對去年所受到的批評，他至今無怨無悔，一切要求替他平反的言論，都是別具用心，中央應當嚴加查處……二周啊，話都講到了這個份上，旁的人還有什麼可說的？而且我相信，以恩來爲人的謹慎，他也已經找過主席，表明了上述態度。」

周小舟聽這一說，有些兒急了：「少奇同志，剛才我和周惠的話，只是向您匯報我們的思想活動，爲的是工作糾偏糾左，絕對沒有別的意思。」

周惠也說：「去年我們雖然當了右傾，但思想路線上還是緊跟中央、擁護主席的。」

劉少奇見二周有些緊張的樣子，便和藹地嗬嗬笑了：「沒事，沒事，你們在我這裡，可以百無禁忌，講過就了，傳不出去的。除了你們二位，還有別的省委書記來談過，意見也很尖銳。同志之間的交談，我會愛護。不然，我怎麼來管全黨的黨務和高級幹部？愛護幹部是我份內的事。」

周小舟說：「所以我們才敢在您面前亂放炮啦。湖南是個農業省，我和周惠下鄉時間多一些，不免把農村的情況看得嚴重些。」

周惠說：「講到農業問題，我還是覺得，去年中央不用鄧子恢同志管農業，改用譚老闆，是一項失策。子恢同志是位多好的長者，兢兢業業，忠誠正直。如果去年農業仍由他掛帥，就絕對出現不了水稻畝產十萬斤、小麥畝產三十萬斤、馬鈴薯畝產一百萬斤之類的牛皮衛星！譚老闆可好了，一味搞迎合，好像他的全部職責就是爲了討主席的高興。可以說，主席去年是上了譚老闆這些人的當。」

周小舟說：「報紙天天登，電台天天播，讓全世界看我們的笑話，神經不正常。」

劉少奇說：「由譚震林同志主持農業工作，是主席親自點的將囉。我和子恢，在農業合作化問題上，都是右傾，小腳女人嚒。這些都不要去談它了。子恢年紀比我還大兩歲，去年光嘆氣，少管事，休息休息，算養精蓄銳……」

正說著，在廚房裡幫了一陣忙的王光美，圍著塊白圍裙進到客廳，笑吟吟地說：「請客人到餐廳坐吧，湘菜已經燒出，不同凡響。苗師傅問要不要上酒？」

劉少奇起身，擺手讓二周：「請，請。今天吃湘菜，下不爲例，講話算數。不然別的省也效法你們，派廚師來做菜，我可受不了，影響也不好。」

周小舟滿口答應：「下不爲例，下不爲例。也是少奇同志平易近人。在大鄉長那裡，我們可從不敢出這類主意。」

劉少奇、王光美都笑了一笑，也都明白，周小舟是湘潭人，大鄉長是指毛主席。

主客四人進到小餐廳坐下。劉少奇說：「我的胃不太好，醫生不讓喝酒，由光美陪二位喝一杯？」周惠忙說：「我是從不沾酒的。」周小舟說：「還是以茶代酒。」王光美笑了：「也好，你們是君子之交淡如水，四道湘菜鄉情濃。」

正說笑著，就見苗師傅和湘師傅端來一隻燒得熱氣直冒的木炭火鍋，一大盤切得菲薄的什麼魚片，以及綠油油的菠菜、各種調料，林林總總，很快擺滿一桌。

周小舟介紹周惠和苗師傅相識。苗師傅一口京片子：「謝謝兩位周書記，我今天是向湘師傅學藝，他的刀功、火候，都讓我長了見識……」

劉少奇則和湘師傅握了握手。湘師傅一口長沙腔，誠惶誠恐喊劉主席，劉主席夫人。王光美在旁糾正：「他可不習慣稱什麼主席，我也不是主席夫人，就叫少奇同志、光美同志最好，又親切。」

大家重新坐定。周惠見兩名師傅退下，便介紹菜名說：「這道火鍋菜叫做『蝴蝶過河』，四季皆宜。主要材料是湖、河裡的滑鰱，又叫才魚，無鱗無刺，剖腹洗淨，去頭尾，只取腰身一段切薄片。食用時，在各自碗內調好作料醬汁，再把魚片放進滾開的火鍋湯裡，下湯即熟，像一隻隻蝴蝶開翅，漂浮湯上……請嚐嚐，看看味道如何？」

周小舟已將魚片投入沸湯中。劉少奇、王光美一看，果如一隻隻蝴蝶，入口即化，鮮嫩無比。劉少奇讚道：「我是冤做湖南人了，第一次吃這『蝴蝶過河』，比廣州的魚片火鍋還鮮美……二周啊，我們湖南人是不會宣傳自己，在全國四大菜系中，魯菜、粵菜、川菜都比湘菜有名囉。」

王光美吃相甚雅，讚不絕口：「這麼漂亮的菜式，眞是藝術享受。又鮮嫩，又清淡，不油膩。」

周小舟說：「聽講在北美洲，湘菜可是比粵菜、魯菜都有名呢。去年一位外國朋友就告訴我，美國的各大城市，都有很多的湖南館子，主要是香辣，比川菜還受歡迎。」

周惠說：「這『蝴蝶過河』，在洞庭湖區，家家戶戶都吃得起，算不得名貴。我是四九年到湖南工作，每逢去湖區調查，就總是少不得『蝴蝶過河』、『鰍魚竄豆腐』幾樣招待，都是沒有上過菜譜的。吃了十來年，也吃不厭。」

劉少奇饒有興趣地問：「什麼『鰍魚竄豆腐』？名字很鄉土。」

周小舟說：「是鄉土風味，下道菜就是。所以少奇同志不要擔心有什麼浪費，都是幾毛錢一斤的材料，價廉物美。」

劉少奇胃口甚佳，邊吃邊說：「我和光美可是中了你們的計，請二位吃頓水餃，倒讓二位反客爲主了呢。」

周小舟、周惠都笑了。只花了十來分鐘，一大盤魚片化作「蝴蝶過了河」。服務員上來把火鍋及各色作料盤碟撤走，換上新的碗碟。湘師傅便在苗師傅的陪同下，端上來一隻有蓋青花瓷盆，報上菜名：「鰍魚竄豆腐」，並簡單介紹幾句製作方法：三市斤左右五花肉一塊，拌蔥、薑、蒜、花椒等十幾種作料醃四小時，煮至八成熟，取出瀝乾冷卻備用；活泥鰍兩斤，在清水中放養三天，吐盡腹內穢物，洗淨瀝乾，放進冷油鍋內，以上述五花肉塊覆蓋。之後用猛火燒煮三分鐘。活泥鰍驟然遇熱，即會奮力朝五花肉內上竄，直至頭穿肉皮。最後以文火燉一小時即成。」

說罷，瓷盆蓋子一揭，登時濃香四溢，但見盆內淡黃色肉皮上，嵌滿了粒粒黑珍珠般的泥鰍頭，煞是好看。」

周小舟對劉少奇、王光美說：「請試試，用筷子挾住泥鰍頭，輕輕上提，可把整條泥鰍提出來，很是香滑的。」

劉少奇、王光美依言以筷子提出泥鰍，也是入口即化，美味之極。劉少奇連著吃下兩條，直誇讚：「鄉土風味好，鄉土風味好，比國宴上那些中看不中吃的海參大菜還強。」

王光美說：「湘菜中的名品，應該好好宣傳，成本又低，口感又好，值得推廣。北京的曲園、洞庭春、武陵源，算是老字號的湖南館子，好像菜譜裡就沒有『蝴蝶過河』、『鰍魚鑽豆腐』……原來這五花肉算是豆腐了。」

周惠說：「光美同志，也嚐嚐這五花肉，半肥不膩，確像豆腐一般嫩生的。」

王光美嚐了一小口，果然鮮嫩不膩。隨即也給少奇同志挾上一小塊。劉少奇吃後，點頭稱好：「泥鰍是南方的特產，北京很難吃到。這個吃法，也是頭一回。」

周小舟說：「少奇同志幾次路過長沙，都是自己的廚師做飯，根本不准地方請客，自然吃不得湖南的土特產囉。」

劉少奇笑說：「所以今天讓你們兩個鑽了空子，壞了我的規矩！」

大家都笑了。接下來的兩道湘菜，是見諸菜譜的：東安子雞，牛百葉。劉少奇嚐了一口東安子雞，說：「這子雞地道，酸酸辣辣，爽口開味。在上海、廣州，也吃過東安子雞，完全不是這個味道，只是炒雞塊，糟蹋湘菜名聲。」

周惠說：「田漢同志每次回長沙，總是要吃火宮殿的牛百葉……」

劉少奇點點頭：「知道，知道，湖南的牛百葉，田漢到處宣傳，如今成爲湘菜招牌之一。」

王光美說：「湖南牛百葉切成細絲絲，炒麵似的金黃金黃，脆而不硬，香甜稍辣。不像江蘇、廣東的牛百葉，實際上只是牛肚片。」

周小舟說：「田漢同志最欣賞的就是這刀工。牛肚本是不値錢的下水。百物百用，下水也可成爲上品。」

四道湘菜過後，苗師傅領著湘師傅，端上來四樣主食：一籠蒸餃，一盤水餃，一盤鍋貼，一瓷盆小米粥。周小舟、周惠再次向苗師傅道謝。

王光美笑說：「周惠同志，你在湘潭地委書記華國鋒家裡放過衛星，一頓吃下六十個，今天就再放一次衛星吧？」

周惠說：「已經吃得差不多了，牛皮衛星害苦人。」

劉少奇忽有所感地說：「唉！去年也是空忙了一場。原以爲讓全國每個家庭頓頓吃上白饃饃、白米飯，一星期吃次水餃，打次牙祭，就算建成社會主義……沒想到去年一年吃光了一九五七年的庫存，還預支了一九五九年，搞得全國上下，全面緊張。」

周小舟說：「最緊張的，莫過農業。」

劉少奇問：「農業包括糧、棉、牧、副、漁，其中最緊張的又是什麼？」

周惠說：「公共食堂。湖南的食堂乾稀搭配，暫時還不缺糧；我聽好幾個省的同志講，他們鄉下的公共食堂大多已經無米下鍋，只供應大鍋菜葉子湯。」

周小舟說：「中央應當早下決心，農村公共食堂不能再這麼強辦下去。許多省區已經流行水腫病，鬧開饑荒了。」

劉少奇問：「你們的意見，有沒有向主席反映過？」

周惠說：「我單獨向主席匯報過兩次，一次是上個月下旬在長沙，一次是前幾天在美廬。主席好像聽不大進去，不大相信情況有我說的那麼嚴重，湖南就還沒有餓死人。」

周小舟說：「講句不怕犯忌的話，主席在這件事情上頭，是太顧面子了。好像撤銷食堂，他大面子就下不來。」

劉少奇沉吟一刻，說：「也難怪嘛！人民公社公共食堂，是他當作大躍進的新生事物，大力提倡推廣開來的嘛。要他收回成命，是很困難……這樣吧，今年以來，主席很重視、信任你們二位，你們要趁有利時機，多向他進言，力陳食堂利弊，多舉些實例去打動他。再加上別的省區的同志也會去向他反映眞實情況，相信他會有所鬆動。只要主席不把口子封得太死，我和書記處的同事們就有轉圜的餘地。總司令、周總理、陳雲、小平他們都是好講話的。」

周惠說：「好，我和小舟去犯顏直諫。面子要顧，老百姓的肚皮、性命也不能不顧。彭老總早就開罵了。」

周小舟想到鄉下那些面帶菜色的饑民，眼睛都紅了：「少奇同志，您知道，我是主席一手栽培。

主席是我的鄉長加師長，我是他晚輩。我從來沒有懷疑過自己對主席的感情……就只公共食堂這件事，我怎麼也想不通，面子竟比老百姓的肚皮還要緊。要論憂國憂民，我和周惠都比不上彭老總，去年、今年，彭老總兩次回湖南，我陪他走了十幾個縣。彭老總走一路罵一路，罵得我們又羞愧，又感動……」

劉少奇見周小舟激動的樣子，也深有感慨地長嘆一口氣：「小舟啊，你是『吾愛吾師，吾更愛眞理』了，不錯不錯。彭德懷同志兩次回湖南罵娘的事，我也聽講了。他在別的省區也罵過，早就對大躍進看不慣了。他是元帥，主持軍隊工作，到地方黨委罵娘，總不大好吧？你們何不建議他，多找主席個別談談，交換意見，效果會更好些。當然你們不必告訴他我講了這個話……鄉下公共食堂的事，不能要求中央一風吹，主席那裡是絕對通不過的。我的意見，只能實事求是，區別對待：夠條件、有米下鍋的，鼓勵繼續辦下去，但也要實行湖南的辦法，糧食到戶，節約歸己；沒有條件的，不勉強，允許社員回來開伙。這兩者之間不搞百分比，該解散的統統讓它解散。我估計全國的農村食堂能保住百分之十就不錯了……但不要提百分比，來點模糊數學嘛。」

劉少奇一番較爲務實又充滿政治機變的話，使得湖南二周會心地笑了。

第一九章　東林寺讖語

下午休會。田家英、李銳來到御碑亭散心。

御碑亭位於仙人洞西側的錦繡峰，爲明太祖朱元璋所建。亭高一丈八尺，四方四正，琉璃瓦覆頂，翹翅作魚尾形；四壁亦闊一丈八尺，梁柱牆圍皆爲石制，渾厚凝重，典雅莊嚴。亭內專置朱元璋御制漢白玉周顛仙人碑，碑高一丈二尺，闊三尺八寸，厚七寸，石質堅白細潤。碑的正面刻周顛仙人傳及祭天眼尊者文，碑的背面刻四仙文，咏四仙詩、賜赤腳僧詩，均爲明初著名書法家詹希原手書。

御碑亭正面門額有篆書「御制」二字。亭柱石刻聯句云：

四壁雲山九江棹
一亭煙雨萬壑松

明洪武二十六年建亭時，爲將各種器材運上山頂，而在廬山西北麓的峽谷峭壁間開闢出一條專用道路，與九江至南昌的驛道相接，稱爲「九十九盤」。「九十九盤」的起點在山腳東林寺。爲方便上山的官員們中途歇息並觀賞山景，沿路建有「錦澗」、「半雲」、「甘露」、「一息」、「披霞」等五座亭榭。每亭景色迥異，雲纏霧繞，下臨無地，美絕險絕。至今仍爲遊覽廬山的最佳上山路徑。

田家英和李銳均愛好考究文物詩詞。他們進到御碑亭，先繞至碑後，去辨讀〈四仙詩〉：

匡廬之巔有深谷，
金仙弟子巖爲屋。
煉丹利濟幾何年，
朝耕白雲暮種竹。

另一首〈贈赤腳僧詩〉，因字跡模糊，未能辨讀出來。

李銳問：「四仙詩，指的是那四仙啊？」

田家英說：「主公前天也問過。我特爲查了《廬山誌》，又問了管理局的人，大約是指周顛、徐道人、天眼尊者、赤腳僧四位。其實廬山最著名的道士應是晉代的陸修靜，山上的著名道觀如簡寂觀、祥符觀、景德觀等，都是他手上所建。他在簡寂觀內編纂整理出《三洞經書》，總計一千二百二十八卷，對道教經典的保存和傳播影響深遠。」

說著，兩人回到碑的正面，辨讀朱元璋撰寫的〈周顛仙人傳〉：

癲人周姓者，自言南昌屬郡建昌人也。年一十有四歲，因患癲疾父母無暇常拘，於是癲人入南昌乞食於市。歲如常，癲如是，更無他往。元至正間，失記何年，忽入撫州一次。未幾仍歸南昌，有時施力於市户之家，日與侍人相親，暮宿閭閻之下……

花了約摸半個小時，總算把全文辨讀完畢。田家英頗爲失望：「通篇無佳句，文字平庸，立意膚淺，眞可惜了這麼大一塊漢白玉碑了。」

李銳說：「朱元璋放豬娃出身，小時候還當過和尙，肚裡能有多少墨水？我讀過他的詩作，也都是些淺白的打油，薛蟠水平。倒也可見其人坦率、自信，不用文臣代寫詩文。」

田家英說：「也難爲他了。我們主公很敬服的。朱氏也是費盡心機，弄出這麼個神仙周癲人來，吹噓、宣揚他的皇權王位，是得到神仙襄助的。實爲美化他自己。」

李銳說：「放豬娃當皇帝，朱元璋是第一人。在廬山上建下這座御碑亭，傳之久遠了。不知道我們的老夫子，能給廬山留下什麼呢？」

田家英說：「不是已經有首七律〈登廬山〉了嘛？」

正說著，但見中央政治保衛部部長、公安部隊司令員謝富治，在秘書、警衛員的陪同下，進御碑亭來了。謝富治見到二位，趕忙上前握手。田家英一向對這位禁軍統領式的人物敬而遠之，與之寒暄幾句，即和李銳出了御碑亭，一路往西，散步到龍魚瀑附近，找了個僻靜角落坐下來吸煙、談心。

田家英若有所思地說：「謝富治怎麼上山了？原先中央開會的名單沒有他……難道主公需要預先戒備什麼？」

李銳卻是大大咧咧地說：「我看沒有什麼。老夫子已經布置起草文件，再有幾天，會議就結束。人家一年四季辛辛苦苦保衛中央、保衛主席，就不能上山來涼快幾天？我倒是一直在考慮一個問題，去年全黨上下大昏熱，發射了那麼多牛皮衛星，滿世界落下笑柄；究竟在我們黨內，有沒有幾個頭腦清醒的人物啊？坦白說，我是半信半疑，又大部分時間都放在調查三峽水利問題。只在去年六月間給主席寫過一封信，講了綜合平衡，對華東會議潑了冷水，柯慶施至今和我心存芥蒂。」

田家英說：「怎麼沒有？『密絲李』的第一任丈夫黃敬，早在一九五七年底就公開懷疑主公提出的『十五年超英趕美』口號，認爲不科學，不實際，做不到；認爲英、美今天的工業科技水平，是他們花了近百年時間、好幾代人的努力才達到的，我們怎麼可能在短短的十五年內趕上甚至超過？李兄，你知道，黃敬同志就是因爲這個，去年初被新帳老帳一起算，嚇成大病，連命都送掉。」

「密絲李」是田家英給江青取的代號。江青本姓李。李銳說：「黃敬是可惜了。他和小舟同歲，兩人都是老華北局的，很談得來。也怪他自己。既然和江青有過那層關係，就不該來做京官。況且老夫子也只是當衆訓斥了他兩次……算了，不談這個了。去年還有哪幾位頭腦比較清醒？」

田家英說：「陳雲去年八大二次會議作檢討後，一直養病，吭聲不得；少奇、小平只能跟著轉，而且表現積極；總理差點被迫辭職；書記處王稼祥曾在北戴河會議期間建議中央暫時不發表〈關於建立人民公社的決議〉，被主公痛罵一頓；還有武漢大學校長李達，去年八月在北戴河和主公討論哲學，當面爭辯，勸告主公不要搞大躍進、人民公社。主公礙於李達是黨的一大代表，又是長沙師範的學長，著名學者，年齡也大他幾歲，而沒有撕破面皮……還有，就是黃總長和彭老總了。」

李銳說：「彭老總的態度我知道，黃克誠同志是我老上級，他不同意大躍進？倒是頭回聽說。」

田家英說：「黃總長是在去年六月的中央書記處會議上，公開表明了他的憂慮。他有五個擔心：一是擔心十五年內超不過英國、趕不上美國，國家信譽受損；二是擔心現在報紙上公開宣傳的口號，如『人有多大的膽，地有多高的產』、『不怕辦不到，只怕想不到』等等，不符合科學精神，在助長主觀唯心主義，提倡精神萬能；三是擔心各省區競先報導豐產田消息，南方水稻畝產幾萬斤，北方小麥畝產十幾萬斤，全國吹牛成風；四是擔心各省區不顧條件，大上工程，會造成巨大的經濟浪費；五是擔心全黨上下，一片昏熱，到時候局面不可收拾。」

李銳說：「老實人講老實話。在去年那種氣氛下，他勇於提出這五個擔心，也屬鳳毛麟角。」

田家英說：「我列席了那次書記處會議。我看多數成員是認同黃總長的擔心的。只有譚震林和李雪峰兩位，認為黃總長是在給全國的大好形勢吹冷風、潑冷水。譚震林還和黃總長吵了起來。聽講他們在大革命時期，還是把兄弟？」

李銳說：「黃是湘東永興人，譚是攸縣人，老家相近，同是一九〇二年出生，又都是上井崗山的，歷史上是很有淵源的了。若論功績和在軍中地位，黃當然高過譚。黃是十位大將之一。譚若留在部隊，只能授到上將銜。黃老的五個擔心，去年怎麼沒有在黨內傳開來？」

田家英說：「總書記小平當場給壓下了。他在會上裁定，黃克誠同志書記處內部分工是管軍事工業和民兵建設的，提出『五個擔心』動機是好的，但不屬於職責範圍；譚震林同志思想積極，不同意『五個擔心』，值得肯定。但書記處會議內部發言，凡是沒有作成決議的，允許暢所欲言，不允許外傳。不然大家都不敢講話了。這是工作紀律。我估計，譚震林事後遵守紀律，沒有把『五個擔心』報告主公。這事也就沒有再被提起。不然黃總長早挨批了。」

李銳說：「在湘籍老前輩中，我最敬服的就是彭總和黃克誠同志，幾十年來艱苦樸素，正直無私。對了，去年七、八月間我一直在四川、貴州調查長江水利，沒有參加北戴河會議。後來隱隱聽到一點，說是一次老夫子請彭總出席常委會議，請了七次都沒有請動，有沒有這回事？」

田家英說：「那次是彭總心理慪了氣。他雖不計較名位，但確實事有不公。『八大』本來醞釀過他為黨的副主席候選人，後來變成『列席常委』，說是以後補正。去年八大二次會議卻增選長病號林彪為黨的副主席，彭仍是『列席常委』，明明是給他難堪嘛。北戴河那次，在主公的住處開常委碰頭會。彭在自己的別墅門口趁涼，和一中隊的一名幹部聊天，問那幹部老家鄉下的情況。第一次，主公派了衛士去請，彭沒有動；第二次，主公派了衛士長去請，彭沒有理睬；第三次，主公自己來請，彭說，等會等會，我這裡沒有談完；第四次，主公派了警衛秘書去請，彭繼續聊天；第五次，主公派了機要秘書去請，彭說，你可以轉達我的意見，老毛不是講我觀潮派嗎？我就是觀潮，南方、北方的那些高產喜報是瞎扯淡，根本不可能，我不願跟著瞎起鬨！第六次，主公派了我去請。那名一中隊幹部不敢和彭總談下去，敬個禮走了。彭總對我講，家英啊，你們還有沒有自己的腦子？我小時候作過田，畝產幾萬斤？鬼扯淡！今天的牛皮會，我請假不行？第七次，是主公再又親自去請，三請諸葛，七請彭總，總算把彭老總請動了，但兩人的臉色都很難看。幸而在那次常委會上，兩個湘潭老鄉總算沒有吵起來。主公平日是很難忍氣的，那次卻忍住了，大約心裡也覺得，是虧欠了彭老總的。」

李銳說：「老夫子一代英主，在對待彭總、林總這樣的大功臣，有時也一碗水端不平。」

田家英說：「講心裡話，這十多年在主公身邊當秘書，從個人感情上，我確是把他當作父執輩愛戴的，我和毛岸英同年嘛。主公也曾講過，他看到我，有時就和看到岸英一樣。在黨的事業上，更是敬奉他爲一代偉人，確有他人不及的文韜武略。但近兩三年，從我的工作角度上感覺，是越來越難以伺候了。地位至高無上，脾氣喜怒無常。今天講的話，明天就不作數。出爾反爾，主意說變就變，讓人捉摸不定，莫測高深。還喜歡讓人寫檢討，下至衛士、秘書，上至少奇、恩來、小平、尙昆，都有檢討書在他手上，親自鎖進保險櫃裡。……李兄，我這常委秘書越來越不好當。我怕越陷越深，到時候拔都拔不出來。多次和少奇同志、尙昆同志談過，要求下省、地去工作，鍛鍊，主公又不讓走，少奇、總理、總司令也都不讓我離開。今後，若能離開中南海，一定給主公提三條：一是能治天下，不能治左右；二是不要百年之後被人議論；三是聽不得不同意見，別人很難進言。」

李銳見田家英肯同自己講如此知心的話，只有生死之交才做得到……他很感動，嘴裡卻勸道：「家英，你千萬不要有這些念頭。老夫子是偉人不是聖人。即使聖人也有缺點，何況他的優點、缺點又都是那麼明顯……我倒是覺得，大半年來，老夫子也是在努力糾左糾偏的，一次又一次承認自己不懂經濟，犯了錯誤。我們做秘書的，不在他身邊搞吹拍迎合，而把眞實情況反映給他，正是對黨的事業負責，對國家的安危負責。如果換成另外的人，比如讓上海的張春橋來給他做秘書，柯慶施早就推薦過的，想想都可怕。所以，你不能離開。從總的方面看，我還是比較樂觀的。」

田家英說：「你比較粗線條，遇事直來直去，主公很賞識你這一點。但你更多的屬於詩家氣質，不是政治家氣質……好了，我們不談這些了。馬上就要著手起草結束會議的文件了，明天還有一天休息。喬木、小舟約了我，明天下山去一趟東林寺。喬木說你有事，明天不和我們一起出遊？廬山這種地方，不定哪年才有機會再來哪。」

李銳說：「我不便告訴喬木兄，是總理要我明天陪他去遊白鹿洞書院，朱熹講學的遺址。」

田家英笑笑說：「白鹿洞書院，我和喬木兄去過了。噢，明白明白，嫂夫人範元甄是總理的乾女兒，當年延安的美女之一，你是總理的乾女婿啦。」

李銳晃晃手說：「莫開這種的玩笑，你我豈是攀附之人？範元甄那婆娘你又不是不了解，我只是看幾個孩子的份上……想想她在延安整風時，我被關進窰洞，她卻和審查我的鄧立群上床，我總是覺得骯髒。革命要容忍一些骯髒，我的家庭也要容忍一些骯髒，算不算我的悲劇性格？」

東林寺建於東晉太元十一年（公元三百八十六年），位在廬山西北麓的香爐峰下，北倚東林山，山不甚高，自北而西，環合四抱，有如城廓，中有大溪，溪水自錦繡谷流出。相傳錦繡谷爲慧遠法師的蒔藥之地。慧遠法師在東林寺廣聚徒衆，宏揚佛法，論讚佛理，譯著佛經，長達三十餘年，最後也在寺內圓寂，爲佛學的中國化、社會化作出了重要貢獻。

一千六百多年過去，東林寺作爲廬山名剎，除抗戰時期遭受過日軍的洗劫，迄今仍然保持著原有風貌。一九四九年後列爲江西省人民政府文物保護單位，出資供養著幾十名僧人，照舊唱經唸佛，只是香火蕭條，信衆日少了。

胡喬木、周小舟、田家英三人沒有麻煩江西省委的同志領路，逕自沿九十九盤古道，一路說笑觀景，步行下山。

田家英記性好，見盤山古道兩旁古樹參天，峭壁如削，忽然來了興致，背誦出一段前人章句來：

> 大峰俯視小峰，峰峰現奇峻之形；前嶺高接後嶺，嶺嶺作迂迴之勢。壑間古松，風搖彷彿蛇形；崖伴疏松，雲覆依稀龍聚。高高下下，環顧惟鳥道數條；呀呀喳喳，翹首仰青天一線。雷聲山中瀑布，雨噴石上泉流。翠羽斑毛，盈眸多珍禽異獸；嬌紅稚綠，遍地皆瑞草瑤葩。巖岫分明，應須仙佛寄蹟；嬌紅莫辨，理宜隱士潛蹤……

周小舟見此情此景，田家英背誦出這麼一段美文來，不禁笑道：「喬木兄，我們可要看緊家英老弟，莫讓他學陶潛，做隱士。我們大鄉長，可是離不得他這個大秀才囉。」

胡喬木說：「我也記起前人一首〈西江月〉來了——峭壁插天如削，危崖仙掌遙擎。蓮花池涌燦明星，屈曲蒼龍臥嶺。太白攜詩欲問，昌黎賈勇先登。不如收拾利和名，到此緣何不醒？」

周小舟說：「不好不好，尚未進到東林寺，你們兩位倒是生了出世之念了。」

田家英說：「出家之念沒有，若能留在山中讀他十年八年的書，倒也快慰平生。」

胡喬木說：「想得美，想得美，黃泥綠蟻新醅酒，紅袖添香夜讀書。不錯不錯。」

三人走走停停，花了近兩個小時，才下到山谷底。過了錦澗橋，天地豁然開闊，到了一處山谷平地。谷中林木葱鬱，殿閣疊聳，正是東林寺了。頗煞風景的是，寺外的空坪上，竟留有幾座墳堆般的土高爐；寺院的圍牆上，竟也刷著大躍進民歌：天上沒有玉皇，地上沒有龍王，喝令三山五嶽開道，我來了！

田家英苦笑著說：「前無古人，去年是佛門無淨土了。」

周小舟走到一座已經塌下半邊的土高爐前，輕輕踢了一腳；「連和尚道士都被動員起來煉鋼鐵，眞是罪過。」

胡喬木說：「我看過安徽一份材料，去年九華山的僧俗人等一起煉鋼，把明代留下來的十八尊鐵羅漢都煉掉了，阿彌陀佛。」

周小舟說：「去年有的人死後該下地獄。」

田家英說：「我們無神論者什麼鬼神都不信，還怕什麼報應？」

胡喬木告誡似地咳了咳嗽，提醒他們注意。

寺院門口有位老僧打坐。周小舟上前問道：「請教師傅，我們是外地來的，可以進寺院裡去參觀參觀嗎？」

那老僧倒是耳聰目明，連忙合掌起身，讓過一旁：「隨喜隨喜，敝寺向來開放的。」

三人進到寺內，但見殿堂高闊，香煙裊裊，佛像莊嚴，僧衆頌經的頌經，打坐的打坐，氣氛肅穆。也有僧人在院子裡打掃灑水的，見了他們三位，都單掌行禮，身子微曲，唸聲阿彌陀佛。

看過大殿小殿，他們繞到殿後觀賞著名的東林詩碑，明代王陽明所作，立碑於明武宗十五年。詩碑爲漢白玉石材，高約丈許，鈎摹鐫勒，字蹟依稀可辨。三人還是費了費神，才將全詩辨讀出來：

昨日開先殊草草，今日東林游始好。
手持青竹撥層雲，直上青天招五老。
萬壑笙竽松籟哀，千峰掩映芙蓉開。
坐俯西崖窺落日，風吹孤月江東來。
莫向人間空白首，富貴何如一杯酒。
種蓮採菊兩荒涼，慧遠陶潛骨同朽。
乘風我欲還金庭，三洲弱水連沙汀。
他年海上望廬嶽，煙際浮萍一點青。

胡喬木、周小舟辨讀完畢，田家英眼明手快，已經筆錄下來了。胡喬木說：「也罷，也罷，這塊詩碑名氣很大，王守仁這首卻也平常，還不如他的那首絕句〈文殊台夜觀佛燈〉來得自然清麗些。」

周小舟看了看手錶，提議道：「我們何不去求見一下寺裡的老方丈，聽他參參禪，看看有無眞學問？之後，再求一頓齋飯充飢。」

田家英笑道：「好好，我們打饑荒打到東林寺來了。」

胡喬木也笑道：「齋飯不可不吃，不然沒有力氣爬回山上去了。我們按規矩交付他們錢糧就是，且態度要恭敬。」

他們轉回正殿前面的院子裡，又遇到進門時見過的那老僧人。這回老僧人倒是主動問道：「三位貴人都參謁過了？要不要報予本寺長老，與三位品茗一敘？寺中製得有上等雲霧茶的。」

胡喬木、周小舟、田家英彼此會心一笑，看來寺中當家的早留心到他們三人的行踪了。

周小舟對老僧人說：「如果不是太唐突的話，我們很樂意拜見長老，求教一點佛學知識。」

於是老僧領路，經大殿側繞行至後殿，進到一間寬敞的淨室。淨室裡已擺下三張直有一尺來高的蒲團，前有茶几，顯見已爲客人準備下座位。一位面貌清癯、鬚眉皆白的高僧手撫念珠，也不知是從哪兒出來的，聲音清晰地說道：「貴人來遊，老衲失迎，請坐。」

領路的老僧給三人各上一盞雲霧茶，色澤嫩綠，清香撲鼻。

胡喬木從蒲團上欠了欠身子，道：「我們是外地俗人，路經寶剎，承長老接見，賜教，十分榮幸。」

長老慈眉善眼，唸一聲「南無阿彌陀佛」，說：「近日山中紫氣祥和，文星燦然，老衲出家之人，一心唸佛，不問世情的。」

田家英心裡暗自想道：你這老和尚賣弄些什麼？廬山上下軍事戒嚴，香客不得進山，和尚不得出山，自然知道山上有重要活動的了。遂忍不住問道：「請教長老，鎮日頌經唸佛，得悟道否？」

長老低眉斂目，緩緩答道：「無常迅速，一心唸佛。反聞聞自性，性成無上道。反唸唸自性，怎生不得悟？出家人一心不亂，唸佛乃廣大教化法門。」

胡喬木聽這長老是有些基根的，也就請教道：「如何廣大法門？我等悉心聆聽。」

長老慧眼微啓，彷彿遲疑片刻，方頌經一般答道：「恕老衲饒舌。老衲姑妄言之，三位貴人姑妄聽之……天地高闊，法門無極。天下衆生，皆得唸佛。富貴人受用見成，正好唸佛；貧窮人家小累小，正好唸佛；有子孫的，宗祀得托，正好唸佛；無子孫的，孤身自在，正好唸佛；人子孝順，安受供養，正好唸佛；人子忤逆，免生恩愛，正好唸佛；身子康健，百病不侵，正好唸佛；病體多磨，切近無常，正好唸佛；養尊處優，心事不擾，正好唸佛；日理萬機，忙裡偷閒，正好唸佛；看破紅塵，逍遙物外，正好唸佛；貪享榮華，處身火宅，正好唸佛；機運亨通，如坐春風，正好唸佛；仕途艱難，屢遭貶謫，正好唸佛；若思參禪，禪是佛心，正好唸佛；若是悟道，悟須佛證，正好唸佛：南無阿彌陀佛。」

周小舟聽長老說的有趣，看胡喬木、田家英一眼，見二位亦微現驚訝之色，也忍不住問：「請教長老，唸佛時，須得淨室莊嚴，心無旁騖？」

老方丈仍是低眉斂目，緩緩答道：「無拘場地，無拘形式。好靜的，不必敲魚擊鼓，自可寂靜唸佛；怕事的，不必成群做會，自可閉門唸佛；識字的，不必入寺聽經，自可依教唸佛；千里燒香，不如安坐家堂唸佛；供養邪師，不如孝順父母唸佛；廣交魔友，不如一身清淨唸佛；寄庫來生，不如見在放生唸佛；許願保禳，不如悔過自新唸佛；習學邪道陰文，不如不識一字唸佛；妄談禪機佛理，不如誠實持戒唸佛；希求鬼神通靈，不如正信因果唸佛。」

胡喬木雖是一位堅定的無神論者，但對眼前這位東林高僧的修持學問，還是心存敬重的。遂又問：「請教長老，何謂坐禪養氣之說？」

長老答：「依老衲愚見，氣生萬象，萬象皆氣。昔孔子稱『天地正氣』，老子稱『元氣』，孟子稱『浩氣』。『天地正氣』不可變，『元氣』靠培，『浩氣』靠養。若果世人不知培氣、養氣，而一味的去動氣、使氣，所謂剛愎自用，頤指氣使，則分明是去殺氣、喪氣，而招致災亂了。」

田家英覺得長老這話倒是有些哲理，忍不住問題：「那天地之間，皆爲各種所謂的氣所充塞了？」

長老答：「天地之氣，上貫牛斗，下臨無極。其間可分祥和、暴戾二類。祥和之氣爲：陽氣、壯氣、才氣、秀氣、清氣、直氣、義氣、喜氣、善氣、美氣等等；暴戾之氣爲：惡氣、凶氣、殺氣、霸氣、淫氣、狂氣、怒氣、傲氣、吝氣、濁氣、陰氣、晦氣等等。人世間，倘若祥和之氣充沛，則風調雨順，天下承平，國運昌隆；倘若暴戾之氣充塞，橫行無阻，則水旱連年，餓殍遍地……罪過，罪過，老衲見了三位貴人高興，忘乎所以，就一派胡言了。」

周小舟心裡暗自好笑，去年的大折騰，正是狂氣、霸氣、偽氣、淫氣大流行了；況且老和尚的一番話，也似乎在什麼書上讀到過。

田家英但覺有趣，並不相信許多，卻又問道：「請教長老，依你之見，近年國運如何？」

長老一臉微笑，只是不答。

周小舟也不大相信「氣生萬象」這種形而上的說法，也學田家英玩世不恭地說，「長老一番示教，我三人受益匪淺。敢問我三人前程如何？」

長老仍是笑笑微微，只是不答。

胡喬木見長老不肯「洩露玄機」，也就不便相強，出家人吃形而上學的飯，讓他故作高深去罷。

而說：「敢問長老處可有靈籤，供我們三人抽驗？」

長老聽他們欲抽籤玩賞，倒是當即答應了：「權作遊戲，玩娛一回，信之則有，不信則無，不妨不妨。遂命那隨侍在側的老僧去他內室書案上取來三隻籤筒，每隻籤筒內密扎扎插有數十支竹籤，任三人各持一筒。」

三人當然不可下跪。胡喬木就坐在蒲團上雙手搖動籤筒，好一忽兒，方有一籤落到地下，撿起來一看，上面是三行小楷，一首四字讖語：

我也談禪，我也說法，不掛僧衣，飄飄儒洽；我也談神，我也說鬼，縱涉離奇，井井頭尾。罪我者人，知我者天。掩卷狂嘯，醉後燈前。

胡喬木讀罷，笑道：「這算一支中籤，倒也瀟灑。」

田家英效法胡喬木，也只是坐在蒲團上搖動手中籤筒，搖得一支七絕讖語：

廿年辛苦得從容，力盡筋疲少年翁。愛惜燈油坐黑夜，富貴堂前一梁空。

田家英讀罷，側過身子去問胡喬木：「這是一支下籤，似是不吉？」

胡喬木笑道：「方才長老說了，遊戲文字，信之則有，不信則無，認眞不得。」

周小舟亦已搖得一籤，輕聲唸將出來：

夜深殘玉漏，雞人報曉籌。披衣名利客，都奔大刀頭。

周小舟笑道：「我這更是一支下下籤，信不得，信不得。」

田家英心裡存了個意念，替好友李銳求得一籤，是首七言讖語：

奮力推車過大河，提了油瓶買酒喝。從來禍福無定數，前路崎嶇費坎坷。

周小舟也心存意念，替好友周惠求得一籤：

品竹彈弦擊磬，說書唱曲皆能。祈神保福禳星，牌譜棋經俱勝。

此爲一支上籤。三人都掏出記事本來，把各自抽得的讖語錄下。

這時，但見三名年輕僧人搬來一張長案，很快擺上碗碟，並四盤收拾得十分精緻淨潔的齋食。僧人說：「長老請三位貴人用齋，他辟谷已久，就不奉陪了。」

原來長老於他三人搖籤之時，退避內室去了。

用過齋飯，胡喬木、周小舟、田家英三人堅持留下十元人民幣，作叨勞之費。僧人再三推讓之後，方道：「三位貴人光臨敝寺，種下福田了。」

出得東林寺，胡喬木、周小舟、田家英仍循九十九盤上山。路上，三人約定：「回到牯嶺，絕不談及在東林寺參禪、抽籤之事，免遭非議；周小舟和田家英代周惠、李銳兩位抽得的籤語，也得等到會議結束下山之後，才可轉告，博他們一笑而已。」

第二〇章　訴盡心中無限事

這天，毛澤東支走了美廬的工作人員，只留下一名衛士值班。他要了卻一樁拖了多年的心事，召見一位曾經給過他十年歡愛、十年苦樂的女紅軍。

入夜，小教堂仍有歌舞晚會。美廬樓上窗戶半啓，舞會的樂曲透過重重樹梢冉冉而來，悠揚迴旋，霧一般輕柔，煙一般妙曼。聽得出來演奏的是仿唐舞曲〈絲路花雨〉，跳慢四部的。眞個是：匡廬絲竹夜紛紛，半入山風半入雲，此曲只應瑤池有，緣何風流到叢林？

一輛江西省委的黑色轎車緩緩馳近美廬院門。崗哨認得車號，又事先得到通知，手臂一揮讓進。臥車直馳美廬樓下。衛士聞聲出迎。省委書記揚尙魁的夫人隋靜扶出來一位頭髮花白、身子臃腫的中年婦人。衛士領路。中年婦人手腳不太靈便，幸而沒有台階。進大門，是過廳。再進第二重門，右側有一道樓梯。衛士在樓梯口停住，輕聲對隋靜說：「主席在樓上等著，您陪客人上去吧。」

隋靜扶著步履蹣跚的客人，一步一級地上了燈火通明的樓梯。沿著寬敞的廊道右拐，右邊房間是主席的書房兼會客室，左邊房間是主席的臥室。廊道上有兩把藤椅，原是替保健醫生和護士臨時歇息預備的。隋靜熟悉這裡房間的格局。她安排中年婦人先在藤椅上小坐，旋接快步進了敞著門的右邊書房。毛澤東裹了件長睡衣，正仰坐在沙發上看書。

惰靜輕聲說：「主席，我替您把客人領來了。」

毛澤東手中書本一合，站起身子：「噢，好，好。等會妳下樓去休息，樓下有替藍蘋留著的套間。我不知道要和她談多久。妳聽到鈴聲就上來。不管談到多晚，她不會留在這裡過夜。」

說著，毛澤東已步出書房，親自到走廊上迎接中年婦人，輕輕喚了一聲：「是志珍啊？我是潤芝……」

中年婦人顫顫巍巍地站起身來，彷彿要跌倒的樣子。惰靜立即上前扶住。立時，一老一少，竟像青春可愛的孫女兒扶著年長色衰的祖母，形成鮮明對比。

毛澤東聲音有些發嘎，再又喚了一聲：志珍，我是潤芝，潤芝……之後拉住了中年婦人的手，攙扶著，進了右邊書房兼會客室。惰靜則依囑下樓去那原是蔣夫人宋美齡的豪華套房裡靜候。

毛澤東扶著神思恍惚的賀子貞在沙發上坐下，已經預備下了茶水、糖果、點心。真是世事滄桑，人生易老啊。二十二年不見，當年英姿颯爽的賀子貞已病衰成這樣！一九二七年，三十五歲的毛澤東率領秋收起義失敗後的農軍殘部投奔井崗山時，賀子貞還是個十九歲如花似玉的女紅軍；就是一九三七年她離開延安赴蘇聯治病時，也還清清瘦瘦，滿頭青絲……要不是有江西省委作證，由省委書記的妻子陪來，毛澤東怎麼也想像不出，這個滿頭灰白、滿臉上皺紋密布得像絲瓜筋一般的病老女人，會是那個剛強秀麗、潑潑辣辣、敢打敢衝的紅軍女英雄。

二十二年了。賀子貞也像不認識毛澤東似的，眼睛死死盯住了看，眼神有些發直。

毛澤東替賀子貞倒茶，剝糖，遞到手上。

賀子貞呷一口茶。她患有十來種病痛，其中一種是糖尿病，遵照醫囑，既不能吃鹽，也不宜吃糖。她只是望著自己闊別了二十二年的丈夫、戰友、同志，不流淚，也不說話……局面有點尷尬。

毛澤東一向能言善辯，旁徵博引，談笑風生，如廬山上的道路，亂石鋪街，斑駁迷離，看似無規則，實則有規則。可是此刻面對賀子貞，卻理虧詞窮似的，只能問得一句：「志珍，妳還好吧？」

沒想到這句尋常的問話，忽然引發賀子貞聲音尖厲的大笑：「好！好！好得不能再好……我是被人打入了冷宮的，新中國也有冷宮，哈哈哈，共產黨內也有冷宮，哈哈哈……」

毛澤東連忙起身去掩了門，關了窗。這美廬的房間隔音效果甚佳。他不再擔心賀子貞大笑大鬧。毛澤東說：「志珍，都二十二年過去了，妳、我的生活都有了很大的改變。我們要承認這個客觀事實。妳想對我講什麼，就統統講出來，不要憋在肚子裡，對妳治療不利。」

賀子貞記起了什麼似的，不再大笑，仍是目光直直地盯住毛澤東那保養得油光水亮的臉龐，良久，才問出一句：「你哪？當了萬歲，萬萬歲，也都還好嗎？」

毛澤東覺得賀子貞神情正常了些，於是燃上一支煙，說：「我除了身體還算好，其他的就很難說了……國家這麼大，情況這麼複雜，底子又薄，很難應付。前兩年，推廣農業合作化，實行城市工商業社會主義改造，反右鬥爭，都算打了勝仗；去年發動一場大躍進，人民公社化，搞得黨內黨外，問題很多，意見很大。今年以來，一直在做糾正，我算是好心辦了壞事，讓全黨全國交了學費。可說是國步艱難吧！但一直沒有忘記妳。這次一上山，就想著和妳見面。沒想到妳身體差成這樣，我很心痛的。人非木石，安得無情？畢竟是妳陪伴我度過了一生中那最困難的十年光陰。我也知道，妳心裡一直對我有氣。今天，妳就把氣都吐出來。對妳只有一個希望，早日養好身體，出來做些力所能及的工作，過一名革命者的正常生活……要不要先吃些點心，都是專爲妳準備的，這碟是妳喜歡的芋頭糕，這碟是香酥餅，這碟是芝麻球。我記得妳在江西蘇區時就喜歡這幾樣，特地叫師傅少放了鹽和糖。」

賀子貞卻不爲所動。她太了解這個男人了，只是眼睛亮了亮：「潤芝……我是有一肚子話要對你講。積了二十二年的話……。前天，隋靜妹子去看我，要接我上山。我就覺得，是你到了山上。可是隋靜妹子不肯講明。」

毛澤東說：「是怕妳激動。另也有個保密問題。」

賀子貞說：「你和我見次面還要保密？怕你小老婆藍蘋？我倒是想見她一面呢。放心，我已經無醋可吃。」

毛澤東暗暗稱奇。不是一直講賀子貞精神有毛病？現在她就很正常，反應也一如過去那樣的敏捷：「志珍，我們好不容易見了面。談話不要涉及第三者，好不好？」

賀子貞眉頭揚了揚：「這樣講，你也承認她是第三者了？」

毛澤東眼睛一瞪，臉孔一板，咄咄逼人地：「志珍！我要求你只講自己的事，不及其他。」

賀子貞太熟悉毛潤芝的這副表情了，從來只要人體諒他，而從不會體諒他人。井崗山、江西蘇區七年，長征、陝北三年，賀子貞盡量收斂起自己的鋒芒，順從了毛澤東，從一名紅軍女將領變成一名家庭少婦，在生活上、工作上照料好比自己年長十七歲的丈夫。她學會了做湖南菜，變著法子炒各式各樣的紅辣子，青辣子，還有酸辣湯。毛潤芝忘情地說過：「賀妹子燒的酸辣湯，堪稱蘇區第一，開味，通氣，發汗，祛風寒，除潮濕，每頓一碗，百病不侵！」毛潤芝的性慾極強，從不考慮賀子貞的感受，喜好，只求滿足自己的需要。賀子貞雖然是一名年輕的女造反者，但還是依從了傳統女性的習俗，隨時地給予。江西蘇區七年，賀子貞年年受孕，年年由老中醫開單方墮胎。那時，毛潤芝說：「行軍打仗，居無定所，生死未卜，等生活稍能安定些再要孩子。」長征路上，三十萬人從江西蘇區出發，一年後抵達陝北時只剩下兩萬多人。在那樣艱苦卓絕、九死一生的日月裡，毛潤芝也沒有忘記發洩自己的性慾，使賀子貞三次受孕……一九三七年，中共中央機關已經在延安安定下來，毛潤芝卻幾乎同時和延安的三名女子往來，其中一名還是美國記者史沫特萊！賀子貞忍無可忍了。她特別痛恨那個見了男人就摟抱親嘴的洋婆子。她曾經命令自己的警衛員執行任務，像幹「ＡＢ團」一樣幹掉那名洋妖精，被毛澤東制止住。賀子貞在窰洞裡和毛潤芝大吵大鬧，甚至拳腳相向，以告訴自己的花心男人：我爲你付出了一切，付出了理想，付出了健康，付出了青春。我曾經先後爲你懷孕十幾次！卻拴不住你一顆心……名爲革命領袖，也是衣冠禽獸……兩口子動嘴動手，時戰時和，吵鬧了一年之久。到了一九三七年底，賀子貞領著剛滿一歲的女兒嬌嬌，身上還懷著一個等著出世的娃娃，和王稼祥的愛人朱仲麗，張聞天的愛人劉英，一起結伴遠走莫斯科，去治病、休息。原以爲一年半載就回來，避一避，消消氣……想不到，想不到就發生了後來的那些事情……

毛澤東見賀子貞神情痴呆，目光發直，怕她又犯起病來，遂哄慰她說：「志珍，妳心裡有什麼話，就和我講講吧？我一定虛心聽取。不管妳講些什麼，我都不發脾氣。」

賀子貞眼睛眨動兩下，回復了一些靈動之氣，平靜地回答：「好吧，你既是願意聽，我就講……哪怕今後不再見我。我知道你做得出來……我不瘋，我知道我講了的後果。」

毛澤東忙說：「你放心，今後我們可以常見面，常交談。前幾年是因爲太忙，沒有顧得上。妳知道，我已經在四月間辭掉了國家主席一職，今後退居二線，少管事，多研究問題，就有時間了。」

賀子貞說：「那就多謝了。還要多謝你每年暑假，都讓嬌嬌來陪我一星期。你每次交她帶來的錢，我都替嬌嬌存著，一分沒動……她是你我夫妻十年，懷孕十幾次，唯一留下來的孩子。我到現在都不明白，你爲什麼要孩子改了江青的姓，叫李敏？這事你做得太絕。你不讓孩子姓毛，也該讓她姓賀。嬌嬌是我身上掉下的肉，她本該姓賀，不姓李……你還把我的名字也改成志珍，不叫子貞。你是要我在被你拋棄之後，有志氣，懂珍重！虧你想得出來……嗚嗚嗚，你欺侮一個當年和你共過生死的女紅軍……一九三二年你在福建長汀拉痢疾，一九三三年在江西瑞金打擺子，你當時被博古、李德撤職，開除黨籍，無權無勢……都是我屎屎尿尿的服伺你，從鬼門關上把你的命撿回……嗚嗚嗚，我不是講我救了你的命，我做你的妻子，是把你的性命當做自己的性命，……嗚嗚嗚……」

毛澤東本來氣鼓鼓的，但聽賀子貞提到他在江西蘇區患上重病，差點送命的舊事，也不禁動容，紅了紅眼睛：「志珍，我記得，記得的……妳莫哭，莫哭……那時我受王明、博古國際派們的排擠打擊，連警衛員都看不起我，過了一段最黑暗的日子。要不是妳，我不可能挨得到參加長征。長征路上，也大病過一場。沒有妳的照料，我不可能走出雪山、草地。那時，我就覺得，妳簡直是個生命的奇蹟，一年時間，懷孕三次，飽一頓飢一頓，還日夜行軍逃命，反倒要妳來照料我一個男子漢……」

賀子貞眼睛發亮了。從她發亮的眼神裡，依稀透出當年那個紅軍女將領高傲豪邁的颯爽英姿。她止住了哭泣，浮腫的臉上有了些紅潤：「潤芝，算你還記得那些事情……你知道嗎？當一個女人用她全部的身心去愛自己的男人的時候，這個女人就是不可以戰勝的，就會出現在我身上出現過的奇蹟，拖不垮，累不倒……在貴州遵義，我不是替你生下了我們的第一個娃娃嗎？也就是在那裡寄養、丟失了，你給取了個名字，叫毛岸紅。……那時你身體不好，我身上有奶，就天天擠了奶給你喝。你代替娃娃把奶都喝了……」

毛澤東忍不住眼裡泛起淚花，連忙拿了小毛巾來擦。

賀子貞笑了笑，說：「記得你還吃過醋的……我的那名警衛員病了，我也擠了奶給他喝。是個十

七、八歲的小後生嘛！你尋了我爭吵：可以喝妳的奶子，可不可以和妳睡覺？吃醋吃到這份上，我都懶得理你，認作你是愛我的……」

毛澤東心裡一動：原來懷疑她和警衛員亂搞，只是這麼回事啊？可自己還真當回事，在延安和江青同居前，一次書記處會議上講了這件事……看來自己是誤會志珍了。

賀子貞至今並不知道毛澤東曾經向組織揭發過她的「生活作風問題」，繼續平靜地說：「我曉得自己的身體是在長征路上垮掉的……原想休息一年半載，可以恢復轉來，才執意去蘇聯養病。初到蘇聯，我就開始後悔不該到了陝北和你吵架，搞得生活不寧。不管出於什麼原因，我都不該和你那樣吵，還相互動手。我原也不是一個脾氣暴躁的女人，在江西蘇區我是一名女戰士加你的賢內助，張聞天、周恩來、博古都表揚過……一九三八年上半年，我每個月都給你寫信，向你認錯，請你原諒，保證返回延安後，還像在江西蘇區時期那樣，過又簡樸又恩愛的生活……」

毛澤東說：「是的，我收到過你的好多封信。我也回過信，等著妳早日回到延安團聚。」

賀子貞說：「一九三八年下半年後，你再沒有給我回信。我給中央書記處寫信，給軍委總政治部寫信，要求返回延安，都沒有回復。潤芝，我離開延安時，你自己心裡有數，是懷了孕走的，還帶著剛滿一歲的嬌嬌……一九三八年十月，我記得是十月中旬，莫斯科天氣已經很冷了，我替你生下一個男娃，只活了半個月，得了肺炎……我又不懂俄文，被人家誤診，死了……沒有人管我，是我自己用了把鎬頭，在莫斯科郊外的樹林裡挖了個洞。那泥土已經上凍了，硬得和鐵板一樣……挖了半天，挖個小洞，把我們的娃兒埋了……嗚嗚嗚，是你，是你斷了我回延安的路……嗚嗚嗚，我是到了一九三九年，才曉得你在我走後不久有了新歡，上海的女戲子……嗚嗚嗚，……一九二七年十月，你帶領一支叫花子樣的湖南農軍投奔井岡山根據地，那根據地是我哥哥拉隊伍創立的……在一間廟裡，你拉著我拜了天地，你起了誓，詛了咒：革命夫妻，有難同當，有福同享，生死一起……嗚嗚嗚，我相信了你……我一個女紅軍，被你發配在蘇聯，被你剝奪了回國革命的權利……」

毛澤東耐心地聽著，勸著：「莫哭，莫哭。當時情況很複雜，三言兩語講不清。只是想到妳留在老大哥那邊比較安全。」

賀子貞邊說邊哭訴：「潤芝你知道嗎，老大哥那邊，也勢利得很。人家得知我姓賀的不再是你的愛人，就把我當成了一名普通的寄生者，不再有生活上的關照。我託王稼祥帶信，託周恩來帶信，任弼時帶信，潘漢年帶信……我想那些信肯定都到了你手裡。你一個字都不回，也不讓別人回。你把我丟在那冰天雪地裡……你曉得嗎？一九四一年，德軍進攻莫斯科的前夕，老大哥那邊也很緊張了。我們被疏散到了離莫斯科很遠的地方。嬌嬌得了肺炎，高燒不退，送進保育院隔離室。那個天殺的大鼻子醫生，診斷我嬌嬌神志不清，沒得救了，人還沒有斷氣，就被扔到太平間去了。我和醫生大吵，我要女兒：爲什麼我女兒還沒有斷氣就扔進太平間去？我掙脫了他們的阻攔，發瘋似的跑進太平間，在幾十具凍成冰塊的死屍裡把嬌嬌抱了出來！嬌嬌還有脈膊，嬌嬌還有呼吸……我是罵了，也不管他們聽不聽得懂，罵了他們天殺的，劊子手，沒有人性的畜牲。他們當我是瘋子，把我關進精神病院，連同不到五歲的嬌嬌，一起當作瘋子對待……，也好，只要嬌嬌在我身邊，瘋子就瘋子。可是，你知道老大哥那邊的精神病院是什麼樣子？我天天被電擊，被注射鎮靜劑。治療時，他們把我的手腳都綁住，嘴巴也被毛巾堵住……潤芝，嗚嗚嗚，整整六年，我在瘋人院裡就是這樣過的，不瘋也被關瘋……整整六年，延安黨中央，和莫斯科共產國際之間，月月都有人來來往往，就是沒有人過問一聲，嗚嗚嗚……」

賀子貞和嬌嬌母女兩個在蘇聯被關進瘋人院的事，毛澤東雖然早就聽人匯報過，但今日由賀子貞本人哭訴出來，仍然好不悽惶：「志珍，妳和嬌嬌的事，我是後來才聽到的。我太粗心了，光顧了處理黨務軍務，應付各種突然變故，沒有顧得上……還以爲妳和嬌嬌在老大哥那邊，有得吃，有得住。這事，我一直覺得內疚。妳繼續講。」

賀子貞已經哭訴成一個淚人：「整整六年時間，你對我和嬌嬌死活不問，一句內疚，就打發得過去嗎？就算我是被你拋棄了的豬狗不如的女人，巴望我就死在蘇聯，可嬌嬌總是你的親骨肉呀！你連親骨肉都不顧……在那瘋人院裡，可憐我嬌嬌，總是在我昏睡醒來時就問：媽媽，我有爸爸嗎？爸爸在哪裡？人家都有爸爸……我雖是恨你，恨你無情無義，鐵石心腸，可我總是對嬌嬌講：乖女崽，妳有爸爸！妳爸爸是英雄，名叫毛澤東；他在中國，在延安，指揮打仗，領導中國革命！你爸爸不會丟掉妳，妳爸爸一定會派人來接妳回中國……」

毛澤東插斷：「一九四六年，黨中央派王稼祥夫婦駐莫斯科，不是就讓他們夫婦去打聽你們的下落了嗎？」

賀子貞淚眼一揚：「不對！是王稼祥夫婦抱不平，覺得這麼多年了，對賀子貞母女生死不問，太不人道……他們夫婦後來告訴我，倒是彭德懷同志對他們提過，賀子貞究竟到哪裡去了？井崗山上的女紅軍，死要見屍，活要見人……放心，人家夫婦沒有講你毛潤芝半句不是。」

毛澤東聽這一說，臉都氣烏了，茶几一拍，大聲罵道：「什麼東西！都來挑撥我的家務事？我怎麼沒有叫王稼祥、朱仲麗到蘇聯去打聽妳和嬌嬌的下落？這是對我最惡毒的人身攻擊，對我人格的最大侮辱！你們哪個有膽子來當我的面講這個話？我操他娭毑！操他老娭毑！都是狼心狗肺，混蛋亡八！我操他老娭毑！」

毛澤東一怒，賀子貞倒是止住了哭泣，忽又爆發出一陣尖厲的大笑：「毛潤芝，哈哈哈……毛潤芝，哈哈哈……你偉大，你好偉大，好偉大，哈哈哈……」

賀子貞笑得毛澤東有些兒不堪，有些兒狼狽。他意識到自己失控了，失態了，遂又冷靜下來說：「志珍，說好了不發脾氣，又發脾氣，還罵了娘，這很不好……妳今天，總算把心裡的委屈對我講出來了，妳、我之間的誤會，可以冰釋了。妳同意不同意？告訴我，同意不同意？」

賀子貞沒有停止狂笑：「毛潤芝偉大，哈哈哈，毛潤芝好偉大……偉大，哈哈哈……」

毛澤東面對賀子貞的狂笑，一時竟也束手無策。是個瘋子，果然是個女瘋子……幸而這時，桌上的電話鈴聲響了。幸而原先吩咐好了樓下值班室的衛士，十一點時往樓上打一個電話。毛澤東拿起話筒，哼哼噢噢了好一會，並交代請隋靜同志五分鐘後上樓來。

賀子貞其實是很靈醒的，一聽到電話鈴聲，知道潤芝有公家事，而停住了狂笑。不管怎麼講，潤芝現在是全黨全軍的主席，主一國之政……作爲一名老紅軍，老黨員，她從來沒有在政治上懷疑過毛澤東。她內心深處仍然崇敬那個計多謀足、運籌帷幄、雄才偉略的毛澤東。至多，她也只是覺得，毛澤東於公德無虧，於私德有損。不然，怎麼別人都不行，最終只能由他來領導中國革命？

毛澤東見賀子貞忽又奇蹟般地安靜下來，心裡不禁一喜，遂和顏悅色地說：「志珍，妳剛才也聽見了，今晚上還有個小會，研究工作。我們明天晚上再談，還是隋靜陪妳來。妳要聽醫生的話，在山上多住幾天。我們還要見幾次面……妳治療方面有什麼要求，要我替妳打招呼的嗎？」

賀子貞目光清亮。她在毛澤東的書桌上發現了三小瓶安眠藥：「潤芝，好，你忙你的工作。我明天晚上再來。我保證不再講氣話，不再哭鬧……對了，還有一句話，江西鄉下在餓死人，你知道嗎？有的老紅軍的後代都餓死了，你去年都搞了些什麼呀？」

毛澤東只想盡快把賀子貞打發走：「妳安心養病……鄉下缺糧的事，我知道一些，中央正在開會研究辦法解決。」

賀子貞指指桌上那藥：「可以送給我嗎？我失眠厲害，醫生給的藥，不起作用。」

毛澤東站起身子，點了點頭。

賀子貞手腳出奇地靈活，一個探身，就把那三瓶藥抓了過來，放進上衣口袋裡。

這時，隋靜來到書房攙扶賀子貞。毛澤東卻揮揮手，他要親自攙扶自己的妻子。直到目前爲止，黨內黨外，江青仍然沒有被正式稱爲毛澤東夫人。名義上賀子貞仍是毛澤東的妻子。毛澤東攙扶著賀子貞，一直走到樓梯口。稍站一站，還是沒有鬆開手臂，又一步一級地扶賀子貞下了樓梯。隋靜請主席留步。但毛澤東仍扶著賀子貞，出了兩重門，一直扶著進了汽車，道了珍重。

毛澤東讓汽車稍候，示意隋靜跟他返回屋內，交代說：「她腦子壞了，一直和我哭鬧，我都沒法對她開口……妳告訴尙魁，明天一早就送她回南昌，不要再留在山上。她還從我桌上拿走了三小瓶強效安眠藥，裝在上衣口袋裡。今晚上要設法把藥從她身上取回來，否則會出危險。萬一出了事，藥還是從我這裡拿的。這是任務，無論多晚，妳拿到藥後，都要給我電話，反正我也睡不著。」

送走了賀子貞。毛澤東心情很煩躁，亂糟糟。今後他再也不要見到這個女人。今晚上又要失眠了。可安眠片又全叫賀子貞拿走了，一瓶不留。這個女人只顧自己，不顧別人。可悲可嘆。他給樓下的值班衛士電話，讓通知小鍾回來，立即回來。再有，去游泳池看看，把水溫調低一點。

一小時之後，毛澤東由保健護士小鍾陪著，在游泳池內戲水。電話鈴響了。讓小鍾把電話線拉過來。是隋靜來的，報告已經完成任務，請主席放心。說她告訴賀大姐，尙魁失眠，影響白天開會，能不能把安眠藥給尙魁去用？賀大姐一聽，就把三瓶藥都交出來了。她很清醒，也很能替人著想。只是明天一早送她下山，又會哭鬧一陣。

毛澤東在電話裡道了謝。他不願再想那個瘋女人的事，繼續和膚色光潔、渾身上下透出青春氣息的小鍾游泳、戲水：「一見鍾情啊，今晚上，我恐怕又要全無睡意了。妳上次說要給我演奏白樂天的〈琵琶行〉？琵琶古曲裡，我只知有〈十面埋伏〉，不知有〈琵琶行〉呢！對了，我答應過的，要把〈琵琶行〉抄錄一遍，送給你……」

游泳之後，毛澤東由小鍾牽著上樓，進到臥室，仍然毫無倦意。他今晚上是受了強刺激。沒想到闊別二十二年之後，賀子貞竟會當著他的面，一把眼淚一把鼻涕的來控訴他！什麼難聽的話都罵出來了……中國共產黨爲了打江山，奪政權，犧牲了那麼多人，總怕有兩、三千萬吧？賀子貞這女人還自稱老紅軍，老黨員，卻是一肚子的個人恩怨，個人遭遇，心胸狹窄，氣量何其渺小……看看，說了不再想這個瘋女人的事，還是揮之不去。

爲了助他入眠，小鍾替他做了全身按摩。他日常習慣穿長睡衣起居，倒是十分方便動作。看著他閉上眼睛，哼哼唧唧的很舒服，小鍾以爲他快要睡著了，就動作放輕了些，之後再替他蓋上被子。沒想到他被子一掀，雙眼一張，神采奕奕。小鍾瞋他一眼，不禁又粉臉飛霞，嬌羞無狀，知道又該那個、那個了……毛澤東視品簫爲房事中極樂境界，是從雜書中得知的。他的頭三個女人羅氏、楊氏、賀氏都拒絕替他行此事，並斥之爲青樓女子的下流行徑。一九三八年夏，上海影星藍蘋到延安，到底開通，窰洞裡第一次歡好，就展現一流口技，令他欲仙欲佛。藍蘋還是讀過幾本雜書，又經見過人事的，有時把玩起來，竟說：「古今之道，無非立君牧民。你就是君，我就是民，任你放牧，任你耕耘……」後來的小孫、孟虹等人，也是願意替他做的，口技卻比藍蘋要差了。這個一見鍾情也不錯。立君牧民，好一個比譬。當然只能任由藍蘋私下裡調笑，畢竟封建色彩太濃，不適合黨主席的。

小鍾去洗手間漱了口，淨了臉，勻了粉。返回床頭時，見毛主席已經擁被坐起來了。小鍾小心地問：「您真是個活神仙啊？弄人一嘴……就是不累不睏？」

毛澤東說：「我也不知道，今晚上情況很特殊……曾經滄海難爲水，除卻巫山不是雲……，妳不是要彈一曲〈琵琶行〉嗎？乾脆，我們都起去，妳來彈，我來寫。」

於是，毛澤東牽著小鍾的手，從室內通道繞進書房，一個展紙，一個研墨。之後，一個懷抱琵琶輕挑慢抹，一個手揮狼毫直行草書，用的是「中國人民革命軍事委員會」的公函紙。白樂天的〈琵琶行〉全詩八十八行。不知是有意無意，毛澤東漏寫了以下六行：

轉軸撥弦三兩聲，
未成曲調先有情。
弦弦掩抑聲聲思，
似訴平生不得意。
低眉信手續續彈，
說盡心中無限事。

第二一章　笑聲震瓦四心通

牯嶺河谷泉流密布，匯聚成三座人工湖泊，在北的是如琵湖，在南的是蘆林湖，在西的是廬山水庫。各有兩、三百畝水面不等，如同三面寶藍色的鏡子，映照在高山之巔，雲海之中。

毛澤東約王任重到蘆林湖上划船散心。昨晚上開了各組組長會議，指定胡喬木、譚震林、曾希聖、周小舟、田家英、李銳七人爲會議文件起草小組成員。文件名稱「廬山會議諸問題的議定記錄」。毛澤東並講了一席意味深長的話，給文件定下調子。劉少奇、周恩來亦有附議補充。

王任重沒有參加昨晚上的會議，亦未被指定爲文件起草小組成員。他是在中南組會議上，聽了組長陶鑄傳達的主席講話。其中的重要內容，使他吃了定心丸。主席說：

「對形勢的看法如不能一致，就不能團結。要黨內團結，首先要把問題講清楚。龍雲說我們人心喪盡，天安門工程如秦始皇修長城。出了孟姜女千里尋夫沒有？哭倒了天安門沒有？黨內天津的科局長們對去年有議論，否定大躍進，認爲全民煉鋼得不償失，等等。

他們不了解情況。「得不償失」可以舉出幾十、幾百上千件，無非是頭髮夾子、肥皂、豬肉、菜油、蛋不夠，有的買不到了。對這些同志要講道理，不要罵人，要幫助他們認識整個形勢。得的是什麼？失的是什麼？爲什麼大躍進之後，又發生市場大緊張？不要戴帽子，不要罵一頓了事。黨內近年又興罵娘風。主要是不滿分子罵我們。上海有一個黨委書記，否認一九五八年的大躍進，辯論之後，殺頭也不肯承認大躍進好。態度夠硬，可以不殺他的頭。就算龍雲那樣的大右派，也讓他多活十年好，否則到了閻王那裡還要造謠。

去年四件事，公社化、放衛星、公共食堂、全民煉鋼。北戴河會議，人心高漲，埋伏下了一部分被動。去年還訂下一九五九年要搞三千萬噸鋼，大型工程一千九百多項，糧食產量再翻一番，等等。今年承認有些被動，但並非全面被動，也不會垮台。公社沒有垮嘛。垮掉一部分也不要緊，再辦起來就是。食堂的情況也大致如此，暫時垮掉一部分，垮掉大部分，我都支持。清朝有個將軍，每戰必敗。他在給皇帝上表時，寫了「臣屢戰屢敗」，承認自己不行。他的幕僚幫他改做「臣屢敗屢戰」，一字之易，整個奏章的格調就不同，成了一名受挫不氣餒，作戰到底的勇敢分子。我們去年不是屢戰屢敗，而是有勝有敗，勝多於敗。有人講總路線就是搞壞了，從根本上否定大躍進，即否定總路線。所謂總路線，無非多快好省。不能說一九五八年只有多快而無好省。也有又多又快又好又省的，要作具體分析。

……前年右派進攻，張奚若四句話：好大喜功，急功近利，否定過去，迷信將來；陳銘樞也有四句話：好大喜功，偏聽偏信，剛愎自用，喜怒無常。他們的矛頭都是直接指向我的。算他們兩條漢子。關於好大喜功，急功近利，本人早已明確回答，我們就是要好社會主義之大，喜社會主義之功，急無產階級之利。至今不改初衷。至於偏聽偏信，我也要明確宣布，我們就是要偏。資產階級、小資產階級、無產階級，左中右，你總要有所偏嘛！不同的階級有不同的偏向，天經地義。我們同右派作鬥爭，能不偏在左派一邊？左派就是要壓倒右派，戰勝右派……

王任重聽了傳達，心裡既敬服，又感嘆：毛主席就是毛主席，他的思想感情，總是靠在左派一邊。不左，還叫革命？還叫毛澤東思想？他老人家的糾左糾偏，只是形勢的需要，是有限度的。這對黨內那些思想右傾的同志，無疑是個嚴厲的警告。王任重也留意到了，聽了傳達，河南吳芝圃笑得嘴都合不攏；湖南二周，卻臉露不安。

毛澤東年長王任重二十五歲，自屬父輩。王任重喜好讀史，一部《資治通鑑》尤為熟知，記性又好，態度又謙恭。兩人談笑古今，臧否人物，有共同的愛好、話題。毛澤東說，和王任重算忘年交。王任重則甘為弟子。在北京中南海，在武昌東湖，毛澤東都喜歡邀人泛舟水上，一人一槳，邊划船邊聊天，就像他喜歡游泳、跳舞一樣，都是有益健康的休閒方式。

蘆林湖當然比不上武昌東湖水面開闊，甚至都比不上中南海那園林湖泊。但蘆林湖水倒映著四周秀美絕倫的峰巒峭壁，古樹花叢，別墅亭台，水上水下，都是一幅又一幅的蓬萊仙鄉似的畫圖。

毛澤東和王任重在衛士的攙扶下上了一葉小舟。不一會，小舟便順風飄到了湖心。兩人都沒有動槳。王任重看得出來，毛主席意在聊天，不在划船。也是王任重的一大優點，無論毛主席和他談論些什麼，事後總是守口如瓶。他明白，毛主席日日夜夜都在思索著一些重要的人和事，有時老人家只是需要一個談話對象而已。

王任重見毛主席凝神眺望著南邊的漢陽峰。他安靜而恭謹地等著毛主席開口，只輕輕撥動手中槳片，保持住小船的平穩。

過了一會，毛的目光移回到王任重身上：「記得你前幾天反映過，我的幾位大秘書，這次在山上都很活躍……是不是他們的翅膀都硬了，要另擇喬木而棲了？」

王任重心裡暗自一驚，難道老人家開始懷疑起自己身邊的幾位大才子來了？老人家離得了胡喬木、陳伯達、田家英、吳冷西、李銳幾位？就像胡、陳、田、吳、李也離不得老人家一樣啊。這類捉摸不定又高度敏感的話題，還是保持沉默的好。於是，王任重表示為難地笑了笑。

毛澤東說：「好，你可以不回答。《資治通鑑》上，司馬光氏關於德與才發了一通高見，你還記得嗎？」

見問起《資治通鑑》，王任重思緒活躍：是在第一卷·周紀中，評論智伯敗亡之教訓時說的。臣光曰：夫才與德異，而世俗莫之能辨，通謂之賢，此其所以失人也。夫聰察強毅之才，正直中和之謂德。才者，德之資也；德者，才之帥也。雲夢之竹，天下之勁也，然而不矯揉，不羽括，則不能以入堅；棠溪之金，天下之利也，然而不熔範，不砥礪，則不能以擊強。是故才德全盡謂之聖人，才德兼亡謂之愚人，德勝才謂之君子，才勝德謂之小人。凡取人之術，苟不得聖人、君子而與之，與其得小人，不若得愚人。何則？君子挾才以爲善，小人挾才以爲惡。挾才以爲善者，善無不至矣；挾才以爲惡者，惡亦無不至矣。……

毛澤東說：「司馬光講得好，王書記記性好。用人之術，要講德才兼備，以德爲主。有德而無才，起碼不會壞大事。無德而有才，就麻煩了，幹起壞事來，防不勝防。與其得小人，不若得愚人，這話有道理……我的幾大秘書，都是當今才子。其德如何？參差不齊。上山以後，他們都不大來找我，都是我找他們。他們喜歡去找我的那位小同鄉囉。還有洛甫，在山上也很活躍。」

王任重明白，主席指的是彭德懷同志。他對彭老總，從來又敬又畏，不敢議論的。

毛澤東又見王任重吶吶無言的樣子，便說：「好了，不談這個叫你爲難的話題了，我們談點別的。這兩天小組討論會開得怎樣？」

王任重說：「您昨晚上在組長會議上的講話，很及時，給大家吃了定心丸呢。」

毛澤東笑了：「各個小組都傳達了？我是既反左，也防右，左右開弓，各打五十巴掌，讓左派安心，右派也過得去。你自己是個什麼看法啊？」

王任重說：「有人高興，有人愁。我贊同主席的方略，反左不忘右，反右不忘左。對去年的大躍進，堅持成績為主。如果否定得太多，省、地、縣、社四級會亂了陣腳，去年的積極分子都下台，右傾思想就佔主導，大行其道。」

毛澤東說：「有這麼嚴重？我去年也是積極分子，還是掛帥的，要下台我和你們一起下嘛。少數人要否定總路線，大躍進，談何容易。我還有康生、羅瑞卿、謝富治他們三套人馬保駕嘛。」

王任重說：「我倒是要斗膽說一句，就是對去年工作意見較大的一些同志，也都是出於好心，責任心。起碼在山上的同志都是這樣。有的牢騷大一點，但基本上還都是肯定去年的工作以成績為主，問題只是次要的。」

毛澤東笑了一笑：「好你個王書記，我明白了，你在思想路線上是堅持反右，幹部路線上卻是主張右一點呢。」

王任重紅了紅臉：「也是盼望黨內團結，在克服經濟困難的時候，不要出人事上的麻煩。」

毛澤東愣了一愣，忽又想起什麼似的問：「你對『問題講透』四個字怎麼看法？」

王任重知道這四個字非同小可，是劉少奇同志提出來的，於是字斟句酌地說：「會議的前一段，提出『問題講透』，有利大家打消顧慮，暢所欲言，反映真實情況；會議的後一段，似乎不必強調了。因為深入下去，就可能『透』到去年年初主席批周、陳、李、薄的『反冒進』上頭，那一來，總路線、大躍進就被兜底翻了。」

毛澤東說：「任重啊，你這個看法很深刻，我算沒有白交你這個忘年友囉。當然，那大約也不是少奇同志的原意。怕就怕有人借重這句口號來搞事。中央已決定本次神仙會按時散會，你看怎麼樣？」

王任重說：「按時散會好。其一，各省市的工作那麼忙，急待處理的問題多，我看多數同志是身在山上，心在地方，都盼著早點下山；其二，現在山上三五成群，清談成風，議論紛呈，難免說三道四，互相指責……湖南周惠同志就在討論會上提出，去年工作失誤，各省的第一書記都該打屁股。第一書記們意見大得很，要找他辯論。」

毛澤東笑了：「周惠啊，是個幹實事的人……你的意見很對，『問題講透』四字不宜再用，神仙會應當按時散會。休息半個月，可以了。南方正在雙搶，北方正在秋種。你對湖南二周還有意見？上個月我帶你去借糧，不是都答應了嘛？湖南去年的工作還是比較穩妥的囉。」

王任重說：「我建議主席再找二周談談。他們會理財，會當家過日子，的確值得各省區同志學習。他們基層跑得多，關於煉鋼鐵和公共食堂的幾份調查材料有說服力。人民公社的分配辦法，他們提出『三級所有，隊爲基礎』，公共食堂實行『糧食到戶，節約歸己』，都是可參考的。」

毛澤東點點頭：「我原以爲你對二周還有意見，原來你是佩服他們的囉。很好很好……嗬喲，我未動一槳，船怎麼飄這麼遠了？來來，人生在世不稱意，從此散髮弄扁舟！我們一起划，繞湖一周，如何？」

晚飯後，周小舟、周惠、李銳加上張聞天，正在彭德懷的別墅裡聊天，周小舟的秘書氣喘呼呼地跑來報告：「兩位周書記，美廬來電話，請你們馬上過去，主席等著呢。」

周小舟、周惠立即向彭總和張聞天、李銳三位告辭。

彭德懷拉住周惠的手，對周小舟說：「老毛找你們去談話，抓住機會，給他反映下面的眞實情況。尤其是農村公共食堂，再吃下去，會有更多的老百姓得水腫病送命。」

張聞天也在旁說：「我們這個黨的事情啊，畢竟是毛澤東同志說了算。對於去年的問題，只要毛澤東同志眞正想通了，就一通百通，改正起來並不很難。」

周惠說：「公共食堂的事，上月底在長沙，向他匯報過；這次在山上，也專門談了一次。主席不大聽得進去。」

彭德懷堅持說：「民爲重，老毛聽不進也要講！必要時大家都去講。他的面子要緊，農民群衆的性命更要緊。」

李銳也對二周說：「在老夫子面前，我們是後生晚輩，可以放砲。其實老夫子有時耳軟的。」

周小舟、周惠出了河東路一百七十六號，直接去美廬，讓秘書仍回住處去值班。周惠心細，問了秘書一句：「你剛才回答美廬電話時，沒有講我們去了哪裡吧？」

秘書恭敬地回答：「我只說兩位周書記出門散步去了，可以立即找到。」

二周來到美廬時，衛士已在門口等著，請客人上樓。樓上的主席書房裡，毛澤東穿著件長睡衣，正在書桌前手書〈回韶山〉一詩。看得出來，他興致很好。二周在門口站了站，先輕咳一聲，才說：「主席，我們來了。」

毛澤東已經聽到樓下的電話報告，知是二周，並沒有停筆：「進來進來，我這就寫完了。對了，還少個簽名。」

二周近前一看，立即高興得要叫出聲音來：「主席的這幅〈回韶山〉，是送給湖南省委的！」

毛澤東手中的狼毫朝筆缸裡一扔：「坐坐坐，也是了一樁事，答應你們的，帶回去做個紀念。」

周小舟說：「周惠啊，這可是件墨寶，我們請人裱好了，是掛在湖南賓館大堂，還是掛在省委會議室？」

周惠腦子轉得快：「先請人放大一幅，掛賓館大堂；這幅眞蹟，掛省委小會議室。」

長茶几上已經擺著茶壺、茶杯，還有一大盤鮮荔枝，一大盤鮮龍眼。

周小舟先給主席添了茶，再給周惠及自己也倒上。

毛澤東請二周剝荔枝、龍眼吃：「福建省委葉飛同志送來的。我歷來反對各地給中央負責人送特產。葉飛保證了，下不爲例。而且是他自掏腰包，發票都給我看了。」

周惠笑說：「主席生活簡樸，有時也的確使下面難辦。孝敬之心，總有一點嘛。」

周小舟說：「吃吧吃吧，湖南不產荔枝、龍眼。主席不讓孝敬，我們就多到他這裡打秋風。」

毛澤東開心地笑了：「你們可以颳我的共產風……小舟每次到我這裡，還有李銳，總是把水果吃光。湖南為什麼不多搞幾座大的花果山？多種些桃子、李子、梨子、桔子、還有柿子、板栗、甘蔗，湖南氣候合適。」

周惠說：「民以食為天，先吃飽，後吃好。水果屬於『吃好』範圍。當然經濟作物比糧食作物收入高。」

周小舟說：「只要中央不再搞土法煉鋼，今冬明春，我們可以大搞果樹上山，多種經營。」

毛澤東忽然想起一件事：「上月下旬在長沙，我看了你們新蓋的那座湖南賓館。『湖南賓館』四個字是請郭沫若同志寫的，那個『舘』字，他寫成『館』了？」

周惠說：「當時省委接待處的同志請教過郭老。郭老解釋，就是這個『館』字，又吃又住，食為先，先吃後住！」

毛澤東又哈哈笑了：「又吃又住，先吃後住，妙解妙解……」一邊笑著，一邊吸著煙問：「怎麼樣啊？神仙會按時散會，你們心裡的苦水，都在小組會上倒完了沒有啊？」

周小舟說：「主席，我們沒有苦水。去年被譚老闆插了白旗，評為下游，今年主席已一再肯定了我們，我和周惠心裡都沒有怨氣。工作上有不同意見，是正常的嘛。」

周惠說：「其實去年譚老闆也是好心做差了事。還記得他去年在廣州代表中央插我們白旗的那個痛心樣子，一再抱怨我和小舟，主席的家鄉省插白旗，怎麼向主席交代？怎麼向主席交代？」

毛澤東很開心：「譚大砲放空砲，沒有作過田，不懂糧食是怎麼長出來的……光有好的動機不行，還要有好的效果。我們應當是動機和效果的統一論者。去年我自己，也存在這個問題。各小組討論會上，大家還能暢所欲言吧？」

周惠看了周小舟一眼。周小舟會意：「李銳在華東組的幾次發言，都被羅瑞卿同志所打斷，不讓李銳把話講完。」

毛澤東一聽，奇怪地問：「有這個事？公安部長還管李銳的言論自由？我明天問問羅長子。小舟，你在我這裡掛個電話，馬上把李銳找來，一起談談，我給他言論自由。他在華東組沒有講完的，到我這裡講講，我歡迎。」

周小舟立即高興地到書桌前打電話。他多了個心眼，沒有直接掛電話到彭老總的住處，而掛給自己的秘書，讓馬上去找李銳同志，立即到美廬來參加談話。

十分鐘後，李銳小跑著趕到美廬，進入毛澤東的樓上書房時還在呼呼喘氣。周小舟、周惠起身相迎。毛澤東沒有起身，親切地招招手說：「李銳啊，來來來，加上你共是四個湖南老鄉，我們來開個同鄉會。」

李銳笑嘻嘻地坐下，口無遮攔地說：「開同鄉會？周惠不是湖南人啊。」

周惠說：「我到湖南工作十年了，算半個湖南人可以吧。」

周小舟說：「主席是請我們來吃荔枝、龍眼，共他的產。」

李銳動手剝荔枝：「主席是大戶，他的東西，我一向的政策是不吃白不吃。」

毛澤東是喜歡這幾個後生晚輩的：「好好好，你們只差打我的土豪，分我的田地了！」幽默的說話，引得四人一齊哈哈大笑。

毛澤東擦了擦眼睛，問：「李銳，你在華東組發表了什麼高見？以致被羅長子打斷？你可以在我這裡講講。」

李銳看周小舟、周惠一眼，知是二周代他告了狀：「其實也不是什麼出格的言論，只是心裡想到什麼就講什麼。我主要是談冶金部的事。關於各地大煉鋼鐵的情況，如落實指標和保證質量問題，冶金部一風不透，連我這個主席的工業秘書都問不出消息。很明顯是擔心我把眞實情況報告主席；倒是計委內部，還能及時知道點實情。今年四月上海會議之前，我就是從計委內部問到鋼鐵生產的若干實情。原訂今年鋼鐵產量突破三千萬噸，實際情況恐怕連兩千萬噸都完成不了。加上從其他方面的考慮，特別是電力供應緊缺，於是向主席寫了信，建議鋼產量指標下調，以免影響全局。鋼鐵生產關鍵是質量，寧可少些，但要好些。土法煉鋼，人力財力原材料浪費過大，今年不要再提倡了。」

毛澤東說：「今年不搞小土群，提倡小洋群。」

周小舟說：「至少每個地區可以有一個小型鋼鐵廠，就地供應，解決農村犂耙、鋤頭、鐮刀、鍋灶等的用鐵問題。」

周惠說：「全國幾百個地、市都建鋼鐵廠？要吸取去年遍地開花、嚴重浪費的教訓。」

李銳說：「史達林語錄中有一條，社會主義如果發生經濟危機，會比資本主義嚴重得多，因爲社會主義是國家集中計畫經濟。這話很中肯。去年，是我們唯心主義、小資產階級急性病大發作的一年，『敢想敢幹』這個口號有太多的副作用。『以鋼爲綱』、『兩大元帥』的提法更是不科學。」

這話夠坦率、夠尖銳。周惠擔心毛主席受不了。

毛澤東卻只是瞪了茶几一眼，接著就說：「去年把計畫搞亂了，今後可以不提這些口號。也是『國亂思良將，家貧念賢妻』嚒。」

李銳因聽周小舟說過，毛主席在湖南視察時也說了這句成語，是指陳雲同志；於是立即抓住機會說：「財經工作還是由陳雲同志掛帥爲好。南寧會議後，陳雲同志只掛了國家建委主任，養病去了。計委這邊是富春當家，相當吃力。」

二周也附和說：「請陳雲同志出來主持財經工作，有利於克服去年的失誤。」

毛澤東說：「『國難思良將，家貧念賢妻』，是《三國志·郭嘉傳》上的話。曹操打袁紹，起初吃了大敗仗，於是思念郭嘉，後悔沒有採納郭嘉的計謀……陳雲做經濟總指揮好。他這人的弱點是身體差，暮氣重，聯繫群衆不夠。」

周小舟心想工業問題談到這裡，適可而止了，便把話題引向農業。中國是個農業大國，農業是立國之本。他說：「我還是更擔心農業問題。農業是根本，去年是『糧食高產』引發工業高潮。全黨上下都以爲農業過了關，糧食吃不完，可以全民大辦工業，結果還是吃了大虧。」

毛澤東說：「不盡然吧？兩條腿走路，一手抓糧食，一手抓鋼鐵。好好，小舟繼續講。」

周小舟說：「去年農村最大的問題是『一平二調』，颳共產風。不能只怪公社書記、縣委書記。主要怪上面。哪裡有什麼千斤省、十幾萬斤畝？上有好者，下必甚焉！」

周惠臉都白了，李銳也登時心裡發急，小舟怎麼這樣肆無忌憚？

毛澤東臉紅了一紅，沒有發作，以手指了指自己，再指指周小舟：「好小子，上有好者，下必甚焉？講得好，講得好。小舟向來在我面前敢放肆，我不計較……去年啊，我是看了錢學森登在《人民日報》上的那篇文章，說是太陽能利用到百分之幾點幾，就可以畝產三萬斤、四萬斤，因此相信了。看起來，原子能科學家談糧食產量，也是外行得很，今後還是多聽他談點原子彈、氫彈的好。」

周小舟說：「去年傳主席的話，中央和地方都有些亂，不是經過中央正式文件，而是口頭傳達，報紙消息，出入很大。譚老闆的某些講話，別的省傳達到生產隊一級，湖南壓下了，沒有傳達。」

毛澤東笑說：「去年湖南獨立自主，抵抗瞎指揮。你繼續講。」

周小舟說：「比如密植問題，譚老闆說越密越好，越革命。許多省照辦了，水稻密不透風，結果大減產。湖南堅持合理密植，按譚老闆的標準是稀植，但湖南去年保住了糧食。」

毛澤東風趣地說：「去年是聖旨滿天飛，馬克思說，恩格斯說，列寧說，史達林說，毛澤東說，譚老闆也自由發揮，到處胡說……哈哈哈……」

周小舟、周惠、李銳跟著哈哈大笑，很開心。

笑過之後，毛澤東說：「你們還是要愛護譚老闆。他這人是忠誠有餘，幹勁有餘，實是求是不足。關於公社的管理體制，湖南有什麼具體想法？」

周小舟示意周惠回答。周惠說：「去年還有個口號，叫做『書記掛帥』，變成第一書記說了算，其他人說了不算，不利於黨委集體領導，發揮整個班子的智慧……還是主席講得好，一道籬笆三棵樁，一個好漢三個幫。」

毛澤東又笑了：「我看湖南倒是第一書記不大管事，第二書記掛了帥。還講第一書記都該打屁股？」

周惠爭辯說：「還是小舟掛帥嘛。不過小舟作風民主，省委每次的重大決定，都經過了一班子人的群策群力。」

周小舟提醒周惠：「你還是回答主席關於人民公社管理體制的問題吧。」

周惠說：「我們主張人民公社三級所有，隊爲基礎，評工計分，按勞付酬，多勞多得。以生產隊爲基本核算單位。公社一級負責行政管理，大隊一級負責生產協調。」

毛澤東問：「那不是退回到初級社水平去了？一大二公不見了。」

周小舟說：「要鞏固公社體制，在現階段，經濟核算單位還是一步到位，退回到生產隊好。辦水利，辦企業，辦學校，辦醫院，民兵訓練等，還是一大二公嘛。」

毛澤東笑笑說：「這事很重要，也很重大，我還要聽聽其他省區的意見，不要由『湖南同鄉會』決定，搞成『湖南一言堂』。」

二周和李銳又都大笑。

李銳說：「南方人多地少，生產規模相對小一些，可以實行三級所有，隊爲基礎；北方地多人少，生產規模大一些，可以實行二級所有，以生產大隊爲經濟核算單位。南北有別，因地制宜。」

毛澤東故意臉一沉：「李銳啊，你是我的工業秘書，聯繫工業部門的工作，不要學錢學森，原子能科學家談糧食高產，再給我惹麻煩好不好？」

李銳打頭，周小舟、周惠緊跟，三人大笑不止。

笑過之後，周惠繼續說：「農村還有個當務之急，是公共食堂，建議中央當機立斷……」

毛澤東插斷周惠的話，說：「此事你和小舟已和我談過多次。湖南省委是下馬派，是不是？我比較欣賞你們實行的『糧食到戶、節約歸己、忙時吃乾、閑時吃稀、主雜搭配』這些具體辦法。王任重講他準備回湖北去推廣。公共食堂不能一風吹。有條件的要堅持。沒有條件的，允許垮掉一部分，以後再恢復。周惠你是個實幹家。我還是送你那句話：既要埋頭拉車，又要抬頭看路。」

周小舟說：「我們湖南省委班子要加強理論學習。『埋頭拉車、抬頭看路』這個譬喻，很生動，很深刻。」

李銳忙著在筆記本上做記錄。

毛澤東說：「提倡敢想敢幹，的確容易引起唯心主義。去年是幾件事攪在一起，失去平衡，取得教訓。關於下面講了假話，搞了浮誇，可以轉告大家，心情不要那麼沉重。打麻將十三張牌，基本上憑手氣。客觀規律不易掌握。誰知道搞鋼鐵這麼複雜，要各種原材料，電力，不能憑手氣……去年農業是否增產了三成，還很懷疑。全國各地的情況也不平衡，有豐有歉，有各種自然災情，還有少數地方鬧糧荒。豐、歉扯平，能增產三成，謝天謝地。我自己就是自己的對立面。去年十二月鄭州會議以後開始右傾。我比黨內大多數人右傾得早，比二周則稍遲。腦子裡有兩個自己，一個左，一個右，經常打架。或許左的那個力氣大些。有時上半夜想不通，下半夜就想通了。許多事情不能全怪下面，怪各部門。否則，治金部部長王鶴壽就會像曹操部下蔣幹一樣抱怨，曹營之事，難辦得很哪！」

說到這裡，毛澤東和周小舟、周惠、李銳三位，一齊哄堂大笑，久久不息。很久沒有像今晚這樣，痛痛快快，大笑不止，聲震屋瓦的了。

當晚的交談，無拘無束，一直到次日凌晨三點半。其間吃了消夜：饅頭、稀飯、臭豆腐、香干子、辣椒炒臘肉。

周小舟、周惠、李銳三人離開美廬時，毫無倦意，只覺神清氣爽，興奮莫名。倒是李銳結記著田家英的多次告誡，分手時提醒二周說：「老夫子和我們三個的交談，還可能有變數，我們還是嘴巴嚴一點，不要外傳……」

東邊的山巒上空，已隱隱現出魚肚色。廬山又迎來一個時煙時霧、陰晴不定、清涼颼颼的黎明。回到住處，李銳不能入睡，寫下一首絕句，以記叙振奮之情：

廬山吟之三：初登樓

山中半夏沐春風，
隨意交談吐寸衷；
話到曹營事難辨，
笑聲震瓦四心通！

第二二章　奮筆陳民瘼　種下潑天禍

彭德懷徹夜不眠，反覆審讀著廣州軍區轄下第四十二軍政治部的一份匯報材料：〈關於少數排、連、營、團級幹部對當前經濟生活的看法〉。材料是坐鎮北京的軍委總參謀長黃克誠大將交中央專機送來的，並附有一紙電報式的短簡：此件是否報毛主席及在山上的諸位軍委副主席閱由彭總酌定。

如此重要的軍隊動態，主持軍委工作的彭德懷可以壓下不報嗎？去年的大躍進引發全國經濟大緊張，這不僅是第四十二軍的問題，也是所有野戰部隊和地方軍區普遍存在的問題。五百萬人民解放軍不是生活在眞空裡。人民公社、公共食堂、大煉鋼鐵作下那麼多孽，營房四周的老百姓在餓肚子，在逃荒討吃，幹部、戰士能無動於衷？對人民群衆的死活不聞不問，麻木不仁，哪還叫做什麼人民子弟兵？除非我們的幹部、戰士都是機器人、木頭人。

彭德懷把材料上一些頗有代表性的「不滿言論」、「牢騷怪話」，一一以紅鉛筆劃下槓槓，標誌出來：

某部一名副連長說，中國大躍進舉世聞名，但我很懷疑大躍進取得了多少成績，市場供應全面緊張就是證明；

某部一名排長說，現在除了水和空氣以外，其他一切都是緊缺；

某部一名營教導員說，經過去年的大躍進，我們的事業不是前進了，而是後退了；

某部一名連長說，總的形勢，一九五六年好，一九五七年較好，一九五八年成問題；

某團一名政工幹事說，看不出全國農村成立人民公社的必然性和優越性。公社的成立太快、太早，不合乎規律。都是上面施壓力壓出來的；

某部一名宣傳科長說，社會主義階段不應辦共產主義的事，人民的覺悟沒有跟上來，工人、農民和軍人都對成立人民公社有意見；

某團一位副團長說，蘇聯建國四十多年還允許私人有房子，種自留地，我們建國不到十年，就什麼都「公社化」了。去年不少農村實行集體住宿，集體生活，男女亂搞，有的還是軍婚，敗壞道德風紀；

某部一名倉庫管理員說，俺回家探親，見鄉親們在公社勞動，還不如過去給地主扛活，給地主扛活還管吃飽，有油水，給工錢；

某部一名排長聽新戰士唱「社會主義好」這支歌曲時，不耐煩地予以打斷：算了算了，不要唱了，我看這支歌的歌詞非修改不可；

海南島警備區一名指導員說，什麼敵人一天天爛下去，我們一天天好起來？我看社會主義倒是一年不如一年；

某團一位副政委說，去年的問題不僅是工作方法有問題，而是犯了路線性質的錯誤，中央要負主要責任。若把責任推給下面，實在說不過去。

……

面對上述「不滿言論」，「牢騷怪話」，彭德懷作爲國防部長，三軍元帥，可說是憂喜參半，感情複雜。喜的是軍隊幹部終於敢講眞話，敢於表達各自對去年大躍進的看法；憂的是因此軍心不穩，幹部戰士思想混亂，影響部隊的訓練和戰備。廣州軍區政治部和第四十二軍政治部在整理、上報這份材料時，顯然是耍了耍滑頭，他們把反映上述意見的指戰員分爲三類：多數屬於認識模糊，對去年大躍進寄望過高，而導致情緒低落；少數屬於思想上右傾保守，立場有所動搖，在某種程度上迷失方向；極少數原本是反右鬥爭時的批判對象，未戴帽子，繼續犯錯誤。

於是這份材料就如同一柄雙面刃，如果中央決心徹底糾左，它可以鋒芒向左；如果中央轉而反右，它也可以鋒芒向右。

彭德懷感到棘手的，卻是材料還列舉出了「落後觀點」所有人的姓名、職務、所在單位。簡直就可以依據名單抓人。這材料怎麼上報給老毛？要是老毛不分青紅皂白，一道批示下來，下令全軍清查不滿分子，純潔軍隊幹部隊伍，怎麼辦？豈不要把人民子弟兵變成一支啞巴軍、木頭軍？那一來，地方幹部還沒有折騰完，就又要折騰軍隊幹部了。決不能讓這種陷害忠良的事情出現……但軍隊基層幹部對大躍進、人民公社的意見，又確有必要讓老毛知道。講不定也是有助於他下大決心、花大力氣反左、糾左，把國家的經濟建設引導至健康發展的軌道上來。

彭德懷想起溫和敦厚的軍隊長者朱德總司令。對了，先把材料送給朱總司令審閱再說。

朱德長彭德懷十二歲。這次在山上住中八路四百二十二號別墅，原為一名義大利富商所建，是牯嶺一帶可以跟美廬媲美的又一豪華居所。彭德懷與朱德自井崗山起結下生死之誼，一個總司令，一個副總司令，率領人民子弟兵走過了漫長的歷史路程。無論過去在太行山上，延安窯洞，後來入住中南海，兩人都是惺惺相惜，彼此敬重。他們還有個共同的愛好：對弈，棋盤上殺個痛快，誰贏了誰請客，吃他一頓，此種樂趣，與市井平民無異。

彭德懷派機要秘書將材料呈送朱德總司令，之後放倒身子，睡上一覺。等總司令審閱過材料，他再去討教，聆聽指示。當天下午，朱總司令來電話約他去下棋。彭德懷步行到中八路四百二十二號別墅時，門口的草地上，棋盤茶壺茶杯都擺好了。握手坐下，彭德懷無心下棋，而問：「總司令，四十二軍的那份材料，看過了？寫了指示沒有？」

朱德笑瞇瞇的像尊彌勒佛。如果不穿戎裝，又沒有看過他的照片，十有八九把他當成一位鄉紳長者，慈祥父輩：「你呀，還是那個程咬金三板斧脾性……不先談工作，就不肯娛樂。你的娛樂也很單調，打拳，散步，下棋。」

彭德懷說：「我曉得自己有點孤僻，生成的脾氣，就是搞不來拉拉扯扯、吹吹拍拍那一套。我的一個秘書，講我是中國的巴頓將軍。被我狠狠訓了一頓，巴頓是個好戰分子，離開了戰場就不好混；我是愛好和平，以戰爭制止戰爭的共產黨人。一九四九年大西北解放後，我本來一門心事抓大西北五省的經濟建設規劃，不久被召進北京，去打了一場抗美援朝戰爭。別人稱病，不願掛印出征嘛。」

朱德知他是指病號林彪，長期療養不管事，毛潤芝卻偏偏破格提拔為黨中央副主席，壓彭德懷一頭：「德懷啊，人家講你是中國的巴頓，我看倒是有幾分相像呢。巴頓在歐洲戰場是個英雄，戰後回到美國就吃不開了……當然，你比他強，和平時期，仍在統率三軍，沒有解甲歸田。四十二軍的那份材料，我看了，午睡也沒睡成。我知道你有難處，又想報送潤芝，又想保護材料上提到的那些幹部，而要我倚老賣老，寫個批示……」

彭德懷嘿嘿笑著：「就是先到你這裡討個保嘛。不然，軍隊裡敢講眞話、敢反映眞實情況的幹部也都打下去了，養成一股弄虛作假、吹牛拍馬的風氣，人民解放軍也就可能演變成晚清的八旗兵、豆腐渣軍。」

朱德點點頭：「講得很對。軍隊不能亂，傳統不能變。說到底，我們的事業、江山，還不就是靠了這支軍隊？看看，這是我擬的一段話，你有什麼補充的，還可以加上去。」

說著，朱德從身邊的坐椅上拿起一個牛皮紙信封，抽出那份材料來。材料的第一頁是新添上的中共中央軍事委員會用箋，上面端端正正地寫著：

軍委主席並諸位副主席：

總參謀部轉來廣州軍區第四十二軍政治部材料一份，我已仔細讀過。地方近年來所出現的困難情況，在部隊官兵中有所反映，是正常現象，毫不足怪的。我認爲，除極個別對我們的事業抱有成見者外，其餘絕大多數都是敢講眞話的好同志，我們應予愛護。允許講眞話，反對講假話，我們的事業才會興旺發達。即使個別有成見的人，也還不是敵我性質，仍是教育、團結的問題。教育一切可以教育的人，團結一切可以團結的人，是我們黨長期一貫的方針。

建議此件在全軍師以上高級將領中作正面傳達，不知以爲如何？

彭德懷看了總司令的批示，高興得坐不住了：「太好了，總司令，軍隊幹部也應對去年左的嚴重教訓，有個統一的認識……」

朱德朝彭老總招招手：「你坐下來，坐下來……我問你，我的這個批語，是不是有點右啊？你估計毛潤芝會有什麼看法？」

彭德懷一口喝乾一杯茶水：「他不是也在口講糾左反左嚒？我只是想讓他知道軍隊幹部對那個大躍進、人民公社的眞實看法，又想保護一下這些敢講眞話的人。」

朱德說：「是囉，他是越來越聽不進意見了，對軍隊的動向尤其敏感。與其那樣，這份材料倒是不要報給他的好。」

彭德懷說：「相信老毛還是看得到的。既然黃克誠的總參謀部都收到了材料，蕭華他們那個總政治部還能不收到？譚政同志名爲總政治部主任，實際當家的卻是蕭華，屁大個事都會報給老毛的。」

朱德說：「好好，那我就派機要員把材料送給潤芝吧。你要不要也附上幾句話？」

彭德懷想了想，說：「我想不用了。我畫個圈，簽個名，就行了。來來，這就寫上。」說著，彭德 懷拉過紙筆，簽了名。

朱德隨即在牛皮紙信封上寫上：「請潤芝兄閱。」隨即命機要員送河東路一百八十號。辦完正事，朱德說：「德懷，該下棋了吧？來來，我還是先出左拐子馬。」

彭德懷把炮往中間一橫：「我還是當中砲，老路數。」

朱德說：「我坐相，你敢砲打？」

彭德懷說：「我出車，以攻代守。」

朱德說：「你從來猛打猛衝。我也出車，你敢拚？」

……兩帥對奕，不悔子，速戰速決，絕無拖泥帶水。不覺五打三勝，到了晚餐時間。總司令三勝，留彭德懷吃飯。兩人都好青菜豆腐，素食爲主。不像毛澤東喜好香辣葷腥，陸海八珍。

飯後，彭德懷回到住處時，周小舟已經坐等他好一刻了。他和周小舟是湘潭小同鄉，論年紀算是叔侄輩。其實，周小舟和毛澤東主席才眞有點親戚關係，母舅家的遠房外甥，應尊毛爲姑丈的。當然很少有人知道他們的這層關係。就是知道的，也都視爲忌諱，從不提起的。

私人感情上，周小舟卻更傾向彭老總，兩人不論輩份，不分高下，可以推心置腹，平等交談。彭德懷笑稱為「臭味相投」，周小舟則認作「敬老尊賢」。

彭德懷見周小舟有事相告，便支走了服務人員：「聽講老毛昨晚上找你們幾個秀才談話了？談得怎樣啊？」

周小舟說：「正是要向你報告一下。我、周惠、李銳三位，昨晚上簡直是對大鄉長來了一場圍攻。當然談了去年的問題，包括大放牛皮衛星、大颳共產風、浮誇風、強迫命令風等等，連『上有好者，下必甚焉』這樣尖銳的話都講了。大鄉長襟懷寬廣，沒有生氣，坦然接受。」

彭德懷說：「那就好，那就好。你們是後生晚輩，在他面前講話放肆一點，反而容易被他接受。你們談到公共食堂沒有？民以食為天，我最擔心農民的肚皮問題。我和你不同，你家裡是大戶，你沒有餓過肚皮。我可是小時候逃過荒，餓得眼睛都發綠，喉嚨裡伸出手……」

周小舟知道彭老總童年家貧，母親領著他們五兄妹外出討飯，他卻寧可餓死，也不肯去做小叫花子。十一歲到煤窯當童工，十四歲投奔「湘軍」，也是為了「吃糧」……

周小舟說：「我和周惠都一再講了。大鄉長指我們湖南省委是解散派。不過，他也答應了，公共食堂實在辦不下去了，可以暫時散伙，有多少解散多少，以後再辦。看起來，到目前為止，也只能爭取到這一步了。」

彭德懷說：「老毛辦事，喜歡留個『左』尾子。他爺老倌是米販子，富裕農民，他當然沒有餓過肚子，不體會挨餓那滋味……不信，我把話講到這裡，上海柯慶施，四川李井泉，河南吳芝圃，安徽曾希聖，甘肅張仲良這些人，回去還是左的一套。所以小舟啊，我沒有你們幾個秀才那麼樂觀呢。這次山上的神仙會，通過一紙不痛不癢的文件，講講幾個指頭的比例，又他娘的走了過場。」

一時，周小舟也有同感：「文件已在起草，喬木同志任組長，不得不照顧到左右兩邊，否則過不了大鄉長那一關，去年那些紅旗省的老爺們也不幹……因爲否定了去年一套，等於否定了他們。」

彭德懷登時眼裡冒出火星子：「這批傢伙，保官保位，根本不管農民死活，哪裡還有革命幹部的氣味？……對不起，我又開罵了。想到這些事，我脾氣好不了。」

這時，張聞天踱步進了來，笑道：「彭總啊，又在罵哪個？你是直聲滿天下，鬼神都害怕囉。」

彭德懷苦笑著，起身相迎：「我是醜人做慣了，不像你洛甫同志，有學問，好涵養。」

坐下後，周小舟知道張聞天老首長是彭總的好友，便把昨晚上毛主席找他們四人去談話的一些主要內容，簡要介紹一番。

張聞天說：「很好嘛，毛澤東同志器重你們，你們又小著一輩，意見反而容易被他聽進……我和彭總常交談，也是怕這次神仙會草草收場，下山後一切照舊。我說呀，既然毛澤東同志聽得進你們的，幾位大秀才還要努力進言，反左要痛下決心，忽左忽右，扭轉不了困難局面。」

周小舟說：「我們是盡了最大的努力了。單是公共食堂，我和周惠已向大鄉長個別匯報了不止六、七次，意見並不能完全被接受。田家英甚至比我們還悲觀些。他說，今後若能離開中南海，他會向主公提三條：一是能治天下，不能治左右，好聽小報告；二是聽不進不同的意見，別人很難進言；三是百年之後，不要被人議論。」

彭德懷說：「小田有種！難得他這大秘書頭腦清醒。」

張聞天說：「小舟，田家英的這三條，我看到此爲止，不要再替他擴散。一旦傳至毛澤東同志耳朵裡去，會不得了。那一來，小田就很難離開中南海了。」

周小舟點著頭說：「知道知道，我是敬重二位老領導，才敢講這些。不過，我和周惠，還有李銳，對大鄉長決心糾左，還是抱有信心。他作爲一把手，也有他的難處，不得不搞搞平衡……所以周惠和我的意見，還需要彭總這樣的重量級人物，去找大鄉長談談，促他一把。國家的經濟搞成這種局面，總要面對事實，承認事實嘛。」

彭德懷眼睛一瞪：「你們想叫我去找老毛談？脾氣不好，又吵起來。我實在不想吵架了。洛甫，你的看法哪？」

張聞天手指敲敲額頭：「二周的建議有道理。你們兩個湘潭老鄉吵了二、三十年，早成習慣了。況且你也可以不吵嘛。擺情況，講道理，相信毛澤東同志還是相當重視你的看法的。他對旁的人無所顧忌，對你歷來禮讓三分。」

彭德懷還是有些疑慮：「老毛和我，有些情況，你們並不了解，我也不想講……爲了鄉下農民的肚皮，那我就還是去進諫吧。我倒是留念戰爭年代，同志之間，彼此關係單純、和睦得多。要談什麼事，敲門就進。哪像現在，要見他一次，又是事先電話請示，秘書轉達，他的警衛秘書、衛士還要按規定提醒你，身上不佩武器……見他娘的鬼囉！打了大半輩子天下，誰還不了解誰？簡直就是不被信任，侮辱人格。他要見你嘛，招之即去；你要見他嘛，就和過去見皇帝老子一樣，層層設防。」

周小舟見彭總作難的樣子，便改口建議：「那就給大鄉長寫封信吧！大鄉長也經常給人寫信嘛。把意見寫出來，更容易把問題談得明確些。」

張聞天說：「能當面交談，還是當面談妥當些。心平氣和，出以公心，不必吵架。寫成文字，就有分寸問題了。」

彭德懷凝神片刻，說：「既然你們都要我出面，事在必行，我就出面吧。何況有的話嘔在心裡，也不吐不快。如果談不成，才照小舟講的，寫封信，反映意見。只是我筆頭慢，到時你們兩位大文官，可要幫我的忙。」

當天晚上，張聞天，周小舟離開後，彭德懷即給美廬值班室電話，提出明天想找當家的談談，不知能否安排。值班衛士一聽是彭德懷元帥來的，不敢怠慢，請彭總稍候，立即去請示，回話。

不一會，美廬值班回電話：「主席說明天上午十時請彭總來談，談完一起吃中飯。」

彭德懷鬆了一口氣。看樣子，老毛確是在改變自己，上山之後，空氣新鮮，連生活習慣都改了，不再晨昏顛倒，上午能起床，能正常作息了。

他有了信心，立即作準備，在筆記本上理出個匯報題要，不能太尖銳，口氣要和緩，只談幾個思想方法和工作作風方面的問題：

一、一九五八年浮誇風、虛假風大行其道，吹遍各地各部門，一些不可思議的「奇蹟」在黨報上大登特登，在國內外鬧笑話，使黨的威信受到嚴重損失；

二、小資產階級的狂熱性，使我們容易犯左的錯誤。去年左的思潮氾濫成災，總想一步跨進共產主義，把黨長期以來形成的謙虛慎謹、實事求是的傳統作風丟得一乾二淨；

三、政治掛帥不可能代替經濟法則，更不能代替工作中的具體措施……糾正左的錯誤，一般比反掉右傾保守思想困難，以左反左，必然越反越左，這是我們黨的歷史經驗所證明的……

具體問題只談農村公共食堂的廢存。據多數省區書記的反映，農村已普遍缺糧，當務之急是要允許農民回家開伙，允許他們種自留地，養家畜、家禽搞瓜菜代度饑荒等等。

彭德懷對自己擬定的匯報提要頗得意，雖然談不到什麼理論深度，但點中了問題的要害。他上床睡了個落心覺。翌日早晨醒來，已是九點鐘。他怪值班秘書沒有早些叫醒他，讓他睡了個懶人覺。他還是堅持到戶外草坪上，打了幾路健身拳。還是十幾歲時在湖南湘軍當士兵時學得的，四、五十年都沒忘記。人說彭老總年過花甲，要眞的動起拳腳來，兩、三個小伙子莫想近身。有的甚至傳他刀槍不入。他自己卻笑說：哪有那回事？我又不是義和團的首領，再厲害的拳腳，也敵不過子彈的速度。革命化加現代化，才是我們克敵制勝的武器。

匆匆吃過早點，彭德懷步行到美廬。路不遠，只須幾分鐘。他始料不及的是，事情已有變化。

原來毛澤東也是九時醒來，卻沒有下床，而半仰在床頭，翻看一早中央辦公廳送來的幾份要件。其中一件即是廣州軍區第四十二軍政治部匯報材料，並有朱總司令的一段批示。看著看著，毛澤東擰起眉頭，心裡老大不舒服：「軍隊幹部也反起大躍進、人民公社來了？排長、連長、營長、團長們都對當前的經濟形勢不滿，認為中央犯了路線錯誤？搞這麼一份材料，醉翁之意在哪裡？一個總司令、全國人大委員長，一個副總司令、國防部長，用軍隊幹部中的這類不健康情緒，來向本人施加壓力？都講彭德懷是個粗人，他也自稱是張飛式人物；不對，明明心細得很，深有謀略，卻硬裝成是個粗人。他慫恿朱老總出面，自己躲在後面搞聯橫合縱。解放軍成了你們總司令、副總司令兩個的了？不再跟我軍委主席走了？不見得。看起來，也得讓病號林彪出山管管軍隊的事了。不然，封他做了中央常委、副主席，位在彭德懷之上，卻佔著茅坑不拉屎，養病十年，鴉片上癮，也太逍遙了。還有這位朱總司令的批示怎麼發落？朱、毛不分家，量他鬧不出大名堂。先給他個面子吧！他不是要求把材料傳達至全軍師以上高級將領嗎？何不先作為會議材料，在山上散發？先黨後軍嘛。想到這裡，毛澤東以鉛筆在朱老總的批示之上空白處寫道：

少奇、恩來、尚昆、喬木，此件擬作編號資料印發，送山上同志傳閱、徵求反應，之後收回，交總政蕭華統一歸檔保存。

這時，一名男衛士和護士小鍾進來，扶他起床，穿衣穿褲。男衛士趁機報告：「彭總已經到了，在樓下值班室等候。」

毛澤東心不在焉地坐在床沿，一隻大手撐在小鍾的香肩上。小鍾則蹲在地上，正動作輕柔地把他的兩條腿套進褲管裡：「哪個彭總啊？彭眞、彭紹輝，對了，還有彭德懷，都曾經稱爲彭總。」

男衛士見偉大領袖像沒有睡醒似的，邊替他穿襪子，邊輕聲提醒：「是彭副總司令……」

毛澤東忽然瞪起眼睛，有些光火：「朱總司令、彭副總司令，都是戰爭年代的稱呼，你們在我身邊工作，爲什麼還要用？朱德是委員長，彭德懷是部長。他來找我有什麼事？」

男衛士不知道毛主席爲什麼要生氣，小心地回答：「彭總，不，彭部長是來匯報工作，昨天晚上約好了的，今上午十點鐘……」

毛澤東伸了個懶腰，雙腳落地，站直身子，讓小鍾替他穿上長睡衣。他吩咐男衛士說：「去辦三件事，一是下樓告訴彭德懷同志，就說我今天早上睡得太晚，還要休息。他有事，可以另外約時間談。山上談不成，也可以回北京談；二是把這份材料送給辦公廳楊主任；三是藍蘋到了南昌，想到山上來。替我通知尙魁愛人隋靜，請她先陪藍蘋到九江，我明天下山遊長江，在九江和她們碰面。這事要保密，不准外傳。」

男衛士下了樓，到值班室對等候在那兒的彭德懷說：報告彭總，我上樓去看了，值班護士說主席早上五點才上床，不到中午不會醒來。看樣子，會改時間約您談話了。

彭德懷吃了閉門羹，離開美廬往回走。他很有些生氣、失望：「娘的，約下時間也不算數，不起床……任什麼事，到了他手裡，說變就變，大家都要圍著他團團轉。洛甫講得對，這二十多年，我們是豎起一個菩薩，來敬奉、上香！」

回到住處，彭德懷給周小舟掛去一個電話：「小舟啊，我去了，人家沒有起床。看樣子，只好如你所說，給他寫封信了。你來幫我擬個提綱?救災如救火，我是替鄉下老百姓著急呀，問題不趕快解決不行!信是以幾個人的名義寫?還是以我個人名義寫?」

周小舟在電話裡說：「以你個人的名義寫比較妥當，算個別反映情況；寫聯名信易引起誤會……當然，信寫好後，可先請張聞天同志看看，把把關。」

彭德懷花了一天一晚，寫出一封四千來字的信。因是白紙黑字，他這次頗爲謹慎。按照他和周小舟擬下的提綱，內容分爲兩部分，第一部分講了總路線、大躍進的成績；第二部分著重講了當前存在著的幾大問題。總之，這次的信，比他在西北組的幾次發言溫和得多了。

秘書在抄錄該信時，又把一些帶有鋒芒的詞句做了修飾，磨去稜角。彭德懷能體諒秘書的苦心，自解自嘲地說：「好了好了，已經是溫吞水，一點不燙人了，不要再把最後稜角都磨掉。鄉下已經在餓死人，沒餓死的也得了水腫病。我們這些人還在山上當神仙，大小烏紗帽都要緊得很。你先送去給張聞天同志看看，聽聽他的意見。」

張聞天就住在坡下別墅裡。他沒有看信，只讓彭總的秘書給唸了一遍。聽畢，笑笑說：這信不大像彭總的口氣。彭總講話從來有稜有角，虎虎生風。這信是你們當秘書的慣有的四平八穩的文風……也好也好，沒有什麼鋒芒，大約雞蛋裡挑骨頭，也挑不出什麼了。請轉告彭總，既是寫信，就還是加一個抬頭，以示禮貌。

秘書返回一百七十六號別墅，把張聞天同志的意見轉達給彭總。彭德懷說：「只好這樣了……我們對不起老百姓。當年不是老百姓支持，我們這些人早完蛋了。」

說著，彭德懷眼睛紅了。

秘書小心地問：「張聞天同志建議加一個抬頭，加不加？怎樣加？」

彭德懷說：「還用問？既是寫信，就不能稱『老毛』，文字上要敬重，寫上『主席』吧。」

彭德懷的信於當天下午五時送達美廬值班室。

第二一三章　部長呈密報　廬山大夢中

毛澤東從廬山水庫游泳回來，值班衛士愼重地把彭德懷的信送到他手裡。毛澤東拿在手上晃了晃，玩笑說：彭老總盡送我消極材料，這回該不是下戰表了吧？

回到樓上書房，仍穿著浴衣，毛澤東半仰半躺在沙發上，隨手翻了翻那信，放到茶几上去。老一套，無非先談談成績，之後大談問題，看不出有多少新意，唐僧唸咒而已。咒符唸得太多，齊天大聖已經有了抗咒能力。況且你老彭也不是唐僧。本人倒是有點像是齊天大聖，去年在經濟領域來了一場大鬧天宮，使各路神仙盡顯其能，有勝有負，取得經驗，得到教訓。

晚飯後，毛澤東在護士、衛士的陪同下，到月照松林一帶散了散步，之後去小教堂跳舞。他進到舞場時，劉少奇、朱德、周恩來、賀龍和江西省委的主要負責人都已經先在了。照例是樂隊停樂，舞者停舞，所有人都起立鼓掌，表示對領袖的敬意。毛澤東卻像揮趕什麼人似的朝前拂著手掌，其實是要求大家照常跳舞，不要中斷。

他一眼望到了周恩來身邊的那個小梅。小梅是長得像孟虹、孟蝶姐妹，只是膚色紅黑些，是南方女子那種健康、成熟的顏色。

周恩來總理目光敏銳，發覺毛主席在注視自己身邊的小梅，忙輕聲提醒說：「去呀，主席正看妳哪，去請主席跳舞！」

小梅有些靦覥地走近毛主席，伸出手臂去：「主席，總理讓我來請您跳舞，您答應不？」

毛澤東動作嫻熟地摟住了小梅的纖腰，引領著下了舞池。樂隊奏起了民族樂曲〈梅花三弄〉。這時，劉少奇領著夫人王光美，朱德領著江西省委書記的愛人隋靜，周恩來領著主席護士小鍾，也都下了舞池，翩翩起舞。也是一項不成文的規矩，凡是中央四巨頭一起下了舞池，其他的中央大員便都散坐在舞場四周休息，觀看、喝茶、聊天，以使舞池顯得寬綽、敞亮。

毛澤東邊摟著小梅移步，邊風趣地玩笑：「一日不見如三秋兮，我們有好多天不見面了。」

小梅自然聽不懂這句司馬相如勾引卓文君的詞賦，而問：「主席，你的腰還發痠嗎？要不要我再替您扎幾針，燒燒艾葉？」

毛澤東說：「多謝妳記著。中醫學的腰痠，是個模糊的概念，既指腰骨痠痛，又指腎虛，是不是？腎俗稱腰子，主性事，是不是？」

小梅臉紅了，偉大領袖，也不正經哩！她瞟了一眼正被總理摟著移步的小鍾，看看那身的騷勁兒，肯定和領袖有那回事了，結過婚的人，不定浪成什麼樣兒呢……自己又怎麼樣？還不是照做了？看來，天底下的男人，大約除了彭德懷總司令員，都是一個德性。什麼英雄難過美人關，其實是美人難過英雄關呢。

毛澤東問：「小梅光顧紅臉……好妹娃，妳身上的氣息很好聞呢，甜甜的，暖暖的。」

小梅說：「是嗎？我可是從來不用香胰子，也不用化妝品。爺娘生我什麼樣兒，就什麼樣兒。」

毛澤東緊了緊手，說：「很好很好，天然俊秀……怎麼？妳的腳下是不是稍有不適？妳上回陪我跳舞，我就感覺到了。」

小梅說：「您的感覺很準。我右腳受過傷，有兩根腳趾沒有了，熱天不敢穿涼鞋。」

毛澤東點點頭，記起什麼來了：「總理告訴過我，妳在朝鮮前線負過傷立過功，颯爽英姿女英雄……妳認識彭德懷同志嗎？他是你們的司令員囉。」

小梅感到毛主席摟在自己腰上的手放鬆了：「他那麼大的元帥，我認得他，他不認得我啊！就和這次上山前，也是我認得主席，主席也不認得我嘛。那天陪總理在如琴湖邊散步，遇上彭總，總理才給介紹了。」

毛澤東被小梅逗笑了：「只看報紙上的照片，不能算認得。這次在山上的，還有朱總司令、賀龍、聶榮臻、葉劍英幾位元帥，妳都可以去認識認識囉。」

小梅說：「我們有紀律，除了替首長服務，不准去私自拜訪，干擾首長們的工作和休息。」

毛澤東笑說：「清規戒律何其多。我生平最討嫌繁文縟節，總是號召大家打破框框條條。不破不立，大破大立，立在其中。」

小梅說：「您是主席，您當然可以。」

毛澤東問：「妳就不可以？循規蹈矩……」

小梅說：「哪敢呀？戰士要服從命令，工作人員要遵守紀律。沒有規矩，不成方圓。」

毛澤東嗬嗬笑了：「小梅啊，你才二十多歲吧？就老氣橫秋了？我倒是贊成你們年輕人都學學孫悟空呢。」

小梅也俏皮地笑了：「主席，孫悟空到了今天，非當上大右派不可，開除公職，勞動改造。」

毛澤東親熱地看著小梅兩汪清泉似的眼睛：「依妳的邏輯，孫猴子就不止是右派分子，而是個現行反革命。他大鬧天宮，罪行大得很。可人家孫猴子法術無邊，一個觔斗翻出去十萬八千里，天兵天將都捉不到，怎麼辦？」

小梅說：「唸緊箍咒呀！緊箍咒就是思想改造。一搞思想改造，人就老實了，規矩了。」

毛澤東甚有興趣地問：「緊箍咒就是思想改造？這是新提法哩，哪個告訴妳的？」

小梅說：「我們醫院院長在會上講的。院長是外科專家，江西一把刀，留過洋的。」

毛澤東若有所思地說：「你們院長是不是右派？是右派也不要緊。我就有幾位右派朋友，當然是私人性質的……思想改造主要用於知識分子，不是緊箍咒，而是洗腦筋，把頭腦裡的非無產階級的髒東西統統清洗掉。」

小梅覺得毛主席很平易，很親切，一點架子都沒有。要說啊，黨中央的領導人都是很英明的，去年的那些坑害人的事情都是下邊的幹部辦的，特別是縣社二級幹部，簡直是胡作非爲。她正想把贛州老家農村餓死人的情況向毛主席反映幾句，不巧，這時舞曲結束了。毛主席放開她的腰，只牽了她的手，向舞場邊上的一圈藤椅走去，周總理已經在那裡站著等候了。

一名青年衛士迎上來，在毛澤東耳邊說了句什麼。毛澤東鬆開小梅的手，示意她回周總理那邊去。他則在衛士的陪同下，進了旁邊的休息室。原來是中央政治保衛部部長謝富治有重要情況匯報。衛士退出，掩上門。謝富治依軍人規矩，向毛主席立正，行禮，之後雙手呈上一份絕密件：彭、張二同志個別交談摘要。

毛澤東沒有立即接下那密件，只是掃了一眼題目：「你的系統一直在中央負責人身邊弄這些東西？要注意影響。我可以允許你們弄，但我本人對這類東西並無興趣。我歷來提倡襟懷坦白，光明磊落。當然黨內沒有情報不行，搞過頭也不行，要有分寸，人員要絕對可靠。有什麼新情況？」

謝富治送密件的手縮了回去。他怕毛主席不耐煩，而改口說：「那就口頭報告一下。」很簡單的一句話：「下午五時彭德懷同志派機要秘書送給您的那封信，事先與張聞天同志商量過，還有周小舟同志參加擬了提綱，張聞天同志還最後把了文字關。」

毛澤東眼睛發亮了：「有這個事？他們文武合璧，大有來頭？老彭的信我還沒有仔細拜讀。也好，你手裡的材料也交給我吧，回去一起研究。羅長子知道這事嗎？」

謝富治恭敬地堆起滿臉微笑：「主席沒有吩咐，我沒有和羅瑞卿部長通氣。」

毛澤東甚爲滿意地說：「很好很好，暫時到你、我這裡打止。這次沒有帶劉湘屏上山來玩玩？替我問她好。聽藍蘋講已認她做了乾妹子，那也就是我的妹子囉。」

謝富治興奮得臉泛紅光：「謝謝主席，謝謝主席。論年紀，我和湘屏應是您和江青同志的晚輩。湘屏說，她本來想認江青同志做乾媽，但江青同志不同意……」

毛澤東說：「我也不同意。革命同志，做兄弟姐妹就可以了，不要搞得太俗氣。我不像有的人認下一大堆乾女兒，花紅柳綠的，開心得很。湘屏上回告訴我，她是學醫的。先鍛鍊幾年，以後可以派她去分管領導幹部保健局的工作。」

謝富治明白主席說的認下一大堆乾女兒，是指周恩來總理。但主席破例認了劉湘屏做乾妹子，豈不也就是認了自己做小兄弟了？和毛主席認了兄弟，非同小可。今後更要竭盡忠誠，死心踏地，替主席看好場院，留心動靜。

出了休息室，毛澤東沒有再跳舞，也沒有和其他人打招呼，仍由護士、衛士陪著，出了小教堂，回到美廬。

在美廬樓下，毛澤東吩咐値班衛士：「如果有人來電話，就告訴他休息了，明天再聯繫。」

上樓，進書房，毛澤東又吩咐小鍾說：「妳也先到樓下去休息吧。我要趕看兩份材料，必須十分安靜。……有事，我會按鈴，妳再上來。好好，妳替我泡一壺茶來，要濃些。」

毛澤東翻開了謝富治呈上的那份密件。沒想到這一文一武，上到廬山，就搞在一起了。他們是無心的？還是有意的？物以類聚，沆瀣一氣……。

小鍾悄悄地端來茶壺，擺下香煙，火柴，退下。

毛澤東看一眼四周，確定只剩下他一人之後，才埋下頭來，專心閱讀……眞是一篇妙文。彭、張相談，很投機、很歡洽嘛。原來彭、張都很是懊悔，認毛澤東這尊菩薩是他們在延安供起來的，太不自量力了……張聞天當年不該讓賢？毛澤東的領袖地位竟是他張聞天讓賢讓出來的？眞是恬不知恥。你張聞天本是個老牌國際派，在江西蘇區就緊跟王明、博古、李德的機會主義路線，斷送過百分之九十的紅軍力量……你在遵義會議上有所覺悟，和王稼祥一起，把周恩來爭取了過來，孤立了博古、李德，恢復了毛澤東的紅軍指揮權……由你張聞天取代博古，任中央總書記，還是我毛澤東提出來的。我說輪也輪到張聞天做一段總書記了。在當時的形勢下，實際上只是一種交換，一種過渡，不能一下子把國際派統統趕下去，那中央就分裂了……到了延安，仍讓你張聞天做總書記。但你張聞天何德何能？既不會指揮打仗，又不會領導白區工作，你無兵無將而有總書記之名，已經對你夠客氣的了。你不讓賢行嗎？對不起，一九三八年之後，我在延安經營起一套中央班子；劉少奇、林伯渠、高崗、林彪、任弼時、康生、彭眞、陸定一、蕭勁光、羅瑞卿、陳伯達、胡喬木、周揚等等，文韜武略，分兵把口，你張聞天望塵莫及！三十年後，你還誣我在延安搞了個「湖南班」。和你氣味相投的彭大元帥也是湖南人，還是我湘潭小同鄉，爲什麼進不了你所說的那個「湖南班」？謠言不攻自破。……好傢伙，你們還議論我的家庭生活，個人品德。人身攻擊，無所不用其極。連楊開慧、賀子貞、藍蘋都被你們扯進去了！指我一九二七年率湘東暴動農軍上井崗山，不到三個月就和山上的女紅軍賀子貞同居，而楊開慧領著岸英、岸青、岸龍三個兒子在長沙坐牢，直到一九三〇年十二月因不肯登報聲明和我脫離夫妻關係而遭槍決……講我一九三四年至一九三五年九死一生、艱苦卓絕的長征路上，使賀子貞三次懷孕、三次生育，不把女同志當人……講我一九三八年打發賀子貞去蘇聯治病沒多久，就又和上海來的女明星藍蘋搞到了一起……

讀到這裡，毛澤東把密件朝茶几上一摔，怒不可遏：這兩個東西！既然我毛澤東於公德、私德都如此不堪，你們就建議召開中央全會，罷免我這個中央主席好了！把我趕下台，你彭德懷可以當軍委主席，你張聞天可以當黨中央主席，達成你們的野心，滿足你們的慾望！

桌上的電話鈴響了。毛澤東拿起話筒，不由分說地斥責：叫你們不要來電話，還要來電話？是樓下的值班衛士，小心翼翼地問：主席，我們聽到樓上有響動，您沒有事吧？

這美廬的四面圍牆上都裝了那麼高的電網，四牆上、樓道裡也到處是警報設備，能有什麼事？但毛澤東知道樓下警衛人員是在擔心他的安全，登時口氣緩和了下來：「噢噢，是我剛才放茶杯放重了……沒事沒事，你們不用上來。我還要趕看一份材料……對了，替我通知一下少奇同志，請他馬上過來，有重要事情找他談。」

接過電話，毛澤東冷靜下來，對那份密件不再感興趣，放進保密箱裡鎖了起來。這類材料，見不得天日。現刻，他需要在少奇同志到來之前，把彭德懷所上的「戰表」認眞看一遍，著重看意見部分，並用紅鉛筆把「一九五八年大躍進是黨內小資產狂熱性發作」之類的攻擊性言論，統統標了出來。信不長，總共十多頁。毛澤東很快讀完，順手在第一頁的天頭上，替信的主人加了個醒目的標題：彭德懷同志的意見書！

這時電話鈴又響了，仍是樓下衛士值班室掛上來的：「報告主席，王光美同志在電話裡說，少奇同志服了安眠藥，剛睡下不久，推都推不醒……她請示主席，可否讓少奇同志藥醒了以後再過來？」

毛澤東稍稍停頓一下，說：「通知王光美同志，請她設法把少奇同志叫醒，坐車過來。光美同志則不要過來了。這邊也有醫生、護士，她可以放心。」

劉少奇和王光美住在河東路一百二十四號別墅，離美廬不算很遠，汽車卻要拐好幾道大彎。時間已是凌晨兩點。劉少奇服下的安眠藥正在起效用。王光美極不情願地推了幾下，沒能把少奇同志弄醒。可主席又硬要少奇同志立即過去……王光美只好掛電話調來卧車，並按鈴叫來值班衛士，幫忙把少奇同志從被褥裡扶起來。少奇同志在睡夢裡呢喃：「你們這是幹什麼？爲什麼抓我走……」王光美眼睛紅了，她知道少奇歷史上曾經三次被捕過，心裡埋藏有恐怖的記憶，只得在少奇耳邊大聲說：「是主席要你起來，馬上過美廬那邊去！聽明白了沒有？送你去美廬！」

劉少奇矇矇矓矓，被衛士強扶著，好不容易下了床，仍然不大站得穩身子，睡衣睡褲也換不下來。王光美只好替他裹上一件有夾層的長風衣。劉少奇也是一米八一的大個頭，雖然不像毛澤東那樣雄健肥碩，但也很夠份量。王光美只得再傳呼上來一名男服務員，才一左一右的由兩條漢子費力撐扶著，半抬半拖地弄少奇同志下了樓，出了別墅門，進了汽車後座。少奇同志的屁股先坐了進去，兩條腿則是男服務員挪動，塞進了車裡去。

雖然毛主席吩咐王光美不用陪去，但王光美放心不下，還是坐進了汽車後座，往少奇同志的太陽穴兩邊擦薄荷清涼油，並輕輕按摩。

不一會，汽車進了美廬院內。此時的美廬燈火通明，看樣子所有的工作人員都被招回來上班了。劉少奇半睡半醒，王光美和衛士攙扶著他，出了汽車。美廬的幾名工作人員立即出來迎接。王光美笑笑說：我把少奇同志交給你們啦。他服了安眠藥，還沒有完全清醒，腳發軟，沒力氣。

美廬值班衛士說：請放心，我們會照顧好劉主席……醫生已經替他配好了湯劑。

王光美上車返回時，臉上仍掛著笑意。雪亮的路燈映照下，她的笑容竟是蒼白慘淡的。

兩名身強力壯的衛士把劉少奇主席扶上樓，進到毛主席的書房。毛澤東起身相迎：少奇啊，對不起，硬是把你請來了……坐下，坐下，這是醫生配的一杯湯劑，你提提神……好，喝下了，抽根煙？來來，抽這個。

劉少奇喝下湯劑，從毛澤東手上過煙，對上火。他沒有帶上自己的大前門。毛主席親自給點火，這很不錯，老同事嘛。此時，劉少奇已基本清醒，只是身子軟軟的，兩條腿更是木木的，發虛。

毛澤東說：「好，你算醒了。有件事，考慮再三，只有找你來談談，我們兩個先商量……」

劉少奇警覺起來，看看書房四周，服務人員都退出了。什麼緊迫的事，非得在這下半夜的個別交談啊？難道自己有什麼言行不慎，被謝富治手下的人抓到把柄了？可自己的機要秘書、保健護士，都是由光美親自擔任，能有什麼機密洩漏？況且自己在黨內是二把手，在國家是一把手，從來光明正大、對毛主席是從無機密可言的呀。

毛澤東大約洞察出劉少奇心裡的疑惑，沒有解釋什麼，只是把一疊材料送到他面前：〈彭德懷同志的意見書〉。

噢，原來是要談彭德懷……劉少奇定了定神，問：「他都寫了些什麼？前天安徽曾希聖還對我說，彭元帥現在是功高震主，驕傲得很，好像別人都在吹牛拍馬，謊報成績，就他一身正氣，英雄主義……我批評了曾希聖，要求他注意團結，對彭老總有意見，可以在小組會上提。」

毛澤東說：「曾希聖嘛，去年幹勁大，很能吹，是黨內積極分子，左派同志……老彭的這封信不很長，你現在就翻翻？標題是我替他加上去的。對於黨內一部分人來說，這封信可以算是一個綱領。」

劉少奇心裡騰地跳了一下。他吸著煙，沉住氣，翻閱著彭德懷的信。這個彭老總啊，帶了大半輩子兵，竟然這樣不加掩護，白紙黑字的東西，落到毛主席手裡……平心說，彭老總的這封信還算語氣平和，不像他在西北組會議上的幾次發言，那麼帶刺。意見也都比較中肯。比如說去年的大躍進是犯了小資產階級的狂熱病，土法煉鋼得不償失，公共食堂問題最緊迫等等，相信黨內多數同志都有這些想法……可是，毛澤東同志對這封信的態度已十分明確，除了給加上個醒目的標題，還把所有帶「攻擊性」的字句，都以紅鉛筆注了出來；加上剛才那句嚇人的話：對於黨內一部分人來說，這封信可以算是個綱領！

毛澤東見劉少奇看完彭德懷的信，好一會都沒有吭聲，不得不給點旁敲側擊：「少奇啊，或許老彭的這封信，正是應了你的那個『成績講夠、問題講透』的宗旨，要求在本次神仙會上把去年的問題講透嘛？否則就是不痛不癢、不深不透、不過癮啊。」

響鼓不用重捶。雖然只是兩個人之間的交談，但卻是個緊要關口，不明確表態是不行的。一時，劉少奇背脊骨都是涼颼颼的。他直了直腰板，當機立斷地說：「不！彭德懷同志從來自視很高，認爲自己的功勞大得很，不大把我放在眼裡的……爲了黨的團結，我沒有和他計較過。進城十年了，他從沒有找我個別匯報過工作。他的心很大。我看過他的檔案，他原名彭得華……」

劉少奇表明了態度，毛澤東心裡釋然了：「知道，知道，我的湘潭老鄉原名彭得華，小名『石穿伢子』。水滴石穿，志在得華。得我中華，目標遠大。三軍元帥、國防部長、軍委副主席、國務院副總理、政治局委員、列席常委，他還嫌不過癮，想要更上一層樓。」

劉少奇算是摸準了毛澤東的心性。看樣子，他是要和彭德懷做個了斷了。劉少奇名爲國家主席，卻不得不順著黨主席的心性走；但也還是要把握分寸，不要干擾了目前全黨糾左糾偏的大方向才好：「主席，你的意思，是不是要在本次神仙會上，討論一下彭德懷同志這封信的性質？」

毛澤東原本綳著的臉，登時泛起笑意：「少奇啊，你這明明是提議嚒！怎麼只是我的意思？倒是應該輪到我來附議，同意在會議上討論此信的性質。」

劉少奇吃了一悶棍似的，試探著問：「定個什麼性質？又不致影響當前全黨上下的糾偏糾左？」

毛澤東不直接回答，而說：「既是打算交給會議討論，就只能由會議去議定囉。先不要訂框框條條。我可以告訴你的是，彭德懷同志所以寫這封信，不是偶然的，而是一項經過策劃的行動。有人給他出主意，當參謀；有人幫他擬提綱，最後還有人把了關。」

劉少奇這才真正吃驚不已了：「都有誰？是個有組織的行動？」

毛澤東說：「現在還不能完全確定。初步掌握，是洛甫當參謀，周小舟幫助擬了提綱，最後又由洛甫把了關。」

劉少奇抹了一把臉：「原來還有這些背景……張聞天同志平日斯斯文文，一付學者模樣，心裡一直不大服氣，一有機會就要表演，又不肯公開站出來。我說乾脆，這次新帳老帳一起算。當然不是殘酷鬥爭、無情打擊……延安整風時，對他太過客氣了，他卻至今沒有吸取教訓。」

毛澤東說：「還不是念他遵義會議立過功，關鍵時刻和國際派決裂，對其他問題，就都容忍了，放過了。但容忍總有個限度。倒是沒料到這次在山上，他背後搞大動作，替彭德懷當參謀長。北京的參謀長是黃克誠，廬山的參謀長是張聞天。」

劉少奇說：「黃克誠是個老實人，這次也不在山上。還有周小舟，我建議立足於拉，爭取拉過來，很能幹的一位年輕同志。不然很可惜。何況，小舟是主席表舅的侄兒，後生晚輩……」

毛澤東臉一沉：「我從來反對在黨內拉扯什麼親屬關係，庸俗得很。諒他年輕，也做過我的秘書，同意拉一把，教育挽救，以觀後效。不然，我也傷心、寒心。自己所看重、信任的人，在背後搞這些動作，是何居心?狗還知道護主！」

劉少奇見毛主席動了氣，忙勸解道：「小舟可能一時糊塗，倒不一定是對主席存有二心。」

毛澤東嘆了口氣，說：「但願如此，望他不遠而復。少奇，你知道不知道啊?這次在山上，我的幾個大秘書，都翅膀硬了，活躍得很！胡、田、吳、李都有很多高論，和我離心離德……他們把我看透了，樹未倒，猢猻要先散了。」

劉少奇又嚇一跳，忙說：「幾位大秀才思想活躍，可以理解，但他們不可能反對主席，一個個都是主席拉扯栽培的嘛。有些小報告實在聽不得……」

毛澤東無意再談幾位秘書的事，而說：「這次會議怎麼辦?今天已是十五號了，原定明天作總結，照集體相，會餐。後天大家下山，各奔前程。我已經通知工作人員打點書籍了……」

劉少奇說：「可以有兩個方案，一是按時散會，彭、張問題回北京解決；二是延期，山上出問題，山上解決。」

毛澤東已胸有成竹：「少奇你腦子轉得快。我看還是按你的後一個方案，會議暫延一星期，討論彭德懷的意見書。通知留在北京的彭眞、陳毅、黃克誠、安子文四人上山。還有蘇州的林彪元帥，問他的身體如何了？養了整十年病，也該出來做做工作了。」

劉少奇在一張紙上寫下彭、陳、黃、安四字：「好，我一早就交尙昆發電報。至於林彪，最好還是請主席親自通知。」

毛澤東不以爲然地問：「辦公廳就不能給林彪通知？」

劉少奇笑笑說：「不是辦公廳不能發通知。林彪同志是向中央請了長病假，他那裡是葉群當家。尙昆反映過，有時辦公廳去了通知，也不回復。這次上山，如主席出面，林彪同志就不便請假了。」

毛澤東說：「可以，我來發道金牌。其實呀，你和林彪差不多，都是老婆當機要秘書和辦公室主任，針插不進……關於彭德懷意見書的事，我還沒有跟恩來、朱總司令通氣。我知道，從私人感情上，總司令會和彭德懷站在一邊。工作要慢慢來做。恩來嘛，去年吃了批評，作過檢討，這次還要考驗他，是否眞的服輸？這事目前只有我們兩個交談了。天亮後，我還要找一些人談話，部署一下。搞體育運動，不是先做暖身活動嗎？英文叫做『窩母阿甫』。」

劉少奇坐車離開美廬時，已經天亮了。牯嶺河谷起了大霧。雲山霧海，白濛濛混沌一片，簡直伸手不見五指。汽車亮起大燈，小心翼翼地，彷彿穿行在濃濃的乳汁裡，左拐彎、右拐彎的也不便響喇叭，比步行快不了多少。只聽見路邊樹林裡鳥雀們在起勁地啁啾跳躍，不時抖落下一陣陣雨珠來，落在車頂上咚咚亂響。

整座廬山仍在大夢中。

第二四章　呼氣為雲　哈氣成雨

送走劉少奇，毛澤東毫無倦意。他打開窗戶，以驅散滿屋子的辛辣煙味兒。窗外是一派白茫茫霧海，如汁如絮，彷彿伸手即可撈進一把來。

護士小鍾在書房門外輕咳一聲。這是工作人員進入之前的必做信號，以免突然出現，嚇他一跳。小鍾是來催請他休息的，卻見他熬了一通晚，仍然目光炯炯，精神抖擻。

毛澤東一反往日，只是拉了拉小鍾的手說：「一見鍾情啊，我不要睏覺了，上床也睡不著，今天是工作壓倒一切，樓下誰在值班？好，衛士長小黎。一小時後，妳要小黎上來見我，有事交他去辦。現在替我去煮一碗麥片來，另換一壺濃茶，越濃越好，要像廣東潮汕功夫茶那樣濃。過去我們湘潭鄉下人也熬濃茶喝，那茶有多濃？可以用筷子夾起來……妳不信？只是個比喻，快去，快去。」

小鍾笑著走後，毛澤東坐下來，以鉛筆畫拉下一個名單，通知以下人員來見：

八點三十分，中央警衛處汪處長；

九點，中央警衛團張團長；

九點三十分，公安部羅部長；

十點，政治保衛部謝部長；

十點三十分，江西省邵式萍省長；

十一點，機要組葉組長。

立即通知上述六人，按時來見，不准遲到，亦不准早到，每批二十分鐘，談完就走，不得停留。

毛澤東喝下一碗麥片粥，衛士長小黎上樓來拿走了名單。正是命令如山，趁首長們還沒有起床，立即以保密直通電話依順序一一傳令下去。

八點三十分，中央警衛處汪處長準時進入毛澤東主席書房。立正，敬禮，免握手。毛澤東囑咐坐下，開門見山問：「這次在山上的負責同志都是帶了警衛員、警衛參謀來的嗎？警衛處召集同行們開過會嗎？」

汪處長報告：「都帶了。中央軍委首長朱總、彭總、賀總、聶總、葉總，加上蕭主任，還帶有警衛參謀。這些警衛員都是警衛處派出的，忠誠可靠，彼此熟悉，所以還沒有召集他們開過會。」

毛澤東略顯不悅，問：「他們都佩帶武器嗎？」

汪處長報告：「都有，大部分是神槍手。」

毛澤東問：「除了都是神槍手，他們的武功怎樣？」

汪處長報告：「武功都是了得的，有的還在全軍武術散打比賽中拿過名次。」

毛澤東說：「你具體講講彭德懷同志的警衛員情況，還有張聞天同志警衛員的情況。」

汪處長報告：「是！彭、張二位的警衛員由警衛處派出，定期輪換，並不固定。彭總目前的警衛員小王武功高強，槍法奇準。彭總的警衛參謀因是總參謀部派出，情況不太了解；張聞天同志的警衛員是個高中畢業生，有文化無武功，張聞天同志說他的警衛只要能讀書寫字就行……另外，還要報告一句，彭德懷同志本人練拳，幾十年不曾間斷。聽講他的拳腳功夫，警衛幹部都佩服的。」

毛澤東聽這一說，倒是笑了：「彭老總的拳腳我知道，他練的是健身拳，不是用於實戰的……又不是義和拳時代了，還是神槍手厲害。」

汪處長說：「是！近身防衛，才使得上拳腳。」

毛澤東說：「好了，現在你立即去執行一項任務，召集在山上的所有負責同志的警衛員、警衛參謀開會，傳達軍委命令：爲防止槍枝走火，保護環境安靜和人員安全，所有武器，一律暫時上交中央警衛處統一保管。對武器要逐一登記，散會下山時再歸還。這件事，限今天中午十二點之前辦完。

汪處長起立挺身：「保證完成任務！不過、不過……」

毛澤東嚴肅地問：「你還『不過、不過』什麼？」

汪處長小心地問：「不是明天就散會，後天都下山嗎？」

毛澤東說：「中央已決定延長會期。其它的，你不要多問。這件事，你直接對我負責，與其他任何人無關。十二點之前，你完成任務後，給我來一個電話。明白了嗎？」

汪處長舉手行禮：「是！執行主席命令，保證完成！」

毛澤東這才親切地拉起汪處長的手，送出書房門，直至樓梯口。他看了看手錶，八點五十分。還留出了十分鐘的空檔，正好，去者，來者，相互碰不上面。他很滿意自己能這麼準確地把握時間。他平日時間觀念不強，作息有些散慢，一旦認眞起來，就另是一番氣象。

九點正，中央警衛團張團長準時進入毛澤東主席書房。立正，敬禮，免握手。毛澤東囑咐坐下，開門見山問：「張團座啊，你這次帶來多少天兵天將，保衛山上的衆神仙？」

張團長回答：「報告主席，中央警衛團來了兩個加強連，也就是一中隊和六中隊，加上南昌警備區調來的三個連隊，官兵共是一千來人。」

毛澤東問：「四個連隊，人馬都是怎麼布防的？」

張團長回答：「報告主席，南昌警備區的三個連隊負責廬山四周的巡邏、警戒，作爲第一道防衛線；中央警衛團的六中隊布防在山腳的幾處上山道口，實施封閉式管制，作爲第二道防衛線；最後是第一中隊布防在牯嶺山上，直接保衛首長們。」

毛澤東笑了。中央警衛團一中隊即爲毛澤東的私人衛隊，駐守牯嶺，最可放心了。張團長亦曾長期擔任毛本人的貼身警衛、一中隊隊長。因而說：「依你所言，廬山是固若金湯了？那麼，含鄱口下邊就是鄱陽湖，元末朱元璋大戰陳友諒的地方，你有沒有水上設防啊？」

張團長回答：「報告主席，含鄱口下的水面，有七艘從武漢軍區水上警備師調來的巡邏艇全天候值勤，由一中隊副隊長坐鎮，其餘任何船隻都不許向這個水域靠近，實際上已封鎖了鄱陽湖西北角上的所有港口。」

毛澤東點點頭，卻又問：「封鎖港口，影不影響漁民捕魚和航運交通？」

張團長回答：「報告主席，我和九江市長、九江軍分區負責同志商討過。他們講鄱陽湖的水面比八百里洞庭還要大，東面、南面、西南面照常捕魚和運輸。」

毛澤東說：「那就好。封山、封路、封港之類的措施，能不採用，儘量不要採用。不然，我們和蔣委員長，就沒有區別了。」

張團長忍不住發了一句議論：「蔣介石是年年上山，我們是進城十年了，主席才第一次上山。」

毛澤東說：「我們的地方比他多嘛。老蔣只有一座廬山。我可以一年換幾個地方，河北北戴河，大連棒棰島，山東青島，武昌東湖，杭州西湖，長沙蓉園，南寧明園，廣州小島等等。這些年你也跟著我跑了許多地方。」

張團長說：「是！開了眼界，見了世面。」

毛澤東說：「好了，這次有你守護廬山，我在山上睡得安了。今天找你來，是要交代你一個任務：從今天起，沒有中央警衛處汪處長的出山證，任何車輛、人物不准下山；同樣的，沒有汪處長的通知，任何車輛、人員不准進山。另外，今天上午你協助汪處長去執行一項收回武器的任務，詳情由汪處長告訴你。總之，你和汪的任務只對我本人負責，任何其他領導人不須過問。記住了？」

張團長起立，行舉手禮：「是！堅決執行主席命令！」

毛澤東這才親切地拉起張團長的手，表示談話結束，親自送出書房門，直至樓梯口。

返回書房，毛澤東看看手錶：九點二十分。還有十分鐘空檔。下一位是公安部長羅瑞卿大將。九時三十分，身材高大的羅瑞卿準時進入毛主席書房，先行舉手禮，後握手問安。

毛澤東風趣地問：「羅長子，這些天來神仙當得怎樣啊？」

羅瑞卿回答：「山上空氣清新，每晚上都睡得很香。自進城以來，還從沒有這麼輕鬆過。」

毛澤東讓羅瑞卿自己動手倒茶喝，拿煙抽：「我還是那句話，睡覺有兩種姿勢，一種是睡在床上，一種是睡在鼓裡。羅長子，你是哪種姿勢啊？」

羅瑞卿暗自一驚，出情況了？嘴上卻說：「睡在床上呀，晚上都蓋褥子，關窗子，以免受涼。」

毛澤東說：「我看呀，你這個公安部長也和睡在鼓裡差不多……」

羅瑞卿登時頭皮有些發麻，趕忙請示：「主席，是不是我的工作出了什麼疏忽？請主席指出，我馬上去改正。」

毛澤東卻引而不發，有意繞了個彎子問：「你是參加華東組的討論會吧？有人反映你打斷人家的發言，干涉言論自由，有不有這回事？公安部長管到了宣傳部長份內的事，算不算撈過界了啊？」

說罷，毛澤東逕自嗬嗬笑了。

羅瑞卿額頭上沁出一層細密的汗珠子。誰告的狀？是陸定一同志，還是李銳同志？很可能是李銳，或是李銳通過田家英、周小舟告的狀……事已至此，只有向毛主席說開了，以免誤會越鬧越深：「報告主席，我承認有這回事。李銳也參加華東組討論。他是主席的工業祕書，幾次發言，都口無遮攔地直接談到冶金部、國家計委的內部情況。我怕影響團結，特別是擔心有損主席的威望，才幾次打斷了他。其實我是出於好心，出於愛護他，不要扯了主席的旗子，在外面亂放話。」

毛澤東說：「李銳年輕氣盛，嘴上無毛，辦事不牢。我的這個同鄉小子有這方面的毛病。在我面前也放肆慣了。好了，不談這個了。我另問你一個問題，你不是一直想回軍隊工作嗎？如果中央派你去總參謀部加強領導，你個人意願如何？」

問題太突然，羅瑞卿也成丈八和尚摸不著頭尾，只是恭敬地望著毛主席，不知應該如何回答。

毛澤東祇盯住他的眼睛不放，等著回答。

羅瑞卿倒吸一口冷氣。依照多年養成的習慣，他在毛主席面前總是心地坦白，有啥說啥：「作爲黨的幹部，我服從主席的任何安排。但我個人也確有一點難處，彭德懷同志一向看我不順眼，我也不大恭維他；現在的總參謀長黃克誠同志又是彭的老下級，人講他們情同手足、父子……若派我去總參工作，會相當尷尬，我講這話，是不符合組織原則的。但我在主席面前，從不隱瞞自己的小九九。」

毛澤東笑笑說：「你講的是大實話。你和彭德懷不睦，多數情況下，我是支持你的。彭老總和黃總長情同父子？這話倒是頭次聽說。已通知黃克誠上山開會。總參謀部的工作暫由鄧小平同志照管。中央決定神仙會延期，今天中午由少奇同志宣布。」

羅瑞卿還是摸不著頭腦，只是隱隱感到，山上要出什麼情況了。能出什麼情況呢？主席不明說，他是不能問的。在中央高層工作，隨便打探消息，是很犯忌諱呢。

毛澤東彷佛頗爲欣賞羅瑞卿一臉迷惑、雲裡霧裡的那副模樣。停了一停，忽又問：「你是林彪同志的老下級吧？你們的關係怎樣？」

天爺，又扯到長病號林彪元帥身上去了。羅瑞卿如實匯報：「早在江西中央蘇區時期，林彪同志是紅一軍團司令員，我在他手下擔任過師長、師政委，保衛局局長。到延安後，他任抗大校長，我是教育長、副校長。在他手下工作，還算順利、愉快。一九四五年冬他去了東北，我去了華北，以後就再沒有一起工作過了。我很尊敬他，他也很信任我。但私人友誼則談不到。主席知道，林總的個性，很難和他有私人性質的交往的。」

毛澤東點點頭：「大實話，你講的大實話。再問你一個問題，如果把你調離公安部，公安部長由誰接任合適？」

羅瑞卿雖然號稱「儒將」，讀過一些詩書；但在毛澤東面前，有時簡直就像個白丁大老粗似的，毫無才智可言，只能被毛澤東牽了鼻子走。也好，回部隊工作相對單純些，不像在公安部，簡直像個大保鑣，不像個堂堂正正的軍人。公安部長由誰來接任？除了謝富治同志，還能有誰？謝富治是主席和藍蘋的心腹，就和康生是藍蘋的心腹一樣……想到這裡，羅瑞卿說：「關於部長繼任人選，我只能提點意見，供主席參考。中央政治保衛部部長謝富治同志兼任著公安部的第一副部長，自然是他最合適。他年輕，資格老，能力強。當年中原野戰軍陳、謝兵團，陳賡司令員，謝富治政委，赫赫有名。」

毛澤東看了看手錶，九時五十分，便站起身子來。羅瑞卿趕快跟著起立。毛澤東吩咐說：「好，先談到這裡。今天只是向你吹吹風，風向風力要靠你去測。一些事情，我還沒有和山上的幾位常委交換意見，都作不得數。和你說了，也等於什麼都沒有說。你是我得力的大將之一，目前也只能說這麼多。今天中午飯後，你和我一起下山，去九江住一晚，明天中午到長江游泳，好不好？你一片忠心，原本是隻旱鴨子，爲了保衛我，才學會了游泳。你手長腳長，已經游得不錯，嗬嗬嗬……」

羅瑞卿坐車離開美廬時，才額頭一拍，登時心智大開，差點驚叫出聲音來：莫非彭德懷要出事了？安排林彪接國防部長，自己接替總參謀長？這麼大的事，事先怎麼沒有一點跡象？自己這個公安部長眞的是睡在鼓裡了……不，不，彭德懷雖然是個蠻牛脾氣，許多負責同志都不喜歡他，但他軍功之大，軍內威望之高，部屬之衆，要想挪動他，可是項開膛剖肚的大手術呀，主席和中央，眞下得了這個決心嗎？當然，自己是死心塌地跟定了主席的，主席指向哪，自己就奔向哪……不能不承認，每逢到了主席面前，自己平日的一點聰明才智就不知跑到哪裡去了，總是雲裡霧裡，你說怪也不怪。

十點正，政治保衛部部長謝富治準時進入毛主席書房。依例是立正，敬禮，握手，請安。

對這位親信上將的到來，毛澤東並未起身相迎，只是態度隨便地招招手，讓他坐下說話。謝富治在毛澤東面前，比羅瑞卿更顯謙卑恭謹，坐下時雙膝並攏，身子筆挺。

毛澤東沒繞彎子，而直奔主題：「你昨天送我的材料很及時，可見黨內情報何等重要。政保系統的事，我命你負全責，連康生、羅長子都沒讓插手。你每次送的材料，我看後鎖進保密櫃，定期銷毀。這類密件只作參考，不能公開使用。所以你盡可以放手工作，不要有什麼後顧之憂。」

謝富治神色嚴肅地答道：「是！我的工作只對主席負責，也就是對黨中央負責。」

毛澤東說：「我對你是完全信任的。這話只對你講。一些人，一些事，我不能不預先有所警覺。歷史對黨內的個別同志，必要時是要搞點防衛過當的。不然哪天腦袋被搬家，還不清楚怎麼一回事。歷史上就有好幾個皇帝的腦袋被搬家，死時還不知道誰是主謀。當然我們是共產黨當家，無產階級政權，縱使出個把雄心壯志者，也難以翻起大浪。關鍵在於我們的工作要做在前頭。湘屏妹子是學醫的，這和醫療衛生工作方針是一個道理：預防為主，治療為輔，有病早治，無病早防。」

謝富治恭恭敬敬地聆聽著。他不敢掏出筆記本來記。凡主席找人談機密問題，是不允許做筆錄、留下文字依據的。那會被視作不忠誠，妄圖留後路。一旦你露出這層意願，談話就會嘎然而止，之後把你發配得遠遠的。再者，主席面諭的機密，你絕不可外傳，只能結記在心，去忠實執行。

毛澤東發了一通感慨後，突然問：「謝部長，根據你所掌握的情況，這次在山上，除了張聞天、周小舟兩位和我的那個大老鄉接觸頻繁、志趣相投之外，還有沒有別的志同道合者？比方說陶鑄啊，王任重啊，周惠啊，李銳啊？」

謝富治聽這一問，心裡立即明白了過來，主席提到的這四個人，是眞假摻半，用以考驗自己的：「報告主席，據我了解，王任重和陶鑄，與彭老總沒有私下的接觸。他們二位是緊跟主席的，至少目前是這樣。至於周惠、李銳，則幾乎天天都和彭總有接觸，下棋、聊天，總在一起的。」

毛澤東面無表情，不置可否。又問：「除了周、李，還有別的人物嗎？」

謝富治似有疑難似地停了一停：「主席，有的情況，我也不知道該說不該說……」

毛澤東直盯住問：「你在我面前，還有什麼相瞞的？不是剛說過你的系統只向我負責嗎？」

謝富治只好深吸一口氣，說：「是！黨內情報，有什麼說什麼……周小舟同志，還有李銳同志，像是搭橋人物。他們一方面和彭老總交談很多，另一方面又和田家英同志、胡喬木同志、吳冷西同志、陳伯達同志等，也交談得很多。起碼有兩個晚上，周、周、李、吳、田，在胡的住處談論去年的是是非非，氣氛熱烈，通宵達旦。在別的場合，康生同志也參加過。」

毛澤東神色略有吃驚似的，但瞬息即歸平靜了：「難怪你謝部長有顧慮，事涉中央核心內部……不過你可放心，秀才是我的，別人休想挖走。英雄有淚不輕彈，未到衆叛親離時。我有這個信心。他們都是我一手拉扯起來的。沒有我，也就沒有他們；一旦離開，他們就什麼都不是了，去學堂教書都沒有人敢要。是不是這樣啊？」

謝富治深知其中利害，遂試探著建議：「主席，對於家英同志、喬木同志、伯達同志，您可否個別和他們招呼一下？相信他們都是有學問的聰明人……」

毛澤東說：「多謝提醒。你也知道愛惜人才，這很好。試試看吧！喬木、伯達、冷西、家英四位，我還是要用的。他們的毛病，魏晉遺風，坐而論道。康生同志可靠，不要相疑。就是對周、周、李三人，能拉還是要拉，至於拉不拉得回來，要看他們自己。這些話，你不能外傳。」

謝富治胸膛一拍：「我用我的腦袋擔保！」

毛澤東笑了：「腦袋一人一顆，上面有眼睛、耳朵、鼻子、嘴巴。眼睛要留著看風景，耳朵要留著聽音樂，鼻子要留著聞氣味，嘴巴要留著吃紅燒肉，一樣都少不得！」

謝富治跟著笑了：「主席，國內外大政治家很少有像您這樣幽默的。」

毛澤東止住笑：「不要當面吹捧，我不吃這個……對了，上山前，你特地跑到武漢向我報告，說從老大哥內務部那邊弄來一套先進設備。這次在山上，派上用場沒有？」

謝富治明白是指那套電子偵聽設備，遂又身子一挺：「報告主席，因是新設備，要配合山上的電話總機使用，幾名專業人員擺弄了一星期，前幾天擺弄上去了，已經啓用。」

毛澤東點點頭：「很好很好。中南海早有一套了。這套留作機動，今後我到哪裡都可以帶上，睡眠都好多了。」

謝富治說：「是！保證萬無一失。」

毛澤東這時看了看手錶：十時二十分，遂起身送客說：「謝部長，暫時先說這些吧。今明兩天，我可能還有些活動要你參加，要隨時準備好。」

謝富治起立，行舉手禮告辭。

毛澤東親切地拉起謝富治的手，硬是堅持著要送出書房門，直送至樓梯口，並再次緊緊握手。

十時三十分，江西省省長邵式萍準時進入毛澤東主席書房。邵式萍是文官，見面只握手，向主席請安，問主席休息得怎樣。

毛澤東請客人坐下後，說：「中央這次在盧山開神仙會，你和尙魁盡地主之誼，江西出了大力……你們可以向總理報一筆帳，不然我們到江西來擾民，你們下回再不敢接待中央的會議了。」

邵式萍說：「哪裡哪裡，中央到盧山開會，我們省委、省政府高興都高興不過來。江西雖窮，但中央的會議還是供得起。我們省委同志倒是建議，江西是老區，黨中央是從江西出去的，盼望中央年年夏天都來盧山開會呢。」

毛澤東嗬嗬笑著：「邵省長，你是講眞話還是講假話啊？長江中游鄰近幾個省，就只盧山這個避暑勝地，年年來開會，變做軍事禁區封了山，幹部、群衆不高興呢。所以你們的意見不可取。」

邵式萍說：「主席心裡有人民，人民心裡有主席，總是和人民心連心。」

毛澤東說：「邵大個，你也學會唱頌歌了……可有的人，恨不得我現在就死去，好稱他們的心意。無非去年辦了幾件大事，總路線、人民公社、公共食堂、再加上一個全民煉鋼，我成了罪魁禍首，十惡不赦了呢。」

邵式萍心裡打了個激靈，忙表態說：「我可以代表江西全省人民向主席保證，百分之百的擁護總路線、大躍進、人民公社三面紅旗。誰想砍旗，我們決不答應。人民公社、公共食堂是新生事物，難免有些不足之處，但只是一個指頭的問題。我們省委黨校也有人認爲人民公社辦早了，公共食堂辦糟了。這種人是黨內的右傾機會主義分子，在某種意義上，他們代表的是地富、資產階級的利益。」

毛澤東眼睛瞇縫了起來，心裡很欣賞邵式萍的提法：「黨內右傾機會主義分子，代表地富、資產階級利益。你的這個觀點很深刻，有水平。你和你們省委的主要負責人，都是這個看法嗎？」

邵式萍直了直腰桿說：「不敢全部打包票，但楊尙魁同志和我的看法，是完全一致的。」

毛澤東笑笑說：「你們一個黨，一個政，兩個一把手思想一致，事情就好辦了。江西農村的情況究竟怎樣啊？是否有些地方在鬧糧荒？」

邵式萍算個較爲老實的人，見主席問起具體情況，也就不能不有所保留地講點兒實話：「吉安、贛州兩個地區的部分縣、區，今年春天是存在缺糧問題，許多公共食堂停了伙，社員群衆流行水腫病。省政府發現問題後，向湖南求援，緊急調糧，情況才有了好轉。眼下全省都在收割早稻。早稻進倉，糧食問題緩解。主席放心。」

毛澤東說：「早稻進倉，那些停了伙的公共食堂應當恢復起來，繼續辦下去。」

邵式萍回答：「是！我們省政府馬上下通知。」

毛澤東點點頭，相信邵式萍講的是實話。他喜歡這樣的幹部，立場堅定，緊跟中央，面對困難，不迷失方向。他問：「湖南也借了糧食給江西？支援老區，應該的。你對湖南二周印象怎樣？」

邵式萍說：「很能幹，會當家過日子。去年不跟風，頂得住，保住了糧食，今年支援兄弟省，兩廣、湖北、江西都受益，主席已經多次表揚。當然，缺點也難免，稍嫌年輕氣盛，得理不讓人。」

毛澤東沉吟一會，說：「二周去年不跟風，倒是擔心他們今年跟另一股風……好了，話到這裡止，不外傳。今天把你請來，是想委託你辦一件事。你若有難處，也可以提出來，我另外找人。」

邵式萍知道主席用的是激將法，立即又身子一挺直：「主席：無論您吩咐我辦任何事，我都一往直前，決不含糊。」

毛澤東說：「好好。也可以算是件私人性質的事務吧。就是現在住的這美廬，過去是蔣宋的別墅，心裡總有些不踏實……所以由藍蘋在杭州請了浙江省公安廳的專家，帶儀器來全面檢查一下。藍蘋和他們王廳長率領的一個小組，已經到了南昌。你今天下山去，晚上就領他們上山來。此事不再驚動其他同志，包括楊尙魁夫婦。」

邵式萍心裡直納悶，嘴上卻說：「好，我明白，絕對保密……不過，在主席上山之前，尙魁已指示我們省公安廳的專門人員用儀器偵測過，後謝富治部長來打前站，又偵測過一次……」

毛澤東說：「討價還價了吧？我講過這次是私人性質的委託，和楊尙魁、謝富治無關嘛。」

邵式萍說：「好，我去我去，保證完成任務。但現在美廬樓下住著主席的工作人員，怎麼辦？」

毛澤東說：「今天中飯後，我會把所有的工作人員都帶走。包括羅瑞卿、謝富治、楊尙昆、汪處長、張團長都跟我走，下山到長江游泳去。留下一棟空房給你，還不行？」

邵式萍登時頭皮一陣發緊，兩手冷汗。主席警惕性之高，防範之徹底，眞是誰都料想不到，對誰都留有一手。

毛澤東起身，拉起邵式萍的手：「老朋友了，你辦事，我放心。明天下午我從山下回來，你可得把這棟別墅乾乾淨淨交還囉！」

邵式萍告辭。毛澤東堅持著把邵式萍送出書房門，直至樓梯口。

十一點，機要組葉組長準時進到毛主席書房。這是今上午連續召見的最後一人。

毛澤東沒有起身，只是隨便地招了招手，示意小葉坐下，即說：「立即辦下面幾件事，不要記筆記，只用腦子記。一、把這個信封面交少奇同志，裡面有份材料，請他安排今晚上打印出來，明天一早分發山上的神仙們，一人一份，編上號碼，以後收回。順便告訴少奇同志，今天下午我下山到長江游泳，明天下午回來，我下山的事，他知道就行；二、以我的名義，給廣州軍區司令員黃永勝，南京軍區司令員許世友，武漢軍區司令陳再道，福州軍區司令員韓先楚，各發一封電報，命令他們四人於今晚十時之前趕到九江潯陽樓賓館見我；三、通知衛士長，所有工作人員中飯後隨我下山，一個不留。還有警衛處汪處長、警衛團張團長、辦公廳楊主任、政保部謝部長、公安部羅部長，也都隨我下山；四、通知藍蘋同志下午到九江會面；五、通知柯慶施、李井泉、譚震林三名政治局委員來和我一起吃中飯。今天中午吃紅燒肉，火焙魚。五件事，記下了？你口頭複述一遍。

葉組長記憶能力強，立即將上述事項幾乎一字不漏地複述了一遍。

毛澤東說：「好，馬上去辦。辦完後，你也同我一起下山。」

第二五章　毛澤東運籌潯陽樓

當天下午，毛澤東一行人下山，入住九江郊外潯陽樓賓館。毛澤東並未去長江游泳，而先睡上一覺。昨天通宵未眠，看來今天也得忙一個通晚，只能抽空休息一陣了。

藍蘋由隋靜陪同，傍晚時分從南昌趕來相聚。她不大看得上這個隋靜，太年輕，一身女大學生似的輕佻作派，談起老闆時的那個親熱勁兒，簡直像個紅顏知己。江青當然不屑於和人吃什麼醋。這些年在老闆身邊見過的漂亮妞兒，如過江之鯽，想吃醋都吃不過來呢。

走在鋪著暗紅色地毯的樓道上，藍蘋聽到了老闆那吸氣如鼓、吐氣如雷的鼾聲。在中央領導人中，也只有老闆發得出這樣酣暢、威風的鼻息。像周總理，就連鼾聲都是小心翼翼。少奇同志是個大鼻頭，鼾聲也不弱。但人家王光美說，男同志的鼾聲大點沒什麼，習慣了，甚至有催眠功效。比如少奇同志打鼾了，就知道他睡安穩了，自己也可以落心睡去了；假若少奇同志睡下後久久沒有鼾聲，就知道他失眠了，該起來哄他服兩片安眠藥。

把男同志的鼾聲當做女同志的催眠劑？資產階級出身的王光美，遵從的倒是封建主義的嫁雞隨雞，嫁狗隨狗。要說有什麼人值得藍蘋忌妒的話，王光美算是一個。藍蘋視老闆的鼾聲如狼虎，簡直心驚肉跳，恨不能逃之夭夭。原先延安住窰洞的歲月，老闆的身子比現在瘦一大圈，有點鼻息，並不十分攪人清夢；自四九年入住中南海，天天辛辣油膩的吃下來，褲腰一年大過一年，鼾聲也一年大過一年。雙手摟不過他的腰不說，那鼻息更是可以連穿數堵宮牆。勸他飲食清淡些，還數度發脾氣。結果是吃吃不到一起，睡睡不到一起。只剩下談政治時事、黨內外人事加上詩詞文賦，算是兩人的共同志趣。在這方面，藍蘋倒是位不可缺失的賢內助。

在毛澤東的住處門外，有值班衛士起立，向藍蘋報告：「主席吩附了，他很累，睡一覺。請您到後也先去休息。他醒來後，要先和四大軍區司令談事情。晚上一時，才有時間和您一起吃消夜。」

工作人員面前，藍蘋從不流露對老闆的不滿情緒。老闆是愛聽身邊工作人員的小報告的。她心裡暗怨道：先是不讓自己上山，今天讓來山下見面，又要等到深夜一點。聽講人家王光美倒是天天陪伴著少奇同志，在山上趁清涼，優游林泉，當神仙。

傍晚九時，天還沒有落黑。四架軍用專機先後降落在九江機場。公安部長羅瑞卿大將和中央政治保衛部長謝富治上將，代表毛主席在機場迎候南京軍區司令員許世友上將，武漢軍區司令員陳再道上將，廣州軍區司令員黃永勝上將，福州軍區司令員韓先楚上將。

羅、謝和四大軍區司令員都是老熟人。黃永勝和羅部長在晉察冀根據地共過事，見面握手試探著問：「主席把我們緊急召來，有什麼新情況？」羅瑞卿笑笑說：「不清楚，主席只是吩附接到諸位後，立即去他住處，不准耽擱。」

夏季白晝時間長，九時半天才完全落黑。九江城已是萬家燈火。車隊直駛毛澤東主席下榻的潯陽園。下了車，六位將領直接上樓。毛主席已經在書房門口等著了。一一敬禮，握手，致候。

毛澤東心裡鏡子一般清楚，南京軍區司令員許世友和武漢軍區司令員陳再道原是紅四方面軍徐向前的老部下，廣州軍區司令員黃永勝、福州軍區司令員韓先楚原是第四野戰軍林彪的老部下，連同羅瑞卿、謝富治在內，都和國防部長彭德懷沒有歷史淵源。彭德懷手下的一批戰將主要分布在北方地區和軍委三總部。比如鄧華上將是瀋陽軍區司令員，楊勇上將是北京軍區司令員，楊得志上將是濟南軍區司令員，王震上將是新疆軍區司令員，加上總參謀長黃克誠大將，總政治部主任譚政大將，總後勤部部長洪學智上將，裝甲兵司令員許光達大將等等。況且就算這些大將也罷，上將也罷，未必就都會死心塌地跟了彭德懷走。一旦攤牌，相信大多數將領都會倒戈相向的。

書房裡擺著一張大圓枱，枱上已備下杯盤碗盞，四瓶茅台，以及十來盤下酒佳饌，無非豬肝、牛肚、香酥雞、烤鴨片、海蜇皮、魷魚絲、臭豆腐、火焙魚、紅燒蹄膀等。大家圍著圓枱坐下。沒有讓服務人員伺候。座中謝富治上將年紀最輕，動手替各位倒酒。

軍委主席毛澤東先不談正事，而舉杯起立：「來來來，各位將軍，本人酒量不大，喝了這頭一杯，略表心意……」

許世友、陳再道、黃永勝、韓先楚，加上羅瑞卿、謝富治，六將領連忙起立，舉杯答謝毛主席。

毛澤東乾了杯，即吩咐大家坐下，隨意吃喝，不再起立。爲了營造和諧、親密氣氛，毛澤東笑瞇瞇地望住許世友問：「許司令啊，聽說南京軍區有五大喝，喝倒過其他軍區酒將，是哪五大喝啊？」

主席幽默的問話，引得大家輕鬆地笑了起來。

許世友欲站起來回答，被毛主席止住了：「許司令，不許起立，坐著回答。」

許世友是個少林和尙出身的粗人，只好身子坐得筆挺：「報告主席，我們南京軍區名聲不好，出了五大喝，喝遍全軍無敵手，不好，不好！」

毛澤東哈哈大笑。將領們也跟著大笑。笑過之後，羅瑞卿說：「許司令倒是回答主席的問題，是哪五大喝呀？」

許世友憨笑著：「好好，我向主席匯報，南京五大喝，一是軍區政委王平，二是軍區副司令聶鳳智，三是省委書記江渭清，四是軍區副司令員陶勇，第五個就是我。」

毛澤東饒有興趣，又問：「第一大喝是哪個？是不是你許司令？」

許世友坦然相認：「他們四個很能喝，我比他們更能喝。不是吹，全軍沒人喝得過我。」

毛澤東又笑了：「知道知道，你許司令在全軍將領中有兩個第一，酒量第一，少林功夫也是第一。你一次能喝幾瓶茅台？」

許世友說：「最高紀錄，一次喝過兩瓶半，是被周總理灌醉的。」

謝富治說：「強中更有強中手，你到底喝不過總理，只算得全軍第一，算不得全黨第一。」

大家又笑了起來。毛澤東說：「在座的，我看陳司令、黃司令、韓司令酒量都不小，都是英雄好漢。我和羅長子、謝政委三個甘拜下風，只能喝兩、三小杯，喝多了就傷身子了。所以，我只能敬各位三小杯。陳司令，你能喝多少？我記得那年在延安，你被罰過一次酒囉！還有許司令也被罰了，是不是？羅長子，那時你是抗大的副校長兼教育長，還記不記得這回事？」

羅瑞卿點點頭，友善地朝許世友、陳再道兩位笑笑。那是一九三七年，正是抗日戰爭初期，中央軍委從紅四方面軍抽調了一批能征慣戰、但文化水平低的大老粗將領，集中到延安抗日軍政大學學習，和張國燾劃清界線。許世友、陳再道即在其中。這批平日在戰場上猛打猛衝、叱咤風雲的人物，怎麼坐得住學堂的冷板櫈？聽得進教師們的枯燥說教？紛紛要求返回部隊打日本鬼子。中央軍委當然規定他們要等學期結束。於是惹惱了許世友、陳再道這些「草莽英雄」。

一天晚上，許世友、陳再道二人竟率領十七名「高級將領班」的學員，來了個不辭而行，先離開延安，之後分頭返回前線。十七名高級將領開小差，勝如延安塌了半邊天，這還了得！中央警衛團騎兵部隊立即出動，把他們抓了回來。許世友還和警衛團的高手們動了拳腳，畢竟寡不敵衆。初時把他們定爲「集體逃跑事件」，關了禁閉。許世友在禁閉室大罵毛澤東。有人提出軍法處置，殺一儆百，嚴肅紀律。毛澤東先讓他們關上一星期禁閉，以示懲罰；之後力排衆議，下令放人，並把「肇事分子」統統請到小會議室來聚會、喝酒。毛澤東向十七名將領舉杯，說：第一杯叫做罰酒，罰你們十七人破壞紀律，擅自離校；第二杯也叫罰酒，罰自己這個軍委主席，對大家關照不周，了解不夠，也是交情不夠；第三杯酒叫做敬酒，也是送行酒，答應大家的要求，提前結束抗大的學業，發給畢業證書，返回前線打日本鬼子！許世友見毛主席這樣風趣，這樣寬大，眞是義薄雲天，當場帶頭向毛主席下跪，發誓：「此生此世，服從毛主席，追隨毛主席，海枯石爛，忠誠到底……」

晃眼十八年過去。許世友、陳再道見毛主席舊事重提，連忙雙雙起立：「報告主席，延安那次罰酒，我們終生不忘！」

毛澤東笑著伸出兩隻手掌，朝下壓了壓：「坐下坐下，我是和二位講講笑話。當然囉，當時卻不是個笑話，軍委有人要處罰你們，總書記洛甫指示抗大要嚴肅紀律，連身在太行山八路軍總部的彭老總得到消息，都發回電報，要求軍法從處……好了好了，不提這些老話了。後來你們都替我爭了氣，組建起野戰兵團，屢立戰功，赫赫有名。到如今更是非同小可，官拜上將，大區司令。我們的上將共是多少位？對了，五十七位。全國十大軍區，司令、政委都是上將吧？今天請到你們四位大區司令，可以說十分天下有其四了。許司令是二野人馬，陳司令也是二野人馬，韓司令、黃司令是四野人馬。座中只缺一野人馬了。」

羅瑞卿彷彿明白什麼了，插話道：「我是華野，謝政委是二野，在座共有三位二野出身。」

毛澤東笑道：「羅長子身爲大將，卻算『妾身不明』。」

羅瑞卿問：「我怎麼算『妾身不明』？」

毛澤東對大家說：「羅長子原爲華北野戰軍羅、耿、楊兵團政委，一九四八年底華北野戰軍撤銷番號，人馬一分爲四，楊得志兵團劃給一野，陳賡、謝富治兵團劃給二野，黃永勝兵團劃給四野，楊成武兵團直屬中央軍委，羅長子調中央工作，哪個野戰軍都不掛號，豈不是『妾身不明』？」

領袖風趣的談吐，又引得大家哈哈大笑。

笑過之後，黃永勝覺得主席對自己的經歷欠了解，有必要說明一下：「抗戰期間我在晉察冀邊區，四五年冬率部隊出關，重回老首長林總手下，參加搶占東北戰役。」

毛澤東再次舉杯：「知道知道，你在江西蘇區就是林彪紅一軍團的人馬……各位，這第三杯酒，也是本人的最後一敬，之後由羅長子陪你們開懷暢飲。」

許世友、陳再道、韓先楚、黃永勝連忙起立，羅瑞卿、謝富治也只好陪著起立，各自乾了杯，並一齊把杯底亮給毛主席。毛澤東並不起立，而笑說：「坐下坐下，講好不起身，你們還是違令。都是老朋友，免俗套。今天起把你們臨時請來，當然也要談點正經事情。現在，我點名，不用起立，只回答問題。黃永勝！廣州軍區轄下，最靠近廬山地區的部隊是哪一支？軍長是誰？」

黃永勝欲起身，旋即身子筆挺地坐著回答：「到！是駐在湘東、湘北的第四十七軍，軍長黎源，林總老部下。」

毛澤東點點頭：「好。韓先楚！福州軍區轄下，駐紮江西境內的是什麼部隊？」

韓先楚身子筆挺，聲音宏亮地回答：「到！是原三野屬下第八兵團，兵團司令陳士榘，下轄第二十四軍、第二十五軍、第二十六軍、第三十四軍，爲攻打台灣的戰略後備部隊。」

毛澤東點點頭：「好。陳再道！武漢軍區轄下，靠近廬山地區的是什麼部隊？」

陳再道一臉痲點，目光炯炯，氣勢如虹：「到！是原四野屬下第四十一軍，軍長盧燕秋，羅榮桓元帥老部下。」

毛澤東點點頭：「好，許世友！南京軍區轄下，靠近廬山地區的是什麼部隊？」

許世友日常行如風，坐如鐘，講話中氣十足：「到！是駐紮在皖西南安慶、懷寧、宿松一帶的第十三軍，軍長李德生，二野劉總老部屬。這個部隊離廬山最近，跨過長江，急行軍半天路程。只要主席下令，我立即命李德生率部奔赴廬山，保衛中央會議。」

毛澤東晃晃手：「山上並無大事，各位儘可按兵不動。我身兼軍委主席，只是想了解一下軍隊的部署而已。現在，我通知你們：除非奉我本人命令，任何人不准調動你們的一兵一卒！聽清楚了？」

許世友、陳再道、韓先楚、黃永勝四人得令，一齊響亮地回答：「是！堅決執行主席命令！」

毛澤東笑著招招手：「坐下坐下，又違令了，是不是？好了，我今天晚上要講的，就是這個了。你們四位，明天也不要回去了，陪我去游長江，之後隨我上山去開神仙會。四位陸軍上將，會不會游水啊？陳司令是會的，韓司令、黃司令也會？只有許司令是旱鴨子？你的一身少林功夫到了水上怎麼辦？哈哈哈，不要緊，不要緊。順便提一句，你們都是手握重兵的大區司令，明天上山後，凡事多用耳朵聽，多用腦筋想，少用嘴巴講，不要亂表態，權當一次學習和休息，輕鬆輕鬆。」

毛澤東領著六位將軍，吃吃喝喝，說說笑笑，直到深夜一時。果然以許世友最有海量，他一人起碼喝下兩瓶茅台，離去時頭腦清醒，腳步穩健。

藍蘋已提前進入毛澤東臥室的內書房等候。雖說夫婦已分別兩個來月，藍蘋見到老闆進來，心裡並不激動，只覺得老闆神色有些疲倦，難道在山上當神仙，也這麼勞累？不定又是被哪個新寵小妖精，掏身子掏的。

毛澤東見到藍蘋，也只是平靜地笑了笑，發覺藍蘋在杭州休息兩月，膚色更潔白了些。沒有擁抱之類的親密舉動，而像男女同事似地拉了拉手：「在杭州過得還好吧？聽講妳這次住西湖汪莊，在花港觀魚附近，景致比劉莊還好？」

藍蘋說：「杭州夏天是座火爐，氣溫天天攝氏三十九度。汪莊有冷氣，我只能天天隔著玻璃窗望湖光山色，幾乎足不出戶。你要我讀的《漢書》、《梁書》、《昭明文選》，倒是都認眞讀了一遍，還記了一些筆記。」

毛澤東說：「很好，很好，有什麼新收穫？對了，要不要替妳叫一份消夜來？」

藍蘋說：「我才不在半夜裡吃東西呢，不像你，聽任身子發福……讀書嘛，確是開卷有益。不讓工作，我只好與典籍爲伍。《梁書》幾十卷，我最喜歡丘遲的〈與陳伯之書〉，是一篇精妙的勸降文字，責以大義，示以利害，動以感情，指以前程，措詞委婉，力透紙背；另外《昭明文選》第三十四卷，枚乘的〈七發〉，更是一篇千古妙文，嬉笑怒罵，明諷暗諫，趣味無窮。

毛澤東點點頭：「妳提到的這兩篇，我年輕時候讀過，至今還有印象。妳能讀出興味，這很好。近幾年，我給妳的任務就是多讀書，少管事。也還是管了幾件事，胡風問題，潘漢年、楊帆案件，丁玲、陳企霞小集團，都委託妳和康生具體辦的嘛，當然身份不能公開，只能做無名英雄。你的角色，就是一名流動哨兵……多讀書，也不是要求妳學富五車。學識厚實些，看問題深刻，到時候可以替我當參謀，提建議。妳知道，黨內軍內的某些話題，我只可以和妳商量，不會壞事。

藍蘋心有靈犀，頭腦敏捷，已猜到一定是山上出了什麼疑難大事，老闆一時下不了決心，才把自己召到九江來談話。老闆日常生活上，包括性生活在內，已不需要自己了。他多的是年輕妙可的人兒；但在敏感的政治事務上，他仍然最相信自己的妻子。唯有妻子最是靠得住。因爲妻子離了他，就什麼都不是了，狗屁不值，一文不名。

毛澤東欲抽煙。這是他思考問題的習慣。藍蘋從不吸煙，卻動作熟練地從煙罐裡取過一支，先含在自己嘴角，劃根火柴吸燃了，再以玉指塞進老闆嘴裡去。這是在延安窰洞裡就養成了的親密動作，很令老闆愜意的。當年延安窰洞裡第一次單獨會面，藍蘋就是憑了這個親密動作，撩得老闆火起，將她按倒在木板上，不由分說大幹了一場的。那年藍蘋二十三歲，鮮花怒放著呢。都二十一年過去了。老闆嚇嚇地吸著煙，問：「妳在杭州和南昌，聽到什麼風聲沒有？」

藍蘋嫵媚地一笑，臉蛋甚爲優雅地一仰：大人物們都上了山，我能聽到什麼信息？只知道賀子貞同志也上過山，和你見了面。放心，我並不吃醋。她和你畢竟過了長達十年的艱苦日子。她身體不好，你多關心她一些。我多次提出去看看她，你不批准。怕她精神上控制不住，有激烈反應。

毛澤東說：「妳通情達理就好。是哪個告訴妳賀子貞上過山的？」

藍蘋俏皮地晃了晃頭顱：「放心，不會是你身邊的人。到了南昌，才無意中聽到的。你也不要懷疑隋靜，人家對你可說是知己得很。」

毛澤東眼睛一瞪：「放屁！妳不可以這樣輕浮地談論此地省委書記的愛人，她是女主人！」

藍蘋立即示好地擰了擰自己的臉蛋：「不要生氣，我認錯還不行？算了，不要扯這些瑣碎小事了。還是進入你的主題，談談山上神仙會的事兒吧。我憑直覺，山上好像出了什麼事，或是快要出什麼事了？」

毛澤東一向欣賞藍蘋對政治話題的聰慧、機智，缺點是喜歡在女同志之間鬥小心眼：「妳算猜對了一半。暫時還沒有出什麼大事。現在山上各路諸侯對去年的大躍進和人民公社，否定的多，肯定的少。右傾言論甚囂塵上，左派人士忍氣吞聲。尤其是對農村公共食堂這一新鮮事物，一些人恨不能立即取締而後快。我的幾位秘書也空前活躍，相聚高談，通宵達旦。原本打算半月會議，半休息半工作性質。部分人物卻嫌不過癮，不肯善罷，認爲問題沒有講夠講透，對去年的缺點錯誤輕描淡寫。前天——十四號，彭德懷同志到底按捺不住了，給我寫了封長信，有如下了一道戰表。接不接這道戰表？

考慮一通晚，決定不掛免戰牌。經和少奇同志商量，會議暫延一星期，印發彭德懷的信，乾脆讓大家暢所欲言，右派們高興高興。問題是，一星期之後，還是有人覺得不痛快，怎麼辦？」

藍蘋熟知老闆思考問題的方式，每逢和她談論敏感話題，她只是一名乖乖的聽衆，不能從中插話的。直到老闆的邊談邊思考告一段落，她才帶點撩撥的口吻問：「彭老總的信，是他個人的行動？還是有其他背景？」

毛澤東點點頭：「問題就在這裡了。初步了解，彭德懷寫信之前和張聞天商談過，我的小同鄉周小舟幫助擬了提綱，張聞天最後把了文字關。北京的參謀長是黃克誠，廬山的參謀長是張聞天。」

藍蘋年過四十四，卻還保養得明眸皓齒，風韻猶存：「還有更大的人物參與嗎？比如你身邊的二、三把手？」

毛澤東瞪了瞪眼睛。也只有藍蘋可以在他面前提出這樣的問題。劉、朱、周，同是創建新中國的領袖人物啊。毛澤東說：「目前還看不出來。少奇同志和彭老總從不搭調，互不買帳，主要是彭不買劉的帳；總司令倒是可能和老彭唱一個調子，但相信可以拉住他；我倒是擔心恩來，他和陳雲去年受批評，做檢討，大躍進就是批周、陳批起來的。這次在山上正好要求平反，鬧翻案。」

藍蘋見提到周恩來，卻晃了晃頭上青絲：「總理怎麼看得上彭德懷？我不相信。況且，依我替你冷眼旁觀，總理對自己去年做的檢討，一直服氣，沒有怨言。」

毛澤東臉上微露笑意：「妳是個保周派……恩來大聰明人，我也相信。他與其選擇彭德懷，爲什麼不繼續擁護我？彭武夫一個，渾身帶刺，難以共事的。」

藍蘋忽又問：「還有你的幾位秀才呢？知識分子，一遇風吹草動，容易左右搖擺。」

毛澤東說：「妳猜對了。我這次失望得很，包括喬木、家英、李銳。周小舟過去也是我的秘書。陳伯達去年算個大左派，上了山也倒向右邊了。秀才們晚上不跳舞，也不大觀劇，而是聚在一起高談闊論去年的工作失誤、經濟損失。當然少不了臧否人物。我的是非功過，也都是他們的話題。更有周小舟、李銳，加上一個周惠，是兩頭跑，幾乎天天晚上和彭德懷、張聞天攪在一起，話很投機。」

藍蘋說：「情況你都瞭如指掌，沒有被蒙在鼓裡。」

毛澤東說：「還不是靠了謝富治的那個系統？有套從老大哥內務部弄來的儀器，也用上了。」

藍蘋說：「周小舟、李銳、周惠，我不太了解。胡喬木、田家英兩位的作派，我早就看不慣了。不是仗著黨主席一手拉扯，他們能算老幾？忘恩負義，自以爲眞的成了黨內重要人物，理論家。小人心性，放縱不得。」

毛澤東晃晃手，似乎不同意這樣談論幾位大秀才：「我還是要盡力教育、爭取。至少也還要留用他們幾年。統統去掉，一時也難以物色到新的……當務之急，是拿我的小同鄉彭大元帥怎麼辦？他已和我爭吵了二、三十年，還有沒有必要再相忍下去？黨內軍內，到底有多少人會跟著他走？他的問題，是在山上解決好？還是回到北京再解決的好？不解決行不行？我現在心裡也是一團麻紗，需要幫忙清理一下。」

如此重大的問題，藍蘋確要認眞想想。老闆已有好一段時間沒有和她談論黨內人事機密了。一九五五年處理過潘漢年、楊帆案件，老闆了卻一樁心事，她也了卻一樁心事。還有高、饒事件，老闆原是要保高崗過關的，曾經問過她的想法。那次她站在劉、周一邊。她深恨高麻子派了個絕色人兒孟虹到老闆身邊臥底。她正是利用孟虹這件事，勸老闆警惕那些花兒朵兒們，否則太危險。高麻子雖是你初到陝北時的拜把兄弟，但幹出這種勾當來，是他不義，活該被整整，之後放他回陝西。可是過了不久，高崗就自殺了。老闆一直在懊悔，高崗不該死……現在，又輪到黨內的另外兩位大人物：彭德懷和張聞天。比起高、饒來，彭、張在黨內軍內的資歷更老，功勞更大，影響更廣。

毛澤東見婆娘好一會不出聲：「怎麼？腦子裡在轉些什麼？」

藍蘋抬起右手，動作優雅地攏了攏額前一縷秀髮：「事關重大啦。你的這個小同鄉，我在延安就看出他是個很狂妄、粗野的人。憑著戰功，老子天下第一，誰都不放在眼裡。黨內、軍內，只有他是愛和你吵架的，二、三十年不改惡習。我經常聽他『老毛、老毛』的稱呼你，實在刺耳。稱一聲『主席』，就會矮他一截，降了他國防部長、三軍元帥的格？還公然不准志願軍官兵唱〈東方紅〉……我看呀，既然他腦後早就長著反骨，這次不如痛下決心，連同那個洛甫一起，新帳舊帳，做個了斷。」

毛澤東說：「我也要顧及黨內、軍內的影響。人說抗美援朝幾年，彭德懷統兵百萬，戰將千員……以妳平日的觀察，哪些元帥、大將、上將會跟著他跑？或者說無意他下台？」

藍蘋扳著纖纖玉手指：「既是你讓數數，我就班門弄斧了。元帥裡頭，總司令是一定會保他的。

其餘林總，劉總，賀總，陳總，羅總，徐總，聶總，葉總，和他的關係一般般吧？他和劉總、賀總的關係甚至有些緊張，老死不相往來；大將裡頭，和他關係最密切的是總參謀長黃克誠，總政治部主任譚政二位。人說他和黃克誠情同父子；上將裡頭，他的人馬就多了，總後勤部部長洪學智，鐵道兵司令員滕代遠，交通部長鄭天翔，瀋陽軍區司令鄧華，北京軍區司令楊勇，濟南軍區司令楊得志，新疆軍區司令王震，南京軍區政委王平……起碼可以數出三十幾名上將來。」

毛澤東搖搖頭說：「沒有你數的這麼多吧？像楊勇、楊得志、王震、王平諸位，也都是我的老鄉嘛。若眞讓他們在我和彭之中作一最後的選擇，相信他們還是會選我，而不是彭。北京軍區的傅崇碧怎樣？他是志願軍軍長，彭德懷誇他年輕有爲，能打硬仗。」

藍蘋說：「對小傅我倒是比較放心。他原是羅瑞卿第十九兵團的老部屬。聽講他多次向羅長子、謝政委表決心：作爲北京軍區副司令，他心裡只有黨中央和毛主席。」

毛澤東笑了笑：「彭老總可是顆難剃的頭囉……妳講得對，再難剃的頭，總歸是要剃，遲剃不如早剃……話講回來，再放他一段，這次暫不剃他這顆頭，又怎樣？」

藍蘋也跟著笑了笑：「當斷不斷，必爲後患。據我觀察，今年以來，上上下下，都有人議論去年的大躍進，黨中央犯了方向、路線錯誤，左傾機會主義路線錯誤。而我們黨的歷史習慣，每逢中央犯下路線錯誤，就要更換主要領導……我以爲，彭德懷這次出面寫信，又有前中央總書記撐腰，說不定就是看準了黨內黨外的這種氣候，要改換門庭。彭是野心家，他的野心比當年高崗還大。高崗只是想當個二把手……」

毛澤東有些驚訝地看著藍蘋，彷彿驚訝她看問題如此精闢、透徹：「有這麼嚴重？那麼，國防部長誰來做？」

藍蘋眉頭一揚：「請長病號林元帥出山嘛。當個聾子耳朵擺設著，占下茅坑。另找個可靠的總參謀長打理日常工作，你這位軍委主席大人可以安心睡大覺囉。」

毛澤東笑說：「知我者，藍蘋也。今晚上妳不要走了，陪我睏覺。」

藍蘋不無怨氣、嬌氣地說：「你都好久沒有要過我了。」

毛澤東說：「不是留下妳了？老毛病，不搞痛妳就不舒服。明天，妳還是返回杭州去。等山上大勢定後，妳再來住些日子。免得人家議論我們夫婦兩個唱雙簧。」

藍蘋忽然酸溜溜地問：「你是不是山上還有小妮子沒有打發走啊？」

毛澤東登時惱了：「放屁！妳又要敗我的興致？」

第二六章　武陵拳和毛家綢

一早起來，彭德懷到別墅外邊的草坪上打幾路武陵拳，舒展筋骨。武陵拳講究短、平、快，出手帶風，蹬地生塵，跳躍騰挪，勇猛如同豹狗子，因之俗稱豹狗拳。據傳大清乾隆年間，一次洛陽擂台賽上，湘籍拳師以武陵豹狗拳神出鬼沒，先後擊敗過嵩山少林拳，鄂西武當拳，稱雄天下。彭德懷坦承自己只是學了個皮毛，健身而已。在戰爭年代，他還有個打坐長嘯的嗜好。轉戰途中，累了睏了，他就雙腿盤地，雙目微睜，挺胸收腹作深呼吸，之後發虎嘯，嘯聲長綿，四山回應，盡吐胸中悶氣、濁氣。人說彭總的長嘯聲能鼓舞士氣，旺盛鬥志，預示著有大的戰役、大的勝利來臨。進城後，除開朝鮮戰爭那三年，日常住在中南海，皇家園林禁忌多，沒法子作長嘯了。就是這次上廬山來開神仙會，矚目青山綠水，也不能作長嘯。聽介紹，他這住所對面的那山谷，倒是叫什麼虎嘯嶺。

早餐後，他坐下來看文件。又是總後勤部轉上蘭州軍區司令部報告，請示增派軍車，往甘肅、青海兩省災區緊急運糧。據估計甘肅全省有二十幾個縣份斷糧，已餓死數萬人口；青海則有十多個縣斷糧，且大多數是邊遠的少數民族自治縣。娘賣屄！共產黨作的什麼孽喲，好好的太平年景來餓死這麼多老百姓。甘肅的那個省委書記張仲良眞不是東西，還天天在西北組的討論會上談形勢大好，去年大躍進糧食增產多少成，鋼鐵增產多少成！這種不顧老百姓死活的傢伙，要在戰爭年代，老子早就下令爲民除害，軍法處置了。可現在，張仲良這類欺下瞞上的幹部，卻偏偏受到毛澤東的賞識重用，使得他們有恃無恐。我們這個黨啊，進了城，成了統治者，是不是一點一點在變過去？逃不出歷朝農民起義的魔圈，打倒老皇帝，自己做新皇帝，又騎到老百姓的頭上來作威作福？

上午十時，機要秘書神色緊張地將一份新印發的文件放到他面前。文件的標題竟是：〈彭德懷同志意見書〉！秘書退出後，彭德懷登時眼睛發直：「意見書？我以個人名義，向老毛反映一點下邊的情況，供他參考，屬於私人性質，怎麼連聲招呼都不打，就冠以〈意見書〉的惡名，批給會議印發了？老毛想幹什麼？爲什麼要對我搞突然襲擊？對，一點不錯，突然襲擊！」

彭德懷沒有多想，立即掛電話去美廬。等了好一刻，美廬那邊竟然無人答腔！改掛周恩來總理住處，倒是很快就通了，而且是總理親自接的：「彭總啊，你是不輕易打電話，有什麼事要我幫忙嗎？」彭德懷問總理：「看到〈意見書〉沒有？一封私人信件，個別反映意見，爲什麼要背著寫信的人在會上印發？常委會議討論了沒有？」周恩來說：「彭總你先不要急，我也是早飯後才收到文件，已看了一遍。信本身不會有什麼問題吧？事先沒有和你本人打招呼？常委近兩天沒有碰過頭。我天天都在和部長們開會，繼續朝下調整各項經濟指標。高指標害死人。彭總，依我看，主席不會有別的意思吧？可能認爲你信上的意見很重要，印發出來給大家做參考。已決定十七日不下山了，會議延長一星期，你還不知道吧？美廬沒有人接電話？聽說主席昨下午到九江游長江去了，我也是昨晚上才知道的。今天總該回來吧。要是不放心，你可以去問問少奇同志。主席或許和他交代過。請不要講是我讓你給少奇同志打電話的。總之，彭總你要冷靜，不要發脾氣，相信沒有什麼大不了的事。」

聽了周總總理的勸告，彭德懷稍稍心安了些。他先不給劉少奇電話，而叫通了朱德總司令。朱老總說：「也是剛看到〈意見書〉，正奇怪呢，原來你本人不知道信被印發的事？突然襲擊？沒那麼嚴重吧？〈意見書〉我已經看過，我可以表態，基本同意。交給會議討論討論，正好嘛，我相信山上的大多數人都會同意你。當然，你也應當注意一下自己的脾氣，得理也讓人，大家心平氣和，有利問題解決。你要是心情煩悶，就過來和我殺幾局嘛。」

彭德懷得到朱總司令的支持，心裡又踏實了些。正要給劉少奇同志那邊掛電話，就見周小舟和李銳進來了。在兩位後生晚輩面前，他倒是冷靜下來，什麼事也不曾發生似的，招呼坐下，並讓他們自己動手泡茶喝。

周小舟憂心忡忡地說：「彭總，或許是我給你幫了倒忙了。早飯後看到〈意見書〉，簡直不相信自己的眼睛，事情怎麼會辦成這樣？」

彭德懷不動聲色，問李銳：「大秀才，你的看法呢？田家英說過什麼沒有？」

李銳笑笑說：「我看沒有什麼了不起的。我比小舟樂觀。信看了兩遍，滿正確的嘛。交會議討論就討論好了，誰能講當前國家經濟形勢不嚴重，物資供應不緊張？河南、安徽、甘肅、青海、湖北、廣東、廣西等省區沒有鬧糧荒餓死人？事實都擺在眼前，誰也否定不了。我猜老夫子或許是出於好意，要借彭總的這封信，加大批左糾左的力度。家英和喬木二位，一早就到少奇同志住處開會去了，今天還沒有碰得上。」

周小舟說：「但願我是杞國無事憂天傾。不要又出爾反爾，失信於天下……會議延長一星期，聽說已通知彭眞、陳毅、黃克誠、安子文四人上山。彭總知道這事嗎？」

彭德懷苦笑笑，點點頭：「昨晚上黃克誠來過電話，講他明天一早到山上來。他也不知道爲什麼突然通知他上山。會不會是要他離京，到山上來一網打盡？」

李銳說：「怎麼可能？就爲一封信，不致塌了天吧？」

彭德懷說：「我已經給總理和總司令打過電話，他們都講已看過會議印發的〈意見書〉。近幾天常委沒有碰過頭，所以他們事先也不知情。都認爲信上寫的都是事實，交給大家討論，相信大多數同志都會贊同。」

李銳看一眼周小舟：「我沒有盲目樂觀吧？既然總理和總司令都是這個看法，相信老夫子不可能另做文章。當前的主調還是繼續糾左反左，不然仍是高指標，自欺欺人，日子沒法混下去嘛。」

周小舟問彭總：「你和少奇同志聯繫過沒有？他怎麼說？上星期我和周惠到他那裡吃過一頓晚

飯，也說去年交的學費太高，代價太大。尤其是農村公共食堂，再不能強制辦下去了。左的一套不深入批，經濟形勢好不了。」

彭德懷說：「我正要給少奇同志掛電話，你們二位就來了。不過現在不想了，免得有人講我反應過度。反正就是那麼一封信，白紙黑字，硬叫成〈意見書〉，就他娘的〈意見書〉吧！總不能坐了天下，就不准我們這些打天下的人放屁了。真要借我的信做文章，也不怕。去冬今春跑了六大軍區十個省份，我有數字、有事實。想辯論，就和他們擺材料。總不能把黑說成白，把缺糧鬧饑荒再吹成糧食多得他娘的倉庫存不下去，敞開肚皮吃不完！」

李銳心直口快說：「彭總，你這態度我贊成。有辯論，我願意加入，幫你的腔。」

周小舟卻說：「彭總啊，我建議你還是找大鄉長當面談一次，交換意見，容易溝通。免得有人從中搬弄是非，鬧下誤會。其實啊，大鄉長是喜歡人家去找他的，連向他打小報告，都很少批評。」

彭德懷嘆口氣，搖搖頭：「小舟你曉得的，不是我不找他，是他不要見我。明明約好了時間，等我去了，卻還在睡覺，不起床。我才寫了那封信。他卻招呼都不打一個，就批成〈意見書〉印發。他這是對我使什麼手段？還把我當老同志、老同事嗎？我再去找他，自討沒趣？去他娘的！戰爭年代，他不是這個樣子啊。井崗山上，我常到他住的茅屋裡，被子一掀，就把他拉起來談事情，有時他也拉我進被子裡暖暖腳；就是到了陝北，白天晚上，軍情緊急，推門就進，他那婆娘藍蘋想擋都不敢擋，恨死了我……自進了中南海，規矩一年大過一年，好像天下是他一個人的，其餘人只有順從、擁護、喊萬歲的份。見他一次，成爲榮耀。他要見你，限時限刻，立馬要到；你想見他，三約四約，層層設防。這也是共產黨領袖的作風？不說了，不說了。總司令先前還提醒我，要態度冷靜，莫發脾氣。我今年六十一歲了，仗也打過了，官也做過了，一切無所謂，什麼都不怕。你們二位還年輕，還有很長的路要走。今後嚒，還是少來找我的好，免得影響了前程。」

周小舟、李銳見彭老總眼睛有些發紅，知他表面上平靜，內心裡很痛苦……其實啊，周小舟和李銳從未在彭總手下工作過，資歷差距大，文武不同行，談不到任何歷史淵源。他們只是不自覺地被彭總的正直無私、樸實忠厚、敢爲天下先的品德所感召，所吸引。在彭總面前講話隨便，討論問題不用轉彎抹角，可以嬉笑怒罵，直抒胸臆。特別是對於去年的大躍進，全黨大昏熱，左傾大猖獗，他們痛心疾首，意氣相投。

李銳勸慰道：「彭總不要洩氣嘛，山上不可能出什麼事……小舟和我怕什麼？就算和你談得來一些，共同話題多一些，有什麼大驚小怪？光明正大的，誰能栽誣？」

周小舟也說：「批左糾左，不能打退堂鼓。國家經濟全面吃緊，鄉下老百姓在挨餓，大約誰也不會在這個時候指鹿爲馬……我還是那個建議，彭總要找機會，和大鄉長當面溝通。相信大鄉長有這個胸襟、雅量。」

兩人正要告辭，彭總的鄰居張聞天踱步進來了。見兩人要走，忙握了握手：「我一來，你們就走？要不要留下來一起談談？」

周小舟看了看李銳，登時多了個心眼：「我和李銳來了好一會了。周惠還在等著。洞庭湖區正在發大水，我們兩個主要負責人又都在這山上回不去……聞天同志你陪彭總多聊聊吧，我們告退了。」

彭德懷、張聞天望著兩位年輕輩離去。之後坐下，一時無話。張聞天臉色有些凝重。

彭德懷替張聞天倒上一杯茶，先開口：「洛甫，你馬列的書讀得熟，看問題深刻，老毛這次把我給他的信定名爲〈意見書〉印發，你估計會做出什麼大文章來？你放心，我一人做事一人當，只要別人不講，我絕不會扯上你。」

張聞天坦然地苦笑笑：「剛才小舟、李銳二位持什麼看法？他們是活躍分子，消息靈通。」

彭德懷說：「李銳比較樂觀。我也和總理、總司令通了電話，都說看不出什麼大問題。總司令還講了他會表態支持。周小舟則比較擔憂，建議我再找老毛談一次……掛電話去美廬，沒人接。聽說下山游長江去了。」

張聞天說：「總司令的支持當然很重要。我以爲周小舟的擔憂有一定道理。我也建議老總你要有心理準備，寧可把問題想得嚴重些。在黨的歷史上，毛澤東同志已經有過多次這類出人意料的突然動作……比如一九三七年在延安召開黨的白區工作會議，由劉少奇作中心發言。我作爲黨總書記，代表中央對少奇的中心發言提出幾條批評性意見，本是書記處會議上討論了，包括毛澤東同志在內都是舉手贊成的；誰想第二天毛澤東同志突然轉變態度，在會上支持劉少奇，結果整個會議被他扭轉了方向，漏洞百出的白區工作被全面肯定，劉少奇成爲白區路線的正確代表。那次會議後，他就拉少奇同志做了黨內搭檔。」

彭德懷忽然瞥見客廳內側走廊上有人影　動，連忙示意張聞天住口，起身大步走去查看，卻沒有見到動靜，返回來說：「走，我們到外邊草坪上談話去。眼下老子不願意打草驚蛇。這屋子裡可能有謝富治的狗……娘的，要是被老子捉住，先搧他狗日的幾個大嘴巴，再交總參保衛處軍法從事。娘賣屄！和平日子倒在我身邊安插細作了。」

來到別墅外的草坪上，兩人就那麼站著交談。

張聞天說：「不瞞你老總，我早在自己的服務人員裡發現有謝富治系統的耳目。但我裝做什麼都不知道。只是有時心裡悲哀，我們共產黨政權，也搞東廠、西廠、錦衣衛那一套。在家裡發兩句牢騷都會被人報告。」

彭德懷說：「那麼，大約前些天晚上你、我議論老毛的那些話，也已經被告發上去了？他們要是敢拿這類骯髒材料做文章，老子非鬧它個底朝天，讓他們見見天日不可！」

張聞天說：「怎麼會呢？那些見不得陽光的東西，人家會永遠保留在暗處，旁人很難拿到把柄的。不談那些無聊的勾當了，你、我光明磊落，無非憂國憂民，擔心國家爆發大饑饉。充其量給我扣個右傾帽子，判我對總路線、大躍進、人民公社三面紅旗持懷疑態度。黨章上不是有一條，允許黨員對上級的某些政策保留個人看法嗎？」

彭德懷說：「但願老毛這回不是找個由頭，和我新帳、老帳一起算。算帳也不怕，反正已經和他吵了二、三十年，都是爲了打仗，爲了工作；沒有一次是爲了我私人。這回要吵的話，還得吵。不能對農村的災情裝聾子、瞎子。全國已經有多少地方嚴重缺糧？已經有多少人得水腫病？已經餓死了多少人？中央應當盡快拿出統計數字來。只要老毛說，立即採取措施，解散公共食堂，各地不再餓死老百姓，我老彭立即告老還鄉，解甲歸田。」

張聞天望著彭老總一身正氣，心有所感：這麼一位大忠臣、大英雄，卻不時受到毛澤東同志的擺布，甚至視作眼中釘，急欲拔去。這次，毛澤東同志不打任何招呼，就擅自把彭總的信定爲〈意見書〉印發，不能不是一個嚴重的信號，不惜引發一次大的黨內紛爭，以打擊彭總……當然，這個想法不能告訴彭總。走著瞧吧，彭總乳名石穿伢子，是塊硬骨頭，要咬下他，不定會崩掉大牙。

彭德懷見張聞天愣愣地站著，又是好一刻沒有吭聲，以爲這位黨的前總書記在憂慮他自身的安危，於是爽快地安慰說：「洛甫，你盡可放心，沒你的事。就算老毛要有所動作，相信也是衝著我來。我不會扯上你和小周，從來講話算數。頂多給我安個名份，回老家作田去。正好作兩畝試驗田，看看究竟能打多少穀子。無所謂啦，老蔣都打垮了，美帝國主義也打跑了，還怕這個？」

張聞天扶了扶眼鏡，忽然說：「彭總，依我了解的黨內鬥爭規律，毛澤東同志大約要發動神仙會來討論你那封信的性質。去年的一批勇敢分子必然相繼出擊。但多數同志會肯定你反映的眞實情況。山上會出現一陣子相當熱鬧的局面。你不要把我想得那麼軟弱。我在黨內謙恭禮讓二十幾年，完全是爲著事業大局，黨的團結進步。我二十五歲入黨，宣誓要爲眞理而鬥爭。已經想好了，近兩天我要來認眞準備一個長篇發言，從理論的角度系統闡述我對去年大躍進以來黨內一些不健康、不正常現象的看法。是他們背離了馬克思主義，倡行唯心主義，唯意志論，精神萬能。我的發言不會針對任何個人，只針對左傾思潮，左傾幼稚病。我們這個黨啊，還沒有擺脫封建陰影，太需要民主作風和集體領導了。共產黨內，眞理面前人人平等。若爲此付出代價，我甘之如飴，在所不惜。」

彭德懷緊緊抓住張聞天的手，一時爲之感動：「洛甫，有種！我算沒白交你這個朋友。關鍵時刻，你有馬列道德，理論勇氣。眞要是講馬列，老毛肯定講不過你。老子從來不信邪，不信老毛會不顧幾億農民的肚皮，又回轉頭在黨內大反右傾……三國故事裡，曹操那句名言，叫什麼來著？不敎我負天下人，寧敎天下人負我？」

張聞天笑著糾正道：「你恰好講反了，曹孟德是『不敎天下人負我，寧敎我負天下人』。」

毛澤東一行人的車隊，浩浩蕩蕩，於傍晚時分返回牯嶺。美廬經過全面檢查，沒有發現任何異常情況。晚上，在美廬召開他新劃分的大區討論組組長會議。劉少奇、周恩來出席會議。被他新指定爲六個大討論組的組長、副組長，絕大多數爲去年大躍進中的得力幹將，組員的分配更是大有乾坤：

第一組，組長林鐵，副組長宋任窮、江華。成員黃永勝、吳芝圃、張平化、劉建勳、徐向前等；

第二組，組長柯慶施，副組長廖魯言、甘泗淇。成員李富春、張聞天、胡喬木、周小舟、周惠、張仲良等；

第三組，組長陶鑄，副組長謝富治、譚政。成員賀龍、程子華、賈拓夫、陳正人、萬毅、朱德等；

第四組，組長李井泉，副組長蕭華、王任重。成員彭德懷、康生、安子文、蘇振華、陶魯笳等；

第五組，組長張德生，副組長舒同、黃火青。成員黃克誠、羅瑞卿、譚震林、曾希聖、陳伯達等；

第六組，組長歐陽欽，副組長江渭清、張國華。成員聶榮臻、葉劍英、王鶴壽、胡喬木、童小朋等。

毛澤東在宣布完上述分組名單後，即請劉少奇、周恩來二位給組長、副組長們講話。

劉少奇說：「今天，主席作了三項決定，一是神仙會延長，二是印發彭德懷同志的意見書，三是重新畫分六個討論組。其實三項決定是一回事，即討論彭德懷同志的意見書，廣開言路，各抒己見，不同的看法可以展開辯論。中央的方針是對事不對人，既要弄清思想，又要團結同志。」

毛澤東插言：「聲明一句，少奇同志剛才講的三項決定，是中央的決定，不是我個人所作出。山上神仙會實行群言堂，反對一言堂。少奇你繼續講。」

劉少奇不無尷尬地笑了笑：「謝謝主席的更正。彭德懷同志的意見書，涉及到一些重大的問題。如去年的大躍進，人民公社化運動，是有失有得，得大於失？還是得不償失？去年是否全黨上下一片昏熱，出現了『小資產階級的狂熱性』？黨內是否眞正缺乏集體領導、民主空氣？黨的指導思想是否犯了嚴重的主觀唯心主義、精神萬能論的錯誤?去年的工作失誤，是否屬於路線性質?以及怎樣看待當前的國家經濟形勢?等等。這些都是黨內的大是大非問題。我還是那句話，成績講夠，問題講透，實事求是，繼續糾左。我們討論問題，要心平氣和，擺事實，講道理，堅持不打棒子、不戴帽子、不揪辮子的三不方針。只有大家都把心裡話都講出來了，眞實情況都擺出來了，才能統一認識。我就先講這些。恩來，下面該你了。」

周恩來謙和地笑笑，說：「擁護主席和中央的三項決定。對於彭總的意見書，我只是匆匆看了一遍，來不及仔細研究。對去年的工作，我從來認為，成績偉大，問題不少，前途光明。我們要保持頭腦清醒。頭腦的確不能再發熱了。經濟出了問題，我和國務院的同志們要負主要責任，要向全黨同志做檢討。近幾天召集在山上的副總理和部長們開會，壓縮各項經濟指標。高指標不降下來，又成大包袱。現在已經到了七月中旬，還把今年的鋼鐵產量定在一千八百萬噸，怎麼可以?今年一至六月份，全國鋼產量只達到五百來萬噸。下半年加把勁，全年能拿下一千二百萬噸，就是很大的勝利。其餘糧食、棉花、食油、煤炭、原油、水泥等主要工農業產品的指標也仍然偏高，要咬牙壓下來。去年已為高指標所誤，今年不能再吃這個虧。少奇同志提出的幾個問題，很深刻、切中要害，有深入討論的必要。主席自年初以來一直要求我們降溫，可有些地區和部門，就是降不下來，疑慮重重。」

毛澤東一直臉色凝重地傾聽著劉少奇、周恩來二位的發言。一位國家主席，一位國務院總理，言論可圈可點，左右逢源。他們都不肯明確表示對彭德懷意見書的看法，給自己留著後路。看來，也是在目前形勢下，對他毛澤東信心不足了？玩政治，毛澤東還玩不過彭德懷、洛甫？

這時，第二組組長柯慶施舉手要求發言。毛澤東問：「柯書記，有何高見？」

柯慶施在毛澤東麾下，總是甘充先鋒角色。他說：「彭德懷同志的意見書，我拜讀三遍，深受教益。現在會內會外，山上山下，都流傳一種議論，認為去年的工作失誤責任在中央，是方向、路線性質。依據我們黨的歷史經驗，如果中央出了路線錯誤，就應當更換領導了。所以我認為，在糾左糾偏的同時，要堅決抵制右的傾向。反左不忘右，現在山上右的風氣很盛。我就講這麼幾句。」

經柯慶施這麼畫龍點睛地一說，會議氣氛登時緊張起來。劉少奇、周恩來表情肅穆。譚政、謝富治、甘泗淇、蕭華等幾位軍人，立即身子坐的筆挺。

毛澤東卻輕鬆地笑了笑：「周總理雙手推出窗前月，柯書記一石擊破井中天？我看問題沒有那麼嚴重。山上開的是神仙會嘛，右路神仙、左路神仙各有各的俱樂部，實在不足為奇。柯書記你不要學趙四太爺，不准阿Q革命。阿Q是貧雇農，擁護造反。少奇同志，把魯迅的《阿Q正傳》印發給大家，行不行？」

領袖幽默的話語，引發出輕鬆的笑聲。

第四組組長李井泉舉手要求發言。毛澤東點點頭。

李井泉說：「我直話直說，讀了彭德懷同志的意見書，心情沉重。去年全黨犯了小資產階級狂熱症？矛頭直接指向毛主席。建議中央查一查〈意見書〉的背景，是否還有其他同志參與。如果是彭德懷同志的個人行爲，可以對事不對人。如果還有別的一些同志參與，屬於小組織活動，就應當既對事，也對人。」

毛澤東和藹地笑著，語帶批評地說：「又一個厲害角色。左傾好鬥，右傾保守。我不主張一下子把調門訂那麼高。張口就是高八度，再好的歌曲也唱不下去。同意少奇同志意見，對事不對人，堅持三不方針。不要怕人家批評。允許批評，不會垮台。像楚霸王項羽那樣容不下意見，總有一天霸王別姬，自己完蛋。在黨的高級幹部中，本人歷來重視左路神仙，也保護右路神仙。這點恩來可以作證。他和陳老闆前幾年的反冒進，右傾得可以了吧？但我還是保護他們，他們今天仍然擔任著總理、副總理的重要職務。」

周恩來紅了臉，連忙插言：「對去年受到的批評，教育，我無怨無悔，時常牢記。相信陳雲、先念，一波三同志也是這樣態度。」

毛澤東見第四組副組長蕭華舉了手：「恩來立場堅定，本人無任歡迎。蕭主任，你是軍隊代表，有什麼高見發表？」

蕭華起立，說：「有個請示，也是建議，山上已到了四位元帥，五位大將，十多位上將，專業對口，軍隊同志可否單獨成立一個討論組？」

毛澤東笑說：「賜坐下。你是主張黨和軍隊分家啊？山上的同志，省委書記、中央各部部長，有幾個不是軍隊出身？封你當個副組長，你就想領導元帥、大將，鬧軍事俱樂部？請示駁回！」

組長、副組長們哈哈大笑。蕭華頓成紅面關公。毛主席信任他重用他，也不時拿他開開心。

散會時，毛澤東留下柯慶施、李井泉二人。他一手拉柯，一手拉李，進到書房坐下，抽煙喝茶：「我知道兩位老朋友言猶未盡。現在三人對六面，彼此解囊相傾，如何？」

柯慶施先看李井泉一眼，之後說：「恕我直言，少奇同志和周總理在彭德懷意見書一事上，態度模糊，腳踏兩條船。他們骨子裡是同情右派的。」

毛澤東說：「是右傾，不是右派。現階段讓他們態度模糊一下有好處。我會通知秘書處，明天各組傳達劉、周今晚上的講話。」

李井泉說：「好！我擁護。主席欲擒故縱，又來一次引蛇出洞。」

毛澤東搖搖頭：「不盡然。故技不宜重施。黨內黨外也應有所區別。先時你們二位的發言，都講到了點子上。只是出牌太早，而且出手就甩底牌。現在我問二位，彭德懷的意見書，要害在哪裡？事關重大，半點輕率不得。」

柯慶施說：「要害是彭有野心，妄圖改變中央領導。」

毛澤東問：「有這麼嚴重？井泉，你的看法呢？」

李井泉說：「我看是一次有組織、有預謀的活動，不是彭德懷同志的個人行動，建議中央查清楚。我懷疑主席的幾位大秘書都介入了。」

毛澤東瞪了一眼。很顯然，他的不滿不是衝著李井泉來的：「此話怎講？你有多少依據？」

話已涉及中央核心內部，李井泉脊梁骨襲上一股寒意，但一咬牙，豁出去了：「據我觀察，自上山以來，彭德懷、張聞天、周小舟、周惠、李銳這些人常常聚在一起，議黨議軍議政，把中央領導同志都議論遍了。我曾兩次單獨碰到田家英和李銳坐在風景點上唧唧咕咕，知心得很，絕對不是吟詩作賦。他們知道的事情太多了。這些同志實際上是兩個小圈子。一個圈子是彭、張、周、周、李，一個圈子是胡、田、吳、李、周，合起來是爲低調俱樂部。周小舟、李銳穿梭其間，是最活躍分子。

毛澤東表示難以置信地搖搖頭：「井泉這一揭發有點意思。你好像比謝富治還能幹些，替我把握得更清楚。我和柯書記負責替你保密，話到我們三個爲止。我也不大相信，我身邊的人就都會反對我。胡喬木、吳冷西、田家英諸位，大約屬於坐而論道，魏晉遺風。對其餘幾位，也要做具體分析，不宜一桿子打落一船客。柯書記，你向來眼光老道，對井泉的告發，有何高見啊？」

柯慶施說：「深刻，有新意。如果今後查出來，山上確有小組織活動的話，成員大致上就是這些同志了。前天我還和周小舟同志開過玩笑：你們有低調俱樂部，我們有高調俱樂部，打打擂台，如何？周小舟馬上聲明，他們沒有什麼俱樂部，玩笑開不得。」

毛澤東問：「低調俱樂部？誰提出來的？」

柯慶施答：「主席的工業秘書李銳，在胡喬木同志住處聊天時提出的。」

毛澤東問：「你又是聽哪個講的？小道消息也要有來源。」

柯慶施湊近毛主席耳邊，說了一個名字，聲音低得連李井泉都沒聽到。但李井泉能猜測出來，大約是指康生同志。

毛澤東說：「知道了。這類小消息，公開場合作不得數。我歷來保護告發者。我現在所擔心的，不是幾個秀才在山上搞了低調俱樂部，而是要提防有人搞軍事俱樂部。你們說，有這可能嗎？」

柯慶施、李井泉一向能言善辯，被毛澤東這一問，卻都登時語塞。他們知道，朱德向來支持彭德懷，愛護彭德懷。如果把朱德也牽扯進來，人民解放軍出現大分裂？他們沒有這個膽識了。

毛澤東說：「好，你們有難處，可以不回答。明天各組開始討論彭德懷同志的意見書，務使各路諸侯廣開言路。你們二位組長大人少開尊口，行不行啊？路要一步一步走，牌要一張一張出，留個迴旋餘地。我這意思，二位明白？」

柯慶施、李井泉兩人像士兵聽到號令似地起立：「是！堅決執行主席指示。」

毛澤東笑了：「坐下坐下。還有事情交代。新的分組名單，二位還沒有細看吧？張聞天、周小舟分配到柯書記的第二組，是重點組了；老彭分配到了李書記你那個第四組，更是個重點組了，康生、王任重、蕭華、安子文也都在第四組。二位組長大人，這次可是重任在肩囉。先就說這些吧。」

柯慶施、李井泉欲起身告辭。毛澤東說：「不忙不忙，陪我吃了消夜再走。」

第二七章　大將發威　領袖談詩

七月十七日清晨，彭眞、陳毅、黃克誠、安子文一行抵達廬山牯嶺。如同命中注定，總參謀長黃克誠大將被安排入住河東路一百七十六號。黃克誠還很高興，和彭總住在一起，便於商量工作。

彭德懷問黃克誠睏不睏，見說不睏，就把自己寫給老毛的信請他過目。黃克誠很快看完，對彭總說：「人都在山上，為什麼要寫信？當面談不更好些？我要早兩天上山，就會勸你不寫信了。」彭德懷說：「現在講這個，已是廢話。信已經被老毛當成〈意見書〉印發了。沒想到他會對我來這一手。你只講講，信的內容如何？」

黃克誠掂了掂信的分量似的：「內容應該沒有大問題。實際情況比你反映的還要嚴重得多。如果在會上討論，我會發言支持。當然有幾處提法尖銳了，也不夠準確。比如『小資產階級的狂熱性』、『有失有得』等，不這麼提就好了。但在信中屬於次要的問題，主要內容是好的。」

得到老戰友、老同事的支持，彭德懷心裡又平靜了些。

中飯前，會議保衛處派人來收走了黃克誠警衛員的手槍，說是統一部署，下山時一併發還。

黃克誠卻在食堂吃中飯時，和老朋友譚震林吵了一架。

原來，譚震林見到黃克誠是很高興的，大聲說：「老黃，你好大架子！上了山也不先來看我。」

黃克誠也大聲反問：「譚老闆，你才臭架子哪，我清早才到山上，你爲什麼不去看望我？」

譚震林端過飯菜，到黃克誠桌上來吃，降低嗓門說：「你新來乍到，也該投石問路。怎麼一頭扎到右傾窩子去了？」

黃克誠見譚震林出言不遜，對彭總如此不敬，登時脹紅了臉：「你開什麼黃腔？誰一頭扎進了右傾窩子？」

譚震林仍是笑嘻嘻的：「河東路一百七十六號啦。主席召你們上山，就是爲了參加討論那個〈意見書〉啦。」

黃克誠不能容忍如此肆無忌憚地攻擊三軍元帥彭老總，氣得手中筷子一拍，怒斥道：「你住嘴！你這些話，有膽子在會議上公開嗎？老子第一個和你辯論！你去年都幹了些什麼好事？全黨上下都長著眼睛哩！」

譚震林見黃克誠認眞發火，連忙打退堂鼓：「老黃，狗咬呂洞賓，不識好人心……算了算了，是我多嘴。不要吵了，傳開去影響不好。」

黃克誠卻不肯放過：「你檢討，收回你的無組織、無紀律言論。不然，我要報告總理。」

譚震林沒有理會黃克誠，碗筷一放，不吃了，走人。

黃克誠也倒了胃口，回到被誣為「右傾窩子」的河東路一百七十六號住處，沒有把這事告訴彭總，免得彭總動怒。譚震林那傢伙愛放砲，見風就是雨，幾十年的臭毛病，不值得和他生氣。回過頭來又想：難道這山上眞會有不測風雲？有人想扳倒彭總，趕他出中央軍委？談何容易。就算彭總愛和毛主席爭吵，還不是二、三十年的一路過來了？並沒有影響黨中央毛主席對彭總的信任和重用嘛。而且他們吵的都是工作，有時主席對，有時彭總對，並不涉及他們個人的事。彭總功勳蓋世，連西方資產階級報刊都承認彭總是新中國的民族英雄、東方戰神……這山上的天氣眞好，涼涼爽爽，淸新宜人。黃克誠睡了午覺。

傍晚，周恩來總理請新上山的四位同志共進晚餐，還邀原在山上的副總理李富春、李先念、譚震林、薄一波作陪。邊吃邊商談繼續壓縮今年國民經濟各項指標的事。

由於中午憋下的氣沒消，黃克誠等周總理的話告一段落，即態度誠懇地說：「譚老闆啊，大躍進颳五風，放大砲，要自我反省，吸取教訓。去年吹噓糧食吃不完，今年十來個省區鬧糧荒。國家和老百姓，都禁不起瞎折騰了。」

周恩來和彭眞、陳毅、李先念等人，都不知一向待人親切厚道的黃克誠，為什麼要突然批評譚震林。譚震林脹紅了面皮，反駁道：「老黃你這是什麼意思？去年的工作失誤難道是我一個人的責任？

我有那麼大的本事？告訴你，我執行的是中央主席的指示。你有膽子就去找毛主席嘛。」

黃克誠見譚震林搬出毛主席來做擋箭牌，認作是對領袖的不敬：「你放肆！你是分管農業的副總理，你主持插了那麼多假紅旗，評了那麼多假上游，放了那麼多牛皮衛星，還敢把責任推給毛主席？我看毛主席是受了你們少數人的矇蔽！河北、河南、山東都有人告訴我，去年七月間毛主席視察河北徐水、河南新鄉、山東歷城，都是你和廖魯言帶著先遣工作組，一路打前站，發動群衆搞莊稼大搬家，集中移栽，在馬路兩邊製造衛星田，什麼十萬斤畝、一百萬斤畝，盡擺些假傢伙給毛主席看！」

周恩來不動聲色，聽任兩個湖南老鄉爭吵。陳毅元帥則面帶笑容，覺得黃克誠這個老實人講老實話，痛快。其餘李富春、李先念、薄一波、安子文等人一時也不便插言。

譚震林被黃克誠揭了老底，老羞成怒，桌子一拍，直逼了過來：「黃瞎子！你和我有仇啊？你以爲老子怕你？當了個鳥總參謀長有什麼了不起？混了個大將軍銜，尾巴翹到天上！你眼裡還有沒有毛主席、黨中央？」

黃克誠坐著不動，也未起高腔，只冷笑著說：「大家聽聽，看看他這作派，一聽到批評意見就要潑皮，搞人身攻擊！我被評上大將軍銜，他不服氣，可笑不可笑？大砲司令亂放砲，放空砲，新四軍的老首長、老同志誰個不知道？過去是戰場上放空砲，打不中目標；去年是在全國農業戰線上搞高指標，發射牛皮衛星，坑害老百姓。」

譚震林兩眼充血，已暴怒成一頭公牛似的：「老子去年坑害了老百姓？老子要去請毛主席評理！

不怕你黃瞎子長了三頭六臂！你個老右傾分子，老子和你鬥爭到底！」

黃克誠一聽譚震林罵他「黃瞎子」、「老右傾分子」，也被激怒了：「我和你擺事實，講道理，你就亂咬人？參加革命幾十年，還是一副鄉村潑皮作風？我替你感到臉紅！」

譚震林又桌子一拍，轉身就走：「老子找主席去！找主席去！老子和右傾分子勢不兩立！」

周恩來見事情鬧大了，昂頭揚臉叫了一聲：「譚震林同志，你回來！本來高高興興的，一起吃頓飯，怎麼可以拂袖而去呢？」周恩來聲音不高，卻韌勁十足，威嚴十足。

譚震林在門口站住，不得不氣鼓鼓地轉過身子，回到座位上，側過背，正眼也不瞧黃克誠。

周恩來和顏悅色地看大家一眼，對陳毅說：「陳老總啊，你看看，你的兩位新四軍老部下，一個是中央書記處書記、國防部副部長兼總參謀長，一個是中央政治局委員、國務院副總理，在我面前叫喊喊，吵成這個樣子，像話嗎？」

陳毅一口濃重的四川官話：「是不像話囉！二位不把格老子這個新四軍老軍長放在眼裡，可周總理是代表中央請吃飯，歡迎我們四人上山嘛！還有富春、先念、一波作陪嘛。彭真同志，你看這事該哪樣辦？」

彭真在中央書記處的地位僅次於總書記鄧小平，深受毛澤東重用。他不偏不倚地笑說：「宴席上吵架，各打五十大板，兩位都應受到批評，各自亦應多作自我批評。」

大家都輕鬆地笑了。只有兩位當事人笑不出。

李先念插話：「我也是老新四軍的，老戰友吵架，沒有勸阻，也應陪他們兩個挨板子！」

大家又笑了。

陳毅說：「還是要分一下是非，不然各打五十板子也不會管用。先念同志則不應奉陪。黃總長，今天的糾紛是你起頭。我們四人一起離京，一路上你都高高興興，是不是上山後受了什麼影響，鬧下什麼誤會了？情況擺淸楚，有委屈訴出來，大家評一評嘛。」

黃克誠感激地望一眼周總理和陳老總，張了張嘴，話到嘴邊又嚥下去了。他要維護彭總的威望和人格，不願說出譚老闆指彭總所住的別墅為「右傾窩子」，於是改口說：「我和譚老闆本是小同鄉，又同齡，一直是革命兄弟。又都在江西蘇區和皖南根據地蹲過戰壕。一九四九年進城後，沒有一起工作過。應當說，平日各忙各的，見面機會不多，但關係一直不錯。也許是互相太熟悉、太了解的緣故，對他去年以來的作為總有些看法，想勸幾句。我這不是馬後砲，彭眞同志可以作證，去年六月中央書記處會議上就提出過。那次他也和我吵了架。一有不同意見，他就要去報告主席。那次是被小平同志勸止住。當然譚老闆也遵守了紀律。我很感激。不然我去年就可能受到處分了。今年年初以來，看到主席、總理一次又一次的忙著壓縮各項高指標，特別是糧食、棉花、油料作物方面的高指標下不來，我是有些埋怨譚老闆的。不是要譚老闆一個人負責任。但他畢竟是主管農業的。一些高指標明明脫離實際，為什麼還要提出來，寫進計畫文件裡，強制全國執行？自今年四月上海會議起，召開了多少會議，花費了多少人力財力，來壓縮這些高指標？直到這次神仙會上，總理、副總理、部長們還在忙這個。我不是要責怪譚震林同志，其實他也是辛辛苦苦，沒日沒夜全國各省區的跑。一次他愛人就告訴我，去年譚老闆身上掉了十斤肉，皮帶縮進去三個扣……

聽黃克誠這一說，譚震林臉上的怒氣消滅下來。他轉過身子，表示不再把黃克誠當仇家。

陳毅看在眼裡，轉而說：「譚老闆啊，我也要對你擺個老資格，講你兩句囉。你老兄今天是一觸就跳，有點蠻不講理嘛。過去你帶兵，很重視火砲。粟裕的第一師，克誠的第四師，先念的第五師，你的第六師，加上葉飛的蘇北兵團，新四軍的五大主力。你的第六師收繳了一百多門日軍榴彈砲，粟裕同志下令調出五十門，你就是把持不放，是不是事實？後來打孟良崮、消滅老蔣的王牌軍第七十四師，你的兩個砲兵旅立下大功……可是和平建設時期，你主管農業，七億人口六億是農民，你還採用大轟大擂，萬砲齊鳴，已經證明行不通囉。我說你這幾句，你服也不服？」

譚震林畢竟砲筒性子，火氣來得快，消得也快。他尊敬地看周總理和陳老總一眼，也看了黃克誠一眼：「總理，老軍長，還有老黃、各位同志，剛才我是耍了態度，我認錯……要是老軍長和老黃早這麼講話，我也不會耍態度。我也有委屈。去年是幹勁衝天、辛辛苦苦辦錯事，給中央惹出一大堆麻煩。但誰不想盡快把國家建設好？快些建成社會主義？何況去年還是成績爲主，農村找到了人民公社這個組織形式，解決了幾千年的單幹小生產問題……好了，黃克誠同志，剛才罵你是『老右傾分子』那話，我當著大家的面收回，道歉，你也不要往心裡去，行不行？」

譚震林表示和解，黃克誠受到感動，熱情地伸出手去，緊緊相握。陳毅帶頭鼓掌，大家一齊鼓掌，慶賀雙方化干戈爲玉帛。

掌聲過後，周恩來笑容滿面地說：「這就很好。在我這裡產生的糾紛，在我這裡解決。老同志之間，一定要注意團結。都是戰爭年代過來的人，能熬到今天，不容易囉。要珍惜。譚震林同志，我們就說好了，今天的事，不要去麻煩主席了。我們要體諒、要愛護主席。眼下國家的困難這麼多，主席受到壓力也很大。我這個意見，你同意嗎？」

譚震林說：「總理過慮了，我幾時講話不算數？已和老黃握了手，還是同年老庚嘛。」

晚餐持續到十時半。周恩來送走客人們，留下陳毅談外交事務。周恩來不無憂心地說：「陳老總，你的兩位老部下的矛盾，就算消除了吧？」

陳毅說：「就看山上會議的大氣候了……局勢一變，紙就包不住火。我上山就聽工作人員議論，原本是彭老總寫給主席的一封信，怎麼忽然被會議印發，變做了〈彭德懷同志意見書〉？」

周恩來苦笑道：「你問我，我問哪個，我也是收到文件才知道的。不會有什麼大事吧？大的局勢扭不轉吧。」

陳毅問：「中央常委事先沒有討論過？還在乾綱獨斷，個人說了算？」

周恩來正色道：「老總！上了山，你要管住你的嘴巴。我看呀，參加幾天討論會，你還是找個外交事務，回北京值班去吧。」

當天下午五時，湖南二周接獲通知，來到美廬樓上主席書房時，胡喬木、田家英、李銳三人已經在座。毛澤東親切而隨便地招招手，指指兩把空藤椅：「好了，人馬齊備，糧草先行，有菸有茶，有水蜜桃，你們各取所需。」

李銳愛吃水果，拿起一隻水蜜桃說：「這麼漂亮的果子，擺在盤中像藝術品，吃了真可惜。」

毛澤東說：「李銳假斯文。你不是講我這裡的果品，不吃白不吃？人家摘桃子，你坐享其成。」

李銳說：「王母園中偷得來，供在匡廬神仙台。」

大家開心地笑起來。

毛澤東忽然來了詩興，問：「哪個能背幾首關於桃子、桃樹的詩？」

胡喬木笑笑，說，唐人崔護有首絕句〈游都城南莊〉：去年今日此門中，人面桃花相映紅。人面不知何處去，桃花依舊笑春風。

周小舟說，那是崔護舉進士不第，游城南遇女子，寫下情詩。我記得張旭一首〈桃花谿〉，卻是寫我們湖南桃花源事：隱隱飛橋隔野煙，石磯西畔問漁船。桃花盡日隨流水，洞在清溪何處邊？

毛澤東點評說，張旭是個懷疑派，思想右傾，不大相信真有什麼桃花源呢。

田家英說，王昌齡有首〈春宮曲〉：昨夜風開露井桃，未央前殿月輪高。平陽歌舞新承寵，簾外春寒賜錦袍。

毛澤東點評說：「這是首后宮嬪妃的牢騷詩，爭風吃醋。」

李銳說，劉禹錫有一首〈元和十年自朗州召至今，戲贈看花諸君子〉，也是帶點牢騷的：紫陌紅塵拂面來，無人不道看花回。玄都觀裡桃千樹，盡是劉郎去後栽。

毛澤東點評說：「劉禹錫何止一點牢騷？他被貶離長安十年，罵滿朝新貴都是靠奉承皇上，排擠正人君子而得勢。唐憲宗元和年間，也還算得天下太平，滿朝文武，就沒有一個好人？打擊面太寬了。對了，周惠，你怎麼不來一首？」

周惠搔搔頭皮，赧然一笑說，「主席，我是做實際工作的，詩文讀得不多……好，好，我來試背一首黃巢的〈題菊花〉：「颯颯西風滿院栽，蕊寒香冷蝶難來。他年我若爲青帝，報與桃花一處開！」

毛澤東點頭讚道：「這首好，這首好。黃巢當政，命群芳打亂季節，革命造反。表達了農民起義領袖的豪邁性格，要求變革、當家作主的遠大志向。」

胡喬木、周小舟跟著讚好。

田家英看李銳一眼，似難苟同主公的高見。

胡喬木深知毛主席偏愛李白的詩，或許他自己亦欲背誦一首？於是說：「主席，李白有一首〈寄東魯二稚子〉，載《李太白集》，是他詩作中較特別的一首，我只記得前面的幾句……」

果然，毛澤東笑說：「我或許還記得，你起個頭吧。」

胡喬木背誦道：「吳地桑葉綠，吳蚕已三眠。我家寄東魯，誰種龜陰田？春事已不及，江行復茫然。南風吹歸心，飛墮酒樓前……」

毛澤東見胡喬木停下了，即朗聲接下去：「樓東一株桃，桃葉拂青煙。此樹我所種，別來向三年。桃今與樓齊，我行尚未旋。嬌女字平陽，折花倚桃邊。折花不見我，淚下如流泉。小兒名伯禽，與姊亦齊肩。雙行桃樹下，撫背復誰憐？念此失次第，肝腸日憂煎。裂素寫遠意，因之汶陽川！」

胡喬木、周小舟、田家英、周惠、李銳見毛主席一字不漏地背了出來，一齊欽佩地拍了巴掌。

李銳說：「讀過《李太白集》，沒有留心這一首。看來李白的詩作，既有笑傲王侯的狂歌，也有淚思兒女的寄懷。」

周小舟說：「桃花潭水三千尺，不及汪倫送我情嘛！我覺得，我們大鄉長的詩風，確有李太白雄渾豪闊的遺韻。特別是這次上山後抄給我和喬木兄的兩首，〈回韶山〉和〈登廬山〉，稱得上千古絕唱。」

毛澤東笑說：「小舟也學得吹捧我了？不可取，不可取。」

李銳作證說：「喬木兄讀過詩稿，就和我講，非雄才大略之人，難有此詩。」

田家英也湊上一句：「〈登廬山〉一首，可稱爲匡廬第一詩。江西省委同志不知在哪裡抄到，要求中央允許他們刻成詩碑，做個紀念。」

毛澤東搖搖頭說：「不可以。我討嫌人家替我立什麼詩碑，尤其在我生前。詩好詩壞，留給後人評說。我還有點自知之明。況且那兩首只是個稿子，字句還待推敲。喬木已把你們的意見轉達過，我都寄給郭沫若同志去了，請他改定。……好了，詩，遣興也，暫時談到這裡。今天請你們五秀才來，周惠你不要搖手，背得出黃巢的反詩，也算秀才嘛，要談點正事。神仙會延期，集中討論彭德懷同志的意見書，你們感不感到意外？」

五位秀才一聽毛主席要談正事，連忙各自掏出筆記本，準備作記錄。根據以往經驗，毛澤東主席在作出重要決定的時刻，總不忘給自己身邊的文字幫手們打招呼。

毛澤東說：「對於去年的大躍進、人民公社，眞正擁護的有多少？百分之三十就不錯了。我去年批評反冒進，今年卻成了反冒進的頭子。少奇同志提出『問題講透』，我就給他『透』到這裡。都主動反冒進了，還不肯放過？我是機會主義的頭子，既要左派朋友，也要右派朋友，要找唱反調的人通氣。這次計委就有幾名反對派上山。李銳，你是聯繫工業部門的，計委的反對派都是誰呀？」

李銳回答：「上了山的，是賈拓夫、韓哲、宋平三位吧？他們都是比較務實、頭腦冷靜的老實人，和富春同志有分歧意見。」

毛澤東說：「富春去年是聽了我的。我是成事不足，敗事有餘。李銳反映工業系統是獨立王國，誰都進不去。孫悟空偷桃子，進了王母娘娘的蟠桃宴。開廬山會議，也是大宴天下群仙。過去不懂管理經濟之複雜。革命是搗亂，舊的不去，新的不來。也使敵人有機可乘。權力集中不容易。過去江西蘇區，司令部、政治部常鬧矛盾，權力好不 容易集中到前敵委員會。我和陳毅都當過前敵委書記。後被項英、恩來他們奪了權。中央紅軍開始長征時是八萬多人，一年後到達陝北吳起鎮剩下七千人。

軍委開會，我說現在比過去強多了，幹部經過艱苦磨練，剩下來的都是精華。當時多數人不同意我的看法。洛甫和彭老總更是講我不承認失敗，搞精神勝利法，自欺欺人。」

毛澤東談話，常常採用散漫方式，思緒跳躍，時空倒錯，東一鋤頭西一棒子，看似不著邊際，實則大有內在聯繫，全憑聽者猜度領略。知音者如雷灌耳，愚笨者不知所云。照胡喬木的理解，毛講這段話的意思是：歷史的經驗值得記取，歷史最終證明他是正確的。數字是現象，不是本質。八萬人死剩七千人是現象，七千人爲革命精華才是本質。一九五八年雖然吃了虧，遭受損失，但最大的收穫是鍛鍊了幹部和群衆。和紅軍長征損失了百分之九十以上的人馬是一個道理，革命力量不是弱了，而是更強了。

毛澤東說：「去年的問題，一個糧食，一個鋼鐵，但也不是一敗塗地。糧食沒有翻番，還是增產兩至三成。譚老闆和李井泉都講去年是轟轟烈烈大躍進，辛辛苦苦受教訓，沒有堅持科學種田，今年已大有進步。」

田家英忍不住插言：「以四川爲例，實際情形，省委主要負責人並沒有吸取教訓。四、五月間我到成都郊區公社蹲點，正是早稻插秧時節，省委仍然布署全省高度密植，叫做『雙龍出海，螞蟻出洞』……」

毛澤東問：「什麼『雙龍出海，螞蟻出洞』？」

田家英說：「就是插秧只留行距，不留株距，密密麻麻……去年已鬧了大減產，農民春天餓肚皮，公共食堂只供應青菜湯。我提出合理密植，既留行距，也留株距。生產隊老隊長說，作了一世田，如今成外行，上面那些沒有作過田的首長們倒是內行。我向省委反映意見，不被接受，只允許我蹲點的那個公社保留稻秧的株行距。」

毛澤東見是告李井泉的狀，面無表情地問：「你這次在西南組討論會上講了這些情況沒有？」

田家英說：「我兩次發言，都被組長打斷，沒讓講下去。還說有的人少不更事，以京官自居，到下邊比手畫腳。」

毛澤東點點頭，想了一想，忽有所悟地說：「確實要注意，你們都是在我身邊工作的人，無論下到哪裡搞調查研究，都要尊重當地黨、政領導，不能見官大三級。四川省七千萬人口，李井泉當家不易。是挑擔子的人，有個性，有脾氣。他一九三二年就當了紅二方面軍的師長，家英你那時才十來歲吧？所以他有資格批評你。當然，去年的高密植是我提出來的，今年同意加上『合理』二字，不再越密越好，屬中間偏右了呢。湖南二周，不也是這個意思？」

周小舟趁機進言：「去年搞全民煉鋼，提出各種高指標，失誤的關鍵，在於高估了糧食產量。現階段農業是國民經濟的基礎，糧食又是基礎的基礎。既然有了那麼多的糧食，於是放開手腳，無所顧忌，萬馬奔騰，齊頭並進了。」

毛澤東說：「也不盡然。工業落後，想多搞些鋼鐵，原無大錯。去年的教訓是忽視了綜合平衡。但平衡是相對的，不平衡是絕對的。唯不斷打破舊的平衡，才能不斷達至新的平衡。二者循環輪替，人類社會因而前進。喬木，你同不同意這一哲學命題？」

胡喬木在關於國民經濟的綜合平衡問題上，是不認同毛的似是而非的玄論的。有多少財力、人力、物力辦多少事，就這麼簡單的規律，卻死不認帳。但胡喬木從來避免和毛正面爭辯。他笑了笑，也學著毛的跳躍思維方式說：「我建議中央各工業部門的部長、副部長，輪流下去當一個時期的工廠廠長、礦山礦長，摸索出一套管理規則，學點綜合平衡，可避免坐在上面瞎指揮。」

毛澤東立即大加讚賞：「這個建議很好，可以準備一個文件，領導幹部要先學會做實際工作，而不是高高在上，指手劃腳。孔夫子辦學授徒之前，職業是道士，還當過會計，管過田畝。當然他是替奴隸主階級服務。」

說說笑笑，到了開晚飯時間。毛澤東留五位秀才共進晚餐，吃紅燒肉、火焙魚、臭豆腐，喝紹興狀元紅酒。五位秀才輪番向毛主席敬酒。毛澤東稱他們借花獻佛。他的酒量不大，依例是秀才敬一杯，他抿一小口。酒席面前無長幼。氛氛比方才茶敘式漫談顯得輕鬆、親熱。五位秀才既是他器重的人才，又有如他的子侄輩，忘年友。邊吃邊聊，說笑之間，給予警諭。

毛澤東說：「你們年輕，不要怕天下大亂。現在經濟形勢緊張一點，有人擔心天下大亂。亂了好，大亂達到大治。告訴大家，不要怕學生上街，農民打扁擔。一九五七年春上，漢口不就有幾千學生上街嗎？就算各省省會都有學生上街遊行，也不過幾十百把萬。右派一抓，就規矩了嘛。很欣賞史達林生前一句名言：死一個人，是一個悲劇，死一百萬人，是一個統計數字。」

秀才們卻不能體味毛主席的這番雄才大略的酒話，登時心裡都蒙了一層霧似的。周惠是個老實人，說：「還是工作做在前頭，學生不上街，農民不打扁擔好些。」

周小舟差點就衝口而出：「和平時期，珍惜生命。」

毛澤東說：「周惠你是父母官，總是比較實際……如果人身上長了膿疱，是挑破了好，還是不挑破了好？」

胡喬木溫和謙恭地提出異議：「還是要防止全身潰爛。膿瘡要靠白血球去攻克。如果白血球失去了平衡，保護不了體內的正常細胞，就要出大麻煩了。」

毛澤東笑說：「你這是書生之見，循規蹈矩，溫情主義。」

李銳忍了半天，終於問出了一個敏感話題：「昨天會議印發了彭總的信，我和二周都不知道如何因應……」

毛澤東認眞地看李銳和二周一眼，目光有些陌生地說：「你們問我，我問哪個？想套我的底？此事我暫時無底，要先聽聽大家的。交給會議討論，就是走群衆路線，搞群言堂。我只是批了幾個字而已。記得一九三六年洛川會議，你們還沒有到延安，我提出國共聯合抗日，我們黨應堅持小股游擊戰為主的戰略方針，先擴大根據地，擴大八路軍，避免和日軍正面作仗而暴露我們的實力。會上，大多數人不同意我這個自私自利方針。彭老總爲首的華北軍分會更是發行一個小冊子，和我針鋒相對。後來他和劉伯承在華北戰場發動『百團大戰』，把日軍主力吸引過來對付八路軍，減輕了國民黨軍隊的壓力，受到蔣委員長嘉獎。他的小冊子還被王明的國際派所利用。王明提出『一切通過統一戰線，一切服從統一戰線』，幾乎斷送掉我黨的軍事指揮權。你們年輕，不太了解這些歷史上的利害關係。」

美廬賜宴，直到晚十時才散。已有別的負責人在樓下等候毛澤東召見。五位秀才出了美廬，走在林間小道上，路燈昏黃，山上起了薄霧。一時間，他們都有種騰雲駕霧的虛飄感覺，不知置身何處似的。胡喬木別過四人，獨自匆匆返回住處了，以致他的衛士來接他都走岔了。

田家英、周小舟、周惠、李銳四人不即不離，默默地走了一段路，終歸是李銳不耐沉寂：「你們感覺到了沒有？老夫子像是從一星期前那次談話的立場上後退了。」

周小舟說：「大約搞搞平衡吧？大鄉長說了，左派朋友、右派朋友，他都需要。問題是，我們算右派，還是中間派？周惠啊，那種不管農民死活的左派，你我當不得囉。」

周惠說：「憑良心辦事吧。我是苦出身，弟兄七個。我兩歲出天花，高燒不退，父親見我沒救了，丟到草棚裡。我大嫂把我抱回，撿條性命，留下一臉痲……，餓飯餓到十幾歲，才投奔到八路軍。挨餓那滋味，刻骨銘心。」

田家英什麼都沒有說。心裡空落落的。他好像越來越聽不懂主公的話語，認不清主公的面目了。他的手搭在周惠肩上。他出身書香門第，但父母早逝，小時候也是飢一頓，飽一頓，靠長兄撫養，卻受盡長嫂的欺凌。周惠長嫂如母，他是長嫂如虎。一九三七年十五歲，投奔到延安，才算擺脫饑荒。

第二八章　牯嶺遍地悶雷聲

彭德懷感到欣慰的是，神仙會六個組針對〈彭德懷同志意見書〉所展開的討論，並沒有形成「批判」的局面。且多數人的發言，均直接或是間接地認同了他的看法。大家甚至避免使用「意見書」這個毛澤東強加給他的惡名，而實事求是地稱做「彭總給主席的信」。很顯然，毛澤東欲置他於對立面的意願，受到了黨內同志的抵制。國民經濟被弄到今天這種全面緊張，空前困難，總不能叫大家都睜了眼睛說瞎話吧。

長時期統率大軍東征西討的戎馬生涯，彭德懷養成了縱覽全局、分析強弱的思維習慣。通過每天的會議簡報，加上周小舟、周惠、李銳等人帶給他的信息，他注意到，他的那封信，因事先未經在山上的四位常委討論，於是包括劉少奇、朱德在內的大人物們，都是各說各話了。

劉少奇在出席林鐵任組長的第一組討論會時，提出三個發人深省的尖銳問題：一、一九五八年是

「左」傾錯誤還是右傾錯誤？二、從去年八月北戴河會議到十一月鄭州會議的三個月時間裡，是否犯了路線錯誤？三、今年的一千三百萬噸鋼鐵指標是否右傾？三千萬噸是否「左」傾？

這三個討論題目，在各組進行了傳達。可見，劉少奇作爲國家主席、黨中央第一副主席，仍然公開支持批左，而不是反右。

在以柯慶施爲組長的第二組，發言最爲踴躍。

胡喬木說：「在這次會議上，需要認眞地總結一些經驗。爲此就要有利於總結經驗的空氣，讓參加會議的人暢所欲言，不要感覺拘束。不要一提出問題，好像就在懷疑成績，是在把缺點誇大了。缺點不應該誇大，也不應該縮小……應該有什麼說什麼，不要戴帽子。」

農業部部長廖魯言說：「去年農業部做了很多錯事，全國糧食產量報了七千五百億斤，現在落實爲三千八百億斤，高出近一倍；棉花報了六千七百萬擔，現在落實爲四千三百萬擔，也高出三分之一。我們主管部門要負主要責任。我認爲彭總寫信，態度是好的，把問題直截了當提出來，引起大家討論，起了好作用。這種精神，應該學習。」

水電部部長劉瀾波說：「彭總給主席的信，有意見就說出來，是好的。主席也講過多次，要大家有話就說，有屁就放。應當提倡這種精神。」

周小舟說：「我的看法，這次會議把缺點講透很有必要。只有如此，才能正確地總結經驗教訓，今後不再重覆去年的失誤……彭總的信，總的精神是好的，我是同意的。至於某些詞句提法、分寸，可以斟酌，但屬於次要的問題。

唯有糧荒鬧得最厲害的甘肅省的省委第一書記張仲良，不點名地批評了彭德懷的信：「從甘肅去年大躍進情況看，是得多於失，絕不是得不償失。甘肅去年的糧食落實爲一百二十億斤，比一九五七年增長百分之四十一，全省並不缺糧食。」

奇怪的是作爲組長的柯慶施也有發言，對於彭德懷的信，隻字不提。

在陶鑄任組長的第三組，朱德的發言含蓄、穩健地支持了彭德懷的信，他勸告全黨幹部不要再搞浮誇，要腳踏實地，學會當家過日子。

輕工業部部長賈拓夫說：「彭總的信，總的精神很好，有利於會議討論的深入。」

國防科工委副主任萬毅說：「同意彭總的信的內容，黨內、軍內都應提倡講眞話，反映眞實情況，我們才能立於不敗之地。」

陶鑄作了長篇發言，卻一改前些天的檢討認錯，而暢談大躍進的經驗和成績，以及保衛三面紅旗的決心。他態度鮮明地表示，不能同意彭德懷同志〈意見書〉的內容，不在於個別措詞用字不當，而在於總的精神有問題。

在第三組，認爲彭德懷的信有問題的人是中央農村工作部第一副部長陳正人、商業部長程子華、元帥賀龍。陳正人說：「目前大部分地區的糧食並不緊張，不存在饑荒，現在農村的問題不是浮誇，而是瞞產。」程子華說：「總路線的三句話，十五年超英趕美，破除迷信、解放思想，敢想敢幹，都是大躍進的動力，並不是『小資產階級的狂熱性』；賀龍元帥則揭發一件事：「我記得彭總在火車上曾說過，如果不是中國工人、農民好，去年可能要請紅軍來。」

在李井泉任組長的第四組，一機部部長趙爾陸在發言中說：「過去一個時期經濟生活上的脫序現象，已使中央和主席的威信受到影響，造成一定的被動。從這種心情出發，對彭總的信感到認同，彭總的精神值得學習。」

山西省委第一書記陶魯笳更說的直截了當：「我們目前需要彭總這樣的精神。大躍進的主要傾向，肯定不是右，當然就是左。彭總並未說黨的路線『左』了，只說缺點的性質屬於『左』的範疇。這是對的。」

副總理李先念在發言中沒有提及彭德懷的信，而說了四點：一、農村公共食堂要堅持自願參加的原則，不應強制推行；二、公社問題，步子走得快了點，對農民的覺悟和幹部的水平估計過高；三、綜合平衡問題，是大躍進中一條主要的經驗教訓；四、小洋群煉鋼，需要大力整頓。

王任重在發言時，一方面檢討去年工作中的失誤，另一方面則堅決反駁「經濟建設中的主要危險來自左」的觀點，強調右傾保守仍是主要障礙。「得不償失」的說法必須批判。公共食堂方向正確，仍應堅持辦下去。

李井泉在發言中隻字不提彭德懷的信，只談了公社問題，占人口多數的貧下中農心情舒暢，勞動積極，半供給制多數農民是贊成的，公共食堂對組織生產起了很大的作用，他是情有獨鍾的。

彭德懷本人在第四組也有個簡短的發言：「原本說十五號要閉會，覺得有些意見沒講完，心裡放不下，去找毛澤東同志談，又未談成，才倉促寫了封信供參考。這封信文字上、邏輯上有些缺點，被印發出來深感不安，請求會後收回，以免向下擴散，給黨造成某些不利的影響。」

奇怪的是，第四組還有幾位大人物如彭眞、康生、蕭華、安子文都保持著某種蓄勢待發的沉默。

在張德生任組長的第五組，黃克誠作了旗幟鮮明的發言。他沒有提到彭德懷的信，只是對去年的大躍進講了三條：一、農業生產成績全面估高；二、經濟比例失調；三、計畫指標過大。……去年興了鋪張浪費之風，到處給領導人蓋別墅。中央出來開會，也很鋪張。我雖然也吃了，玩了，但不舒服。帶戲班子上山的辦法不可取。我們對群衆講勤儉持家，要求下面幾個月不吃肉；可我們自己卻吃這麼好，行嗎？現在糧食的緊張狀況是解放以來所沒有的，黨和群衆的關係受到影響，我們在國際上的形象也受到影響。

同組的另一位重要人物公安部長羅瑞卿沒有發言。

在歐陽欽任組長的第六組，包括聶榮臻元帥在內的大多數發言者，均認爲彭德懷的信對此次會議深入討論問題有推動作用，精神是好的，是赤膽忠心的。從某些具體問題看，缺點可能是三個、四個、五個指頭的比例，說它是一種「左」的傾向也未嘗不可。但從總的形勢看，還是成績爲主，問題在於缺乏經驗和思想方法上的主觀片面。但以不提「小資產階級狂熱性」和「左」的傾向爲好。

……綜合以上各組討論情況，彭德懷初步認定，除少數人昧了良心講話外，大多數同志對他的信持肯定態度。公道自在人心。爲黨爲國爲民，他即使面對再大的壓力，也無悔無愧。老毛本事再大，也不能無視黨內大多數人的看法，繼續倒行逆施，縱容黨內不正派的人物弄虛作假，傷天害理，硬把歉收吹成豐收，嚴重缺糧吹成糧食富足吧！

另說柯慶施、李井泉等人卻是心機周密，謀略老道。他們的方針是會上少說，會下動作。他們和毛澤東主席一樣，視彭德懷的信爲一道戰表，如不應戰，變不利爲有利，等著他們的便是被迫下台的厄運。他們自認在去年的大躍進成敗得失上，和毛主席榮辱與共，休戚相關。他們唯有拉住毛主席，促成毛主席下大決心整肅彭德懷，才可保住權位，立於不敗。

在黨內，毛澤東最忌諱有人向他「聯名信」、「集體進諫」，認爲那一定是小組織小宗派活動，可能危及他的領袖地位。四年前高、饒等人所以慘敗，正是犯著這一大忌。

於是，以柯慶施、李井泉爲核心的「高調俱樂部」的重要成員們，如安徽的曾希聖、甘肅的張仲良、河南的吳芝圃、湖北的王任重、廣東的陶鑄、浙江的江華，加上中央機關的賀龍、李富春、譚震林、彭眞、康生、安子文、程子華、陳正人等人，便一一輪番著向毛澤東主席「個別匯報、進言」，談各自對〈彭德懷同志意見書〉的看法。

這些「個別匯報」一面倒地捕風捉影、添油加醋，內容包括：

彭曾在西北討論組說，四三年延安整風期間召開的華北會議上，爲「百團大戰」「操了我四十天娘！」現在工農業、國民經濟搞成這種局面，又該操誰的娘？

彭的意見書中提到的「小資產階級狂熱性」、「個人決定一切」、「左的政治傾向」、「糾左比糾右難」等觀點，是直接衝著中央主席來的；

彭下部隊視察，公然反對指戰員們唱「東方紅」，還說「社會主義好」的歌詞應當修改；

彭宣揚一種觀點：犯政治路線錯誤的人，其錯誤是無法由他本人來糾正的；

彭在火車上說過：「中國的老百姓太好了，農民太老實了。要是去年的大躍進發生在東歐國家，人家早請老大哥派紅軍部隊來解決問題了；」

彭現在一點都不孤立，會內會外，都有相當多的人支持他，擁護他；

現在黨內黨外，牢騷盛行，怪話不少。什麼「物資緊張情況，比日本統治時期還要嚴重」，「內政還不如台灣」，「最高領導者獨斷專行」等等。彭的意見書，就是在這種大氣候、大背景上出現的，很具代表性……

毛澤東對這些「個別匯報」，一般均面無表情，至多表示個「知道了」。惟聽了柯慶施匯報的黃克誠、譚震林吵架的事，大有興趣地問：「吵什麼？黃克誠上山就吵？」

柯慶施回答：「還不是爲了周惠？黃克誠同志護湖南二周的短。周惠一盆冰水潑了整個廬山，說去年各省第一書記都該打五十大板……」

毛澤東卻想起一件事。那是一九四九年夏天剛住進中南海不久，一次黃克誠來匯報工作，談起當年在東北血戰四平失利，仍然怒形於色：「至今不明白那次爲什麼要打四平，以硬碰硬。我戰前提出不打那個消耗仗，但沒有人聽。找林總反映多次，也不答覆，結果吃那麼大的虧！」毛澤東不得不告訴黃克誠：「莫怪林彪，打四平是我的決定。」黃克誠竟當面頂撞：「你的決定也是錯誤的！」毛澤東不悅地說：「整個東北戰場，後來還是我們贏了。」黃克誠卻仍不改口：「能夠避免的代價，還是應該避免。四平血戰，我們拚掉了一萬多人。」

柯慶施自然不知道毛澤東心裡的這段曲折。

毛澤東想了想，終於說：「周惠是去年被插了白旗藉機出氣。按他們幾個的調門，指標越低越好，只許洩氣不許鼓氣。誰反對洩氣就是『壓力』，就是不民主。大約只有彭德懷的信符合他的心意。黃克誠是總參謀長嘛，既護帥，也護將，天經地義。」

柯慶施說：「主席呀，現在會議的風氣，是籠統、抽象地談成績，具體、形象地談缺點，會上會下大談特談。這樣談下走，越談越洩氣，今後還怎麼躍進？」

毛澤東說：「他們的目的，就是要完全停止大躍進。現在黨內黨外都在颳風，黨內一部分材料我還沒有看完……我看你們也不要著急，要能聽壞話。無非是講得一場糊塗。要硬著頭皮頂住。當然，我這意思，你暫時不得外傳。」

柯慶施溫順地點著頭，明白這是向他交了底。主席對他的信任甚至超過了李井泉和譚震林。大約在主席心裡，他柯慶施的耿耿忠心，也勝出李井泉們一籌。於是進而又說：「主席，我不能不向你報告，自彭的信被印發出來，你的幾位秘書同志又大為活躍。」

毛澤東問：「怎麼個活躍法？」

柯慶施說：「我每天晚飯後散步，都見周小舟、周惠、李銳三個去了彭德懷和黃克誠的住處。近幾天去過彭、黃住處的還有滕代遠、譚政、張聞天……有人私下開玩笑，山上有個『湖南集團』。」

毛澤東不以爲意地說：「湖南集團？我看是同鄉會吧？很好，柯書記替我放起流動哨來了。」

柯慶施說：「只是飯後散步，留意一下而已。」

毛澤東問：「你不是講我的幾個秘書近些天又很活躍嗎？」

柯慶施說：「是說……前天晚上，喬木同志，伯達同志，小舟同志，冷西同志，李銳同志，都聚在田家英同志的住處，議論彭老總的信。他們正談著，張聞天就進去了。」

毛澤東警覺地瞪了瞪眼睛：「洛甫找他們了？怎麼議論的？情況不尋常，越鬧越離譜。」

柯慶施說：「李銳同志觀點鮮明，稱彭總偉大，全黨全軍只有彭總寫得出這樣的信，是大英雄；周小舟表示贊同，稱彭總功標青史，名垂千古；陳伯達同志說，彭老總功標青史是因他的戰功，而不是這封信吧？吳冷西同志說，中國的歷史太古老、太長遠了，史籍浩如煙海，今人能在其中佔上一兩行文字，也就不錯了；張聞天同志說，他正在準備一個長的發言，想到會上系統談談自己的意見；胡喬木同志說，彭總的信可能惹出麻煩來，大家不要高興太早；田家英同志則是重複了他回四川蹲點，反對高密植，受到李井泉同志批評的事，沒有直接提到彭老總的信。」

毛澤東忽又想到周惠：「周惠沒有參加？」

柯慶施說：「大約因爲沒有當過主席的秘書，沒有進這個圈子。」

毛澤東點點頭：「他牢騷大一點，倒是個做實事的人……對了，你又是怎麼知道這樣詳細的？利用散步的機會，去聽了壁腳？從前我們湘潭鄉下人結婚，新郎新娘進洞房過頭一夜，鄰里男女有去聽壁腳的風俗，可算作一種性教育。」

柯慶施紅了紅臉，連忙說出一個名字來。

毛澤東笑笑：「啊，是他啊。他告訴你，你又來告訴我……這個書呆子，現在也不大來找我了。柯書記，你不要出賣朋友啊，這事我知道就可以了。注意保護他一下。你剛才反映的情況，大約謝政委他們也有所掌握。洛甫爲什麼去找胡喬木、田家英？他的手越伸越長了。」

張聞天經過認眞思考，決心在會上做一個長篇發言：用徹底的唯物主義觀點，來剖析去年的大躍進帶給全黨的深刻教訓。他深知這樣做是知難而上，犯顏直諫，擔著極大的個人風險，很可能搭上自己的政治前程。但他責無旁貸，義無反顧，一是爲著替那些他在實地調查時親眼看到的安徽、江蘇、廣西等省區的飢民們請命，二是爲著態度鮮明地支持彭德懷同志的信。旣是共同的觀點，就要有共同的擔當。如果說，彭總的信表達出來的是忠誠正直的革命者的道德勇氣，他張聞天的發言將要表現出來的就是唯物主義者的理論勇氣了。

田家英是位職務敏感、作風正派的後生晚輩，知道張聞天欲做一個長篇發言，而於深夜打電話提醒：去年大躍進的得失，總理已講了，肯定得大於失，得是七個、八個、九個指頭，失是一個、兩個指頭，也是主公定的基調。盼不要否定這一基調；關於國民經濟三種所有制關係，少奇同志講過話的，其中也傳達了主公的看法；關於糧食產量，鋼鐵產量，食堂問題……

張聞天知道田家英是出於好心，怕他惹禍，才提醒他這也不宜說，那也不宜講：「家英啊，山上形勢生變，你的好意我心領了。可作爲一名共產黨人，要服從的不是權勢，而是眞理！田家英在電話裡說了聲：慚愧！你是前輩，我只是擔心事情鬧大，惹出雷霆之怒……」

就在張聞天準備發言的當天早上，輕易不給他電話的胡喬木來了電話：「張聞天同志，聽講今下午你有一個長的發言？我的意見，你盡量短一點，有的問題點到爲止。」張聞天問爲什麼？胡喬木含蓄地說：「現在不是發表長篇大論的氣候，家英也是這個意見，請體諒我們的心情、感受。」張聞天說聲知道了，謝謝提醒，就放下了電話。他認爲田家英、胡喬木都欲勸阻他發言，生怕他和彭德懷一文一武，相互唱和似的！彭總寫信，我發言，豈是爲了我們個人名節？爲的是天下蒼生啊。那麼多省區的農民群衆在餓肚皮，在逃荒，在患水腫病死去；而我們這些「爲人民服務」、「爲全中國人民謀福利」的共產黨高官卻聚在廬山當神仙，白天遊山水，夜晚娛歌舞，斤斤計較個人的得失、安危？

天地有正氣，人間有忠魂。時間是七月二十一日下午，在柯慶施任組長的第二組，張聞天照著自己擬訂的提綱，作了長達三小時的發言。他聲音平緩，娓娓道來，從容不迫。卻於平緩之中，字字金石，句句雷霆。其間柯慶施、曾希聖、張仲良、李富春、廖魯言等人頻頻打斷他的發言，駁斥他的

「妙論」。他每次都很禮貌、很耐心地聽完這些人的插言，但不為所動，繼續照自己的提綱侃侃而談。同組的胡喬木、周小舟、周惠等人，則一面暗自佩服他的無懈可擊的理論邏輯，一面也暗自替他捏兩手冷汗，不知會招致什麼樣的後果。他們還注意到，柯慶施的政治秘書張春橋列席會議做記錄。

張聞天在發言中指出：「現在有種普遍現象，認為缺點講多了會洩氣，會打擊群眾的積極性。恰恰相反，缺點定要講透，不要輕描淡寫。對群眾的積極性應當有所分析。科學的、實事求是的積極性應當愛護、鼓勵；盲目的、缺乏理性的積極性則應防止、制止。馬克思主義者鼓勵積極性靠的是眞理。馬克思說過，革命時期容易辦蠢事。列寧也說，要正視這些蠢事，並及時加以糾正。」

柯慶施插言：「按洛甫的意思，我們去年的總路線、大躍進、人民公社，是全黨辦了蠢事？」

對於柯慶施的挑釁，張聞天不予理會，而說，「產生缺點的原因可以講得具體些，其後果也是多種多樣：比例失調是指標過高，求成過急；『共產風』主要是混淆了所有制和按勞分配兩大問題；虛報浮誇、強迫命令是不允許講眞話、不允許懷疑所致，否則就扣上『右傾』、『觀潮派』、『秋後算帳派』等帽子。如鋼鐵指標過高，其他指標也被迫跟著高，造成全面緊張和比例失調；基本建設戰線過長過大，邊勘測、邊設計、邊施工的做法浪費太大，工程質量也差，報廢的半截子工程不少；去年一下子新招工人二千多萬，給城市供應造成很大壓力；工業戰線人浮於事，有的甚至無活可幹；企業產品不配套，任務朝令夕改，不能體現產品價值，半成品積壓浪費嚴重；產品質量下降，市場供應緊張，物資儲備減少，財政結餘用光，外貿出口萎縮。『全民煉鋼』不單是賠了五十個億，最大問題還在於九千萬人上山，使農業蒙受損失，豐產不豐收。去年什麼事情都提倡全黨動員，全民上陣，甚至要求『全民寫詩』、『七億人口七億詩人』，搞得老百姓不厭其煩。」

曾希聖插話：「大家都聽到了，張聞天同志把去年的大躍進描成一片黑暗，我堅決不能同意。」

廖魯言也隨聲附和：「去年辛辛苦苦幹一年，被說得一無是處，體無完膚。」

張聞天只是溫和地看曾希聖、廖魯言二位一眼，繼續說：「對於去年出現的問題，應該從思想觀點、思想方法和思想作風上去找原因，這樣才有利於總結經驗教訓，避免今後重犯錯誤。強調主觀能動性要有節制。強調過了頭，不顧實際情況和條件，就成了主觀主義，精神萬能。好大喜功也是可以的。但要合乎實際，否則就會弄巧成拙，欲速不達，好心辦壞事、蠢事。」

柯慶施插話：「洛甫同志，你是指去年的大躍進弄巧成拙？是壞事和蠢事？」

張聞天不理會柯慶施的刁難，繼續說：「領導經濟工作，光靠政治掛帥不行，還是要按照客觀規律辦事。有的人根本不懂經濟規律又看不起經濟規律，公然說不用算經濟帳，只要算政治帳。這是不行的。今天總結經驗教訓，尤應從經濟規律上進行探討，不要再不懂裝懂。」

李富春插話：「你這是在教訓黨中央和毛主席。」

張聞天又溫和地看李富春一眼，繼續照自己的思路說下去：「許多事情我們缺乏常識，又滿足於外行領導內行。不能隨意推翻事物的規律，更不能隨便吹牛。生產措施要有科學依據，光用土辦法蠻幹不行。蠻幹是要死人的。要學會尊重科學，尊重知識。趕超世界先進水平之類的話，要謹慎。吹出去了，又做不到，有損威信，失信於天下。」

柯慶施插話：「你這是公然反對政治掛帥，反對超英趕美，我要和你辯論！」

張仲良插話：「你講的不對！就以我們甘肅省爲例，一九五七年之前，我們甘肅不產一噸鋼鐵，去年我們搞了五萬噸！難道還不是大躍進？去年我們全省糧食也增產了百分之四十一，我們破天荒不再從外省運進糧食！」

一直在認眞聽取張聞天發言的周小舟和周惠，這時眼睛都睜大了：「這個張仲良，還在紅口白牙當衆講假話？去年甘肅糧食增產百分之四十一？你那個省明明有十幾個縣份嚴重缺糧，在餓死人，蘭州軍區出動大批軍車從外省替你們緊急運糧，你卻在廬山如此厚顏。」

張聞天也了解甘肅當前的饑荒情況。他沒有理會張仲良這種無恥的省委書記，繼續說：「毛主席在四月上海會議上，號召全黨幹部學習海瑞，敢於爲民請命，敢於提出不同意見，要捨得一身剮，不怕革職，不怕坐牢，不怕離婚，不怕殺頭。這是對的。但光是要求不怕殺頭還不行。人總是怕殺頭的。被反動派殺頭流芳千古，被自己的黨殺頭卻會遺臭萬年。所以問題的另一方面，是要領導上造成一種氣氛、環境，使得敢於發表不同意見，形成生動活潑、自由交換意見的局面。」

柯慶施眼神陰森地插話：「洛甫同志，你這是向黨要求自由。你是不是覺得黨內不自由？在階級社會裡，自由有兩種，資產階級有了自由，無產階級就會失去自由。」

張聞天等柯慶施住了口，才又堅持講了下去：「必須在全黨幹部中提倡講老實話，辦老實事。這個問題對我們執政黨特別重要。我們不要怕沒有人歌功頌德，讓我們共產黨英明、偉大。怕的是人家不敢向我們提出不同的意見。決不能因人家講了幾句不同意見，就給扣上種種帽子。是否提錯了意見，就一定是觀潮派、機會主義、右派？一個人是否眞有問題，要經過一定時間的觀察。這樣做，對團結幹部有利，對工作有利。總之，民主空氣、集體領導、集體智慧至關重要。根本問題在於健全黨內民主生活，使之制度化……」

李富春插話：「洛甫同志，你今天的發言和彭老總的信相呼應！當然你更有理論，比他更深刻、全面、系統！」

張聞天見把他和彭總扯到一起，在發言的最後一段，乾脆來了個坦承相認：「彭總的信，我是支持的。他是我們黨的大英雄，也是我們民族的英雄人物。他的信的中心內容是希望總結經驗，改進工作，本意是很好的。至於『小資產階級狂熱性』的提法，不提可能好一點，提了也可以。去年全國大颳『共產風』，難道還不算小資產階級的狂熱性？」

柯慶施的政治秘書張春橋腦子快，筆頭活。散會時，他已替柯書記總結計算出來了：「張聞天的三小時發言八千餘字，講成績只有二百七十餘字，用了三十九個『但』字，十三個『比例失調』，十二個『生產緊張』，一百零八個『損失』和『很大損失』，以及一大批『太高』、『太急』、『太多』、『太亂』等字眼。」

第二九章　寧教我負天下人

毛澤東於當天晚上到小教堂跳過舞，回到美廬才讀到張聞天發言的記錄稿。是柯慶施命自己的政治秘書張春橋謄寫清楚之後呈上的。本來柯慶施還有話說，但毛澤東揮揮手，示意先去聽聽大家的反映，再來匯報不遲。

不能不承認，張聞天的發言，從全民煉鋼到公共食堂，從窮富觀念到社會保險，從供給制到按勞付酬，從政治掛帥到經濟規律，從思想方法到領導作風，從個人決定一切到黨內民主生活……不慍不燥，從容道來，觀點鮮明，邏輯縝密，舉證確鑿，具理論高度和大家風範。如果說彭德懷的信是一道戰表，張聞天的發言則是一顆政治巨彈。

洛甫啊，你和彭德懷一文一武，將相唱和，把我毛澤東逼到了死角。這是本人自一九三四年遵義會議以來，所遭遇的最嚴重的黨內挑戰……看來我毛澤東面前，也只剩下兩條路：要麼公開承認去年的大躍進得不償失，勞民傷財，是一次大的失敗；要麼逆流而上，力挽狂瀾，奮起反擊，把對手打個落花流水。中庸之道是沒有的。反擊之術，揚長避短，不在理論上和張聞天爭高下。彭、張的要害，是在山上搞了小團體，小宗派，屬反黨性質。相信這一來，彭、張就有口難辯，還手乏力了。當然此事不可操之過急，飯要一口一口吃，牌要一張一張出。

夜深霧冷。毛澤東思緒焦躁，在別墅內坐不住，叫上護士、衛士，外出散步。衛士長，連忙找來手電筒、馬燈等照明用具，一行人相陪著，出了美廬。依日常外出散步的隊形，前面四名衛士提著馬燈開道；拉下十來米距離，是護士小鍾一手牽著毛澤東，一手揮著支大號電筒照路；之後五、六米遠，再又是四名衛士殿後。山道上薄霧繚繞，空氣清新而潮潤。毛澤東默默前行。在毛澤東身邊工作的人，都知道他每逢深夜散步，一定是黨內出了重大事情。依照紀律，他們不能瞎猜，更不能打聽。

一行人沿著月照松林走去。前面有警衛中隊哨兵的低聲喝問。整個牯嶺地區，都由毛澤東的衛隊——中央警衛團第一中隊的好漢們駐守。走走停停，不覺來到錦繡谷畔御碑亭。毛澤東提出進碑亭稍息。上碑亭有數級台階，衛士們立刻簇擁攏來，牽手的牽手，扶肩的扶肩，把毛主席攙扶進亭內。一時間七、八盞馬燈把碑亭照得通亮。衛士長忙把手中的軍大衣墊在石墩上，再請主席坐下。

毛澤東望一眼那塊當年朱元璋手書的〈周顛仙人傳〉，忽然吟頌出一首古詩來：天日蒼茫海氣深，空來高處一登臨。丹樓碧閣皆時事，只有江山古到今！

護士小鍾倚立在毛主席身側，問：「是誰的詩呀？」

毛澤東說：「北宋拗相公王安石的。王安石貴爲宰相，鄙視過眼榮華，看重不朽功業。他變法革新，觸犯了封建地主階級利益，得罪了朝廷裡的保守勢力，最後以失敗告終。去年我們的大躍進，也是一次空前規模的社會改革，至今受到黨內黨外右傾勢力的頑固抵抗，恨不能立即解散公共食堂，撤銷人民公社……我就不信這個邪，部分地區缺糧，死了幾個人，就以死人來壓活人？荒唐得很！王安石還有一首〈江山〉，也很有自己的信念：江北秋陰一半開，晚雲含雨卻低回。青山繚繞疑無路，忽見千帆隱映來！」

衛士長見毛主席吟頌了王安石的詩，心情好了許多，便從旁勸道：「主席，下半夜了，山風大了，霧冷露冷的，還是回去休息吧。」

毛澤東看衛士們一眼，遂起了身，笑笑說：「好好好，你們也向我要起民主自由來了！回去回去，睡一大覺，民主自由就有了。」

衛士們笑了起來。小鍾仰起嫵媚的臉蛋，挽起毛主席的胳膊，在十餘盞馬燈、電筒的映照下，返回美廬來。

已是凌晨兩點。美廬樓上，小鍾陪伴著毛澤東。毛澤東依然毫無睡意。小鍾留意到，書桌上多了一張毛主席和毛岸英的合影。她知道那是主席的長子，很英俊，聽講是在朝鮮戰場上犧牲的；卻不知爲什麼突然找出這麼一張相片來。她勸主席服兩片安眠片，上床睡一覺。

毛澤東捏住小鍾的手說：「今晚上安眠片不管用。我就在這沙發上躺一躺，回頭還要看材料……

一見鍾情啊，妳還是關上門窗，彈兩支古曲，給我散散心吧。」

小鍾依言，取來琵琶，關緊門窗，之後在毛澤東的對面坐下，彈起一首南唐、李煜的〈浪淘沙〉，邊彈邊唱：

往事只堪哀，對景難排。秋風庭院蘚侵階。一任珠簾閑不捲，終日誰來！金鎖已沉埋，壯氣蒿萊。晚來天淨月華開。想得玉樓瑤殿影，空照秦淮……

毛澤東和衣仰躺在沙發上，晃著手：「不好不好，我最討嫌這個李煜了，亡國之君，吟亡國之音……另來一曲吧。」

於是小鍾溫順地彈唱起宋曲〈雨霖玲〉：

寒蟬淒切，對長亭晚，驟雨初歇。都門帳飲無緒，留戀處，蘭舟催發。執手相看淚眼，竟無語凝噎。念去去千里煙波，暮靄沉沉楚天闊。多情自古傷離別，更那堪、冷落清秋節！今宵酒醒何處，楊柳岸，曉風殘月。此去經年，應是良辰好景虛設。縱有千種風情，更與何人說？

毛澤東終被纏綿繾綣的古曲催眠，口裡吟哦著「楊柳岸，曉風殘月……曉風殘月……」，沉沉睡去。小鍾放下琵琶，悄無聲息地取過一張又輕又暖和的毛毯，給領袖蓋上。千萬不能驚動，不能勸他上床。若驚動了他，會大發脾氣，再不能入睡的。這麼偉大的人，也有煩惱苦悶呢。

第二天中午，毛澤東一覺睡醒，即召集他稱爲「十三人核心俱樂部」的人馬開碰頭會：賀龍、彭眞、柯慶施、李井泉、李富春、譚震林、康生、羅瑞卿、謝富治、安子文、陶鑄、蕭華、王任重。他把在山上的三位中央副主席劉少奇、朱德、周恩來排除在外。

毛澤東首先宣布：「現在山上流行自組俱樂部，已有什麼『低調俱樂部』、『高調俱樂部』、『軍事俱樂部』，我們來個『核心俱樂部』。從明天——七月二十三日起，本主席指定由彭眞同志代替周恩來同志，主持山上的政治局會議及神仙會議的日常工作。不是有人議論什麼一人說了算嗎？從明天起換彭眞坐莊，集體領導嘛。對不起，本主席的這點最後的決定之權，是中央委員會全體委員付予的，也是全黨一千八百萬黨員所付予的。」

賀龍、柯慶施帶頭鼓掌，其餘人跟著熱烈鼓掌。

毛澤東接下來說：「不知各位感覺到了沒有？神仙會局勢出現變化。是朝好的方向變？還是朝壞的方向變？暫時不予置評。凡事不宜匆忙做結論。昨天，在柯書記的第二組，洛甫大人做了長達三小時的精采發言。唯其精采，其主要內容，肯定已在山上的各路諸侯之間風傳開來，各位都聽到了些什麼？下面，請擇其精要簡告之。任重同志，你年輕筆頭快，做個記錄吧。賀龍元帥，你打頭一炮？」

賀龍煙斗不離嘴，拔下煙斗說：「好，長話短說。今早起散步，在如琴湖岸邊碰到聶榮臻同志和葉劍英同志，都問我，洛甫昨天的發言算怎麼回事？那麼全面，那麼系統，像是早有準備呢。聯想到彭總的那封信，他們想幹什麼呢？」

毛澤東點點頭：「聶帥、葉帥警覺性高，也包括你賀帥。彭眞同志有什麼信息？」

彭眞說：「上山幾天，埋頭看了神仙會前期的簡報。甘肅的張仲良同志向我講了件簡報上沒有刊出的事：彭老總曾在西北組討論會上說，一九四三年延安整風期間的華北會議上，有人操了他四十天娘。不知彭老總爲什麼要到山上來講這個話？」

毛澤東笑笑說：「很簡單，他覺得吃了虧，想操回來嘛。要滿足操娘的願望。下面是柯書記。」

柯慶施說：「洛甫昨天的長篇大論，要害是全面、徹底地否定去年的大躍進、人民公社運動。我和幾位同志一再打斷他，他仍堅持講下去，頑強得很。彭、張兩位的矛頭都是直接指向黨中央和主席，他們的心大的很。」

毛澤東說：「你柯書記是大左派啊，爲什麼聽不得右的高論？下面，從李井泉同志起，我不再一一點名，依次每位講幾句。」

李井泉說：「山上的確出現了新情況，彭、張有野心，加上別的一些同志，進行小組織、小宗派活動。有人稱爲『湖南集團』。」

毛澤東略帶驚訝地說：「『湖南集團』？在座的賀老總、李副總理、譚老闆、陶書記，加上本人，都是湖南人啊。」

李富春說：「這稱呼不準確。我建議中央對彭、張二位進行嚴肅的反批評。」

譚震林說：「他們有什麼資格稱爲『湖南集團』？恕我直言，黃克誠同志上山才四、五天，已和我吵了三架，都是爲了去年的大躍進。我的看法，國防部長和總參謀長搞在一起，要警惕山上眞的出現『軍事俱樂部』什麼的。」

毛澤東面無表情，一聲不吭。

康生說：「從歷史上看，彭、張、黃三同志都積極推行過李立三路線、王明路線。這次到了山上，又機會主義舊病復發。張的發言有很大的蠱惑性和欺騙性。」

羅瑞卿說：「同意譚震林同志的提法，要警惕山上出『軍事俱樂部』。昨天，張聞天同志發完長篇大論，他的秘書擔心會有麻煩，張卻說，怕什麼？我的發言經過深思熟慮，他們駁不倒的。」

謝富治說：「據了解，張聞天同志已將他的發言稿送彭德懷同志看過，並於昨晚上碰了頭。彭誇獎張的發言深刻、全面、有水平，很過癮。還有些情況，我想個別匯報。」

毛澤東面無表情地朝謝富治點了點頭。

安子文說：「由於分工組織工作，自己對組織方面的情況比較敏感。我斗膽說上一句，山上山下，彭德懷同志都有拉隊伍的跡象。有人甚至說，連中央書記處，現在也是一半對一半。」

毛澤東揚揚眉頭問：「有那麼嚴重？不見得吧。你是組織部長，中央書記處一半對一半這話，不許外傳。下面繼續。」

陶鑄說：「洛甫的發言記錄稿是今上午才從柯書記那裡借到的，只借半小時，大家排隊等候，搶手得很。建議停止傳閱，縮小影響。對洛甫同志，還有彭老總，我的態度是建議中央進行教育挽救，包括必要的思想批判。」

毛澤東說：「陶書記的意見，同意一半。洛甫的發言稿，到時候由會議印發，奇文共欣賞，怕什麼影響？要相信多數人的覺悟，不要小家子氣。下面繼續。」

蕭華說：「張聞天同志的發言稿我還沒有看到。但整個山上都在議論。程子華同志、甘泗淇同志都是我的老戰友，他們和我說：彭老總的信是迫擊砲，張聞天的發言是機關槍。在戰場上，新兵怕大砲，老兵怕機關槍。」

毛澤東說：「現在是迫擊砲加機關槍，火力很猛嘍。只剩下做記錄的王書記了，你也說幾句？請陶書記代爲記錄。」

陶鑄從王任重手中接過記錄本。

王任重說：「對去年的工作失誤，我認眞檢討，繼續糾左；對彭老總、張聞天同志等否定大躍進的言論，我決不認同。特別是指我們去年犯了『小資產階級的狂熱性』，打死我也不承認。這不是善意幫助，而是冷嘲熱諷。現在山上山下，都有一股風，指去年中央犯了左傾路線性質的錯誤。是不是有人意欲改變中央領導啊？」

晚上，毛澤東服了三次安眠片，仍無法入睡。他無意像昨晚上那樣，再讓衛士、護士陪著，亮著馬燈、手電筒外出散步。況且窗外起了大霧，白濛濛一片，什麼都看不見……翻來覆去，左考慮右考慮，覺得還是應當和少奇同志談談，通通氣。畢竟，少奇掛名國家主席，黨的二把手。

劉少奇於大霧中，由兩名男服務員扶下汽車時，腳下仍有些虛飄。看來又是吃了安眠藥，還沒有完全甦醒過來。這次，毛澤東也特意吩咐：「太晚了，光美就不用陪來了。」

上樓，進到毛澤東書房。毛澤東親手泡了一大杯濃茶，幫助少奇同志清醒。再又遞上一支煙，親自給點上火。

茶和煙都是解睏之物。果然，少奇同志喝下濃茶，吸著煙卷，漸次清醒過來，竟問：我怎麼到主席這裡來了？

毛澤東笑說：「派車接你過來的……我也是出於無奈，又一次打攪你的清夢。洛甫在第二組的長篇大論，你看過記錄稿了？」

劉少奇「噢噢」兩聲，頭腦裡仍有些木木的。他忽然瞥見那書桌上，擺了幀主席和長子岸英的合影。這張合影他很熟悉，記得是一九四六年岸英從蘇聯回到延安，在棗園的窑洞門前所拍攝……他見主席等著回答，忙說：「看、看過，印象不深，議論倒是不少……」

毛澤東盯住問：「你也聽到不少議論？怎麼議論的？」

劉少奇見毛主席目泛橫蠻之色，登時身上打了個激靈，完全清醒了過來：「都講洛甫的發言比彭總的信全面、系統、深刻，有理論，高水平。」

毛澤東仍盯住問：「你、我怎麼辦？是繳械？還是反擊？」

劉少奇又打一個激靈：「反擊，當然要反擊……問題是定爲什麼性質？黨內矛盾、鬥爭……」

毛澤東目光犀厲：有人稱他們爲「湖南集團」，「軍事俱樂部」，性質是右傾機會主義。

劉少奇斗膽搖了搖頭：「不能以地域稱集團。此例一開，以後就會有『上海集團』、『四川集團』……性質定為右傾機會主義要考慮。或許山上是出了右傾機會主義的苗頭，但就全黨來說，仍是左的問題嚴重，何況十來個省區出現糧荒，已死了不少人。如果中央政策大轉彎，只怕會對災情雪上加霜，更難克服當前國民經濟的緊張局面。」

毛澤東冷笑道：「你也是用死人來壓活人呢。國家這麼大，人口七億幾，哪年不發生些災情，死掉一些人？我一直懷疑，有的人把問題誇大，另有所指。不管怎麼講，去年糧食還是增產了三到四成嘛，糧食長了翅膀，飛上天去了？怎麼就會鬧饑荒、餓死人？」

劉少奇見毛主席不肯承認起碼的事實，只好嘀咕了一句：「各省都有統計數字報到中央……報災情不象報高產，只會縮小，不會誇大，甘肅、河南、安徽情況最嚴重……」

毛澤東不計較劉少奇嘀咕些什麼：「好吧，考慮到你的看法，山上反右，山下反左，如何？」

劉少奇仍然固執己見：「少數幾個同志的問題，小團體就小團體，軍事俱樂部就軍事俱樂部，最好不提反右傾。不然，大半年的糾左工作，白做了，還有後果……」

毛澤東目光又有些泛橫：「你不同意反右傾？山上的問題山上解決，我已經和一些同志談過話，都是這個看法。山上的文件不下發，行不行？甚至可以考慮另發一個繼續糾左的文件嘛。我現在是左右夾攻，身心疲憊。」

劉少奇望著毛主席那布滿血絲的眼睛，恭順地笑了：主席考慮周到，山上反右，山下反左，好……喲，都快天亮了。主席休息吧，不要太勞累，請保重身體。我近兩天胃病又犯了，隱隱作痛，不服安眠片就睡不了覺。

毛澤東說：「我是服了安眠片也睡不了覺。你還有王光美照顧。」

劉少奇問：「要不要安排藍蘋上山來住住？」

毛澤東揮揮手，表示不予考慮：「這樣吧，照顧你的身體，從今天起，由彭眞主持會議，你和恩來可以輕鬆一下。」

劉少奇起身告辭：「同意。今晚我們所談的事情，要不要先和總司令、總理通通氣？」

毛澤東顯得很疲累，很厭煩地晃晃手：「開會宣布一下，不就都知道了？現在山上的民主，不是太少，而是太多了。」

一九五九年七月二十三日，是個値得歷史學者重視的日子。早上八時，包括劉少奇、朱德、周恩來三位中央常委在內的山上大員們，幾乎同時接到中央辦公廳會務組的臨時通知：「九時正，在小教堂開全體會議，聽毛主席講話，不准請假、缺席。」

臨時通知帶點緊急、神秘色彩，又是上山後的第二次全體會議，因之不到九點，中央大員和各路諸侯一百多人，就都入場就坐了。像二日開幕式那天一樣，沒有佈置主席台，只擺了張鋪著白布單的桌子當講台。台前第一排爲政治局委員們的坐位，也沒有分座次。其餘人員則不分區組，隨意而坐。

九時正，毛澤東在一群衛士及醫護人員簇擁下，從正門進入會場。大家起立，鼓掌致意。毛澤東直走到小講台前坐下。大家跟著落坐。毛澤東看一眼坐在前排的政治局委員們，轉過臉去問衛士長：「彭老總在哪裡？他來了沒有？」衛士長忙打望一眼，俯身輕聲報告：「來了，坐在最後一排，靠門邊，羅部長也坐在那附近。」毛澤東輕聲吩咐：「你去通知守衛，不散會，任何人不准開溜。」

吩咐罷了，毛澤東朝坐在前排的彭眞示了個眼色。彭眞起立，轉過身子，面對全體與會者宣布：「同志們，受中央主席委託，即日起由本人主持下階段的會議。現在，請主席講話。主席要求免俗套，不鼓掌。大家準備記錄吧。」

全場一派移椅子、掏本子、翻紙頁的聲音。

毛澤東很響地喝一口茶，清清嗓門，說：

「你們講了那麼多，允許我講個把鐘頭，可不可以啊？我也需要民主和自由。吃了三次安眠藥，睡不著。

我看了同志們的發言記錄、許多文件，還和部分同志談了話。感到有兩種傾向：一種是觸不得，大有一觸即跳之勢。吳稚暉形容孫科，一觸即跳。現在有些同志不讓人家講壞話，只願人家講好話。因之有一部分同志感到有壓力。兩種話都要聽。我跟這些同志談過，勸過他們，要聽壞話。壞話、好話，兩種話都要聽嘛……。

現在黨內黨外都在颳風。左派講，秦始皇爲什麼倒台？就是因爲修長城。現在我們修天安門，搞得一蹋糊塗，要垮台了。黨內這一部分意見我還沒有看完，集中表現在江西黨校的反應，各地都有。邵大個不必著急，你們搞出這個材料，實在好，今天就印出來。所有右派言論都印出來，龍雲、陳銘樞、羅隆基、章伯鈞爲代表。江西黨校是黨內的代表，這些人不是右派，可以變就是了，是動搖分子。他們看得不完全，有火氣。做點工作可以轉變過來。有些人歷史上有問題，挨過批評。例如廣州軍區某軍政治部的材料，有那麼一批人，對形勢也認爲一蹋糊塗。這些話都是會外講的話。我們這一回是會內會外結合，可惜廬山地方太小，不能把他們都請來。像江西黨校的人，羅隆基、陳銘樞，都請來，房子太小嘛！

不論什麼話都讓他講，無非是講得一蹋糊塗。這很好。越講得一蹋糊塗越好，越要聽。……在座諸公，你們都有耳朵，聽嘛！難聽是難聽，要歡迎。爲什麼要讓人家講呢？其原因在神州不會陸沉，天不會塌下來。爲什麼呢？因爲我們做了一些好事，腰桿子硬。那些聽不得壞話的人，他那個腰桿子有些不硬。你如果腰桿子眞正硬，壞話你爲什麼聽不得？我們多數派同志腰桿子要硬起來。爲什麼不硬？無非是一個時期豬肉少了，頭髮卡子少了，又沒有肥皂，叫做比例有所失調，工業農業商業交通都緊張，搞得人心也緊張。我看沒有什麼可緊張的。我也緊張，說不緊張是假的。上半夜你緊張緊張，下半夜安眠藥一吃，就不緊張……」

毛澤東在黨內的即席講話，從來是漫談方式，洋洋灑灑，上下古今，鋪天蓋地。看似不著邊際，實則收放自如，讓你揣模、體味，甚具鬥爭的張力，思想的殺傷力。他說人民公社、公共食堂是河南人、河北人創造出來的，得到全國貧農、下中農的熱烈響應，農民有了羅斯福所說的「免於貧困的自由」，怎麼是「小資產階級的狂熱性」？他說去年的大煉鋼鐵，一千零七十萬噸鋼，發明權在柯慶施，自己只是下了決心，有推廣之責，北戴河決議寫了上去，結果九千萬人上陣，補貼了四十億，叫「得不償失」？去年鋼鐵指標完成了，怎麼算是「小資產階級的狂熱性」？他說去年放衛星，確是柯書記放了工業大砲，譚老闆放了農業大砲，我也放了三個大砲，一個人民公社，一個大煉鋼鐵，一個總路線；他說如果光講缺點、錯誤，全國七十幾萬個生產隊，七十幾萬條錯誤，講到何年何月？辦一張專講壞話的報紙，不要說一年，一個星期也會滅亡。不要等美國、蔣介石來，我們國家就滅亡。假如辦十件事，九件事是壞的，都登在報上，一定滅亡，應當滅亡。那我就走，到農村去，率領農民推翻政府。你解放軍不跟我走，我就找紅軍去，我就另外組織解放軍。我看解放軍會跟我走的。

毛澤東說，從去年十一月鄭州會議以來，中央、省、地、縣四級幹部，都在做檢討。難道檢討得還不夠？還要抓住那點左的失誤不放過？現在的問題是，有些人總是在關鍵時刻動搖。他們是少數派。在大風大浪中，有些同志站不穩，扭秧歌。蔣幫不是稱我們爲秧歌王朝嗎？去年南寧會議、成都會議、八屆二次黨代表大會，我都講過，對於一九五六年、一九五七年的那種動搖，我不贊成戴帽子。如果現在要講小資產階級的狂熱性，那時的反冒進，算資產階級的什麼性？當然，在座的周總理，那次反冒進，這次站住腳跟了，表現出樂觀性、堅定性來了。相信陳雲同志來了，這回也會站住腳跟。由另外的人取而代之。比如「有失有得」，把「失」字放在前面，是仔細斟酌了的。如果要戴帽子，這回是資產階級的動搖性，是在帝國主義、資產階級壓力之下，動搖起來，右起來的。

毛澤東的長篇講話，一反大半年來願意糾左反左、檢討去年失誤的承諾，轉而全面肯定去年的大躍進、大煉鋼鐵、人民公社和公共食堂。對缺點、錯誤一概不認帳。批彭之聲，呼之欲出。他講到：

許多事情根本料不到。以前不是說黨不管黨嗎？計委是計畫機關，現在卻不管計畫。還有各個部，還有地方，一個時期不管計畫，就是不管綜合平衡，不要比例，這一條沒有料到。地方可以原諒。計委和中央各部，十年了，忽然在北戴河會議後不管了，名曰計畫指標，等於不要計畫。所謂不管計畫，就是不要綜合平衡，根本不去算，要多少煤、多少鐵、多少運力。煤鐵不能自己走路，要車馬運。這點眞沒有料到。我這樣的人，總理、少奇同志這樣的人，根本沒有管，或者略略一管。我不是自己開脫自己，我又不是計委主任。去年八月以前，我同大多數常委同志主要精力放到革命上頭去了，對建設這一條沒有認眞摸，也完全不懂，根本外行。在西樓時講過，不要寫「英明領導」，根本沒有領導，哪來什麼英明呢？

毛澤東臉不紅，心不跳，當著中央大員和省市委書記們的面，把去年他親自上陣、一手發動的大躍進的嚴重失誤的責任，推了個一乾二淨，聲稱自己「根本沒有領導」！反正誰也不敢挑明、戳穿。他洋洋灑灑，妙舌蓮花，一路講來，變謊言爲眞理，假象爲事實。他最後說：

如果講責任，責任在李富春，責任在王鶴壽，其他部長多多少少有點責任。農業部有責任，譚老闆有責任。主要責任應當說在我身上。過去說別人，現在別人說我。過去說周恩來、陳雲同志，現在說我，實在是有一大堆事情沒有辦。你們看，「始作俑者，其無後乎。」我無後乎？中國的習慣，男孩叫有後，女孩不算。一個大煉鋼鐵，一個人民公社。大躍進的發明權是我，還是柯老？我同柯慶施談過一次話，我說還是我……始作俑者是我，應當絕子絕孫。有人背後賭咒，現在我自己咒自己，還不行？補貼四十億搞小土群、小洋群。「得不償失」、「小資產階級狂熱性」等說法，由此而來。我勸同志們，自己有責任的，統統分析一下，不要往多講，也不要往少講，都吐出來。無非拉屎嘛，有屎拉出來，屁放出來，肚子就舒服了。今天不再講別的，因爲還要睡覺。你們要繼續開會就開，我就不開了。講了好久？不到兩個鐘頭嘛。散會！

毛澤東說罷，起身便走。守候在過道兩側的衛士。醫護人員趕緊過來簇擁著他。因爲要走小教堂大門，各路諸侯們爲了讓毛澤東和政治局委員們先走，都坐著未動。政治局委員們也暫時留在位置上，主持會議的彭眞還要布置今後幾天的小組討論事宜。不少人還在呆呆地看著手中的筆記本，彷彿還沒有明白過來發生了什麼事。除了那幾位「高調俱樂部」成員（毛澤東稱他們爲「多數派」），大多數與會者腦子裡嗡嗡的，一時還跟不上這一百八十度的大轉彎。

彭德懷和羅瑞卿因坐在後排，而比毛澤東先出了會場。羅瑞卿快步閃進旁邊的樹叢裡去解決內急。也是戰爭年代養成的習慣，來到風景名勝區裡，從中央大員到各路諸侯都喜歡鑽進樹叢隨時方便，施肥。彭德懷則站在小教堂外，背對著大門，彷彿在等候什麼人。

毛澤東步出大門，見台階下站著彭德懷，便說：「那不是老彭嗎？彭老總，你等等。我的講話不合你的口味吧？我們可以談談……」

沒想到彭德懷轉過身來，瞪著發紅的眼睛，朝他一掄胳膊吼道：「談個鳥！媽媽的屄！鄉下已經鬧饑荒，餓死人，你又要反右傾！你把你個人的面子看得比農民的性命還重！」

毛澤東見彭德懷是被他擊中了，老羞成怒了，無以自容了，失態失控了，反倒平靜地問：「你動什麼粗口？操誰的娘？爲什麼不可以談一談？」

彭德懷一臉盛怒，渾身都著了火似的，完全沒有了三軍元帥的威儀風度，又是一掄胳膊，吼罵道：「談個鳥！爲什麼不承認鄉下有饑荒？農民餓肚皮？媽媽的屄！岸英在朝鮮犧牲，你也記我的仇？沒想到你記我這個仇……砍下腦殼碗大個疤！你可以負天下人，天下人不可以負你！」

吼罷，彭德懷如同一頭凶猛的獅子，轉過身子，大步走去。

毛澤東站在台階上，臉色寡白。簇擁在他四周的衛士、醫護人員都呆住了。台階下，羅瑞卿看著這突如其來的一幕，恨不能立時追上去，把彭老總揪回來。

可是毛主席沒有下令。

第三〇章　二十三日晚上事件

各路諸侯沒有看到彭德懷元帥衝著毛澤東主席罵娘的那驚心動魄一幕。

田家英、陳伯達、吳冷西、李銳四人離開小教堂會場時，剛過十一點，還有一小時才開飯，便不約而同地沿著山坡小道，朝大天池方向走去。誰也沒有吭聲，都心裡空落落、悶沉沉的。太突如其來了，怎麼也沒想到毛主席會有這個大轉向，變反左爲反右，視國計民生同兒戲，毫不念及天下荒年，百姓饑饉……畢竟是秀才文臣，思想敏感、神經脆弱些，都有種難以承受、適應的苦痛。大半年來，主席和中央一直讓他們編寫反左的簡報資料，起草糾左的文件報告；現在搖身一變，又該讓他們編寫反右的簡報資料，起草反右的文件報告了！工具，他們成了一批沒有自己好惡的文字工具……

四人不覺來到大天池東側的照崖亭。這是一座觀景石亭，天氣晴朗的日子，可以眺望到北面山下千里沃野，長江如練，白帆點點。此刻山下白茫茫霧漫雲迷，萬事萬物混沌一片。李銳苦中作樂，吟頌一首唐人絕句：松下問童子，言師採藥去，只在此山中，雲深不知處！陳伯達觸景生情，也以他艱澀難懂的閩南口音吟頌一首唐人七律：昔人已乘黃鶴去，此地空餘黃鶴樓。黃鶴一去不復返，白雲千載空悠悠。晴川歷歷漢陽樹，芳草萋萋鸚鵡洲。日暮鄉關何處是，煙波江上使人愁！

廬山離武昌尚遠。崔顥當年題書在黃鶴樓上的這首七律的惆悵情調，卻很切合四位文臣眼下的心境，也是愁腸百結，萬般無奈啊。

照崖亭內側的一塊天然巖石上，刻有王陽明的那首著名的〈夜宿大天池〉：

昨夜月明山頂宿，隱隱雷聲在山麓。
曉來卻問山下人，風雨三更捲茅屋。

田家英呆立在石刻前，忽然嘆道：「這個王陽明，留下四句讖語，是不是預知四百年後，廬山上這場朝夕之變？」

吳冷西拍拍田家英的肩頭：「算了，人家王陽明是大隱士，你、我這輩子，是做不了隱士的。」

陳伯達在旁說：「對對，涉世太深，難以自拔……不對不對，我這話不算數，不算數。」

李銳玩世不恭地說：「各位！你們看這亭子，肯定是新修復的，石柱上皆無聯刻，我們來湊上幾副，記叙一下各自的心情感受？這麼好的地方無聯句，太可惜。」

田家英和李銳蹲到地下，各以一段燒焦了的松枝作筆，在泥地上寫劃起來。陳伯達和吳冷西躬下身子，邊看二人寫劃些什麼，邊在各自心裡默想著章句。田家英心靈手捷，已寫出一副舊聯：

四面江山來眼底
萬家憂樂到心頭

李銳手中松枝一投，站起身子：「好個『四面江山來眼底，萬家憂樂到心頭』！」此景此情，此聯足矣！

陳伯達、吳冷西也跟著叫好，嘆服田家英心有靈犀，切中時弊。一時，四人你望望我，我望望你，各有滿腔心事，訴與誰人說？特別是有個陳伯達在場，雖爲同事文友，畢竟不是摯友，還是要慎防禍從口出。

四人一路無話，仍循原路返回小教堂門口來。遠遠的，他們見到柯慶施、李井泉、譚震林、曾希聖、張仲良、吳芝圃等人，還在教堂門口的台階上興高采烈，揮拳舞胳膊的，像一群打了大勝仗的將軍。但聽到柯大鼻子說：「主席講話，雷霆萬鈞，誰也阻擋不了，老右們這回輸定了，下面的任務，是我們要緊跟主席追窮寇……」李井泉說：「總算把局勢扳回來了，這局勢得來不易。莫忘了，我們還是要適當檢討去年的失誤，之後勇敢出擊，用檢討支持出擊，是對付老右們的利器；」張仲良說：「彭老總總是抓住我們甘肅部分縣市的所謂饑荒當靶子，我就不買他這個帳。去年甘肅工業、農業就是大豐收！否定成績，就是否定主席，否定中央。」；曾希聖說：「安徽躍進步伐快了點，也是他們的眼中釘。虧了主席英明，不然我們的日子不好混。」吳芝圃說：「前段時間，逼得我到處認錯，人民公社、公共食堂都是河南首創，全國推廣，我成了禍首。彭老總講在火車上看到河南老百姓在逃難，他是造謠：河南全省的公共食堂一個沒垮，都辦得好好的，農民為什麼要逃荒？我們左是左一點，但總比右傾好。」；譚震林說：「從反左到反右，他娘的，有得瞧，先把那幾根翹到天上去了的右傾尾巴敲下來！」

田家英四人聽呆了。完了，終是這些人得勢了。眞理何在？天理良心何在？他們覺得不應上去打照面，免得人家起疑心，打小報告。現在，他們可以聚在一起，公開、半公開地鬧小宗派活動；但別的人聚起一處議論幾句什麼，卻會被他們告上去，視作小團體。

田家英說：「我們散了吧，各自保重。」

彭德懷當著毛澤東的面掄了胳膊，罵了娘，吼出了心裡憋了許久的幾句話，回到一百七十六號別墅，心裡竟是痛快了些。他掩上房門，躺在床上休息。他一點都不感到後悔。為了農業，為了公共食堂，為了鄉下那些正在餓肚皮的父老兄弟，他早就想罵娘了！罵這班沒良心的化生子。共產黨的高官，多數是農家出身；上了台，掌了權，卻上上下下的折騰農民，拿農民的肚皮做試驗，當犧牲品……虧老毛講得出口：現在不過豬肉少了點，雞蛋少了點，頭髮卡子少了點！多輕鬆，多簡單。明明全國有十來個省區鬧糧荒，流行水腫病，已經餓死了不少人，各地情況早就上報中央，中央軍委早就動用野戰軍區的車輛往災區緊急運糧；老毛作為中央主席，卻紅口白牙，仍在彌天大謊，糧食多得很，吃不完！良心都叫狗咬了……也難怪，老毛是富農子弟，他爺老倌是米販子，年年低價買進，高價賣出，囤積居奇，家裡的穀米多得生蟲，他從小吃得飽，穿得暖，不知道餓肚子滋味。化生子，化生子！你不知道挨餓的滋味，我老彭卻從小飽嚐了那滋味。我老娘牽著我五兄妹出去討吃。我十二歲進煤窰當小工，十四歲投奔湘軍吃糧……那時不叫參軍，叫吃糧。窮小子從軍為肚子，士兵又稱糧子……我爺娘加一個兄弟，一家餓死三口。我當了糧子，才沒有餓死……現在鄉下又在餓死人，不是天災荒年，是被我們黨的瞎指揮、老毛的好大喜功所餓死……

彭德懷和衣倒在床上，兩眼滿是淚水……老毛說，始作俑者，其無後乎！我無後乎？我一個兒子打死了了，一個兒子瘋了……老毛，原來你還和我記這個仇？還公然在黨的會議上講這個話？你堂堂一位黨主席，要和我公報私仇？毛岸英是我害死的嗎？他是被美帝國主義的飛機投下的汽油燃燒彈燒焦的！朝鮮戰場上死傷了六十幾萬志願軍官兵，都成了我這個總司令的責任？只有你兒子的性命才是性命……怎麼辦？我該怎麼辦？我原不該上山來趕這蹚渾水的！中央無論到哪裡開會，都由老毛的警衛一中隊把守駐地，和老毛鬧翻，就如掉進一張羅網……韓信空有百萬雄兵，我彭德懷空有雄兵百萬……老子手上要有一營精兵，為了老百姓，老子就敢搞兵諫！就像當年張學良兵諫華清池，逼老蔣答應打鬼子；彭德懷兵諫廬山，逼老毛下令解散公共食堂，緩辦人民公社！可是，哪來的一兵一卒？人家老毛精通帝王之術，連警衛員佩的手槍都臨時上交了……不對不對，老毛不是劉邦、老蔣，我也不是韓信、張學良。我們是共產黨，黨指揮槍……

嗒嗒嗒，房門被敲響。彭德懷一個鷂子翻身，坐直身子，掏塊手帕抹一把眼睛：「哪個？」

是保健護士，隔著門板報告：「首長，開飯了，是陪你到食堂吃？還是替你打回來？」

彭德懷回答：「我不餓。你自己去解決吧。」

「首長……還是起來吃一點……」

「你囉嗦什麼？我少吃一頓中飯還不行？還有別的事？」

「首長，秘書處來電話，通知你下午參加第四組討論……還有，晚上請你去總理那裡開會……」

「通通替我請假。就講我不舒服，犯睏，要睡覺，休息！」

彭德懷聽著保健護士的腳步聲極不情願似地離去。他確是有些睏，胃也隱隱作脹，不舒服。胃病是戰爭年代落下的。和平時期，一生氣就脹痛。虧了同仁堂一位老中醫，替他配製了一種楂曲平胃蜜丸，痛起來就嚼上一把，止痛，還管臨時充飢。他翻出來一大瓶黑豆粒般的藥丸，是臨來時浦安修婆婆媽媽硬要他帶上的。他就著白開水吃下去一把，重又和衣躺在床上。這藥丸煞是作怪，吃下去就管用，兼能催眠。

保健護士還是把首長的飯菜用幾隻帶蓋的青花瓷碗打了回來。可到首長臥室門邊一聽，裡面已響起了均勻的鼾聲，知道首長確是睏了，才不敢打攪。小伙子跟了彭總這些年，就像跟隨一位父輩似的，跟出了感情。彭總沒胃口，他就吃不香；彭總胃口好，他才狼吞虎嚥。彭總日常飲食清淡，不嗜煙酒，少吃腥葷，就喜歡個豆製品和蔬菜。因之每次從首長小灶食堂打回來飯菜，他總要埋怨幾聲：出來開會，也吃這麼好，越搞越特殊化了。戰爭年代，我只准開病灶，照顧病號，不准分什麼小灶、中灶、大灶……去去去，把機要員、警衛員都找來，你們年輕人愛打牙祭，我看著你們吃，高興。

彭德懷一覺睡到天落黑。保健護士敲門，請他起來用晚餐。他打開房門。保健護士給端來一海碗熱氣騰騰的榨菜肉絲麵，上面蓋了兩個荷包蛋，並解釋：「不是報了病灶，是私下求廚房師傅做的，首長放心……」彭德懷心頭一熱，看了小伙子一眼。管他娘，食爲天。於是稀哩嘩啦吃下去大半碗，還剩下小半碗加一個荷包蛋，推給小伙子：「我飽了，你拿去解決了。」

保健護士說：「總理來過電話，聽說你下午請假，問是不是病了？看醫生沒有？我報告首長沒病，只是太睏了。」

彭德懷批評說：「總理來電話，爲什麼不把我叫起來？還說了什麼？」

保健護士說：「是總理不讓叫醒你……總理說，如果身體可以的話，請彭總晚飯後過他那邊去一下，他要和在山上的幾位副總理碰碰頭。」

彭德懷忽然來了精神，挺了挺身子，彷彿對自己頗爲滿意地說：「我這就去。我是個武夫，泰山壓頂，照睡不誤。」

彭德懷帶一名警衛員，一路風快走到河西路四百二十二號別墅。警衛員留在樓下，和幾位副總理的警衛員玩撲克牌等候。小梅來領彭總上樓。小梅每次見到彭總都高興得像個孩子。在樓道裡，她小聲抱怨說，幾次掛電話，想去看望首長，你那邊的工作人員總是說首長在忙……彭德懷說：「不忙了，快要不忙了，妳想去就去，不要打電話嘛。」

進到總理書房，陳毅、李先念、賀龍、李富春四位副總理已經在座了。周恩來領著大家起身，一一和他握手。他歉意說：「對不起，對不起，上午發了一頓脾氣，下午睡一大覺，醒來日頭下山。」

周恩來、陳毅、賀龍等人尚不知道上午散會後他對毛澤東發怒的事，也就沒有在意。周恩來找五位副總理來談談如何正確領會毛主席講話的精神實質。仍認爲，旨在有左反左，有右反右。主席說的「孫科一觸即跳」，是指去年工作中犯了左的失誤同志，不要害怕批評，而要勇於檢討，切實改正；對於把局勢估計得過於嚴重，把工作失誤誇大到不恰當地步的同志，則要防止右傾，吸取過去反冒進的教訓。左的錯誤，使事業受到損失；右的錯誤，多半會害了自己。

彭德懷說：「上午雖然沒有被正式點名，我卻已是右傾代表。給黨主席寫了封信，個別反映情況，卻當成意見書印發，現在收都收不回。這事我辦得沒腦筋。」

陳毅笑說；「彭老總，要說右傾，我可是比你老資格了，從中央蘇區當右傾，到新四軍被項英、饒漱石整成右傾，前後十幾年。現在輪到你了，有啥子了不起？」

李先念也說：「我和總理、陳老闆、一波四個，爲反冒進的事，也當過右傾，接受批評教育，還不都一路過來了？」

李富春說：「反冒進，我也是掛了號的。」

只有賀龍吸著煙斗笑笑，沒有做聲。

周恩來說：「總結去年，九千萬人上山煉鋼鐵，完成一千零七十萬噸，是個革命。但今年訂爲二千七百萬噸甚至三千萬噸，則根據不多。現在總算落實到一千三百萬噸。已經是七月下旬了，還剩下四個月，得加把勁。今年小土爐是搞不得了。」

彭德懷說：「我信上寫的『有失有得』，是指小土群，根本沒有反對小洋群。」

周恩來說：「你呀，把『失』字放在前面，是有意識的。應當把落實和洩氣分開來。主席擔心洩了大家的氣。」

彭德懷說：「一千零七十萬噸，腦子熱了一下，他是有一份的。他是受了柯慶施、吳芝圃那些同志的影響。陸定一告訴我，他上山前，和舒同去上海搞調查。柯大鼻子還在講，到一九六二年，光是上海市的鋼產量就可以搞到一千萬噸。可是陸定一、舒同粗估算了一下，就算有電力、有鐵礦石、有焦炭，上海的鐵路、公路、港口也運輸不了！明明做不到，卻硬是要吹，繼續浮誇騙人。當然要承認，放衛星的事，毛澤東他冷得比較早，去年十一月鄭州會議就發現問題了。這次我為什麼寫信給他做參考？我有個感覺，共產黨內有不敢批評的風氣了。寫個信也要咬文嚼字，實在受不了。」

賀龍說：「這話我有保留。黨內怎麼不能批評了？你和主席吵了那樣多，也沒有計較過。」

周恩來說：「敢提意見是好的。主席講了，基本上是好的，方向不大對嘛。當然，他沒有指名，沒有什麼大不了的。你還沒有到反冒進那個地步，有那個趨勢而已。你到此為止。認識了，覺悟了，就好了。受點批評有益處。」

彭德懷說：「今年輪到我和洛甫離右派只有三十公里了。共產黨裡不能有批評，不能有逆耳之言，違反共產黨的基本原則。」

陳毅說：「這個不盡然吧？我看簡報上，六個組討論，多數同志還是認同你的信。」

賀龍說：「講人家聽不得批評的人，自己也要受得起批評。」

周恩來怕彭德懷和賀龍抬槓，而繼續談論具體問題：「我有些擔心今年鋼、鐵、煤三大指標降下來之後，仍不能完成。還有運輸是個大問題。木材、化肥、糧食繼續緊張。更重要的是基建，那麼多大中型項目要下馬，下不下得來？另有機械、財政、金融、外貿等等都很緊張。上海的煤炭只有七天的儲備。到六月底，全國糧庫存糧只有三百一十億斤，以七億人口計，平均每人不足四十五斤，要不要命？去年還新增人口二千零八十萬。當然今年夏糧下來，情況會有所緩解，但仍然很緊張。按第一個五年計畫的經驗，一元貨幣比九點六元物資，市場就正常一點。一九五六年，降到一比八點八，就開始緊張。唉，到現在，已降至一比四點幾，大緊張了。主席講上半夜緊張，下半夜靠安眠片。」

彭德懷一聽全國人均剩下一個月口糧，心都懸了起來：「總理啊，你是當家人，這些情況，你爲什麼不到大會上講一講？讓大家心裡有個數，不要再浮誇了！不然眞要餓死更多的老百姓了！」

周恩來苦笑著搖搖頭：「開始就講這些困難，像訴苦會，大吐苦水？誤會成洩氣，吹冷風，不好。你們五位是副總理，心裡可以有這個底。先念，富春，是不是這樣啊？」

李先念說：「去年得到教訓，既糾左，又防右。」

李富春說：「還是成績爲主，缺點只是一個指頭。」

賀龍說：「報上登今年夏糧收成好，秋糧也豐收在望，不致出現全國大糧荒的情況吧？」

彭德懷很寒心：「山上可是歌舞昇平，又要反右傾囉！都是一個戰壕出來的人，你們也是世故很深了，老奸巨滑。我也該學學了，不看下面疾苦，只討上面高興。」

陳毅說：「你彭老總學得來？我是努力學，也是一鍋夾生飯，哈哈哈。」

周恩來說：「面對困難，要看到前途，看到光明，堅定信念。這是認識論和方法論問題。我不是一九五六年犯了反冒進的錯誤嗎？當時是衝口而出，沒有準備好，跑到二中全會上講了那麼一通。應當慎謹，吸取教訓。今年你老總替了我了。其實，你彭總有鑒於我，還寫了總路線基本正確，沒有寫『冒進』字眼。但我那時說話，也是兩方面都說了的。後來寫了十三次檢查，在黨代表大會上宣讀，才過了關。所以彭總，你還沒有我和陳老闆嚴重……」

周小舟、周惠都吃不下中飯。秘書和服務員都以爲他們病了。下午照常去第二組參加討論會，氣氛已不如先前那麼熱烈。每人都談了幾句，大同小異，表態性質。無非上午聽了主席講話，受到深刻教育，要仔細領會，好好消化等等。有的在提到彭德懷的信時，已帶上批評的語氣，但堅持對事不對人。除了少數幾位左派同志喜形於色，大多數人心事重重，來不及轉彎。組長柯慶施一副等待大家覺悟的寬容氣度，也沒有長篇大論。

晚飯也是匆匆扒了幾口。湖南二周平日飯後總是喜歡到外面走走，串串門子。今天卻一個仰在床上，一個靠在椅子上，相對無言。他們怎麼也想不通，怎麼也適應不了，毛主席突然轉這麼大的彎，整個一百八十度。豈不是去年中央給湖南插白旗，評下游，又插對了，評對了？湖南保住了糧食，有餘糧支援兄弟省區，又成罪狀了？做爲黨的領袖，這樣言而無信，出爾反爾，翻臉不認帳，今後怎麼在下面開展工作？

二周正悶著，李銳找他們來了。李銳也是吃不下飯，看不下書，連坐都坐不住；他先去找了胡喬木、田家英。胡、田兩人都不在住處，說是到美廬去了。

周小舟見李銳進來，忙從床上坐起，劈面就說：「我懷疑大鄉長的這篇講話，根本沒有經過常委討論。集體領導名存實亡。我上午在會場上留意了少奇、總理、總司令他們的表情，都是一臉疑惑，茫然。」

李銳說：「昨晚上小教堂舞會，老夫子沒有到場。休息時我坐在總理身邊，問他對彭總的信怎麼看法？是不是常委會有了新精神？總理講，常委近幾天沒有碰頭，那信沒有什麼吧？每次會議都要印發很多材料嘛。」

周惠說：「眞是難以想像，這種重大的轉變，常委們事先一無所知。難怪九時開會，八時才臨時通知。」

周小舟說：「按照上午講話精神發展下去，很像史達林晚年，政治局如同虛設，只有個人專斷獨行。這樣一來，總有一天，黨會分裂。」

李銳說：「一言興邦，一言喪邦，歷史上敎訓多矣。」

周惠說：「事關國計民生，反覆變化太快，使人無從適應。多年的順境，主席確是驕傲起來了。今年初在長沙，美國女作家露易斯·斯特朗當面歌頌主席，說主席的偉大，已經超過了馬、恩、列、斯，如何如何，連翻譯都暗暗搖頭。主席本人卻沒有謙遜、否認，給人的印象是默認。

李銳說：「娘的那個洋婆子年紀大了，回不了美國，靠我們黨供養著，當然要瞎吹幾句。現在是洋吹和土吹加在一起。老夫子就是喜歡高指標，喜歡柯大鼻子那些講大話，搞奉承迎合的人。黃克誠這樣遇事穩重，看困難多一些的人，就很不喜歡。」

周惠說：「主席也喜歡譚老闆。譚老闆愛放空砲，不過事後認帳，不推給主席，很聰明。」

周小舟說：「對柯大鼻子、李小舅子①這種人，我是看透了，一手拿鮮花迎逢領袖，一手拿大棒整同僚和下屬。我們大鄉長偏偏喜歡，越來越像個大家長。」

李銳說：「上午講話，雲翻雨覆。」

周小舟激憤地說：「他老人家大轉彎，叫我們在下面怎麼轉？」

周惠說：「想轉都轉不過來，人又不是機器。」

李銳說：「昨天糾左，今天反右。」

---

① 指李井泉，李爲賀龍外甥。

周小舟忽然提議：「走走，我們三個就闖到美廬去，找他辯論，吵一架也好！他和我們談過兩個整晚，那些決心糾左的話，還算不算數？我們記憶猶新，他不能轉臉不認。」

李銳站著未動。周惠坐著未動。他們都意識到，從上午的講話看，老夫子正在氣頭上，去了，見了，眞的能吵架？畢竟，他是長輩，是全黨領袖。

於是周小舟提出去一百七十六號，找黃克誠同志談談。

周惠有疑慮。李銳也說：「現在去找他，不好吧？人家會講我們搞『小組織活動』。不能授人以柄。那也是彭總的住處，他更敏感，受到的壓力最大。」

周小舟說：「彭總我聯繫過，到總理那裡開會去了。李銳、周惠，二位講講，我們有沒有小組織活動？沒有嘛！光明磊落，怕什麼？你們不去，我一個人去。」

說著，周小舟撥通了黃克誠的電話。黃克誠也不同意去，大家省點煩惱，不要再惹事。周小舟卻不信邪，堅持要去。黃克誠拗不過這位情同弟子的老部下，只好答應：「你們實在想來，就來吧。」

三人很快來到一百七十六號別墅。彭總住在東頭的大套房，黃老住在西頭的大套房。中間是過廳及工作人員的臨時宿舍。

黃克誠問：「你們胃口如何？我和彭總都吃不下，回來還沒有講過話，不知道怎麼辦……。」

周小舟說：「黃老啊，我們中國黨也出了史達林晚年問題了，個人專斷，一言九鼎。你們還記得嗎？袁世凱稱帝前，包圍袁的那些人，專門印一種報紙給他看，上面盡登些各界人士勸進言論，造成稱帝是大勢所趨，人心所向……我們大鄉長半世英明，如今也是被上上下下的馬屁精所包圍，所蒙蔽，無視下面的眞實情況。當然也是他本人的喜好所然。上有好者，下必甚焉！」

李銳也忍不住冒出一句：「英明偉大，也不能一手遮天。」

周小舟說：「大鄉長成大家長，指我們這些實事求是的人離右派分子只有三十公里遠了。」

黃克誠語帶批評說：「你們都是中年漢子了，怎麼遇到事情還像青皮後生一樣的毛毛躁躁？主席又不是慈禧太后。慈禧才只顧自己，不顧國家，拿海軍軍費修頤和園享受。我是參加書記處工作的，中央還是有集體領導的嘛。起碼鄧小平總書記還能集思廣益，聽得進不同意見。或許，你、我都有些缺點、錯誤，多想想自己，可以作檢討，自我批評嘛。有意見，你們最好當面找主席談，背後議論不好。你們或許不知道，我歷史上十次當右傾，有次還差點被處理掉。還不都一路跌跌撞撞的過來了？你們比我年輕十幾歲，參加革命沒有受過大挫折，就算補補課，也有好處……這次，是我上山遲了，來不及勸止彭總寫那封信，不然，就不會扯出這一大堆麻煩來了。」

經過老首長的一番勸導，二周和李銳都平靜許多。周惠向黃老匯報起當前湖南情況，北澇南旱，洞庭湖區抗洪，湘中湘南抗旱。眞急人，想早點回去抓工作，兩個主要領導卻困在山上生閑氣，眞後悔上這趟山……

二周說了一氣，時間已過十點，正要告辭，彭老總進來了。見到彭總，周小舟一時又眼睛都紅了：「前輩啊，我們離右派分子只差三十公里了！」

彭德懷倒是襟懷坦蕩地笑笑，說：「急有什麼用？總理剛才還對我講，沒有什麼大不了的事，今年是我代替他了。我講代替就代替，不過當一回右傾嘛。」

李銳、周惠估計彭總還要和黃總談事情，就催著周小舟告辭出到外面來。走在草坪上，李銳因回住處和二周不同方向，就一邊走去了。二周卻遇到站在樹下的羅瑞卿。

周小舟連忙上前打招呼：「羅部長，這晚了，還散步？」

羅瑞卿多次陪毛主席去過長沙，和二周很熟悉：「我？剛從含鄱口回來，路過這裡，停了一停。你們哪？這麼晚了，還在串門？剛才先走的那一位，是不是李銳？」

周小舟心裡打了個激靈，不得不虛與委蛇：「黃克誠同志身體不舒服，沒有吃晚飯。我們去看了看。他是我們解放後的第一任省委書記，老上級……羅部長，晚安。」

羅瑞卿也道了聲晚安。三人沒有握手就別過了。

二周回到住處。周惠說：「怎麼就這麼湊巧？這晚了，我們剛從黃老那裡出來，就偏偏遇上羅長子了？」

周小舟說：「鬼信他的！明明是在履行他公安部長的職責，卻講是從含鄱口回來……怎麼不帶一個隨從？如今呀，再大的人物，謊話隨口就來，成爲風氣。」

周惠說：「部長大人親自盯梢？難以置信。」

周小舟說：「不然怎麼叫忠心耿耿？」

第三一章　時運不濟黃克誠

周小舟、周惠、李銳三位走後，彭德懷對黃克誠說：「今晚我們好好談一次，根據以往經驗，今後這樣的機會恐怕不多了。」

黃克誠看出來，彭老總剛才在三位晚輩面前裝做滿不在乎，其實他內心裡很沉重，很痛苦。因爲毛澤東主席一旦動了整肅某人的念頭，那人就必定難逃大難了。

彭德懷吩咐黃克誠披上毛衣，提上櫈子到後院草坪裡去，他早就懷疑這別墅裡有「狗」。草坪有好幾畝大，清涼，安靜。四周都是合抱大的古樹。坐定後，黃克誠說：「老總，你是不是太緊張了?風風雨雨，生生死死，幾十年都過來了，還怕山上這點子事？」

彭德懷說：「老毛這次是要和我算總帳，新帳老帳一起算……緊張個鳥!中午散會後我當面操了他的娘!罵了他玩權術，不顧鄉下人死活!回來沒有吃中飯，睡一大覺。」

黃克誠吃驚地問：「你當面罵了？幸虧這事大多數人不知道。主席講完先走，彭眞同志留下大家布置分組討論事項。」

彭德懷說：「罵了，罵得痛快，出口惡氣。我坐在最後一排，老毛一講完，我就出了會場，在大門外等他。他一出來，我就開罵。本想在會場上就罵，怕影響大家，忍到散會。他的工作人員都聽到了。大保鏢羅瑞卿也在旁看到了。」

黃克誠埋怨說：「你呀，就是個猛張飛脾氣，要吃虧的！罵娘能解決什麼問題？只會壞事。要盡快設法彌補。」

彭德懷說：「克誠，你是個老實人。人善被人欺。我是忍無可忍了。本來約好十三號去談。去了，他卻不起床。給他寫封信，個別反映一點看法，給他做參考，他卻連聲招呼都不打，就把我的信批成〈意見書〉，交會議印發、討論！他有一絲一毫的同志感情？有一絲一毫對人的尊重？他是要公開羞辱我，把我當成會議的對立面。及至幾天的分組討論下來，大部分同志認同了我的信，並沒有形成對我的批判局面；他乾脆在今上午突然召開全體會議，親自披掛上陣，實際上是號召大家對我開火，連他大兒子毛岸英在朝鮮犧牲的事都扯上了！美帝國主義的飛機炸死了他兒子，也罪怪到我頭上，難道我這個中朝聯軍總司令應當做他兒子的警衛員？他這叫立黨爲公？像一個黨主席的搞法？就算我老彭有千錯萬錯，也都是爲了工作，爲了公家的事業！他可以這樣對待我？所以中午當面操了他的娘，老子一點不後悔。」

黃克誠說：「你聲音低一點。兩個湘潭老鄉，意氣越鬧越大。你罵娘還是不好，很不好。」

彭德懷說：「他做初一，我做十五。他來暗的，我罵明的。意氣只占百分之十幾二十。要和他爭的是農業問題，老百姓的肚皮。是豐年還是災年？是糧荒還是糧食多得吃不完？十多個省區流行水腫病，餓死了人，爲什麼把個人的威信、面子看得比老百姓的性命還要緊？講現在只是豬肉少了點，雞蛋少了點，肥皂、頭髮夾子少了點……這像共產黨領袖講話？封建皇帝都不如！過去皇上還懂得搞賑災，開設義倉粥棚！我們共產黨坐天下，聽任農民出外逃荒。」

黃克誠說：「老總你聲音低一點。我的心情和你一樣，對鄉下的饑荒空著急，晚上睡不安覺。我們共產黨這一朝，不要出現大饑荒才好……目前局勢，我相信少奇、總理、陳雲、小平同志他們，心裡還是有數的，不可能睜眼閉眼，由著少數人胡來。」

彭德懷說：「有屁用！只要老毛一發威，兩眼一瞪，他們就什麼聰明才智都沒有了。小舟講得對，中國黨已經出了史達林晚年問題。我看比史達林還史達林。起碼史達林去世之前沒有出現大糧荒。幾次到蘇聯訪問，人家那裡的麵包不要錢……克誠，你曉得我現在最想幹什麼嗎？」

黃克誠警覺地反問：「你想幹什麼？又能幹什麼？」

彭德懷說：「不瞞你，手上要有一個加強連就好了！老子就要效法當年張學良，逼老蔣答應全面抗戰那樣，逼老毛下令撤銷公共食堂，開放糧食政策，解救天下饑荒！」

黃克誠低聲叫道：「老總！你千萬不能有這個念頭，那會招致殺身之禍……你過去統帥百萬大軍，現在手下沒有一兵一卒。整個牯嶺被一中隊把守得鐵桶一般。武漢、南京、福州、廣州四大軍區司令已經上山……我怕你是氣惱得糊塗了，不理智了。」

彭德懷苦笑著：「知道、知道。老毛早玩了一手，連你、我警衛員的手槍都收繳上去了。前天我出去散步，忽然碰到許世友、黃永勝、陳再道、韓先楚四位，見面只和我打了個招呼，連禮都怕敬了……娘賣屄的，眞能幹那麼一回，救下一些生命，我死也甘心……這些話，也只好和你講講，解解氣，不然憋住胸口會爆炸。」

黃克誠勸慰道：「這些話，你莫再講了。任何情況下，我都會替你保留住。你啊，是不是太悲觀了？低估了主席的胸懷了。總理不是對你講了，去年是他和陳、李、薄，今年輪到你和張聞天了。頂多，當右傾，受到批判、鬥爭。」

彭德懷說：「恐怕沒有那麼輕鬆。周、陳反冒進，只是在經濟方針上頂了他，他並不認爲自己的領袖地位受到挑戰；這次是他搞得國家經濟全面緊張，又不肯眞正認錯，率先下手，防人一著……我看呀，他整我下台，必然連累到你這個總參謀長。你也要有些思想準備。不是我要拉你同進退，是人家把你、我看成老搭檔。前幾天他們突然通知你上山，我就有這個預感。」

黃克誠說：「你放心，如果要我和你一起下，那就下好了。頂多戴個右傾帽子，回老家作田，一傢伙下到底，總可以了吧？反正江山也打了，大官也做了，這輩子不算白活了。想你、我二十幾歲剛參加革命那陣，誰巴望能得到這些？你又不是不了解，我是革命隊伍裡的老資格的右傾分子，十次挨整肅，還不是一路熬過來了？」

彭德懷見黃克誠和自己肝膽相照，心裡大受感動：「人家講我們兩個幾十年情同手足……歷史上，我只挨過一九四三年華北整風會議那次整，前後五十天，和少奇、彭眞、薄一波、安子文一夥人對吵。太行山前線需要我回去指揮作戰，最後應付幾句，走了過場。你十次當右傾，有哪麼多嗎？我只記得江西蘇區那兩、三次。娘的革命鬧了幾十年，光是黨內就整錯、整壞了多少人？許多優秀同志，不是倒在敵人的搶彈裡，而是死在自己人的屠刀下。」

黃克誠爲了寬慰彭總，也是爲了鬆懈一下他的緊張情緒，而欲不緊不慢地訴述十次當右傾的經歷：「彭總，雖說在一起工作這麼些年，確是難得有個空閑來談談心……我的右傾老資歷，你有沒有耐心聽啊？」

彭德懷看出來老部屬的良苦用心，點點頭：「你想講就講。我看你這大半輩子，也總是在吃講眞話、不盲從的虧。娘賣屄，新中國，舊中國，總是叫老實人吃虧，耍奸弄巧的得益。」

黃克誠說，「我是一九二五年在唐生智部隊當團政治教官時入黨的。二六年參加北伐。二七年蔣介石清黨，我只帶了一名勤務兵回到湘南老家永興縣鄉下。當時縣裡有個地下黨的特別支部，決定組織暴動，奪取縣城。特別支部委任我做暴動總指揮。可是我檢查了準備投入暴動的農軍，只有兩百多支梭標鳥銃，而縣裡駐紮有一個連的反動軍隊。我決定暫停暴動，先發動群衆，擴大農軍。結果我受到特別支部的嚴厲批判，批我執行了陳獨秀的右傾機會主義路線。我第一次當了右傾機會主義分子；

因我參加過北伐，特別支部只給了個警告處分，仍讓我指揮農軍。不久，縣城暴動成功，特別支部升級爲永興縣委。那時湘南特委積極推行瞿秋白的左傾盲動路線，命令各縣大燒大殺，不僅要燒掉縣城和土豪劣紳的房屋，還要把衡陽至廣東樂昌之間六百里鐵路兩邊的村莊統統燒掉！我堅決反對燒房子，設法保住了永興縣城。我哥哥是個老實農民，讀過一點演義小說，就說共產黨鬧革命爲什麼要學黃巢？爲什麼不留下房屋給窮人住？後來從井崗山傳來消息，毛澤東也反對燒房屋。於是我把不許燒房屋、不許濫殺無辜，定爲農軍的一條紀律。永興縣委又開會批判我的右傾。我拒不認錯，於是撤掉我的縣委委員職務，不准參加黨的會議，只讓我帶兵守城。我第二次當了右傾機會主義。」

彭德懷說：「一九二八年你在湘南永興暴動，我和滕代遠、黃公略在湘東北領導平、瀏暴動，成立紅三軍。農民起義嘛，以紅色恐怖對付白色恐怖，難免殺紅眼睛。紅三軍在平江、瀏陽一帶沒能站住腳跟，上井崗山去和毛澤東會合。毛澤東拉住我這個小老鄉結拜做兄弟。那時老毛愛和人結拜兄弟，常講井崗山是瓦崗寨。那時大家住茅棚，有事找他，進屋被子一揭，就把他拉起來。他喜歡睡天光覺，不肯早起床，有時把我拖進被窩裡去暖暖腳。那時吵吵鬧鬧，罵罵咧咧，隨和得很，哪裡要稱職務？又有個鳥的職務？好好，我不插斷，你繼續講。」

黃克誠說：「湘南五縣八千農軍也上了井崗山。上得太倉促，山上吃住都困難。上級把八千農軍編成四路游擊大隊，分頭返回湘南發展。我任第二路司令。可惜農軍紀律渙散，戀家戀土，武器又差，加上湘南各縣反動勢力強大，四路游擊隊很快潰散，招致敵人大屠殺。我領著一名警衛員逃出永興。丟了隊伍，不敢回井崗山去，而去了武漢，一路到天津、北平、上海，尋找黨組織。後來在上海接上關係，地下軍委派我到紅三軍工作。彭總你那時是紅三軍團總指揮，我算是投奔到了你門下。可是紅三軍團正執行李立三的比瞿秋白更左傾的攻打大城市計畫。我覺得這時去攻打大城市，好比以卵擊石。我給你這位軍團總指揮寫信，陳述看法，未被接納。紅三軍團奉命攻打長沙、武漢。打下平江後，司令部討論下一步行動時，我再次提出反對意見，因爲我們根本不具備占領大城市的條件。後來長沙是攻進去了，只佔領了半個月，被迫放棄。但我仍然受到嚴厲批判，被撤銷了縱隊政治委員的任命。我這是第三次當了右傾吧？」

彭德懷說：「我和你是不打不相識。當時三軍團政委是賀昌，參謀長是滕代遠，個個思想左傾嘛。何況瞿秋白、李立三、博古等人，都是以黨中央、中央軍委的名義發布命令，我們這些帶兵的人能不服從？不服從他們，還能服從誰？好，你繼續講。回顧一下歷史教訓，有益處。」

黃克誠說：「那時，我們黨內、軍隊的那個左啊，眞是恐怖得很，害死不少人。比方江西蘇區的那個『消滅AB團』，錯殺了多少人？第一次『消滅AB團』時，我也是堅決執行的，後悔一輩子。那時我是三軍團四師政委。事後發覺不對，紅軍官兵中哪來那麼多『AB團』分子？一聲令下就用大刀砍，爲了節約子彈，用大刀砍。到第三次反圍剿前夕，上級又發動大規模的『肅清AB團』運動，我已調到三師當政委。上級命令我抓『AB團分子』，我就拒絕執行。那時肅反委員會權力很大，三師還是被殺掉一批幹部，其中有位和我很談得來的師政治部副主任何篤才，參加過南昌起義的好同志。後來實在頂不住了，我就偷偷通知名單上的人上山躲起來，打仗時再下山參加戰鬥。但最後這些人還是被找到殺掉了。我十分悲憤，去質問肅反委員會的人：被你們殺掉的人中，有沒有一個地主、富農分子？爲什麼要濫殺自己的同志，自毀紅軍？好傢伙，結果是我這名師政委也被關起來，懷疑也是『ＡＢ團分子』。可是，我被關了一個多月，沒有被砍頭，倒是被釋放，給戴了個右傾機會主義帽子，撤銷三師師政委職務。至今不知道是誰救我一命。這是我第四次當右傾了吧？」

彭德懷笑笑說：「事情過去近三十年了，現在可以告訴你。那次是我從前線回來，發覺三師師政委被肅反委員會抓起來了。我問他們有什麼證據說黃克誠是『ＡＢ團分子』？他們說黃克誠一再包庇『ＡＢ團』，拒絕抓人，所以把他抓起來審查，等待處置。那時候講『處置』就是殺掉。我火了，告訴他們：黃克誠只是思想右一點，愛提個意見，可是會帶兵，有頭腦，打仗勇敢！放了，這是一員戰將……唉唉，荒唐啊，『消滅ＡＢ團』，左得太可怕，錯殺了多少革命同志。一九三〇年第一次『消滅ＡＢ團』，是老毛所發動，事後不認帳；一九三一年第二次『消滅ＡＢ團』，是項英所領導……直鬧到三一年年尾，才得到糾正，才又啓用你做了紅三軍團一師師政委。」

黃克誠說：「原來是你彭總救我一命……這個歷史，你瞞了我近三十年，是怕我報恩哩。其實，共事幾十年，我也沒有少和你這個上級吵架，都是公事公辦，大家不往心裡去，反而越吵越親近。」

彭德懷說：「有的人卻記仇，爲公事吵架，記下私仇。我就最討厭在同志之間搞個人恩怨，動不動就是誰救了誰，誰提拔了誰，完全是舊軍閥一套。還有的人在戰場上是員猛將，下了戰場就膝蓋骨發軟。你說有多少人給老毛下過跪？羅瑞卿、謝富治、許世友、陳再道、蕭華、柯慶施、安子文……拜他老子老娘呢！眞是侮辱革命軍人的人格……你莫瞪眼睛，接下去講你當右傾的光榮歷史。」

黃克誠說：「『ＡＢ團事件』之後，到了一九三二年初，以周恩來、項英爲首的蘇區中央局和中央軍委，命令紅一方面軍打贛州。我帶的三軍團一師是主攻部隊。戰前，我就反對打贛州，認爲那是一場消耗戰。戰鬥進行中，我也和你彭總爭論多次，記得還講了你也是『半個立三路線』這樣的重話。後來贛州久攻不克，傷亡很大。敵軍大舉反攻時，我等不及上級下令，把部隊撤了出來，準備接受處分。全軍覆沒事大，個人處分事小嘛。後來開我的批判會，講我一貫右傾，對抗中央路線。我不服氣，和軍團政委賀昌吵了一路。賀昌是好人，吵架不往心裡去。他抓過我『ＡＢ團』，我也沒往心裡去。寧都會議後，毛澤東被撤銷了紅一方面軍政委職務，又批判我是執行了毛的右傾機會主義路線，撤了我的師政委職務，只叫我當師長。大約也是你彭總在周全我。這是我第五次當右傾了吧？」

彭德懷說：「你是不曉得，爲了打不打贛州，紅三軍團過不過贛江，我在上頭和項英、恩來他們爭吵多次。還有那個博古、李德，成天在地圖上瞎指揮，卻又不得不服從他們的命令……坦白地講，攻打贛州失敗後，我才眞正認識到你這名幹部，好提意見，敢講眞話，不盲從，遇事多從困難面考慮。我比較欣賞這些特點。這樣的人帶兵靠得住，打仗勝算把握大。好，你繼續講。」

黃克誠說：「第三次、第四次反圍剿，我的部隊都打了大勝仗。第五次反圍剿因爲博古、李德、周恩來『三人團』瞎指揮，地盤越縮越小，混不下去了，中央紅軍八萬人撤出江西蘇區。長征路上，我是紅三軍團先頭部隊四師政委。那一路上打得苦啊，先後兩個師長陣亡，一個師長重傷。我這個師政委是老天保祐，槍子常從身上擦過，闖過鬼門關。第二次占領遵義城，我看到主力紅軍日夜強行軍，東奔西突，被搞得團團轉，再經不起消耗了。我向軍團領導提出，當前保存部隊實力第一重要，應避免再去以硬碰硬，再搞長途奔襲。我還具體談到幾次戰鬥，其實都是不必打的。當時三軍團的政委是楊尙昆，政治部主任是劉少奇。這下子好了，我的意見又被領導上認爲思想右傾，對前途缺乏信心，不宜帶兵打仗，免了職。中央軍委會理會議後，又把我當作『老右傾、活靶子』批判一通。這是我第六次當右傾了吧？」

彭德懷說：「遵義會議之後，恢復了老毛的紅軍指揮權。所謂四渡赤水，六出婁山關，二進遵義城，部隊被老毛指揮得所謂『神出鬼沒』，疲於奔命。不久紅一軍團司令員林彪鬧意見了，給中央寫信，要求停止老毛的軍權，改由彭德懷統一指揮。林彪寫信，我事先根本不知道有這回事，老毛卻因此鬧下誤會，以爲是我在背後動作。那樣九死一生的艱苦日月，我都懶得和他解釋。隨時都可能犧牲性命，還要把個人權位看那麼重？去他娘的！日久見人心，事久自然明嘛。中央軍委會理會議，老毛沒有批評林彪，而批紅軍內部的右傾機會主義。在江西蘇區，是別人批他右傾機會主義；這以後就輪到老毛來批別人的右傾機會主義了。也是我們黨的傳統習慣，反右容易反左難，一有不同意見，就當做右傾機會主義來批。不左當不成領袖。你被免掉四師政委，就是這個背景。好，你繼續講。」

黃克誠說：「紅軍過雪山、草地時，我降級爲三軍團司令部偵察科長，算副團級吧。沒關係，反正是幹革命，副團就副團。出了草地，從紅一軍團調了幾位領導幹部到三軍團加強領導。那時出了張國燾分裂中央的事件，中央機關組成北上先遣支隊走了，你彭總是支隊司令員，毛澤東是支隊政委。三軍團原在你率領下艱苦樸素，官兵一致，伙食一律，無人搞特殊化。可是新來的領導卻常聚在一起吃吃喝喝，改善伙食。幹部、戰士看不慣，難免有意見，講怪話。值此部隊極端艱苦疲勞、嚴重減員之時，新領導卻部署審查幹部，整頓紀律，要處置所謂問題嚴重的人。我雖然被降了級，但實在看不過去，就自不量力找新領導提出看法：經過千辛萬苦，剛走出雪山草地，對有思想毛病的人應以教育爲主，不能再搞這種脫離群衆、甚至可能引起部隊嘩變的事。於是我被新領導認作『目無組織』、『狂妄自大』、『屢教不改』。有人還提出：像黃克誠這樣的人，年紀大了——當時我只有三十來歲，只是樣子顯老而已，又不中用，當個普通戰士都不夠格，還怕他掉隊，落入敵手成爲後患……言下之意，不如把我處理掉算了。你說險不險？後來不知道是誰講了話，黃是上井崗山的老同志，有錯誤，可以再降他的級，但人要保留。我才保住了性命。這是我第七次當右傾了吧？」

彭德懷說：「當時我已經離開三軍團，和老毛一起率領中央支隊先走了。這些情況一點不了解，今天第一次聽你講……左啊，左得沒有人氣、人性，毀了多少同志……」

黃克誠說：「一九三五年九月，三軍團進入甘肅南部，向陝北作最後的進軍。我那時已被降級爲軍團司令部保衛局軍事裁判所所長，算正營級吧。經過整整一年的爬山涉水，行軍作戰，三萬多人的部隊只剩下三千多人，還有不少傷病員，經常有人掉隊。保衛部門懷疑一些傷病員情緒不振，可能投敵叛變，決定採取預防性嚴辦。我作爲軍事裁判所所長，實在不忍心嚴辦這些同志，拖延著沒有執行。比如有位受了重傷的管理科科長，因過草地時丟了幾名戰士，也正面臨判決。我知道事態嚴重，還是擔著風險找保衛局領導反映意見：九死一生走完長征，眼看就要到達陝北了，不能狠心處理這些同志……結果我遭到狠狠訓斥，指我溫情主義，重犯右傾老毛病，撤掉所長職務。後來那些傷病號遭到怎樣的處理，我就不知道了。這是我第八次當『右傾』了吧？」

彭德懷說：「有些傢伙，鑽進革命隊伍裡，專門整自己人，從不手軟，卻吃香得很，官越做越大……老毛身邊的那兩個大保鏢，歷史上就是幹這個的嘛。好，你往下講。」

黃克誠說：「抗戰期間，我在新四軍工作，算是比較順利。但也摘不掉頭上的『右傾』帽子。一九四〇年，我在蘇北擔任新四軍第五縱隊司令員兼政委。因在黃橋決戰之後，我反對再打草甸戰役。提出新的作戰方案，也不被採納。說實在的，放著日本鬼子不去打，而和國民黨軍隊打內戰，我心裡有保留。結果部隊在水網地帶發揮不了優勢，戰役沒有打好。華中局領導認爲我思想右傾，撤了我的五縱司令員職務，保留政治委員。司令員由陳毅同志兼任。陳不能到任，實際上仍由我一身兼二職。一九四一年日軍大掃蕩，華中局機關所在地鹽城市危在旦夕。華中局領導要保衛鹽城，我主張放棄鹽城。結果丟了鹽城，匆忙撤退，造成損失。華中局又批我『右傾』。我不服，認爲上次草甸之役失利，這次鹽城失利，都是華中局指揮不當。事情鬧到延安黨中央，我才沒有被處分。陳毅同志心地坦蕩，事後承認指揮失當。這次結局比較好。但也可以算是我第九次當『右傾』了吧？」

彭德懷說：「黨中央到了延安之後，我們在軍事上算是走上正軌。西安事變，全民抗日，也給了我們軍隊喘息休整、發展壯大的機會。你的右傾資歷還眞不簡單呢。」

黃克誠說：「一九四三年四、五月間，華中局奉黨中央命令，開展整風、『搶救運動』。我就建議，要吸取過去江西蘇區『消滅AB團』的教訓，不要在戰鬥部隊裡搞什麼『搶救』。那時新四軍五縱改番號爲第三師，我是司令員兼政委，蘇北根據地黨委書記。華中局卻不能不執行中央命令。我沒有辦法，只好下到屬下的第七旅去搞試點，結果發現幾名被審查對象一經硬逼，就亂供一氣，不著邊際了。我立即下令停止『搶救』，使三師和蘇北根據地免除一場內部災禍。被我解放出來的幹部中，有一位是七師師政委曾希聖的愛人，懷疑成特務、險遭處決。而證人卻在譚震林的第二師，也是亂招供的。當時第二師搞搶救搞得很凶，每個團都『搶救』了百把人。後來華中局書記饒漱石也發現出了問題，接受了我的建議，對被『搶救』的人進行甄別，才算沒有冤枉大批人。饒漱石還邀請我在華中局擴大會議上作了一次報告，我著重講了審幹、鋤奸問題，提出『寧可錯放，不可錯判』的主張，夠右傾的吧？彭總啊，或許是因我參加革命以來一直挨整的緣故，要我整別人時，就總是狠不下心腸下不了手呢。要說這就叫『右傾』，我就甘當這個『右傾』囉。後來在東北戰場，反對打四平，我又『右傾』過一次，但再沒有受過處分。」

彭德懷說：「本來，我們這些耍槍桿子吃飯的人，從死屍堆裡走過來，容易心腸鐵硬……可我和你一樣，對自己同志受冤受害，對老百姓受災受難，就是心腸硬不起來。你不是救過曾希聖的愛人嗎？娘的！我就不理解曾希聖、張仲良、吳芝圃這些人，也都是帶過兵的；今天對治下的老百姓鬧饑荒，被餓死，怎麼心腸就鐵硬得起？我眞懷疑他們爲了保官保位，還有沒有一點人氣？」

黃克誠說：「戰爭年代，容易鑑別人，鍛鍊人。不是生，就是死，黑白分明，人比較單純。勝利了，做大官了，衣、食、住、行，汽車別墅，享受各種待遇，連車門都有人開，公文包都有人拿，人就複雜起來了。生怕丟失已得到的一切，老婆、孩子、親友都跟著吃虧。於是就迎合，就盲從，一切看上面的好惡。我就不相信，曾希聖、張仲良、吳芝圃、王任重、陶鑄這些同志，去年他們心裡就眞的相信什麼畝產土豆一百萬斤、畝產小麥三十萬斤、畝產稻穀十萬斤！那些糧食堆在一畝地上有多少公尺高？可是他們就敢放這種牛皮衛星，向黨中央報喜！《人民日報》登，中央電台播，眞丟人。可是你中央領導人高興這一套嘛。講穿了，人，其實是很自私的動物。」

彭德懷說：「所以我講去年的問題總根子在老毛身上。沒想到他翻臉不認帳，又要反右傾。上午散會時，我氣憤不過，才當面操了他的娘，解氣。」

黃克誠說：「你聲音低一點……我的經驗，當右傾並不那麼可怕。既然當過十次，也就不怕有十一次。尤其是和平時期，誰還會要了你、我腦袋不成？只要挺得住，到時候總自有公論。何況你寫信的時候，我人還在北京，怎麼牽強得上？講到天上去，我們的政策也不能叫老百姓餓肚子。」

彭德懷說：「老毛要整我，砍了腦殼碗大個疤！就怕黨內軍內，一批好同志、老戰友，受我的牽連……又要反右傾了，鄉下農民怎麼辦？雪上加霜……我們卻是乾瞪眼，毫無辦法！」

黃克誠擔心彭總又扯出想效法張學良西安事變的那類話來，忙說：「老總，你不要胡思亂想了。你是共產黨的元帥，我是解放軍的大將，不是地方軍閥。地方軍閥才有私人的敢死隊。時代不同，形勢也不同。禍從口出，你要謹防禍從口出。」

彭德懷說：「那好，起霧了，我們就談到這裡。回去服兩片安眠藥，睡大覺。要塌天，他娘的就塌吧。」

黃克誠站起身來：「下露水了。我們今晚上什麼都沒有講，只是乘涼，只是乘涼囉。各人拿各人的板凳？」

彭德懷目光銳厲，朦朧夜色中，彷彿看到有人影在山坡下樹影裡閃動。彭德懷一時又火了，身手矯捷地幾個箭步衝上去：「什麼人？爲什麼偷聽？」

樹影裡閃出兩名身佩短槍的一中隊幹部。他們向國防部長、三軍元帥彭總立正，行舉手禮：「報告首長！我們是值日巡邏，路過這裡。這麼晚了，首長還沒有休息？」

彭德懷笑了：「原來是你們……我在草坪上乘涼，要不要上來坐坐？」

兩名一中隊幹部說：「謝謝首長，我們還要去巡夜。」

第三二章　四大文臣　失去自我

會議變了氣候，廬山轉了風向。

毛澤東登高一呼，各路諸侯應聲如雷。原本觀望猶豫的，檢討左傾缺失的，痛感去年犯錯、認同彭總觀點的，現在一一轉向，立場鮮明：堅決和黨內右傾機會主義劃清界線，捍衛大躍進，捍衛總路線。黨的路線鬥爭歷史又一次地教育了黨的高級幹部：跟對了路線，缺點可以變成優點，罪責可以變成功績；反之，跟錯了路線，一切皆錯，優點越多問題越多，成績越大錯誤越大。經濟服從政治，政治領導一切。十來個省區部分地方鬧糧荒，餓死人，比起黨的政治路線、領袖崇高威望來，小巫見大巫。何況所謂的饑荒災情，都是被彭德懷等人誇大了。毛澤東主席說，去年糧食產量沒有翻一番，至少也增產三成，糧食都到哪裡去了？現在下面普遍瞞產瞞糧，裝窮哭窮；有人把小災說成大災，缺糧說成饑荒，居心叵測，志在奪權。

毛澤東最感痛心、失望的，是身邊的幾位大秀才在山上的表現。一個個把他們從布衣黨員拉扯成黨內高幹，舞文弄墨舞成了正部、副部級人物，翅膀硬了?中央的部級相當於軍隊的兵團級，正部級相當於上將，副部級相當於中將。多少江西蘇區九死一生熬過來的老紅軍，大部分人的待遇還只是個上校、大校，連個少將都夠不上……周小舟、李銳兩個投向彭德懷，老鄉關係，趣味相同，還勉強講得過去；胡喬木、陳伯達、田家英、吳冷西四個也思想上傾向彭德懷、張聞天，算怎麼回事?特別是陳伯達，去年還算個大左派，今年卻也向右轉了?可見知識分子出身的幹部的動搖性，跟風跑，遠不如工農出身的同志立場堅定。譚震林這樣的人就不承認去年有什麼大錯。

沒辦法，周小舟、李銳欲投向誰，由他們去。交不親，養不家嘛。陳伯達、胡喬木、田家英、吳冷西四個，卻是理論上、文字上仍要倚重的幫手，起碼現階段甩不開，須臾離不得。況且一下子換掉這麼多大秘書，也會青黃不接。

胡喬木、陳伯達、田家英、吳冷西晚飯後接獲通知，一起來到美廬，毛主席已在樓上書房等候。毛澤東沒有起身，也沒讓四人立即就坐，而讓他們像四名普通士兵那樣站成一排，逐一相問：「陳伯達！」「到！」「可不可以告訴我，你哪年入黨，哪年到延安，哪年跟了我的？」「報告主席，我是一九二七年入黨，一九三七年到延安，同一年，做了主席的秘書的。」「好，四人之中，你年歲最長，資歷也最老，先坐下吧。」

「胡喬木！」「在！」「可不可以告訴我，你哪一年入黨，哪年到延安，哪年跟了我的？」「報告主席，我是一九三〇年入共青團，一九三五年轉爲地下黨員，一九三七年到延安，跟了主席做秘書至今。」「好，你和周小舟同歲，小舟看樣子是要遠我而去了。先坐下吧。」

「田家英！」「是！」「你呢？哪年入黨？哪年到延安？哪年跟了我的？」「報告主席，家英一九三七年到延安，三八年入黨，四八年起跟了主席做秘書至今。」「好，記得你和岸英同歲，和岸英曾是朋友吧？先坐下。」

「吳冷西！」「在！」「你哪年入黨？哪年到延安？哪年跟了我的？」「報告主席，我一九三七年入黨，同年到延安，那之後我一直是主席的兼職新聞秘書。」「好，四人之中，你和家英最年輕。坐下，都坐下了？茶、煙都現成，你們各取所需。家英，你動動手，替大家倒杯茶。」

田家英遵囑取過暖水壺，先替主公的茶缸裡續了水，再替伯達、喬木、冷西和自己，各泡上一杯雲霧茶。他注意到一向神情儒雅的胡喬木，今天心神不定，面露焦灼。

毛澤東很響地喝了一口茶水，又很響地咳了咳，朝腳邊的痰盂裡吐一口，說：「你們四位啊，都是一九三七年的老延安了。資歷最淺的家英，也跟了我十一年了。我不擺老資格，也不算什麼長者，和你們算忘年交，總可以的吧？」

陳伯達、吳冷西幾乎同時說：「主席是長輩，是師長。」

胡喬木說：「做人做學問，主席確是我們的師長，我們是晚輩，應執晚生之禮。」

田家英說：「我和岸英同年，一九四六年春上岸英從蘇聯回到延安，和我像兄弟似的，同出同進，由我幫助他恢復中文。他一九五〇年在朝鮮犧牲，我哭了三天……」

毛澤東見提到長子的犧牲，登時神色有些戚然：「昨天我講了，始作俑者，其無後乎，我的一個兒子被打死了，一個兒子瘋掉了，中國人重男輕女，我是沒有後代的了。」

陳伯達暗暗惱火田家英，好端端提起毛岸英犧牲的話，引起主席感傷：「主席，岸英同志重如泰山，新中國青年的楷模，永遠活在中、朝兩國人民的心上。」

胡喬木說：「毛岸英是民族的雄鷹，與祖國的藍天同在。」

吳冷西說：「我們都是主席的後代，全國的青年一代都是主席的子女。周總理沒有親生子女，他常對人說，年輕一代都是自己的孩子嘛。」

毛澤東釋然地笑了：「謝謝你們的好意。在這個問題上，總理確有見地。現在的問題是，去年鬧了一場大躍進，我在經濟問題上闖了些禍，作了大半年檢討，還是有人不肯放過。這次到了山上，更是感到衆叛親離，好像要做孤家寡人了。包括你們四位在內，都公開半公開，地上、地下的，發表了不少高見吧？有些言論，不大好聽呢。傳到我耳裡，我不和你們生氣。今天找你們來談談，就是徵詢你們的意見，還要不要在我這裡工作下去啊？翅膀硬了，本領大了，天高任鳥飛，海闊憑魚躍。你們不要急於答話，聽我講完。志同則道合。合則留，不合則去，我們好合好散。況且十幾二十年來，你們也不是替我私人工作，是替黨中央做秀才，文字秘書。我和你們相交一場，生意不成仁義在，不會爲難你們。甚至安排出路都想過了。你們不要插斷我，我有言論自由嘛。伯達可以到中央黨校做高級研究員，喬木可以去做文史館館長，都是正部級待遇；家英回四川做省委常委，兼某地委書記；冷西去做駐外記者，保留部級副部級待遇。當然，這些都是我個人意見，先徵求你們自己的看法，才能和少奇、小平同志他們打招呼，最後交中組部下任免通知……」

下逐客令，放逐令了？四位文臣如同遭了雷擊，登時目瞪口呆，身子骨都散了。

陳伯達不等毛主席說完，已經落下淚來：「主席，你這話對我，有如青天霹靂。我二七年入黨，後去蘇聯學習。二九年回國，先後在上海地下黨、北方中央局工作。說實在的，我當年作爲一名知識分子，一直在尋找領袖。三七年到延安，做了你的秘書，找到了自己的領袖。我已經在你身邊二十二年了，怎麼可以離去？思想感情、事業理想，都無法離去。寧可降級，受處分，當一名普通的資料員，繕寫員都可以，都可以！」

毛澤東說：「好了好了，你陳伯達三十年代初就貴爲教授了，怎麼可以讓你當什麼資料員繕寫員呢？這些年你一直緊跟我的嘛。五三年起草新中國第一部憲法，我派你兼任憲法起草委員會副主任；五四年解決高饒問題，我派你兼任中組部副部長；五五年出了胡風問題，我派你兼任中宣部副部長；同年掀起合作化高潮，又派你兼任農業部副部長；五六年搞工商業社會主義改造，公私合營，派你兼任商業部副部長；去年發動大躍進運動，我又派你去兼任國家計委副主任。你是我的馬前卒，滿天飛，得力幹將嘛。能說我不信任你，器重你？你既是願意在我這裡工作下去，可否清理一下近半年來思想上的徬徨、搖擺？知識分子的劣根性，遇到風浪就動搖，缺乏工農幹部的堅定性呢。」

陳伯達掏出手絹，抹乾眼淚，忠誠地笑著：「一定一定，我一定把近半年來思想上的動搖、徬徨徹底檢討出來，寫成一篇心得式大會發言。發言之前，先請主席修改、審訂。」

眼看陳伯達順利過關，胡喬木紅了紅眼睛，心情沉重地說：「我願意向主席、向中央交代清楚上山以來，自己的一些自由主義言論。我在主席身邊工作、學習了二十二年，一直把主席當成自己的師長。可我一直是名不合格的學生，身上的書生意氣，驕嬌二氣很重。常常為了文字上的事和主席爭，有時甚至不知天高地厚……但主席從來沒有計較過，改變對我的信任和使用。我常在事後自責，後悔，覺得對不起主席，干擾了主席的情緒。」

毛澤東說：「喬木有個特點，愛和我爭文字。有時為了一個詞，可以面紅耳赤。他的優點，只是和我個別爭，私下爭。他少和我爭政治、政策、方針。總體上是擁護的吧。事後也很少閒言閒語。只是這次到了山上，不知吃錯了什麼藥，還是受到什麼氣候的影響，賣弄博學宏詞，坐而論道，言必稱魏晉，不知有漢了。是不是這樣啊？」

胡喬木眼睛熱辣辣的：「是的，主席批評的對。我認錯，願作深刻檢討。二十幾年工作上的順境，我的尾巴翹起來了。到了山上，小資產階級、剝削階級思想情調大發作，忘了自己的一點成績、一點進步是哪裡來的，誰栽培、教育出來的……捫心自問，單是主席能寬容我在文字上的固執脾性，我就應當知足，知道自己追隨、服務的是最難得的一位英主。我這不是封建思想，是肺腑之言。記得郭沫若同志在他的歷史劇《屈原》中，通過使女嬋娟，說了這樣的台詞：你是太陽，我只是月亮。沒有太陽，我就沒有了光亮……這，也是我現在的心情，離開了太陽，我就什麼都不是了，只是黑暗，茫茫宇宙那無窮盡的黑暗。」

毛澤東向來厭聽當面阿諛之詞。但胡喬木說得如此真誠，如此藝術，他不能不爲之所動，畢竟心裡還是十分受用的：「喬木啊，你也是不願離我而去的囉。可以可以，你我翰墨之交，一時也扯不斷，理還亂。至於你和你的三朋四友在山上公開、半公開發表的一些高論，正確的，半正確的，完全不正確的，可以自我清理一番，寫個文字材料出來，就可以了。田家英，吳冷西，你們二位哪？」

田家英早就捏兩手冷汗了。他自然不能在這種時刻離主公而去，尤其是回四川工作，落在李井泉手下，絕無好果子吃，弄到身敗名裂境地。這次在山上，私下和李銳議論過幾次主公的長短，甚至說過「今後若能離開中南海，要給主公提三條」這類犯著大忌的話。李銳是不會出賣朋友的，但會不會傳到二周耳朵裡去？二周再傳開去呢？那就跳進黃河洗不清了……田家英見主公正默默地盯住了自己，心裡打個激靈，低了低頭說：「主席，我在山上犯了嚴重的自由主義，發了些我的職務、年齡不應該發的議論。我主要是不滿意李井泉同志去年的一些做法，爲了水稻密植問題，在成都和他吵過架。我也私下抱怨過主席支持他，器重他……這是我犯下的無組織、無紀律行爲。在黨內，我是名後生晚輩。喬木同志是主席的學生，我則是學生的學生。一九三七年到延安之前，我是成都師範學生，延安是我成長的搖籃。我和喬木同志、康生老師他們都說過，若不是有了毛主席，我頂多做小學教員。我這是心裡話，不是感恩戴德。我和岸英同歲，主席既是領袖，更是父輩……我要是對主席有二心，今後死了都無顏去見岸英……」

毛澤東盯著田家英好一刻。看起來，對這個年輕人，看在岸英的份上，饒他這一回了：「男兒有淚不輕彈，只緣未到分手時。可以，家英啊，抬起頭來，擦擦眼淚。無非把幾句尷尬話講清楚了，仍留在我這裡工作就是。今晚上所以找四位來談，其實我也不願意你們離去。帶了你們這麼多年，說彼此間沒有留下些感情、友誼，怎麼可能？舉賢不避親信，我對你們每一位，包括小舟、周惠、李銳這些人在內，都是破格提拔的。其他常委同志的秘書，水平高的也有，比如少奇的秘書鄧立群、恩來的秘書宋平等，就沒有提到和你們相應的職務上來。也算是在我身邊工作的人一點特殊化吧。對了，還有個吳冷西社長，三十歲不到就把全黨的新聞工作交給你管，出任新華社社長，出類拔萃了呢……你也表示個態度？」

吳冷西恭順地點著頭：「是！一九三七年到延安，我才十八周歲，主席把我當成一株苗子來栽培。記得王明、何凱豐都講過風涼話，說主席對我是揠苗助長，存活率有問題……打那時候起，我也是少年心性，就立下志向，要成活、要長大、要替主席爭氣、爭臉子。進城之後，主席仍讓我做兼職新聞秘書。我了解中國的社會主義革命和社會主義建設在國際舞台上的重大影響，尤其是在世界共運史上的旗幟意義。新聞工作是黨的喉舌工具。我平日比較注意言行，習慣聽得多，講得少。這次在山上，也參加了一些自由主義的交談。但我少發言。我的錯誤是沒有及時向主席匯報。但向主席匯報朋友間的私下交談，又像打小報告，心情矛盾。如果做了，感到無顏再天天見到一起的同事、師長呢！」

吳冷西把自己不願打小報告，說得那麼嚴肅認眞、老實巴交，毛澤東忍不住笑了。陳伯達、胡喬木、田家英三人也跟著笑了笑。

毛澤東說：「革命領導者，也惜才養士。你們都算我的『士』吧。士有士志，人格自尊。這個我不勉強。但你們作爲我的文字助手，總得和我配合才行。不然我說東，你們說西；我說南，你們說北，南轅北轍，怎麼行？」

四人之中，陳伯達年長，立即代表大家表態說：「古人云士爲知己者死。我們幾個應在政治上、思想上和主席保持一致。就是說，要一如既往，服從使用，要讓主席運用自如，得心應手……你們三位，同不同意我這說法啊？」

胡喬木、田家英、吳冷西都覺得陳老夫子替大家找到了台階，連連稱是。

毛澤東這時提高了聲音說：「那好！一管筆在手，敢逆孫吳兵斗。我現在可以告訴你們，山上出了小集團，屬反黨性質。你們是否感到突然啊？中央已經掌握了證據，彭德懷的那個〈意見書〉，不像他本人宣稱的那麼簡單，而是一次有預謀、有組織、有綱領的行動。他和洛甫等人緊密配合，要奪權，要和黨中央算帳，算大躍進、人民公社的帳，要改變黨在社會主義時期的總路線。我已和政治局的多數同志通了氣，也是順應多數同志的要求，作出反擊。這在我和政治局的多數同志，是出於不得已而爲之。原本是爲了批左糾左上山來開本次神仙會的。事與願違，招致右傾機會主義分子的進攻，只好改變初衷，停止批左糾左，轉向批右反右。我告訴你們這些，是中央的核心機密。好讓你們有個思想準備。中央的有關文件，還得由你們來起草。現階段，嚴守機密。透出一個字，後果自負。你們都聽明白了？」

聽明白了。四人一齊點頭。內心裡卻如同響起了聲聲雷爆。太突然了。彭老總、張聞天他們不過是在黨的會議上對去年的大躍進提了些意見，怎麼的就成了反黨集團？太離譜，太不可思議了……可是，他們作為黨中央的政治秘書，黨主席的文字助手，得心應手的工具，卻只能服從。稍有遲疑，稍有異議，都會被當作背叛而遭到嚴懲。

毛澤東默默地注視著他們，彷彿又看到了他們靈魂深處的徬徨和迷失。其中，以陳伯達的徬徨程度最輕，吳冷西次之，胡喬木、田家英兩人則是心情沉重。毛澤東明察秋毫地笑笑：「我看這樣吧，你們四位也有個思想轉彎的問題。這次是一百八十度，需要一個過程。我替你們出主意，每人擬個題目，寫出一篇文章，不用很長，兩千來字就可以了，不超過三千字。文章做好了，彎子也轉好了，兩全其美。題目你們自己定，圍繞反擊右傾機會主義，內容可以廣泛些。各位以為如何？」

陳伯達思想敏銳，富論戰精神，金魚眼睛閃了閃，請戰似地舉手說：「我已經有了題目！」

毛澤東讚許地點點頭，帶點調侃的語氣說：「伯達博通經史，學富五車，下筆萬言，倚馬可待。請報將上來！」

陳伯達說：「我的題目叫做『彭德懷同志是馬克思主義者，還是黨的同路人？』」

毛澤東巴掌一拍：「好！挖到根子上了。我們黨的某些高級幹部，特別是某些拉隊伍出身的同志，他們當初是抱著入夥、入股的思想參加革命的，完全不懂得無產階級只有解放全人類，才能最後解放自己這個終極眞理。這種入夥、入股思想，幾十年沒能得到克服、改造，一遇適當氣候、時機，就鬧個人英雄主義，向黨伸手，妄圖凌駕中央。過去高崗是這樣，現在彭老總也是這樣。伯達，你這個題目四通八達，文章很好做囉。」

陳伯達面露得色，看一眼胡、田、吳，嘴裡說：「謝謝主席。主席畫龍點睛，替我把核心思想都指點出來了，我只需查閱資料，斟酌文字了。」

毛澤東目光轉向胡喬木。胡喬木向稱黨內第一筆桿，文章快手。他氣度從容地說：「我想到一個題目，不知妥也不妥。上山之前，在一份〈內部動態〉上，看到天津市某位局長說，中國黨內也出了史達林晚年問題。我想，這在某種程度上，代表了部分幹部的活思想。就是到了山上，會內會外，也可能出現這種極端錯誤、有害的議論。但我本人尙未聽到……題目也相當敏感。」

毛澤東眼睛瞇縫了起來。他是很欣賞胡喬木的文思、文采的：「喬木啊，怕什麼敏感不敏感？山上已經出現了這種高論，而且不只一處。矛頭直接指向我。史達林晚年問題，就是獨斷專行，個人獨裁。我現在也成了中國的史達林，榮幸之至。好，繼續講你的題目。」

胡喬木說：「我的題目叫做『從十個方面，看毛主席和史達林晚年的不同』。這題目是大實話，文字長了點。」

毛澤東被搔住心裡的癢癢了：「大實話好，我就喜歡用大實話寫成的文章。白樂天在〈與元九書〉中說，自登朝以來，年齒漸長，閱事漸多，每與人言，多詢時務；每讀書史，多求道理。始知文章合爲時而著，歌詩合爲事而作。清人李文治的一首絕句也說：『一代風騷多寄托，十分沉實見精神；隨園畢竟沉遊戲，不及東川老史臣！』這些，都是強調文章要內容充實，寓有深意，才可以稱爲佳作。很好很好，伯達重理論，務虛；喬木重實例類比，務實。二位的文章正可互爲映襯，相得益彰。下面，是家英了？想出題目沒有？一時沒有也不要緊，可以寬限一、兩天。」

田家英心裡明白，此時此刻，他不能不有個鮮明的態度，不然極可能被劃進周小舟、李銳一夥去。他舉了舉手：「我也有個題目，就是原原本本，以語錄方式，把主席自去年十一月第一次鄭州會議以來，有關批左、糾左的重要批示、講話，一一條列出來。這樣，會內會外，山上山下，全黨同志都可以了解到，最早提出批左糾左的，不是別人，正是主席本人。這次犯下右傾機會主義錯誤的同志，只不過是些馬後砲，事後諸葛，弄潮兒。他們是想從主席手裡搶過旗幟，冒充一貫正確。」

胡喬木暗暗叫好，家英眞是個大智慧之人。他欲以此一舉，繼續黨內批左糾左的勢頭，不致因中央在山上反右傾，而波及整個國家經濟。

毛澤東的眼睛又瞇縫了起來。田家英近年來已有他自己一套，不可輕看了。後生可畏。他的題目是一柄雙面刃，既可砍向左，亦可砍向右，就看如何使用。毛澤東笑笑說：「家英跟了我十多年，日漸成熟，懂得資料的厲害囉。可以可以，你就替我整理出這麼一個材料來，讓全黨上下看看，究竟是誰最早發覺了經濟領域裡的左的失誤，而提出批左糾左的！正可證明彭德懷、張聞天等同志的虛僞一面，不誠實一面。既然那麼高明，去年大躍進鬧得熱火朝天之時，爲什麼不站出來反對？那才叫做反潮流的英雄；等到中央批左糾左都大半年時間了，問題都解決得差不多了，才來發威放砲，爲民請命，哪門子海瑞式人物？想當彭青天、張青天，得有點資本呢。他們有什麼批左糾左的資本？沒有。只能說他們是居心叵測。家英，我授權你替我整理這個材料，盡量簡潔明快些。下面，只剩下吳社長了。冷西啊，你有了題目沒有？來個尾巴結大瓜？」

吳冷西一直在筆記本上寫劃著什麼，這時仰起臉來說：「有了，有了。結合我的新聞業務，我想從國際觀入手，剖析一下廬山上的這場論爭，和國際上的反華反共逆流的關係，和美蔣港英反動宣傳的關係，和社會主義陣營內部某些人士對我三面紅旗的誣蔑攻擊的關係。通過剖析這些錯綜複雜的國際國內關係及其背景，來做一篇文章。赫魯雪夫同志就不止一次的在公開場合，講我們的大躍進是左傾盲動主義，人民公社公共食堂是喝大鍋清水湯，三個人共一條褲子等等。總之，廬山上的這場論爭絕不是孤立出現的。黨內右傾機會主義勢力，是和國際上的反華反共勢力、社會主義陣營內的修正主義思潮遙相呼應，甚至可以說是一種裡應外合……」

不等吳冷西說完，毛澤東即擊節讚道：「果然尾巴結大瓜，好，國際觀好，登高一呼，把黨內的右傾機會主義勢力，掛上美蔣台港的反華反共宣傳，掛上社會主義陣營國家的修正主義思潮，有水平，有份量。裡應外合這個提法好。冷西啊，看起來當年我在延安，沒有白栽培你這株苗子呢。我沒有揠苗助長，是你自己在革命鬥爭的大風大浪中成長起來的。伯達、喬木、家英也都是這樣。」

吳冷西趕忙謙恭地表示：「全仗主席栽培，長期教育、鞭策。」

胡喬木、田家英心裡又打一個激靈：「把廬山上的事扯上國際上的反華反共背景，新華社社長是要置人於死地了。」

毛澤東說：「內因爲主，外因爲輔，外因通過內因起作用。你們自己的努力才是最主要的。好了，你們四個的題目都很好，很重要。通過文章的寫作，相信你們會完成這次的思想轉彎。我的經驗，一篇文章的寫作過程，往往也是自我論戰、自我超越的過程。給你們一天時間，可否交卷？」

正說著，機要秘書嗒嗒地敲了兩下房門，進來請示報告：「主席，公安部羅部長、政保部謝部長已在樓下等候……」

不知爲何，一聽到羅瑞卿、謝富治的名字，四文臣登時肅然起敬，筆桿子總是不如槍桿子的。

毛澤東看一眼手錶，轉過臉去對機要秘書說：「啊，已經過了半小時……去告訴羅、謝二位，再等幾分鐘，我這裡談話馬上結束。」

陳伯達、胡喬木、田家英、吳冷西四人連忙收拾起各自的筆記本，準備起立告辭。

毛澤東擺擺手：「不忙不忙。我還要布置一下功課嘛。你們除了按時交卷，還要準備替中央起草有關反擊文件；喬木、家英兩位，平日和小舟、李銳他們往來較多，可否代我做點工作，拉他們一把？望其不遠而復嘛……當然，不要告訴他們我說了這個話。歸根結柢，要看他們自己能不能覺悟，肯不肯回頭。」

……四位文臣從美廬出來，已是晚上十點半。各人都有一肚子感嘆。事涉中央核心機密，他們再無勇氣互敞心扉了。陳伯達、吳冷西大約覺得四人走在一起都有些不妥當，而快步離去，各回住處。

胡喬木、田家英結伴走了一段路。田家英看看林間小路上，前後左右皆無其他人影，終忍不住說：「今後，我們再不能和吳冷西談論什麼了，太可怕了。」

胡喬木站下了點點頭：「只談風月，那就只談風月吧。」

田家英說：「喬木兄，二十年來，你於我，既是師，又是友……我想告訴你一個感覺，每逢黨內政治的緊要關頭，在主公面前，人就失去自我。眞是渺小、卑微得很。」

胡喬木說：「這沒有什麼奇怪，朝朝代代，百無一用是書生。我和你一樣，在重要的決策關頭，必然被領袖的思想、膽識、氣勢所征服。像主席這樣具備雄才大略的領袖，其征服力幾近無所不及。不要說你、我了，連少奇、總理他們，都從來被其征服……我倒是想起古人的一首絕句：朝臣待漏五更寒，將軍鐵甲夜渡關，山寺日高僧未起，算來功名不如閑。怎麼樣？我是不是有點頹廢主義了？」

田家英一時想不起喬木兄吟誦的這首絕句，出自哪位古代先賢之手了，遂苦笑著說；「身在核心層，高處不勝寒。你、我連出家當隱士的念頭都不能有，連生存都感到困難。」

胡喬木說：「你比我小了十歲，沒有經過什麼風浪考驗。進入和平時期，要學會生存不容易。又不能不學習，不能不適應。主席最後提到要你、我去拉小舟、李銳一把，這話有深意。前一段我們聚在一起，口無遮攔很多次。你可以和李銳先談談，讓他有個思想準備，不要再惹事了，也不要再天天跑一百七十六號。李銳豪爽，講義氣，相信他是個有肩膀的人，不會亂供一氣。你、我也要努把力，保護一下，力爭不要把他劃進那個『集團』去。」

田家英說：「怕只怕泥菩薩過河……李井泉、柯慶施他們不會放過我。」

胡喬木說：「從今晚上的談話看，主席還是器重你，不會放手的。對了，你不是拜康生為師，尊他為『東海聖人』嗎？你抓緊時間找他談一次。只要康生態度明朗，當可保你此番無恙。」

田家英登時心裡踏實了許多。自己眞是一時糊塗，虧了喬木兄提醒。

說話間到了岔路口。不遠處就是胡喬木所住的別墅。兩人互道明兒見，分手。

胡喬木卻在別墅外遇到楊尙昆同志。楊尙昆站下來和他聊幾句：「我剛從少奇同志那裡來。主席找你們四人談過了？會議下一段，要轉入批判『反黨集團』，布置你們著手起草有關文件了？」

楊尙昆是中央機關的大管家，資格老，任事細心，又具兄長風範，是胡喬木可以說上幾句心裡話的人：「楊主任啊，為了彭總一封信，洛甫一次發言，就弄出一個『反黨集團』來？中央對他們進行教育、批判都可以，但不能定為『反黨集團』，要對歷史負責任嘛。」

楊尙昆以一根指頭豎在自己的嘴皮上，囑喬木老弟聲音輕一點：「不要書生意氣了，主席對你的器重，超過其他秀才。你又不是不知道主席的個性，他決定了的事，誰也改變不了。少奇、恩來、總司令都不想把問題搞這麼嚴重，但無能為力。少奇同志晚上找我去，就是商量，要把『反黨集團』範圍盡量劃小些，並且作爲人民內部矛盾處理。當然是在經過批判鬥爭、教育挽救，彭、張等人有了深刻檢討之後。少奇說，主席已經答應，山上反右，山下還是繼續糾左……我擔心的是，彭老總脾氣倔強，不肯低頭……」

胡喬木苦笑著說：「以硬碰硬嘛。山上反右，山下反左，有這個可能嗎？到時候有關的決議文件，能不往下傳達？又不是拉下一個什麼書記、部長，而是堂堂民族英雄、三軍元帥……」

第三三章　林彪上山虎添翼

病夫元帥林彪上山，入住原國民黨元老何應欽將軍別墅。他本長住蘇州一座園林裡靜養。三伏炎天旅途勞頓，上山後身體不適，保健醫生要求他先服安眠片睡上一覺，養養精神，再去拜見毛主席。

黃昏時分，林彪仍睡得暈暈糊糊。葉群接到美廬值班室電話：「主席外出散步，會順道來看望林總。」葉群趕快找到保健醫生、護士：「快快，讓首長起床，給他吸兩口鴉片，主席就要過來！主席就要過來。」

醫護人員著實忙亂了一陣子。原來林總大小便失禁，又拉在雪白的床單上了。一拉一大堆，消化不良，氣味難聞。好在這「何公館」窗戶高闊，通風良好，大臥室和客廳又各在一頭，臥室那頭的氣味也就傳不到客廳這頭來。

林彪被擦洗乾淨，換上整潔的軍便服，踱步到客廳，端端正正地坐下，迎候主席蒞臨。主席下顧，無疑是個特殊禮遇。須知一九四九年入住中南海後，都是毛主席把老同事、老戰友一一召到他的菊香書屋去談話，賞飯，而很少下顧他人住處。說是進城十年，毛主席只去過一次少奇一家所住的福祿居。這次在山上，毛主席下顧其他領導同志的住處，則是第一次，也是唯一一次。

毛澤東拖著根當作手杖的竹棍進入「何公館」時，他的隨從人員都留在了院子裡。林彪、葉群肅立在門口恭迎。依例是一聲「主席好」，先敬禮，後握手。毛澤東把竹棍遞給葉群，拉著林彪的手走至沙發坐下，以關愛的眼神問：「育容啊？病情有所好轉了吧？你氣色還不錯嘛。」

林彪身子坐得筆挺，清癯而蒼白的臉頰上泛著些許紅潤，不大像個病入膏肓的樣子：「報告主席，我還好，謝謝關心……路上受了點暑氣，早上到後應當先去看望主席，但醫生不同意，現在是保健醫生說了算，還有葉群總指揮。」

葉群正好端了茶壺、茶杯上來，先給主席敬茶，再給林老總一杯白開水。毛澤東面前的茶水只是個擺設。他外出從不飲用他人的茶水。包括最親密戰友家的茶水、食品一概不用。喝的吃的，總是由他的貼身衛士隨時帶著。這些都是爲了生命安全，萬無一失。

毛澤東說：「葉群啊，妳替中央照顧育容同志，有功勞也有苦勞囉。這方面，妳比藍蘋強，她只照顧她自己。」

葉群說：「謝謝主席多年的關心愛護。藍蘋同志讀書多，學問大，能幫主席參謀工作，我只怕連她一根腳趾頭都比不上……上星期，她代表主席去了一趟蘇州，傳達了主席的有關指示。我就對林總說，養兵千日，用在一朝，身體再不行，這次也應當上山……」

林彪見葉群嘴碎，話說得庸俗，便瞪上一眼，打斷了她的話頭：「我身體很好，病情是被他們誇大了。只要主席下命令，我可以隨時上陣。無論黨內黨外，國內國外，面對階級敵人，我都會狠狠揍他狗日的！」

按保健醫生規定，因林彪怕風怕光怕水怕吵鬧怕煙味，任何人不得在林彪面前吸煙的。毛澤東當然無視這「五怕」，照舊拿出煙來，葉群還乖乖地給點上火，當著林彪的面，吞雲吐霧起來：「如果身體可以，是應當出來做些工作了。育容，你的傷病，前前後後，也養了十年之久了吧？」

林彪挺了挺身板，兩手放在膝頭上，恭恭敬敬地回答：「辜負主席的栽培、期望。其實，我本人也早就想出來做點力所能及的工作，軍隊的，地方的，都可以。我是遵守紀律，服從分配的。」

這時，毛澤東看了葉群一眼。葉群懂規矩，主席是示意迴避。她惺惺作態地起身：「主席，你和老總談吧，我去院子裡招呼客人們。」

葉群離開後，毛澤東說：「育容，這次要你上山，是中央要借你一臂之力，參加政治反擊。」

林彪眼睛閃亮一下：「山上出事了？我已有預感……」

毛澤東說：「彭德懷十四號給我寫了一封長信，張聞天二十號有個三小時的長篇發言，都是否定去年的總路線、大躍進、人民公社；也是直接把矛頭指向中央，指向我。他們會內會外揚言，中央去年犯了路線錯誤。彭、張下面，還有一小批搖旗吶喊的人。政治局已經作出判斷，他們是有組織、有預謀、有綱領的。中央不能將就他們。將就他們，就是將就了國內的地主資產階級，將就了國際上的反華反共勢力。我來看你，就是先給你通氣、交底。」

林彪目光堅定，銳厲的聲音像是從牙縫裡擠出來的：「我服從主席，緊跟主席，誰反對中央，反對主席，就狠狠批鬥他狗日的！我主張擺開陣勢來批鬥。不管他資格多老，地位多高，功勞多大，堅決拉下馬！」

毛澤東說：「林總旗幟鮮明，立場堅定，中央如虎添翼。黨內鬥爭不同於對敵人開火，要講方式、策略。對犯錯誤的人，在和他們進行嚴肅鬥爭的同時，還是要懲前毖後，治病救人。關鍵在於捍衛黨的總路線、大躍進，其次才是人員處理。」

林彪說：「主席從來站得高，看得遠……這次要解決彭德懷、洛甫的問題，特別是要動老彭，恐怕是個大手術。」

毛澤東說：「是囉，戰略上藐視，戰術上重視。一場朝鮮戰爭下來，老彭名滿天下，也是事實。當年你不肯掛帥出征嘛，不然國際英雄的名譽就是林總的了……好了，不說那些了。育容你曉得，他和我吵了幾十年，我都忍了。這次是不想忍下去了，遲解決不如早解決。這就涉及到中央軍委四總部幾大攤子。正如你講的，是個大手術。」

林彪彷彿意識到什麼了，他還從來沒有統率過全軍工作，遂揚了揚眉頭說：「我主張快刀斬亂麻！山上鬧事，山上解決。必要時，我建議召開中央全會通過決議。」

毛澤東笑了笑，彷彿看到了林彪心裡的小九九。但此種時刻，疑人不用，用人不疑：「還是先開小會，後開全會吧。如果你身體還能堅持的話，可不可以出來接任彭的職務？你先考慮一下，過兩天回答我，如何？」

林彪知道，回答毛主席提出的這類重大職位任免，一定要沉著謙遜，切忌表態過急。如果你急於得到，毛主席是絕不給予的。於是以誠懇的目光，勇敢面對領袖的審視，繞了個彎子說：「老彭最壞的毛病，在於他的目空一切，個人英雄主義，驕傲得很，十個元帥，十個大將，除了朱總司令，他就看得上一個黃克誠。人家講他們是父子關係。」

毛澤東問：「彭和黃是父子關係？大約不是年齡意義上的吧？老彭是一八九八年的，黃克誠是一九〇二年的？」

林彪點點頭：「要下，彭、黃應同時下。帥下將不下，日後很麻煩。這個建議請主席考慮。」

毛澤東說：「除了黃克誠，也還會有另外一些人……當然範圍不能太大，能爭取過來的，盡量爭取。那麼，誰來接替總參謀長一職？」

林彪心裡有數，關於新的總參謀長人選，毛主席大約早就意屬羅瑞卿了。但領袖心事，不宜點破，而說：「還是主席指定吧，十個大將，除了黃克誠要下來，譚政已是總政治部主任，蕭勁光主持海軍，陳賡負責哈軍工，許光達負責裝甲兵，王樹聲負責軍事科學院，粟裕、徐東海、張雲逸養病，剩下牛高馬大的公安部部長羅瑞卿了。」毛澤東再又深吸一口煙，把雲呀霧呀繞進肺腑裡去：「你是否想提名羅長子？」

林彪一臉謙恭的笑意：「只是擺了十個大將的現況，不算提名。總長人選，請主席指定。」

毛澤東不動聲色，忽又話鋒一轉：「育容啊，我還是有些擔心你的病況……如果你覺得身體不行，考慮到今後主持軍委工作繁重、累人；那麼在其他幾個元帥中，誰來挑這副擔子比較適合？」

林彪登時覺得脊梁骨升起來一股寒意，渾身打了個冷噤。毛澤東剛剛有所許諾，就又要收回釣餌？眞是的，幾十年了，他老人家對任何人都留一手，玩一手，有時簡直把人玩得暈頭轉向。娘的，老子可是不吃這一套，大不了，仍當甩手元帥，百事不探，回蘇州養病去……林彪此時刻不能表現出任何的疑惑不悅，而是君子坦蕩蕩，無所諱言：「總司令年紀大了，向來不大管事；劉帥去年剛犯過軍事教條主義錯誤，身體也不大行……主席要我推薦，我就推薦賀龍。」

毛澤東了解，林彪和賀龍一向關係平淡，此一推薦算出以公心吧。不過還是要問：「育容啊，十個元帥，除了朱總、彭總、劉總、賀總加上你林總，也還有陳總、羅總、聶總、徐總、葉總嘛，他們都不行？」

林彪向來心高氣傲，輕易不把人放在眼裡。當年率領第四野戰軍百萬雄師，從東北黑龍江一直打到廣東海南島，現今元帥中誰人有此戰績？他定了定神，率性豁出去，把心裡話說出來：「主席啊，既然蒙你問起，我就報告一下自己的不成熟看法……陳毅同志人爽直，愛詩文，但歷史上沒有打過幾次勝仗。人講他是屬於屢戰屢敗、屢敗屢戰式元帥。過去華東戰場上，三野的幾次大戰役，都是粟裕指揮的，人稱粟裕爲常勝將軍。論軍功粟裕大過陳毅，論資歷陳毅老過粟裕；羅榮桓同志算我老搭檔，他身體狀況和我差不多，長期住醫院，不宜擔負過重的工作；聶榮臻同志分管國防科工委，主持『兩彈一星計畫』①，我黨我軍的長遠戰略利益所在，似乎不宜調動他；恕我直言，徐向前同志能夠評上元帥，主要是他代表了紅四方面軍那座大山頭。張國燾跑了，紅四方面軍出的上將、中將特別多，都是打硬戰打出來的；葉劍英同志嘛，歷史上幾乎沒有統兵作戰過，也是吃的老資格的飯，黃埔軍校的教官啦。不然，我和徐向前兩個黃埔學生都當了元帥，他個教官還只當大將、上將？」

毛澤東笑了起來：「你很坦率，也不無道理。我們的元帥、大將，一大半是黃埔出身……五五年授軍銜，評定元帥、大將，主要看軍職和資歷。倒是五十七個上將，個個都是硬碰硬打出來的。不過，按你的標準，賀龍的軍功也比較尋常囉。」

林彪說：「賀龍不同。他是在一九二七年大革命失敗，蔣介石殺我共產黨人最殘酷的關鍵時刻，在周恩來同志引導下，率領一個軍的人馬，舉行南昌起義，打響了工農革命的第一槍。我們不能忘記賀龍的這個功勞。當然他有匪氣，和周的關係也很密切。我想主席心裡有數的。」

毛澤東說：「育容啊，謝謝你和我說起這些。若論資歷，你，陳毅、聶榮臻、羅榮桓、彭德懷都

---

① 即五十年代中共開始研製的原子彈、氫彈、人造衛星。

曾是賀龍的部下囉，不是直屬下級，也是間接下級。當然看幹部不能光看資歷，還要看功勞，看現在的路線立場、政治表現。你是中央常委，關於國防部長和總參謀長的事，我們暫時談到這裡。我還要和其他幾位常委通氣，再做決定。你剛上山，山上天氣很涼，要注意身體。」

林彪起立恭送。葉群適時趕到，帶來了那根打狗棍似的竹手杖。女人畢竟心細，注意到她給主席泡的那杯太湖特產碧蘿春，連杯蓋都沒有揭開過。

毛澤東在一群衛士、醫護人員的簇擁下，離去了。林彪忽然身骨子一陣發虛，又要拉肚子了。他沒讓人來攙扶，自己快步走向臥室，躺在床上去。他有一張特製的鋁合金大床，無論到哪裡都要命隨行車輛帶上。大床的中央有個可以在床頭控制的活塞似的圓洞，下接金屬便桶。多年來他只有躺在床上才能拉稀。如果新到一個地方來不及安裝這張特製鋁合金床，就只好拉在雪白的床單上了。

葉群沒有傳呼服務人員來協助，而自己動手幫林總寬衣解帶，把林總削瘦的臀部對準床上那圓洞，免得又撒得床單上都是。她問：「主席和你講什麼了？」

林彪拉稀，必出一頭虛汗。他閉上眼睛，一面下腹部使勁，一面上嘴裡呢喃：「什麼都講了，又什麼都沒有講……娘的都是他耍人家，人家耍不了他……重在表現，幹了大半輩子，打下江山，還要重在表現……娘的阿彌陀佛，又出高、饒事件……」

田家英約李銳到錦繡谷散步聊天。今後這樣的閑情雅興恐怕不多了。他事先報告了楊尚昆。楊主任說：「既是主席的吩咐過，你就放心去談。李銳年輕氣盛，好議朝政嘛。他沒在軍隊工作過，大約算不上『軍事俱樂部』成員。」

黃昏時分，在一處靜僻避風的巖壁下，兩個延安時代的摯友抽著悶煙，相對無言。李銳長田家英四歲，忽見家英眼裡噙著淚水……此時無聲勝有聲，彷彿任什麼聲音都是無聊，多餘。滿腹文章，往昔空談，百無一用。

李銳到底忍耐不住，勸道：「家英，你的心情我理解，總是民爲重，社稷爲重。但對老夫子的講話，我們不要太過沉重。他還是左右開弓，只是對右邊一掌如五雷轟頂。」

田家英眼裡的淚花隱去：「不是沉重不沉重，馬上就要劃『反黨集團』、『軍事俱樂部』了。」

李銳張大嘴巴，瞪圓眼睛：「又一次引蛇出洞？在黨的高層也搞這一套？一手遮天，我說老夫子是一手遮天。」

田家英說：「豈止一手遮天，簡直乾坤顛倒！經濟大緊張，十來個省區出現饑荒災情，他又不是不知道……前一段還批評我和喬木盡給他送消極面材料，說所謂的農村災情，實際上是農村地主、富農的代理人鑽進了我們的幹部隊伍，對擁護總路線、大躍進、人民公社的貧下中農實行階級報復。」

李銳說；「虧他想得出……把一切不利因素往他那個階級鬥爭理論上套，以爲萬事大吉，人家就不敢出聲。」

田家英警覺地望了四周一眼，確定無人『旁聽』之後，才悄悄說：「已經找我們四人談了話，伯達、喬木、冷西和我。布置每人寫一篇反擊文章，通過寫文章來達成思想轉彎，一百八十度轉彎。之後著手起草批判『反黨集團』、『軍事俱樂部』的文件。」

李銳低聲叫道：「天爺！憂國憂民，講了幾句話，就是『反黨集團』、『軍事俱樂部』？還有這樣蠻不講理，翻手爲雲，覆手爲雨的？我敢說，這是製造歷史冤案，經不起時間考驗的。」

田家英說：「執國柄者，才不考慮什麼歷史不歷史。況且歷史從來是征服者、得勝者的歷史，稱爲『正史』，其餘都是『野史』。」

李銳說；「不見得。只要把時間拉開來，幾十年，至多一百年，終會眞相大白。一部《三國》，一部《水滸》，以及《封神榜》、《金瓶梅》、《官場現形記》等等，就勝過歷代官家的所謂『正史』。歷史是由後人寫的。」

田家英說：「主公只管生前，不管身後……昨天晚上，從美廬出來，喬木也很灰心，他給我唸了一首前人絕句，『朝臣待漏五更寒，將軍鐵甲夜渡關；山寺日高僧未起，算來名利不如閑。』他說，他已經很疲倦……我呢，昨天也是通晚睡不著。十六歲到延安，十七歲入黨，投身革命大家庭。後來做了主公的秘書，我敬他如父輩……以爲遂了少年志向，跟上了一位明君、英主。現在發覺不是那麼回事，落到這個尷尬位置上，想出家歸隱都不能……眞想眼睛一閉，什麼痛苦都沒有，多好……」

李銳一把抓住田家英的手：「不要胡說，不要把前景想得太壞。你的道路一帆風順，沒有挨過整，吃過革命的苦頭，一受挫折就經受不起……當然，這不是你、我個人的挫折，是整個黨和國家的挫折。但我不認爲是大倒退，只是一次大挫折。相信到了一定時候，老夫子會明白過來，會回頭的。況且也不是老夫子一個人的問題，而是一大批黨內高幹，不懂經濟又要蠻幹……我們這個黨啊，自一九二一年成立以來就時右時左，一路搖搖擺擺。左的問題更是根深柢固，以左爲本，以左爲榮。得到一次又一次的教訓。從黨和國家的長遠利益眼想，喬木和你兩人都不能倦勤，萌生退意。這種時刻撒手，形同犯罪。只要你和喬木一走，上海柯大鼻子的政治秘書張春橋，就會鑽到老夫子身邊來！你不是講去年差點就調來了，爲少奇、小平他們所阻？那傢伙和我同歲，卻是機巧陰險之徒，一肚子的歪理論，專事諂媚迎逢，聽說很會侍奉取悅藍蘋，走娘娘路線。」

田家英聽了李銳一席話，深受感動。李銳面對逆境，卻能從黨的歷史的角度看問題，顯得豁達冷靜，或許正是他生命力頑強的表現：「放心，我不會跳崖，落個背叛革命的名聲。你、我只有面對嚴峻的現實。我初步推測主公的意圖，這次要劃的右傾機會主義分子是彭、張、黃、張、周，你和周惠可能被涉入，也可能被寬恕。昨晚上主公倒是講了一句，讓喬木和我找你、找二周談談，拉上一把。意思是要二周和你爭取主動，交代揭發問題……你不要急，聽我講完。還有人給主公打小報告，說山上有兩個小團體，一個是『湖南集團』，一個是『低調俱樂部』。『湖南集團』主要是彭、黃、張、周、周；『低調俱樂部』是指我們幾位當秘書的，包括喬木、伯達、冷西、你、我。而你還是兩個小團體的聯絡員。現在看來，主公對『低調俱樂部』還是手下留情，昨晚找我們四個談話，讓帶著問題上陣。」

李銳臉色發白。他本已隱隱意識到這次自己在劫難逃，經田家英之口說出來，還是感到強烈的震撼：「娘的，我還算聯絡員？為民請命，與有榮焉。老夫子也做得太絕情義了。人家彭總、張聞天員的反對了他嗎？每到歷史的關鍵時刻，還是站在他一邊的嘛！怎麼叫做新帳老帳一起算？說彭總和他吵了幾十年，都是吵的工作、公事，並無私人利害；還有黃克誠同志，一位多麼老實、正直、忠誠的幹部，打了多少勝仗，立下多少功勞，歷史上十次被打右傾，三次差點丟掉性命，難道還要打他第十一次右傾嗎？」

這回輪到田家英勸說李銳：「不要負氣、頂牛，那會頭破血流……喬木兄也擔心你的湖南騾子脾氣。皎皎者易污，嶢嶢者易折。喬木兄讓轉告，看在二十年老朋友的份上，共產黨人能上能下，能伸能屈，得低頭處且低頭，是非曲折，後人評說。眼下最當緊的，是先過了這一關。他相信你有這個勇氣、膽識。延安整風搞搶救，關了你一年多窰洞，後來不也還你清白了嗎？」

李銳眼睛有些潮潤：「謝謝喬木。他長我五歲，是我兄長加師長。一九三九年他到長沙，把我帶到重慶，交給總理。三九年轉延安《解放日報》社工作，才認識你。他那時已是老夫子的秘書頭，掛了中宣部副部長。二十年來，我們三人算同志加兄弟。你轉告他，我若榜上有名，根據延安挨整的經驗，組織審查時，不推卸問題，不牽涉他人，自己攬下來，反而較有利。若有人揭出你們兩位的某些言論，我可以攬過來。就是二周，我也估計周惠能過關。八仙過海怎麼過？各顯神通了。周小舟嘛，說穿了，他是老夫子湘潭鄉下的親戚子侄，總不致『滅親』吧？」

田家英說：「喬木的意思，只要他和我還在崗位上，即使你這次真的上了榜，我們也會適時向主公進言，讓你早日解脫……小舟和主公有親屬關係？頭次聽說呢。」

李銳說：「黨內很少人知道。我是在湖南工作時，聽周禮老前輩偶然提到……唉！小舟那樣正派、能幹，那樣好學不倦，原本前程不可限量。他也是性格悲劇，寧折不彎的……」

田家英說：「好了好了，不要光講人家了，還是先想想自己的事吧。喬木和我的意見，你要爭取主動，向主公認錯、檢討，甚至討饒，爭取把你的名字拿掉。」

李銳一臉苦笑：「那也要我思想通了才行。明知自己沒錯，彭、黃、張、周、周都沒有錯，錯的是老夫子本人，我怎麼去檢討？怎麼講得出口？」

田家英批評：「看看，又頂牛了吧？你先前不是勸我，要忍辱負重，歷史地看待當前處境？怎麼輪到你自己，就左一個不通，右一個不行了呢？告訴你吧，林彪已經上山，主公如虎添翼……」

李銳不無焦躁地說：「林彪上山，是要取代彭總……給我兩天時間吧。人的思想又不是機器，叫聲轉彎一百八十度，就立刻轉得過來。家英啊，你、我都是無神論者。但這山上發生的事情，卻像命中注定，難逃一劫。高高興興來開神仙會，批左糾左；現在變做批右反右，風生鶴唳，殺機四伏。我懷疑老夫子是疑心太重，小題大作。湖南鄉下有句俗語：疑心生暗鬼，暗鬼打死人。又出類似高、饒的事件，黨內鬥爭，何時是了？彭、張絕不是高、饒……」

田家英說：「不是小題大作，而是大題大作。主公常講，在某些事情上，他是要防衛過當的，寧可信其有，不可信其無……好了，我們不要再發這類敏感牢騷了。喬木講，應盡早結束山上這場糾紛，大家盡快下山去抓工作。相信大多數的中央部長、省委書記都是這種心情。」

李銳說：「順從一人，辜負天下。或許只有先順從一個人，才能盡量不負天下人？眞是奇怪的邏輯。替我轉告喬木兄，請放心，我會順從和服從。我還有點肩膀，能擔一些責任。宿命，一切都是命中注定，否則無法解釋這一切。」

聽李銳再次感嘆「宿命」，田家英忽然記起十多天前，他和喬木、小舟三人沿九十九盤下山，到東林寺參禪求籤的事，遂說：「有個話，我還沒有告訴你。本來喬木、小舟和我約定，要會議結束下山之時再告訴你和周惠……現在我姑妄言之，你姑妄聽之，權當文字遊戲吧。」

李銳說：「這種時候，還有心情玩文字遊戲？二十三日之後，我是一點詩興都沒有了。苦中作樂想吟哦一兩首，句子全無。眞正的心智閉塞，文思枯竭。」

田家英說：「我還是想告訴你，怕以後機會難再……那天，我們去東林寺求了籤。小舟代周惠求了一籤，我也代你求了一籤。現在想起來，煞是作怪，那些讖語竟像是某種警諭。當然還有待進一步應驗。」

李銳見說的神奇，便問：「還記得嗎？就說說，你、我凶吉如何？」

田家英博學強記，過目不忘，在中央秘書班子中人人服氣。胡喬木曾誇爲活字典。但見他拍拍腦門，逐一背出那五條讖語。

李銳也是個記憶力很強的人，且他大學生時代學過速記法，頃刻間已將五條讖語記錄下，並一一點評：

喬木兄得籤——我也談禪，我也說法，不掛僧衣，飄飄儒洽；我也談神，我也說鬼，縱涉離奇，井井頭尾。罪我者人，知我者天，掩卷狂嘯，醉後燈前。——此籤看似不著邊際，卻隱含禪機，主前程無礙吧；

家英得籤——廿年辛苦得從容，力盡筋疲少年翁，愛惜燈油坐枯夜，富貴堂前一粱空。——此籤不吉。家英你要擔心呢。可老夫子仍然信任你，繼續參與核心機密。顯見荒謬；

小舟得籤——夜深殘玉漏，雞人報曉籌，披衣名利客，都奔大刀頭。——此籤大凶。小舟果眞難逃一劫？存疑；

家英代我抽得一籤——奮力推車過大河，提了油瓶買酒喝，從來禍福無定數，前路泥濘費坎坷。打油俚句。看來我會吃許多苦頭，終歸保住性命？屁話屁話；

最後是小舟代周惠抽得一籤——品竹彈弦擊磬，說書唱曲皆能。祈神保福禳星，牌譜棋經俱勝。此籤倒是大吉，風流品性，安放到老夫子頭上去都可以。看來，周惠有驚無險，……

忽然，田家英神色緊張地晃了晃手，示意李銳住口……原來他們上邊的巖板上，傳來雜亂的腳步聲，有一群人在路過……

田家英、李銳動作敏捷地各將身子緊貼崖壁上。他們屏聲靜息地聽到，是公安部部長羅瑞卿在陪什麼人散步，邊匯報：「二十三日晚上，已經十點半鐘了，我路過一百七十六號別墅外，看見周小舟、周惠、李銳三個從彭德懷、黃克誠的住處出來……李銳一人先走，步子很快。主席上午剛發表重要講話，他們幾個就在晚上相聚，商談了些什麼？訂攻守同盟？我當即上去攔住二周，問他們這麼晚了，還在串門？二周神態極不自然，應付我說，黃克誠同志身體不適，來看望一下……可第二天，黃克誠照常參加會議，並沒有生病……彭、黃、張、周、周、李，他們之間肯定有名堂。建議中央對他們二十三號晚上的事，進行追查……」

接下來，田家英、李銳更是聽到了他們所熟悉的那個湘潭口音，又冷又硬：「物以類聚，他們無非氣味相投，聚在一起發牢騷，罵娘，罵我是史達林晚年，專制獨裁，個人說了算……不說這個了。林彪同志上了山，你們是老上下級，你可以去看看他。」

第三四章　小舟託孤　老兵本色

按照毛澤東的要求，調整了會議分組，原先的六個討論組合併成三大組，以加強陣勢，集中火力，深入揭批彭德懷、張聞天等人的右傾機會主義言行。緊接著，各組又傳達了毛澤東在大組組長碰頭會上的講話：「前一段是對事不對人，下一段要對事也對人，因爲事是人做出來的。彭德懷等同志既然作了那麼多表演，爲什麼不可以討論一下那些表演的性質和目的？不把批判的矛頭對準他們，豈不是太不關心他們的存在了？」

周小舟、周惠仍在柯慶施任組長的第二組。胡喬木、田家英、吳冷西、李銳、張聞天也仍在第二組。由於原第一組的人員併到第二組，全組已擴充到五十幾人。張聞天已受命留在住處寫檢查，湖南二周成爲衆矢之的。曾希聖、張仲良、吳芝圃、王任重、江華等人聲色俱厲，一是要求他們老實交代上山後的一系列活動，二是要求他們揭發彭德懷、張聞天如何在山上組織小團體，向中央進攻的。欲加之罪，何患無辭？昔日見了他們態度謙恭的兄弟省市的書記們，昔日對他們抵制五風表示敬佩的中央各部委頭頭們，如今視他倆為異類，一個個瞪圓義憤的眼睛，彷彿早看穿了他們的鬼胎歹意，就等著這一天的到來，好痛打落水狗。

最不能理解的是胡喬木、陳伯達、田家英、吳冷西四大秘書也變了調，加入了揭批他們的行列。天爺，胡、陳、田、吳還講不講一點道義良心？一星期之前，你們還視我們為摯友，同聲相應，無話不談的啊。我們在湖南工作，甚少接觸中央內部事務，那些有關去年中央決策種種，有關毛的專斷作風、個人生活很不檢點等等，本都是聽你們私下聊天時聊出來的；要說犯下大的禁忌，也該你們占頭份！怎麼現在搖身一變，推得一乾二淨？倒成了你們在上面護主心切，我們在下面的惡言攻擊？

面對大組會議上劈頭蓋臉的批判、訓斥、責罵，湖南二周卻也各有表現：周惠頗為冷靜，採行的是「軟磨」方式，默默地聽取，認眞地記錄，實事求是地認錯、檢討，絕不牽涉他人。對於那些來勢洶洶但又捕風捉影、道聽途說的所謂揭發，他不急於辯解、否認，神色茫然彷彿沒有聽見。實在逼得急了，他乾脆閉上眼睛，作休息狀，大有一種「聾子不聽狗叫」的從容氣度。氣得組長柯慶施、副組長王任重直拍桌子，喝令他不得耍無賴、裝死狗。

周小舟則屬於激烈應戰型，對那些無中生有、似是而非的所謂深揭狠批，實施「硬頂」，人家揭發一條，他當即駁斥一條，寸土不讓。人問他：「你上山後和彭老總搞了多少陰謀活動？」他回答：「沒有。什麼叫陰謀活動？同志之間正常往來，喝茶、下棋、聊天，叫陰謀活動？那山上的同志，人人都有！」人問他：「你爲什麼要反對黨中央、反對毛主席？」他回答：「我從來不反對黨中央和毛主席，沒有黨和主席，就沒有我周小舟的一切。但對去年的工作，我是有看法。共產黨人不應當隱瞞自己的觀點。爲了改進工作，向黨的領導人提意見，正是對黨負責任。」人問他：「你當過毛主席的秘書，爲什麼要攻擊毛主席？」他回答：「我擁護毛主席的正確領導，但他在經濟工作中，特別是在去年的大躍進中，犯了獨斷專行的錯誤。偉大的人物也會犯錯誤，馬克思、列寧都曾經有過相關的論述。」人喝斥他：「你敢說毛主席獨斷專行？你的右傾帽子鐵定了，你是瘋狂加猖狂！」他駁斥：「你們如果把我劃成右傾機會主義分子，肯定是個歷史錯誤！毛主席今年以來不下十次肯定了湖南省委去年抵制五風是正確的，早在全黨中高級幹部中進行了傳達。是忠是奸，歷史總會還以清白的。」

周小舟態度惡劣，頑固，氣得柯慶施們七竅生煙，要不是有礙黨政要員的身分，都恨不能衝上去揮動老拳。也有人暗中嘆服，認周小舟儒雅書生，卻是條漢子。

連著幾天，周小舟、周惠二人開過批判會回到住處，唉聲嘆氣，茶飯無心，閉門不出。工作人員都暗自爲他們的健康、處境擔心。每頓做了又香又辣的湘菜、米飯，兩人總是胡亂吃上幾口，就放碗筷。跟隨周小舟多年的老炊事員實在看不過去，含著眼淚給兩位周書記提意見：「人是鐵，飯是鋼，天塌下來，也要吃飽飯！你們這樣不吃東西，身骨子會垮掉的啊。」周小舟安慰老師傅說：「多謝多謝，我和周惠不是不吃，實在沒有胃口。放心，我們挺得住。頂多，下山後到洞庭湖去辦農場，培育水稻良種。你若願意跟了去，湖區有的是魚蝦螃蟹，烏龜王八，正可施展你的廚藝。我們自己動手，豐衣足食，少受窩囊氣。」

對身邊的工作人員，周小舟仍然不失領導者的風範、氣度。關起房門，只剩下他和周惠兩人時，才又氣不打一處來：「周惠啊，我本將心託明月，誰知明月照溝渠！一堆爛臭泥……你、我一起工作十來年，我的個性你知道，最看不得黨內這些彎彎曲曲的事，彎彎曲曲的人！」

周惠說：「這點你和彭總很相近，嫉惡如仇，眼裡揉不得沙粒。唉，可惜了，彭總那樣一個大英雄，幾十年出死入生，打了數不清的大戰役，包括把世界上最強大的美帝國主義打趴下……他沒有敗在戰場上，這次卻要敗在自己人手裡，眞是個歷史的大諷刺。」

周小舟說：「所以我們不要亂招供，亂檢討。我敢肯定，這次會議批判我們，是個歷史性錯誤。寧可生前受屈，也要身後清白。不是我們幾個人有什麼了不得，而是去年黨中央、毛主席實實在在出了嚴重過失，導致國民經濟空前緊張。你以爲批倒了我們幾個人，經濟形勢會好起來？適得其反，火上澆油，錯上加錯，他們還要栽更大的跟頭。」

周惠說：「我佩服你的堅定性，也同意你對整個形勢的看法，但你也不要硬頂，不要再在會議上公開說毛主席獨斷專行之類的話。好漢不吃眼前虧。」

周小舟說：「我偏要說！他去年就是搞獨裁，家長作風，和史達林晚年沒有兩樣……唉！你以爲低頭認錯，違心檢討，就會被輕易放過？這次在山上，我總算看清一些人物的面目了。我不是說柯慶施、曾希聖、張仲良、吳芝圃這些人。他們不顧國計民生，專事迎逢，一切爲討領袖歡心，有其一貫性，就那麼個德行，面目清晰；我現在最痛恨的，也是感到上當受騙的，是交錯了胡喬木、陳伯達、田家英、吳冷西幾個文人朋友！自一九三七年到延安起，相識二十二年了，這次才認出他們的眞面目。那些關於毛主席犯下錯誤的話，那些關於中央的內部信息，難道不是他們告訴我們的？如今竟然都成爲他們批判你、我的材料，黑材料！你說世事上，哪有這樣不講廉恥的？」

周惠說：「或許他們有他們的難處吧？中央的筆桿子，在主席身邊工作，不能不轉向，不能不緊跟。我不認同他們的做法，但我給予理解、同情。得饒人處且饒人吧，總比大家被一網兜盡了好。」

周小舟說：「我不同意你和這團稀泥，沒有黨性原則。我想揭發，向大鄉長揭發胡、陳、田、吳的有關言論，原原本本，一字不易，讓大鄉長知道身邊的人對他的眞實看法，可以促使他清醒。我覺得這才是對黨中央負責任。」

周惠很少斷然否定周小舟的想法：「不可以！你這是打爛仗。講得難聽點，是拆爛汙，不可以……那會把事情搞得一團糟，令中央難以收拾。你不是也聽李銳講過嗎？把胡、陳、田、吳拉下來，柯慶施的那個大秘書張春橋，就極可能被安插到主席身邊去，還有湖北的那個小白臉，也可能調去中央取代胡喬木。那一來，主席身邊就全是吹吹拍拍的人物了。偏偏主席老人家又耳朵軟，平日就喜歡聽好消息，甚至小報告。你想想看，那會出現一種什麼可悲的局面？現在，好歹有胡喬木、田家英在他身邊，總還能向他反映一些眞實情況，報送一些災情材料吧？」

周小舟不出聲了。這時，有工作人員在外邊輕輕敲了敲門，但沒有進來，只從門板下端縫裡塞進一封信。周小舟知道是通訊員送來的。通訊員是周小舟一九五一年在湘西搞土改時帶出來的一名貧苦孤兒，視周書記爲再生父母。

一看信封，知道是李銳的手跡。唉！如今連李銳那樣豪氣的人，都不敢上門了。牛皮紙信封貼了保密膠條。膠條揭不開，撕不掉，唯用剪刀才能剪下，一般用於中央機密文件的傳送。

信封內一張便箋，寫著：「已內定爲右傾反黨集團，彭、張、黃、周，有小舟，無周惠。家英意見，小舟找主席認錯，要主動，爭取把名字拿掉。此條看後燒掉，切切。」

周小舟目光呆滯，臉色發白，如同遭了雷擊似的，好一刻說不出話來。周惠則去洗手間，擦根火柴把字條連同信封燒了，紙屑也投入抽水馬桶沖走，轉回來勸解小舟：「人在矮簷下，不能不低頭了。你還是主動求見主席一次，把一些事情當面匯報清楚。相信主席會念及舊情和鄉情的。」

周小舟神色冷漠地說：「家英是一片好心，擔著風險傳信息，我只能心領。也可能是大鄉長有意讓他透氣的……求見大鄉長，去了談什麼？揭發彭老總？出賣彭老總？」

周惠說：「你去談清楚自己的一些事情，就一定出賣彭老總？只談自己，不涉及旁人嘛。」

周小舟說：「你想得天眞。人家早就要我和彭總劃清界線！這界線怎麼劃？彭總錯了嗎？你、我錯了嗎？總得讓我自己可以說服自己嘛。一個月前，大鄉長還在表揚：白旗省有糧，紅旗省缺糧，下游倒比上游強……」

周惠說：「我們總得過了這一關啊！以後日子還長著。你、我還只四十幾歲，還有老婆、孩子、親友一大堆。」

周小舟說：「告發彭總、出賣彭總的事，砍了我的腦殼都不能做！當初鼓動彭總提意見的是我，建議彭總寫信的也是我。事到如今，卻要我去坑害彭總……我曉得，上頭需要的就是這個。我若做了，是可以得到解脫……可是那一來，我周小舟還算個人嗎？恐怕連牛馬畜牲都不如！還怎麼在這世上苟活下去？人無良知，與禽獸無異！」

說罷，周小舟痛苦至極，淚流滿面，低聲拉抽。

周惠忙去洗手間扯來一條乾毛巾，也是含著淚水勸道：「莫哭莫哭，千萬不要有糊塗念頭……天無絕人之路，……莫哭莫哭，外面有工作人員，叫他們聽見，傳出去影響不好。」

周小舟卻淚流不止，抽泣不止：「周惠啊，我是難得熬過這一關了……看在我們共事十來年、合作無間的兄弟情份上，求你一件事，求你一件事……」

周惠說：「莫哭，莫哭，你想講什麼，就都講出來，不要悶在心上，悶出毛病來。」

周小舟哭道：「周惠，好同志，好兄弟，只一件事相託，今後我若有個長短，你要幫我把兩個孩子撫養成人，送他們讀書，不要讀政治，不要讀文科，讓他們學理工……我們的後代，都應當學理工……這政治，太醜了，太髒了，不是我們這種人搞得了的啊……還有我愛人，她還年輕，對我感情很深……你要勸她思想開通些，勸她找個好人改嫁，改嫁……我辜負了她，對不住她……」

周惠再也強忍不住了，一把抱住周小舟，陪著抽泣，哭做一堆……可憐這湖南省委的第一、二把手，去年被插白旗，今年有糧食支援兄弟省區度荒，如今反在廬山上遭到批鬥，連哭都不敢出聲，連哭都怕被人報告了上去。

兩人哭了好一會。周惠忽然放開了周小舟，昂起滿是淚花的臉龐，決然說：「小舟！你不對！你聽我講，人都會有挫折、有失敗，但不能輕言生死！黃克誠同志不是講，他歷史上十次被打成右傾分子，有兩次還差點被『處理』掉！他還不是一路熬過來了？況且，你也要替你的兩個兒子負責，不要讓孩子揹黑鍋，一輩子抬不起頭……告訴你吧，要死，我早就死掉了，而且已經死過幾次！我有沒有給你講過我在太行山十字嶺戰役死裡逃生的事？」

周小舟也止住了哭泣。他把毛巾先遞給周惠擦了臉上淚水，再接過來自己也擦一把。他心裡木訥訥、空落落的，記憶、思維完全堵塞住，記不起周惠是否講過死裡逃生了。

周惠說：「那我就講講，或許有助你疏導一下思緒。是一九四二年在太行山上，日軍以優勢兵力對我八路軍司令部實施鐵壁合圍。彭總爲了掩護主力部隊轉移外線作戰，而率領司令部機關利用山區地形和敵人兜圈子，以一個警衛團的兵力四面堵擊日軍的幾個師。戰鬥打得眞慘烈，有的連隊打得只剩下幾名傷兵。那時我是司令部的政工科長。我和我的通訊員隨部隊撤退到十字嶺的山腰上，子彈如同下雨點，四周都是戰士們的屍體。但見彭德懷總司令騎在一匹棗紅馬上，指揮部隊快撤，大叫著衝出山口去，衝出山口去！不一會，彭總就率領一隊人馬衝出去了。隨後山口就被敵人的機槍火力封鎖了，我們的戰士一排排倒下。我的通訊員還要拉著我朝前衝。我說：坐下，坐下吧，硬衝是衝不出去了，如果被敵人發現，我們就自己結束自己。說著我們緊貼著山石坐下，坐在戰友們的屍體堆裡，閉上眼睛，什麼都不看，什麼都不想……日寇的大部隊過來了，就在我們身邊走過，整整兩個多鐘頭，就是沒有發覺我們是兩名活著的八路……你講算不算奇蹟？後來，我和通訊員返回八路軍司令部，戰友們見了，竟是這個一拳、那個一掌的打我們：傢伙！還活著，你兩個還活著！彭總早上還問周惠呢？也犧牲了？快去給彭總看看，彭總會高興得嘴巴都合不攏的……所以小舟啊，我的一個經驗，人到無路可走時，就停下來，等一等，或許會有轉機的。現在和平時期，受到挫折，比起戰爭年代的那種生死險境，算不得什麼呢。你本人也在晉察冀軍區工作過許多年的嘛。」

一百七十六號別墅，原先安設的與北京三軍總部、全國各大軍區的通訊設施，全部撤除了，連同一部收發報機都被收走，聽說全部移到前不久上山的林彪元帥住處去了。

彭德懷胃病復發，請假三天，沒有出席合併後的第四組會議。保健醫生向中辦主任楊尙昆建議，根據彭總的病情，可否返回北京住院治療？楊尙昆作不了主，彭是列席常委，下山須經毛主席親自批准。毛澤東倒是立即作了批示：山上天高氣爽，冷暖宜人，有利治病，可以邊休息邊檢查問題。楊尙昆作爲紅三軍團的老政委，彭德懷的老戰友，只能做一件力所能及的事：悄悄通知彭總夫人浦安修上山，困難時刻，患難夫妻，或可給予安慰、照顧。

彭德懷得知保健醫生自作主張，代他去向中辦陳情的事後，很不高興。他把幾名工作人員召集攏來開會，交代說：「我在山上的事，我自己負責，和你們無關。你們也不要替我擔心，仍按中央規定做好各人的本職工作就是了。你們跟了我這些年，彼此都有革命情感，值得珍惜。但你們記住了，一定不要捲到我的痲煩裡邊來。你們都有老婆孩子，捲進來付出代價不值。還是一如既往，公事公辦吧。你們對我有什麼意見、要求、包括要求調離，各奔前程等等，都可以當面提出。怎麼樣？你們各人都講幾句？」

幾位工作人員彷彿不忍心看到彭總憔悴的面容似的，都沒精打彩地低著頭，不吭聲。

彭德懷笑笑說：「你們呀，還像群孩子呢。戰場上，哪有不打敗仗的將軍？頂多，我在這山上也是打了一場敗仗，總結教訓，檢討錯誤就是了。你們不講話，我可要提要求了，護士同志，等下替我去買回幾條香煙來。一輩子沒有抽過煙，近兩天特別想，像犯了癮。」

保健醫生抬起頭來說：「彭總，我反對。你不能開這個頭，對你的胃病很不利。」

保健護士也開了口：「反對首長抽煙。還要給首長提三條意見，一是按時吃飯，二是按時服藥，三時按時睡覺。」

彭德懷和藹地看他們一眼，說：「好，我接受你們的意見。只是抽煙的事，我也應當有點小自由。盡量少抽幾根，好不好？我要思考很多很多的問題嘛。」

說著，彭德懷發現平日虎頭虎腦的警衛員，竟是兩眼含淚，像受了什麼大委屈似的，遂問：「娃子，你怎麼啦？男子漢大丈夫的，有話講，有屁放嘛。」

警衛員已跟隨彭德懷多年，天天早起陪練拳腳、習得一身武藝，這時極不情願地淚眼一抹，說：「首長，昨天警衛局開了會，汪副局長傳達中央指示，說是根據情況變化，一百七十六號別墅，一百七十七號別墅的警衛工作，從現在起調整職能，變保衛爲監護。話講得很難聽，說要保證首長不自殺，不逃跑……嗚嗚嗚，我服從命令，但思想不通，就是不通……」

彭德懷眼睛裡冒出火星子，臉孔漲得通紅，但面對自己日夕相處的工作人員，他很快平靜下來，苦笑著說：「很好嘛，過去也是這麼監護過王明、高崗的。你們放心，我一不會學王明逃跑，二不會學高崗自殺。彭德懷就是彭德懷。況且我的問題，中央還沒有作出結論。你們呀，就按警衛局的命令行事，我盡量配合，絕不影響你們的前途。」

警衛參謀是名中年漢子，這時也眼睛發紅地說：「彭總你要保重……警衛局還有個通知，要到這別墅走廊中間臨時釘一堵間牆，並派專人守衛。你和黃總長各住一頭，不得再碰面。上面怕你和黃總長搞攻守同盟。」

要在平日，彭德懷早就火冒三丈，吼聲如雷地罵娘了。此刻卻出奇地平靜：「好，謝謝你告訴我這事。劃地爲牢，就劃地爲牢吧！黃總長這次是受到我的牽連，對不起他。還有沒有別的限制？比方准不准我外出散步？准不准我早晚打拳？准不准有人來看望我？」

警衛參謀報告：「沒有，沒有這些限制。並沒有宣布首長屬於監護居住。」

彭德懷坦然地說：「是軟禁。中央還沒有作出結論，他們先動作了。很好，我都知道了。你們儘管執行命令。」

接著，彭德懷爲了穩定大家的情緒，給講了一段黨的歷史，江西蘇區時期錯誤地在黨內大反右傾的歷史。黃克誠同志那時多次挨整。毛澤東同志本人就前後三次被劃成右傾分子，富農路線，撤銷他的紅軍政委職務。事後證明是博古、項英等人左傾嘛。所以在革命隊伍內部，也常常會有各種誤會、委屈，甚至冤枉。一個眞正的革命同志，既要禁得起敵我鬥爭的考驗，也要禁受得起黨內鬥爭的挫折。不然就不是一個完全的革命者。有句俗話：日久見人心，路遙知馬力，就是這個意思。

聽了彭總一席話，幾名工作人員平靜了許多。他們敬服的就是彭總的正直無私，光明磊落。

彷彿應驗中央警衛局的有關規定似的，下午就有兩起客人來看望彭老總。頭一起客人竟是梅霞新和乾女兒林燕嬌。見到兩個年輕人，當年朝鮮戰場上的小戰友，彭德懷心裡登時亮敞、溫暖了許多，臉上也現出慈愛的笑容：「貴客貴客，眞沒想到你們會來，什麼糖果都沒有準備。來來來，我們一人提一把椅子，到陽台上去聊天。」

三人上到陽台，繞著一張小圓桌坐下。服務員送來一壺熱茶，三隻茶杯，退下。

彭德懷堅持著要給兩位客人篩茶，邊高興地問：「好多天沒有見到妳們，怎麼忽然又來了?而且兩個一起來。」

小梅強裝出笑容，一雙明眸隱隱透出憂慮之色：「報告首長，前幾天我多次提出來看望你，總理都沒有答應。今早上，總理卻特意吩咐，說你的胃病犯了，讓到醫院約上林醫生，來看看你……」

彭德懷聽這一說，心裡深有感嘆，但又不便對年輕人說。這個周總理啊，總是在一些小事情上替人想的很周到，體現出他對人的關心，他的人情味；大事上頭，卻緊跟老毛，一切看老毛的眼色行事，把自己保護得很好。

林燕嬌卻是一副花容失色、神不守舍的樣子。彭德懷問：「林妹子，乖女崽，妳怎麼了？來看我，也不笑一笑？」

林燕嬌卻是強笑不起，只是痴痴地盯住阿爸說：「阿爸，你還好吧？不是我不來看你，是有紀律……你人瘦了，鬍子也不剃，頭髮也長了……」

彭德懷心裡一沉，嘴上卻說：「看看，我不是好好的嗎？按時吃飯，按時吃藥，按時睡覺。一早一晚都打幾路拳。不怕惡鬼，不敬邪神，閻王老子還離我遠遠的，哈哈哈……」

林燕嬌說：「那就好……我還沒有帶娃兒去北京看爺爺奶奶哪。」

彭德懷說：「照去嘛，我又不是反革命，有什麼大不了的？如果你們害怕，就是另外的問題。」

林燕嬌和小梅都已經在山上的醫護人員大會上聽了有關傳達，說山上的負責人中，出現了背離黨中央和毛主席的非組織活動，保衛部門正在清查。所有的工作人員都要嚴守紀律，不准串門，不准打聽，不准私下議論，否則以黨紀軍紀處分。不過她們還是聽到了悄悄話：這次山上出了問題的大人物，有彭老總的名字。

彭德懷見小梅愣愣地盯著自己，目光中充滿敬意和信賴，也就忍不住問：「小梅同志，妳上回和我講的妳贛州老家鄉下餓死人的事，是不是眞的啊？有沒有誇大災情？」

小梅身子一挺，頭一昂說：「報告總司令！千眞萬確。我要講了假的，中央可以槍斃我！我和總理也反映過。但沒有機會對毛主席說。有了機會，我會說，一定說！」

彭德懷見小梅一身正氣，讚許地點了點頭，旋又搖搖頭說：「好女娃，情況很複雜。妳呀，不要去說了，說了也沒有用，聽不進……右傾機會主義這頂帽子，妳可是戴不動呀……我的事，妳們大約也多少聽到一些風聲了。不要緊，我們都是黨員，還是要相信黨，服從中央，對嗎？」

小梅是個剛烈性子，秀髮一甩說：「我不服！我是個小人物，但對於黨內只讓講假話、不讓講眞話，就是不服！饑荒又不單是發生在我們贛州鄉下，我和一些工作人員都聽說了，全國十多個省區都有災情，都在餓死人，爲什麼還要使講眞話的有罪，講假話的有功？黨章上，許多文件上，不都白紙黑字地寫著，共產黨員應當忠誠老實，忠於組織，忠於人民？」

彭德懷很喜歡小梅愛憎分明、是非分明的個性。從這方面看，小梅要比林燕嬌強。小林性格柔弱，遇事容易妥協忍讓。委曲求全，不然就不會在四年前和老毛發生那檔子事了。彭德懷慈愛地說：「小梅同志，是非功過，自有後人評說。我對我這裡的工作人員交代了，要他們遵照組織的命令行事，不要替我講話，抱不平，那樣會毀了大家的前程。我還和他們講了黨的歷史，當右傾並不那麼可怕，黃克誠、毛澤東等人都當過右傾，挨過整……妳們年輕，不懂黨的這些複雜歷史。列寧說歷史是沿著螺旋形道路前進。螺旋形就是繞圈子，有時繞了一圈又一圈，結果發現繞回到原地。所以現在我很坦然，右傾就右傾，起碼我可以保留意見，讓事實、讓時間來說明問題嘛。」

林燕嬌忽然顫著聲音說：「阿爸，不怕你批評，我心裡有個感覺……是不是過去封建時代那樣，我們黨內也有皇上，只許大家服從，要天下人都侍奉他啊？」

彭德懷眼睛瞪圓了：「小林！要注意妳的情緒。很不健康，也很危險，懂嗎？妳不要爲了我，產生某些糊塗觀念。妳是革命軍人，要服從黨紀軍紀。」

林燕嬌噘了噘嘴巴：「我這麼想的……也只是和阿爸說。」

小梅在旁加油添醋：「我也是這個想法。這兩年，上上下下的事，哪裡有半點黨內民主？只能用出了皇上來解釋。」

彭德懷聽了兩個年輕人的話，心裡疼痛有如刀割。他身子一晃，眼睛都紅了：「聽著！我命令妳們，求求妳們了……不要爲了我，胡思亂想，胡說八道了！妳們才二十幾歲，還有很長的路要走……我和你們講了半天，還不明白？革命是個複雜、曲折的事業，在革命隊伍裡，要經受得起誤解、委屈、甚至冤枉的考驗！我的事，你們千萬不要牽扯進來。妳們參加革命才多長時間？就算妳們上過朝鮮前線，也是個學生兵嘛！我嘛，十四歲投奔湘軍吃糧，今年六十一歲，已經當了整整四十七年丘八，老兵一個！我要倒下，早就倒在雪山草地，倒在太行山，倒在西北戰場上了。妳們以爲我沒有打過敗仗，一路都打勝仗？勝利了，和平了，就有人吹噓誰誰是常勝將軍，放屁！哪有不打敗仗的將軍？我替他們臉紅呢。所以妳們兩個放心，山上的這點困難局面，我會度過的。錯了的檢討，沒錯的堅持，天塌下來也是這兩條！我還要在北京的家裡，等著妳們去做客，等著會我的女婿，抱我的外甥呢！小梅，也包括妳。」

一席話，說得林燕嬌、梅霞新兩人又敬愛又心疼，齊聲答應：「我們聽話，我們不闖禍，還不行？」

彭德懷寬慰地笑了，寬慰中帶著苦澀：「這就對了。妳們生活好、工作好，學習進步，我就放心了。小梅啊，上次許諾妳進軍醫大學的事，怕是不行了。我一挨整，下面就沒人聽我的話，我也不便開口了。總後勤部洪學智同志，這次恐怕也要受我連累……我名為元帥，卻沒有辦成女兵的一件事，眞是個窩囊廢！」

小梅不忍見彭總抱愧的樣子，一把握住彭總的手說：「首長，哪裡話嘛！比起鄉下那些肚子都吃不飽的姐妹兄弟，我已是很幸運、很知足了！下山後我仍去參加進藏醫療隊，軍隊編制，不就重新入伍了嗎？以後有了探親假，我先到北京去拜望你，替你做青稞粑粑、燒酥油茶！」

彭德懷緊緊拉住小梅的手：「好，好，我們一言為定。林妹子，妳哪？妳要向小梅學習，她個性比妳開朗、堅強。」

林燕嬌兩手有些發抖，突然記起什麼似的，打開隨身帶著的軍用挎包，拿出兩隻印著洋文的藥瓶來：「阿爸，這是進口的胃藥，適合你的症狀，止痛有特效。但平日還是吃你原先那個中藥方子的好。痛得厲害時，才吃一粒……要不要到醫院去，替你做一次全面檢查？」

彭德懷接過兩瓶胃藥，心裡很感激：「有個女兒當大夫，吃藥就方便些，回頭我交給保健醫生，由他控制使用。我的胃病是老資格了，不用做什麼檢查了。妳上回講要帶張小孫子的照片給我，帶來了嗎？我是個不稱職的爺爺囉。」

林燕嬌恭恭敬敬地雙手遞上一張小三寸的黑白照片：夫妻兩人穿著軍裝，中間的小男孩挺神氣地穿著海軍制服。

接過照片，彭德懷笑得眼睛都瞇縫起來，好愜意、開心：「好！軍人之家，好。女婿很英武，小孫子更英武！長大了當海軍？有種！我們的陸海空三軍，以海軍最弱……等孩子長大了，就該有我國的航空母艦、遠洋艦隊了。不像現在，只有一、兩百艘砲艇，近海防衛……唉！去年我們沒有那場瞎折騰就好了，大煉鋼鐵損失五十個億，可以辦兩支大型艦隊了……」

這時，警衛參謀嗒嗒地敲了敲陽台門，報告說：「彭總，聶帥和葉帥到了樓下，看你來了。」

彭德懷一聽說聶榮臻和葉劍英來了，連忙起了身，對警衛參謀說：「你去告訴兩位老總，我馬上就來，馬上就來。」

林燕嬌和梅霞新起立告辭。彭德懷有些不捨地說：「小林、小梅，我們就暫時分別了。下一段會議會越開越緊張，妳們不要再來看望。不是我不想妳們來，是避免妳們受到影響。妳們要理解我的心情……事情過後，我當了老百姓，妳們正好到北京去看我嘛！那時，也不會有小車了，我帶妳們騎腳踏車，去遊故宮、北海，還可以坐公共汽車去頤和園、香山、八達嶺長城。當老百姓好！和平時期，我這種人就適合當老百姓。」

梅霞新仍向彭總行軍禮。

林燕嬌心情激動，極想擁抱一下阿爸，甚至踮起腳尖，在阿爸臉頰上親一口……但她終歸站著未動，只是紅著臉蛋、顫著聲音說：「阿爸！我愛你……我永遠是你的女兒！」

梅霞新在旁說：「還有我呢！我也是彭總的女兒……林姐，我們從陽台樓梯下去。」

彭德懷目送著兩個女兒下了樓梯，倩影消失在樹林裡。他返回屋內，快步下到樓下客廳裡。見到聶榮臻、葉劍英兩位老戰友、老同事，他又恢復了粗喉大嗓，罵罵咧咧：「兩個老總啊！我替六億農民操了娘，你們還有膽量來看我啊？」

第三五章　元帥勸降　擒賊擒王

在一九五五年中共中央、中央軍委評定十位元帥軍銜時，是有嚴格的排名順序的：朱德、彭德懷、劉伯承、林彪、賀龍、陳毅、羅榮桓、徐向前、聶榮臻、葉劍英。功績爲主，照顧資歷。在黨內，朱、彭、劉、林、賀、陳、羅七位進入中央政治局，參與最高決策；徐、聶、葉三位則只是普通中央委員，屬後座元帥。

聶榮臻和葉劍英是敬重、欽佩彭老總的，日常見面總是搶先敬禮、致候。彭德懷則是不拘禮節，無所謂先後。

服務員來上了茶，擺了煙，退下。

葉劍英詫異道：「彭總也抽煙了?記得你一向煙酒不沾。」

彭德懷一人遞上一支，自己也吸上一支：「才抽兩天，真是易得上癮，麻醉神經嘛。這個時候，你們還敢來看我？」

聶、葉兩人尙不知道彭老總當面操毛澤東老娘的事。聶榮臻是個忠實漢子，說：「彭總啊，我們這些人誰沒在黨內作過檢討？你受了點批評，我和劍英就不敢上門了？」

葉劍英好讀詩詞，向稱儒將，說：「人家是借酒澆愁，你是借煙澆愁。煙這東西，還是不要上癮爲好。熄熄火，都上了花甲的人啦，還吵架嘔氣，傷身體。」

彭德懷說：「好好，接受二位批評。我這個人就是嘴巴臭，不討人喜歡。平日也想到要改改脾氣，一遇到看不慣的事，就又忍不住，總是發過脾氣才後悔。」

聶榮臻趁機勸慰道：「後悔了好。去向主席認個錯吧！不然大家都下不得台階，被困在這山上。我已聽到不少省、市書記們的意見，都急著下山，回去抓工作。」

彭德懷被煙嗆得咳了兩聲：「老毛派你倆來當說客的啊？他個黨主席，就不肯找我談談？總要分個是非曲直嘛。」

葉劍英說：「彭總，大家都知道你豪爽忠直，愛罵人，有口無心。但你不夠尊重毛主席。幾十年了，全黨就一個主席，應當尊重的啊。」

彭德懷不以爲然地搖搖頭：「劍英，你是個和事佬，黨和軍隊都需要你這樣的和事佬。我怎麼沒有尊重毛澤東？爲了工作、事業，愛提個意見，和他爭幾句，就是不尊重？像柯慶施、李井泉、譚大砲那樣的馬屁精，那樣跟在老毛後面溜溝子，我是學都學不來！對不起，我認爲很無恥。」

聶榮臻說：「看看，又上火了吧？我們來看你，聊聊天，還是不要涉及其他負責同志的好。同意劍英的看法，彭總你是有不夠尊重主席的地方。」

彭德懷說：「好好，就算我愛發脾氣，冒犯過他。可他做爲黨主席，尊重了我嗎？本來說好十三號上午十時去談話，我去了，他卻沒有起床。回來才寫了那封信，只是想個別反映一下對形勢的看法。我的信十四號下午送去，十五號一大早，他就強加一個名字〈彭德懷同志意見書〉，作爲會議材料印發了！事前不和我打招呼，不是存心要整人嗎？及至分組討論多日，多數同志認同了我的信，並沒有對我形成批判局面，於是乾脆在二十三號上午突然通知召開全體會議，親自上陣，號召會議大轉彎，從批左糾左變成批右反右！他這叫出以公心，光明正大？」

葉劍英摘下眼鏡來擦著：「冰凍三尺，非一日之寒。事情不會那麼簡單……彭總，一些具體過節，我們並不了解，或許你是眞有委屈……看來，你和主席之間的誤會，是越鬧越深了。誤會要解開，心結也要解開。」

聶榮臻說：「主席已經把問題提到路線高度來攤牌了。彭總，從歷史上看，凡扯上路線鬥爭，事情就很嚴重了。建議你認眞對待，認眞思考，包括檢討……我和劍英都是爲了你好。」

彭德懷頂牛說：「路線就路線，我才不怕他個鳥路線。我問你們，去年的經濟工作，是不是左傾了？大煉鋼鐵浪費五十個億，還不認帳？吃公共食堂，十多個省區吃出水腫病，餓死人，爲什麼還要死咬牙關辦下去？是農民的性命要緊，還是他的面子要緊？我看他還在做去年的那個大夢，到處吹糧食多得吃不完，跑步進入共產主義！」

葉劍英見彭老總越說越激烈，根本沒有認錯、做檢討的意願，便深深嘆口氣說：「彭總啊，我承認你是憂國憂民，關心老百姓的疾苦。但頂牛、吵架，不能解決問題嘛。我們黨所以能夠取得勝利，奪得江山，就是因爲高度集中、統一嘛。解決農村問題也好，緩和國家經濟緊張局勢也好，還是要靠黨中央、毛主席。我建議你想通這個環節。」

聶榮臻說：「劍英講的在理。你彭總是全軍副總司令、國防部長，加上我們幾個元帥，還不是些丘八？中央分工我們管軍事，管部隊，管不了農村公共食堂、管不了國家經濟嘛。那是書記處和國務院職份上的事情啦。說得嚴重點，涉及到黨指揮槍的原則問題哪。」

彭德懷爭辯說：「對！我們都是耍槍桿子出身，都是些丘八。但莫忘記了，我們不是軍閥部隊，我們是人民子弟兵！人民子弟兵的最高宗旨是爲人民服務。我們的地方軍區兵營也好，野戰部隊的兵營也好，四周圍不都是住的老百姓？他們能對附近鄉親們的饑荒災情閉上眼睛，堵上耳朵？我是擔憂軍心不穩，影響了士氣和戰備……何況，我們雖是軍人，但我們首先是共產黨員，是革命幹部，難道給黨中央、黨主席反映意見的權利都沒有？都扯得上黨指揮槍的原則，去干他娘的哪門子政？」

聶榮臻、葉劍英顯然說不服彭德懷。反倒是擔心被說服了，迷失進他的右傾思想的泥淖裡去。唉！像彭老總這樣的鐵打的漢子，一旦較上勁，認上死理，是很難叫他低頭的。

三位元帥你看看我，我看看你，沉默了好一會。

該告辭了。聶榮臻站起來說：「彭總，自江西蘇區時期，你、我就相識，一條戰壕同生共死出來的，能熬到今天不容易。你、我都要珍重、珍惜……實在不忍心看到你老哥在政治上跌跤子，六十花甲了，我們都算老年人了。」

葉劍英也隨即起立，拉住彭德懷的手，說：「不管你喜不喜歡聽，我還是要和你提一件老事……還記得關向應同志①嗎？他一九四六年在延安醫院病逝之前，少奇、你、高崗和我去看望他時，他對你講的那番話……我記得，他講，德懷同志，我是個快死的人了，勸你一句，今後再不要和毛澤東吵架了，不要吵了，知道的，是你的個性；不知道的，以為你腦後長有反骨……國民黨有個蔣介石，我們有個毛澤東。跟著毛主席，革命才會走向勝利……彭總，你、我不要忘記關向應烈士啊。」

說罷，葉劍英兩眼淚水，動了感情。想起英年早逝的老戰友關向應，彭德懷也紅了眼睛。

聶榮臻握住彭德懷的手說：「老彭，去向毛主席認個低字吧！當檢討就檢討幾句，讓大家下台階，事情過去……昨天主席還講了，只要你認錯，還是當你的國防部長，軍隊工作還是你管。你要相信主席的器量和襟懷。」

彭德懷不聽猶可，一聽這話，就又有些光火了：「眞是哄三歲娃娃囉！我這住處的軍事通訊設備

---

① 關向應，原紅二方面軍政委，抗戰時期任八路軍一二〇師政委。

早被撤除了。還讓我做國防部長，這話你們相信？爲什麼把人家黃克誠強拉進來？我寫信的時候，他人還在北京嘛。無非是要一鍋端……你們或許不知道，或許知道了不肯講，已經內定了，要劃右傾機會主義反黨集團，頭子是彭、黃、張、周……你們可以回去告訴老毛，我是死豬不怕開水燙，只要不被割下舌頭，剁下腦殼，當講的話，還是要講！我也不會學高崗自殺，下農村去種幾畝試驗田，看看畝產幾萬斤，總可以吧？關進秦城也沒有關係，老子照樣天天打拳，睡大覺。」

送聶、葉二帥出了別墅、出了草坪，彭德懷默默地沿著林間小道走了一段路。很安靜，除了在幾處路口見到有一中隊值勤的士兵，沒有碰到別的人。值勤的士兵在他面前只站了個立正，沒有抬手敬禮。看來警衛局已遵照指示統一布置過，把他劃入另冊了。娘的，難怪人講老虎患病不如貓！老子就不信這個邪，看看哪個閻王爺能把我活剝了，生吃了去……不過，對於聶帥和葉帥能在這種時刻來看望他，心裡還是很感激。就算他們是替老毛當說客，來勸降，畢竟還有一份戰友情，同志義，紅了眼睛落了淚，流露出了對他處境的擔憂、同情。

回到住處，彭德懷見警衛局來了幾個人，正利用兩塊舊門板敲敲打打，在房廊中央釘成一堵臨時隔牆，表示把整棟別墅一分爲二，表示他和黃克誠不能再私下見面。他冷冷地看了兩眼，虧了謝富治他們想得到，一群哈巴狗，在廬山上也搞這一套……對了，聽人介紹，當年老蔣也在這山上囚禁過張學良將軍。他回到卧室，和衣躺在床上。

警衛員悄悄進來，神色焦急地問：「首長，你剛才到哪裡去了？我和保健護士到處找……」

彭德懷坐起身子：「送聶帥和葉帥，在外面走了走。怎麼？沒有規定我不准外出散步嘛。」

警衛員立正站好：「我們是擔心首長的安全。」

彭德懷苦笑笑：「滿山上都被一中隊的人警衛著，能出什麼事？你小子，操空心！我這條老命閻王爺不肯要，不然在戰場上就死過幾十回了……他們走了嗎？我是問那幾個在走廊上釘門板的。」

警衛員走前一步，低聲回答：「走了，只留下一個值勤的，守衛那道木板牆……告訴首長，我還看到黃總長開會回來，看著那道木板牆發呆，也朝我們這頭看了……」

彭德懷知道警衛員對自己忠心耿耿。多憨厚樸實的青年。幸而去年給他定了個副連級，本想過兩年再保送他進軍幹校學習，看來是辦不到了。他忽然對警衛員說：「你去告訴黃總長的警衛員小李，要一如既往地尊敬、保護黃總長，包括你自己在內，明白嗎？中央的事情和你們無關。」

警衛員低聲報告：「不用去囑咐，小李前天已經找過我了，講了知根知柢的話。小李琢磨這山上的事，是黃總長受了冤。他不會變，會像往常一樣照顧黃總長。頂多下山後不叫穿軍裝了，轉業到地方去……首長，你放心，我們幾個工作人員都明白，我們只是不能出聲，也不夠資格出聲。什麼大躍進呀，瞎鬧騰，苦了老百姓，我老家的公共食堂早就是大鍋青菜湯了，許多人全身浮腫……放心，我們不會講出去，作爲革命軍人，只能執行上級命令。」

平日像個悶嘴葫蘆的警衛員，在這種時刻和自己說出心裡話來，彭德懷不禁大受感動。他拉住警衛員的手說：「好樣的，好樣的，你們心裡明白就好……但你們一定要遵守紀律，執行上級命令。知道嗎？只有這樣，你們才能眞正負起保護我和黃總長的責任。」

警衛員低聲說：「知道，我們知道。還要報告首長，我們這裡躥進了野狗……就是管理局派來打掃衛生的那小子，成日個掃啊抹啊拖地板啊，看似很盡職，其實是張大了狗耳朵偷聽首長們談話。是警衛參謀不讓報告你，惹你生氣。我們向警衛局反映過，但那小子還是天天來上班。小李後來告訴我，那小子不是這山上管理局的，是謝政委政治保衛部的人，在北京見過的。那小子身上有個肥皂盒大的小機器，可以錄下聲音……小李和我合計，找個理由打狗，又怕給首長惹事……」

彭德懷壓下嗓門說：「我早有疑心，原來眞有狗，幹這類見不得人的事。你去告訴小李，千萬不要打狗，打狗欺主，牠的主人可是厲害呢。我和一些老同志的談話，人家要密告，早就告上去了。現在打狗，沒有用了……去吧，我有點累，想休息一下。」

晚飯後，彭德懷到院子裡散步。見房廊中間的那道木板間牆下，仍守衛著一名警衛局戰士，便走了過去。戰士見了彭總，雙腳跟一碰立正站好，想敬禮，手舉到一半卻放下了，神情很尷尬。

彭德懷和藹地說：「你不敬禮，我也不還禮，我們握握手，總可以吧？來，試試你的腕力。」

戰士遲疑一下，大約想到上級並沒有不准握手的規定，便伸出巴掌來，眞的和彭總比了比勁道。

小伙子的手勁不小，卻也臉都憋紅了，堅持一會兒，禮貌地先鬆開手指。

彭德懷甩了甩手，說：「平了，平了，年紀大了，比不過你們年輕人了。」

戰士說：「首長贏了。首長的勁道大。我們排長就常說，當兵就要像彭總那樣，一早一晚練幾路拳……對不起，我不該講這個。」

彭德懷笑笑說：「不該講就不講。可不可以告訴，你老家哪裡？參軍幾年了？有對象沒有？」

戰士說：「報告首長，俺老家陝北橫山縣，參軍四年了，老家有個未婚妻……」

彭德懷忽然想起高崗也是陝北橫山人，心裡不禁一陣淒惶。唉！高大痳子是有一身毛病，可也為革命立下無數功勞，不該落到個自殺的下場……娘的，真如古人所講，狡兔死，走狗烹，高鳥盡，良弓藏。朝朝代代，一個鳥德性……本想再問問陝北鄉下吃公共食堂的情況，但人家小戰士會感到為難的。算了，不問了，只說：很好，陝北出漢子，出英雄。你值勤吧。我還要在院子裡轉幾圈。

警衛員相隔十米，跟著彭總在草地上散步。彭德懷走著走著，面對山坡下一堵巖壁，站下了，雙手扠腰，昂頭挺胸，作長嘯狀。警衛員趕忙趨前，提醒首長：「別別，這裡離美廬不遠……」

彭德懷回過頭來，苦笑一下：「我何償沒有顧忌？一聲嘯叫，只怕山上的大人物們都會被驚動了……娘的，就是想吼上幾嗓子，不然太憋氣。這裡不是叫虎嘯嶺嗎？老虎沒有了，人吼也不行。」

彭德懷回轉身子，見黃克誠那頭門窗緊閉，黑燈瞎火，想是也在生氣，早早的睡下了。他進到臥室，保健護士跟了進來，請他服藥。就是林燕嬌送的那胃藥。

保健護士退出時，彭德懷吩咐說：「外面起霧了，下冷露了，你把那件大衣拿去，給房簷下值勤的戰士披上。不然我這裡沒事，監護我的人卻要生病了。」

彭德懷坐下來看幾份新出的會議〈簡報〉。上面有個名單，原來的六個討論組合併成三個大組：

第一組併入第二組，仍叫第二組，組長柯慶施，「幫助對象」張聞天、周小舟、周惠，加上李銳；第三組併入第四組，仍叫第四組，組長李井泉，「幫助對象」彭德懷；第六組併入第五組，組長陶鑄，「幫助對象」黃克誠。

娘的，完全是老毛的計謀。早就定性爲「右傾機會主義反黨集團」了，〈簡報〉上卻稱爲「幫助對象」！老毛最會玩這類文字遊戲。卻又每回都有人上當……五七年老毛號召百花齊放，百家爭鳴，結果是「引蛇出洞」，幾十萬知識分子打成右派分子；沒想到事隔一年多，老毛又來這一手，號召黨內高幹人人學海瑞，爲民請命，批左糾左。這回是黨內一批高級幹部上當，要戴上右傾反黨的帽子……老毛就是會玩，玩政治，玩概念，玩手段，玩女人。傅作義稱爲耍碼頭。老毛是大玩家，國民黨的蔣介石、汪精衛、李宗仁、張治中、傅作義、程潛都玩不過他；共產黨內的李立三、王明、博古、張國燾、張聞天、周恩來也玩不過他。這次在山上，我老彭也正在被玩一回……娘的！

夜深了，彭德懷很睏，卻不能入睡。他按鈴叫來保健護士，讓給兩片安眠藥。安眠藥現在由醫生護士控制著，並要看著首長當場服下。說是上頭有規定，會議期間，任何負責同志都不能擁有整瓶的安眠藥，防止出事故。高崗當年就是吞下幾十片安眠藥，自殺身亡的。

保健護士退出時，彭德懷又囑咐說：「外邊換崗沒有？叫值勤的戰士進來，哪怕是到這房門外來坐著。不就是要看住我，不讓和黃克誠見面嘛？何苦在那屋簷下打冷露？」

白天三大組的批判會，開得劍拔弩張，不時出現拍桌喝罵、厲聲訊問的火爆場面；晚上卻照樣看戲、跳舞，或是欣賞歌舞節目。叫做白天緊張熱烈，晚上輕鬆娛悅。形勢一面倒，毛澤東心情好了許多，戲癮舞興，又一齊發作，笑談古今，顧盼自雄。

唯有被批成右傾分子的彭、黃、張、周、周、李，原本就不好跳舞，頂多看看演出，現在則連演出都不看了；每天開過批判會，就躲回各自的住處，閉門思過了。用張聞天玩世不恭的話來說：今人的戲都演不完，還去看古人的？廬山成了華容道，就看關聖帝肯不肯捉放曹了。

晚十二時，毛澤東跳過舞，游過泳，就穿著棉毛巾大浴衣，在美廬樓上書房召集三大組組長開碰頭會，請來少奇、恩來、林彪三常委參與，加上聶榮臻、葉劍英兩位元帥列席。朱總司令年紀大了，有早睡的習慣，就不通知他了。

組長碰頭會基本是隔天開一次。毛澤東是從不下組參加討論的，又信不過會議秘書組編發的〈簡報〉，上面刊出的各組發言要點經過秀才們的文字加工，四平八穩，很少火藥味了。他習慣聽各組組長的口頭匯報，有稜有角，粗話操娘的話和盤端出，原汁原味，富鬥爭氣息，過癮。革命不是請客吃飯，不是繪花綉花，不能那樣溫良恭儉讓。廬山上正進行著的反右傾鬥爭，也是一次革命，左派壓倒右派，戰勝右派。雖說黨內鬥爭不隨便捕人、關人，但總該帶上一種激烈、暴戾的氣勢。

依例由第二組組長柯慶施開始匯報：「張聞天同志不老實。他表面上做了兩次檢查，實際上是替自己辯護。他拒不承認是『軍事俱樂部成員』，說自一九三四年遵義會議後就不再過問軍隊工作，只是一名黨的文職人員。彭老總也從未和他談論過軍事，因爲他是外行。他說會議印發他那個長篇發言稿，有幾處文字出入，沒有和他本人核對過，而把一些反面言詞強加於他，形同一種蓄意中傷。『問題講透』原本是劉少奇同志提出的，前期會議起了很好的作用，現在卻有人把版權歸給他……」

劉少奇登時勃然作色：「洛甫是老狐狸，講過的話，幹過的事，很少認帳。我們不要讓他擾亂了陣線。」

毛澤東點點頭，示意柯慶施繼續匯報。

柯慶施翻動著手頭的筆記本：「周小舟同志態度頑固，誰批判他就和誰頂牛，寸土不讓。他口口聲聲講，若把他打成右傾，肯定是個錯誤，歷史性錯誤，最後會由時間來作出結論。更難令人容忍的，他一方面說他從不反對毛主席，一方面又公然說毛澤東去年指揮經濟工作，是獨斷專行、家長作風。這話他在會上講了三次。我不許他講，他不聽。第二組全體同志都聽到了，可以作證。」

毛澤東取過一支煙，含到嘴上。坐在一旁的周恩來比另一旁的劉少奇動作快半拍，搶著擦亮一根火柴，替毛主席點上了。毛澤東深深吸一口煙，很響地咳聲嗽，很有力地朝腳邊的白瓷痰盂吐了一口濃痰，之後一臉不屑地說：「周小舟把自己看得很重要，想當歷史人物。我們批他右傾，就會犯下歷史性錯誤？你們信不信？反正我是不信。一個一九三七年到延安的小知識分子，當了湖南書記，尾巴翹得比左宗棠還高；左宗棠看不上曾國藩，周小舟看不上我。可人家左宗棠當過甘陝總督，有收復新疆、新疆設省的功勞。小舟有什麼功勞？去年湖南保住了糧食，糧食是誰生產回來的？湖南兩千萬農民。貪天之功為己有。在他和他的一夥人眼裡，我是中國人的史達林。很慚愧，我怕是不如史達林囉。要說史達林有錯誤，就是他生前沒有看清楚手下的某些幹部。好，不扯遠了，柯書記你繼續。」

柯慶施看一眼副組長廖魯言：「廖部長，下面你來匯報一下周惠和李銳二位的臨場表現吧。」

廖魯言先看一眼毛主席，又看一眼少奇同志，才盯著手上的筆記本說：「周惠同志和周小舟同志不同，是另一類典型。他說他錯了的，一定認眞檢查。不是他的問題，他也不能胡亂招供。他還建議，會議不要搞得這麼濃的火藥味，討論問題，幫助同志，還是要心平氣和，以理服人，不要以勢壓人。所以說周惠同志是另一類頑固典型。他還有一種很惡劣的行徑，就是面對別人的揭發、批判、質問，閉上眼睛，抿緊嘴巴，一聲不吭，像老僧入定。有人罵他是十痲九怪，他也無動於衷。」

毛澤東笑起來：「十痲九怪?什麼十痲九怪?」

廖魯言說：「就是十個痲子九個怪，表面老實心裡壞……當然這個順口溜以外貌度人，要不得。」

毛澤東幽默地說：「是要不得，十個痲子九個怪?何以見得?武漢軍區的陳再道司令員都要受到牽連了。過去小孩出天花，也是不治之症嘛。」

座中劉少奇、周恩來、聶榮臻、葉劍英、李井泉、陶鑄、王任重等，都跟著笑了。只林彪表情嚴肅，不苟言笑。

廖魯言繼續說：「我們第二組還有個李銳同志，態度也很不好。他前一段那樣活躍，在彭老總、黃總長、張聞天、湖南二周等同志之間往來穿梭，他都是一言以蔽之：同志之間正常來往。追問他究竟參加了『軍事俱樂部』沒有？他竟然說：天曉得有什麼『軍事俱樂部』！況且他和軍隊工作從來不沾邊，怎麼牽強得上去？要實事求是啊，要實事求是啊，他連喊三次，態度十分囂張。」

毛澤東嘴裡含著的半截煙頭熄滅了，這回是劉少奇及時地替他點上火：「軍事俱樂部是個客觀存在，武人文人，混合而成。成員不一定是軍隊工作的人。要理直氣壯地使用這一名詞，也包含了警告的意味。要看一看，山上的元帥、大將、上將這麼多，究竟有些什麼人會入他們一夥。第二組的情況就是這些了？你們組有四個對立面，任務很重囉。」

柯慶施不失時機地補充說：「我斗膽匯報一句，不少同志反映，前一段家英同志、喬木同志也很活躍，發表了很多右傾觀點的高論。家英同志和李銳同志，彼此稱兄道弟，關係很不尋常……」

毛澤東彷彿意識到了什麼，插斷道：「柯書記你那是題外話，弦外之音，不合時宜呢。下面，是井泉同志的第四組了？本次反右傾的重頭戲在第四組。彭老總告病假，想回北京，我不准。老胃病，就地治療。他出席會議沒有？」

李井泉答：「剛出席了一天會議，他威風不倒。彭眞同志、賀龍同志、康生同志，還有安子文、曾希聖、蕭華等同志，輪流問他一些問題，他針鋒相對，也是寸土必爭。他還和康生同志發生了爭吵。他肆無忌憚地反問康生同志：你前一段也在小組會上大談去年的缺點、錯誤嘛，你也說過人民公社辦早了，公共食堂不能強迫辦下去嘛，怎麼搖身一變，就批判起別人來了？當康生同志要求他端正態度，接受大家的批評、教育時，他竟然說：是你康生太會變了！江西蘇區時期，你康生同志跑到哪裡去了？你在莫斯科給王明當副手；八年抗戰時期，你又跑到哪裡去了？你回到延安，和王明劃清界線，當中央社會情報部長；四年解放戰爭，你又人在哪裡？打天下，戰場上拚死拚活，不見你人影。坐天下，你倒是很得勁！你的功勞在哪裡？不就是在延安搞了那個『搶救運動』，專門整自己人？還不吸取教訓？當場氣得康生同志臉發白，嘴發烏，講不出話。」

毛澤東若有所思地說：「你們要有思想準備，彭老總是顆難剃的頭。」

劉少奇是高興聽到康生被彭德懷駁斥得啞口無言的。以康生的陰毒，也只有彭老總這種武人對付得了。他嘴裡卻說：「再難剃的頭也要剃，不能姑息、放任。」

周恩來說：「彭老總有心結，長期解不開，就是不馴服。好像對主席、對中央馴服了，就是沒有骨頭。我就給他講過，對敵人，要有骨頭、骨氣；對自己的領袖，可不能腦後長一塊魏延式的骨頭。當然，彭總歷史上有大功，我們還是要立足於教育幫助。」

一直持沉默態度的林彪，這時開了口：「彭德懷以大功臣自居，目無他人，幾十年一貫制，個人英雄，野心大得很！我看除了抗美援朝，他帶的部隊也有限。解放戰爭時期，四支野戰軍，他的一野人馬最少，占領的大城市也最少。依我看，他的功績是被他自己誇大了，夜郎自大！」

聶榮臻見林彪同志這樣談論當年的四支野戰軍，不禁在心裡打個激靈。要說有山頭主義的話，林彪的四野才是一座最大的山頭。但人家林彪現在是中央常委，副主席。明擺著，毛主席這次召他上山，就是用以取代彭老總，接任國防部長，主持軍委工作的。

葉劍英也面露不安地看了聶榮臻一眼。

毛澤東換上一支煙。這回是柯慶施隔著茶几，忙不迭地替主席點上火。毛澤東深吸上一口，又很響地咳了一聲清理喉嚨，很有力地朝腳邊的痰盂吐了一口：「四支野戰軍，四座山頭。聶帥你那華北野戰軍建制撤銷之前，也是一座山頭。只有劍英同志沒有山頭。若論解放戰爭的功績，一野不能和四野相比。四野百萬雄師，從東北的黑龍江一直打到廣東的海南島嘛，從北到南，打了個對穿；那時一野二十幾萬人馬，負責解放大西北。甘肅、寧夏、青海、新疆，大漠不毛之地，地廣人稀，大中城市就那麼幾座；二野三十幾萬人馬，從華東海濱打到大西南，最後進軍西藏，從東到西，也是打了個對穿；三野五十幾萬人馬，解放山東、安徽、江蘇、江西、浙江、福建，還打算打到台灣去……所以情況一擺，彭老總其實也用不著自我膨脹，以大功臣、大英雄自居。我看也是一場朝鮮戰爭，被西方帝國主義的報紙、電台捧壞了，什麼『東方戰神』、『中國猛虎』、『東亞雄獅』等等，肉麻得很，庸俗得很！魯迅就講過，報紙輿論要殺死一個人，一是『罵殺』，二是『捧殺』。我看彭德懷同志是被西方資本主義的新聞輿論『捧殺』得差不多了。這次到了山上，以爲機會難逢，就另立中心，組織小團體，軍事俱樂部，挑戰中央，以圖取而代之。彭老總問題的實質，是不是在這裡啊？你們是否覺得這個分析過於嚴重了？我是經過長時間的觀察、思考才得出來的。你們同不同意啊？」

劉少奇率先表態：「同意主席的分析，一針見血。彭德懷早年投奔湘軍時，名叫彭得華，志在得華，得到中華。」

林彪立即跟進：「他是一個陰謀家，野心家，僞君子！」

周恩來說：「主席的分析高屋建瓴。少奇和林總的表態切中要害。我建議三個討論組可以傳達。但有關類似定性的詞句，還是要斟酌、愼重。」

毛澤東笑說：「恩來婆婆媽媽，論斤論兩的……先不要訂框框嘛。是不是陰謀家、野心家、僞君子？大家討論嘛。」

柯慶施、李井泉、王任重等人笑了起來，笑得很開心。

毛澤東說：「還有一位黃克誠大將啊，是不是在陶鑄同志的第五組？他肯不肯認錯，和老彭劃清界線啊？」

一直沒有插得上話的第五組組長陶鑄，這才匯報說：「我們組軍隊的同志多，除了羅部長，謝政委，其餘同志都不大抹得開情面。還有同情的，認爲黃克誠是老實人。黃本人在會上回顧了他歷史上十次被打成右傾的經歷，大吐苦水。至於羅部長、謝政委追問他和彭老總的關係，他堅持說和彭總是正常的工作關係，上下級關係。」

李井泉忽然說：「有人講彭、黃是父子關係！」

包括劉少奇、周恩來、聶榮臻、葉劍英、陶鑄在內，對李井泉的突然插話感到茫然。陶鑄遲疑一下，說：「不大可能吧？彭是湘潭人，一八九八年出生；黃是永興人，一九〇二年出生。兩人相差四歲，怎麼可能是父子關係？」

林彪要討毛主席高興，替李井泉開脫：「不是年齡意義上的，指他們的思想意識，個人感情。」

毛澤東微笑著不置可否，而說：「第五組武人很多，文人少。現在文人好鬥，武人溫情。陶鑄同志要注意。你們說黃克誠老實，我看不一定。他歷史上十次被劃右傾，正說明他的右傾根子深得很。我看還是擒賊先擒王吧。彭是頭子，解決了頭子的問題，其他人就好辦了。是不是這樣？」

在座的人皆點頭稱是。

毛澤東見聶榮臻、葉劍英兩位一直沒有發言，遂問：「聶帥葉帥前天不是去看望過彭德懷同志？也講兩句？」

聶榮臻正了正身子，說：「彭老總有心結，解不開，牴觸情緒大。建議主席還是找他談一次，救人救到底，仁至義盡。」

毛澤東說：「仁至義盡，可以考慮。劍英你的高見呢？」

葉劍英習慣沒事就摘下眼鏡來擦擦：「山上的同志，普遍存在一種急於下山，回去抓工作的情緒。轉眼就是九月份了，今年還剩下四個月……同意聶帥建議，都是幾十年老同志、老部屬，打斷骨頭連著筋。主席親自找彭老總談一次，當罵的罵，當批的批，當處分的處分，有利問題解決。」

第三六章　白虎堂前哀兵勝

接到美廬值班室通知，毛澤東召彭德懷去談話。

彭德懷作了認眞的準備。唉，約談總算姍姍來遲，要是十三號上午那次，毛澤東能依約起床，彼此交換意見，或許後來的事情就不會發生了。他在公文包裡裝進了二十多份各方面的調查材料。都是他去冬今春視察全國六大軍區十餘省份得來的。別人的材料，一份不用。他親自調查的，有地點，有時間，有人證物證，相信最具說服力。不是說彭德懷是個武人、粗人，是個猛張飛嗎？其實也是粗中有細，《張飛審案》那齣老戲，就很說明問題。

時間約定在下午三時，毛澤東睡過晏覺起床之後。彭德懷提早半小時，挾了公文包，步伐快捷，行軍似的急切前往。戰爭年代，小警衛員總要一路小跑才跟得上。

美廬門口，衛士長領著兩位衛士迎接他，請他先到樓下會客室等候。平日見了面總是一口一聲

「彭總」、「彭總」的衛士長，竟和兩名衛士都進了會客室，掩上門，說：「彭總，我們接到警衛局命令，在你上樓去見主席之前，要看看你的公文包，有沒有帶武器什麼的。」彭德懷登時漲紅了臉，虎眼圓瞪，參加革命幾十年，何曾受過這樣對待？一九三九年他作爲八路軍代總司令，赴陪都重慶晉見蔣委員長，人家都沒有要這樣搜身檢查！和毛澤東一起打了大半輩子江山，今天來見他一次，反倒要來這一套了？不能發火，不能發火……從昨晚上接到電話通知起，他就一直告誡自己，這次無論如何不要動氣，心平氣和，擺事實，講道理……可他還是雙手顫抖著把公文包摜了過去：「打開看看吧，看看裡面有沒有雷管、炸藥！」

衛士長打開公文包，裡面只是一份份材料文件，立即雙手奉還：「彭總，不要責怪我們，我們是下級，只是執行上級的命令……我們也不知是怎麼回事，不得已的。」

彭德懷氣憤地站著，雙手巴掌上下拍打著軍便服上幾個口袋：「你們不是要搜身嗎？動手呀！」兩名衛士繞到他身後去，認眞看了看，再又繞回前面來，對衛士長說：「沒什麼，就這麼著吧。」

衛士長語帶歉意地說：「彭總，請坐，請坐，不要生我們三個的氣啊？對首長，我們也是頭一次做這個……」

彭德懷沒有坐下，而是沉下臉來訓斥說：「你們才二十幾歲，到毛澤東身邊擔任保衛工作才幾年？我老彭是一九二八年十月帶部隊上井崗山，就認識毛澤東了！一間茅棚裡住過，一床破棉被蓋過。你們那時還沒有出世吧？三十二年了！共生共死三十二年，毛澤東還不知彭德懷？彭德懷還不知道毛澤東？今天來見他一次，都要搜身檢查，笑話，傳出去，叫全黨全軍笑掉大牙，笑掉大牙！」

衛士長和兩名衛士大驚失色，生怕彭老總爆發出一陣哈哈大笑，一陣惡作劇狂笑，驚動樓上的毛主席，置整座美廬於尷尬境地。

彭德懷沒有大笑。不是不想笑，而是笑不出。也不願張揚此事。不管怎麼說，眼下他還是國防部長，三軍元帥，國務院副總理。人家不顧及他的顏面，他要顧及革命老軍人的尊嚴。

幸而這時電話鈴聲響了，是請彭老總上樓的。

衛士長在前面引路。上得樓來，彭德懷更是大開眼界，但見樓口、走道、書房門口，四處都有衛士把守。好傢伙，如臨大敵，全面戒備了？我老彭今天是誤入白虎堂，還是闖進鴻門宴了？

進入書房，毛澤東正在批閱文件，連頭都沒有抬一下。衛士長輕聲報告：「主席，彭總來了……」

毛澤東這才昂起臉來，彷彿這才看到彭德懷。倒是隨即起了身，卻又先吩咐衛士長：「把門帶上吧，沒有我的命令，你們不許進來。」

命令就是毛澤東手邊的傳呼鈴。

彭德懷依習慣趨前一步，欲握手致候。

毛澤東卻沒有伸出手來的意思，只是說：「坐吧，老同志了，經常見面，免客套。茶已經泡好在壺裡，要喝你自己動手。還有一碟檳榔，我們湘潭人喜歡嚼的。」

兩人隔著寬長的白木書案坐下。

彭德懷心裡有氣，無所畏懼地望著毛澤東那張貴婦人似的寬臉龐，像望著一位陌生人似的。

毛澤東心裡一沉，來者不善，善者不來。於是開門見山地問：「老彭，這麼多天過去了，想通了沒有？沒有想通也不要緊，你也可以和中央一路對抗下去。」

要是換了周恩來、劉少奇他們聽了這話，就會立即檢討，認錯，表示決不和中央對抗。彭德懷卻不吃這一套，心裡火苗直朝上竄，粗著嗓門說：「我怎麼和中央對抗了？你號召學海瑞為民請命，我給你寫了封信，反映一點情況，你就批成〈意見書〉印發，不是存心要整人嗎？從批左糾左，到批右反右，都是你一手耍！完全不顧國計民生，鄉下災情，一百八十度大轉彎，會翻車，壓死很多人！」

毛澤東不緊不慢取出一支煙，逕自點上火，吸著。他眼睛瞇縫起來。幾十年來，敢於在他面前如此口不擇言、肆無忌憚的，也只有這位彭大元帥了。過去是相忍為革命、為戰爭；現在相忍為黨為國？想忍到何年？毛澤東噴出一口煙霧，那煙霧竟如螺絲桿一般，隔著書桌直噴到彭德懷面前才消散。隨即慢條斯理地說：「老彭，你今天是興師問罪來了。可以興師問罪，你不要急著解釋。有沒有和中央鬧對抗，你自己否認不作數，要看中央政治局和山上多數同志的意見。你寫給我的那封信，是私人性質的嗎？談的是你、我個人之間的事情嗎？不是。完全是公事，是對去年的總路線、大躍進、人民公社提意見，什麼『有失有得』啊，『小資產階級狂熱性』啊，『方向路線性質的失誤』啊。這麼一封大談黨的路線方針的信件，作爲會議材料印發，交會議討論，何錯之有？當然，可以先和你打個招呼，也可以不和你打招呼。怎麼就委屈你了？傷了你彭大元帥的高貴的自尊心了？」

彭德懷就像嗆了一口水似的，瞪起雙眼，乾氣憤。轉彎抹角玩文字，妙舌蓮花鬥嘴皮，他的確不是毛澤東的對手。黨內無人是對手。

毛澤東有滋有味地吸著煙卷，仍是不緊不慢地說：「你的那封信，也不是你個人行爲，有人給你出主意，當參謀，有人給你文字把關，完全是有組織、有預謀的。以爲中央是聾子、瞎子，對你們背後的活動一無所知？」

彭德懷漲紅了臉龐，脖子上青筋突突：「沒有！完全沒有你所說的什麼組織活動，還有什麼『軍事俱樂部』！想搞出一個大案子？我不怕天上落刀子！信是給洛甫看過，我是怕自己文字上不行，但他並沒有出過主意，也沒有提出實質性意見。他只是提醒我加一個抬頭，加上『主席』兩個字！他起的就是這點作用，爲什麼還要拉上人家？信是我個人寫的，我個人負責，不能冤枉無辜！」

毛澤東又瞇縫起眼睛：「周小舟哪？小舟是怎麼催促你寫信的？他目的何在？又怎樣來解釋是你個人的行爲？」

彭德懷毫不退縮，粗起嗓子說：「你還不了解小舟嗎？他個省委書記，愛民心切。聽說十六號要散會，覺得左的問題沒有談透，會議開得浮皮潦草，大家回去還是左的一套，才建議我寫封信。本來約好十三號上午來談，你不起床，爽約了嘛！小舟能對你有什麼歹心？我對你又有什麼歹心？」

毛澤東瞪起眼睛：「這麼講來，你們是憂國憂民的大忠臣，我是罔顧民瘼的昏君了？你們要執起尉遲恭的九節鋼鞭，上打昏君，下打奸臣了？」

彭德懷凜然正色：「正因爲你是共產黨的領袖，不是皇帝老子，我們才認爲自己有提意見的權利，有反映廣大農村眞實情況的責任。如果你是封建帝王的話，早就把我老彭推出午門斬首了。這正是領袖和皇帝的區別。」

毛澤東的眼睛開始泛紅：「這麼講來，我還要謝謝你們的這個『區別』了？你們關心民間疾苦，我卻不管百姓死活，是不是這個區別？你們認爲，問題的要害出在這裡？」

既然話已講到這個份上，彭德懷乾脆一吐爲快了：「所以我反對你的一百八十度大轉彎。十來個省區正在鬧糧荒，在流行水腫病，在死人。左的一套並沒有從根本上得到糾正，中央怎麼可以倒行逆施反右傾？農村已經餓死人！一個省餓死幾萬人，全國加起來就是幾十萬，上百萬！都是鄉下農民的性命，農民的性命！」

毛澤東勃然作色，書案一拍：「放肆！你攻擊中央倒行逆施，還不算反中央？想另立中心？全國十多個省區在餓死人，數目字是哪裡來的？你作過調查研究，有憑據？」

彭德懷打開自己的公文包，壓低聲音吼道：「有！我有調查研究。這些材料有時間、地點、人證物證，你可以派人去核對。」

毛澤東並不理會彭德懷遞上的材料：「農村的災情被你們誇大了！老彭，你作爲一名高幹，軍人，頭腦要冷靜。去年是虛報高產，今年是誇大災情，各省區都以叫苦為榮。我也有調查，農村普遍隱瞞產量，糧食都被藏起來了。我的警衛戰士回鄉探親，發現瞞產藏糧現象。中央準備對全國農村搞一次清倉查庫，看看各地到底隱瞞了多少糧食。所以你以農民的代言人自居，替農民叫苦，是另一種浮誇！你知道嗎？地主資產階級正在我們黨內尋找他們的代理人！」

彭德懷見毛澤東這樣看待各地的饑荒形勢，心裡充滿了絕望：「天爺！難怪你講現在的局勢只是豬肉少了點，雞蛋少了點，肥皂、頭髮夾子少了點！月初，我和賀龍、康生他們坐火車來開會，在河南、湖北鐵路沿線都看到了逃難的農民！扶老攜幼、破衣爛衫的，他們老家要是有糧食，還會外出討吃？你怎麼不肯承認這些起碼的事實？」

毛澤東目光泛橫：「就算有人外出討吃，又有什麼了不得？是地富反壞分子鑽進了農村幹部隊伍，欺壓農民，農民才會外出逃難！問題是要把幹部隊伍裡的壞人揪出來，農民的日子才得安生。我有這方面的調查材料，你有沒有？」

面對這樣的領袖，彭德懷欲哭無聲了：「天爺！你那個階級鬥爭理論快成垃圾桶了！把一些你們不喜歡的東西朝那裡面一掃，就以為乾淨了，沒事了。不是的，農村的情況完全不是你所講的那樣簡單輕鬆。大事不好，明白嗎？六大軍區都調了運輸工具往災區緊急送糧！」

毛澤東說：「你心情緊張，前途無望；我信心堅定，前途無限。河南那地方你去過幾次？我幾乎年年都去，有發言權。河南鄉下人還有個傳統習慣，農閒月份拉一架大板車，闔家外出討吃，九、十月才回來收割地裡的糧食。這是他們省委書記吳芝圃告訴我的。」

彭德懷騰地站起來：「放屁！他吳芝圃放屁！河南、安徽是全國最早謊報大豐收的兩個千斤省，今年糧荒最嚴重。農民習慣拉家帶口外出討吃？是對農民的誣衊，也是對共產黨的誣衊！老毛，不要忘記了，我們的天下是靠農民打下的！」

毛澤東更是一臉盛怒：「住口！你不要在我這裡撒野。在我面前談論農民問題，班門弄斧。」

紅眼對紅眼。彭德懷渾身都在發抖：「你富農出身，你從小沒有餓過肚皮。我比你窮苦，父母兄弟都是餓死的。舊社會，我一家餓死四口……我從小餓肚子，直到十四歲投奔湘軍吃糧。你是飽漢不知餓漢飢……」

毛澤東冷笑道：「你貧農出身，就代表得了天下農民嗎？顧順章、向忠發產業工人出身，後來都成了可恥的叛徒！他們代表得了工人階級？只是叛徒，可恥的叛徒！」

彭德懷渾身都被點燃了，燒著了，拍桌吼道：「你罵誰？誰是叛徒？老子自一九二八年拉隊伍上井崗山，就認得你毛澤東了！今天你做了新中國的皇上，不管農民死活，才是農民的叛徒！」

毛澤東又是桌子一拍，桌上的鉛筆、紙片、茶杯都跳了起來：「老彭！你和我坐下，規規矩矩坐下！我警告你，再敢撒野，我馬上命令衛士來帶走你！我不怕你身上長刺，頭上長角！我忍了你幾十年，現在不想放縱下去了！」

彭德懷不信邪，不坐下：「不要威嚇我，砍掉腦殼碗大個疤！我就是要替農民講話，替農民操娘！操娘！我們黨出了化生子，化生子！靠農民打江山，坐天下，卻把農民的生計來耍把戲……」

兩人拍桌爭吵，聲震屋瓦。一直停留在室外走廊上值勤的衛士長擔心主席的安全，推開虛掩著的房門，探身朝裡看了一眼，只見兩位尊敬的領導人，紅眼鬥雞似的隔著書案對峙，誰也不讓誰。

毛澤東生氣地朝衛士長揮揮手，命其退出。盛怒之下，並未喪失理智：「你操娘操得好嘛！那天在會場門口，當了工作人員的面，操我老娘，是條漢子！要在二十年前，我早叫警衛員對你不客氣了！不是有人罵我是現代秦始皇嗎？我這個秦始皇卻是可以被你當面操娘。你們不是最佩服那個唐太宗嗎？說唐太宗聽得進魏徵的任何尖銳的意見。我問你，魏徵操過唐太宗的娘嗎？唐太宗有我的這個氣量嗎？」

彭德懷坐下了。聽毛澤東提到操娘的事，倒是覺得理虧了，自己是太粗魯了。氣急了，就什麼都不管不顧了。停了一會，他放低聲音說：「你也坐下吧。你是當家的，要承認鄉下的災情……江西也在餓死人，贛州是個魚米之鄉，鄉下也死了人。不信你去問恩來的保健護士小梅，她是贛州鄉下人，可以作證。她當過兵，在前線立過一等功的女英雄，政治上絕對可靠，不會講假話……」

毛澤東沒有理會彭德懷說了些什麼，仍處在自我肯定、自我表彰的亢奮之中，邊踱步邊說：「有人講我是中國黨的史達林，專斷獨行，家長作風，個人說了算。赫魯雪夫不是早有篇『秘密報告』嗎？不是指史達林在一九三七年的黨內肅反清算期間，處決了百分之九十的黨中央委員嗎？包括老資格的政治局委員加米涅夫、布哈林、李可夫、季維諾夫等等。托洛斯基已經逃到北美洲的墨西哥城，都派人去暗殺了嘛！再看看我這個中國的史達林，幾十年來處決過你們誰？找得到這類紀錄嗎？李立三在江西蘇區犯了那麼嚴重的錯誤，我整過他嗎？博古、李德、張聞天、項英、周恩來等人，在江西蘇區三次打我右傾分子、富農路線，撤掉我的軍隊職務，甚至開除我的黨籍、留黨查看，事後我計較過他們嗎？朱老總、陳毅也在江西蘇區時期反過我，我報復了嗎？連張國燾在長征路上另立中央，我都盡力挽救，歡迎他率紅四方面軍北上甘陝，回到延安來出任紅軍總政委。直到一九三八年他逃跑投蔣，成爲我黨我軍最大的叛徒，我都主張留他性命。他至今在香港、加拿大做生意，並寫《回憶錄》罵我們。還有那個你也看不上的王明，『七大』時我做了大量的說服工作，讓他進了政治局；『八大』時又做工作，安排他當中央委員。『八大』開過不久，他借到蘇聯治病的機會，躲在莫斯科不肯回來，我向蘇聯要人了嗎？他愛蘇聯不愛中國，就讓他活在那裡嘛！包括你老彭，幾十年來和我大吵大鬧、拍桌打椅多少次？我還是提名你當解放軍副總司令、國防部長，把幾百萬軍隊都交給你管。是我計較你了？對你還不寬容、還不信任、還不重視？你講得出口嗎？我這個中國黨的史達林，整肅了你們哪位？對不住你們哪位？」

語言的魔力無窮，彭德懷被鎮住了。從歷史角度看，毛澤東的確還從未處決過任何一位反對過他的黨內高級幹部。彭德懷忽然想起好朋友高崗，不覺喉嚨哽噎一下，說：「高崗死了，沒有及時救下。他有一身毛病，但立過大功……」

毛澤東也坐下了，眼睛紅紅的。他伸手拿煙，手指仍在發顫：「高崗不該自殺。中央解決高崗問題時，我帶著一組秀才在杭州起草憲法，一次會議也沒有參加。我知道是哪些人要他死的。我現在不說。我也有責任。原本委託習仲勳去談話，答應他回陝西工作，保留中央委員。可是習仲勳還沒有去談，他就第二次自殺……他服用的幾十粒安眠藥是誰給的？我下令追查，後來也不了了之。」

彭德懷說：「高崗的死，你沒有責任，怪不到你。我也知道誰該負責任。」

毛澤東連續扔掉幾根火柴棒，終於擦亮一根，點著了煙：「要不要來一支？聽榮臻和劍英說，你最近也吸上了？」

彭德懷接過一支，對上火。他是第一次在毛澤東面前吸煙。

毛澤東說：「很好，不吵架了。下面來談談你和洛甫的關係。你們一文一武，文唱武打，相得益彰，關係很不尋常。」

彭德懷一時又有些急眼：「我和洛甫的關係很正常！他住一百七十七號，我住一百七十六號，兩棟別墅相隔一道小坡，幾十步路。他晚上不跳舞，我也從不跳舞。老同志往來聊聊天，談談時事，有什麼不尋常？」

毛澤東說：「老彭啊，都講你是老實人。其實並不老實，貌似忠厚而已。你也愛吹自己是個大老粗，其實是粗中有細，有時精細得很，是不是？」

彭德懷不願再爭吵，只是辯解：「不明白你指的什麼。人家洛甫自遵義會議之後，就對你心悅誠服了。」

毛澤東說：「表面上誠服，內心裡陰暗。你老彭也差不多。你們私下裡交談了那樣多，還要我講下去？」

彭德懷說：「你是當家的，要一碗水端平，不要聽信那些小道消息。有的小道消息的來源是不正當的，是告密。」

毛澤東的眼睛又瞇縫了起來：「我不問手段，只問事實。你和洛甫議論過我的個人品行沒有？連我和賀子貞、藍蘋的夫婦關係都成了你們的話題。我怎麼虧待了賀子貞？一九三八年安排她去上海治病，都和上海地下黨的同志談好了。是她自己執意要去莫斯科的嘛！你知道她離開延安前和我吵了些什麼？爲了那個美國來的女記者史沫特萊，她把手槍都拔出來。當然，她到莫斯科之後，感到後悔，給我來過幾次信；至於藍蘋，你們對她左看不順眼，右看不順眼，背後罵她戲子！什麼叫戲子？封建意識，把革命同志當奴才。我們很多同志天天喊打倒封建主義，自己卻滿腦殼封建餘毒。你們爲什麼對我的家庭生活那麼感興趣？成了你們茶餘飯後的談資？你們講我包庇藍蘋，我怎麼包庇了？給過她一官半職？她至今只是文化部電影藝術委員會副主任，一名副處級幹部。她一九三三年入黨，一九三七年到延安。和她同樣資歷的人，有的升到中央部長，省委第一書記了。她做了一名不管事的副處長，還要遭到你們非議，你們的正義、良心哪裡去了？老彭，你不要忙解釋。這類話題很無聊、很庸俗，不能放到黨的會議上去討論，只能你、我私下裡辯論。今天就乾脆庸俗一次。我和你們相反，從不在背後議論別人。我議論過你和浦安修的夫妻生活嗎？議論過洛甫和劉英的夫妻生活嗎？沒有那個興趣。也有人到我面前談論你的是是非非，我總是批評他們，對彭老總有意見，爲什麼不去找他本人談？我歷來主張開誠布公，坦誠相見，光明正大，不在背後搬弄是非。」

面對毛澤東咄咄逼人的長篇大論，道德攻勢，彭德懷只有招架之功，一時還手乏力：「我承認和洛甫私下議論過，是庸俗了些。但你也不能一味的聽信小道消息。」

毛澤東見彭大元帥已經坐得住，不再發火了，知道自己得手，可以主導以下的談話了：「還有更嚴重的哪，你和洛甫有沒有討論過，說我這尊菩薩是你們在延安供起來的？意思是你們當年供錯菩薩了，後悔了。是不是要改換別的新菩薩啊？有膽量，公開提出來嘛！你們可以建議召開中央全會，甚至黨的全國代表大會，重新選舉你們心目中的黨主席嘛！是不是洛甫或是你本人，欲上台啊？」

彭德懷又急眼了，忽地一下站起來爭辯：「我們絕對沒有你講的那個意思！不要血口噴人。我們只是講你進城之後，特別是住進中南海之後，不再像延安時期那樣作風民主，聽得進不同意見，遇事和大家商量。」

毛澤東威嚴地說：「老彭！你坐下來。就我們兩人交談，爲什麼總是一觸即跳？好，坐下了，很好。冷靜一點，放鬆一下，喝茶、抽煙、嚼檳榔，你自便。少奇提出問題講透。我現在就同你問題講透，並且講完就算，就了結，大家一筆勾銷，你同意不同意？」

費盡移山之力，毛澤東總算把桀驁不馴的彭大元帥的思緒，引入了毛澤東思想的軌道。談話納入規範，事情就好辦得多了。

毛澤東說：「老彭啊，你和洛甫的言論，屬於分裂中央、分裂黨的性質。你們違背了黨章，違背了黨的『七大』和『八大』所通過的決議。這些決議，你們都參加了表決，投票贊成的。你們的言論如果在山上傳開來，會置你們於何種境地？想過後果沒有？可以肯定，比王明、高崗的錯誤更嚴重！供錯了菩薩，欲改立門戶？發展下去，注意，我這裡講的是如果任由你們的錯誤觀念發展下去，必然出現張國燾式另立中央，另拉隊伍。」

彭德懷額頭上沁出了汗珠子，仍直起脖子叫嚷：「我們沒有！沒有就是沒有。幾句閒聊，也拿來做依據？你要公開出去，就公開好了。家長制，反正你是大家長，什麼都是你一人說了算。」

毛澤東說：「你又急躁了，是不是？我剛才講了，今天的談話只在你、我兩人之間進行，沒有第三者，沒有筆錄，沒有錄音，談完就算，就了結。冤家宜解不宜結。你同意不同意？」

彭德懷落進了精神陷阱裡，分不清東西南北了。他神情游疑地點了點頭。

毛澤東說：「很好，你同意了。這個話題可以按下不表了。德懷同志喂，我再問你，你認爲凱豐同志是我的老對頭，一九五四年病逝在北京結核醫院，和我有關係？一九五五年上海的潘漢年、楊帆案件，和我有關係？一九五八年二月黃敬在廣州跳樓，和我有關係？這些，你有事實做依據嗎？你拿不出證據來，我可以委託最高人民檢察院，到最高人民法院去告你，和你對簿公堂！看看你有何顏面面對全黨同志、全國人民！當然，放心，我不會和你較這個勁，那是西方資產階級政客的搞法，很無聊。我耗不起那個時間和精力。所以提及這些事，是要讓你看到自己頭腦裡的陰暗面、骯髒東西。關於黃敬同志，我要多說兩句。他三十年代初在青島搞地下工作，和藍蘋結爲名義上的夫妻做掩護。這類名義夫妻，在地下黨內不是司空見慣的事情嗎？我何曾吃過醋？黃敬年輕有文化，有才幹，我是一直器重的。一九四九年初天津剛解放，我就批准他出任天津市軍管會主任、市長。一九五三年再調任爲中央第一機械工業部部長，不久又任命他兼國家科學技術委員會主任，直到黨的『八大』當選爲中央委員。我這叫吃醋嗎？他三十幾歲做到正部長，也就是軍隊的正兵團級。我作爲中央政府主席，有這麼吃醋的嗎？後來，是他公開反對大躍進，反對超英趕美，我才在去年一月的杭州會議上批評了他，南寧會議上再批評一次。去年二月他到廣州治病，跳樓自殺，搶救無效……這就是黃敬的死，整個過程就這麼清楚。你又不是沒有親眼看到過，我嚴厲批評少奇、批評恩來、批評陳雲、小平、先念、一波他們的次數還少嗎？照黃敬那樣受不得一點批評，他們不知都自殺過多少次了。你坐住不動，我索性把話講完。你和洛甫把黃敬的死歸咎於我，還有藍蘋，到底是何居心？你們這叫共產黨人的道德、良心？這是爲什麼，爲什麼啊？」

說罷，毛澤東像個久被中傷、飽受冤屈的受害者，登時淚流滿面，泣不成聲。

彭德懷被擊中了，也是被擊垮了。他是慚愧萬分、無地自容了。

毛澤東繼續哭泣：「德懷啊，你、我同是湘潭鄉裡人……還記得你小名石穿伢子……你一九二八年十月率平、瀏暴動農軍上井崗山和我會合，我們同吃一鍋南瓜飯，同住一間茅草屋，也同蓋過一床舊棉被……如果你不忘記，我們還結拜過兄弟，那時興這個……後來到陝北，我和高崗也結拜過……

三十二年過去了，你和我一路吵吵鬧鬧。我總是講，彭總和我吵，是兄弟間爭吵，我不計較……我計較過你嗎？從紅三軍團司令員，到八路軍副總司令，到人民解放軍副總司令，國務院副總理，國防部長，十位元帥，你名列第二，主持全軍工作。在黨內，你是政治局委員，列席中央常委……我虧待你了？爲什麼到了勝利後的今天，新中國成立也快十年的今天，這樣來對待我，侮辱我，進行人身攻擊，徹底否定我的人格……石穿伢子啊，三十二年，我換不來你一顆心，我怎麼交你也交不親……嗚嗚，石穿伢子，我傷心，傷心，只有長歌當哭，長歌當哭……」

毛澤東嚎啕大哭，毫無節制、顧忌，哭得肝膽俱裂。

彭德懷心非木石，痛悔之極，一時大慟，陪著哭泣：「對不起，……我對大哥不起……我錯了，我檢討……我忘了三十二年的兄弟情份……我自以爲了不起，這些年來誤會了大哥的作爲……對不起你……」

兩人相對著哭泣了三、五分鐘之久。相互替對方遞上放在白瓷碟裡的小毛巾，各人擦拭淚水。

毛澤東眼睛有些紅腫：「好吧，你願做檢討就好，帶個好頭。給我一個台階，給會議一個台階，也是給你自己一個台階……黨不分裂，軍隊不分裂，這是大局。你、我都要顧及大局……我們先開小會，山上四位常委，加上你和彭眞兩位列席，再請黃克誠、周小舟、周惠、李銳四個來旁聽。我們來解除誤會，交心通氣，解開心結。問題談淸楚了，你到大會上認個錯，大家好下山抓工作。農村的事，少奇也講了，要繼續批左糾左，你可以放心……也不要提出辭職，國防部長還是你做，軍隊還是你管……」

彭德懷心身俱疲，眼睛也有些紅腫：「我不行了，解甲歸田，當老百姓合適……只一個請求，我一人做事一人當，山上沒有什麼軍事俱樂部。不要扯上黃克誠同志，他是個老實人。還有周、周、李，也不應受到連累。還有十多個省區的饑荒災情，你和中央不要掉以輕心……」

第三七章　文臣圖自保　巾幗奮抗爭

胡喬木送來會議發言稿〈毛主席和史達林晚年的十點不同〉。毛澤東很高興，當即審閱，圈圈點點，提出修改意見：立意新穎，觀點鮮明，有理有據，給了黨內右傾機會主義分子當頭一棒，很好。題目尚須斟酌，「十點不同」不必湊數，還可歸納一下，比如談到史達林晚年只在自己的餐桌上召開政治局會議，而我則是在頤年堂召開政治局會議；史達林習慣口授中央文件，我則從來黨內文件集體起草，政治局定稿；史達林晚年多疑，連身邊的醫生、護士都被懷疑成反革命。我則從來待醫生、護士如同家人，從未懷疑過他們；史達林晚年深居簡出，嚴重脫離群衆，而我則經常離開北京，到各省市自治區調查研究，和群衆打成一片……等等，太具體、繁瑣了些。可否列出六條不同之處，即算全面了。你到那邊書案去，就便勾勒出來？

胡喬木心有靈犀，文思敏捷，聆聽過主席的教導，只花了十來分鐘，即把發言稿定名爲〈斥所謂

「史達林晚年問題」的汙衊〉，十點不同也歸納爲六條，著重從六個方面把毛主席和史達林做了比較：

一、史達林晚年嚴重脱離群衆、脱離實際。毛主席在哪一點脱離群衆、脱離實際？群衆路線的工作方法，不是毛主席創造的又是誰創造的？如果不密切聯繫、徹底依靠、放手發動群衆，怎麼會出現去年的大躍進、公社化運動？

二、史達林晚年在黨内是不講民主的或是很少講民主的，連中央全會都不召開。而我們卻不但開全會，而且經常開擴大的全會。這次會議也是其中的一次。很多文件都是省、市委書記起草的，很多意見都是大家議出來的。毛主席十分重視黨内民主、尊重同志們的意見，怎麼能説和史達林的晚年相同？第二次鄭州會議上，毛主席説人民公社運動中的某些缺點，他要負責任。當時到會的同志堅持建議中央不要這樣往下傳達，以免全黨層層檢討，影響幹部的積極性，毛主席才勉強地接受了這個意見。

三、史達林晚年提倡個人迷信，毛主席在這方面也同他相反。七屆二中全會就作出了決定，不許祝壽，不許以人名命地名。中央曾經根據毛主席的意見通知，他的塑像除了作爲美術家的作品可以在美術館陳列外，一律不許在公共場所陳列。

四、史達林在肅反問題上犯了嚴重的錯誤，他常把黨内矛盾、人民内部矛盾同敵我矛盾混淆起來，以致在蘇共黨内有許多中央委員、高級將領被錯誤地殺害了。難道毛主席曾經殺過一個中央委員、一個將軍、一個黨代會的代表嗎?毛主席對黨內鬥爭的原則是懲前毖後、治病救人，分清兩類不同性質的矛盾，正因爲這樣，許多犯過錯誤的同志至今仍然在黨中央團結一致地工作。

五、史達林晚年無論在理論上和實踐上都有停滯的傾向。在史達林時期，蘇聯農業三十年沒有超過沙皇時代的最高水平。他否認對立的統一，否認否定之否定，實際上是丟了辨證法。毛主席正好相反，簡直可以說是辨證法的化身。他雖已六十幾歲，精神比許多青年人都年輕，眞正是生動活潑，一往無前。總路線、大躍進、人民公社，是同他對辨證法的深刻了解分不開的，是同他始終充滿朝氣的精神狀態分不開的。

六、史達林晚年對外犯過大國主義的錯誤。毛主席對別的國家一向很尊重，朝鮮問題就是一個好例子。對越南、蒙古的關係也是這樣。對蘇聯的有些問題，我們也提出過意見，但並沒有妨礙兩國的團結。革命過程中總會有些缺點和錯誤，問題是我們發現得快，糾正得快。

毛澤東閱後說：「很好，你現在完全站到我一邊來了。前一段右了一下，既往不咎。陳伯達也交了一個稿子：〈是馬克思主義者還是黨的同路人〉。我相信，你們二位的文章，從理論上把彭德懷他們打個落花流水……」

胡喬木謙恭地說：「我的覺悟、自省，完全是主席教導的結果。」

毛澤東說：「很好，你的這個發言稿，可以交會議秘書組打印了。我和少奇、林彪他們商量過，彭德懷同志已經表示願意檢討，接受批評。中央常委先開兩天談話會，小範圍內幫他一下。接下來召開中央全會，對這次山上的鬥爭做成決議。近兩天三個大組的批判會開得熱鬧吧？黃、張、周、周、李，都檢討了沒有？過不過得了關啊？」

胡喬木說：「三個組都在追查他們二十三日晚在黃克誠住處相聚的事。但他們眾口一詞，只是一起去看了看黃克誠同志，前後半個小時，並無出格言論。」

毛澤東說：「我是聽了匯報，才知道這件事。公安部長懷疑他們聚在一起搞攻守同盟，對抗中央。他們可以交代清楚嘛。」

胡喬木說：「我個人不成熟的看法，也是我本人的教訓，有右傾思想並不奇怪，也不可怕。怕就怕在不認識、不改正。都講黃克誠同志是老實人，二周和李銳，也不會存心反對主席，屬於一時糊塗、失足。他們和彭、張兩位還是有區別。建議主席批評教育從嚴，不到萬不得已，不把他們推向彭、張一邊。」

毛澤東笑笑說：「你是個心慈手軟的人。可以，我再找他們談一次，挖彭德懷的牆腳，爭取把他們挖過來。就看他們肯不肯和彭德懷劃清界線了。」

胡喬木從美廬出來，即去找到田家英，讓轉告李銳：「給主席寫封信交代清楚二十三日晚上在黃克誠住處相聚的事，相信主席還是看重李銳，會給予寬諒的。四月份上海會議期間，李銳不也給主席寫過信嗎？主席當衆表揚，相當好感嘛。」

當天晚飯後，田家英設法避過衆多的耳目，把胡喬木的囑咐轉告給李銳。李銳卻有些害怕再給毛澤東主席寫信，白紙黑字，刀砍斧鑿，又可能成爲新的罪證。苦熬通宵，正遲疑著難以下筆，就接獲了他和黃克誠、周小舟、周惠四人於明天上午去美廬談話的通知。像溺水者，一時又有了攀至岸邊的希望。

談話仍在美廬樓上書房進行，整整一個上午，毛澤東採用啓發教育方式，首先談到他過去不了解黃克誠的歷史，不了解彭、黃關係。彭德懷的歷史卻是了解的，一九二八年十月率平瀏暴動部隊上井崗山。那時毛是工農紅軍第一師師長兼政委，朱德是紅四軍軍長，彭德懷是紅五軍軍長，李明瑞是紅七軍軍長。大家平起平坐，稱兄道弟。不久這些紅軍部隊改編爲紅一軍團和紅三軍團，組成紅一方面軍，朱德任總司令，毛任總政委，彭任副總司令兼紅三軍團總指揮，林彪任紅一軍團總指揮，叫做朱毛不分家了。黃克誠是哪一年上井崗山的？聽說上山、下山、再上山，幾經輾轉？後來人們慣言彭黃是父子關係，是不是眞的？

黃克誠面對此一人身攻擊、人格羞辱問題，眼睛都睜大了，臉孔也漲紅了，聲明自己參加革命三十三年了，只比彭總小四歲！而且自己這個總參謀長，當初並不是彭總提名，而是主席親自點將的。至於一九三一年江西蘇區「消滅ＡＢ團」時，自己差點被殺掉，彭總救他一命的事，也是最近才從彭總的交代材料裡知道的，過去彭總從未提起這事。兩人之間的關係，也有爭吵和分歧，但總的算融洽，是正常的上下級工作關係。

毛澤東並不計較黃克誠的頂牛態度，繼續談到井崗山鬥爭，江西蘇區鬥爭，紅三軍團歷史；談到長征路上，遵義會議之前，自己如何躺在擔架上，邊行軍邊找人談話，首先把中央書記張聞天、紅軍總政治部主任王稼祥兩人爭取過來，和博古、李德、周恩來的「三人團」劃清界線，再聯絡一軍團和三軍團的司令員、政委等等，不然遵義會議也開不好，也恢復不了他的紅軍指揮權。言下之意，現在找四人談話，也是旨在啓發四人和彭德懷劃清界線，揭發問題，站到中央一邊來，站到自己一邊來。

黃克誠、周小舟、周惠、李銳雖然聽出來毛主席諄諄誘導的苦心，卻思想上、感情上仍然站在彭德懷一邊，仍然抓住機會，向毛澤東進諫，意在要求毛澤東不變初衷，不在批左問題上食言。周小舟依舊談了去年的高指標使得一切工作都被動，周惠依舊談了糧食產量和公共食堂，李銳依舊談了近來會議氣氛太緊張，「湖南集團」的提法難以接受，一些老熟人的往來，都成問題了。

毛澤東是對牛彈琴了。不到黃河心不甘，到了黃河心不死。他頗爲失望地說：「和你們幾個人不通心，算交不親的朋友。指周小舟尤其和他格格不入，期望周小舟「不遠而復」。最後談到中央紅軍長征走出雪山、草地，與張國燾的紅四方面軍會師，張國燾見中央紅軍只剩下一萬多人，而他擁有四萬多人，兵強馬壯，就想吞併中央，阻止北上，逼迫南下。幸虧派在紅四方面軍任參謀長的葉劍英接到電報，連夜打馬把電報送到中央。葉劍英在關鍵時刻立下大功，中央機關立即組成北上支隊，擺脫張國燾大部隊的威迫。永遠也不能忘記葉劍英的這個功勞。

念念不忘地誘導黃、周、周、李關鍵時刻反戈一擊，將功補過。整個上午談話，氣氛和緩，態度誠懇。毛澤東還留下四人共進午餐，吃豬肉包子，喝大米稀飯。

四人從美廬出來，爲避嫌疑，不再走在一起。

李銳在林間小道上遇到田家英，兩人在樹下交談一刻。李銳感到心情輕鬆，轉述毛主席的話「湖南集團」的提法是個誤會，以後可以不提了，並且允許思想交鋒，各抒己見。田家英則面色凝重，告訴李銳：「絕不可輕信，大難就在後頭，反黨集團的事已經著手起草文件了，有柯慶施、李井泉、王任重、曾希聖、陶鑄等人參與；已通知召開中央全會，作成決議。」田家英還說了他和胡喬木等人的私下看法：「彭德懷是政治局委員，列席常委，政治局沒有開會討論，就讓第四組去批鬥，太不應當了。主公這樣專斷獨行，晚節不終。還擔心總司令和總理都會被牽扯上。這些黨的元勳，應當受到尊重和保護啊。喬木兄主持起草的〈會議議定紀錄〉稿和彭總的信一起在各組挨批判，李井泉還在會上指名道姓，妄圖揪住他田家英不放……」李銳聽田家英這一說，心情又沉重起來，問：「你和喬木都要我給老夫子寫封信，交代清楚二十三號晚上的事，現在人人自危，到底寫還是不寫啊？」田家英說：「照喬木的意見辦，都去討個饒，求得主公的諒解，不把名字列進那個集團去。」

滿山上都是耳目，兩人不便多談，互道珍重分手。

李銳回到住處，苦思良久，決心遵田、胡二友之囑，給毛主席寫信解釋二十三日晚上的事，以免被三大組窮追下去。他仍探一股豪爽仗義之氣，不但力圖替自己撇清，也要替黃克誠、周小舟、周惠三人撇清。過去給毛主席寫信匯報工作，都是用的「你」，以示親近；這次卻用了「您」，以示恭謹。信的前半部份簡要回顧了自己作爲主席的晚輩、秘書，一向在主席面前無話不談，經常口不擇言，備受信任和器重，知遇之恩，銘刻不忘；接下來解釋了自己和黃克誠、彭德懷、周小舟、周惠的關係，並無任何的不正常。信的最後，信誓旦旦，願以自己的黨籍、性命向主席保證，二十三日晚上絕無出軌言行，如屬不實，願受黨紀制裁，云云。

另說毛澤東從小教堂跳過舞回來，已是晚上十一時了。舞會上，他見到周恩來的保健護士小梅，活脫脫的又一個孟虹啊，忽又念及幾年前孟虹的種種好處，便約了小梅來做一次按摩，輕鬆輕鬆連日來的緊張勞累。

值班衛士送上李銳的信，毛澤東隨手翻了翻，很感失望，甚至有些痛心：「李銳不老實，秀才靠不住，還在妄圖利用我過去對他們的信任和器重。知識分子眞是難於改造、洗腦囉。五七年從他們之中抓了幾十萬右派，李銳們仍然沒有得到教訓，仍在鬧他們的獨立思考、獨立人格。知識分子有什麼獨立人格？自欺欺人。秦漢至今，從來就是權力附庸，政治寄生物。這幾年，我一再指出：在社會主義革命時期，知識分子是毛，工人農民是皮。知識分子之毛是植在工農這張皮上。皮之不存，毛之焉附？他們就是聽不進！知識分子不改造思想、不工農化怎麼行？工人農民多聽話。讀了幾句書的人，好翹尾巴，不肯夾尾巴。應當對他們大喝一聲：請把尾巴夾進兩腿中間去！」

小鍾悄沒聲息地來到毛澤東身邊。毛澤東是從一股溫馨好聞的青春氣息感覺到她來了。最討嫌身邊的女子使用香水、化妝品之類。喜好的是天生麗質，青春體香，天然去嬌飾。

他拉起小鍾那柔若無骨的小手。小鍾順勢偎依到他身上。美好妙可的女子是上蒼賜給他的禮物，唯有不時地和這類禮物纏綿把玩，他才可以鬆弛緊繃的神經，舒緩心頭的煩擾。面對黨內黨外各種有形無形的挑戰，國窮民困的壓力，他隨時警惕著被人趕下台，總是乘對方未成氣候而率先下手……對於年輕女子，他則做到一條：玩不喪志。只視作一種休息、享用，為下一輪的搏擊調節身心，補充能量。人就像一節大電池，需要不停的充電，不停地發光。

小鍾粉面飛羞，輕聲喘息：「等等嘛，等等嘛，衣服都沒有脫，你又要先累了……小梅來了，已在樓下游泳池等著，問你是先游泳，還是先按摩……」

毛澤東放開小鍾，去到臥室。由小鍾動手，幫他脫了衣服，換上泳褲，套上長浴衣。之後小鍾也沒迴避，也換了泳衣，披上長浴衣。她的青春胴體，凹凸有致，線條優美，不獨撩人慾火，尙有相當的欣賞價值。

從樓上主臥室內側，有一道平日不大啓用的房門，沿梯級直通至樓下的游泳池。但見溫熱迷濛的水氣中，小梅如同出浴仙女似的，已經迎候在大理石池邊。

毛澤東見到小梅，一時彷彿又見到了當年的孟虹、孟蝶姐妹。他大步走了過去，拉住小梅的手，慈愛地問：「妳到我這裡來，總理知道嗎？」

小梅臉蛋紅了紅：「知道……總理講您工作辛苦，天天批閱文件、找人談話十幾個小時，忙到肩背脹痛。還說你的健康關係到黨和國家的命運前途……」

毛澤東笑呵呵地擺了擺手：「在我的健康問題上，總理一向小題大作。他是出於對我的忠心。不像有的人，恨不得我今天晚上就去見馬克思……來來，脫了袍子，下水吧。」

說著，小鍾替他脫去浴袍，發福的身軀健碩如一名重量級拳王，雙臂前伸，成拋物線梭入水中，只濺起一圈小小的水花。瞬間到了對岸，一個鯉魚翻滾，兩腿一蹬，又游了回來，平仰在綠波盈盈的水面上，叫道：「下來呀，妳們兩個下來……我和妳們游個新姿式。」

小鍾鴨子划水似地來到毛澤東身邊：「主席呀，你游得好威猛哩！衛士長說你像魚雷。」

毛澤東笑瞇瞇地：「他小子是學了赫魯雪夫的話……去年赫魯雪夫同志到中南海做客，陪我在游泳池游過一次，身上套個救生圈，是隻旱鴨子，只能狗泡幾下，講我像魚雷……小梅呀，妳慢點下水，先到休息室，替我點支煙來。」

小梅已陪毛主席游泳多次，知道他有仰躺在水面上吸煙休息的習慣。依言進了休息室，從煙罐裡取出一支代爲吸燃了，仍含在嘴裡出來。休息室亦是間按摩治療室，有床鋪、暖氣、外帶洗手間，很舒適。小梅下了水，一手舉著煙，一手划著水，來到毛主席身邊，將煙捲送進那戴著潔白假牙的嘴裡去：「對不起，煙嘴被我含得有點子濕。」

毛澤東平仰在水面上，幾乎一動不動，悠然自得地吸著煙，不一會就有一小節圓柱狀煙灰落到了水裡。過了煙癮，才說：「煙嘴有點濕，很好哩，小梅的香唾，也不是沒有嚐過……」

小梅飛紅了臉蛋。偉大領袖也如同過去的皇上，喜好與年輕女子同浴，還做那種事……不知在哪冊連環圖上，看過貴妃出浴，講的是唐明皇和楊貴妃的故事。而眼下呢，自己和小鍾，至多只能算作宮女，還是臨時性質的。這也叫做爲革命工作？毛主席的身體健康，關係到黨和國的命運，我們爲他做任何事情，都是光榮的政治任務？

小鍾的游泳本領也很一般，需要不停地划動雙臂，才能使身體浮在水面。

毛澤東吸完煙，將煙頭在水裡浸滅了，再遠遠地朝池岸上扔去。之後他依然保持著仰泳姿勢，平攤開雙臂說：「來來，妳們一邊一個，躺到我臂上來。我們一起踩水，編成一支艦隊，我算旗艦，妳們算護衛艦，啓航！」

三人平仰著，一路踩著水，形成三股水花，在泳池裡往來梭巡……小鍾覺得自己的身子被主席強健的手臂托著，無比的幸福愜意。那手指，伸進自己的泳衣來了，撥弄著，輕柔著，她身子都要被這水、這手指融化了；而在另一邊，小梅躺在領袖的手臂上，卻是別一番滋味。那手指也伸進了泳衣，摸到了胸前，她毫無快感，只有屈辱。這與自己平日所受到的思想教育、所學過的文件、書本，完全是兩回事，格格不入，天壤之別。而玩弄自己的人卻是全黨崇拜、全國敬奉的偉大領袖。如果說，前一段，自己爲了黨的整體利益，爲了領袖睡好、休息好，咬咬牙，奉獻出青春之軀，她算認了；自山上會議傳出她最尊敬的志願軍總司令彭德懷爲民請命，而受到不公正的批判鬥爭之後，她的委曲求全的信念算崩潰了；也朦朦朧朧感覺到：去年全國上上下下弄虛作假，牛皮吹破天，今年害的鄉下農民流行水腫病、鬧饑荒的總根子，不是別人……連彭總那樣的民族英雄，功高蓋世的三軍元帥，只因對大躍進、人民公社的錯誤提了意見，就天天受到批鬥……

三人組成的「艦隊」游了十幾個來回，游到淺岸。畢竟是托著兩名女子，毛主席有些兒累了。

小鍾仍傍住毛主席的臂膀說：「上去休息一會？擦乾了，由小梅替你做做按摩？」

毛澤東拉起小梅的手，這才注意到她眼裡的淚花：「怎麼哭鼻子？有什麼心事？」

小梅趕忙擦一把眼睛，掩飾說：「不不，是不小心，眼睛濺了水珠子……」

三人上了岸，進了更衣室。也沒有避諱什麼，小鍾替主席脫了泳褲，以乾浴巾將那偉岸的體軀上上下下擦拭一遍，就那麼赤裸著，進了休息室，平躺到按摩床上去。小梅連忙扯過一條毛巾被，蓋住那雄勃粗野的私處。

小鍾適時地退出休息室，掩上房門，到外間去靜候。

毛澤東閉上眼睛，伸出手，把小梅拉了攏去。

小梅知道毛主席此刻需要她的什麼服務。她知道小鍾常常提供這項服務。大約毛主席到了任何地方，都會有年輕女子服這個務。好個文謅謅的名字：品簫。她卻回去要作嘔好半天，嘔得腸胃都要翻轉來。

毛澤東將小梅的纖纖玉指引到身上某處。

小梅渾身痙攣一下，手也縮了回來：「主席，對不起，我身上還是濕濕的，沒有換下游泳衣……」

毛澤東睜了睜眼，示意她就地把泳衣脫了，坦率相待，輕裝上陣。

小梅卻堅持去到隔壁洗手間。回來時，竟是從上到下穿戴得整整齊齊，嚴嚴實實，紅著臉龐，唧唧噥噥說：「主席，眞是對不起，我來月事了，身上不乾淨。」

毛澤東毛巾被一掀，弓身坐起，蒙受了巨大欺騙似地勃然作色：「你全副武裝了？撒謊！剛才還下了水……妳走吧，走吧！看在你朝鮮立過功的份上，不爲難妳，走吧！」

小梅卻撲通一聲跪下了，不肯起來，邊哭邊訴：「主席，你聽聽我的匯報吧，聽聽我的匯報吧！只花你幾分鐘，我再替你服務……我出身貧苦，十八歲參軍，十九歲入黨，我對黨忠誠……」

毛澤東奇怪了，這個女娃娃怎麼了？抓住時機告御狀了？他只得放下耐心來說：「有話起來講，我討嫌女同志下跪，尤其討嫌當過兵的人下跪。」

小梅卻依然跪在地下哭訴：「主席，你受騙了，被底下的幹部騙了……眞的，鄉下的情況，不是他們向你匯報的那個樣子，而是相反，到處都在鬧糧荒，流行水腫病，在死人……我老家贛州鄉下，生產隊的公共食堂早就斷糧，已經餓死十多口人……是我五月間回去看望父母，親眼所見。叔伯們告訴我，鄰社鄰縣，都是一個樣，在鬧饑荒……你是英明領袖，人民的大救星，要救救鄉下人……」

毛澤東萬萬沒有想到，周恩來的保健護士，竟會突然跪地告狀，爲鄉下親人請命。原本讓她來做全身按摩,輕鬆輕鬆,眞是大煞風景。看來模樣兒像孟虹的美貌女子,沒有好人,而是貂蟬式的壞人。幸而這女子手裡並無凶器,沒有行刺的意圖。他光赤著身子,裹了張毛巾被下了床。倒要看看這女子是不是奸細?誰人派來的?他語帶惱怒地說:「爲什麼不起來?妳跪在地下,我怎麼聽你匯報?還像個共產黨員?告訴妳吧,我派我的警衛戰士回鄉調查過,現在農村幹部群衆,瞞產藏糧,情況嚴重。大部分省區並不缺糧。農民都把糧食藏起來了,再向國家哭窮叫苦。基層幹部裡混進了地主富農的代理人,趁機興風作浪。嚴重的問題在於教育農民,妳懂不懂?」

小梅仰起滿是淚花的臉蛋:「主席,你不要再聽那些假匯報了,人家都是爲了討你喜歡,討你喜歡呀……去年上上下下都造假,騙你喜歡……農民藏了糧食,爲什麼還被餓死了?小孩、老人先餓死,後來才是中年、青年。不信你馬上派人去贛州鄉下查看……我要是講了假話,可以殺我的頭,甚至殺我的父母、弟妹一家五口的頭……」

毛澤東被激怒了,問:「妳是哪個派來的?妳講!誰指使妳的?是周恩來還是彭德懷?」

小梅見問,眼睛一抹,反倒不哭了:「報告主席,沒有人指使我。是我的共產黨員的良心,革命戰士的良心,迫使我這樣的……我知道會給自己招來什麼樣的後果……農村在流行水腫病、死人……你知道什麼是水腫病嗎?就是餓肚子、吃野菜、樹根吃出來的,全身浮腫,像吹了氣的人,眼睛發綠,嘴巴不合攏,喉嚨伸出來手……水腫病人在斷氣之前,只唸著一個字:吃,吃,吃……」

毛澤東身子晃動一下,隨即又穩住了,神色堅定地搖搖頭:「我不相信。去年雖然搞了浮誇,糧食還是增產了兩到三成……糧食都飛到天上去了？怎麼可能出現妳所講的那個可怕情景？小鍾！小鍾呀，妳進來聽聽，聽聽。」

小鍾在門外什麼都聽到了，推門進來，神色有些慌亂。見小梅跪在主席面前，率性也陪著跪下了。

毛澤東自己燃起一支煙，仍裹著毛巾被，踏著拖鞋，在兩個美人兒面前踱步：「很好，妳們兩個，一個對我說鄉下糧食充裕，公共食堂豬肥牛壯，雞鴨成群，社員們吃得好的很；一個對我說鄉下鬧饑荒，公共食堂斷糧，流行水腫病。現在妳們當了我的面，對對質，哪是眞？哪是假？」

小鍾仰起嫵媚的臉蛋，聲音清朗地說：「報告主席，我匯報的情況是眞的。我外婆住在南昌郊區新建縣東風公社紅旗大隊五星生產隊，上山之前，我每個月都要去探望一、兩次。那裡的公共食堂吃得比我們省立醫院的職工食堂還好，社員們個個紅光滿面。」

毛澤東站住了，目光犀利地盯住小梅：「妳聽到了嗎？小鍾看到的，爲什麼和妳看到的是完全不同的情況？」

小梅卻冷笑兩聲，語帶不屑地說：「新建縣東風公社紅旗大隊五星生產隊公共食堂，我也去參觀過，省委、省政府組織省直機關幹部職工，分期分批去參觀、學習……可那是個假典型，是省裡領導用糧食、金錢堆出來的面子食堂，還開放給外國朋友參觀……我們省委就有不少幹部私下議論，騙三歲娃娃的！新建縣東風公社其他生產隊也都在鬧糧荒，還常發生附近農民到五星食堂搶飯吃的事。後由省軍區派出一個排，才保住這假典型……主席呀，你不要再受蒙騙了，現在是上下騙，層層騙，只圖討你的喜歡！」

小鍾見被揭了老底，登時鳳眼圓瞪：「妳誣衊省委領導，妳該死！主席，她是受了山上右傾機會主義分子的影響。我要揭發，她是彭德懷元帥的部下，她經常去看望彭元帥，回來就和我們講彭總偉大，肯替六億農民講話！」

小梅見扯上了彭德懷總司令，不禁怒從心頭起，「騰」地一下站起來，「啪啪」兩掌，把小鍾打了個措手不及：「妳個爛貨，也敢說彭總！沒有志願軍保家衛國，妳早當亡國奴了，還想到主席身邊來服務？主席，你不要受騙……」

毛澤東已經按了傳呼鈴。立即進來兩名衛士。衛士愣住了：小鍾跪在地上，小梅像隻鬥雞。毛澤東揮揮手：「還看著做什麼？小鍾是我的人，小梅打了她，把小梅送回周恩來那裡去，她是彭德懷派來的，懂不懂？」

兩名衛士一左一右像挾小雞似的挾住了小梅。小梅幾乎腳不點地一路喊了出去：「毛主席呀，你不要冤枉彭總，不要冤枉彭總，冤枉彭總……他是人民英雄……」

第三八章　光美陪游泳　彭總又操娘

周恩來快刀斬亂麻，請來江西省委書記楊尙魁夫婦，把保健護士梅霞新領回去，並囑咐：「小梅出身好，朝鮮戰場上立過功，這次在山上鬧了點事，批評教育就可以了，不給組織處分，仍送她去赴西藏醫療隊工作，也是鍛鍊、改造囉。主席那裡，我負責說明，估計不會有問題。」

小梅只被關了一天禁閉，臨走前向周總理磕了頭，保證到西藏後努力工作，全心全意爲藏族同胞服務。周恩來和小梅握手道別，特意送她一套《毛澤東選集》，讓她好好學習，用毛澤東思想武裝頭腦。在場的工作人員大爲感動。要是換了別的首長，小梅犯了這麼嚴重的錯誤，不死都要脫層皮，至少被開除黨籍，發回原籍，監督勞動。

緊接著，周恩來又布置公安部長羅瑞卿、中辦主任楊尙昆，將山上的工作人員重新登記、淸理一次，凡是平日流露過右傾思想、言論的，統統打發下山，返回原單位去接受批評、教育。在二十幾名被清理下山的工作人員中，包括了彭德懷的乾女兒、軍醫林燕嬌。之後，周恩來向毛澤東主席作了匯報，告上小梅已被安排赴環境艱苦的西藏自治區工作去了。

毛澤東說：「還是要查明是不是彭德懷派來的。恩來啊，對這些女孩子今後也要注意呢。你是出於好心，見到出色的，總是介紹給我。可小梅怎麼的就長得那樣像孟虹、孟蝶姐妹呢？孟虹是高崗派來臥底的，你能擔保小梅不是彭德懷派來臥底的？她不是當過志願軍？」

周恩來說：「我讓羅部長、楊主任調查過，小梅的確不是彭老總安插的人。彭是志願軍總司令，小梅是普通女兵，野戰醫院護士。她只在思想上同情右傾機會主義。」

毛澤東說：「那就好。可見老彭的右傾機會主義在黨內黨外有一定的社會基礎，不乏追隨者。對了，一直沒有問過你，孟虹後來到哪裡去了？還有她妹子孟蝶呢？」

周恩來說：「主席重感情，念舊。孟虹後來病成一名醜婦人，去了山西五台山出家，聽說人還在，還能替寺院裡的尼姑、和尚治治病；孟蝶則醫學院畢業，分配在宋慶齡府上做保健醫生，今年初結了婚。」

毛澤東說：「噢，知道了，小孟蝶，還在北京。」

周恩來問：「要不要通知她上山，來幫你做做推拿？」

毛澤東搖搖頭：「回北京再說吧。過幾天，藍蘋要上山，連小鍾都得迴避一下。」

周恩來知心地說：「我可以勸導一下藍蘋，不要多管主席身邊瑣事。相信她是個聰明人，分得清輕重的。」

毛澤東說：「那就多謝你了。你和彭德懷不同。彭的腦後是長了反骨的，很多同志擔心，一旦我去世，你們誰都對付不了他。當然，你可以替我轉告朱老總，對於黨內鬥爭，我不會搞史達林的大審判那一套，把人從肉體上消滅掉。我會提議保留他們的黨籍和一定的職務，政治上、生活上都給出路。但要等彭、張、黃繳械投降之後。」

周恩來說：「主席在處理黨內黨外、國內國外重大事務上，的確比史達林同志晚年高明、英明、不留下歷史問題。」

毛澤東說：「有些人卻不這麼看呢，周小舟就認為我出了史達林晚年問題……好好，不說這個了。少奇同志胃病犯了，幾天沒有出席會議。昨天我派胡喬木去看他，他託喬木帶話，要求中央在山上反右傾的同時，向山下發一個繼續批左的文件。這不是打亂仗？既反右，又反左，叫下面怎麼執行？我看呀，少奇或許是鬧胃病加思想病了，也是要按照他的面目來改造黨。恩來，這事你怎麼看法？」

周恩來遲疑一下，字斟句酌地說：「相信少奇同志作為黨的二把手，這個時候不會和你鬧彆扭吧，他可能出於對十來個省區糧荒災情的憂心，經濟緊張局面難以克服。」

毛澤東說：「十來個省區的糧荒災情是否被人為誇大，我和你們看法不同。我派一中隊的幹部、戰士回鄉探親時調查過，現在是農民瞞產、藏糧情況嚴重，層層叫苦，向上級要救助。好幾個省區都是這樣。基層幹部隊伍混進了地、富分子，或是他們的代理人。彭德懷、張聞天他們在中央鬧，地、富分子在底下鬧，上下呼應，農民群衆的日子能安生？右傾機會主義份子，公社、縣、地、省、中央都有，越到上面鬧得越凶。少奇他就看不到這一點……」

周恩來心裡不同意毛主席把經濟問題引向政治問題的處事方式，嘴裡卻不能不附和：「那就開一次政治局會議，主席做一次重要講話，闡述農業局勢，統一思想認識。」

毛澤東晃晃手：「不！目前的主攻方向是批判彭、張、黃、周，其餘議題暫時讓路。恩來啊，你替我掛個電話，請王光美來陪我游一次泳，通過光美來做做少奇的工作。」

周恩來停頓一下，問：「單請王光美？要不要少奇也來？」

毛澤東說：「少奇有病，怎麼來？就光美一人。恩來可以作陪，不下水，看我和光美游水。」

住在柏樹路一百二十四號別墅的劉少奇夫婦，接獲周恩來所轉述毛主席請王光美下午三時去美廬游泳池游水的電話後，關起書房門，打開收音機，才憤憤不平地發牢騷。

劉少奇漲紅了臉說：「成什麼話？糟蹋了那麼多年輕女子還不夠？連我這個國家主席的夫人都要染指？」

王光美也是誠惶誠恐，心情矛盾：「少奇，你冷靜些。總理的電話是我接的，特意說明，主席讓他在泳池邊作陪。」

劉少奇書案一拍：「不去！妳是我的夫人兼保健護士、機要秘書，沒有責任去替他服務。欺人太甚，欺人太甚。」

王光美說：「少奇，你聽我講，我是三個孩子的母親，加上你前面的四個，我是七個孩子的母親……主席能對我生什麼不義之心？還會有總理在場嘛。」

劉少奇仍是滿臉通紅：「藍蘋不在，他單請妳一個人去陪他游水，成什麼體統？這事傳出去，大家怎麼看？怎麼想？日後藍蘋知道了，那婆娘能不記恨，饒得過妳？」

王光美最難應付的是藍蘋，終是克制不住，委屈得哭了起來：「六十六歲的領袖，還這麼葷，這麼葷……任什麼人，他都可以手到擒來似的……」

聽自己的夫人落淚，劉少奇倒是冷靜下來了，燃上一支煙，悶著臉，吸著，思索著。

王光美見少奇好一會不吭聲，倒也不哭了。她拉住少奇的手，發覺那手冰涼，不禁慌了：「少奇，你怎麼了？也值得生這麼大的氣？我生是你的人，死是你的鬼，誰也不許碰的。」

劉少奇抬起手來，捂了捂光美的嘴巴：「莫講這號不吉利的話。我離不開妳，孩子們離不開妳……我們成家十多年，夫妻感情好，年年被評為中南海的模範家庭，或許招人眼紅……我也不相信，他會來損傷我們的人格。他還沒有昏亂到那步田地！娘的，他現在的所作所為，只怕連朱元璋都不如……他把兵權、中央警衛權、情報政法系統，也就是東廠、西廠、錦衣衛之類牢牢抓在手裡，誰也動不了他一根毫毛；任何中央政治局委員、元帥、大將，他一句話就可以打下去。革命革了幾十年，死了幾千萬烈士，革出來這麼一位領袖……」

這回輪到王光美伸出巴掌來捂劉少奇的嘴巴了。少奇也是氣急得糊塗了，竟說出這種不怕腦袋搬家的話來了。

夫婦兩個相對無言。良久，劉少奇漸次想通了，下大決心似地說：「光美，委曲求全，妳就去一次吧……既有周恩來在場，也就不怕人議論。或許，主席是要通過妳來做做我的工作，讓我放棄繼續批左的念頭，全力助他反右。」

王光美點點頭：「只好去一回……幸好我帶的游泳衣中，有一件特別傳統、保守的。」

劉少奇的目光忽然在書房上下四周巡視一番，心裡警覺什麼來了：「光美，前年在莫斯科，老大哥內務部送我的那個儀器，是留在北京家裡了，還是隨身帶來了？」

王光美立即領會劉少奇的意思，說：「照你的要求，出行總是隨帶著的。儀器不大，像個掛鐘啦，你現在要用？」

劉少奇說：「防人之心不可無……我懷疑彭德懷的住處，早被人安裝了設備，不然他和張聞天議論主席的一些話，怎麼都密報上去了？謝富治的系統無孔不入。我們的書房、臥室裡，有沒有人裝了小傢伙啊？聽講肥皂盒那麼大，能把室內談話聲音傳到一兩百公尺外的馬路上，再錄下來。」

王光美說：「你是黨的二把手，國家主席，謝富治的系統也會對你搞這一套？」

劉少奇說：「知人知面不知心。把那儀器拿來，反偵測一下。不是很靈驗嗎？五米之內，凡有竊聽裝置，它就發出嘟嘟的叫聲。」

王光美依言，先關掉收音機，即從保密箱中，提出那隻小掛鐘一樣的儀器，安上四節備用電池，擰至掃描波段，遞到劉少奇手裡。劉少奇即在書房、臥室四處偵測一番，花了大約半個鐘頭，未聽到儀器發出「嘟嘟」的警告。

劉少奇釋懷，把「小掛鐘」交還王光美，笑道：「無事就好……這個東西，算我們的秘密。十幾次出國訪問，收到的所有禮物都交公家了，只老大哥內務部的這件，連翻譯、衛士都沒讓看到。保留個防範手段嘛。」

王光美將「小掛鐘」放回保密箱內，取出乾電池，蓋上防震匣，上好保險鎖。一小串鎖匙也總是由她本人隨身帶著，時刻不離的。

劉少奇說：「等工作人員下班後，飯廳和客廳，也要查看一下。還有，我們堅持歷來習慣，只在書房或臥室談論重要話題，同時要打開收音機，形成聲波干擾。」

王光美溫順地點點頭：「知道，知道。唉，又不是地下工作了，眞是弄不懂，還有人對自己同志來這一套。」

劉少奇忽又擰開了收音機，把音樂節目調得大大的，神秘地笑笑：「這一套？這一套吃香嘛！他偵聽人，人也偵聽他嘛……」

王光美登時臉色煞白，輕聲問：「天哪，還有人偵聽他？嚇死人啦。」

劉少奇作耳語：「有個事，我一直沒有告訴妳。因爲我的消息來源，也不是普通渠道……去年，他不是天天發出豪言壯語，指揮各行各業改天換地，跑步進入共產主義嗎？連養豬養牛養魚養蜂都給發指示，訂指標……指示滿天飛，又天天變化花樣，誰都記不住。現在是躍進聖旨，日後是珍貴史料。公安部羅長子，中辦楊大頭，只好悄悄命人把一套從老大哥那裡弄來的先進設備，安裝到一號專列上去了。他的日常談論，都被準確地錄下音來。聽講已經錄下幾十盤帶子，封存在中辦保密室。其中，當然也錄下他和一些女子不雅的聲音，包括他專車司機的婆娘，都弄……注意，這事我只告訴妳一人，傳出去，要塌天的。好在這事和我無關，相信中央書記處也無人涉及。」

王光美說：「天爺，眞要命哩……他現在住的美廬，被安裝了設備沒有？」

劉少奇說；「我怎麼曉得？相信沒有。六月三十日他上山之前，謝富治、汪東興手下的專家，還能不把美廬檢查一遍？他從來多疑，有時連對他最親信的謝、汪也有保留。本月十五日，他藉口去九江游泳，背著謝、汪，讓藍蘋從浙江省公安廳調來專家小組，又把美廬裡外偵測一遍。這事是邵式萍省長無意中透露給我的。他委托邵大個負責執行的。」

不知爲什麼，王光美忽然很開心，格格格地笑個不停。

劉少奇被她引樂了，也是笑嗬嗬的：「我們中央這些內部事務，眞是興味無窮，奧妙無窮吧？」

王光美忽又不笑了，問少奇：「他邀我游泳，若問起糾左、反右的事，我怎麼替你回答？」

劉少奇說：「妳就替我匯報，從當前國民經濟的困難局勢看，應當繼續批左糾左；從山上出現的黨內鬥爭局勢上，應當批右反右。請他放心，我劉少奇會服從他，跟隨他，維護黨中央的團結、統一。老彭、洛甫二位，早就應當老帳新帳一起算了。我只堅持一點，也是主席同意過的，山上反右，山下反左。建議山上的會議結束後，中央還是應有一個繼續糾左的文件，以減輕農村災情，挽救國民經濟。」

中央常委在美廬樓上小會議室，開了整兩天的談話會。毛澤東主持，劉少奇、朱德、周恩來、林彪出席，彭德懷、彭眞、賀龍列席，黃克誠、周小舟、周惠、李銳旁聽。

兩天的談話會，由毛澤東主講，劉、朱、周、林、彭眞、賀龍都有發言，爲彭德懷的「反黨問題」定下調子，算「歷史總帳」。彭德懷亦有答辯，黃克誠、周小舟、周惠亦有簡短插話。彭眞囑李銳做了會議筆錄。

話題自井崗山鬥爭講起，一路講到江西蘇區，五次反圍剿、長征、八年抗戰、四年解放戰爭、三年抗美援朝，指彭德懷從來妄自尊大，鬧獨立性，慣和中央分庭抗禮。毛澤東不厭其煩地翻遍歷史舊帳，事無巨細，滔滔不絕，爲的說明：「彭德懷和我的關係，歷來三分合作，七分不合作。」

彭德懷說：「不能以人劃線。黨的歷史複雜、漫長，我是帶兵的人，不能服從個人，只能服從中央。在你擔任中央領導之前，是陳獨秀、瞿秋白、李立三、王明、博古、張聞天等人代表中央，各人一個時期。要我那時就服從你，做不到嘛，那也是反中央嘛。」

毛澤東說：「你還漏了一個向忠發，後來背叛革命。黨內一直存在正確路線和錯誤路線的鬥爭。對於錯誤路線，你老彭每回都緊跟，都積極。我同你的關係，合作，不合作，三七開。三十一年至今，是否如此？」

彭德懷說：「硬要這麼講，至少也是對半開。政治與感情，同你結成一體，我沒有達到那個程度。你提那麼高，我理解不了，思想跟不上。許多歷史上的事，你記得那樣清楚。我是個粗人，一生無筆記，文件全燒了。」

劉少奇說：「思想上不要抗拒，不認帳不行。歷史就是歷史，文件燒掉了，事實是燒不掉的。」朱德說：「老彭的問題，要交心，接受批評幫助。革命幾十年，錯誤總是難免，問題是要改過來。這回要徹底的改，從頭學起，和潤芝同心同德……」

朱德的話沒講完，毛澤東將腿抬起，用手指搔了幾下鞋面：「隔靴搔癢，言不及義，和稀泥」。朱德登時滿臉通紅，停止發言。

毛澤東意味深長地先看一眼朱德，周恩來，之後盯住彭德懷：「江西蘇區時期，你們執行立三路線，王明博古路線，相當積極。我三次被打成『右傾機會主義』和『富農路線』。那時有個口號：『打倒毛澤東，擁護朱、彭、黃！』是不是這樣？」

周恩來說：「在江西蘇區，我是犯了嚴重錯誤的，幾次路線鬥爭，都是站在主席的對立面。我永遠記取這個歷史教訓，希望彭老總也是這樣。」

彭德懷說：「當年『打倒毛澤東，擁護朱彭黃』的口號，是國民黨的奸細散布出來的，帳不能算到紅軍內部身上。」

毛澤東問：「一九三五年初，長征路上，剛開過遵義會議，你讓林彪發電報，要求紅軍部隊改由你來統一指揮，撤銷我、恩來、稼祥的『軍委三人團』。不久軍委在會理開擴大會議，我批評了林彪，你卻至今一聲不吭。」

彭德懷說：「你心裡還結記著這事？你要我怎麼吭聲？現在林彪本人在場，請他當你的面講一講，他當時發出那封電報，是不是我動員的？我知不知道他發電報的事？」

林彪尷尬地紅了紅臉，望著毛澤東說：「那事和老彭無關。發電報之前，沒有徵求過他的意見。是我個人的幼稚和虛妄。聶榮臻可以證明此事。老彭的問題，是他的心大得很，英雄主義，目無中央。」

彭德懷如釋重負地噓口氣，一樁鬧了二十多年的誤會，總算說清楚了。究竟是哪個嗜權如命啊？

毛澤東揮了揮手，表示不屑再提，而說：「一九三六年之前，打蔣介石十年，打紅了眼。抗日戰爭一來，蔣介石突然漂亮了。不知道他是暫時的朋友，不久以後的敵人。老彭在華北指揮『百團大戰』，幫老蔣的大忙。」

林彪說：「平型關戰役，我們實上是吃了虧的。那時頭腦發熱，任弼時作的決定。」

毛澤東說：「那時，多數同志認爲日本軍隊占領我國土越少越好，只有我認爲日本軍隊占領的地方越多越好。但我孤掌難鳴。後來做了工作，才統一認識，讓日本占地越多，越愛國。因爲國統區我們不便去占領，日本占領區我們可以去奪，戰後可以接管。日本占領區越小，國統區必然越大，實際上是對八路軍、新四軍的發展壯大不利。共產黨人爲什麼要去愛蔣介石的那個『國』？國中有國，蔣、日、我，三國志，新三國，多麼好。」

彭德懷說：「我那時是軍人意識，只想到敵、我、友，打日本鬼子，解救苦難同胞，沒有想到新三國。直到延安整風，召開『華北會議』批判我，才慢慢明白過來。」

毛澤東說：「抗戰初期華北局受長江局領導，你是聽王明的話，不聽我的。李立三多長多大，你也不知道，我是知道的。高饒事件你陷得很深。反『左』比反『右』難嗎？從歷史上看，有五次右傾路線：陳獨秀、羅章龍、張國燾、第二次王明路線、高饒事件。王明至今不認錯，高崗自己死了。瞿秋白的左傾錯誤較輕。立三路線持續也只幾個月，白區受到損失，蘇區可說沒有損失，紅軍在這期間還發展了。你說的漏洞百出，自相矛盾。建黨三十八年以來的經驗：右傾聯繫資產階級，左傾聯繫小資產階級。說反右容易，請包辦王明。高饒能改？伯恩斯坦、考茨基、普列漢諾夫能改？『左』傾成爲路線了，也不容易改。一九五〇年鎭壓反革命，殺掉一百萬，極有必要。一九五七年右派進攻，我們搞了一場反右運動，知識分子造不起反了。路線本身不能改，颳共產風是容易改的。比例失調，需要多一些時間來調整。有人分散資金、財產，瞞產藏糧，也不要緊，物質不滅嘛。幾次路線鬥爭你都搖擺，代表富裕農民的利益，由於挨了整，心裡恨得要死。」

彭德懷說：「我今年六十一歲，已經過了記恨的年齡。一定說我代表富裕中農，難以接受。還是對三億五農民，一億五老貧農，九千萬人上陣，農村部分地區發生糧荒問題，出了些亂子，看得過於嚴重。要站在保護的立場，採取愛護的態度。這是教訓。」

毛澤東說：「你彭德懷不願上落後地區，不願上山。九千萬人上山煉鋼，比六千萬人要好。造成損失，我一點也不痛心。橫直沒經驗，花錢買經驗。從根本上說，是得多於失。沒有失，哪來的得？九千萬人上陣，表明了它的全民性。勝敗兵家常事，尤其打敗仗之後，要鼓勵，不能潑冷水。今年基本建設資金從一百四十八億減到一百二十七億，上半年攤子還是鋪大了。颳共產風，比例失調，是在大的群衆運動中發生的。上馬，群衆興高采烈；叫下馬，血淋淋的，群衆想不通。氣可鼓不可洩。明年繼續躍進。」

彭德懷說：「我對此領會不深，理解不了。」

林彪說：「對主席和中央的意圖，你從來抱牴觸態度。所以主席講你是三分合作，七分不合作。」

周恩來說：「主席講話，苦口婆心，你要聽進去。」

劉少奇說：「你的問題是對主席不馴服。去年成都會議時，我提出一切黨員要做黨的馴服工具，也就是毛澤東思想的馴服工具，主要是針對你彭德懷這樣的同志而言的。」

毛澤東說：「你反對唱三支歌子，一是〈東方紅〉，二是〈社會主義好〉，三是〈太陽出來紅通通〉。三支歌子都是唱共產黨，你卻以爲歌頌領袖個人，心裡不舒服。歷來要用你的面目改造黨，改造世界。有各種原因，未得到機會。這次出國訪問五十幾天，東歐七、八個國家，算是從國外取了點經回來。人家都不喜歡我們的大躍進、人民公社。赫魯雪夫反對得尤其厲害。國內原因也有，首先是去年冬天你沒有參加鄭州會議，那時開始調整。亂子一出來，你出去視察，到了湖南，遇到知音。三個月共產風，比例失調，只發現農業、輕工業的問題……去年八大二次黨代會上講過，準備對付分裂，是有所指的，不是周、陳，而是指你老彭。總司令可能鬧亂子，但只是個招牌，組織不起隊伍。軍事俱樂部有沒有份？我同總司令的歷史關係，這麼多次，每次動搖。井崗山鬥爭初期，根本不認識李立三，連照片都沒有見過，就跟著跑，追上去，結果怎樣？話講回來，這回重心是彭，不是總司令。總司令這回態度好，我堅持朱毛不分家。」

毛澤東對朱德又打又拉，批彭捎帶批朱，全然不顧及顏面。朱德又脹紅了臉，羞愧到無地自容。

毛澤東說：「我六十六歲，你老彭六十一歲。我快死了。許多人有恐慌感，難於對付你。多數同志有此憂慮。六億人中你最高明。別人都不行。我們的合作是三七開，一、二、三次反圍剿，反張國燾，解放戰爭、合作；但整個八年抗戰，難講是合作。其他時間你獨立自主。個別原則問題，如對朝鮮勞動黨關係，你還算聽了我的。有的戰役，電報打了，照你的辦。」

彭德懷插話：「朝鮮戰爭五大戰役，有戰績，也有敎訓，是聽從了你的命令。」

毛澤東說：「總起來是三七開，英雄所見，大體略同，合作大概是這種時候。歷來覺得你這人大可改進，不能同張國燾比。你是勞動人民出身，有階級基礎……基本的話就是這些。特別是人家講你是野心家，看來你難以接受，欲以自己的面目改造黨，改造世界，還不是野心家？這是一個側面。另一個側面是可以改造，洗腦筋，把野心家的東西慢慢刮掉，刮起來不容易，很痛。『橫眉冷對千夫指，俯首甘爲孺子牛』，要做到這一條。」

林彪插話：「魯迅說的，對敵人要冷酷無情，對自己人要滿腔熱情，立場堅定。你、我都是丘八，不是政治家。」

毛澤東說：「林老總的意思不錯。這話的版權不屬魯迅，源自東周諸侯國齊景公的一則故事。齊景公七十歲了，和自己七、八歲的小兒子玩耍，學牽牛，拿條繩子。娃娃拉一端，齊景公用口咬住另一端，牧童放牛。小娃娃摔了一跤，齊景公掉了幾顆牙。『孺子牛』的典故就是這麼來的。這次上山之前，老彭你出國放牛，當國賓。聞了人家反對大躍進、人民公社的氣味，回來當作資本？」

幾十年來，彭德懷仍然不能適應毛澤東的一忽兒古，一忽兒今，一忽兒中，一忽兒西的談話方式：「出國，我實在不想去。國防部長也不想當。我很累。我這人不適合做官，只適合打仗，或者是做老百姓。這就是我的野心。講我出國搞了資本？那麼容易？鬼扯淡！在羅馬尼亞見了他們國防部長，我介紹了公社是集體所有制，還有少數個體所有制，五保戶、超支戶。談了分配制度，餵鷄鴨屬個人。他們了解，但擔心共產。羅國防部長到過中國，談話時有我們的大使參加。在保加利亞，只揀了對他們有幫助的談，比如手施人畜肥。他們土地多，氣候好，有糧食。對方也是國防部長。有關政策問題只談過這些。我半句洋文不懂，全靠大使館派翻譯。每天宴會，穿戴整齊，受拘束，很不舒服。我又不抽煙，不喝酒，吃不慣洋餐，回到大使館找饅頭充飢……關於寫給你的那封信，有兩方面的不成熟：說小資產階級狂熱性，工農關係等等，是政治性質問題，並沒有把握。寫信時，沒有同任何人商量過，我一人做事一人擔。開始是寫主觀主義，片面性。對局勢，我是樂觀的，信的前一部分也有感情。你看出右傾苗頭，我看是樂觀派。過去的經驗，認為要好好總結才行。樂觀還是悲觀，兩個角度看局勢，這是我們之間的距離。信是交給你的，以為會議就要結束了，寫個信，請審閱。我寫信的原意是，有無參考價值，請斟酌，不是供印發的。」

毛澤東說：「你的信公開發表，所有反對派歡呼。你的話不眞實。印發你的信，幫你擴大影響，正是你求之不得。說你是張飛，是我封的。但你至多算半個張飛。你不交心。我和你，一個交心，一個不交心。人們只看到你簡單、坦率、心直口快。初交時只看到這一面。久了，透過現象看本質，實則彎彎曲曲，內心深處不見人。至今堅持說你寫信沒有同別人商量過，保護黨羽。人們說你是僞君子，像馮玉祥。眞僞有矛盾。不能說全部是假，對敵鬥爭是眞的。對黨內，對中央，你心裡很深的東西不肯亮出來，陰暗得很。」

彭德懷臉漲紅了，脖子漲粗了，欲爭辯。

彭眞插言：「你在西北組講，去年的問題，人人有責任，包括毛澤東，個人威信不等於黨的威信。你說毛澤東的指示亂傳一氣，下面盲目服從；你說各省都給毛澤東蓋別墅，嚴重特殊化；你說到處都是第一書記掛帥，取消集體領導，一千零七十萬噸鋼指標是個人決定；說下毛毛雨，送材料又不看。你的這些箭靶子射向誰？」

毛澤東說：「你這人拉拉扯扯，一方面拉，另一方面打。人家看不見？小舟，你上了當，搞股份公司，被拉過去了。」

周小舟說：「我對彭總講，有意見，應同主席談，但莫起衝突。講了三遍，莫起衝突。」

毛澤東說：「你還不承認？散布空氣，無民主自由。我們講了九個月，批左批了九個月。你們批判的那些，難道超過了我們的？去年放衛星好，放了許多假衛星，還要放的。大放假衛星，有極大好處。無假哪來眞？先有假衛星，後有眞衛星。眞理與假理比較，才有眞理。無謬論，哪有眞理。彭眞同志啊，一九四三年延安整風，召開華北會議批了他，至今記恨。」

面對蠻不講理，強詞奪理，硬說去年的假衛星放得好，彭德懷悲憤滿腔，再忍無可忍了，「騰」地一下站起，吼叫道：「百分之九十九你對！也有一回不對。水口戰役你不是打了敗仗嗎？還殺了俘虜、逃兵！華北整風，你操了我四十天娘，我這次操你二十天娘，不行嗎?!」

所有的人都吃了一驚！彭德懷竟在這種時刻，還粗暴無理，發怒罵娘。劉少奇、林彪、彭眞三人更是氣憤地站了起來，與他對峙。

劉少奇拍了桌子：「彭德懷同志！這是什麼場合？中央常委會議！你也敢操娘撒野？還有不有黨紀國法？」

林彪說：「彭總！你再不端正態度，中央可以對你執行紀律！今天充分暴露你目空一切。」

彭眞說：「簡直就是高崗第二，太不像話。」

賀龍也隨即站起：「高崗算老幾？高崗在主席面前，從不敢這麼放肆。我同意林總講的，建議中央在必要時對他採取紀律行動。」

彭德懷和他們對峙著。忽地，他遇上了黃克誠、周小舟、周惠三人悲苦、失望的目光，彷彿在說：到底是個猛張飛，勇猛有餘，謀略不足，惹出衆怒……彭德懷身子晃了一晃，眼皮垂了下來：失策，失策，總是控制不住自己的脾氣。

毛澤東坐著，聳然不動，把一切聽在耳裡，看在眼裡。他不緊不慢地取出一支雲煙，讓身邊的周恩來替他點上火，深深吸上兩口，才以一種穩操勝券的平靜語調說：「坐下，都坐下吧。常委開會，還擴大進來幾位，兩軍對壘似的，成何體統？好，老彭也坐下了。你今天是孤軍深入，兵家大忌啊。鬧得四面楚歌，是不是從西楚霸王那裡學來的？要演一齣《霸王別姬》了？不要緊，中央還給你留著退路，不會讓你自刎烏江的。不就是要滿足你操娘的願望嗎？延安整風，華北會議操你四十天娘，本次盧山會議你只操了二十天，還欠你二十天，可以補齊，滿足你的要求。你接受不接受？」

彭德懷閉上眼睛，臉色由紅轉白，一副疲憊不堪的樣子。

周恩來說：「彭老總！你要頭腦冷靜。主席，還有各位常委，這樣苦口婆心，批評你，幫助你，爲什麼一味抗拒呢？二、三十年來，主席對你還不寬厚、信任嗎？直到前兩天，主席還在講，只要你承認錯誤，深刻檢討，國防部長還是你當，軍隊還是你管。人非木石，你應當受教育、受感動才是啊。」

黃克誠苦笑著，差點說：「連住處的電話線都給卡斷了，三歲娃娃都哄不著了。」

朱德說：「潤芝、我、少奇、恩來、老彭、林彪、賀龍、彭眞、克誠等等，幾十年了，一路走來，九死一生，勝利了，進城了，大家不要分手。老彭啊，你還是要服從主席，服從中央，克服你的嚴重毛病，幾十年的老毛病。戰爭年代你是英雄，和平時期也不要變成大狗熊。」

林彪說：「除了毛主席，誰都莫想做大英雄。只有毛主席才是我們的大英雄。有人吹捧你是民族英雄，我看不是。在黨內，你現在是野心家，陰謀者，僞君子，屬於反黨反毛主席性質。」

賀龍說：「對你的問題，我從來少開口，免得人家誤會成個人恩怨。歷史上你對我的那些排擠打擊的事，我絕不提及。我只說一條，我們這些帶兵的丘八，打了些勝仗，立了些功績，誰離得開黨中央、毛主席？沒有黨中央，沒有毛主席，你、我頂多做個地方軍閥，革命的對立面而已。我和你不同，活一天，就唱一天〈東方紅〉，認毛主席是我賀龍的大救星。」

彭眞說：「沒有人否定彭德懷同志的功績。賀老總的心裡話，也是我的心裡話。我們黨的任何一位高級幹部，能有今天的一切，都離不開中央和主席。陳伯達同志前兩天和我說過，農民出身的幹部，許多人是帶著入股思想參加革命隊伍的。勝利了，就欲做大股東了，欲與黨中央、毛主席平起平坐，平分秋色。老彭的根子，是不是這裡？」

劉少奇說：「很深刻，點到了要穴。不少人講你老彭講假話，有雄心壯志。同意主席講的，是野心家問題。幾十年欲以自己的面目改造黨、改造世界。長征開始一段，我在紅三軍團做政治部主任，就聽你講過，入黨前，自己覺得了不起，救中國捨我其誰。雄心很大。你原名彭得華，志在得華，得我中華。可是你光有雄心不行，還得有主、客觀條件。你不想想，你取代得了主席的地位嗎？全黨會服從你嗎？憑心而論，我也是在遵義會議之後，才眞正認識毛主席、擁戴毛主席的。中國革命的領袖只能是毛主席，而不能是別人。如果要談取而代之，我不比你有條件、有資格一些？我爲什麼沒有這份妄想？就是服從一條眞理：我們事業的領袖只能是毛主席。這也是歷史的選擇。我希望你彭德懷同志要服氣，要從靈魂深處認識這個眞理，做黨的忠誠戰士，而不是黨的同路人。」

毛澤東點著頭，少奇肺腑之言，可圈可點。

彭德懷慢慢地睜開眼睛，眼角滲出淚珠來，聲音哽咽著說：「我認錯，服從……我很累，想下山休息。爲了我把整個中央、各省市一把手，拖累在這山上不能回去抓工作……大家放心，我向中央保證一定合作，要什麼，給什麼。不自殺，不叛黨，不投敵。不論怎麼說，我都要跟黨走。爲了黨不分裂，中央團結，我願意做中央需要我做的一切……至於我個人，只求做個平頭百姓，下鄉去種地。」

第三九章　悲乎！新中國名臣

八月二日，在牯嶺小教堂舉行中共中央八屆八中全會。中央委員、候補中央委員一百九十一人，實到一百四十七人，列席十五人，共一百六十二人出席。

開幕式上，首先由公安部長羅瑞卿宣布三條會議紀律：

一、彭、黃、張、周、周、李幾個人不能擅自進入毛主席、劉主席的住地；二、這幾個人的汽車不能下山。沒有毛主席、劉主席的批准，九江機場的飛機不能起飛；三、這幾個人不能相互接觸。

毛澤東發表重要講話，要求會議成員一律稱同志，不稱職務：「彭德懷同志說他幾十年來不習慣稱我為『主席』，而習慣稱『老毛』，很好。現在接受他的意見，今後黨內一律稱同志，比如毛澤東同志，劉少奇同志、周恩來同志、朱德同志、林彪同志，當然也包括彭德懷同志。為什麼開這次全會？黨內出了路線問題。黨中央受到右傾機會主義分子有組織、有計畫的進攻，必須堅決反擊。對錯誤的東西要無情，那是毒藥，要深惡痛絕。擺事實，講道理，不要學梁山好漢李逵的粗野。但李逵是我們路線的人，李逵、武松、魯智深這三個人，我看可以加入共產黨，沒有人推薦，我來介紹。他們的缺點是愛殺人，好放火，不講策略，不會做政治思想工作。但他們本質好，立場堅定，敢於和壞人壞事作無情的鬥爭。有時候他們凶一點，也不要完全禁止，我就喜歡黨內的李逵、魯智深們……」

毛澤東在會上點燃了批鬥右傾機會主義分子的烈火。他排開算總帳的陣勢，把七月上旬「神仙會」期間所印發的材料，如「江西省委黨校八十餘名地縣級學員對大躍進和人民公社的看法」，「國家計委李仲雲給毛澤東主席的一封信」，「安徽省委農業書記張凱帆解散無爲縣公共食堂」，「廣州軍區第四十二軍部分官兵對農村形勢的意見」等等，都當成右傾機會主義向黨進攻的事例來批判。

同一天，作爲會議文件，投槍匕首，還印發了毛澤東的一封公開信，對身陷重圍的前總書記張聞天嬉笑怒罵，幸災樂禍，喻稱張爲病入膏肓的楚太子，極盡人格羞辱：

洛甫兄，怎麼搞的，你陷入那個軍事俱樂部去了？眞是物以類聚，人以群分。你這次安的是什麼主意？那樣四面八方，勤勞辛苦，找出那些漆黑一團的材料，眞是好寶貝！你是不是跑到東海龍王敖廣那裡取來的？不然，何其多也！然而一展覽，盡是假的。講完後兩天，你就心慌意亂，十五個吊桶打水，七上八下，被人們纏得脫不開身。自作自受，怨得誰人？我認爲你是舊病復發，你的老而又老的瘧疾原蟲還未去掉，現在又發寒熱症了。昔人吟瘧疾詞云：「冷來時，冷得冰凌上臥；熱來時，熱得蒸籠裡坐；疼時節，疼得天靈蓋破；顫時節，顫的牙關銼！

只被你害殺人也么哥，只被你害殺人也么哥，眞是寒來暑往人難過！」同志，是不是？如果是，那就好了。你這個人很需要大病一場。《昭明文選》第三十四卷，枚乘〈七發〉末云：「此亦天下要言妙道也，太子豈欲聞之乎？於是太子據几而起曰，渙乎若一聽聖人辯士之言，涊然汗出，霍然病已。」你害的病，與楚太子相似，如有興趣，可以一讀枚乘〈七發〉，眞是一篇妙文。你把馬克思主義的要言妙道通通忘記了，於是跑進了軍事俱樂部，眞是文武合璧，相得益彰。現在有什麼辦法呢？願借你同志之箸，爲你同志籌之，兩個字，曰：痛改。……

緊接著，毛澤東又在他的大躍進幹將，安徽省委第一書記曾希聖呈上的一份報告上，以極其嚴厲的口氣寫下一段批示，命大會秘書處印發：

印發各同志。右傾機會主義分子，中央委員會裡有，即軍事俱樂部的那些同志們；省級也有，例如安徽省委書記張凱帆。我懷疑這些人是混入黨內的投機分子。他們在由資本主義到社會主義的過渡時期中，站在資產階級的立場，蓄謀破壞無產階級專政，分裂共產黨，在黨內組織派別，散布他們的影響，渙散無產階級先鋒隊，另立他們的機會主義的黨。這個集團的主要分子，原是高崗陰謀反黨集團的重要成員，就是顯明證據之一。這些人在資產階級民主改革時，他們是樂意參加的，有革命性。至於如何革法，也常常是錯的。他們沒有社會主義革命的精神準備，一到社會主義革命時期，他們就不舒服了。早就參加高崗反黨集團，而這個集團是有陰謀手段求達其反動目的的。高崗集團的漏網殘餘，現在又在興風作浪，急於發難……

毛澤東的批示雷霆萬鈞，給全會火上澆油，烈火直接燒向彭德懷。高崗曾是彭德懷的好友，是隻定了性的死老虎。彭德懷尙是一隻活老虎。拉死老虎來打活老虎，活老虎也就很快成爲死老虎。

全會沿用原來的三大組，每組五、六十人：第二組負責批鬥張聞天、周小舟、周惠、李銳；第四組負責批鬥彭德懷；第五組負責批鬥黃克誠。公安部部長羅瑞卿，政治保衛部部長謝富治，頻繁穿梭於三個批鬥會場，協調作戰，如同大敵當前。

以彭德懷所在的第四組批鬥氣氛最爲緊張激烈，不時出現火爆場面，拍桌打椅，厲聲喝罵，大吵大鬧。吵鬧聲都傳到美廬樓上，吵得毛澤東不能睡上午覺。毛澤東囑咐衛士長去看看，李逵們是不是動手了？彭得華是不是挨揍了？他沒有在戰場上掛彩，在中央全會上掛彩不好。可找李井泉、羅瑞卿轉達我的意見，不要動拳頭，中央全會，君子動口不動手，都是老同志，傷及靈魂，不傷及皮肉。

衛士長遵照毛主席的指示，到三個批鬥會場去看了看，沒有看到打人現象，只是一些平日像模像樣的領導人物，樣子都很凶，人人咬牙裂嘴，個個橫目立眼，掄胳膊，劈巴掌，呼口號，就像農村土改鬥地主一樣，原來中央大人物也和農村貧下中農差不多，水平未見高得那兒去。

衛士長回來向毛主席匯報：「彭老總很狼狽，被李井泉、羅瑞卿、康生、安子文、蕭華等領導同志輪流指著鼻子痛斥，招架不及。他說：我沒有辯護律師，我一個喉嚨吼不過你們幾十個喉嚨，你們像是對我搞專案審判……」

毛澤東笑了：「他還想要辯護律師？新中國成立那天就取消了辯護律師。還在嚮往資產階級一套！這次全會，就是要痛打落水狗。彭德華成了落水狗，要小心他哪天爬上岸，身子幾晃，濺我們一頭水珠。」

全會上，任由三大組的李逵、武松、魯智深們喊打喊殺，毛澤東穩坐美廬觀虎鬥。唯有他的小同鄉、子侄輩的周小舟表現令人意外，至今不肯認錯，不肯檢討，竟比彭德懷、黃克誠那樣的身經百戰的元帥、大將還頑固。

周小舟不投降，欲做新中國的名臣？毛澤東自有破解之法：「堡壘最易從內部攻破，找周惠個別談話，挖彭德懷、周小舟的牆腳。牆腳一挖，屋子就塌。只要周惠兜出老底，不怕周小舟不低頭。」

周惠來了。人已瘦了一圈，眼睛布滿血絲。看看左右再無他人，才知道是單獨召見。

毛澤東讓他坐下，方問：「周書記，知道爲什麼找你個別談談嗎？」

周惠恭恭敬敬、規規矩矩地搖搖頭。

毛澤東說：「眞不知道？找你來，是要挖彭德懷的牆腳，你在太行山八路軍總部工作過。」

周惠心裡一驚，立即說：「報告主席，我不是彭老總的牆腳。他是總司令，我只是一名青年幹事，想搆都搆不著。」

毛澤東問：「去年和今年，老彭兩次到湖南，單獨召見你幾次？都談了些什麼？」

周惠如實回答：「談過三次或者四次，罵了大煉鋼鐵的娘，但沒有罵主席。還罵了譚震林、李井泉、柯慶施等同志，罵得很難聽，說大躍進、人民公社就是他們一班子亂臣賊子搞壞的，爲了討上面喜歡，不顧國計民生，百姓死活。」

毛澤東說：「打狗欺主，其實就是罵我。他講了反對唱〈東方紅〉、〈社會主義好〉沒有？」

周惠額頭冒汗了：「講了，他講唱〈東方紅〉容易引起個人迷信，領袖崇拜；唱〈社會主義好〉則和現實不符……我當時是不同意他這觀點的，但不敢反駁。主席，我的確不是他的牆腳。」

毛澤東盯住周惠看了一會，彷彿想了一想：「那你至少是周小舟的牆腳。一個第一書記，一個第二書記，說牆腳是委屈你了，合夥人還差不多。湖南二周，抵制五風，名滿天下嘛。」

周惠無法否認自己和周小舟的關係，只好硬著頭皮說：「要講牆腳，我也是中央和主席的，一粒小石子。和小舟，確是觀點相近，氣味相投。尤其是做農村工作，看農業形勢，我們一拍即合。」

毛澤東笑了笑：「願意承認這一點，你大概還有救。不繞彎子，竹筒倒豆子，痛痛快快，把你上山以來，跟著周小舟接觸過哪些人，私下的高談闊論，源源本本，一五一十給我說出來，如何？其實，你就是不交代，我也通過別的渠道了解得差不多了。是出於愛護，給你機會，立地成佛。」

周惠已是滿頭冷汗珠子。毛主席示意他用放置在碟子上的小毛巾擦擦汗。他明白再隱瞞不下去了。隱瞞下去，只是死路一條，並不能減輕任何人的罪責。與其苦鬥成招，不如從實道來……他一再說明，由於自己是省裡的第二把手，過去和彭老總、張聞天、黃克誠，以及胡喬木、陳伯達、田家英、吳冷西、李銳這些同志，並不很熟悉，所以小舟在山上的許多活動，聚會閒聊，都沒有參加。自己是做實際工作的，一些理論話題也插不上嘴。建議主席也找小舟個別談一次，把一些情況當面匯報清楚。小舟不是壞人，只是至今思想上轉不過彎子，認死理。他說去年明明有功，今年又成大過，很大的牴觸情緒，士可殺，不可辱什麼的。

毛澤東凝神細聽良久，方說：「小舟欲做新中國的名臣，我可以成全他的氣節。在共產黨領導下，講氣節、骨氣，就是頑固到底，狗屁不值。當然，再找他談一次，也不是不可以。他是我一手提拔起來的，算後生晚輩。給人機會，我從不吝嗇。就看他肯不肯交心，把一些過節談清楚……這樣吧，你替我把這本《昭明文選》帶給他，讓他先讀這篇〈邱希範與陳伯之書〉，讀通了，想通了，可以來談一次。我願看到他不遠而復，不願他漸行漸遠，背離下去。你可以把這話轉達給他。」

周惠離開後，衛士長進來報告：「主席，田家英同志來了……還有李銳同志來電話，也要求主席見一次，他認錯什麼的。」

毛澤東擺擺手：「叫家英上來吧。至於李銳，替我回話，告訴他，他給我寫的那封信，講了假話，還用他的政治生命擔了保的！他的問題，可以去找羅瑞卿，由羅部長代我受理。」

田家英是受到胡喬木的嚴重勸告，來向毛澤東檢討錯誤、說明情況的。事出三個大組的批鬥會上，都有人認為田家英和周小舟、李銳等人的關係極不正常，和李銳尤其親密，前一段幾乎形影不離。從現在揭發出來的事實看，田家英是加入了軍事俱樂部的。第二組組長柯慶施，第四組組長李井泉，更是指名道姓，說田家英算得上這次「彭、黃、張、周反黨集團」的重要成員。

毛澤東對於田家英在山上的「失足」，心情矛盾。按說要處理身邊的一名大秘書，無須吹灰之力。猶如一件工具，用過就丟，什麼大不了的事？田家英卻是他的「一部活字典」、「記憶機器」，舉凡馬列著作，古今典籍，歷史事件、重要人物，只要他提個頭或是指個範圍，小田即可替他找到出處，摘出原文；況且小田還具體負責編輯《毛澤東選集》第四卷，主持撰寫了兩百多條題解和注釋，若中途換馬，第四卷的出版會拖遲許多年月……

看到田家英進來，毛澤東像望著一個陌生人似的，語帶嘲諷地說：「你就是田家英？就是已在我身邊工作了十一年的那個年輕人？不，如果從延安中央政治研究室算起，已經十六、七年了……十六、七年時間，沒有看清你的廬山眞面目，是我的責任。只是不懂，你十六歲到延安，是名孤兒，我把你帶在身邊，把你帶成一名副兵團級，中辦副主任，政治局常委會秘書，而且你知道的黨內機密，比一般的政治局委員、國務院副總理還多。我哪點對不起你？任何人都可以反對我這個黨主席，唯獨你不可以。你沒有理由，也不夠資格。」

田家英撲通一聲跪下了，痛哭失聲：「主席，我錯了，我年輕……沒有經驗……忘乎所以……我的一切，一切，都是主席恩情……」

毛澤東不相信自己的眼睛似地，暗自詫異：「怎麼回事？讀書人不都有點士子清高，講個儒者風骨嗎？犯顏直諫，面折廷爭，不都想做新中國的名臣嗎？原來膝蓋也這麼軟？武人如羅瑞卿、王樹聲、謝富治、蕭華、許世友、陳再道等等，爲求我赦免他們的過失，向我下跪討饒，見得多了；文人呢，王明、博古、李立三、洛甫、饒漱石等等，還從沒有向我下跪討饒的。如今，年輕輩的秘書卻下跪了，眞是一茬不如一茬了？」

毛澤東逕自取出一支煙來，點上火，吸著，語氣有所緩和：「家英，你起來吧。大難臨頭了，還是陷入重圍了？」

田家英卻不肯起來，淚流滿面地說：「我錯了……不知天高地厚……我思想時左時右……一九五六年，我就不大理解大鳴大放，百家爭鳴，推陳出新，古爲今用的方針……我錯誤地認爲，不可能做到……一九五七年春，我又不贊成黨外人士、民主黨派幫助我們各級黨組織整風，受到過主席的嚴厲批評……這次在山上，又同情彭德懷、張聞天的右傾思想……我雖然沒有和他們個別接觸過，但思想上是相通的……我還對小舟、李銳等人說了一些和我的年齡、職務不該說的話……我羞愧，後悔，對不起主席，對不起岸英兄弟……記得一九四七年三月，延安大撤退之前，岸英和我說，要像他一樣，愛戴父輩……」

接下來，田家英把會上公開說的，會下私相議論的，什麼「好大喜功、急功近利」，「指揮打仗內行、指揮經濟外行」，「功成身不退」，「能治天下、不能治左右」……等等，林林總總，有時間有地點，和盤托出。

毛澤東不是鐵石心腸，爲之憤怒，爲之痛恨，也爲之悵惋……田家英啊田家英，你是岸英的同年好友，個頭、長相，也有幾分像岸英。岸英犧牲了，有時見到你，彷彿見到岸英呢……他心腸軟了一軟，畢竟算個子侄輩，況且下跪、討饒，態度算好。再給他個機會，沒啥了不起。

毛澤東離開座椅，走到田家英身邊，說：「家英，起來，起來……我不習慣看到你的這個樣子……哭成這個樣子，算洗心革面，覺悟了就好……既然提到岸英，就看在岸英的份上，諒解你這一回……你的問題，給中央常委寫個東西，傳閱一下。相信少奇、恩來、總司令都會主張留下你……你還年輕，振作起來，前程依舊光明。」

公安部長羅瑞卿，領著李銳到第五組去找黃克誠對質。路過第二組會場門外，羅瑞卿見周惠坐在藤椅上喝茶想心事，即上去大聲喝斥：「周惠！你還不老實交代？李銳都承認了，你們是有組織、有預謀地活動。妄圖攻守同盟，是不會得逞的。」

周惠心裡有些光火。一個月前，你個大保鑣陪主席去湖南，那時主席一路表揚「湖南二周」，你見了我笑得多親熱，一口一聲「周書記，向你們學習」；如今「二周」在山上走麥城，你又另一副嘴臉，把我當成地主富農分子來訓斥？周惠臉上不敢做出樣子來，只是恭敬地反問：「羅部長，你的批評我接受。可是哪裡來的有組織有預謀？我總不能講假話，編出個組織來騙中央和主席啊？」

羅瑞卿見周惠這種時刻還敢衝撞他，更加氣憤，動了粗口：「你他媽的，就是死不老實！二十天前，你不是拉我去聽周小舟談話嗎？上山後，主席見了你們兩次，你們跟中了彩似的，想拉住我，宣傳我，影響我，向我施加壓力，不讓我阻止你們大談去年的缺點，訴去年的苦。」

周惠見李銳站在不遠處，鉤頭俯腦、丟魂失魄的樣子，大約已經被公安部長揪住不放了，眞是可憐……又見羅瑞卿正以嚴厲的目光盯住自己，等著回答，只得咕噥著說：「羅部長，那是你的推論嘛？我怎麼影響得了你？」

羅瑞卿又問：「主席二十三號講話之後，你和小舟爲什麼不再找我了？爲什麼不來說明你們對我宣傳錯了？你們根本上就是彭、黃、張一夥的！」

會議開始了。周惠起身向會場走去。羅瑞卿見他仍是大大咧咧的，一副死豬不怕開水燙的樣子，便又喝道：「周惠你站住！二十三號晚上你們到黃克誠那裡談了些什麼？怎麼訂的攻守同盟？出來被我碰到，都晚上十點半了。紙包不住火，你們對主席的攻擊言論早晚會被挖出來。」

周惠無言可答。他進了第二組會場。如今會內會外，他和周小舟到處碰到冷眼、嘲諷、喝斥，有如過街鼠類。沒想到在黨的高層，也這樣行情漲落，人面高低，如同市場貿易？他心裡稍可寬慰的，是主席昨晚上個別召見時講了，根據他的表現，可以考慮不把他的名字放進「軍事俱樂部」成員名單去。這話，他連周小舟都沒敢告訴。

羅瑞卿領著李銳來到第五組會場時，會議已經開始，組長陶鑄正在嚴詞批判黃克誠，列數黃克誠和彭德懷的不正常關係，親密到了同穿一條褲子的田地。

賀龍元帥坐在靠門口的地方，見了李銳，忍不住打斷陶鑄的發言，大聲說：「大家注意了，這個小老鄉，和我們有殺父之仇，他爺老倌是被我紅軍部隊槍斃的！」

所有的目光集中到李銳身上，彷彿突然之間，李銳就成了反革命分子。遇此突然襲擊，李銳欲哭無聲！「殺父之仇」這項罪名如何背負得起？但理智告訴他，此種時刻他不能不出聲：「報告賀帥，我父親一九二二年患肺癆死於北平，那時還沒有紅軍。他是老同盟會員。延安整風時，組織審查過我的家庭出身。中央組織部副部長李六如前輩，是我父親的朋友，可以作證。」

賀龍茶几一拍：「放肆！老子講了一句你和共產黨有殺父之仇，你就這麼多廢話？你這次在山上，甘當彭德懷集團的馬前卒，搞了多少反中央、反主席的活動？」

羅瑞卿恭敬地朝賀龍笑了笑：「賀帥，李銳已經交代了一些問題，我這是領他來和黃克誠同志對質……」轉而又訓斥李銳說：「少廢話！關於你父親的歷史問題，你另外寫份材料向組織交代。」

陶鑄宣布繼續開會，集中批判黃克誠同志。立時，有廣州軍區司令員黃永勝、南京軍區司令員許世友、福州軍區政委葉飛、中央農村工作部副部長陳正人等，連珠砲一般逼問黃克誠：

「黃克誠！你至今沒有檢討出像樣子的材料，別人都已經交代了！」

「貌似忠厚，一肚子壞水！二十三號晚上，周小舟、周惠、李銳三個到你那裡去，你們談了些什麼？說！」

「你也算個老黨員了，爲什麼在組織面前不肯講實話？爲什麼要背著中央和主席另搞一套？」

「你和彭老總是不是要把主席拉下來，自己爬上去啊？你們是野心家，陰謀家，僞君子！」

面對集體審訊似的質問，黃克誠一直低著頭，做著筆錄。他是高度近視，鼻尖差不多碰到了紙本。他抬起頭來，並沒有看淸李銳，只是聽羅瑞卿說領了李銳來和他對質的，知道壞事了，心裡的堤防也登時潰決了。他不得不交代：「彭德懷同志在四月份的上海會議後，和我說過，主席講今年糾正五風，他要親自掛帥，並請小平同志任副帥；難道他去年不是親自掛帥，才搞了那場大躍進嗎？彭還和我說過，中央集體領導不正常，出了問題……但他沒有和我說過，常委會議都是主席一個人講話，重大問題他一個人說了算……至於他是否對別人講過，就不敢擔保了……七月二十三號晚上，關於出了史達林晚年問題的話，不是彭德懷講的，是有人出於一時激動，口不擇言……」

缺口終於打開了！一時間群情激憤，一片奮勇爭先的喝問聲：「誰？是誰？哪個王八蛋講的？快交代！說！」

黃克誠又朦朦朧朧地望了李銳一眼，你小子出賣了？先咬住你再說。他張了張口：「李銳。」會場嘩然，如同爆開一顆定時炸彈。登時翻騰起一陣叫罵的氣浪：「他媽的！該殺頭！他們眞的敢誣主席是史達林晚年！拉出去，就該拉出去！反黨，他們反黨！鐵板上釘釘子，反黨小集團！」

組長陶鑄巴掌兩拍，要求大家安靜下來，繼續聽黃克誠交代七月二十三號晚上的問題。

黃克誠不緊不慢地說：「二十三號晚上十點左右，他們三個去看我，李銳問我，現在像不像史達林晚年？我說不能相比。你們有意見，應當找主席當面談，不要背後議論。我當時的感覺，他們三個並沒有別的用心，只是一時的情緒激動，思想不通。」

李銳像個木頭人似的站在那裡，成爲衆矢之的。他暗暗叫聲苦也，天爺，黃克誠同志鬧下誤會了，以為我揭發了他，他主動出擊……其實，我只是向羅部長交代，我在東北局做過高崗的政治秘書，一九四九年南下後，兩次和黃談過高崗的問題……現在局面鬧到不可收拾……幸而黃老沒有把我的那句「毛主席一手遮天」的話兜出來……

眾怒洶湧，吼聲如雷。李銳畢竟經歷過延安整風，被關進窰洞一年多過來的；加上這次會議，類似的集體審訊場面見得多了，也就不再慌亂了。他冷靜下來，交代說：「是有這回事，七月二十三日聽了主席的講話，思想轉不過彎。晚飯後，去找周小舟和周惠聊天，發牢騷。周小舟尤其情緒激動，提出去看黃克誠同志。掛了電話，黃克誠同志起初不同意去，說這種時候，大家先迴避一下。但小舟堅持要去，黃老只好同意了。到了黃老處，黃老要我們冷靜，有意見直接找主席反映，不要背後議論。「史達林晚年」這話，黃老沒有記錯，是有人講了，但不是我。黃老指我，其實不是我。也不是黃老，不是彭老總。彭老總是從總理那裡開完會進來，他沒有聽到這句話。因為屋裡沒有多餘的凳子，我們和彭老總打了聲招呼，就告辭出來了。前後只有半個鐘頭。出來就碰到羅部長，他剛從含鄱口看了月亮回來。整個過程就是這樣。」

李銳的話沒落音，羅瑞卿已找到陳正人：「乘勝追擊，擴大戰果，你去第二組和柯書記打聲招呼，著令周小舟、周惠坦白、落實。」

陳正人得令一路小跑，來到第二組會場，和柯慶施咬了咬耳朵。柯慶施眉頭一揚，當即宣布：「告訴大家一個訊息，七月二十三日晚上事件有了重大突破。下面請陳正人同志問問湖南二周！」

整個會場登時屏聲住息。但見陳正人走到二周身邊，聲音尖銳地問：「周惠、周小舟，黃克誠已經交代了當天晚上你們跑到他的住處，說了中國黨出了史達林晚年問題，個人決定一切。還說了現在還反右傾，局勢會大亂等等。周惠，你講了沒有？」

周惠啞口無言。最犯忌、最要命的話題，終於被招供出來。他不能承認自己說了這話，又不能指這話是周小舟講的。

周小舟臉色蒼白，但目光堅定，一副好漢做事好漢擔的氣概：「不是周惠。周惠那晚上只是陪我去了，沒有出聲。話是我講的。我心裡坦然。」

人們都呆住了。看不出周小舟還是條漢子，有種。也是吃了豹子膽，活得不耐煩了。

計委主任李富春正吸著煙，這時煙頭一擰，高聲說：「眞是反天了！史達林晚年問題，你他媽的什麼意思？交代清楚！」

周小舟反倒出奇的冷靜，說：「這次山上的會議，從批左糾左，突然變成批右反右，一百八十度大轉彎，如同兒戲，我怎麼也想不通。我認爲毛澤東同志多疑，獨斷專行，自我批評不夠，情況與史達林晚年相似。那天晚上就講了這幾句。若因此把我打成反黨集團成員，肯定是個錯誤。」

空谷足音。林中響箭。陳正人當場做了筆錄，一字不易地記下了周小舟的原話，請柯慶施組長過目，交周小舟本人簽字，之後掛一臉得勝者的笑意，返回第五組，把筆錄交給羅瑞卿部長，並大聲宣布說：「周小舟招供了，是他講的，再賴不掉了。」

夜深了。毛澤東跳過舞，游過泳，開過三大組組長、副組長碰頭會，一起吃過消夜……偌大的美廬樓上，只剩下他一人，小鍾不知躲到哪兒去了。他坐在落地燈下，靜靜地吸著煙，看著各組的〈簡報〉。上面摘登了右傾朋友們的檢討：

張聞天在第二組的書面檢查，承認加入了軍事俱樂部，給彭德懷同志當了參謀；

周惠的檢討，交代上山後所參予的右傾活動；

李銳的檢討給自己扣的帽子最大，承認反對黨中央，反對毛主席。一步到位了；

彭德懷在第四組的檢討發言，基本上是要什麼他給什麼，不再抗拒。只是不承認有什麼「軍事俱樂部」……老彭是疲倦了，急於解甲，下山休息了；

黃克誠在第五組的檢討發言，揭出一些過去從未暴露過的彭德懷的問題。

毛澤東像瀏覽前線捷報似的看著手頭的會議〈簡報〉，眞是快慰平生。對手們已經宣布投誠，而且是無條件的！原以爲他們還要負隅頑抗一陣子，沒想到這麼快就全線崩潰了。當年他們在戰場上何等英雄了得，如今在黨內鬥爭中卻全軍覆滅。

近幾天的睡眠好多了。山上的這場龍虎會，開得差不多了，可以通知藍蘋上山來住幾天了。這個婆娘，每次緊要時刻，總是表現不俗……對了，還有個周小舟不肯檢討，不肯投降。打定主意做新中國的名臣？好小子！要和你舅爺鬥鬥法術？你是哪門哪派，會幾招幾式？

第四〇章　主席是個大玩家

經周恩來同意，中辦主任楊尚昆辦了一件好事：安排彭德懷的夫人浦安修乘中央信使專機悄悄上山。對於夫人的突然出現，身陷重圍的彭德懷丈八和尚摸不著頭腦：「妳是從天上掉下來的？」

浦安修卻第一眼就看到：德懷瘦多了，臉塊烏黑，神色憔悴，光著顆腦瓜，連帽子也不戴。原先的那股子英武之氣哪裡去了？不是在山上開神仙會嗎？怎麼比他朝鮮戰爭期間，一身硝煙的從前線回來還疲憊？是害什麼病了？

夫妻分別月餘，見面先說輕鬆的：「孩子們問你好！幾個侄兒、侄女，還有左太北、任遠方，放了暑假，只准他們到北戴河玩了兩星期，回到家裡做暑期作業，規定他們每天寫日記，還有每星期兩次義務勞動，幫助警衛戰士打掃院子，以及清潔南海北岸一帶的人行道。孩子們很聽話，機關事務局說要給他們的學校寫表揚信……德懷，你這神仙怎麼當的？到山上反倒累成這副德性？」

彭德懷竭力現出一臉笑容：「妳來了好，來了好。許多話，正好聊聊……我六十一歲了！過了花甲，老年人嘛，比不得從前了。妳累不累？累了就先休息，不累就讓警衛員帶妳到幾處風景點上走走，多拍幾張照片，這地方難得來一次的。近幾天會議開得緊張熱烈。中午我不回來陪妳，警衛員會替妳打飯吃……晚飯見吧。我這就開會去，不許請假和遲到的。」

浦安修一向拿自己的男人沒辦法。德懷從來軍人作風，風風火火，好像他是天字第一號忙人。不陪就不陪，自嫁了他這個副總司令，就離多聚少，不習慣也習慣了。進到書房和臥室，看看那個亂勁喲！像個單身漢的住處，這裡的服務員也太放任了。

放下行包，浦安修動手疊被子，換枕套、床單。衣服當掛的掛，當疊的疊，當扔洗衣桶的就扔洗衣桶。幾隻散亂的鞋子也排列好。地板倒是不很髒。收拾完臥室收拾書房，把那些隨手扔在沙發上、椅子上、窗台上的報紙雜誌、會議材料拾起來，放到大寫字檯上。她從來不看德懷書房裡的文字材料，盡是些軍事機密，她守紀律，也無那個興趣。德懷的寫字檯是不讓人收拾的，為此發過幾回脾氣：「亂有亂的規律，你們收拾整齊了，我反而找不到東西了。」

看看，女人就是女人，沒費多大一會功夫，就臥室像間臥室，書房像間書房了。男人只會統率千軍萬馬南征北戰，東伐西討，而不會料理自己的生活。她進洗手間洗了把臉，順手把抽水馬桶和浴缸也沖洗一遍。人說洗手間最能體現西式生活文明。但這種西式文明到了我們黨的土包子出身的大人物手裡，就往往很不堪、很不雅了。剛進城那陣，不是還風傳過一些笑話？譚震林、王震、謝富治、蕭華等人，第一次住進北京六國飯店，竟都是蹲上抽水馬桶的窄沿上出恭，王震還摔了跤，大罵上洋廁所是受洋罪……毛主席則是下令拆了菊香書屋內的抽水馬桶，一律改裝回老祖先的平地蹲式廁所。

浦安修泡了一壺茶，換了一身乾淨衣服，拎了個海鷗牌袖珍相機。開門出來，警衛員已經等候在門外了。警衛員跟隨彭德懷多年，是個悶嘴葫蘆，神色拘謹地問：「首長，到風景點上走走？」

這些小鬼，逢人就叫首長，像大學生們逢人就叫老師。

廬山牯嶺，舉目皆入畫，無處不勝景。加上天清氣爽，碧空如洗，抬頭不見一絲雲，俯視卻見層層霧，座座西式別墅，錯落於綠樹花叢，直如天上宮闕，海市蜃樓。一路走去，遊了花徑，繞了如琴湖，過了天生橋，到了錦繡谷，進了仙人洞，上了御碑亭……最遠去了天池和文殊台。浦安修遊興很濃，每到一處景點，都讓警衛員替她拍照留念。過兩天拉上德懷，再好好遊上一回。

出一身毛毛汗，返回到河東路一百七十六號住處，已是下午四時。浦安修這才覺得肚子餓了。好在書房茶几上新擺了一盤點心。服務員進來說，是楊主任派人送來的，江西特產。楊主任還帶話，晚上十一時，總理會派車來接您去吃消夜。

浦安修作為北師大黨委書記，教育工作者，心地雖然相對單純些，但還是覺察出來什麼不對勁似的：一是這次突然通知她坐專機上山，為什麼德懷毫不知情？二是德懷為什麼變得那麼黑、瘦，害了什麼病？三是這裡的工作人員都是北京來的，跟隨德懷多年，平日很熟悉、親熱的，這次見了面卻都只打個招呼就避開了；四是往日德懷的辦公室裡，總是擺放著好幾部各色電話機，和各軍兵種、各大軍區保持著緊密聯繫，現在卻一部電話機都沒有見到，奇怪不奇怪？五是這棟別墅的走廊，中間以木板相隔，還由士兵守衛著，問那邊住的誰？人告訴她是黃總長！什麼意思？六是周總理那樣忙，還要請自己去吃消夜，又不同時請德懷，難道要談什麼事？

去他的！不要胡思亂想了，興許什麼事兒也沒有呢。知識分子的毛病，就是敏感，把簡單的現象複雜化。浦安修洗了個淋浴，睡了一覺。直睡到彭德懷散會、開晚飯時刻。三菜一湯，一葷兩素，白米飯，都是從食堂打回來的。

正吃著，楊尙昆同志又派人送來一蓋盤嫩薑燒鴨塊，說是歡迎浦安修上山加的一道菜。浦安修和彭德懷都喜歡吃嫩薑燒鴨塊。服務員留意到，夫人來了，彭總的胃口好多了。半個月來，彭總不思飲食，每頓飯都是動幾下筷子就放下，人也就黑了瘦了。

飯後，彭德懷端了茶壺，進到臥室裡，掩上房門，拉浦安修坐下，說要好好談談話。浦安修見他十分認眞，心裡一沉，臉上笑了笑：「總理託人帶話，晚上十一時派車來接我去吃消夜，卻沒有說請你，大概也是要好好談談話呢。」

彭德懷這時眼睛發澀，喉嚨發乾，頓了一頓，控制住情緒才說：「安修，謝謝妳這種時刻來看我，帶給我安慰。一些事，我已考慮多時。本來想回到北京才和妳談。現在既然來了，就談開算了，早談早了……我犯錯誤了。不是一般錯誤，指我犯了路線錯誤。妳不要害怕，暫時不會打我階級敵人，算右傾反黨分子，是黨內鬥爭。不想連累妳……黨內鬥爭，有時比對敵人還殘忍，妳明白嗎？」

浦安修登時眼冒金星，腦袋瓜嗡嗡響，人都癡呆了：「德懷，你講這話，什麼意思？天啊，你能犯什麼路線錯誤？我和你生活二十年了，還不了解你的為人？還能有人比你對革命、對黨更忠誠？你愛罵人、訓人、得罪人，什麼缺點都有，惟獨不能否定你對黨的事業的忠誠！真要那樣，我要站出來替你講話，為你作證。」

彭德懷深知自己的夫人秀外慧中，遇事拿得起、放得下：「莫急、莫急、安修，妳先聽我講。我有一肚子的話……我心裡的話，也只好對妳講了……哪怕被人竊聽了去。我只問妳，要不要聽？」

浦安修想哭，但此刻她不能哭。德懷既是憋了一肚子話，無處可訴，唯有自己這當妻子的了。

彭德懷很冷靜，替安修倒上一杯茶，說：「好，我來講講一籮筐的臭事。妳曉得，我脾氣不好，嘴巴子臭，改不掉的習性。毛澤東講我是江山易改，本性難移。我這人除了小時候在老家挨餓，一輩子沒有吃過大虧。江西蘇區『消滅AB團』，我沒有沾邊。第一次殺『AB團』是老毛指揮幹的，激起『富田事變』。第二次是項英指揮，譚震林、羅瑞卿等人是積極分子，他們錯殺了多少紅軍指戰員……後來就是長征，一路敗退到貴州，老毛懷疑我要和他爭奪紅軍指揮權。後來是國共第二次合作，抗日，延安整風。延安整風專門召開華北會議來整我。奉老毛的指示，批了我五十天，沒有整服我。我就不認打日本鬼子有罪，丟失國土有功。那時老毛有個內部指示：讓日本侵略軍占領的國土越多，越愛國。前幾天他還在講，不能愛蔣介石的那個國，那時是國中有國，蔣、日、我，三足鼎立，新三國志。我是個軍人，國土淪喪，不做亡國奴，就只有和日本鬼子拚。百團大戰怎麼打錯了？老毛明明發過賀電祝捷，爲什麼後來不認帳？他們說不服我。前線又要我回去指揮作戰，我才過了關……這次到山上來開神仙會，抓住我在西北組的幾次發言，和一封反映農民疾苦的信，新帳老帳一起算。老毛還把我和他的分歧，搞成私人之爭，說幾十年來，我和他三成合作，七成不合作，三七開……我參加革命，帶部隊從南方打到北方，從華北打到西北，從國內打到國外，是替他老毛個人打仗嗎？如今弄成和他的關係三七開，一切以他個人爲標準，中常委人人附和，政治局無人放個屁，妳說可悲不可悲？」

浦安修憐惜地看著他：「你呀，看樣子要做韓信了。人家說你是張飛，我看你更像韓信。」

彭德懷說：「妳講的對。五〇年老毛求我率大軍赴朝作戰，態度那個親熱、尊重喲，很像老戲裡的劉邦拜將。還硬是把他大兒子毛岸英交給我，帶到前線去鍛鍊。結果，岸英被美帝國主義的飛機扔下燃燒彈燒死了。他爲這事存下心結，怪罪我沒有保護好他兒子。直到這次會議上，他還公然說，一個兒子被打死了，一個兒子瘋掉了，他沒有後代了……動不動就批判人家農民觀念，封建思想，他自己卻不肯承認他的兩個女兒也是後代，很可悲！」

浦安修沉沉地嘆口氣，說：「你們兩個湘潭老鄉之間，帶有太多的個人色彩。這次在山上，又是怎麼鬧開來的？」

彭德懷說：「要講個人恩怨，也是他，不是我。安修，妳長住北京，又是在師範大學工作，大約不知道去年的大躍進，大放牛皮衛星，今年已在十多個省區造成饑荒災情，農民得水腫病，安徽、河南、甘肅、青海、湖北、江西都餓死人……我們這些大人物卻到這山上來開神仙會，吃香喝辣，半天開會，半天遊山玩水，晚上看戲、跳舞。如今中央開會，時興帶戲班子，弄些年輕女子來唱歌跳舞！娘賣屄的，談問題和風細雨，談成績轟轟烈烈。把各地的災情報告給老毛，老毛還認做是農村幹部隊伍混進了壞人造成的。我擔心已出現全國大饑荒的跡象，政策不改不得了，就給他寫了一封信。卻惹下大禍，把我當做右傾機會主義路線頭子來批。指我在山上組織軍事俱樂部、反黨集團。現在是形勢一邊倒，他又親自掌管著中央警衛系統，連朱總司令都挨了批評，不能開口。已經大會小會的批了我三個星期。他們逼我繳械投降。我若不投降，害得大家下不了山，不能回各自的崗位去抓工作……安修，妳知道嗎？我現在是滿身長嘴說不清，像個政治瘋瘋病人。還牽涉到黨內軍內一大批正直、忠耿的老同志。如今老實人的日子不好混……我這人一輩子不迷信，這次認命了，我這人是個悲劇角色……只可憐鄉下農民，因爲我們這些大人物的胡作非爲，多少人要被餓死……」

浦安修見德懷眼睛裡溢滿淚水。這個鐵打的漢子，幾十年戰爭生涯經歷無數險境、絕境不曾眨過眼睛的三軍元帥，如今身陷黨內鬥爭的沼澤泥濘，無力自拔。

夫婦相對著哭泣。不敢大聲哭泣。大聲哭泣會被人報告上去，說他們夫婦發洩對毛主席、黨中央的不滿和仇恨。

彭德懷先止住哭泣，從洗手間扯來一塊乾淨毛巾，給安修抹眼睛：「安修，聽我講，我什麼都想過了，已經決定投降了。打了幾十年仗，沒有倒在戰場上，而倒在自己黨的內鬥上，不算丟臉。相信歷史會還我清白的。現在他們批我什麼，我就承認什麼，盡量滿足他們。我只保留一樣，絕不承認搞了什麼『軍事俱樂部』，無中生有，那會坑害一大批軍隊高級將領……我是大老粗一個，只會帶兵，不會權術。可我替我們這個黨擔憂啊！講句犯忌的話，老毛是個大玩家，把個黨和國家玩得團團轉，牽著猴子敲著鑼，耍戲法，耍了軍事耍政治，耍了政治耍經濟，國民黨的蔣介石、李宗仁，共產黨的王明、博古，都耍不過他，現在更是無人阻得住他……算了，本不該和妳講這些。放心，我已經向中央和老毛作出保證：不叛黨，不自殺，辭掉一切職務，上交元帥服，回鄉下種地。看樣子老毛會答應我的這個要求，目前還找不出由頭來關我、殺我。安修啊，這一來，我們夫妻一場，需要分手……」

浦安修聽德懷說出一番不怕掉腦袋的話，又提出要分手，氣得把毛巾摔了過來，哭得更傷心了：「你、你把我當什麼人了？當什麼人了？我也可以辭職，和你一起下鄉種地，……嗚嗚嗚……我好苦命呀，好命苦，嗚嗚嗚……」

一旦作出決定，彭德懷倒是出奇的冷靜了：「安修，妳聽我講完……妳以爲我願意和妳分手，到老年連個伴都沒有？但是不分手，妳也就被戴上右傾反黨分子的帽子，反黨分子的婆娘，下半輩子莫想抬頭。況且妳出身書香門第，怎麼過得慣鄉下那種整天和豬屎牛糞打交道的生活？」

浦安修頭一昂，眼淚一甩：「戴帽就戴帽，下鄉就下鄉，明明知道你蒙冤，我爲什麼要離開？」

彭德懷苦笑著說：「安修，那我們新中國，對你們浦家就太不仁了，妳的兩個姐姐浦熙修、浦潔修，已經當了資產階級右派分子，再加上妳浦安修當反黨分子……北平浦氏三才女，在新社會落到這個下場，天道不公！何況我決定和妳分手，還有更要緊的事託付於你。只有妳保住了北師大黨委書記的身分，才好繼續替我哺育左權烈士的女兒左太北、任弼時烈士的女兒任遠方呀，我們要對得起左權和任弼時在天之靈……還有我的六個侄兒、侄女的思想教育，也想託付給妳……我湘潭老家，祖輩受窮，都是睜眼瞎，沒有出過讀書人。既然已經把他們弄到北京，就想讓他們完成學業，變成有文化的一代。十幾二十歲的孩子，不應該跟著我這當伯伯的倒楣……照老戲文上的講法，這算託孤。安修，我這是向你託孤，向妳託孤啊！」

說罷，夫妻兩個抱頭痛哭，猶如生離死別。

毛澤東派衛士送給周小舟一紙短信，問他《昭明文選》中〈邱希範與陳伯之書〉讀過沒有？作何感想，可約一談。

湖南二周，難兄難弟。周小舟仍和周惠住一起，並未像彭德懷和黃克誠那樣被相互隔離。周小舟對周惠說：「一篇勸降書。難道我是那個反覆無常的武夫陳伯之？我自認無錯，就是拒絕投降？」

周惠勸道：「不要對號入座。這篇古文，認眞讀讀，還是滿有意思的。功在詩外，意在言外啦。何況，主席願意約你一談，機會難再，不可錯失。」

周小舟仍是書生意氣，也是百般無奈，說：「好吧，我們換個法子來讀。你唸原文，我做註釋。對於魏晉南北朝這段歷史，你我大致上還有些了解的。那時中國處於大分裂時期，長江流域爲南朝，黃河流域爲北朝。北朝依序是北魏、東魏、北齊、西魏、北周五個王朝。南朝依序是宋、齊、梁、陳四個王朝。陳伯之爲南朝齊、梁間人物，是個市井之徒，孔武有力，年輕時候幹過些偷雞摸狗、聚衆打劫之類的勾當，被人割掉一隻耳朵。在那個分崩離析的戰亂年頭，陳伯之這類土匪首領，很易得到朝廷招安，求得官職。他當過齊朝的江州刺史。江州就是廬山腳下的九江，自古爲兵家必爭之地。刺史在南北朝時是很大的官，以州統郡，集軍政大權於一身，相當於我們剛進城時的軍政委員會主席。齊亡梁興，陳伯之投降了梁武帝，不久參加謀反，事敗渡江投降了北魏。陳伯之在北魏混得不怎麼好。四年後梁武帝的弟弟臨川王蕭宏讓記室（主任秘書）邱遲字希範的，給陳伯之寫了一封招降信。陳伯之接信後重新歸降了梁朝，是個反覆無常的小人。但邱希範的這封信卻成了情詞懇切極有文彩的歷史名篇。好，周惠，你開始念原文吧。

周惠唸道：「遲頓首，陳將軍足下無恙，幸甚幸甚。將軍勇冠三軍，才爲世出。棄燕雀之小志，慕鴻鵠以高翔。昔因機變化，遭遇明主。立功之事，開國稱孤。朱輪華轂，擁旄萬里，何其壯也。」

周小舟註釋：「這起首一段，隱喻了陳伯之的草莽出身，幹過些不法勾當，後因走上了正道，擁戴皇上，立下功勞，統領大軍，出人頭地，好不威風。」

周惠唸道：「如何一旦爲奔亡之虜，聞鳴鏑而股顫，對穹廬以屈膝，又何劣邪。尋君去就之際，非有他故，直以不能內審諸己，外受流言，沉迷猖獗，以至如此。」

周小舟註釋：「你陳伯之一旦背離皇上，成爲逃亡分子，到了人家北魏地方，還能有什麼好日子過？聽到放箭的聲音就雙腿發抖，見到人家的首領帳篷就要下跪，何其可憐。皆因你內心不能自審，外受流言影響，神思迷亂，行爲猖狂，才會落到如今的下場……這是罵彭、黃，還是罵我？」

周惠唸道：「聖朝赦罪責功，棄瑕錄用；推赤心於天下，安反側於萬物。此將軍之所知，不假僕一、二談也。朱鮪涉血於友于，張繡刺刃於愛子，漢主不以爲疑，魏君待之若舊。況將軍無昔人之罪，而勛重於當世。夫迷途知返，往哲是與，不遠而復，先典攸高。」

周小舟註釋：「當今皇上聖明，不計前嫌，廣羅人才，以天下爲公。這些都是你陳將軍所知道的，不過我還是要說上兩個掌故。昔漢光武帝攻打洛陽，朱鮪拚死抵抗，以致雙方傷亡很大，自覺罪大不敢投降。光武帝派人去勸降道：『幹大事業的人不計較個人仇恨，只要你肯獻城歸順，仍保住你的官爵富貴，洛水可以作證，光武帝決不食言。』再又一個例子，魏武帝曹操率領大軍到宛城，守將張繡歸降，不久又行叛亂。曹操前往平叛，戰事失利，他的長子曹昂被張繡的人射死，侄子曹安民也亡於亂軍之中。四年後張繡又歸降曹操，曹操胸襟開闊，並沒有計較他射子殺侄之仇，仍封他爲侯。難道你陳將軍於我梁王朝有他這麼大的罪行嗎？你還是一位立過大功的開國功臣啊，你只是一時糊塗，走錯了路，不應越走越遠，而應及時回頭……這兩則歷史掌故很有說服力。毛主席的長子毛岸英在志願軍司令部被美帝的汽油燃燒彈燒死了，爲什麼又耿耿於懷，至今怪罪到志願軍司令員彭老總身上？『一個兒子被打死了，一個兒子瘋掉了，我沒有後代了』，這種話都在大會上說了。

周惠唸道：「主上屈法伸恩，吞舟是漏。將軍松柏不剪，親戚安居，高台未傾，愛妾尙在，悠悠爾心，亦何可言。」

周小舟註釋：「當今皇上輕刑罰，重恩義，即使臣民犯下罪過，只要認錯悔改，都可以得到寬恕。就以你陳將軍來說，你雖然叛逃到北魏地方，但你的祖墳沒有被挖掉，墳陵上的松柏依然蒼翠；你留在江南的親戚朋友沒有受到株連，仍然安居樂業；你的府第家產沒有被抄沒，仍然替你保存完好，亭台樓閣沒有絲毫受損；你心愛的妻妾也都守候在家中，等著你的歸來。皇上待你一片至誠，你還有什麼可說的……梁武帝能夠這樣對待叛將陳伯之，對比今天廬山發生的事情，我眞有今不如昔之感！周惠你不要瞪眼睛，只管繼續唸原文。」

周惠唸道：「今功臣名將，雁行有序，佩紫懷黃，贊帷幄之謀，乘軺建節，奉疆埸之任。並刑馬作誓，傳之子孫。將軍獨靦顏借命，驅馳氈裘之長，寧不哀哉。夫以慕容超之強，身送東市；姚泓之盛，面縛西都。故知霜露所均，不育異類；姬漢舊邦，無取雜種。」

周小舟註釋：「今天梁朝的功臣名將，按功行賞，井然有序，君臣同享榮華富貴，一起治理國家和保衛國家。這些都已形成制度，會傳諸子孫後世的。只剩下你陳將軍一人流亡異邦，爲那些野蠻之族驅使效命，豈不悲哀？昔有南燕軍事強人慕容超兵敗，被砍了腦袋；姚泓也曾是個有所作爲的人，被押送到西域荒漠充軍。可見你在異邦，人家不會把你當作同類，就像蔡文姬流落匈奴所生的子女，人家視作雜種一樣！……這段罵得好，罵得痛快，擊中要害。」

周惠唸道：「北虜僭盜中原，多歷年所，惡積禍盈，理至焦爛。況僞孽昏狡，自相夷戮。部落攜離，酋豪猜貳，方當繫頸蠻邸，懸首篙街。而將軍魚游於沸鼎之中，燕巢於飛幕之上，不亦惑乎？」

周小舟註釋：「北方的衆多部落侵占我中原大地，已經多年，他們造下無數罪孽，局面爛透了。況且他們的首領之間你爭我奪，相互殘殺，不久就要被吊死在房梁上，或是割下腦袋懸掛街示衆。在那樣野蠻的地方，人的性命是不值錢的。你陳將軍寄身北虜，就如同魚游在滾開的水裡，燕子築巢在戰幕之上，還有比這更恐怖的情勢嗎？」

周惠唸道：「暮春三月，江南草長，雜花生樹，群鶯亂飛，見故國之旗鼓，感平生於疇日，撫弦登陴，豈不愴悢。所以廉公之思趙將，吳子之泣西河，人之情也。將軍獨無情哉？想早勵良規，自求多福。當今皇帝聖明，天下安樂。白環西獻，楛矢東來；夜郎滇池，解辮請職；朝鮮昌海，蹶角受化。唯北狄野心，掘強沙塞之間，欲延歲月之命耳。中軍臨川殿下，明德茂親，摠茲戎重，弔民洛汭，伐罪秦中。若遂不改，方思僕言。聊布往懷，君其圖之。邱遲頓首。」

周小舟註釋：「這結尾一段，最有文彩，也最富情感。講的是故國形勢大好，江南春和景明、生機蓬勃，更兼疆域廣大，四海來歸，萬邦來朝，統一大業，指日可待。你陳將軍爲什麼還不回來？歸降吧，歸降吧……毛主席確是要借這篇〈邱希範與陳伯之書〉，盼我舉手投降，不遠而復。也是誠諭我要和彭老總、黃克誠、張聞天劃清界線，檢舉揭發，重新回到他那一邊去……」

周惠說：「小舟，你總算體會到毛主席待你的一份苦心了。又是送你文章，又是給你寫信，又是約你談話；他是很重視你的啊，他還是你的叔舅長輩啦。你看人家黃克誠，資歷比你老，功勞比你高，主席也只是委託陶鑄去找他談話，交代政策。」

周小舟說：「黃克誠同志是位老實人，這次完全是受彭老總的株連……到底是忠誠老實的人吃虧，要把國防部長和三軍總參謀長做一鍋端嚒。」

周惠勃然作色：「小舟！你還在講這個話？還在替他們抱屈？你爲什麼不想想自己的處境？眞要把你打成反黨集團成員，怎麼向你的家人交代？怎麼向湖南兩千八百萬父老鄉親做交代？」

周小舟愣愣地望著周惠。看樣子，周惠被主席召去單獨談了一次，已得到寬恕、解脫，才這麼著急，幫著勸降，好讓自己也能過此一關。看來，都是苦口婆心，要他懸崖拉馬，立地成佛！可是怎麼立地成佛？對彭德懷倒戈相向，揭發彭德懷，控訴彭德懷，把一切問題變做一桶污水潑向彭德懷？而把自己裝扮成一名上當受騙者……或許，已經有人用這樣的法子過了關。在黨的歷史上，甚至在黨的最高領導人之間，這樣的先例也比比皆是。當年，李立三揭發瞿秋白，周恩來揭發李立三，康生揭發王明，不都是這樣過來的嗎？不可取，不可取……」

周小舟十足頑固地搖了搖頭：「我是要再去求見一次……但我還是要告訴主席眞相。告訴他，他身邊的幾位秘書、大才子，陳伯達、胡喬木、田家英、吳冷西，加上一個李銳，私下裡是怎樣談論的！我不是要拖誰下水，而是要讓主席知道，就連他最親信的人，對去年的大躍進、人民公社，都有著和他完全不同的看法。難道還不足以使他警醒嗎？十來個省區已經出現饑荒災情，餓死了人，他卻在這山上反右傾，不等於面大火潑油，臨洪水掘堤嚒！」

周惠眨了眨眼睛，沒想到周小舟要以這種方式去向毛主席匯報，利用這最後的機會？停了一停，才說：「耿耿丹心，天日可表。卻是一著險棋囉，走出去，就收不回來囉。」

周小舟說：「封建時代，還講個文死諫，武死戰。難道我們這些共產黨的高級幹部，連封建朝廷的文臣都不如嗎？一個個都成馬屁精，只謀摸拍得領袖歡心，連天下百姓的死活都不顧了嗎？我偏要去告訴他！陳伯達說過，主席打仗行，搞經濟不行，卻要不懂裝懂，披掛上陣；胡喬木說過，去年的大躍進是出了軌，翻了車，主席提倡海瑞精神，眞正的目的是爲了防止黨內出海瑞式人物；田家英說過，今後若能離開中南海，要給主公提三條，一是治天下不治左右，二是不要百年之後被人議論，三是聽不進不同意見，別人很難進言；吳冷西說過，明明早就喊著要退居二線，去年卻搶上一線，栽了大跟頭；李銳說過，老夫子翻身爲雲，覆手爲雨，一手遮天；我本人也說過，主席疑心太重，獨斷專行。還說過中國黨內也出了史達林晚年問題。」

周惠向來敬服周小舟爲人學問，氣質膽識。看來小舟確是要義薄雲天，不惜自身塗炭了：「不管你去說些什麼，一定不要惹主席發火，不要惹主席發火。」

周小舟說：「我會注意方式方法，知道他的脾性。再怎麼著，我也是晚輩。」

經過電話請示，周小舟於當晚十一晚半，毛澤東觀戲跳舞之後，去美廬「匯報思想」。

周惠忐忑不安，轉輾無眠，眼睜睜地等候通宵，一支接一支地吸著煙，丟下一地煙頭。

第二天清晨，無風無霧，滿天紅霞，天氣晴好。記得小舟推門進來，披回一身霞光似的。見周惠通晚未睡，忙高興地告訴：「放心，我和主席談得很好，都談通了！主席很開心，我的話都聽進去了，還說早就應該這麼交心通氣了。都是爲著黨和國家的事情，他也不會責怪秀才們，人都會有自己的活思想，背後議論幾句，不是什麼大不了的事……睡覺睡覺，一晚上都處在興奮之中。主席還表揚了你、我，說去年湖南二周，抵制五風有功，仍要重用……」

對於周小舟的樂觀、自信，以爲天大的事情已成過去，周惠很感懷疑。燒香拜佛，馬克思保祐吧！祈望黨內安寧，天下少事，工業、農業不再瞎折騰，鄉下少餓死幾個人。

兩人正要各自回房睡個早覺，美廬一名衛士給周小舟送來一紙便條，是毛澤東以鉛筆寫下：

小舟，昨晚相談甚暢，請速寫出送我。

周小舟得意地給周惠看：「怎麼樣？我沒有搞浮誇吧？」

周惠看了一眼，也很高興。但他心細，見便條上的那個「相談甚暢」的「暢」字，原本是個「好」字，是圈掉後改上去的。一字之易，有無玄機？或許是自己多心了。

周小舟一時又精神振奮，一掃通晚未眠的疲乏，回到書房秉筆疾書，憶述昨晚的談話內容去了。

周惠則睡了一覺。反正柯慶施命他今天寫檢查。緊張的神經一旦放鬆，就睡得鼾聲大作，五明山倒。他直睡到下午時分才醒來。

正好周小舟剛把「材料」寫出，睜著一雙滿是紅絲絲的眼睛說：「你過過目，看看有什麼不妥當的字句沒有？」

周惠本能地不想看，這類「材料」如水火，看了就沾一份；卻又禁不住周小舟三請四求，還是看了。反正湖南二周，是長在一根薯藤上了。想要小舟不送這個「材料」去，又沒有勇氣說出口。

派秘書將「材料」送去美廬。周小舟心裡一塊石頭落了地似的，匆匆吃了兩個包子，喝下一碗稀飯，就呼呼大睡。也是很久沒有睡過落心覺了。

周惠坐在臥室窗下寫檢查。不覺地夕陽西斜，滿天落照。快到開晚飯時間。但見秘書一頭虛汗，臉色寡白，拿著一份會議〈簡報〉進來：「周書記，你看，已經印出來了，還有主席的批示……」

原來是周小舟遵囑趕寫出來那「材料」，送去美廬不到兩小時，就交全會秘書處印發出來，加上毛澤東主席的一道嚴厲批示：「此件立即付印，通篇挑撥離間，妄圖分裂中央核心內部。秀才是我們的。小舟、李銳不是秀才，是軍事俱樂部的人。」

周惠的手發抖了。秘書在旁請示：「要不要喊醒小舟書記？他剛剛睡下。」

周惠說：「搖醒他吧，都塌天了，真可憐。」

周小舟被搖醒了。他坐在床上，揉著眼皮，看到自己寫給毛澤東主席的「材料」，已經變成鉛字，並加上那道冷酷無情的聖旨。他傻了：「怎麼會這樣？這算什麼事？還有沒有道義、信義？」

他神情激動地下了床，淚流滿面，不管不顧地嚷嚷：「被他耍了！被他耍了……他是個大玩家，玩我於掌股之上！不，還有我們黨和國家……」

第四一章　黃鐘毀棄　瓦釜雷鳴

藍蘋從杭州來到廬山，發覺老闆心情甚好，談興吃興遊興舞興俱佳，像個打贏一場戰役，奪得廣大城池的將軍。

老闆的確高興她的到來。繁忙中，抽出兩個大半天時間，領著她遊了錦繡谷、含鄱口，去了三疊泉，上了廬山的最高峰大漢陽峰。在峰頂，觀賞了那副鑿刻在巖壁上的名聯：峰從何處飛來，歷歷漢陽，正是斷魂迷楚雨；我欲乘風歸去，茫茫禹蹟，可能留命待桑田。之後，她替老闆拍下一幀照片：毛澤東側坐在一把隨行衛士帶來的藤椅上，容光煥發，慈眉善目望山川，昂然藍天白雲之上。下山時，老闆拄著根竹手杖，五音不全地哼唱了一路的曲子，自得其樂，只聽得出來是唱的京戲孔明借東風。

藍蘋不是中央委員，不用到全會上去拋頭露面。毛澤東要求她以「惡補」方式閱讀會議的〈簡報〉文件。

入夜。美廬樓上，剩下夫婦兩人時，藍蘋替老闆燃起一支煙，問：「怎麼樣啊？與人奮鬥，其樂無窮啊。」

毛澤東穿著睡袍，半躺在沙發上，架著兩條光腿：「那是我十八、九歲讀長沙師範時的一句話，與天奮鬥，其樂無窮；與地奮鬥，其樂無窮；與人奮鬥，其樂無窮。現在看來，與天地鬥較難，與人鬥較易，本人樂此不疲。這次只動了根小拇指，就把元帥、大將捅倒了。」

藍蘋說：「他們誰玩得過你？你是大師級，彭、黃不過小學三年級。」

毛澤東說：「四九年二月傅作義到西柏坡村，第一次見面就稱我碼頭要得好，把蔣委員長耍掉了……倒是我們的元帥、大將，最禁不起耍，一、兩個回合，英雄變狗熊。」

藍蘋笑笑說：「元帥、大將，也都是以你的名義封的嘛，誰叫彭、黃他們忘乎所以？」

毛澤東忽然喉結上癢癢的，來了興致，要清唱一段京戲《定軍山》，問藍蘋帶著京胡沒有？

藍蘋平日喜歡拉拉二胡或京胡解悶，保持著年輕時候在上海當影劇明星的癖好。隨即從旅行箱中取出一把小巧京胡架在腿上調調弦子，左手斜握琴柱，右手一揚弓，先拉出一段西皮流水過門，於是，毛澤東以手擊拍，頭顱一晃唱道：

這一封書信來得巧，
天助我黃忠成功勞！

藍蘋邊伴奏邊淺笑：「彭德懷的意見書也來得巧。」

毛澤東的鬚生腔調還是有些韻味的：

站立在營門三軍叫，
大小兒郎聽根苗。
頭通鼓，戰飯造。
二通鼓，緊戰袍。
三通鼓，刀出鞘。
四通鼓，把兵交。
上前個個俱有賞，
退後項上吃一刀！
三軍與爺歸營號，
〔西皮散板〕
到明天午時三刻要成功勞——

同一支曲子，毛澤東往返唱三次，喉嚨都喊直了，才算過足了癮。

藍蘋收起京胡，仍提起先前的話題：「準備怎樣打發你的幾位湖南老鄉？又是軍事俱樂部，又是湖南集團的，沒想到山上還鬧出這麼多門派來。」

要是在平日，藍蘋冒昧問起如此重大的黨內人事問題，老闆早就虎眼圓瞪，大叫閉嘴了。今晚上不同，老闆有唱有笑，也就少了許多禁忌：「人員的組織處理，常委已經通了氣，交中央全會作出決議，才算完成手續……總得給出路，給飯吃，給屋住。老彭要求回老家鄉下種地，小舟提出去洞庭湖辦農場，張聞天想去中央黨校教書，黃克誠請求到蘇北辦水利。」

藍蘋替老闆的茶缸裡續上水，柔聲說：「有個成語，除惡務盡。又叫做政治家不行婦人之仁。」

毛澤東到底不耐煩了，朝婆娘揮揮手：「妳不要講這樣多！他們都是歷史上立過功的人，我能效法史達林，逞一時之快，把黨內的反對派都處死？愚蠢。妳以為我百年之後，中國黨內就沒有人作秘密報告？叫妳認眞讀讀《資治通鑑》，到底不肯用功。自古以來，中國人有自己的處事方式。什麼都學蘇共那一套，肯定走進死胡同。」

藍蘋不動聲色地看著老闆的兩條從睡袍裡裸露出的粗腿，心裡也是窩著些火氣的。自四九年進城後，偉大領袖就不修邊幅，不拘小節，總是穿著睡袍辦公，而且不穿底褲。有時召人來談工作，也不換上衣服。問他為什麼這樣？他說這樣無拘束，空空蕩蕩，舒服。如今藍蘋也看透了，想通了，眼不見為淨了。小護士、小服務員，一個個花枝似的，在他的書房出出進進，在他的身邊磨來蹭去，他空蕩蕩的穿著睡袍當然方便，舒服，褲子都不用脫麼。

知婦莫如夫。毛澤東見婆娘好一刻沒有出聲，又犯了那門子醋意？率性沉下臉來說：「我還要看幾份材料，妳到樓下那套房子去休息，原來住過宋美齡的，不算委屈妳。其實妳、我也和蔣、宋差不多，政治夫妻囉。妳放心，政治夫妻最牢固，休戚相關，白頭到老囉。」

下樓就下樓。藍蘋早就不習慣和鼾聲如雷的老闆共枕蓆之歡了。她冷靜下來，依依地走到門口，忽又回轉身來，現一臉和顏悅色，說：「還是我去通知那個小鍾來陪你吧，熟透了的水蜜桃兒，吹彈得破的嫩臉兒，小蠻腰兒，白淨腿兒，畫裡人兒，我要是個男兒，也要見面幹她三、五遭兒！」

毛澤東可氣又可笑，低聲喝斥：「妳住口！到杭州住了幾個月，倒是讀了不少淫詞豔句。」

藍蘋討好地說：「老闆，我已經想通了，今後不吃醋了。總理和我打了招呼。其實嘛，我也早就管不住你了，每到一地，少不得幾個紅顏知己，權當身心放鬆而已……好了好了，我住口。你不是要我看份材料，代你擬個批示稿嗎？」

水豆腐掉在土灰裡，吹不得，拍不得，毛澤東也是拿自己的婆娘沒法兒。他悶著臉從一厚疊材料裡找出那份北京中央書記處送來的理論文章——〈馬克思主義者應當如何正確地對待革命群衆運動〉，說：「妳先仔細讀讀，代擬個幾百字，要尖銳些。現在就去，完了讓值班衛士送上來。」

藍蘋雙手接過那文章，竟學著老戲文裡的大臣模樣，躬身後退兩步，玩笑說：「遵旨！臣妾代批奏摺去也。」

毛澤東被逗笑了，隨即躺下身去審閱陳伯達、胡喬木、柯慶施、李井泉他們起草的〈中國共產黨第八屆中央委員會第八次全體會議公報〉稿，以及〈中國共產黨第八屆八中全會關於以彭德懷同志爲首的反黨集團的錯誤的決議〉稿。躺著看一段，爬起來改一段。

約莫一個半鐘頭後，值班衛士送上來一個大牛皮紙信封，內有藍蘋代擬的批示稿。毛澤東當即審閱，覺得這婆娘腦子好使，筆頭也快，模仿自己的文體、文風、語氣，可說維妙維肖：

共產黨內的分裂派，右得無可再右的那些朋友們，你們聽見砲聲了嗎？打中了你們的要害沒有呢？你們是不願意聽我的話的，我已「到了史達林晚年」，又是「專橫獨斷」，不給你們「自由」和「民主」，又是「好大喜功」，「偏聽偏信」，又是「上有好者，下必甚焉」，又是「錯誤一定要錯到底才知道轉彎」，「一轉彎就是一百八十度」，「騙了你們」，把你們「當作大魚釣出來」，而且「有些像鐵托」，所有的人在我面前都不能講話了，只有你們的領袖才有講話的資格，簡直黑暗極了，似乎只有你們出來才能收拾時局似的，如此等等，這是你們的連珠砲，把個廬山幾乎轟掉一半。好傢伙，你們哪裡肯聽我的那些昏話呢？但是據說你們都是頭號的馬列主義者，善於總結經驗，多講缺點，少講成績，總路線是要修改的，大躍進得不償失，人民公社搞糟了，大躍進和人民公社都不過是小資產階級狂熱性的表現。那麼好吧，請你們看看馬克思和列寧怎樣評論巴黎公社，列寧又怎樣評論俄國革命的情況吧！請你們看一看，中國革命和巴黎公社，哪一個好一點呢？中國革命和一九〇五年至一九〇七年的俄國革命相比較，哪一個好一點呢？還有，一九五八年至一九五九年中國建設社會主義的情況，同俄國一九一九年、一九二一年列寧寫那兩篇文章的時候的情況相比較，哪一個好一點呢？你們看見列寧怎樣批判叛徒普列漢諾夫，批判那些「資本家老爺及其走狗，垂死的資產階級和依附於它的小資產階級民主派的豬狗們」嗎？如果未看見，請看一看，好嗎？

毛澤東看過藍蘋代擬的批示，不禁暗暗叫好！批得辛辣，罵得痛快。雖然沒有指名道姓，明眼人一看就知道是把彭、黃、張、周們罵作「走狗」、「豬狗」。這婆娘心有靈犀，肯用功，可蓄養成雌虎。說她沒有讀《資治通鑑》，看來是委屈她了。連一手小草都習成「毛體」，幾可亂眞。命她代擬聖旨，一氣呵成。

不過毛澤東意猶未盡，遂又揮毫增添了兩小段：

對轉變中的困難和挫折幸災樂禍，散布驚慌情緒，宣傳開倒車——這一切都是資產階級和知識分子進行階級鬥爭的工具，無產階級是不會讓自己受騙的。怎麼樣？我們的右翼朋友們。

既然分裂派和站在右邊的朋友們，都愛好馬列主義，那麼，我建議：將這個集納文件提供全黨討論一次。我想，他們大概不會反對吧？

寫畢，毛澤東署上自己的名字並簽下日期：一九五九年八月十五日。再又附言：此件立即印發出席全會同志，可作本次全會的政治結論綱領。

八月十六日，八屆八中全會舉行最後一天的大會。毛澤東坐鎮，劉少奇主持，首先以舉手表決方式，通過兩大決議文件：〈中國共產黨第八屆中央委員會第八次全體會議公報〉和〈中國共產黨八屆八中全會關於以彭德懷同志爲首的反黨集團的錯誤的決議〉。

〈公報〉無視全國即將爆發大饑荒的種種跡象、警訊，仍然堅持宣稱：一九五八年的農業大豐收是我國歷史上空前的，經過核實後公布的新的統計數字，仍然是巨大的數字。一九五九年仍然是繼續躍進的一年。至於十五年內趕上英國的目標，仍可以在十年的時間內實現。

〈決議〉則指出：以彭德懷同志為首，包括黃克誠、張聞天、周小舟等同志的右傾機會主義反黨集團，在盧山發動了反對黨的總路線、大躍進、人民公社的猖狂進攻……本次全會，對於保衛以毛澤東同志為首的中央的領導，保衛黨的團結，是完全必要的。云云。

出席會議的一百六十多名中央委員和中央候補委員整齊劃一，像學校學生一般高高舉起各自的手臂。毛澤東則舉著手在主席台上站起來，親自負責點票似的，以犀利的目光巡視著整個會場，前前後後、左左右右仔細看過，連彭德懷、黃克誠、張聞天、周小舟等人都哭喪著臉舉了手……之後，毛澤東以他一口終生不改的、又直又硬的湘潭口音響亮地宣布：沒有反對和棄權的，一致通過！大家的手可以放下來。

於是大家放下各自的手臂，轉為熱烈鼓掌，表示衷心擁護。接下來林彪講話，把彭德懷定位為「偽君子、野心家、陰謀家」。

毛澤東講話，宣布又一次取得了黨內鬥爭的全面勝利。

八月十七日，毛澤東又召集了一天的中央工作會議，由劉少奇代表黨中央宣布重要的人事任免，包括對彭德懷、黃克誠、張聞天、周小舟的組織處理：

任命林彪同志任中央軍委第一副主席兼國防部長。林彪同志身體不適時，由賀龍同志主持中央軍委的日常工作。解除彭德懷同志的中央軍委副主席及國防部長職務；

任命羅瑞卿同志任中央軍委秘書長、人民解放軍總參謀長，公安部部長一職由謝富治同志接任。解除黃克誠同志的中央軍委秘書長、國防部副部長、人民解放軍總參謀長、中共中央書記處書記等職務；

解除張聞天同志的外交部副部長、外交部黨組副書記職務；

任命張平化同志爲中共湖南省委第一書記。任命李瑞山同志爲中共湖南省委第二書記。解除周小舟同志的湖南省委第一書記職務，解除周惠同志的湖南省委第二書記職務；

解除李銳的水利電力部副部長、毛澤東主席辦公室兼職秘書之職務。

劉少奇在宣布完人事任免通知之後，仍保持著站立姿態，作了一番自我表白式的講話。作爲中央工作會議的結束語。

他給彭德懷定下「反黨野心家、裡通外國」兩項前所未有的罪名，並熱情洋溢地讚揚毛澤東：

這次全會開得很好，是我們黨的一個偉大的勝利。防止了分裂，增強了團結，純潔了隊伍。有人講這次廬山是出了個不大不小的亂子。我想，革命本身就是亂子。我們現在搞大躍進，搞人民公社，破除規章制度等等，有些人視爲亂子，實際上並不是亂子，並不是缺點錯誤，而是一種革命的正常現象，正常秩序。所有的群衆運動，都總會有一個指頭和九個指頭的關係問題，或者八個指頭和兩個指頭，或者七個指頭和三個指頭的問題；七分成績三分缺點錯誤，或者是八分成績兩分缺點錯誤，或者是一分、一個指頭，總而言之會有的……近兩年有人建議不要搞運動了，彭、黃、張、周就是反對搞運動的，無產階級革命家應該頂住這種議論。我們共產黨就是靠搞運動起家的，並在運動中尋找和產生出了自己的最好的領袖。我們中國黨，中國黨的中央領導，毛澤東的領導，是不是最好的領導，最正確的領導？我看是可以這麼說的。如果還不滿意，還要更正確一點，既不「左」，又不右，那麼，請馬克思、列寧來是不是會更好一些？我看也許可能更好一點，也不見得，也許更壞一些。

……在蘇共二十大以後，我們黨內也有人要在中國反對「個人崇拜」，彭德懷同志就是有這個主張的。在中南海西樓開會的時候，幾次提議不要唱〈東方紅〉，反對喊「毛主席萬歲」，這次又講了什麼「史達林晚年」，什麼「沒有集體領導」，什麼毛主席「沒有自我批評」，「把一切功勞都歸於自己」，等等。實際上，蘇共二十大後，彭德懷就一貫要在中國搞反對「個人崇拜」的運動。我想，我和彭是反其道而行之，是積極地搞「個人崇拜」的，積極地提高某些個人的威信的。在七大以前，我就宣傳毛澤東同志的威信，在七大的黨章上就寫上以毛澤東思想爲指導思想這一條。黨要有領袖，領袖就要有威信。恩格斯在〈論權威〉一文中說：革命無疑問就是天下最有權威的事物，而反對權威的，要麼是散佈糊塗觀念，要麼是背叛無產階級的事業。這話說得多深刻。在蘇聯，赫魯雪夫搞了一手反對史達林的「個人崇拜」運動，我看也有許多不正確的地方，不應該那樣搞。所以在蘇共二十大以後，有人要反對毛澤東同志的「個人崇拜」，我想是完全不正確的，實際上是對黨、對無產階級事業，對人民事業的一種破壞活動。……

劉少奇音調高昂地講完後，毛澤東帶頭起立鼓掌。周恩來、朱德、林彪跟隨起立鼓掌。於是台上台下，所有的人都起立鼓掌，拚命鼓掌。是向劉少奇鼓掌致敬嗎？不是。只不過是擁護他提出的中國黨需要個人崇拜，需要崇拜毛澤東和崇拜毛澤東思想！全體與會者的起立、鼓掌，雖說是毛澤東帶頭發起的，卻眞眞正正是獻給毛澤東的。

掌聲持續著，毛澤東笑望了劉少奇一眼，心裡鏡子一般淸亮：「你終於改口了，不再堅持『問題講透』、『山上反右、山下反左』那一套了。黨內最大的機會主義者是誰？不是彭德懷，也不是周恩來，而是你劉少奇……」

掌聲持續著。毛澤東還笑望了站立在左右的朱德、周恩來、林彪三人各一眼，彷彿對朱德說：「總司令，你是偏袒彭德懷，實爲『軍事俱樂部』的大掌櫃，可我堅持朱毛不分家，讓你少管事，多休息。」彷彿對周恩來說：「廬山對你是次大考驗，你沒有上彭德懷的當，沒有入他的夥，是你政治上圓滑的表現。」彷彿對林彪說：「養病十年，放虎出山，你會否竭盡精誠，毫無私心雜念？」

毛澤東抬起雙手，巴掌向下壓幾壓，示意全體與會者坐下，之後自己也坐下，很響地呷一口茶水，作最後的總結講話，亦即閉幕講話：

這次會議，從彭德懷同志的信印發的那天起，七月十六、十七、十八、十九、二十、二十一、二十二日，這一個禮拜，並沒有通知任何同志（除我們常委會議幾個同志之外），說是辯論這封信的性質，包括幾個組長。我跟他們談過，可是沒有說辯論彭德懷同志這封信，只是說過要他們放開言路，擴大民主，讓人家講話。說你們的耳朵是聽話的，人家長口是講話的，無非是放出來的東西，有香有臭，香的你就吃下去，臭的你就硬著頭皮頂住。就是這麼講的。你說我不公平呀！我說你們能夠吃下的吃下，你們不願吃下的硬著頭皮頂住。一直到昨天，我看周小舟這個同志他是硬著頭皮頂住的。但是出乎意料之外，今天他贊成這個決議案了，我看到他和彭、黃、張都舉了手，不曉得是眞贊成還是假贊成就是了。噯，你怎麼又不頂了呢？同志們，還有什麼意見？我看這一次會議開得好，是逐步發展的。上山之後，初期，中期，後期。解決了一個大問題，同時工作又沒有耽誤。這一個來月的集會很有必要。這麼一個大國呀，這麼一百多人，我們這些人就是從這次會議得到教育，我是得到很大的教育。誰料到出這樣的亂子呀！我就沒有料到。結果出了，出了就好啊，就歡迎呀！就可以解決呀！所以講是一次勝利的會議。就如林彪所講的，避免了兩個危害。一個是黨的分裂——黨的大分裂。避免了大分裂，小分裂已分裂一個時期了，就是一個小集團。以後看他們改不改，無非一個改，一個不改。我們希望他們改，幫助他們。大分裂是避免了；另一個是避免了經濟建設再次出現大馬鞍形。中國要搞大躍進，這是歷史的必然。你可以臨時搞搞大小馬鞍形，都可以的，但是速度要加快呀，這是形勢的要求，群衆的要求，而且有可能，有這個條件。

據我看，總的形勢是好的。國內的政治情況，經濟情況，總的形勢是好的，有些缺點，可以改，並且不難改。抗日時期不準備奪取政權，那我們怎麼辦呢？抗日時期不準備奪取政權，還準備把政權讓給蔣介石。這跟「和平民主新階段」不是一回事。「和平民主新階段」是爲了奪取政權的，哪怕一年兩年也好。結果我們爭得一年時間。如果再加一年，那就更好。所以總路線有兩條：那時候是搞改造的總路線，現在是搞建設的總路線，多快好省呀，鼓足幹勁、力爭上游呀！凡是路線問題，是要經過考驗的，就是不是那麼安寧，不是那麼太平的，並非太平無事。你看總路線的建立嘛，建立又倒，倒了又建立。去年黨代表大會是五月間嘛，現在廬山鬧亂子是七月份嘛，一年多一點時間，就覺得不行了嘛。現在經過大家一議，又可以了嘛。你怕將來沒有風了？一點風沒有了？我看還會有。你們說從此天下太平，四方無事？那麼今年在廬山開會，才不過隔了一年，所爲何來？但是總路線的趨勢是好的，這個信心完全要有的。不管你出多少亂子，代表無產階級勞動人民意志的傾向要占優勢，它總要占優勢的；一個時候不占優勢，另一個時候，它要占優勢。現在看起來，我們是有保證的，我們的大多數、絕大多數，是團結一致嘛。要建設得快一點，好一點，爲建設社會主義的強大國家而奮鬥。爲了大躍進、人民公社，包括公共食堂，爲了駁斥國內外敵人和黨內右傾機會主義，我們要向世界宣戰！不達目的，決不罷休！勝利是屬於我們的！

全場起立鼓掌。毛澤東在經久不息的掌聲中走下主席台，由一班衛士、醫護人員簇擁著，離開會場，返回美廬。

在美廬樓上，藍蘋和小鍾迎候著，幫他脫下制服，連同長褲一併脫掉，換上一襲寬鬆的睡袍，空空蕩蕩，舒服。藍蘋討他歡喜地說：「會開完了？去掉黨內的幾根刺，你以後耳根清靜，順心順意了。」小鍾懂事地從房間退出。

毛澤東仰躺回沙發上，兩手枕在腦後，望著窗外的青山綠樹，悠悠白雲，仍有心事地說：「山上的戲，算唱完了，落幕了。山下呢？有待開場。右傾機會主義分子，中央有，省裡有，地、縣、社甚至生產大隊都有，是彭、黃、張、周反黨集團的社會基礎，需要一級一級加以清理。局勢會不會風平浪靜？風平浪靜一段短的時期，是有可能的。但相信過不了多久，是要準備颳颱風的。不是說農村正在餓死人嗎？肯定會有人要用死人來壓活人，颳起政治颱風！這個政治颱風是什麼時候颳起來？由誰颳起來？對誰颳起來？現在還難說。一九五四年處理高饒聯盟時，留下了一條大魚彭德懷；這次處理彭黃張周反黨集團，留沒留下大魚？難說。一句話，廬山發生的事情不會這麼輕易完結。人家是活到老，學到老；我是活到老，鬥到老。生命不息，奮鬥不止。誰教我是毛澤東呢？」

藍蘋說：「你和別人不同。別人視鬥爭沉重，艱辛；你視鬥爭輕鬆、樂趣。別人是忙忙碌碌、辛辛苦苦的事務主義者，你是超脫俗務、高屋建瓴的政治家，運籌家。」

毛澤東笑問：「妳知道我靠的什麼法器嗎？」

藍蘋神態嫻雅地搖搖頭，表示不知道；或許心裡知道，嘴裡不回答。

一場勝仗下來，毛澤東倒是肯對自己最忠誠的政治伴侶講幾句知心話：「靠什麼法器？一、是靠最高領袖的名份。名份很重要，誰反對我，誰就是反黨反中央，是謀反、叛逆。我反對誰呢，是維護黨的利益，維護中央團結，執行黨的紀律，是上級處置下級；二、是靠手握兵符。在我們社會主義制度下，無產階級專政，仍是槍桿子裡面出政權，出領袖。政治家是以軍事實力作後盾；三、是靠中央警衛系統。這麼多年了，妳注意到沒有？每逢我出席的中央會議，無論在北京或外地，都是由我的警衛一中隊的人馬駐守會議住地，包括維持會場內外秩序；四、是輕易不出牌，也永遠不被人摸到底牌；五、是聯橫合縱，每次只鎖定一個目標，分期分批，逐步到位，各個擊破。拉住大多數，擊敗極少數……藍蘋啊，我這五條，今後妳能學到一半，我保妳立於不敗之地。可惜我的兒子，一個被打死了，一個瘋掉了。」

藍蘋深獲教益，動情地點著頭，爲了分散老闆的注意力，而說：「不容易喲！你是修煉了快七十年囉……」說著，伸出一雙保養得潔白的細嫩的手，款款撫著老闆裸露在睡袍外面的兩條粗腿，微睜著喝醉了也似的媚眼，說：「替你品品簫吧？不信小鍾她們會有我的這等口技。你不是說孟虹、小孫都差著火候？」

第四二章　周恩來下山　彭德懷「毒咒」

八月十八日，周恩來下山去南昌。他要在南昌停留一晚，之後乘專機返京。從七月一日上山算起，這次在山上度過二十九天。當初誰也沒有料到，輕輕鬆鬆的廬山神仙會，以批左糾左和風細雨始，卻以批右反右暴風驟雨終。

周恩來慶幸自己和彭德懷的那個「軍事俱樂部」沒有沾上邊兒，也差點給沾上了。上山之初，彭老總找過他，談及應替一九五八年春老毛大批「國務院四大金剛反冒進」的事平反，恢復周、陳、李、薄四人名譽；他當場態度堅決地予以婉拒，並和彭老總相約今後誰也不再議論此事。彭老總是個守信用、講道義的人，後來大會小會的挨批挨鬥作檢討，都對此事絕口不提。不然，他周恩來落下個妄圖為反冒進錯誤翻案的惡名，這次的「右傾機會主義反黨集團」就極可能以他為首，變成周、彭、黃、張、周。

世人都稱周恩來有大智慧。他最大的智慧莫過於最早領味到，在毛澤東同志領導下，政治人物不能有個性，尤其不能有脾氣。任何時候都要恭順、謙遜、欽敬、馴服。功高不震主。在黨中央工作，同樣需要夾緊尾巴做人。逆龍麟、捋虎鬚者，絕無好結果的！彭老總就是在這些事情上頭看不開。和平時期，還保持著戰爭年代的率眞，遇事直來直去，能行嗎？其實你彭老總哪裡搞了什麼「軍事俱樂部」？純屬空穴來風。但毛澤東主席說有就有，沒有也有，大家跟從。除了周小舟那傻小子，誰替你說個不字？結果怎樣？中央全會做成〈決議〉，鐵板上釘釘了。彭老總雖然沒像淮陰侯韓信那樣被殺頭，但革職軟禁的滋味，也是不好受的啊；而且依我們黨的歷史慣例，日後再有新的黨內鬥爭，總要扯出過去的一長串「錯誤路線頭子」來作陪，新的舊的一起批。延安整風批王明、秦邦憲，扯上陳獨秀、瞿秋白、李立三；五四年批高崗、饒漱石，扯上王明、秦邦憲；這次廬山批彭、黃、張、周，扯上高崗、饒漱石。下一次是誰？難以預測，但一定會扯上彭、黃、張、周。一旦大名上榜，就和釘在了歷史的恥辱柱上一樣。

有鑑於斯，周恩來此生不能再犯大錯。有職位才有權力，有權力才能替黨和國家辦事情。人生自古誰無死？這是無可選擇的。他周恩來生就的勞碌命，只能死在崗位上，死於忙碌中；不能死於落魄，死於寂寞。歷來的教訓應當記取。爲使自己立於不敗之地，他替自己設下數道「防波堤」：一是任何時候不惹毛澤東生氣，在毛澤東面前認小、服低；二是維護住和藍蘋的良好關係。毛澤東和藍蘋已是政治夫妻，藍蘋已成一隻被蓄養著的雌虎，早晚會放出來咬人。在中央領導人的夫人們中，唯藍蘋難以侍奉，又最需要好生事奉；三是維持住和羅瑞卿、康生、謝富治、汪東興等人的良好關係，這些人的地位雖然比自己低，但他們替毛澤東掌控著中央警衛、情報系統，是毛澤東最信任、最倚重的人；四是維持住和陳伯達、胡喬木、田家英、吳冷西等中央才子的良好關係，毛澤東的言論行動，都是經他們理論化、馬列化之後，金光閃閃地傳達給全黨、全軍、全國人民的。總之，只要是在毛澤東身邊工作的人員，包括衛士、醫生、護士、翻譯、司機、廚子以及毛澤東的親屬子侄，自己這個國家總理，都要放下身段，去尊重、愛護、關心……這樣，就可以在毛澤東周圍形成一個安全圈，不讓那些不利自己的傳言、小報告、小道消息傳到毛澤東耳朵裡去。毛澤東或許是年紀大了，近些年來耳朵越來越軟，喜歡周圍的人給他打小報告，吹耳邊風，傳遞小道消息。好多次了，小消息變成大事件，毛澤東嚴令立即清查，鬧得當事人措手不及。

今天是中央大員們和各路諸侯下山的日子。從廬山牯嶺下來的各色車輛絡繹不絕。一隻隻甲殼蟲一般，蜿蜒蠕行在林木蔥鬱、巖壁峻峭的山谷裡。周恩來一行的卧車共是三輛：打頭的一輛坐著江西省委第一書記楊尙魁的夫人隋靜、省長方志純夫人朱旦華。隋靜還結記著總理有約，到南昌和她比酒量，喝茅台，看哪個先醉；第二輛坐著周恩來的秘書、醫生、廚師；第三輛才是周本人的紅旗牌防彈座車，陪同他的是一名貼身警衛。

車隊下山後，在九江市郊折向南，直駛南昌。第一輛車上因坐著兩位女主人，急著趕回南昌去檢查落實有關的接待事項，而一溜煙的先走了。周恩來的座車卻在九江郊區一處鄉間拐彎路口突然煞車停了下來。原來是個約莫三、四歲的小叫化子，渾身黑煤炭似的，伸出兩隻瘦得如同雞爪的小手，托著個髒兮兮的瓷缽，站在馬路中間向駛來的汽車討吃！好險，差點出了車禍。氣得警衛員跳下車，拎小雞一般把那不要命的叫化子拎到路邊去，嚇得那孩子哇哇地哭起來。

周恩來下了車。不允許自己的警衛員粗魯地對待老百姓的孩子。他走近一看，那孩子的細脖子上還掛了塊破紙牌，上面歪歪斜斜寫著：李躍進，貧農成分，一九五六年生，安徽阜陽縣東風公社紅旗大隊人，因家鄉鬧饑荒，全村人外出討吃，父母尙有年幼弟妹，萬不得已，留我在這路邊，乞望善心同志收養救命……

周恩來讀著，眼睛濕了，是個剛學會走路的孩子啊，叫做新中國的花朵……這時，警衛員為了表示改正錯誤似的，已從車上找來兩個北方蘋果，遞到孩子手上。孩子見是吃的東西，抓住就咬，且是每個果子都先咬上一口再說！

前面的一輛車子也停住了，秘書、服務人員都下了車，走過來看著孩子可憐。周恩來問：「車上還有朱古力、薩琪瑪嗎？都拿來，都去拿來！」服務員苦著眉眼說：「報告總理，下山之前，您不是吩咐把幾包糖果點心，都送給當地同志了嗎？」周恩來瞪了一眼，決斷地說：「你們前面的車子擠一擠，把這孩子帶到南昌去再說。戰爭年代，我們還收養烈士孤兒。」

秘書、司機、警衛員你看看我，我看看你，站著不動。周恩來生氣了；「胡鬧台！我講了話，你們為什麼不執行？」

前車司機是本地人，大著膽子說：「報告總理，這條路上的情況我熟悉，三個半小時的路程，沿途起碼好幾千安徽、河南、湖北下來的流浪兒，加上本地的……有時擠坐在馬路上，車子都通不過。只要一個孩子上了車，別的孩子看到了，只怕都會睡到馬路中間，也要求上車呢。」

周恩來更火了：「我們是共產黨，是人民政府，難道就看著這些孩子餓死不成？」

秘書說：「總理不要生氣，這位司機同志了解本地情況。路上的事，看樣子只有到了南昌，交代江西省政府來解決。」

正說著，就見前面不遠處，黑壓壓的一大群流浪兒童，大約是發現了這裡停了大官員的車，數百人如同密集蠅蟲似的，嗡嗡嚶嚶朝這邊擁過來，擁過來！

警衛員和秘書要對總理的安全向中央負責，立即不由分說地決定：「上車上車！大家快上車。總理，請上車吧！他們來了，我們就陷在這裡了，會很被動，那些流浪兒已經餓得眼睛發綠……倒車！打回轉！去九江機場，改坐飛機去南昌。」

兩輛車子揚起塵土，旋風般掉轉車頭，逃跑一般馳離。周恩來的專車司機老楊是個厚道人，一邊開車一邊抱怨：「咋辦？折騰出這種局面，咋辦？硬要批判彭老總，連我這個開車的都想不通！作的什麼孽？」

周恩來坐在後座上，拉上車窗簾子，很快穩住了自己的情緒：「楊師傅，我們不要有情緒，更不要悲觀。是我這個總理沒當好，沒有把國家的事情辦好……看樣子，大饑荒已經爆發？不會這麼快吧？你問咋辦？我們只有聽毛主席的，只能聽毛主席的，一定能克服困難，克服困難。」

同一天，被解除了中央軍委副主席、國防部長職務的彭德懷，和總參、總政、總後的十幾名中央委員同坐一架空軍專機返北京。將軍們誰也不敢搭理他，甚至不看他一眼。一個月前，這些大將、上將、中將們，還一見到他就要先立正，行舉手禮，之後恭敬地圍坐在他面前……

彭德懷也沒有理會同機的將軍們，只是一路上都在嘟囔：「會有報應的，會有報應的……不出一、兩年，會有大報應，報應到無辜的老百姓身上……」有位將軍聽得不耐煩，勸戒他：「彭總，中央全會都作出決議了，你還講這些話？」他繼續嘟囔：「等著報應吧，等著吧……這次是我，下次輪到別人啦，輪到別人啦。」

八月十九日，在北京中南海，已擺下兩大批判會場：懷仁堂會場批判彭德懷、黃克誠；紫光閣會場批判張聞天、周小舟。

懷仁堂會場集中了全軍少將以上高級指揮員，出了些不很正常的情況：總參謀部討論組由國防科工委副主任萬毅中將任組長，開了三天會只是唸了些文件，沒有人肯發言。萬毅中將竟說：「那就把彭老總寫給主席的那封信拿來學習學習，再各抒己見吧。」於是引發總參謀部四十幾位中將、少將大談一九五八年大躍進的缺點，人民公社搞浮誇、弄虛作假，大煉鋼鐵放衛星鬧笑話……中央及時發現問題，宣布萬毅隔離審查，定爲「彭德懷死黨」，開除軍籍，撤銷一切職務。開押一年後獲寬大處理，下放遼寧省，掛名省農業廳副廳長。

曾任志願軍代理司令員的瀋陽軍區司令員鄧華上將，在會上仗義執言，堅決反對把彭老總說成「野心家、陰謀家、僞君子」，「裡通外國」，並大聲問：「爲什麼當初美帝國主義打到了鴨綠江邊，只有彭老總掛帥出征？爲什麼勝利了就來懲辦替國家民族立下大功的人？」結果鄧華上將被當場宣布爲「彭德懷死黨」，撤銷黨內、軍內一切職務，開除軍籍，軟禁一年後獲寬大處理，發配四川，掛名副省長。

總後勤部部長洪學智上將，因在會上公開拒絕揭批「彭德懷罪行」，並說：「你們要我落井下石，可我得手裡有石頭呀！跟隨彭老總這麼些年，我怎麼可以講他反黨？他忠於黨，可以講比我們任何人更忠更忠！」結果洪學智上將被當場宣布撤銷一切職務，開除軍籍，隔離審查。一年後獲寬大處理，下放吉林省，掛名省農業廳副廳長。

北京軍區參謀長鍾偉少將，因在會上替彭老總抱不平，叫喊「毛主席你要睜開眼睛，睜開眼睛看清楚，誰個忠誰個奸呀」，「軍事俱樂部沒人報名，我鍾偉算一個」！而被當場逮捕，開除軍籍。關押一年後獲寬大處理，放下安徽，掛名省農業廳副廳長。

……因同情彭、黃、張、周，對中央罔顧經濟惡勢，不批左、反批右的倒行逆施持保留意見，而受到懲治的軍隊將領、國務院部長、副部長，各省區省長、副省長以及地師級高幹達八百四十七人。全軍劃定「右傾機會主義分子」一千八百四十八人。至於隨後在全國範圍內發起的「反右傾運動」

中，被劃爲「右傾機會主義分子」而遭到處分的縣、社、大隊三級幹部，則達到兩百餘萬人。後來有人哀嘆：一九五七年的抓右派運動，把我們國家稍有良心的知識分子幾乎一網打盡；一九五九年的反右傾運動，則是把共產黨內稍講眞話、稍稍實事求是的幹部一網打盡。黨和國家因此失去良知、良心，不久即迎來了史無前例的民族大浩劫——文化大革命。此是後話。

中央軍委擴大會議一直開到九月十三日。會議後期，毛澤東命中央常委、政治局委員全部出席、坐鎮，總算鎮住了局面，該抓的抓，該關的關，淸除了彭德懷、黃克誠、張聞天、周小舟等人在軍內黨內的惡劣影響。會議最後宣布：彭德懷、黃克誠、張聞天三人留北京，繼續接受中央審查；周小舟發還湖南省委批判後，可下放公社任副社長；周惠發還湖南省委教育幫助後，調國務院一機部任副局級幹部；李銳開除黨籍，下放黑龍江北大荒農場改造。

九月二十九日，新中國成立十周年大慶前夕，彭德懷上交了元帥服及所有布、呢料軍裝，各種功勳章，戰爭年代的紀念品。可說是身無長物，乾乾淨淨地走出他居住了近十年的中南海永福堂，遷往他的軟禁處——北京西郊掛甲屯吳家花園。給他搬家的幾名軍人都哭了，他們親眼所見，在所有黨和國家領導人中，軍隊高級將領中，數彭總生活最樸素，作風最艱苦，幾十年如一日，不吸煙、不喝酒，日常只吃個青菜豆腐的啊。掛甲屯位於北京大學西南側一公里處，相傳北宋名將楊六郎出征時曾在這裡掛甲歇息，因而得名。吳家花園則爲明末降淸大將吳三桂故園，占地頗大，斷垣殘壁，荒蕪破敗。彭德懷遷入後，便和「守衛」他的戰士們打成一片，在園內開荒種地，還倔強地種了一塊「小麥試驗田」，以證實：什麼水稻畝產十萬斤，小麥畝產三十萬斤，是鬼扯淡，化生子，騙人的！

果如彭德懷所詛咒的，毛澤東一夥人在廬山和隨後在全國發起的反右傾運動，很快得到報應：全國爆發了大饑荒。一九六〇年春，河南、安徽、陝西、青海、甘肅、湖北、山東、山西、寧夏、內蒙等省區各有數十萬人、上百萬人活活餓死。河南開封、洛陽、信陽地區甚至出現無人村、無人鄉。災情甚至影響到甘肅酒泉境內的解放軍核武器研發試驗基地，士兵們因與附近災民爭食物而斷糧斷水……全國各地十萬火急的災情匯報到中南海，毛澤東仍然一口咬定，是農村基層幹部隊伍裡混進了壞人，農民才被餓死。毛澤東並指派幾名國務院部長分頭到陝西、安徽調查階級鬥爭現狀，以證實自己的英明判斷。部長們返回北京後，因懼怕龍顏震怒，被指爲「與彭德懷同流合污」，而不敢告以各地餓殍載道、屍骨盈野的慘狀。

大災難當前，毛澤東還要求劉少奇、周恩來、陳雲、鄧小平等人離開北京，分頭到江蘇、廣東、廣西、海南島等地去「關起門來，好好讀讀馬克思、恩格斯的政治經濟學著作」。大家不是指我毛澤東不懂經濟嗎？你們比我更不懂，更要學。劉、周、陳、鄧被分散到南方各地，面對大饑荒急得跳腳！但毛主席不承認現狀，不開口賑災，他們不敢越出雷池一步。爲了遵從人民的大救星，只好置天下蒼生的性命不顧。後來還是大躍進幹將、中共中央中南局第一書記陶鑄良心發現，率調查組赴河南省信陽地區調查，據實向黨中央寫出報告，農村大規模餓死人，不是因爲地富分子混進了基層幹部隊伍進行破壞、搗鬼，迫害農民，而是我們黨的方針政策失誤所致！

陶鑄的調查報告有時間、有地點、有公共食堂倒閉、農民餓死、外逃等詳細統計數字，震撼了北京黨中央。毛澤東雖然因此恨上陶鑄，也總算承認了血淋淋的現狀。大躍進弄虛作假最烈、反右傾反得最徹底的幾個省份，河南全省餓死六百多萬人，安徽全省餓死五百多萬人，甘肅、青海兩省各餓死一百萬人，陝西餓死兩百萬人，河北餓死近兩百萬人。災情最輕的湖南省，也餓死了三十幾萬人，省內還有幾百萬人患上水腫病。

迫於中國有史以來最嚴重的饑荒災情，毛澤東退居二線，只管軍事、警衛，少管黨政經濟。國家主席劉少奇則在周恩來、陳雲、鄧小平、彭眞等人的支持下，調整政策，全力救災，解散農村公共食堂，恢復農貿集市，允許農民包產到戶甚至分田單幹。中央書記處還作出決定，撤除大躍進中虛報浮誇爲害最烈，廬山會議上反右傾跳得最歡的河南省委第一書記吳芝圃、安徽省委第一書記曾希聖、甘肅省委第一書記張仲良等人的領導職務，並欲追究他們的刑事責任。這不是打狗欺主？事情拖了一年多，毛澤東從危機中喘過氣來，旋又任命吳芝圃爲中南局書記處書記，曾希聖爲華東局書記處書記，張仲良爲西北局書記處書記。河南餓死六百萬人、安徽餓死五百萬人、甘肅餓死一百萬人算得了什麼？湖南餓死的人口最少又怎麼樣？政治路線正確一切正確，政治路線錯了一切皆錯。唯有那幾個爲民請命、最早提出應防止全國出現大饑荒的人，彭、黃、張、周等，才是眞材實料的反黨分子，絕不准許平反、翻案。

一年大躍進，三年大饑荒。且是中華民族有史以來面積最廣、死亡人口最衆的一次人爲大饑荒。

據後來曾任中共中央總書記的胡耀邦在一次報告中坦承：一九五九至一九六二年期間，全國二十九個省市自治區，除中華民國治下的台灣外，計有二千二百萬人口「非正常死亡」。

據另一份相關的統計資料，一九五九到一九六二年期間，全國二十九個省市自治區計有三千五百三十一萬人口「非正常死亡」，若加上一九五八年大躍進運動中的「非正常死亡人口」，則相當於當時歐洲大國法國或英國的總人口。

〈第三卷　完〉

京華風雲錄（卷三）：夏都誌異

2001年1月初版
2011年9月初版第七刷

定價：新臺幣450元

著　者　京夫子
發行人　林載爵

出版者　聯經出版事業股份有限公司
地址　台北市基隆路一段180號4樓
台北忠孝門市　台北市忠孝東路四段561號1樓
電話　(02)27683708
台北新生門市　台北市新生南路三段94號
電話　(02)23620308
台中分公司　台中市健行路321號
暨門市電話　(04)22371234 ext.5
高雄辦事處　高雄市成功一路363號2樓
電話　(07)2211234 ext.5
郵政劃撥帳戶第0100559-3號
郵撥電話　27683708
印刷者　世和印製企業有限公司
總經銷　聯合發行股份有限公司
發行所　台北縣新店市寶橋路235巷6弄6號2F
電話　(02)29178022

責任編輯　許純青

行政院新聞局出版事業登記證局版臺業字第0130號

本書如有缺頁，破損，倒裝請寄回聯經忠孝門市更換。　ISBN 978-957-08-2189-5 (平裝)
聯經網址 http://www.linkingbooks.com.tw
電子信箱 e-mail:linking@udngroup.com

國家圖書館出版品預行編目資料

京華風雲錄（卷三）：夏都誌異 /
京夫子著．--初版．--臺北市：
聯經，2001年
728面；14.8×21公分．
ISBN 978-957-08-2189-5（平裝）
〔2011年9月初版第七刷〕

1.中共政權-歷史-1949-

628.7 89020068